VdN

Ruth Kraft

Insel ohne Leuchtfeuer

Roman

Verlag der Nation
Berlin

17. Auflage 1975

Lizenznummer 400/72/75
Einband: Lothar Reher
Lichtsatz und buchbinderische Verarbeitung:
GG Interdruck Leipzig
Druck: (52) Nationales Druckhaus (VOB National) Berlin
Best.-Nr. 696 034 9
EVP 10,80

Allen,
die in jenen dunklen Jahren
stärker waren
als meine Heldin

Die handelnden Personen dieses Romans
sind erfunden.
Ihre historische Wahrheit beruht darin,
daß sie seinerzeit,
besonders unter den im Einflußbereich
der V-Waffen-Versuchsstelle herrschenden Verhältnissen,
hätten existieren können.

Erstes Buch

Versuche

1. Vorspiel in Berlin
2. Kameradschaftsabend
3. A 4 V 1 P
4. Haus Seestern
5. Es wäre alles so schön auf der Welt, wenn die Liebe nicht wär'
6. Männer und Mädchen
7. Das Goldene Kalb
8. Zwischen Kurfürstendamm und Deutschlandhalle
9. Weiße Segel

1

Vorspiel in Berlin

Hauptmann Hover saß am unteren Ende des langen Verhandlungstisches. Unten war dort, wo der General *nicht* saß. Auch der Beauftragte des Ministers für Bewaffnung und Munition war so weit von Hover entfernt, daß dieser gerade den braunen Ärmel eines seiner Adjutanten sehen konnte. Trotzdem fand der Hauptmann mit seinem Antrag, der als letzter Besprechungspunkt behandelt wurde, schneller Gehör, als er gedacht hatte. Sogar die braune Gruppe um den Ministervertreter, hier im Verhandlungssaal des Heereswaffenamtes nur eine Enklave zwischen dem einmütigen Grau der militärischen Uniformen, zeigte sich verständnisvoll.

Hover entledigte sich seines dienstlichen Auftrages in vorgeschriebener straffer Haltung. Daß sie dennoch fast ungezwungen wirkte, verdankte er dem Reitsport. Ab und an ein Pferd zwischen den Beinen zu haben, hatte den Fabrikanten für Gemüsekonserven, Ulrich Hover, mit dem Kriege ausgesöhnt, zumal seine augenblickliche Situation ungefährlich war und das Geschäft zu Hause glänzend ging. Während seine Frau in der Oderniederung frisches Gemüse aufkaufte, verhandelte er junge Menschen. Er fand, daß es kein schlechter Tausch für ihn war. Man kam sich wichtiger vor, jetzt, wo es nicht um Kohlköpfe ging. Daß der Verhandlungston anders war als früher mit den Gemüsebauern, verstand sich von selbst. Es galt fast jedesmal eine Materialschlacht zu gewinnen. Heute hatte das «Material» zwei Beine und langes Haar.

«Die Insel braucht Arbeitskräfte. Dringend!» Hover setzte den Satz von seiner kurzen Einleitungsrede scharf ab.

«Sie haben doch das Versuchskommando Nord», warf ein Oberfeldintendant ein. «Welche Versuchsstelle kann das aufweisen: nach fast zweieinhalb Jahren Krieg – noch keine Ergebnisse und eine Barackenstadt voll fronttauglicher Soldaten!»

Der Bevollmächtigte des Ministers lehnte sich zurück und forderte mit einer leichten Kopfbewegung seinen Adjutanten auf, zu sprechen.

«Die Verhältnisse in der Versuchsstelle ‚Insel' sind besonders gelagert. Die Soldaten werden als Spezialisten für die Fertigung und spätere Bedienung der Waffe ausgebildet. Wenn ich richtig informiert bin, geht es jetzt um die Erhöhung der Anzahl weiblicher Arbeitskräfte.» Der Braune beugte sich so weit nach vorn, daß Hover seine goldglänzende Brust sehen konnte.

Der Hauptmann nahm es als Aufforderung. Geschickt schmiedete er das heiße Eisen: «Aus unseren Forschungslabors, den technischen Büros und vor allem der Verwaltung könnten an einzelnen Stellen noch Männer für die Front oder für andere wichtige Sonderaufgaben freigestellt werden, wenn wir entsprechend mehr weibliche Arbeitskräfte bekämen. Der Vorschlag des Personalchefs der Versuchsstelle geht dahin, ihn zu ermächtigen, die Angehörigen des Kriegshilfsdienstes, der sich aus den ehemaligen Maiden des Arbeitsdienstes rekrutiert, durch Dienstverpflichtungen weiterhin an die Versuchsstelle zu binden.»

Hover erwartete gespannt die Reaktion auf seine wohldurchdachten Worte. Ein Major neben ihm räusperte sich. Es klang nach einem Seufzen. Vielleicht war seine Tochter Arbeitsmaid, und ihm fiel ein, daß sie nicht würde studieren können, solange Krieg war.

Hover sah die Reihe der Offiziere entlang. Graugrüne Uniformen. Graugrün waren auch die Kohlköpfe, wenn es geregnet hatte – reihenweise ausgerichtet wie die Soldaten –, bei den Bauern an der Oder. «Laßt sie nicht erst verfaulen», hatte er oft bei der Besichtigung gesagt. Und das Weitere hatte er nur gedacht: Mein Firmenschild auf eurem dreckigen Kohl – das muß für euch eine Ehre sein. – «Zigarre? Ich schicke morgen zwei Lastwagen.» Der Handel wurde immer perfekt. Seine kurze, bestimmte Art machte stets Eindruck. – Arbeitsmaiden transportierte man nicht auf Lastwagen. Dafür war man zu sehr Kavalier. Wenn sie als KHD-Maiden ihre schmutzig-braunen Uniformen nicht mehr zu tragen brauchten, die ihn immer an dreckverkrustete Runkelrüben erinnerten, waren sie nahezu kasinofähig, diese Neunzehn- und Zwanzigjährigen. Bekam man für einen Bürohengst zwei von diesen Gänschen, konnte die «Insel» ihre Termine, auf die man in Berlin ständig pochte, einigermaßen einhalten.

«Es wäre gut, wenn diese Mädchen von sich aus in die Verpflichtung einwilligten», hörte Hover die scharfe Stimme des Generals von weit her. «Ohne direkten Zwang, verstehen Sie!»

Hover verstand sehr gut. Kohlköpfe wurden mit dem Haumesser von ihren Wurzeln getrennt. Die Schärfe der strikten Verfügung hätte bei einigen hundert Mädchen etwas Ähnliches durchschnitten: Pläne, Träume, Zukunft, Studium, Ausbildung. – Warum auch nicht? Wer fragte bei den Männern danach? Aber das zu äußern wäre höchst unpassend gewesen, und Hover fühlte, daß er es gar nicht nötig hatte. Er gestattete sich sogar die Andeutung eines Lächelns, als er sagte:

«Das wird keine Schwierigkeiten machen, Herr General. Im allgemeinen haben sich die KHD-Maiden auf der ‚Insel' ausgezeichnet akklimatisiert. Wir bieten für heutige Verhältnisse manchen Anreiz: Meer, Strandleben, Wassersport ...»

«... und Männer aller Qualitäten und Quantitäten», sagte der aggressive Oberfeldintendant spöttisch.

Hover zuckte mit den Schultern, als wäre damit alles ausgesprochen. Er sah, wie der General und der Ministervertreter einen Blick tauschten. Es war klar: er hatte gewonnen.

Die braune Enklave verließ den Konferenzsaal zuerst.

Wie Pfifferlinge, fuhr es Hover durch den Kopf. Die findet man auch immer in solchen Grüppchen zusammen. Großer Hut, dünne Beine. Hover stand, als der hohe NS-Führer an ihm vorbeikam, in strammer Haltung unmittelbar unter dem großen Führerbild, das die eine Schmalseite des Raumes einnahm. Der gewichtige Mann sah ihn kurz und fest an. Hover wußte sehr gut, daß sich das Ministerium besonders für die «Insel» interessierte. Hunderte von Lastwagen und Geräten, mit deren Hilfe das Rüstungswerk aufgebaut und kriegsmäßig erweitert worden war, trugen noch heute in weißer Ölfarbe groß den abgekürzten Namen des Ministers. Damals war er noch der große Inspektor für das Bauwesen des Reichs gewesen.

Der General zog sich in sein Arbeitszimmer zurück, und der straffe Kodex der Generalsbesprechung war im gleichen Augenblick durchbrochen.

«Na, alter Mädchenhändler, haben Sie es mal wieder geschafft? Netter Posten, den Sie da bekleiden.» Der Oberfeldintendant war zu Hover getreten.

«Wie man's nimmt, Herr Oberfeldintendant.»

«Sie tun ja gerade, als müßten Sie Ihr ganzes zusammengesuchtes Weibervolk auch selber bewachen.»

Hover schmunzelte und ließ den Ranghöheren als ersten durch die Tür gehen.

«Dann hätte ich längst das Kriegsverdienstkreuz Erster verdient.»

«Mit Schwertern, die man eigens für Sie dazu stiften müßte. Sagen Sie mal ... aber gehen wir doch erst essen.» Ein pikantes Kasinogespräch schien dem Intendanten gewiß. Er war enttäuscht, als Hover ablehnte:

«Ich bin verabredet. Bitte entschuldigen Sie mich.»

Der Intendant machte ein Gesicht, als vermute er, Hover habe mit einem ganzen Dutzend KHD-Maiden ein Rendezvous.

Der mittelgroße, zur Fülle neigende Mann in Zivil mit dem runden Parteiabzeichen am Rockaufschlag hatte sich so gesetzt, daß er ein Stück des Kurfürstendamms überblicken und die Gedächtniskirche sehen konnte. Uniformen beherrschten das Straßenbild und das Lokal. Eine Kellnerin bat ihn um die Marken für das bestellte Essen. Er ließ sie großzügig in seinem reichhaltigen Bestand an Reisemarken wühlen, während er interessiert eine Gruppe Unteroffiziere beobachtete, die geräuschvoll an einem der Nebentische Platz nahm. Sie trugen die hohen edelweißgeschmückten Bergmützen der Gebirgsjäger. Der Mann lächelte in sich hinein wie einer, der sich an Vergangenes erinnert fühlt. Die Gedächtniskirche wurde ihm zum Stefansdom, die Berliner Weiße zum Heurigen. – 12. März 1938. Er fuhr mit dem Standartenführer nach Süden, um dem Fürsten Starhemberg die Hand zu schütteln, weil es geschafft war. Freilich ohne ihn, Gustl Schwendtmayr, der im Jahre 36 aus Wiener Neustadt hatte verschwinden müssen, um in der Obhut des Reiches den Anschluß der deutschen Ostmark abzuwarten.

«Fräulein, zwei Flaschen Roten für die Gebirgsjäger da in der Ecke.» Es ist wegen Eva, dachte er, nur wegen Eva. Ich bin abergläubisch, ich brauche ein Guthaben bei der Vorsehung.

Wenn es Hover wirklich fertigbrächte ... In seine Gedanken um die zwanzigjährige Stieftochter hinein fragte die Kellnerin:

«Darf ich den Herren verraten ...?»

«Nein, keine Andeutung woher.»

«Der Herr ist Österreicher?»

«Gewesen, Fräulein.» Es klang liebenswürdig zurechtweisend. Er sah der Davongehenden nach. Wieder fiel ihm Eva ein. Nicht viel älter als sie, dachte er. Aber zu breites Fahrgestell. Ist bei Eva viel besser proportioniert.

Er hatte Hover nicht hereinkommen sehen und war überrascht, als der lange, hagere Hauptmann vor ihm stand.

«Du hattest deine Augen zufällig woanders», spottete Hover.

«Nicht von Belang.» Schwendtmayr wendete sich mit gespannter Aufmerksamkeit dem Angekommenen zu, der seinen grauen Ledermantel am überfüllten Garderobenständer unterbrachte.

«Wie steht es, hast du etwas erreicht?»

Hover griff nach der Speisekarte und rümpfte die Nase. «Auch nicht besser als unsere Kasino-Auswahl. Kein bißchen Abwechslung im Gemüse.» Leiser sagte er: «Warum liefert uns Frankreich keine Artischocken!» – Und über den Rand der Karte hinweg: «*Ich* erreiche immer etwas!»

Schwendtmayrs Gesicht blieb voll Erwartung. Er sah nicht einmal, daß die Gebirgsjäger den Wein serviert bekamen und sich erstaunt und neugierig nach dem anonymen Spender umblickten. – Du ausgemergelter preußischer Wrukenbaron, dachte Schwendtmayr, läßt dir jedes Wort aus den Zähnen ziehen. Kannst es dir leisten, weil du die Trümpfe in der Hand hast. – Beherrscht sagte er: «Du bist heute mein Gast, Hover. Was möchtest du trinken?»

Vom Tisch der Gebirgsjäger her übertönte die Stimme eines jungen Österreichers das Gesumm und Gebrodel des dichtbesetzten Lokals: «Ein Hoch auf den edlen Spender!» – «Prosit!» fielen die anderen ein und musterten aufmerksam die Nachbarschaft ihres Tisches.

Unwillkürlich straffte sich Schwendtmayrs Haltung. Amüsiert fragte Hover:

«Immer noch so nobel? Aha, alte Landsmannstreue.» Er schüttelte den Kopf. «Warum zeigst du dich nicht?»

«Wozu! – Die Männer haben ihren Spaß. Weiter wollte ich nichts. Wer weiß, was ihnen noch blüht.»

«Ihr Österreicher seid alle sentimental.»

«Alle?» Schwendtmayr räusperte sich vielsagend und beobachtete mit Genugtuung, daß Hover etwas unruhig wurde. Braunau lag schließlich auch in Österreich.

«Fast alle», verbesserte sich der Hauptmann und lenkte geschickt das Gespräch auf ein anderes Thema. «Die Sorge um deine Stieftochter zum Beispiel ist ein Beweis. So ein Theater würde ich mit meinen eigenen Kindern nicht machen.»

«Hab erst mal welche.»

«Na schön. Ich bin sehr gespannt auf die junge Dame.»

«Du kannst sie also auf der Insel unterbringen?»

«Ich habe es durchgesetzt, daß wir KHD-Maiden dienstverpflichten können, wenn sie selber einverstanden sind.»

Schwendtmayr schien von einer Last befreit.

«Eva ist es, verlaß dich drauf. An ein Studium ist für sie jetzt nicht zu denken. Es kommt mir darauf an, daß sie in eine Stellung kommt, von wo sie während des Krieges nicht mehr weggeholt werden kann. Immer wieder Fragebogen ausfüllen, Rede und Antwort stehen müssen, warum der Vater emigriert ist, verstehst du, macht das Mädel völlig fertig. Sie muß zur Ruhe kommen. Ihr habt eine hohe Dringlichkeitsstufe dort. Ich will nicht, daß man sie in irgendeine Munitionsanstalt abschiebt. Schließlich heiratet sie mal einen von den Unseren.»

«Schon fest?»

«Ziemlich.»

Hover mußte seine Überraschung mit einem Schluck Wein hinunterspülen. Hier saß einer vor ihm, der ihm im Manövrieren wohl noch überlegen war.

«Ich habe die Maidenführerin unseres Standortes herbestellt», sagte er. «Wenn du es geschickt anfängst, wird sie nicht viel fragen, warum deine Stieftochter ausgerechnet auf die Insel versetzt werden soll. – Da kommt sie übrigens schon.»

Hover erhob sich und ging einem Mädchen entgegen, das an der Drehtür etwas ratlos stehengeblieben war. Eine Runkelrübe, dachte er und begrüßte sie in vollendeter Kavaliersmanier. – Schwendtmayr musterte aus der Entfernung zuerst den Hut der Maiden-Oberführerin, der wegen eines blonden Nackenknotens viel zu hoch auf dem Kopfe thronte. Die unvermeidliche braune

Ledertasche der Arbeitsmaiden ıing ihr über die Schulter. Sie folgte Hover mit einem Schritt, den alle jene Mädchen angenommen hatten, die es seit acht oder mehr Jahren für zünftig und ehrenvoll hielten, Bundschuhe zu tragen. Seufzend dachte Schwendtmayr: Ich werde sie heute abend in die Oper einladen müssen. – Ihr Gesicht unter der gewaltsam herabgeknifften Hutkrempe war jung, aber zu gewollt energisch, um reizvoll zu sein. Die Bräune der Haut, die um diese Jahreszeit nur vom Hochgebirge, von der See oder von einem südlichen Frontabschnitt stammen konnte, fiel auf. Soldaten und Offiziere blickten sich nach ihr um. – In meinem braunen Ledermantel sehe ich auch noch ganz passabel aus, dachte Schwendtmayr, während er sich erhob und seinen Namen nannte.

«Von der NSV-Gauamtsleitung Posen», vervollständigte Hover die Vorstellung.

Auf den jungen Gebirgsjäger, der sich durch die Menge heranschob, hatte keiner geachtet.

Er nahm vor Schwendtmayr Haltung an und sagte in schönstem Österreichisch:

«Gestatten, Herr Amtsleiter, daß ich mich bei Ihnen bedanke, im Namen meiner Kameraden. Der Rotspon war ausgezeichnet.»

Schwendtmayr wollte überrascht abwehren. Aber da die Ovation just in diesem Moment erfolgte, konnte er seine Genugtuung nicht ganz verbergen. Er schüttelte dem Unteroffizier die Hand und winkte seinen salutierenden Kameraden über die Tische hinweg leutselig zu.

«Sie sind Wiener?» fragte die Maidenführerin, als der Gebirgsjäger gegangen war. Sie hatte den scheußlichen Hut abgenommen und lächelte Schwendtmayr an.

Vivat Austria, dachte Hover amüsiert. Auch der Schnürschuh gewinnt heute eine Schlacht.

2

Kameradschaftsabend

Etwa fünf Stunden, das Umsteigen in den Bäderzug eingerechnet, brauchte man vom Stettiner Bahnhof in Berlin bis zur Insel. Das Eiland gehört nicht zu den ganz kleinen, es liegt auch nicht als Vorposten weit draußen im Meer, vielmehr sieht es sich genötigt, den Arm, den ihm der große Bruder Festland in Gestalt einer Brücke entgegenstreckt, anzunehmen. Immerhin – es blieb Insel.

Die Menschen, die in den Jahren nach 1939 im Eilzug über die Brücke fuhren, einen Wehrmachtsfahrschein in der Tasche, dazu Marschbefehl oder Dienstverpflichtung, glaubten, dem Kriegsgott schon genügend Tribut zu zahlen, indem sie sich bereit fanden, von diesem gottverlassenen Erdenzipfel aus dem Ende des Völkermordens entgegenzusehen, das in allen Richtungen der Windrose im Gange war.

Als der junge Physikochemiker Dr. Jürgen Baer im April des Jahres 1942 an ebendieser Stelle das Festland hinter sich ließ, trug er die feldgraue Uniform mit dem Gefreitenwinkel am Ärmel. Er befand sich also in dem gleichen Dienstrang, von dem aus ein österreichischer Soldat des ersten Weltkrieges seine «weltgeschichtliche Sendung» angetreten hatte. Baer hatte sich viel mit diesem Manne beschäftigt. Er trug sein Zeichen an der Mütze und am Koppelschloß. Nicht das ganze Leben war Physik. – Zwei Tage später trug der Gefreite Baer Zivilkleidung. Der schmale Wasserstreifen zwischen Festland und Insel genügte für einen kräftigen Klimawechsel. Physikalisch war das allerdings nicht zu erklären.

Zunächst fühlte Baer sich unbehaglich, als trüge er geliehene Kleider. Die Zivilsachen waren für ihn eine Behausung, die er zu lange verlassen hatte, um sich noch heimisch zu fühlen. Die Jacke mit dem Gefreitenwinkel lag im Koffer obenauf. Er wurde den Gedanken daran nicht so schnell los. Einen Koffer kann man in eine Ecke stellen oder unters Bett schieben, aber man kann ihn nicht aus der Welt schaffen. Er läßt sich jederzeit öffnen, und der Gefreite darin kann gespenstisch wie ein Scheintoter auferstehen. Und dann ginge alles wieder weiter wie in den vergangenen zwei Jahren: Königsbrück und Groß-Born, fremde Landschaften und Flüsse, Begegnungen mit Menschen, denen man am liebsten die Hände gedrückt hätte – und das schlimmste, der Ekel vor sich selber, wenn man das tat, was sie die Notwendigkeit des Krieges nannten.

Nach alledem bot sich die Insel von ihrer besten Seite an. Man feierte sogar Feste. Die Mädchen hier brauchten sich keine große Mühe zu geben, hübsch auszusehen. Sie waren es: gebräunt von der Frühlingssonne, ein buntes Zipfeltuch um den Hals, einen farbigen Stoffstreifen zum Turban geschlungen. Sie hatten die Sonnenstrahlen in sich aufgenommen, die in den Mulden der Dünen den Sand erhitzten. Bereits jetzt im April. Jürgen Baer bemühte sich, nicht mehr an den Koffer unter seinem Bett zu denken, auch nicht mehr an die bissige Abschiedsrede seines Oberfeldwebels: «Ausgerechnet *Sie* müssen für einen Geheimbetrieb freigestellt werden. Es ist geradezu lachhaft. Nirgendwo organisiert, keine Kriegsauszeichnungen. Was war Ihre letzte Dienststelle? – Ach so, die Universität! Na ja, Intellektueller. Habe erfahren, NS-Dozentenbund hält Sie für ein unzuverlässiges Element. Aber die Rüstung hat langen Arm, sucht Fachleute. Zivile Leitung hat ein Auge auf Sie geworfen. Nun gut, ich wasche meine Hände in Unschuld.»

Die «zivile Leitung» – das war der technische Direktor der Versuchsstelle, für den Baers Professor in Göttingen einen Entwicklungsauftrag hatte. Der junge Wissenschaftler war bekannt dafür, daß er überall an den Hochschulen die Fachleute aufspürte, die er für sein Projekt gebrauchen konnte. Hatte er sich einen aufs Korn genommen, dann ließ er nicht locker, bis er ihn auf seiner Insel wußte. Seine Beredsamkeit hatte fast immer zum Ziel geführt.

Auf diese Weise war Jürgen Baer in den geheimen Betrieb gekommen und wieder zum Zivilisten geworden. Zunächst galt es, etwaigen Bedenken, die von der Universität gegen ihn vorliegen mochten, keine neue Nahrung zu geben. Am besten, man nahm den Kameradschaftsabend wahr wie jeder andere hier. Baer rückte sein Jackett zurecht und versuchte, sich so zivil wie möglich zu benehmen.

Für die improvisierte Bar in der großen Durchgangshalle des technischen Hauptgebäudes hatten die Konstrukteure ihre Reißbretter hergegeben. Eine technische Angestellte, groß, etwas üppig, im ganzen sehr attraktiv, von allen «Kaiserin» genannt, betätigte sich tonangebend als Barfrau. Die Kantinengetränke boten ihr wenig Möglichkeiten, aber die Bar erfüllte als Treffpunkt für die Jüngeren ihren Zweck um so mehr, als das offizielle Tanzverbot auch bei Kameradschaftsfesten respektiert werden mußte.

Baer kannte außer den weiblichen Angestellten seiner Abteilung bisher nur die Betriebsfürsorgerin. Marlies Hasse gefiel ihm. Sie war nicht sonderlich temperamentvoll und gehörte nicht zu den jüngsten der Mädchen, dafür konnte man mit ihr reden. Als er sie versonnen auf einem zum Barhocker erkorenen Zeichenschemel sitzen sah, ging er zu ihr.

Sie hatte gerade Betrachtungen über die Kaiserin angestellt und ließ ihn daran teilhaben. Das Mädchen hatte seiner Kundschaft zu oft Bescheid getan und lachte gefährlich hoch und viel. Marlies winkte die Kasino-Ordonnanz heran.

«Lösen Sie bitte Fräulein Kaiser ab», sagte sie.

Der junge Bursche in der weißen Jacke nahm kurz Haltung an, zwinkerte verständnisinnig und entwand der Kaiserin ohne Zögern die Weinbrandflasche. Das Mädchen ließ es mit einem erstaunten Seitenblick geschehen. Als sie die erheiterten Gesichter um sich wahrnahm, lächelte sie so hoheitsvoll, wie es ihr noch möglich war, und vertauschte die Bartheke mit einem Tisch im Hintergrund des großen Raumes, wo sie von einigen jungen Leuten geräuschvoll in Empfang genommen wurde.

«Sie haben keinen leichten Posten», sagte Baer zu Marlies.

«Wenn Sie meinen, daß ich mich als Gouvernante all der Mädchen fühle, dann irren Sie sich.» Sie sah ihn forschend an. «Moralwächter zu sein liegt mir gar nicht. Daß ich hier eben eingegriffen habe – nun ja! Oberstleutnant Kelner wäre wohl nicht erbaut gewesen, wenn er Christa Kaiser so gesehen hätte, zusammen mit seinen Ordonnanzen am Ausschank.»

«Was denn? Der Kasino-Chef und die Kaiser ...?»

Marlies hob die Schultern. «Sie werden sich hier noch an manches gewöhnen. Er ist ja ‚nur' dreiunddreißig Jahre älter als sie.»

Ein langer, hagerer Hauptmann zog Marlies ins Gespräch.

Jürgen Baer, sich selbst überlassen, sog an einem Strohhalm und schickte, über das Schorleglas gebeugt, seine Blicke über die breite Theke. Er verglich seine eigenen Beobachtungen mit dem, was er eben gehört hatte: Da war also ein Mädchen, die Kaiserin. – Wie alt mochte sie sein? – Wohl der gleiche Jahrgang wie die Braunhaarige, die eben zur Bar getreten war. Sie hatte ein auffallendes Profil und gesunde, etwas große Zähne. Einige ihrer Begleiter kannte er: junge Ingenieure, Physiker und ein Mathematiker. Mit dem einen hatte Baer sich am Prüfstand bekannt gemacht. Ein ernsthafter Mensch, dieser Martin Uhlig. Etwas zu nüchtern, zu verkrampft für das dunkelhäutige Geschöpf neben ihm, das sich inmitten des Kometenschweifs junger Männer mit einer verhaltenen Heiterkeit bewegte. Uhlig schien verstohlen darüber zu wachen, daß die Braune mit ihren Gunstbezeigungen maßhielt. Offenbar gehörte sie zu ihm, denn er war es, der ihr Glas wieder nachfüllen ließ. Daß sie es auch gegen die anderen erhob, mußte er in Kauf nehmen.

Baer drehte nachdenklich sein Glas. Vermutlich ließe auch er es geschehen, wenn er damit ihre Aufmerksamkeit erkaufen könnte. Aber sie schaute nicht einmal herüber. Sie war ausgefüllt. – Wieder hatte er das Gefühl, in einem geliehenen Anzug zu stecken. Er zerquetschte den Strohhalm und erhob sich voller Unbehagen. Vergeblich durchsuchte er seine Taschen nach der Raucherkarte. Nicht einmal Zigaretten konnte er sich kaufen. Sicherlich hätte ihm Uhlig ein paar geliehen. Aber das Ansinnen könnte als Vorwand gedeutet werden, das Mädchen kennenzulernen. Baer sah sie jetzt von hinten. Das glänzende glatte Haar lief zu einer tiefen Nackenrolle aus. – Das Mädchen würde lächeln, ihre großen weißen Zähne zeigen, seinen Titel, den irgend jemand bei der Vorstellung nennen würde, mit heimlicher Genugtuung registrieren und sich einbilden, ihn durchschaut zu haben. Nein, so nicht! – Er drehte sich auf dem Absatz um. In der Kantine würde er wohl jemand von seiner Abteilung finden, den er um ein paar Zigaretten angehen konnte.

Als er in den kleinen Speisesaal der Kantine eintrat, winkte Marlies Hasse ihm zu. Sie saß mit dem hageren Hauptmann Hover zusammen und rauchte. Mit liebenswürdiger Selbstverständlichkeit verfügte sie über Jürgen Baer, und angesichts der vollen Zigarettenschachtel auf dem Tisch hatte er nichts dagegen einzuwenden.

Es war Abendbrotzeit, und der einzige gemütliche Raum der großen Kantine füllte sich zusehends. Jürgen Baer fand den Hauptmann mit der steilen Stirnfalte und den zu lang und lappig geratenen Nasenflügeln, die dem Offiziersgesicht etwas Herrisch-Anmaßendes gaben, nicht sonderlich sympathisch. Vielleicht auch deshalb, weil er sich durch ihn unliebsam an seine Soldatenzeit erinnert fühlte. Aber Marlies und den Zigaretten zuliebe würde man eben zusammen essen.

Marlies und Hover waren aufgestanden, um für Baer noch eine Tischdame zu suchen. Währenddessen rauchte Baer mit Genuß. Hovers grauer Offiziersledermantel über der Stuhllehne machte das Abwehren der vielen Platzsuchenden leicht. Baer lachte in sich hinein. Ob der Hauptmann noch vor acht Tagen Wert auf seine Gesellschaft gelegt hätte? Irgend etwas hatte an der Uniform des Soldaten Baer immer schlecht gesessen.

Die Kellnerin, die ihm ein Bier brachte, sprach pommersches Platt. So etwa würde Hanna Peplow sprechen. Ob Marlies sie kannte? Er scheute sich, sie danach zu fragen. Sie konnte einen so durchdringend anblicken. Und sie würde sich wundern, warum er sich ausgerechnet nach der Fischerstochter erkundigte, die vielleicht Werkstattschreiberin war oder etwas Ähnliches.

Und der Vater, der nicht mehr fischen durfte, sollte bei der Wachmannschaft sein. Nachtwächter vielleicht. Es war Baer in diesen ersten Tagen noch nicht gelungen, ihn in dem schwer übersehbaren Werk ausfindig zu machen. Konnte das braune Mädchen, das er neben Uhlig gesehen hatte, vielleicht Hanna sein? Man würde dann zusammen arbeiten müssen. – Er nahm die dritte Zigarette. – Das Mädchen hatte einen merkwürdigen Zug um die Augen. Schwer erklärlich, warum gerade dieser Teil ihres Gesichts ihn so stark beeindruckt hatte. Für die Töchter der deutschen Wasserkante war sie jedenfalls nicht charakteristisch. Sie müßte Suleika heißen, dachte er.

Daß sie Eva hieß, erfuhr er wenige Minuten später. Sie stand vor ihm, lächelnd, die Zähne entblößt, und ein bißchen erhitzt. Sie hatte einen Tag des Triumphes hinter sich. Man soll diese Triumphe einer Zwanzigjährigen nicht unterschätzen. Manche zehren ihr ganzes Leben davon. – Marlies und der Hauptmann hatten es fertiggebracht, sie Uhligs Besitzerblick zu entreißen und ihm zuzuführen. Das Gefühl, hier fremd zu sein, war plötzlich von Baer gewichen. Er selbst rückte die Stühle, bot die Plätze an und rief nach der Bedienung.

Also doch nicht Hanna, dachte er, als er zwischen ihr und Marlies Platz nahm. Ihr Familienname war ihm bei der Vorstellung entgangen. Hover schien sie eben erst kennengelernt zu haben, wußte aber viel von ihrer Familie. Er nannte sie Fräulein Eva. Marlies war offensichtlich ihre Vertraute.

«Wir wohnen zusammen», sagte Marlies erklärend.

«Im Arbeitsdienst waren wir ein Dutzend im Schlafsaal», erzählte Eva, «und im Kriegshilfsdienst hausten wir zu sechst auf einem Zimmer.»

«So waren Sie nicht allzu enttäuscht, daß es mit dem Einzelzimmer nicht klappte?» fragte Hover.

«Es ist sehr schön so.»

«Die Maidenführerin wollte keine Ausnahme machen», erklärte der Hauptmann.

Sie blinzelte Hover vielsagend an. «Gustl war wohl nicht ihr Typ? Er hat mir von der Unterredung in Berlin geschrieben ...» Sie biß sich auf die Lippen, als sie Hovers mißbilligenden Blick auffing.

Baer blies Rauchwolken gegen ein großes Plakat. Es hing neben ihm an der Wand und zeigte den schwarzen Schattenriß und die mahnende Schrift «Pst! Feind hört mit!». Er sah, daß sich Eva etwas eingeschüchtert über ihren Teller beugte, und er erkannte, wie jung sie war und wie unerfahren und daß sie mühsam etwas in sich verschloß. Feind hört mit! Also auch in ihrem Leben gab es etwas!

So eine Giftküche des Reichs war eine supergeheime Angelegenheit. Das hatte er zu hören bekommen, noch ehe man ihm eine Bleibe anwies. Die Insel war das Geheimste vom Geheimen. Wer hier arbeitete, mußte die arische Großmutter besitzen und politisch eine weiße Weste haben. Kein Feind durfte mithören. – Der schwarze Schatten auf dem Plakat hatte für einen Augenblick eine graue Nebelkappe. Die Schachtel R 6 war leer geraucht. Baer griff zur Gabel. – Wie viele mochten wohl in diesem Saal sein, die bereit wären, den englischen Fliegern das Kreuzchen in die Landkarte zu zeichnen? Das bewußte Kreuzchen, das Zeichen für die Baracken in den Kiefernwäldern, für versteckte Prüfstände, getarnte Werkstätten und Laboratorien mit empfindlichen Geräten: die Insel.

Eva schob ihren Teller von sich. Dabei bemerkte sie, daß Baer sie beobachtete. Sie wurde unsicher und wich seinem Blick aus. Ihr Halt an diesem Tisch war Marlies. Er freute sich über ihre Befangenheit.

Als er auf Marlies' Raucherkarte Zigaretten geholt hatte, erzählte Eva von einem Fahnenjunker-Feldwebel, der die Tochter ihres Stiefvaters liebte. Hover schien sie auf Familiengeschichten abgelenkt zu haben. Dann erwähnte sie einen jungen Architekten, der sich erst als Offizier bewähren wolle, ehe ...! Alle Mädchen von zwanzig Jahren sehen es offenbar als Verdienst an, einen Verlobten vorweisen zu können, dachte Baer.

Hover nahm ihre linke Hand und sagte ironisch: «Sie tragen ja gar keinen Ring!»

In der Tür stand Martin Uhlig und überblickte suchend die vollen Tische.

Schade, dachte Jürgen Baer. Mein Fest ist jetzt wohl zu Ende.

3

A4V1P

Das Kurvenlineal, in starker Krümmung wie in sich selbst zurücklaufend, erinnerte Eva an einen Embryo. In einem Buche «Vom Werden des Menschen» war sie Abbildungen dieses vorgeburtlichen Stadiums zuerst begegnet und hatte sie mit geheimem Schauder betrachtet. Sie war damals eben in die Quinta gekommen. Das wußte sie noch sehr genau, weil es gerade die Zeit war, in der sie ihren Vater verlor; nicht verlor wie andere Kinder, deren Väter im Steinbruch verunglückten oder an einer Operation starben. Ihr Vater lebte, und trotzdem hatte sie ihn verloren.

Das war nun neun Jahre her. Ahnungslos hatte sie bei den Großeltern in Langenbrück, dem großen Dorfe südlich der Kreisstadt, in der sie mit den Eltern lebte, ihre Osterferien verbracht und in Großvaters Bücherschrank gestöbert, weil die alten, auf dem Boden lagernden Jugendbücher ihrer Onkel sie nicht interessierten. «Horridoh Lützow», «Unter Preußens Fahnen» und «Stolz weht die Flagge Schwarz-Weiß-Rot», stand auf den verstaubten Deckeln. Das Buch des Großvaters sagte ihr mehr zu, wenngleich es Dinge darin gab, von denen sie Erwachsenen gegenüber nicht zu sprechen wagte, aus Angst, man könnte ihr diese Quelle der Erkenntnis wegnehmen. So wie man ihr ein Zeitungsblatt weggerissen hatte, das im kleinen Kontor des Großvaters liegengeblieben war und in dem sie die Bildunterschriften zu lesen begonnen hatte. «Dem Rassenschänder das Handwerk gelegt», stand dick gedruckt unter dem Bild eines Mannes mit verwaschenen Gesichtszügen. Weiter war sie nicht gekommen, denn der Großvater hatte den Zeitungskopf «Der Stürmer» über seine Brille hinweg erkannt, außer sich vor Wut das Blatt zerknüllt und war durchs ganze Haus gerannt, tobend in seinem gefürchteten Jähzorn. Er bezweifelte, daß das «Saublatt» *zufällig* in sein Haus gekommen war, sondern mutmaßte, daß ein Holzfuhrmann sein Vesperbrot darin eingewickelt und es absichtlich liegengelassen hatte.

Am nächsten Tage brachte die Mutter weitere Verstörung ins Haus. Sie kam allein, ohne den Vater. Verweint und zerfahren, sprach sie lange mit den Großeltern hinter verschlossenen Türen. Die stille Großmutter war zu einem gedrückten Heimchen geworden, und Eva hörte, wie sie in der Küche zu dem Hausmädchen sagte: «Auch du halte den Mund, Wally. Man darf dem Kinde nicht das Herz vergiften. Wer weiß, wie noch alles kommt.»

Eva hatte damals viel Zeit, in den dicken Nachschlagewerken des Großvaters zu blättern, denn die Erwachsenen hatten mit sich zu tun. «Außer der Praxis habe ich fast alles retten können», hörte sie die Mutter einmal sagen. «Schließlich ist das ja meine Aussteuer.»

In kurzer Zeit waren die Möbel ihrer elterlichen Wohnung notdürftig im weitläufigen Hause der Großeltern untergebracht. Alles, was vorher Behaglichkeit ausgestrahlt hatte, war plötzlich fremd und kalt. Des Vaters Schreibtisch fehlte, und der Bücherschrank war fast leer. Die Mutter war, nach zwölfjähriger Ehe mit dem Zahnarzt Albert Leonhard, in ihre Kindheitsheimat zurückgekehrt.

Eva wechselte die Schule. Der Großvater hielt es für besser. Die kleine Stadt «drüben im Sächsischen» war zwar fünf Kilometer weiter entfernt als die Kreisstadt, aber das nahm man in Kauf. Des Großvaters Wälder reichten bis an die sächsischen Gemarkungen heran, und sein Name hatte deshalb auch dort noch Klang, während der Ruf des ausgezeichneten Zahnarztes Leonhard nicht dahin gedrungen war.

Eva wurde selten nach ihrem Vater gefragt. Und wenn es einmal geschah, dann sagte sie ernst und leise: «Er ist abgeholt worden.»

Nach etwa einem Jahr schärfte ihr die Mutter ein, sie solle auf derartige Fragen antworten: «Meine Eltern leben in Scheidung.»

«Aber man darf doch nicht lügen!» erwiderte sie heftig.

Scheinbar unbewegt antwortete die Mutter: «Es ist keine Lüge. Dein Vater ist freigekommen. Er ist auf dem Wege nach Amerika. Er haßt alles in Deutschland. – Ich glaube, auch mich.»

Eva wollte entsetzt fragen: «Mich auch?» Aber sie kam nicht dazu. Die Mutter war schnell aus dem Zimmer gegangen.

Eva verband mehrere Punkte auf dem Millimeterpapier zu einer schwach ansteigenden Kurve. Ihr scharfgespitzter, harter Bleistift fuhr knapp an dem stark gekrümmten Rücken des kurzen Kurvenlineals entlang, das sie immer wieder an jene Zeit erinnerte, als sie ihr Wissen um die Geheimnisse der Menschwerdung heimlich aus dem verbotenen Buch bezog. Daß zu gleicher Zeit ringsum im Lande Tausende von Menschen zerbrochen wurden, stand in keinem Buch. Und wie man das Mädchen die Geheimnisse der Natur auf eigene Faust enträtseln ließ, so hielt man auch diese Ereignisse von ihr fern. Schamhaft. Rücksichtsvoll. In wohlmeinender Kurzsichtigkeit.

«Die Kurve müßte doch viel steiler sein!» Eva hatte eine ähnliche Messung schon einmal ausgewertet. Die zaghafte Krümmung war ihr nicht geheuer.

Am Schreibtisch gegenüber ließ Christa Kaiser unlustig ihre elektrische Rechenmaschine rattern und war für jede Ablenkung dankbar.

«Da hast du dich eben verhauen.» Sie lehnte sich im Stuhl zurück und beachtete das Ergebnis nicht, das die Maschine mit ihrem exakt arbeitenden Zahlwerk errechnet hatte. Sie gähnte. «Lange mache ich das trockene Zeug nicht mehr.»

Eva wußte, was jetzt kam. Christas «Platte», immer das gleiche mit Variationen. Etwa so: Oberstleutnant Kelner habe wieder französischen Kognak organisiert oder Räucheraale, armdick. Und die Gäste vom Waffenamt des OKH, mit denen sie kürzlich im Klubzimmer des Kasinos zusammengesessen hatte, hätten sie schon «gnädige» Frau genannt.

Eva beeilte sich, den Maßstab ihrer Koordinaten nachzuprüfen. Fehler suchen war unerquicklich, doch immer noch besser, als das Geschwätz der Kaiserin anhören zu müssen. Es hatte ihr nur am Anfang Spaß gemacht. Acht Tage lang etwa. Die Kaiserin war vielseitig wie ein Lokalblatt, und für jemanden, der sich in so einem großen Betrieb noch nicht auskannte, war das ganz nützlich.

«Ich habe den Fehler. Es liegt nur am Maßstab.» Eva radierte, setzte die Meßpunkte neu und zog ein langes Kurvenlineal hervor, das wie ein Sensenblatt geschwungen war. Jetzt stieg die Linie schön und stetig an. Die Punkte zeigten kaum Streuung, und der Gipfelpunkt war drauf und dran, den Maßstab zu sprengen. Er ging über die Beschriftung des Diagramms hinaus. A 4 V 1 P – hatte sie nach Anweisung der Gruppenleiterin hingeschrieben. Das ganze Werk schien sich aus geheimnisvollen Buchstabenreihen zusammenzusetzen. Eva hatte lernen müssen, daß sie in einer HVSt arbeitete und zur Abteilung WK gehörte. Sie radierte die unverständliche Bezeichnung auf ihrem Millimeterpapier einfach aus, bekam sie jedoch nicht wieder zusammen.

«Wenn man wüßte, was es bedeutet, vergäße man es nicht so leicht», sagte sie in der Hoffnung, daß ihr Gegenüber besser informiert sei.

Die Kaiserin gab es auf, nach draußen zu starren. Zwischen den hohen Kiefernstämmen sah man nur Arbeiter mit Elektrokarren oder Lastkraftwagen auf der betonierten Werkstraße entlangfahren. Den Leuten, die die Gedanken der Kaiserin beschäftigten, begegnete man vorn, um das Kasino herum, am Rondell, das umsäumt wurde von den Häusern der militärischen Verwaltung, dem Projektionsbüro, dem Sitz der Statik und der Direktion. Die Kaiserin lebte auf die Mittagspause hin, in der sie am Tisch einiger höherer Offiziere ihre Vorrangstellung vor den anderen Mädchen beweisen konnte. An ihren Arbeitsplatz zurückgekehrt, lebte sie noch um einige Grade ungeduldiger auf das Abendessen hin, das sie auch meist im Kasino einnahm, obwohl bereits um fünf Uhr Dienstschluß war und die meisten Angestellten auf schnellstem Wege in ihre Unterkünfte fuhren.

Die Kaiserin hatte zweijährige Erfahrung auf der Insel. Sie war bekannt dafür, daß sie sich immer dann für einen Mann zu interessieren begann, wenn jener sich gerade einem ihr konkurrenzverdächtig scheinenden Mädchen zugewandt hatte. Das gab dann Kreuzfeuergefechte von bösen Blicken und spitzen Worten, und sie hatte einige Male von sich reden gemacht. Sie war ein Blickfang, und sie besaß die Gabe, zur rechten Zeit schweigen zu können. Schweigend zuhören, mit einem Gesicht, das vollkommene Überlegenheit bei absolutem Nichtwissen vorspiegelt – ist höchste weibliche List. Die Kaiserin gebrauchte diese List längere Zeit mit Erfolg, und anfangs galt sie unter den jungen Technikern als eines der nicht alltäglichen Mädchen, die neben einem passablen Aussehen auch etwas «auf dem Kasten» haben. Erst durch den häufigen Wechsel ihrer Bekanntschaften wurde ihre Taktik ruchbar, und sie flüchtete vor der Ironie der jüngeren in das Wohlwollen der älteren Herren. Hier fand sie mehr Uniformen mit respekteinflößenden Achselstücken, allerdings auch mehr träge Beleibtheit. Doch das wurde aufgewogen durch die von militärischen Rängen im Verlauf des Krieges zunehmend beanspruchten Vorrechte, an denen sie teilhaben durfte. Und da die ehemalige Listenführerin eines Mittelschulrektors säuberlich die Dienstränge unterschied, konnten ihr weder die sich verschlechternde Ernährungslage noch die Textilknappheit etwas anhaben.

Für ein Mädchen mit solchen Beziehungen wäre es eine Schande gewesen, wenn sie die verschlüsselte Überschrift des Diagramms nicht zu deuten gewußt hätte.

«In unseren Kreisen spricht man ganz offen darüber», sagte Christa Kaiser. «A 4 bedeutet Aggregat Nummer 4, das übrige bezieht sich aufs Leitwerk. Es ist komisch, keiner erfährt es offiziell, und alle wissen, was hier los ist.»

Eva wollte sie herausfordern: «Für den Krieg arbeiten wir natürlich. Sonst wäre ja nicht alles so geheim.»

Die Kaiserin ließ sich verlocken, ihre Überlegenheit auszuspielen: «Stinkgeheim ist die Insel. Hast du keine Ahnung, was hier gemacht wird?»

«Irgendeine besondere Munition – denke ich.»

«Munition, die keine Geschütze braucht.»

«Also Bomben?»

Die Kaiserin genoß ihr Wissen. Sie winkte ab. «Hier wird etwas ganz Neues entwickelt –»

Was das Neue war, erfuhr Eva nicht. Denn ihr Gegenüber hatte es plötzlich sehr eilig, größte Emsigkeit vorzutäuschen. Sie ließ die Rechenmaschine losrattern und löschte dabei das Ergebnis ihrer vorherigen Rechnung, das noch ungenützt im Speicherwerk gestanden hatte. An Christas geschultes Ohr war das Türklappen vom Zimmer der Gruppenleiterin gedrungen. Als diese gleich darauf eintrat, schienen die Mädchen in die Arbeit vertieft.

Eva war froh, ihre exakt ausgeführte Kurve vorweisen zu können. Sie hatte ihre Vorgesetzte, die fast dreißigjährige Mathematikerin Traude Hörselmann, gern. Von ihr ging eine Atmosphäre der Emsigkeit und des beruflichen Eifers aus. Traude konnte sich für fünf Minuten auf die Schreibtischkante setzen, mit ihren Rechnerinnen das Neueste vom Tage erörtern, urplötzlich aber schloß sie die Plauderei ab, mit hartem Schnitt. Dann wußte man, daß sie sich in ihrem Büro vergrub und aufholte, was sie vertrödelt zu haben glaubte.

Traude Hörselmann kam, trotz ihrer untersetzten Rundlichkeit, eilig wie immer. Die transparenten Blätter des Millimeterpapiers auf den Schreibtischen flogen im Gegenzug durcheinander. Traudes Zähne bissen herzhaft in ein trockenes graues Brötchen, das ihre einzige Nahrung bis zum Spätnachmittag war. Sie wollte schlank werden. Doch böse Zungen behaupteten, daß sie der Hunger bei so ausgedehnten Fastenzeiten zwinge, von diesen Brötchen zuweilen fast ein Dutzend zu vertilgen oder aber die Abendmahlzeit so üppig auszudehnen, daß damit das Gegenteil ihres Vorhabens erreicht werde. Jedenfalls nahm sie nicht ab, obwohl sie es behauptete. «Ich bin zu breitschultrig im Gesicht», sagte sie in liebenswürdiger Selbstironie. Sie war Hamburgerin und nannte Eva, die Jüngste ihrer Arbeitsgruppe, «Lütten».

«Wie wär's mit der ersten Nachtschicht, Lütten? Dr. Klemt hat eben angerufen. Heute abend fängt eine neue Meßreihe an. A 4 mit verändertem Leitwerk. Soll ich dich mit einteilen?»

«Am Windkanal?»

«Ja. Als Protokollführerin.»

«Wenn du meinst, daß ich es kann?»

«Du wirst es schnell lernen. Da sind genug dabei, die dir zeigen können, worauf es ankommt.»

«Und wann?»

«Heute abend zweiundzwanzig Uhr. Das geht dann bis morgens um sechs, vier Nächte hintereinander. Nach dem Essen fährst du nach Hause und legst dich hin. Aber nicht verschlafen!» Sie ging. Auf der Schreibtischecke blieben ein paar Brötchenkrümel zurück.

«Nachtschicht – so plötzlich, das hätte mir noch gefehlt.» Christa Kaiser zog die Wachstuchhaube über die Rechenmaschine. Es war Viertel vor zwölf. Ein bißchen zurechtmachen, Hände waschen und geruhsam den Hauptweg entlangschlendern, der nicht der kürzeste war, aber auf dem man gesehen wurde, dann kam man gerade zurecht ins Kasino.

«Mein Verlobter, der Oberstleutnant, hat sich beschwert, als ich kürzlich Nachtschicht machen mußte. Fünf Nächte hintereinander, weil wir Panne hatten und nachholen mußten, was die Tagschicht verpatzt hatte. Jetzt habe ich erst mal eine Weile Ruhe. Gott sei Dank! Abends zur Schicht gehen wie ein Arbeiter! So was Blödes. Gerade, wenn's im Kasino gemütlich wird.»

«Es ist doch nun mal Krieg.»

Die Kaiserin kämmte sich vor einem kleinen Spiegel ihren kurzgeschnittenen Bubenkopf. Sie zuckte mit den Schultern. «Genieße den Krieg, der Friede wird fürchterlich.»

Das Telefon zerschrillte das letzte Wort. Eva meldete sich: «Guten Tag, Martin.» Sie schien erfreut zu sein. «Danke, es ist mir gut bekommen. Wie war es in Kassel? Hattest du gutes Flugwetter? – Heute abend? Nein, ich bin nicht im Kasino. Ich habe Nachtschicht. Morgen und übermorgen auch noch. – Ja, schade. – Was ist das, ein Startfrühstück?»

Die Kaiserin tat, als gälte ihr die Frage. «Kaffee, Cola-Schokolade, Wurst, Eier und Vollmich. Laß dir das nicht entgehen.»

Eva fühlte sich gestört und stopfte den Finger ins Ohr. Als sie den Hörer auflegte, stand die Kaiserin an der Tür. «Immer noch so für die Nachtschicht eingenommen?»

Eva sah nicht zu ihr hin. An einem Kiefernstamm vor dem Fenster begann ein Specht zu arbeiten. Unablässig schlug sein spitzer Schnabel gegen das Holz. Er hatte wohl Gründe für seine

Emsigkeit. Eva sagte: «Man muß doch wissen, wofür man hier ist.»

Die Kaiserin ging mit einem lakonischen «Mahlzeit!» hinaus.

Und Eva dachte: Wofür? A 4 V 1 P – eine unbekannte Größe. Acht Stunden täglich hatte sie einen zu beschäftigen. In einem Barackenbüro. Es war gar nicht so schlecht. Die Baracke war zentralgeheizt. Vielleicht lernte man doch noch von den Praktiken der Kaiserin. Dann blieben etwa vier Stunden reine Arbeitszeit und keine Nachtschicht. Nur – auf das Wofür war das noch keine Antwort. Man durfte hier nicht viel fragen. Selbst die nette Traude Hörselmann konnte mißbilligend die Augenbrauen hochziehen und mit Blicken warnen. – Der Specht suchte unablässig nach Nahrung. – Ob die Kaiserin heute wieder einen fetten Aal von ihrem Oberstleutnant bekommen würde? – Martin Uhlig wird sein Startfrühstück, das er mit ihr teilen wollte, allein essen müssen.

Als der Luftstrom mit einer Geschwindigkeit, die dreimal größer als die Schallgeschwindigkeit war, durch die Meßstrecke geblasen wurde, erzitterte der geflügelte Pfeil an seinem Halter unter dem ungeheuren Anprall. Die scharfe Spitze zerteilte die Strömung und zwang sie, während der Pfeil sich ausbalancierte, in symmetrischer Ablenkung an seinem glatten Körper vorüberzuziehen.

Daß man das sehen konnte! Schlieren vom dunkelsten Grau bis fast ins Weiße gehend, Luftströmungen hinter der Glasscheibe der Meßkammer, geteilt und sichtbar, was sich sonst dem Auge verbarg.

Von Dingen, an deren Vorhandensein sie nie gedacht hatte, war Eva schnell fasziniert. Aufmerksam wie ein Kind, das sich zum erstenmal des Wunders der Eisblumen bewußt wird, verfolgte sie die Tätigkeit des Versuchsleiters. Ein Knopfdruck: Die Luftzufuhr hörte auf, und das Schlierenbild verschwand. Dumpf rauschte es minutenlang, als die hereingedrückte Luft aus dem Kessel, einem Behälter in Form einer Riesenkugel, wieder ausgestoßen wurde, bis die Uhr das für die nächste Messung notwendige Vakuum anzeigte.

«Anstellwinkel minus drei Grad», bestimmte Immisch, der Versuchsleiter. Berthel Drews, eine Versuchsingenieurin, schob die doppelten Glaswände der Meßkammer zur Seite und montierte an dem Modell, bis die Spitze genau um drei Grad von der Horizontalen abwich.

Und wieder: Fertig – Knopfdruck – brausendes Hereinpressen der Luft – das faszinierende Schlierenbild auf der Mattscheibe der eingebauten Spezialkamera mit dem Schattenriß des Silberpfeils im Mittelpunkt – angespanntes Beobachten der Meßinstrumente – die Nadeln steigen – zittern – stehen still. Widerstand, Auftrieb! – Notieren! Notieren! Schnell, schnell, aber genau! Sonst streuen die Punkte später beim Auswerten, und kein Kurvenlineal kann die davonspringenden Meßwerte bändigen. Wer war der Protokollführer? hieße es dann. Schlechte c^a-Kurve! Kontrollen anstellen mit den Schlierenaufnahmen. – Man kann die jagende Luft in ihrer unterschiedlichen Dichte sogar fotografieren. Als dunkler Kern darin der schlanke Flugkörper, genau gegen die schmale Düsenöffnung gerichtet, die Spitze in der Null-Grad-Stellung: ein Bild vollendeter Symmetrie.

«Noch nie etwas mit Technik zu tun gehabt?» fragte Immisch die Neue, die Traude Hörselmann erstmalig zur Nachtschicht herangezogen hatte.

Eva verneinte. Technik? So gut wie nicht. Vater hatte mit seinem Zahntechniker Gebisse gemacht. Silberne Drähtchen, Platten und Spangen aus Gold hatte es da gegeben, nachgemachte Zähne und eine rote, dem Zahnfleisch ähnliche Masse. Sie hatte sich davor geekelt, wenn sie es den Vater auch nie hatte merken lassen. Sie beobachtete lieber die Menschen, die zum Vater kamen; oft mit schmerzverzogenen Gesichtern, ängstlich manche – sogar erwachsene Männer. Einer von ihnen war der Landrat gewesen, und die Assistentin hatte ihn spöttisch einen Waschlappen genannt. Aber wenn die Behandlung vorbei war, lachten die meisten, schüttelten dem Vater die Hand und bedankten sich.

A 4, das Aggregat in der vierten Entwicklungsstufe, hier um ein vielfaches verkleinert im Windkanal, war Technik. Ganz moderne Technik. Um dieses Gerät schien sich das ganze Werk zu mühen, Tausende von Menschen. Spezialwissenschaftler, Spezialingenieure, Spezialarbeiter taten nichts anderes, als die Form seines Körpers, die Einrichtung seines Inneren, die Flügelstellung seines Leitwerks zu errechnen, zu entwerfen, zu konstruieren, zu erproben. Eva Leonhard, die sich noch nicht um Technik gekümmert hatte, war Geburtshelferin dieses «Geschöpfs».

Was erwartete man von diesem «A 4»? Eva sah zu Immisch hinüber. Ob er darauf antworten würde? Vermutlich durfte er gar nicht. Hier sollte jeder nur gerade so viel wissen, wie er zur Verrichtung seiner kleinen Teilarbeit unbedingt brauchte. Und ihre Teilarbeit war sehr unbedeutend. Ein Koordinatenkreuz, eine Kurve vom Nullpunkt stetig ansteigend, eine Flugbahn darstellend, was sonst? Um das zu erraten, brauchte man nicht viel Grips. Aber die Winkel waren mit griechischen Buchstaben bezeichnet, man mußte den Rechenschieber handhaben; man mußte mit der Zahl Pi operieren, mit Sinus und Kotangens. A 4 war anspruchsvoll. A4 verlangte von seinen geringsten Dienern das Abitur und mindestens die Note Zwei in Mathematik.

Das Modell wurde aus der Kammer genommen. Eine andere Düse mußte eingesetzt werden. Das A 4 sollte sich bei noch höheren Luftgeschwindigkeiten bewähren.

Eva hielt es in der Hand. Es war nicht länger als eine große Papierschere und hatte den Durchmesser ihres Unterarms. Der Versuchsingenieur wachte darüber, daß sie die aus ungemein dünnem Metall verfertigten Ruder des Leitwerkes nicht berührte. «Allein so ein Modell zu bauen ist eine Meisterleistung», sagte er.

«Wann soll es denn fliegen?» wagte Eva zu fragen.

«Soll? – Schon seit vorigem Jahr. Aber es tut uns nicht den Gefallen. Es hat Mucken –», er sah sie schmunzelnd von der Seite an. «Mucken wie eine Frau.» – «Es ist aber gar nicht weiblich», parierte sie seinen Scherz. «*Das* Aggregat.»

Er lachte. «Das ist nur Tarnung. Eigentlich müßte es ‚Ra' statt ‚A' heißen und weiblich sein. Aber das ist g. Kdos! Stinkgeheim! – So ist es eben im Kriege: Aus Mädchen macht man Jungen, aus Häusern Bäume und Büsche mit Tarnnetzen und falschen Bezeichnungen. Kriegslist! – Auf ein Neues – für unsere Diva.» Er setzte sich an seinen Platz, um die neue Messung vorzubereiten.

Die «Diva», kühl und spitznasig, hielt den sechsköpfigen Versuchsstab bis zur Schichtablösung in Atem. Kurz vor Morgengrauen überflog in großer Höhe eine Staffel englischer Flugzeuge die Insel. Der Lärm ihrer Motoren überbrüllte das Rauschen des Vakuumkessels, der tief unter ihnen in gleichmäßigen Abständen viele Kubikmeter Luft ausspie wie ein vollgeblasener Riesenglobus. Die Staffel wurde weder durch Flak noch durch Scheinwerfer gestört, als sie an der Inselküste Deutschland verließ. Alle Lichter waren gelöscht.

4

Haus Seestern

Im Gemeinschaftsraum fehlte ein Bild. Die Wand sah zu kahl aus. Der Stabszahlmeister von der Unterkunftsverwaltung hatte durchaus recht. Vielleicht würde er ein Hitlerbild anbringen.

Pförtner Labahn verzog das Gesicht zu einem Grinsen. Seine Mädchen würden sich wundern. In keinem der vierzig Zimmer hing eins. Nicht einmal bei der Püschel und der Haugk, die immer so fuchsig wurden, wenn einer nicht mit «Heil Hitler» grüßte.

Bei der Püschel stand ein Postkartenfoto der Reichsfrauenführerin neben dem Radio. Mit persönlicher Unterschrift. Es hieß, die Püschel sei bei der Scholtz-Klink im Stab gewesen, ehe sie auf die Insel kam. Labahn fand, daß sie zu der Frau auf dem Bild, mit dickem Flechtenkranz und gläubigem Blick, überhaupt nicht paßte. Die Püschel hätte eher aus einer Pariser Bar stammen können, falls es stimmte, was die Landser von den Französinnen erzählten. Der Pförtner des Junggesellinnenheims «Haus Seestern», ehemaliger Leuchtturmwärter auf einer gottverlassenen Ostseeinsel, kannte zwar nur einen winzigen Zipfel von der Welt, aber so viel wußte er, daß jene, die früh, mittags und abends «Heil Hitler» sagten, nicht immer die besten Menschen waren.

Fräulein Haugk glaubte man es eher, daß sie es ehrlich damit meinte. Ihren Verlobten, der bei der Verwaltung der Lufthansa angestellt war, hatten sie in Afghanistan interniert. Labahn wußte kaum, wo das lag. Wohl sehr weit weg. Es war schon schlimm für so ein Mädchen. Konnte man es ihr verdenken bei so langer Wartezeit, daß sie auch mal andere Männer ansah? Labahn hatte Verständnis dafür. Er war vorher Pförtner im Männerwohnheim gewesen, das im Werkgelände in der Nähe des Kasinos lag. Seiner Meinung nach wohnten dort lauter nette Leute, die in dieser Abgeschiedenheit auch ihr Mädchen haben sollten. – Aber die Haugk war ein ganz merkwürdiges Geschöpf. Sie sammelte Helden. Rund um das große Foto ihres Bräutigams. Lauter Postkarten von Ritterkreuzträgern. «Die helfen alle dem Führer, den Krieg zu gewinnen», erklärte sie, wenn sie wegen ihrer Bildersammlung befragt wurde. «Und je eher wir ihn gewinnen, desto schneller kommt Horst wieder frei.» Horst war der junge Mann in Afghanistan. Sein Bild ging zwischen den lamettabedeckten Kriegshelden fast unter. Aber die Haugk sammelte weiter, schwebte nach Dienstschluß in ihrem flatternden Kimono die Gänge entlang, groß, etwas hager und würdevoll, und orgelte mit dunkler Stimme ihr «Heil Hitler». Traude Hörselmann hatte ihr heimlich den Spitznamen «Tragödin» gegeben.

Die Hörselmann rechnete Labahn zur höchsten Kategorie seiner Schutzbefohlenen. Sie hatte studiert und stand im gleichen Rang mit den Wissenschaftlern und Diplomingenieuren, für die er im Männerwohnheim gesorgt hatte. Das war schon etwas für eine Frau! Labahn schätzte so eine mehr, als wenn sie aus der obersten Reichsführung gekommen wäre, wie etwa die Püschel. Das Zimmer der Traude Hörselmann war auch sein Prunkstück. Wollten Gäste das Wohnheim besichtigen, so versäumte er nie, die Tür zum Zimmer sieben zu öffnen. Er konnte sicher sein, daß in der großen kugeligen Vase Blumen standen, auch dann, wenn sie teuer waren. Einen elektrischen Plattenspieler mit großem Rundfunkapparat besaß sie, einen Haargarnteppich und an der Wand sogar Kunst. Echt. In Öl. Eine sich entblätternde Rose, die aus einer altertümlichen Vase gefallen war.

Labahn hätte mit geschlossenen Augen durch alle Zimmer gehen können, er hätte sich zugetraut, wie ein Jagdhund mit der Nase die Bewohnerinnen zu bestimmen. Marlies Hasse röstete auf einer offenen elektrischen Kochplatte jeden Morgen ihre Kommißbrotschnitten. Von den langsam verkohlenden Krumen stiegen blaue Rauchfäden auf, die ihre Spuren in der Luft zurückließen. Der kalte Zigarettendunst bei Ilse Rubyschewski war wieder anderer Art. Bei der kleinen Edith Knorr, die so viel

Quark aß, weil man davon einen guten Teint bekommen sollte, duftete es aus den Steintöpfen auf den Heizkörpern immer etwas säuerlich. Nur wenn sie Herrenbesuch erwartete, wurden die Käsetöpfe weggeschafft. Die Greifswalderin Henny Rosenow, trotz ihrer zweiunddreißig Jahre elastisch wie eine Tänzerin, hielt es mit dem Grünfutter. Ein Duft von Schnittlauch durchwehte das Zimmer, wenn er es am zeitigen Vormittag für die Putzfrauen aufschloß. Sie sammelte Champignons auf den Peenewiesen und aß sogar Löwenzahnblätter. Sonntags, wenn jeder gern lange schlief, rannte sie früh schon im Trainingsanzug zum Strand und machte Gymnastik. Kurz darauf hörte er sie mit ihrem Tänzerinnentrippelschritt im Duschraum verschwinden, und dann wettete er mit sich selbst: Kommt er – kommt er nicht? – Ja, er kam. Immer. Der spitze kleine Schrei Überraschung, wenn sie unter die Brause trat, die offenbar stets um ein wenig kälter war, als sie erwartet hatte. Henny Rosenow war sehr schreckhaft. Vermutlich war sie auch gescheit. Sie hätte an einem Gymnasium Mathematik unterrichten können, hatte Traude Hörselmann ihm mal erzählt. Vielleicht tat sie es nicht wegen ihrer Schreckhaftigkeit. Denn Gymnasiasten pflegen ihren Lehrern nasse Schwämme auf den Sitz zu legen. Da wäre die Rosenow wohl mit ihrem «Huch»-Schreien schnell alle Autorität losgeworden. So folgerte Labahn. Trotz seines Respekts vor studierten Mädchen hatte er eine Abneigung gegen die Rosenow. Er hatte erfahren, daß der Spitzname, mit dem die Mädchen ihn belegt hatten, von ihr stammte. «Kamerad Blinklicht» nannten sie ihn. Angeblich wegen seiner früheren Tätigkeit als Leuchtturmwärter, aber er wußte, daß er ihn vor allem einer körperlichen Schwäche zu verdanken hatte. Er blinzelte ab und an mit dem linken Auge, so, als wollte er etwas anvisieren. Das ging nicht mehr wegzuwischen, der Muskel zog sich von selbst zusammen. Es war seine uneingestandene Rache, daß er spöttisch das Tun der Rosenow verfolgte mit dem Gedanken: Mach, was du willst, schöner wirst du trotzdem nicht. Die Mathematikerin hatte bisher weder Herrenbesuche bekommen noch um Sondergenehmigung für einen Budenzauber gebeten. So ein Antrag war nötig, wenn die auf zehn Uhr abends begrenzte Besuchszeit von den Mitfeiernden überschritten werden sollte. «Kommen auch etwas Männer?» hatte er Marlies Hasse vorsichtig gefragt, als sie kürzlich ihre Geburtstagsfeier angezeigt hatte. Sie war daraufhin so belustigt gewesen, daß er stark hatte blinken müssen und sich sofort im klaren war: Man muß es anders machen, wenn man sich gewählt ausdrücken und nicht aufdringlich erscheinen will. Aber der Stabszahlmeister wollte es immer ganz genau wissen. Wäre es nach Labahn gegangen, so hätten die Mädchen an jedem Wochenende fröhlich feiern können. Was hatten sie denn von ihren schönsten Jahren in diesem Deibelskrieg? Den Bräutigam im Internierungslager bei den Hottentotten, den Liebsten an der Front, den Bruder oder Vater vielleicht bei den Negern in Afrika oder irgendwo zwischen Himmel, Erde und Wasser. Nicht tanzen dürfen! Keine schönen Kleider! Wer keine Zuschüsse von daheim bekam, und das waren die meisten, tat statt Fett Pellkartoffeln in seinen Geburtstagskuchen und geraspelte Möhren, Haferflocken, Sacharin und ein Pulver, das wie Sägemehl aussah und Eier ersetzen sollte. Gegen zehn Uhr abends wurde es in manchen Zimmern laut, in manchen sehr still. Er, Labahn, hatte die Pflicht, die Gänge entlangzugehen und zu mahnen. Wer keine Sondererlaubnis hatte, mußte Schluß machen. Dort, wo es hinter den Türen verdächtig still war, klopfte er sehr ungern. Aber laut Eintragung in seinem Besucherbuch war da noch ein männlicher Gast, also mußte es sein. Nebenan im Wohnheim «Koralle» war die Hausordnung strenger. Aber die Kriegshilfsdienstmaiden brauchten ja auch eine festere Hand. Dafür sorgte schon die Maidenoberführerin mit dem Bundschuhtritt.

Labahn fand es in der Ordnung, daß Haus Seestern ohne Heimführerin auskam. Schließlich war er ja da. Er richtete gewissenhaft alle Telefongespräche aus, damit die Rendezvous klappten, und verwaltete die tägliche Kanne Magermilch. Kleine Ärgernisse nahm er stillschweigend in Kauf. Er verzieh großmütig Edith Knorr, die einen Gast empfing, der im Besucherbuch in die Spalte, wen er zu besuchen wünsche, eintrug: «Suppe». Es hatte ein Weilchen gedauert, und Labahn hatte mehrfach blinken müssen, ehe er hinter den Wortwitz mit dem Knorr-Suppenwürfel gekommen war.

Vor dem Spott seiner eigenen Nichte, der Hanna, mußte er oft sein «Mädchenpensionat» in Schutz nehmen. Sie wollte ihm heute Räucherfisch bringen. Ihr Vater, sein Vetter Peplow, räucherte ab und zu heimlich in einer kleinen Tonne, wenn er von befreundeten Fischern jenseits der Peene einen Kasten

Frischfische bekam. Sein eigenes Handwerk lag brach. Auch ihn hatte das Werk geschluckt. Er mußte nachts mit Wachhunden das Gelände umgehen. Scheußlicher Posten! Labahn fand seine Arbeit in der warmen Pförtnerstube des Seestern weit erträglicher.

Hanna war lange von Hause weggewesen. In Stralsund und Rostock war sie bei Schiffsmaklern Hausmädchen, hatte aber dann etwas gelernt. Wie sie es angestellt hatte, wußte der Teufel. Sie besaß eine ungeheure Energie. Als der Krieg ausbrach, kam sie zurück. Alle wunderten sich darüber, denn vorher hatte sie um alles in der Welt fortgewollt von der Insel. Man wurde schwer klug aus der Hanna. Verschwiegen war sie und viel zu ernst für ihr Alter. Vierundzwanzig Jahre! Wegen ihrer Tüchtigkeit war sie schon in die Personalabteilung aufgerückt.

Labahn hörte, wie sie ihr Fahrrad an die Hauswand stellte. Vom Balkon des oberen Gemeinschaftsraumes rief er ihr zu:

«Komm 'rauf, Deern, ich verteile man eben die Post.»

Er klopfte gerade an die Tür von Nummer 37, als Hanna die Treppe heraufkam. An «Fräulein Eva Leonhard» war der Feldpostbrief gerichtet, den er in der Hand hielt. Labahn klopfte noch einmal stärker. Er hatte die Neue, den roten Bademantel übergeworfen, schon herumlaufen sehen. Nun wollte er ihr eine Freude machen mit der Post. Die Mädchen taten ihm immer leid, wenn sie Nachtschicht machen mußten. Er kannte den Nachtdienst. Für ihn auf dem Leuchtturm hatte das bedeutet: ein dicker Sack, der über die Welt gestülpt war. Oder auch das Gefühl, als wäre man allein auf der Welt. Bei verhangenem Himmel die einsame Kammer im Turm, über einem das gleichmäßige Geräusch der sich drehenden Spiegel mit dem Motor, dem pochenden Herzen des Turmes; unter einem die Brandung; rundherum der Wind und die Fledermäuse. Er hätte sich manchmal kaum gewundert, wenn die Sonne vergessen hätte, wieder aufzutauchen. So ausschließlich Nacht konnte es sein auf diesem winzigen Felsen-Eiland, das man nicht einmal Insel nannte, sondern «Oie» und das auf der Deutschlandkarte wie ein Stecknadelkopf eingezeichnet war.

Er drückte leicht auf die Klinke von Nummer 37. Hanna stand hinter ihm. «Wer wohnt hier?» fragte sie.

«Fräulein Hasse, zusammen mit einer Neuen.» Er ließ sie den Namen auf dem Brief lesen.

Die Tür gab nach. Das Zimmer war leer. Er legte den Brief auf den niedrigen Tisch. Seit die Neue eingezogen war, hing das Bild einer nackten weiblichen Figur, auf einem Steinsockel lagernd, über der Bettcouch. Und gerade in dieses Zimmer kamen oft Männer! Labahn deutete auf das Bild. «Wie findest du das?»

Ein wenig scheu um sich blickend, weil sie in ein fremdes Zimmer eingedrungen war, sagte Hanna: «Das ist von Kolbe.»

«Ist das Kunst?» Labahn hatte einen Anflug von Anerkennung aus ihren Worten herausgehört.

«Fotografierte Kunst.» Mit raschen Blicken hatte sie Dürers kleines Rasenstück, den Kopf des Bamberger Reiters und ein Landschaftsaquarell erkannt. Sie ging schnell aus dem Zimmer, obwohl ihr Onkel gern noch ein bißchen Fremdenführer gespielt hätte.

Nach «Wehrmachts-Unterkunft» sah das Haus wirklich nicht aus. Mit diesem Zubehör konnte man sich schon ein Zimmer behaglich machen. Trotz der einheitlichen Möbel hatte jeder Raum ein anderes Gesicht. Die beiden Mädchen von Nummer 37 hatten sich durch geschickte Anordnung der Bettcouchs eine bequeme Sitzecke geschaffen. Die unvermeidliche Wirtschaftsecke mit Geschirr und Eßvorräten befand sich vor dem Fließwasserbecken und war nach der Sitzecke hin durch eine Kommode abgegrenzt. Hanna dachte an ihre schmale Kammer unter dem Dach der elterlichen Fischerkate, in der man schlafen konnte, aber auch nicht mehr. Kein Wunder, daß die Bewohnerinnen dieser Heime sich schnell mit Dienstverpflichtung und langer Arbeitszeit abfanden. Hanna wußte, was es bedeutete, ein schönes Zuhause zu haben. Bei dem Schiffsmakler in Rostock – es war ihre erste Arbeitsstelle – mußte sie in einem Bretterverschlag neben der Küche schlafen, der statt eines Fensters ein Oberlicht zum Flur hatte. Das war der Hauptgrund ihrer baldigen Kündigung gewesen. Diese Mädchen hier würden im Werk gute Arbeit leisten. Auch sie, Hanna, hatte gut gearbeitet. Es war für sie äußerst wichtig gewesen, von der Werkstattschreiberin aufzurücken in die Personalabteilung. Nur auf diese Weise konnte sie eine genaue Übersicht über die Struktur des Werks gewinnen. Dr. Baer hatte ihre systematische Arbeit sofort erkannt. Morgen wollte sie sich die Personalakte der Neuen, die in Zimmer 37 eingezogen war, einmal ansehen.

Von der Küche durchzog ein beizender Geruch den Korridor.

«Da brennt was!» Hanna rannte.

Ein Topf mit angebranntem Milchreis stand neben der Platte des Elektroherdes. Hinter Labahn tauchte das bestürzte Gesicht Eva Leonhards auf. Hilflos betrachtete sie den bräunlich gewordenen Reis und blickte verlegen zu Hanna, die ihr fremd war. «Ich hatte mich nur ein paar Minuten in die Sonne gelegt», sagte sie entschuldigend. Unschlüssig hielt sie den Topf in der Hand.

«Schütten Sie es weg. Das können Sie nicht mehr essen.»

Als Eva mit dem leeren Topf in die Küche zurückkam, war Hanna allein. «Nun haben Sie wohl kein Mittagbrot?»

«Nein.»

«Und heute wieder Nachtschicht.» Hanna machte zum Tisch hin eine leichte Kopfbewegung. «Ich habe meinem Onkel Räucherflundern besorgt. Wenn Sie ein paar haben wollen? Ihm ist es recht.» Sie sagte das kurz und nicht allzu freundlich, in einem Ton, der überschwenglichen Dank von vornherein unmöglich machte.

Eva sagte befangen: «Das ist sehr nett von Ihnen.»

Die Haut der Flundern war wie Glacéleder. Eva hatte noch nie so guten Räucherfisch gegessen. Er mußte ganz frisch aus dem Rauch gekommen sein. Sie aß mit großem Genuß, dazu trockenes Brot. Die letzte Räucherei unten im Dorf durfte nicht an Private verkaufen. Man kam selten an so etwas heran. Das verstand nur die Kaiserin, die ihrem Oberstleutnant, der vermutlich das Kasino aus der Räucherei zu versorgen hatte, armdicke Aale «aus der Nase» zog.

Eva sah sich nach einem Papier um für die Gräten. Dabei fiel ihr der Brief in die Hände. Er kam von Hartmut Wedelstedt. Sie konnte ihn nicht gleich öffnen, weil ihre Finger fettig waren. Es war ihr lieb, das Lesen noch ein bißchen hinauszuzögern. Vielleicht war das schon das schlechte Gewissen! Hover hatte erstaunt getan: «Sie tragen ja keinen Ring?» Also hatte Gustl sich vor ihm gebrüstet mit seiner Kuppelei. Jawohl, Kuppelei, etwas anderes war es doch nicht.

«Je eher du deinen Mädchennamen los wirst, um so besser für dich», sagte Gustl Schwendtmayr, ihr Stiefvater. «Als Frau Wedelstedt bist du tabu.» – «Aber Hartmut», hatte sie geantwortet, «er muß alles wissen.» – «Das sage ich ihm selbst.

Kurz vor eurer Hochzeit. Verstanden!» So bestimmt hatte er noch nie zu ihr gesprochen. Doch dann hatte er, in sein weiches Österreichisch zurückfallend, hinzugesetzt: «Der ist ganz vernarrt in dich. Außerdem ist er mir verpflichtet.» – «Wieso?» – «Das ist Männerangelegenheit. Du brauchst nur Eva zu sein.» – Sie sah ihn noch jetzt vor sich, wie er über seinen Witz lachte. «Das kannst du doch so gut.»

Die Flundern waren verzehrt. Sie waren mehr als einen Dank wert. Eva brachte die Fischreste weg und wusch sich die Hände. Langsam. Nachdenklich.

Gleich muß ich den Brief aufmachen, dachte sie.

Sie legte sich lang auf das Bett, das, mit zusammengerollten Decken an der Wand, in eine Couch verwandelt war. Das graue Feldpostpapier knisterte. Die hingestrichelte Zeichnung links oben in der Ecke war doch wieder eine gelungene Überraschung: Zwei Landser, halb angekleidet, vor ihren Militärbetten auf Wanzenjagd. «Im nächsten Brief werde ich Dir das hundertste selbstgefangene Exemplar schicken können», schrieb er. Die Offiziersunterkünfte schienen nicht sehr komfortabel zu sein. Seine Stimmung war offenbar gut, obgleich seine Einheit, «noch immer auf den Einsatz wartend, den kommenden Ereignissen entgegenfiebert... Sollte ich jedoch noch mal zu einem Lehrgang beordert werden (einen von uns Leutnants trifft's vermutlich), dann setze bitte alles daran, daß wir uns noch einmal sehen. Vielleicht in Berlin. Ich trage Dein Bild insgeheim wie eine Standarte vor mir her...»

In Berlin. Berlin war nicht sehr weit. Natürlich würde sie fahren. Es wäre gemein, einem Frontsoldaten diesen Wunsch nicht zu erfüllen. Schon wegen des Bildes und der Standarte! Es war so rührend, wenn ein Architekt poetisch wurde. Jeder Wunsch eines Frontsoldaten konnte sein letzter sein. Hartmut durfte man allerdings mit solchen Dingen nicht kommen. Er wollte nach dem Kriege der erste Architekt des Führers werden. Monumentale Führerbauten! Aber Hartmut hatte schon viel gewollt. Als er nach dem Frankreichfeldzug ins Haus ihrer Eltern kam, triumphierte er. «Nächstes Jahr am ersten Mai machen wir die Parade auf dem Adolf-Hitler-Platz in London!» Vor kurzem hatte er geschrieben: «Die Halbinsel Krim mit ihrem subtropischen Klima wird bald ein beliebtes Ziel für unsere KdF-Reisenden werden.»

Hartmuts Optimismus hatte etwas Sieghaftes, das sie anfangs gefangennahm. Er leistete seine Militärdienstzeit bei den Kraftfahrtruppen ab. Gustl Schwendtmayr, damals ihr frischgebackener Stiefvater, war Direktor des Speditionsvereins und hatte beruflich mit der Garnison zu tun. Als Eva ihre Mutter von Langenbrück aus in den ersten Ferien besuchte, ein knappes Jahr vor dem Kriege, war das geräumige Haus der Schwendtmayrs wie ein Taubenschlag. Daran gemessen war die großväterliche Holzhandlung in Langenbrück ein beschauliches Altersheim. Hartmut Wedelstedt, Unteroffizier und Reserve-Offiziers-Anwärter, wurde zum häufigsten Gast. Acht Tage nach ihrer Ankunft fand Eva beim Schlafengehen ihre Stiefschwester, die vierzehnjährige Steffi, in Tränen aufgelöst. «Er kommt nur deinetwegen», schluchzte die Kleine. «Vorher war er nicht so oft hier. Und mich sieht er überhaupt nicht mehr.»

Trotz dieser Eifersucht, an der sie lange zu schleppen hatte, war Steffi unbeirrt geblieben in ihrer bewundernden Anhänglichkeit an die um drei Jahre ältere Stiefschwester. In mütterlich überlegener Zärtlichkeit dachte Eva an die Tochter Gustls, die ihm aus seiner ersten Ehe geblieben war. Sie lebte jetzt bei den Eltern in Posen und hatte sich von der Arbeitsdienstpflicht durch den «Osteinsatz» losgekauft. Vielmehr hatte Gustl es getan. Er kannte alle Schliche und wußte alle Gesetzeslücken für sich auszunützen. Als begeisterter «alter Kämpfer» der österreichischen Nationalsozialisten war manche Maßnahme im «Altreich» für seinen Geschmack zu «preußisch». Was ihn anging, so suchte er seine Parole «Leben und leben lassen» mit den oft konträr laufenden Ansichten seiner Parteigenossen auf einen Nenner zu bringen. Bei einigen, die ihn kannten, genoß er als «Kamerad Schnürschuh» eine gewisse Narrenfreiheit. Andere bewunderten seine Geschmeidigkeit und Gewandtheit, mit der er krumme Dinge geradebog. Zu seinen Bewunderern gehörte Hartmut Wedelstedt. Die Tochter von Gustl Schwendtmayrs zweiter Frau – was gab es da noch zu fragen? Er liebte sie. Und sie würden sich öffentlich verloben, wenn er sich bewährt hatte.

Eva erhob sich, ein wenig steif vom Liegen. Sie hätte jetzt Ruhe gehabt, den Brief zu beantworten. Jemand mit Feldpostnummer wartete immer auf schnelle Antwort. Aber sie mochte nicht. Jetzt nicht. Man müßte den Nachmittag ausnützen. Die Sonne schien. Ob es zwischen den Dünen windgeschützt war? Die Frühlingssonne sollte hier besonders stark bräunen. Es ist schön, sich da auszustrecken, wo vor vierzehn Tagen noch Schnee gelegen hat. Sommerfrischler das ganze Jahr! – Prächtig ist die Insel. Wo ist der Krieg? Man muß schnell die Augen schließen, so stark ist die Sonnenstrahlung über dem hellen Sand, und dann hat man jedes Gefühl für die Richtung verloren.

Aber das dauert nur Sekunden. Ans linke Ohr dröhnt es in regelmäßigen Abständen wie fernes Aufbrüllen. Etwa zweitausend Meter Luftlinie. Eva kennt diesen Ton. Der Windkanal ist in Tätigkeit. Die Tagschicht arbeitet.

Einen Soldaten kann man warten lassen, denkt sie, wenn man die Worte «Feldpost» und «Leutnant» nicht schreiben möchte. Aber das Brüllen zwischen den Kiefern – das überschreit noch die Brandung. Das kommandiert mich. Ich habe die Uhr nicht abgetan, um die Zeit nicht zu verpassen, obwohl nun ein weißer Streifen am Handgelenk bleibt. Ich muß die Tagschicht pünktlich ablösen. Das A4 ist anspruchsvoll. Ein kompliziertes Wesen. Es heißt, die Japaner haben Ein-Mann-Torpedos. Sie sind so todesmutig, daß sie sich in so ein Geschoß hineinsetzen und es aufs Ziel lenken, in vollem Bewußtsein, selbst dabei draufzugehen. – Vielleicht ist das A4 so etwas Ähnliches. Aber wer soll sich da hineinsetzen? Ob Hartmut, der sich bewähren will, dazu bereit wäre? Oder Martin Uhlig, der Erprobungsflieger? Da winkt kein Ruhmeslorbeer, da wartet der Tod.

Man sollte es nicht glauben, wie störend das gleichmäßig wiederkehrende Dröhnen des Windkanals in die Stille bricht. Jedesmal flattern einem die Augenlider. Ob es noch einen Winkel in Deutschland gibt, in dem man den Krieg vergessen kann?

5

Es wäre alles so schön auf der Welt, wenn die Liebe nicht wär'

Eva hatte beobachtet, daß Martin Uhlig mehrfach an die Tür getreten war, wohl um zu sehen, ob sie noch aß. Er wartete nebenan im roten Klubzimmer auf sie. Obgleich sie das wußte, wollte sie den kleinen Kreis, mit dem sie den Abschluß der Versuchsreihe feierte, nicht als erste verlassen. Man fand allzugern Vorwände, um irgendwo, im Kasino oder in einem Privatzimmer, nach der Arbeit zusammenzusitzen. Es waren keine festen Cliquen, man überließ sich gern dem Zufall. Heute verhockte man mit jenen einen Abend, mit denen man zusammen gearbeitet hatte, morgen traf man auf neue Gesichter. Ein paar tausend Menschen hatte das Werk geschluckt. Man war aufeinander angewiesen wie eine Schiffsmannschaft. Die Insel war nur durch eine dünne Nabelschnur mit dem Festland verbunden, und die unbedingte Schweigepflicht gegenüber Außenstehenden erhöhte das «Inselgefühl» bei den meisten. Was blieb also? Man arbeitete gemeinsam, feierte gemeinsam, schimpfte gemeinsam. Das Schimpfen richtete sich vornehmlich gegen die Insel, auf der jeder, der etwas auf sich hielt, nur widerwillig zu verweilen vorgab.

«Duse, ich wollte einen Insel-Stern haben und keinen Fischsalat!» Der Versuchsingenieur Immisch protestierte bei der Bedienung. Die gewaltsam nach oben gezwirbelten, spärlichen blonden Haare der jüngsten Kellnerin, ihr spitznasiges Profil und ihre Vorliebe für grellfarbige Blusen und Tücher hatten einen Spottlustigen zum Vergleich mit einem Kakadu gereizt. Der nächste Spötter, der Bücher von Ringelnatz, Roth und Endrikat auf seinem Nachttisch liegen hatte, machte eine «Kakaduse» daraus. Übrig blieb, der Einfachheit halber, die

«Duse». So kam es, daß die Einfältigste unter den Kasino-Bedienerinnen den berühmten Namen der großen italienischen Komödiantin trug. Eine der vielen Paradoxien dieser Insel.

Die Duse flatterte eilig, nachdem sie den «Insel-Stern», Spiegelei auf Wurstschnitte, wunschgemäß geliefert hatte, an den Tisch der höheren Offiziere. Dort residierte als einzige Frau die Kaiserin. Sie «residierte» wirklich. Mit würdevoller Miene und herablassender Geste fertigte sie die Duse ab. Als das Mädchen davontrippelte, verwirrt und übergeschäftig, ein aufgelöstes Haarröllchen über dem Ohr, brach Stabszahlmeister Fahrland, der Leiter der Werkbahn, in schallendes Gelächter aus. Er saß neben der Kaiserin und schien von der Überlegenheit seiner Nachbarin überwältigt zu sein. Hauptmann Hover am anderen Ende des Tisches verzog sein Gesicht. Es war kein Verdienst, die Einfalt bloßzustellen. – Am Nebentisch hatte man wohlwollendere Töne für das Mädchen. «Bist ein prima Kerl, Duse, daß du mir die Portion Zander aufgehoben hast. Aber deine Rechnung, die stimmt nicht.»

Der «Doktor», ein Mann von etwa dreißig Jahren, schob dem Mädchen einen Geldschein hin. «Jawohl, schreib's lieber auf.»

Während das Mädchen auf dem Kassablock herumkritzelte, war der Doktor schon wieder tief im Gespräch mit seinem Tischgenossen, einem älteren zurückhaltenden Professor mit dichtem dunklem Haar und schwarzem Bärtchen auf der Oberlippe. Er nickte hin und wieder zu dem Wortschwall seines jüngeren Kollegen oder zeichnete mit dem Stiel seiner Gabel etwas aufs Tischtuch, sekundiert vom Doktor, der, Essigpflaumen verspeisend, seine Ergänzungen mit dem Löffelstiel in das gestärkte Leinen einkerbte.

Das Gelehrtengespann saß allein an einem langen weißgedeckten Tisch, und niemandem wäre es eingefallen, sich ihnen zuzugesellen, weil jeder wußte: Diese beiden kräftigen Esser knobeln beim Absolvieren der gesamten Speisekarte Ideen aus, die dem Entwicklungsprogramm morgen oder übermorgen neue Wege erschließen können. Der eine: ein alter Theoretiker, still und grüblerisch, der, so sagte man, nicht selten auf dem Feldbett in seinem Büro schlief und dessen Leben sich seit einigen Jahren offenbar in dem Planquadrat Büro-Kasino abspielte. Der andere: ein sehr junger Praktiker, der mehr Spielraum brauchte für seine Ideen, seine extravaganten Ziele – und seinen Ehrgeiz.

Eva betrachtete die beiden so unauffällig wie möglich. Man brauchte nicht lange auf der Insel zu leben, um zu erfahren, daß diese beiden ungleichen Menschen die Säulen des A-4-Programms darstellten. Sie war überzeugt, daß sie als zufällige Lauscherin keinen Satz begreifen würde von einem solchen Gespräch. Was waren die beiden? Erfinder? Künstler auf ihrem Gebiet? – Die Väter des A 4!

Aus einem entfernt liegenden Seitenzimmer ertönte Klaviermusik. Marlies Hasse, die an Evas Tisch saß, erhob sich. Sie sagte zu Eva: «Doktor Baer musiziert heute abend. Es ist ihm recht, wenn ich zuhöre. Ich soll dich mitbringen. Magst du?»

Eva hob bedauernd die Schultern und blickte nach der Verbindungstür. Marlies verstand. Sie begrüßte im Vorbeigehen Martin Uhlig und ging den Klängen der Musik nach.

Martin Uhlig wußte, daß er es nie lernen würde, seine schlechte Laune zu verbergen. Das Mädchen ließ ihn länger warten, als nötig war. Im roten Klubzimmer suchte er die Zeit mit Zeitunglesen zu überbrücken. Dabei ärgerte er sich über den anmaßenden Ton, in dem «Das Reich» über den Luftkrieg berichtete. Die Zeitungsschreiber taten, als hätten sie die Wunderwaffe schon im Panzerschrank. Dann wollte er sich durch ein junges Mädchen, das er nicht kannte, von seinem Ärger ablenken lassen. Als erstes erfuhr er von ihr, daß sie den Silberfuchs, den sie über dem Kostüm trug, von ihrem Bruder bekommen habe. Aus Norwegen.

Wieder ein Grund zum Ärgern. Andere grasten auf fremden Weiden und trugen die Schätze Europas zusammen. Und man saß hier auf der Insel und trat seit einem Jahr offensichtlich auf der Stelle. Baer, dieser lange breitschultrige Mensch, mußte auch noch das Zimmer durchqueren. Er nickte ihm so süffisant grinsend zu, als kenne er genau den Grund seines Wartens. Dann ging Baer durch die nächste Tür, um Musik zu machen.

Uhlig ärgerte sich weiter. Darüber, daß er nichts von Musik verstand – und überhaupt über sich selbst. Daß er noch hier herumsaß und auf ein Mädchen wartete, das ausgerechnet Eva hieß. Er hatte kürzlich beim Stöbern in der Buchhandlung ein Buch entdeckt. Es begann mit dem Satz: «Es wäre alles so schön auf der Welt ... wenn die Liebe nicht wär'.» Er hatte das Buch gekauft um dieses einen Satzes willen. – Saublöd war man doch. Aber das lag am Inselkoller. Man sah zu viele Wachposten, zuviel Stacheldraht. Jetzt war er auch schon vor Spitzeln gewarnt worden. Wenn er nicht alle paar Tage ins Flugzeug steigen könnte, würde er hier verrückt. Man müßte mal wieder pirschen gehen können. Auf Wildenten. Am «Haken» gab es ganz einsame Stellen, Sumpfgebiet, mit mannshohem Schilf. Noch besser war es, wenn man mit dem Segelboot auf der Flußseite ein Stück längs fahren konnte. Er hatte den Landzipfel von der Luft her ausgemacht. Gleich neben der Halbinsel, die unter Naturschutz stand, mußten Stockenten nisten. Seinem alten Herrn würde das Herz im Leibe lachen, wenn er das Gelände sehen könnte. Aber der saß in Hessen und verwaltete das Gut eines Frankfurter Plutokraten.

Marlies Hasse stand plötzlich vor ihm und sagte: «Sie kommt gleich.» Dann ging sie, ihm freundlich zulächelnd, der Musik nach. – Das reichte ihm!

«Duse, zahlen!» Jetzt wollte er nicht eine Minute länger warten. «Du gehst?» Eva stand in der Tür, schwenkte ihre Schultertasche und schaute interessiert auf den Silberfuchs, der sich im Sessel hinter Martin Uhlig bewegte.

«*Wir* gehen», sagte Uhlig betont, «wenn du nichts dagegen hast.»

«Wohin?»

Er wartete an der Tür, bis sie ihm gefolgt war. «Zu mir», gab er zur Antwort.

Silberne Flügel über einem Flußtal! – Silberne Flügel über dem Meer! – Silberne Flügel über dem Eiffelturm, über den Pyramiden, über dem Hradschin! – Grobkörnige Vergrößerungen, naturholzgerahmt. Fliegeraufnahmen über Couch, Regal und Schreibtisch: das Zimmer eines Fliegeringenieurs. Sauber. Ein klein wenig nach Haarwasser duftend. Das Bett im Alkoven, gekachelte Waschnische, beides hinter Vorhängen verborgen, Kofferverschlag und winziger Vorraum mit Garderobe. Annehmlichkeiten eines modernen Junggesellenheims.

«Mach dir's bequem.» Martin Uhligs Ärger war verflogen.

Eva setzte sich nicht. Sie schlenderte neugierig umher, zu den Bildern, den buntbedruckten Vorhängen, dem Bücherregal, auf dem etwa drei Dutzend Buchrücken aneinandergereiht standen.

Er holte Gläser, brachte ein Tuch und eine Flasche. Auf die Bücher weisend, sagte er: «Da findest du nichts Besonderes.» Sie erkannte Nachschlagewerke, technische Bücher, 1000 Worte Englisch und Spanisch und ein paar Romantitel, in denen Flug, Wolken, Sterne und silberne Schwingen mehrfach variiert wiederkehrten.

In einem Messingschälchen lag die blaue Segelfliegernadel mit den drei weißen Schwingen, silbern umrahmt. Mit dieser Nadel am Rockaufschlag war er ihr zum erstenmal aufgefallen.

Sie nahm ihm das Tuch aus der Hand und polierte die Gläser. Er entkorkte die Flasche.

«Hast du Hunger?» fragte er sie gleichzeitig. «Wir könnten einen Kaiserschmarren machen. Das ist hier Hausgericht. Meine Zimmernachbarn sind Österreicher.»

«Ist nicht nötig.»

Ihm fiel ein, daß er noch Kuchen hatte. «Der Wein ist selbstgemacht. Der Kuchen auch.» Er breitete seine Schätze vor ihr aus. «Ich war vor acht Tagen erst zu Hause. Ich mußte nach Darmstadt fliegen. Von da ist es nur ein Katzensprung.»

Sie saßen nebeneinander auf der Couch und stießen mit den Gläsern an. Der Wein war goldgelb. Er schmeckte ein bißchen nach dem weißen Bordeaux, den Gustl Schwendtmayr bevorzugte. Sie lehnte sich behaglich zurück. Fürsorglich schob er ihr ein Kissen unter den Rücken. Sie knabberte an einem Stück Kuchen. Er erzählte vom Fliegen, von der Segelfliegerei als Student an der Wasserkuppe und an der Teck. Seine Diplomarbeit war die Entwicklung eines neuen Segelflugzeugtyps. Dann kam der Motorflug. Eine Prüfung nach der anderen: A 1 bis C 2 – und der Blindflugschein. Flugkapitän – das Ziel – stand noch aus. Aber keine Uniform. Nein! Man war jemand, man hatte es nicht nötig, das Lametta. Man wollte nicht eingestuft werden «nach Schnauze», nicht nach Alter, sondern nach Können.

Das gefiel ihr. Er schob ihr ein flaches Stück Schokolade in den Mund. Bittersüßer Geschmack, lange entbehrt. Sie dankte ihm mit einem Blick, genoß den Bissen.

«Vom letzten Startfrühstück. Ich habe es für dich aufgehoben.»

«Was bedeutet eigentlich Startfrühstück?»

«Eine Sonderzuteilung. Wenn wir über siebentausend Meter hoch müssen.»

Siebentausend! Sie sah ihn groß an. Er winkte ab.

«Siebzig ist gefährlicher als siebentausend. Aber es strengt ein bißchen an da oben, mit Sauerstoffapparat und so. Darum.» Er füllte die Gläser neu. «Schmeckt es dir?»

Er gab ihr das Glas in die Hand, damit sie sich aus ihrer bequemen Lage nicht aufzurichten brauchte, und behutsam nahm er es ihr wieder ab. Dann beugte er sich über sie, und sie küßten sich. Als Eva ihre Augen wieder öffnete, sah sie sein Gesicht mit dem eckigen Kinn dicht vor sich, und hinter seinem Haarwirbel überflog eine Junkersmaschine den Eiffelturm.

«Ich bin noch nie geflogen», sagte sie. «Kannst du dir das vorstellen?»

Er lächelte, noch immer nah vor ihr. «Ich nähme dich sofort mit, wenn ich dürfte.» Und er küßte sie noch einmal.

Sie war diesmal unruhiger und leistete zögernd Widerstand. – Vom Eiffelturm hatte Hartmut ihr erzählt. Sie hatte seinen Brief nun doch nicht beantwortet. –

Als Martin sie freigab, richtete sie sich schnell auf. Sie setzte sich ganz gerade und strich ihr Haar glatt.

«Der blöde Krieg», sagte sie. «Alles ist verboten. Immer heißt es: nach dem Endsieg. Wann wird das sein?»

Er hob die Schultern. Und da sie ihm bedrückt schien, fragte er: «Hast du jemanden draußen? – An der Front?»

Sie schwieg eine Weile. Dann hob sie den Kopf und sah ihn an. «Ich bin verlobt.»

Er betrachtete sie sekundenlang ungläubig, und es schien, als wolle er sich über den Einfall lustig machen. Aber der Mund über seinem kräftigen Kinn versuchte vergeblich, in eine sarkastisch-überlegene Linie zu kommen. «Ach!» sagte er schließlich.

Vor ihren Augen flimmerte es ein wenig. Daran war wohl der Wein schuld. «Du glaubst mir nicht?»

«Du trägst ja keinen Ring.»

«Das macht's doch nicht. Hartmut rechnet damit, daß ich auf ihn warte.»

«Hm-m.»

Sie machte eine hilflose Bewegung, die ihm entging, da er aufgestanden war. Er zündete sich eine Zigarette an.

«Noch ein Glas Wein?» fragte er, ohne sie anzusehen.

«Nein, danke. Ich glaube, ich habe schon einen Schwips.»

«Kaum anzunehmen.» Er ging und schaltete am Radio. Ein Quietschen wurde hörbar, dann Marschmusik. Im Nu war sie neben ihm, drehte den Schaltknopf zurück, daß die Skalenlampe erlosch. Verblüfft sah er auf das Mädchen herab. Eva war einen halben Kopf kleiner als er. Auf ihrem Gesicht lag all das, was den Männern immer wieder rätselhaft ist an den Langhaarigen. Ihre Augen sagten ihm, daß er ein Trottel war, ein Elefant im Porzellanladen. Er verbarg seine Ratlosigkeit, lachte spöttisch. «Was willst du denn! Wir hatten doch unser Gespräch eben beendet. In dieser Situation ...»

«So», unterbrach sie ihn, «in solcher Situation gibt es also kein Gespräch mehr zwischen uns! Dann – – dann hilf mir lieber in den Mantel.» Ihre Stimme war zuletzt nicht mehr sehr fest. Sie hatte in der Garderobe schon den Schal umgelegt, als er hinzukam. Er sah, wie ihr Gesicht zuckte.

Schnell zog er die Tür zu, so daß sie im nahezu dunklen, engen Vorraum eingepfercht standen. Er legte ihr den Mantel wie ein Cape um, tastete auf dem Mantelstoff an ihren Armen entlang und drückte sie fast an ihren Körper. Er hätte gern gesagt: «Willst du nicht bleiben?» Aber er sagte: «Gehen wir.»

Sie erwiderte nichts. Er wußte nicht, ob er lieber das andere hätte aussprechen sollen, und er mußte wieder an den Anfangssatz des Buches denken, das auf seinem Nachttisch lag: «Es wäre alles so schön auf der Welt, wenn ...»

Als sie aus dem Hause traten, nahm er ihren Arm. Er sah nach dem Abendhimmel. Vermutlich würde morgen kein günstiges Flugwetter sein. Früh Bodennebel, schlechte Sicht. Aber man würde starten müssen. – Er kam früher zum Schlafen, als er es an diesem Abend erwartet hatte.

6

Männer und Mädchen

«Schön, daß du ein bißchen Zeit für mich hast, Marlies. Ich bin seit gestern Strohwitwer. Mich zieht heute nichts nach Hause.»

«Ist Käthe nach Dresden gefahren?»

«Ja, mit den Kindern. Das Mädchen hat Urlaub. Die ganze Wohnung ist tot.»

Betriebsingenieur Heinz Brettschneider saß in seinem Büro vor einem Stoß Papiere. Es sah aus, als wolle er die halbe Nacht arbeiten. Seine Kusine Marlies Hasse saß vor ihm im Sessel und rauchte. Er fühlte ihren besorgt forschenden Blick auf sich ruhen und fuhr sich mit der Hand übers Gesicht.

«Du siehst abgespannt aus, Heinz», sagte sie. «Du hättest mitfahren sollen, deine Eltern hätten sich gefreut.»

«Geht doch nicht.» Er griff wahllos in den Stoß Papiere. «Hier! Jetzt hängt mir auch noch die Personalpolitik am Halse. Der Doktor will von mir persönlich Vorschläge haben. Er braucht ein paar besonders zuverlässige Leute für eine wichtige Versuchsreihe. Vielleicht kannst du mir dabei helfen.»

«Wenn sich's um Frauen handelt.»

«Ja, vorwiegend. Kennst du Fräulein Püschel näher?»

Marlies' Antwort kam zögernd:

«Wenig. Sie kommt aus der Reichsfrauenführung. Politisch ist sie natürlich einwandfrei. Aber fachlich? Weißt du, Heinz, die Meinung der NS-Führung, daß nationalsozialistische Haltung über der Leistung stehen muß, wirkt sich manchmal recht schlecht aus. Aber – ein anderer Vorschlag: Nimm Eva Leonhard.»

«Ist das deine Zimmergenossin?»

«Ja, sie hat sich sehr gut eingearbeitet und versteht es, sich anzupassen.»

«Ich hörte es schon von Klemt. Sie macht sich gut im Windkanal. – Trotzdem möchte ich sie für diesen Spezialversuch nicht nehmen.» Brettschneiders Blicke gingen zwischen den Personalakten und seiner Kusine hin und her. Es sah aus, als hätte er dieses Thema gern umgangen. Aber Marlies' forschender Blick hielt ihn fest.

«Ich dachte, du wüßtest es», sagte er schließlich.

«Was?»

«Ihr Vater lebt in Amerika.»

«Davon hat sie etwas angedeutet. Ist das so schlimm?»

«Er ist Halbjude. Es geht aus ihrem Fragebogen hervor.»

Marlies drückte ihre Zigarette aus und gab sich Mühe, nicht überrascht zu erscheinen. «Dann wäre sie Vierteljüdin.» Nach einer Pause sprach sie weiter: «Eva war im Arbeitsdienst. Sie ist ein sehr anständiger Kerl. Mindestens so zuverlässig wie hundert andere.»

«Das mag alles stimmen. Trotzdem ist sie für die Insel ein Ausnahmefall bei unseren strengen Einstellungsvorschriften. Ich weiß nicht, was Hauptmann Hover sich dabei gedacht hat.»

«Hover kennt ihren Stiefvater. Der stammt aus dem Kreis um Starhemberg. Er ist jetzt in Posen. Irgend etwas Hohes beim Reichsstatthalter.»

Brettschneider winkte ab. Er ließ die Verteidigung nicht gelten. «Geh mir weg mit den Österreichern. Die helfen uns am wenigsten, den Krieg zu gewinnen. Und das müssen wir! Es wird schon überall schwierig – mit Menschen und Material. Wir haben das Fertigungswerk aufzubauen. Sie sitzen uns auf den Fersen, OKH und Munitionsministerium. Das A4 muß endlich produktionsreif werden. Dann brauchen wir Flak, um die Fertigung zu schützen. – Weißt du, wohin der Doktor heute mit dem General gestartet ist? – Zum Führerhauptquartier! Beordert zum Vortrag.»

Marlies richtete sich überrascht in ihrem Sessel auf. Sie war über die Sorgen der Werkleitung informiert wie kaum eine andere Angestellte. Ihr Vetter hatte sie auf die Insel geholt, bald nachdem er selbst Fuß gefaßt hatte. Sie waren damals beide noch optimistisch genug gewesen, zu glauben, man käme um den Krieg herum, wenn man entsprechend gerüstet sei. Sie war Heinz Brettschneiders Vertraute gewesen von Anfang an. Das war um so natürlicher, als die Geheimhaltungsvorschrift sogar den Ehefrauen gegenüber Verschwiegenheit über betriebliche Dinge gebot. Marlies wußte sehr gut, um was es all die Jahre ging: Anerkennung des A-4-Projekts als kriegswichtige Entwicklung, Eingruppierung in eine höhere Dringlichkeitsstufe. Das hieß: großzügigere Materiallieferungen, mehr Menschen, Freigabe wichtiger Spezialkräfte für die Forschung. Jetzt war ein wichtiger Augenblick gekommen: Vortrag bei Hitler! Sie fragte: «Versprichst du dir nichts davon?»

Er ging, die Hände in den Taschen, im Zimmer umher. «Wenig. Die letzte Stellungnahme auf unseren Bericht war enttäuschend. Nimmt man uns noch immer nicht ernst genug, oder steht es wirklich so schlimm mit Arbeitskräften? Sonst schickte man uns doch nicht die Zebras. Ausgerechnet hierher!»

Marlies zuckte zusammen. Ihr Vetter glaubte, erklären zu müssen. «KZler kriegen wir. Ein ganzes Lager. In die alten Baracken am Hafen. Sie werden von der SS geliefert. Per Dutzend sozusagen.»

Marlies stützte die Ellenbogen auf die Knie und vergrub ihr Gesicht in den Händen. Kopfschüttelnd sagte sie: «Das ist doch unmöglich.»

Brettschneider machte eine ratlose Geste. «Manchmal könnte man wirklich daran zweifeln, ob der Führer noch den Überblick über das Ganze hat. Ich glaube, er hat schlechte Ratgeber.» Er sah nach der Uhr, packte seine Papiere zusammen. «Ich habe eine Karte fürs Kasinokonzert. Dich interessiert unsere Radaukapelle wohl nicht?»

Sie schüttelte den Kopf und stand auf.

«Mich lenkt es ein bißchen ab von dem ganzen Kram hier, und zu Hause wartet doch niemand.» Er schloß sorgfältig die Papiere ein, den größten Teil davon in den Panzerschrank. «Weißt du noch, als wir hier anfingen? Da war manches noch recht primitiv und unbequem. Wir hatten eine Zeitlang für den ganzen Betrieb einen einzigen Bleistiftanspitzer. Aber es machte Spaß.»

Marlies schien dieser Zeit schon weit entrückt zu sein. Langsam ging sie an seiner Seite die Treppe hinunter. Es dauerte eine Weile, ehe sie mit einem leisen Seufzer sagte: «Damals träumtet ihr von Funkstationen im Weltraum! Raketenstarts zum Mond. Der Doktor konnte stundenlang seine Pläne entwickeln.»

«Ja, das war abends in der Kantine, als das Kasino noch nicht stand.»

«Er hat uns mit seiner Begeisterung alle angesteckt. Ich war stolz, daß ich hier mitmachen durfte.»

«Und heute – nicht mehr?»

Sie sah ihn nachdenklich an. Aus dem Kasino erklang Musik. Die Werkskapelle spielte Wagner. Ausweichend sagte Marlies: «Geh. Es hat schon angefangen.»

Als er die Stufen der Freitreppe hinaufsprang, bestieg sie ihr Fahrrad. Es war mondhell. Sie brauchte keine Lampe.

Marlies war dem Vetter eine Antwort schuldig geblieben. Während sie auf der mondhellen Chaussee langsam die Pedale trat, versuchte sie, auf das «Heute nicht mehr?» die Antwort zu finden. Woran lag es, daß sich ihre Einstellung zur Arbeit in der Versuchsstelle geändert hatte? Waren ihre Aufgaben nicht gewachsen mit der Vergrößerung des Betriebs? Waren sie nicht interessanter geworden? Waren nicht die leitenden Männer, deren Wissen sie von Anfang an bewundert hatte, dieselben geblieben?

An all dem lag es nicht. Das Ziel war das Entscheidende. Allmählich hatte sie erkannt, daß in dem Begriff «Heeres-Versuchsstelle» auf dem ersten Teil des Wortes der Akzent lag. Bei Kriegsbeginn hatte sich das verstärkt. Mit Erschrecken nahm sie wahr, daß kaum jemand außer ihr sich darüber wunderte, und sie begriff, daß die Schöpfer der Versuchsstelle, der Doktor und seine Mitarbeiter, die ihr bislang als friedliche Weltraumpioniere erschienen waren, auch vor dem Krieg schon gewußt hatten, wozu ihre Arbeit diente. Sie hatten sich im vollen Bewußtsein des drohenden Kriegsverhängnisses für die Rüstung engagieren lassen.

Heinz Brettschneider sagte, sie hätten nicht anders gekonnt. Sie wären ohne Geldgeber in den Anfängen der Raketenforschung steckengeblieben. Aber hatte er nicht auch gesagt, daß sich jede Erfindung durchsetzen würde, wenn ihre Zeit da sei?

War nicht der stille Professor das beste Beispiel eines unermüdlich forschenden Gelehrten? Er hatte es vermocht, die Filmindustrie für die Weltraumforschung zu interessieren. Seine Schriften hatten die Raketenexperten der ganzen Welt aufhorchen lassen und das phantastische Projekt der Raumeroberung auch für seriöse Gelehrte diskutabel gemacht. Die Jüngeren hatten begeistert zu seinem Buch gegriffen und sich seine Erfahrungen zunutze gemacht. Als gelte es, einen Staffellauf zu gewinnen, so wollten sie, kaum im Besitz der Stafette, mit Riesenschritten davonpreschen. Sie nahmen die erste Chance wahr, die ihnen Ruhm versprach. Sie scheuten die Mühsal eines opferreichen Forscherdaseins. – Marie Curie hatte im Schuppen eines Pariser Vorortes das Radium entdeckt! – Die Pioniere des Weltalls wollten zwar all ihr Wissen und Können in die Schanze schlagen, mehr aber nicht. Sie hatten sich loskaufen wollen von dem Verhängnis, das auf so vielen Erfinderschicksalen lastete. Indem sie sich von den Militärs in Schlepp nehmen ließen, wählten sie den Weg des geringsten Widerstandes.

Marlies wußte, daß sie die Frage ihrem Vetter gegenüber nie ehrlich würde beantworten können. Nur einen Menschen gab es in ihrem Leben, zu dem sie darüber sprechen konnte.

«Vielleicht ist es doch möglich, dem Soldaten Axe Bescheid zu sagen, daß ich hier bin.» Marlies' bittende Stimme ließ den Gefreiten in der Wachbaracke am Eingang des Soldatenlagers ungerührt.

«Besuche sind um diese Zeit im VKN-Lager verboten», brummte er und zerlegte seelenruhig einen Bückling. «Außerdem kann ich hier nicht weg.»

«Ich will ihn doch gar nicht besuchen», wagte Marlies nochmals einen Einwand. «Ich habe ihm nur etwas auszurichten.»

Plötzlich legte der Mann sein Bücklingsmesser auf das fettige Papier, sprang auf und nahm Haltung an. Ein Oberzahlmeister passierte den Lagerausgang. Er hatte Marlies' letzte Worte gehört.

«Warum tun Sie der Dame nicht den Gefallen?» herrschte er den Soldaten an. «Schicken Sie sofort nach dem Mann.»

«Herr Oberzahlmeister, ich habe niemanden zum Schicken.»

«Dann gehen Sie gefälligst selber.»

«Aber – –»

«Ich bleibe solange hier.»

«Zu Befehl.»

Als der Soldat, plötzlich sehr beweglich und diensteifrig, auf die Baracken zulief, schaute der Oberzahlmeister Marlies herausfordernd an. Der Blick sagte: Wie habe ich das gemacht? Zugleich zog er seinen gutsitzenden Uniformrock straff.

«Wir kennen uns doch, Fräulein Hasse.»

Marlies besann sich gut. Die Erscheinung des noch jungen Oberzahlmeisters war viel zu auffallend, sein Benehmen viel zu selbstbewußt, als daß man ihn nicht wiedererkennen würde. Vor einiger Zeit hatte es in der Soldatenkantine Ärger gegeben. Die Frauen, die dort arbeiteten, hatten sich bei ihr beklagt. Sie verfügten weder über einen eigenen Waschraum noch über eine gesonderte Toilette. In einem Lager von mehr als tausend Soldaten war das untragbar. Als sie, Marlies, sich der Sache annahm, war Oberzahlmeister Hanke in der Kantinenküche erschienen und hatte mit solcher Selbstverständlichkeit ihren Forderungen und Vorschlägen zugestimmt, daß sie sich gefragt hatte, wozu erst der ganze Lärm. Aber sie hatte auch die bitterbösen Blicke bemerkt, mit denen die Kartoffelschälfrauen und Abwäscherinnen diesem Mann entgegensahen. Hier hatte ein heimliches Ringen stattgefunden, von des Mannes Seite aus mit Hohn und Nichtachtung, in zäher Gemeinschaftlichkeit von den Frauen, deren Würde auf dem Spiel stand inmitten dieser heimat-, kultur- und frauenentwöhnten Landser.

Bei einem ihrer Besuche in der Kantine hatte Marlies Herbert Axe kennengelernt. Als dann ihre Mission im Soldatenlager erfüllt war und ihre regelmäßigen Besuche aufhörten, sprach er sie eines Tages am Strand an. Es war sonntagvormittags, der Strand war menschenleer. Sie machte ein bißchen Dauerlauf und Gymnastik in ihrem alten blauen Trainingsanzug. Herbert Axe saß auf der Düne. Trotz des Windes. Alles an ihm flatterte, die ganze Uniform, die ihm nirgendwo zu passen schien. Aber das lag wohl kaum an dem Kammerunteroffizier, sondern daran, daß auf diesen Menschen überhaupt keine Uniform passen *konnte.*

Als er jetzt, da Marlies am Wachhäuschen des Soldatenlagers auf ihn wartete, hinter dem Gefreiten hereilte, freudig-erregt und verwundert, wie es schien, nahm sie wiederum als erstes Kennzeichen dieses Flattern an ihm wahr, und sie sah, wie der exakt gekleidete Hanke dem Näherkommenden in mitleidigem Spott entgegenblickte. Doch war er taktvoll genug, sich von ihr zu verabschieden, ehe Axe herangekommen war. Er tat es mit einem hintergründig-herablassenden «Wünsche einen schönen

Abend, Fräulein Hasse». Erhobenen Hauptes, in der Meinung, die junge Betriebsfürsorgerin gut unterhalten zu haben, schwang er sich auf sein Fahrrad und fuhr in Richtung Kasino davon.

Von seiner Plauderei war nichts in Marlies' Bewußtsein eingedrungen. Es war ihr gleichgültig, daß der geschniegelte Heeresbeamte endlich seine Ablösung aus dem VKN-Lager durchgesetzt hatte und demnächst als die rechte Hand Oberstleutnant Kelners ins Kasino einziehen würde. Der Mann, so attraktiv er auch war, kam nicht auf gegen den Landser in der verblichenen Uniform, mit den Knobelbechern und dem Krätzchen auf dem militärisch-kurzen Haarschnitt. Sie fand all das schrecklich an Axe. Sie legte durchaus Wert auf gutgeschneiderte Anzüge, vor allem auf einen saloppen Haarschnitt. Um so tragischer erschien es ihr, daß Herbert Axe so herumlaufen mußte, wie er herumlief. – Ob Heinz, ihr Vetter, sie verstehen würde, wenn er sie jetzt hier stehen sähe? Der Gedanke, am VKN-Lager anzuhalten und zu versuchen, Herbert noch zu sprechen, war ihr gekommen, als sie ganz langsam auf ihrem Rad die einsame Landstraße entlangfuhr. Das Gespräch mit Heinz ging noch in ihr um. Eva war Jüdin. Wieviel Prozent, das war gleichgültig. KZ-Häftlinge kamen auf die Insel. – Hitler hatte keine Leute mehr. Jene, die gegen alles waren, was hier gemacht wurde, sollten helfen. Dafür arbeiten! – Marlies' Gedanken gingen im Kreise. Zum erstenmal fürchtete sie sich vor dem Alleinsein. Eva war im Konzert. Und es war auch nicht gut, gerade sie jetzt zu sprechen. Aber sie brauchte einen Menschen. So machte sie halt vor der Lagerwache.

Sie waren bis zum Seestern gegangen, wo sie ihr Fahrrad abgestellt hatte. Nun wanderten sie auf dem Wege, der längs der Düne, zur See hin durch einige Reihen Kiefern geschützt, parallel zur Küste verlief. Das Leuchtfeuer der Oie, des winzigen Nachbarinselchens, war noch nicht gelöscht. Es war noch zu früh für die Flieger.

Herbert Axe war zwölf Jahre älter als Marlies. Er war Ethnologe. Die Völkerkunde gehörte nicht zu den Wissenschaften, mit denen man sich vom Kriegsdienst loskaufen konnte. Wenn man die richtige Fakultät gewählt hätte, wäre man vom Waffentragen zum Waffenschmieden freigestellt worden. Wie Marlies' Vetter. Aber richtig besehen war eines so schlimm wie das andere.

Herbert Axe war so tief in das Leben eingedrungen, daß er nicht mehr mit ihm fertig zu werden glaubte. Mit seiner Ehe nicht und mit dem Krieg nicht. Mit der neuen Kunst nicht und nicht mit seinem Beruf.

«Die Welt braucht einen neuen Heiland», sagte er, «einen Erlöser in des Wortes tiefster Bedeutung.»

Marlies hörte seinen Worten, die ihr merkwürdig versponnen vorkamen, geduldig zu. Sie standen Arm in Arm zwischen den Kiefern und beobachteten das ferne Leuchtfeuer. Axe schien die Sekunden zwischen dem Aufleuchten des Blinklichts zu zählen. Er sagte: «Der Mensch muß wieder auf das zurückgeführt werden, was er früher war. Er muß den Weg nach innen gehen. Mit Hilfe einer neuen Kunst, mit neuer Erziehung, neuen Erkenntnissen.»

Marlies versuchte, ihm zu folgen. «Woher soll das alles kommen?»

«Vieles ist schon da. Ich werde dir Bücher mitbringen.»

Sie wollte ihm helfen, da sie wußte, wie er unter seinem augenblicklichen Dasein litt. So sagte sie: «Mit einer festen Zuversicht auf diese Erneuerung wirst du auch diese Zeit aushalten können. Der Krieg kann ja nicht ewig dauern.»

«Aber lange genug, daß mein Bruder in Dachau vor die Hunde geht.»

«Dein Bruder ist im KZ?»

«Er hat unsere Lehre zu laut verkündet. Er ist Prediger.»

«Hier sollen auch Häftlinge eingesetzt werden», sagte sie und hätte es gleich darauf gern zurückgenommen.

Verstört schaute er sie an und zog seinen Arm aus dem ihren. «Ist das wahr? – Dann kann man doch nicht mehr hier arbeiten! Das vielleicht täglich sehen müssen!» Er setzte sich auf einen Baumstamm.

Marlies hockte sich neben ihn. Er sah zerquält und zergrübelt aus. In einer heftigen Aufwallung beugte er sich zu ihr und legte seinen Kopf in ihre Hände. Sie strich behutsam über sein kurzes Haar. Nach einer langen Weile sprach er wieder:

«Alle Religionen der Welt haben das nicht verhindern können. Das ist ja das Furchtbare.» Er hob langsam den Kopf. «Der Leuchtturm! Er blinkt nicht mehr.»

Sie saßen, als könnten sie durch übermenschliche Geduld das Blinklicht wieder zum Aufleuchten bringen. Zwei Menschen, die einander in der Finsternis nahegekommen waren. Doch sie nützten diese Verborgenheit nicht, um im gegenseitigen Sichfühlen Genüge zu finden. Axes Selbstvertrauen war bereits so erschüttert, daß es ihm fernlag, in der jungen Frau neben ihm Wünsche oder Hoffnungen zu wecken.

«Ich danke dir sehr», sagte er, als sie sich trennten. «Wirklich sehr.» Er stand und sah ihr nach, bis sie im Haus verschwunden war. Dann ging er zum Lager hinunter, durch die Wache an dem grinsenden Gefreiten vorbei.

Marlies war froh, daß Eva noch nicht zu Hause war. Langsam und mechanisch tat sie die gewohnten Verrichtungen. Ihre Gedanken waren bei Herbert Axe, der gesagt hatte: «Keine Religion der Welt hat *das* verhindern können.» – Was meinte er mit «das»? Den Krieg allein wohl nicht. – Die Konzentrationslager. Mehr noch: den Nationalsozialismus. – Merkwürdig, er schien es für selbstverständlich zu halten, daß auch sie dagegen war.

Eva hatte sie einmal gefragt: «Warst du im BdM?» Herbert Axe hatte sie nicht einmal das gefragt. Als ob er es für unmöglich hielte.

Sie war 1934 eingetreten. Ihr Vater wurde zur gleichen Zeit Mitglied der NSDAP. Musiklehrer Hasse, Leiter eines bekannten Knabenchors, war nicht dazu gezwungen worden. Das konnte niemand behaupten. Aber den Knabenchor hatte man gleichgeschaltet. Die Jungen sangen nun im Braunhemd. Die Umwandlung geschah so schnell, fast von einer Chorprobe zur anderen, daß der Chorleiter, der jedes Gesicht genau kannte, glaubte, einen völlig fremden Klangkörper zu dirigieren. Er sah in unendlich scheinender Wiederholung die Diagonalen der Schulterriemen: links oben, rechts unten – links oben, rechts unten. Von der Achselklappe zum Koppel: Parallelen, Parallelen – verschobene, schräggestellte Notenlinien, in die man keine Musik schreiben konnte. Es hatte eine Weile gedauert, bis die Jüngsten in der ersten Reihe, seine Lieblinge, die Sopransänger mit den Engelsstimmen, ihn wieder zur Besinnung gebracht hatten. Diese Kinderaugen waren ihm zu nah, als daß sie länger als ein paar Minuten von der neuen Phalanx der Schulterriemen hätten erdrückt werden können. Und manche dieser Augen schienen zu betteln: «Lassen Sie uns nicht im Stich!»

Von seinen älteren Schülern sprachen es einige sogar aus,

kurze Zeit darauf, als die Frage aufgeworfen wurde, wer diesen Chor, Glanzstück in der musischen Erziehung der Hitlerjugend, nun leiten solle. Was tat es schon, ein rundes Abzeichen am Rockaufschlag zu tragen, wenn damit die Vaterschaft neu erkauft wurde, die für den alternden Musiker Herzenssache war! So dachte seine Frau, und er nickte dazu. Er konnte bleiben und bekam sogar einen Titel dazu. Und langsam gewöhnte er sich auch an die Diagonalen der Schulterriemen.

Er war über seinen Schatten gesprungen, als er etwas gegen seine Überzeugung getan hatte. Das zuzugeben vermochte er nicht. Selbst seiner Tochter gegenüber tat er so, als glaube er an die Zukunft und Rechtschaffenheit der Nazipartei. Er war alter Pädagoge. Durfte er denn das Gegenteil tun von dem, was er von seiner Tochter und seinen Schülern verlangte: unbedingte Sauberkeit im Denken und Handeln, Bestehenkönnen vor dem eigenen Gewissen? Sein Neffe, Heinz Brettschneider, Student der Technischen Hochschule im letzten Semester, Parteigenosse und aktiv im NS-Studentenbund, hatte, als er zu Besuch kam, erfreut mit dem Onkel angestoßen auf Deutschlands Erneuerung durch den Nationalsozialismus, auf die Gesundung der Welt durch das Germanentum.

Nach diesem Abend war Marlies in den Bund deutscher Mädel eingetreten. Und wenn sie sich jetzt, nach acht Jahren, fragte, was der Anstoß gewesen war, so wußte sie nicht recht, ob sie es der Begeisterung des von ihr verehrten Vetters oder ihrer Solidarität mit dem Vater zuschreiben sollte. Denn entgegen seinen Äußerungen erfühlte sie seine wirkliche Meinung. Sie war musikalisch wie er und liebte vor allem die leisen Töne. Vielleicht wollte sie ihm das Unbehagen, als einziger aus der Familie bei den Braunhemden zu sein, ersparen.

Er sagte nichts dazu, als sie den Schritt tat. Aber er schalt auch nie, wenn sie vom «Dienst» zuweilen später als gewöhnlich nach Hause kam und die Mutter sie mit Vorwürfen überschüttete.

Dieser «Dienst» nahm sie oft sehr in Anspruch. Sie war schnell zur Jungmädelführerin aufgerückt. Sie organisierte eine Blockflötengruppe, kramte alte Märchenbücher hervor und übte Stegreifspiele ein. Sie las die «Führerinnenbriefe» und manchmal auch «Das deutsche Mädel» und erzählte den Zehn- bis Vierzehnjährigen von großer deutscher Vergangenheit. Sie durfte zur Sonnenwende den Gruppenwimpel tragen. Mit «Aus grauer

Städte Mauern» zogen sie durch die Stadt. Hand in Hand mit dem schneidigen Fähnleinführer sprang sie klopfenden Herzens durchs Sonnenwendfeuer, und der feste Händedruck des Jungen in den allzu knappen Lederhosen und den strammsitzenden Kniestrümpfen, beim «Tampet» und beim «Schüddel-die-Büx», das war für sie der BdM. Und Sammeln gehörte auch dazu. Was sammelte man nicht alles: Geld am Eintopfsonntag, fürs Winterhilfswerk, für die Volkswohlfahrt. Mit achtzehn Jahren gesellte sich zu dem Rhombus mit dem Hakenkreuz das größere, das runde Abzeichen. Ein «Hoheitsträger» mit silbergesticktem Adler auf dem braunen Rock beglückwünschte den Nachwuchs der Partei, der erzogen war unter dem Motto: «Gelobt sei, was hart macht.» Merkwürdig, von diesem Punkte an wurde alles fade. Um herumzulaufen und an den Türen mit der Sammelbüchse zu klappern, kam man sich zu erwachsen vor. Die Leute gaben auch nicht mehr so gern wie zu Anfang. Sie schimpften, weil es zuwenig Butter gab. Und mit Franco in Spanien schien auch nicht alles zu stimmen. Der Märchenschatz für die Stegreifspiele war ausgeschöpft. Was von der Gebietsführung als Vorschlag kam, wurde kritisch betrachtet. Einen Lehrgang auf der Gebietsführerinnenschule lehnte sie ab nach einer Auseinandersetzung mit der Kulturreferentin über Rilke, die behauptet hatte, Baldur von Schirachs Lyrik stehe über Rilkes. Überdies sei Rilke ein weichlicher Mensch gewesen. Der Fähnleinführer vom Sonnenwendfest war zur See gegangen. «Ich will schon etwas sein, wenn's losgeht», hatte er gesagt. Jeder wollte «etwas sein», so wie er's verstand. Der eine wurde Bannführer, der andere ging sogar zur Gebietsführung. Sie wurden «Ordensjunker», sie wurden «Führer-Anwärter», und alle wurden sie deutschgläubig und Judenhasser. Sie bereiteten sich darauf vor, Brände zu schüren, die mit der Romantik vom Sonnenwendfeuer nichts mehr gemein hatten.

Marlies hörte mit dem Vater zu Neujahr Beethovens Neunte Symphonie in Dresden und weinte in sich hinein bei dem großen Gesang an die Freude. Sie wußte nicht, ob ihre Erschütterung durch die tiefe Erkenntnis der Schiller-Worte kam oder durch das Bewußtsein des nahenden Abschieds. Sie hatte ihre Ausbildung auf einer «Lehranstalt für soziale Frauenberufe» beendet und die Vermittlung des Vetters, auf die Insel zu kommen, angenommen. Das war im Jahre 1939. Sie war damals knapp zwanzig Jahre alt und sich dessen nicht bewußt, etwas Grundsätzliches in ihrem Leben falsch gemacht zu haben.

Und jetzt, drei Jahre später, fragte Eva Leonhard, ob sie im BdM gewesen sei. Sie verstand den tieferen Sinn dieser Frage erst heute, nach dem Gespräch mit dem Vetter. Und sie verstand ihn noch mehr seit dem Spaziergang mit Herbert Axe, seit seinem Satz: «... haben *das* nicht verhindern können.»

Was war es denn, dieses «Das?» Sammeln, das schienen gute Werke zu sein. Sonnenwendfeuer anzünden – das war alte deutsche Tradition. Märchenspiele, Blockflöten- und Klampfenorchester – das war Freude am Schönen. Man lehrte auch in den Adolf-Hitler-Schulen: Goethe und Schiller sind große deutsche Dichter. – Wie denn? Werden bei Schillers großer Menschheitsumarmung die farbigen Rassen ausgeklammert? Oder die Juden? – Groteske Vorstellung! Unlogisch war manches in der Rassenlehre. Man verdaute sie nur, weil man gelernt hatte, zu schlucken, ohne zu fragen. Die Japaner waren genehm, obwohl sie gelb waren. Sie waren Arier und gehörten zur «großen Achse». Dafür verbreitete man, und in den Führerinnenbriefen stand es auch, die Franzosen seien degeneriert, die Polen kulturlos und die Tschechen ein vermanschtes Völkergemisch, das sich frech in deutsches Stammland hineingedrängt habe. Hier steckte es, dieses unbestimmt klingende «Das». Und Evas Frage «Warst du im BdM?» hatte auch dahin gezielt. Jetzt wußte sie es. Vermutlich hatte man Evas Vater ins KZ gebracht. Sie hatte vom elften Lebensjahre an bei den Großeltern gewohnt. Marlies fragte sich beschämt, wie Eva zumute gewesen sein mochte, als sie auf ihre Frage die leicht hingeworfene Antwort bekam: «Ich war Jungmädelführerin. Aber man wächst eines Tages darüber hinaus.»

Was ist das, wenn man anfängt, sich zu verachten, dachte sie, als sie im Dunkel ihres Zimmers lag. Sie schloß die Augen und horchte in sich hinein.

Mit dem «Badenweiler Marsch» beendete das Werkorchester sein Konzert im großen Kasinosaal. Die Nummer stand nicht auf dem Programm. Bei der Ansage hatte sich Jürgen Baer in seinem Stuhl zurückgelehnt, verstohlen aufseufzend, mit einem unausgesprochenen «Muß das sein?»

Er saß zwei Reihen vor Eva. Überrascht beobachtete sie, daß

er den Kopf zur Tür wandte, als schätze er ab, ob es angängig sei, einigermaßen unauffällig den Saal zu verlassen. Aber da er in der Mitte der Reihe saß, gab er es auf und ließ, nachlässig auf seinen Stuhl gestreckt, mit verschränkten Armen den «Lieblingsmarsch des Führers» über sich ergehen. Mit viel Bravour und Blech. Als es überstanden war, erhob er sich so eilig, daß er sich am applaudierenden Publikum vorbeidrängen mußte. Offenbar fürchtete er weitere Zugaben ähnlicher Art.

Eva applaudierte höflich, wie es die beiden Männer neben ihr taten. Der eine war Hover, der andere ein junger Hauptmann der Luftwaffe, der seinen Dienstrang dem eichenlaubverbrämten Ritterkreuz an seinem Halse verdanken mochte. Hover hatte ihn ihr vorgestellt. Während des Konzerts war ihr auch eingefallen, wo sie sein Gesicht schon gesehen hatte: in Fräulein Haugks Zimmer. Es war eines aus der Heldensammlung.

Hover hatte ihr kurz angedeutet, daß der Eichenlaubträger als erfolgreicher Jagdflieger viele Feindflugzeuge abgeschossen habe und nun von der Front zurückgenommen worden sei. Noch könne man es sich leisten, die Besten zu schonen. Er solle mit seiner Kampferfahrung der Erprobungsfliegerei neuen Aufschwung geben. Wie der Kontakt zwischen ihm und seinen zivilen Kameraden aussah, bemerkte Eva sofort, als sie aus dem Saal in den angrenzenden Klubraum kamen. Dort saß Martin Uhlig mit Wodruba, einem Chemiker aus Wien, fachsimpelnd an einem großen runden Klubtisch. Der junge Hauptmann steuerte auf einen anderen Tisch zu, von wo aus er Eva mit einladender Geste zum Platznehmen aufforderte. Sie war jedoch bei Uhlig stehengeblieben. Hover winkte dem Sieggewohnten zu und setzte sich mit einem Ich-kann-nichts-machen-Achselzucken zu Uhlig. «Sie waren nicht im Konzert?»

«Ich bin leider völlig unmusikalisch.»

Hover lächelte. «Das sind viele hier. Sie geben es nur nicht zu.»

Eva sah Uhlig von der Seite an. Sie wußte, daß er sich etwas darauf zugute tat, weil er nicht heuchelte. «Ich verstehe nichts davon», hatte er neulich zu ihr gesagt, «aber ich tue auch nicht so, als wäre ich musikalisch, weil's zum guten Ton gehört.» Wegen dieser Aufrichtigkeit mochte sie ihn leiden. Man hatte ihr erzählt, daß er die schwierigsten Erprobungen fliege. Sie sah ihn im Geiste oft vor sich, in der Fliegerkombination, mit umgeschnalltem Fallschirm, angespannt, konzentriert, das energische Kinn vorgeschoben, Höhen- und Seitensteuer bedienend, hoch über den Wolken. Er sprach wenig davon, doch aus dem Wenigen entnahm sie, daß es eine eigene Welt sein mußte, und sie verzieh ihm die Fotos an den Wänden seines Zimmers: die Ju 87 über dem Eiffelturm, die He III über dem Hradschin.

Das Klubzimmer hatte sich rasch gefüllt, und die Stühle wurden rar. Dr. Klemt, der Chef des Windkanals, folgte erfreut einem Wink Hovers, der noch Platz zu schaffen wußte für ihn, seine Frau und Brettschneider.

Eva sah Frau Klemt zum erstenmal. Sie wußte, daß man dieser Frau zugetragen hatte, ihr Mann sei in die jüngste technische Rechnerin seines Mathematischen Büros verliebt. Der Blick dieser großen, zurückhaltend wirkenden blonden Frau wurde kalt, als sie Evas Namen hörte.

Eva fühlte sich unbehaglich. Das war also die Frau eines Chefs, groß, schön, klug. Sie gefiel ihr nicht. Trotzdem verwünschte sie die Klatschbasen der Siedlung. Es waren jene Frauen, die sich auf dem abgelegenen Erdenwinkel in ihren engen Lebenskreis zwischen Haus und Kinder eingeschlossen fühlten, weil ihre Männer das, was sie bewegte – Beruf, Forschung, Ziel –, nicht mit ihnen teilen durften. Sie mißgönnten den weiblichen technischen Angestellten die Vertrautheit mit ihren Männern, eine Art burschikosen Spießgesellentums, welches das jahrelange «Ziehen an einem Strang» mit sich brachte.

Die Frau eines Thermodynamikers hatte das Gerücht verbreitet. Sie saß mit ihrem Manne ebenfalls am Tisch und gluckste vor Glück als neben ihr der eichenlaubgeschmückte Held Platz nahm.

Die Duse servierte Frühlingshappen. Sie bestanden aus Quark auf Schwarzbrot, mit Paprika und Lauch gewürzt und den ersten Radieschen garniert, sahen appetitlich aus und kosteten nur Brotmarken. Deshalb war die Spezialität sehr begehrt, und die Duse mußte bekennen, daß sie nicht alle Wünsche befriedigen konnte. Klemt und seine Frau waren die letzten glücklichen Frühlingsbrotinhaber. Vor Eva war der Strom versiegt. Mit einem kleinen Schmollen schaute sie der Duse nach, die sich mit dem leeren Tablett eilig hinwegbegab.

Klemt zählte die in unregelmäßige Dreiecke geschnittenen garnierten Brotstücke auf seinem Teller. Als habe er eine schwierige mathematische Aufgabe gelöst, sagte er plötzlich, den Teller halb zu Eva hinschiebend: «So, Leontine, da man sowieso über uns beide spricht, sollen nun auch alle sehen, daß wir uns lieben. – Wir teilen.»

In der Stille allgemeiner Verblüffung fühlte Eva, wie ihr das Blut in die Wangen stieg. Zugleich war die Sicherheit ihres Chefs, der ihr mit eleganter Überlegenheit diesen kleinen Kavaliersdienst erwies, so faszinierend, daß sie sich wortlos seiner Hand zuneigte und den dargebotenen Happen mit dem Mund entgegennahm.

Das befreiende Lachen kam von einem, der außerhalb der Runde stand. Jürgen Baer war herangetreten und hatte Brettschneider begrüßen wollen. Eva drehte sich erleichtert um, als sie sein breites Gelächter hinter sich hörte. Martin Uhlig verzog den Mund, und Frau Klemts Gesicht ähnelte dem einer Wachspuppe. Ihr gegenüber war die Klatschsüchtige tief in den Sessel gerutscht. Ungerührt von alledem fütterte Dr. Klemt Eva mit Frühlingsdreiecken. Immer umschichtig, einmal für sich selbst, einmal für sie.

«Fast eine rituelle Handlung», sagte Hover schmunzelnd.

«War es auch», sagte Klemt und fegte die letzten Krümel vom Tisch.

Mit der heranrückenden Abfahrtszeit der letzten Werkbahn leerten sich die Klubräume. Eva erhob sich ebenfalls.

«Sind Sie oft abends im Kasino?» fragte sie der Ritterkreuzträger, als sie sich verabschiedete. Sie machte eine unbestimmte Bewegung. Es zuckte um seine buschigen Augenbrauen. Er versuchte hochmütig auszusehen. Er war noch sehr jung. Eva fühlte den Blick des jungen Hauptmanns in stummer Frage auf sich gerichtet, als die Duse zu ihr kam, um zu kassieren. Uhlig trat dazwischen. «Das geht mit auf meine Rechnung.»

Überrascht blickte Eva auf. Das ging gegen alle Gepflogenheiten des Kasinos. Nur wenn zwei eng zusammengehörten, bezahlte der männliche Teil. Aber dann galten die beiden schon als verlobt. Sie sah mit halbem Blick, daß Klemt erstaunt die Augenbrauen hochzog und Hover in sich hineingriente.

«Du mußt doch nicht zur Werkbahn», sagte Uhlig beim Hinausgehen.

«Nein, ich habe mein Fahrrad da.»

Er nahm ihren Arm. Sie sahen die letzten Nachzügler zum Werkbahnhof hasten. Sehr langsam stiegen sie die kleine Freitreppe des Kasinos hinab. Ein paar Schritte weiter bog Uhlig nach rechts in die Kasino-Anlagen ein. Eva blieb stehen. Er wußte, warum. Zum großen Fahrradständer ging es geradeaus. Leise sagte er: «Brettschneider holt gerade sein Rad. Oder willst du mit ihm fahren?»

Sie schüttelte den Kopf. Er nahm sie bei den Schultern und zog sie nahe zu sich heran. Der Mond stand auf der anderen Seite des Kasinos. Das langgestreckte Haus warf einen breiten Schatten.

«Bleib doch hier», bat er flüsternd. Als sie ihn befremdet ansah, fügte er hinzu: «Komm mit zu mir. Es merkt kein Mensch. Morgen früh, ehe der Hausmeister in die Zimmer kommt, machen wir einen Strandpaziergang.»

Sie schüttelte den Kopf. Vor Überraschung fiel ihr nicht ein, daß Marlies es natürlich merken würde, wenn sie in der Nacht ausblieb. Sie dachte nur spöttisch: So war das also gemeint. Man bezahlt die Zeche, und dann hat man Rechte! Zögernd trat sie einen Schritt zurück. Er sah mit einem Blick auf sie herab, der ihr fast feindselig erschien. Seine Hände fielen von ihren Schultern.

«Weißt du eigentlich, was du tust?» fragte er heiser. «Du versprichst alles und hältst nichts.»

«Ich – versprechen?» Sie wurde in der Erregung zu laut, so daß sie erschrocken wieder einen kleinen Schritt näher zu ihm trat. Leiser ergänzte sie: «Ich habe dir nichts versprochen.»

Er hielt sie immer noch mit dem Abrechnung fordernden Blick fest. «Du weißt es nur nicht. Oder willst es nicht wissen. Dein Äußeres, dein Benehmen, dein Lachen – das ist ein einziges Versprechen.»

Sie schüttelte in ehrlicher Bestürzung den Kopf. Er fuhr fort: «Du hast es doch heute abend gehört: dein Ruf ist nicht der beste. Denkst du, die da drinnen», er deutete mit einer Kopfbewegung auf das weiße Kasinogebäude, «und die biederen Ehefrauen, die über dich klatschen, würden einen Pfifferling für deine Anständigkeit geben?»

In ihr stieg die Empörung hoch. «Das ist doch kein Grund für mich, zu tun, was sie von mir denken.»

«Natürlich nicht. Aber du hast auch keine Veranlassung, dich selbst – zu vergewaltigen. Du rückst heute noch zur Seite, wenn ich mich zu dir auf die Couch setzen will. Was meinst du wohl, was die lieben Kollegen sich denken, wenn sie uns beide so zweimal in der Woche, wie in letzter Zeit, nach dem Abendessen aus dem Kasino gehen sehen!»

«Das ist mir gleich», erwiderte Eva hart.

«So – und daß du mich so weit hast, daß ich kein unbestrumpftes Frauenbein mehr ohne Erregung sehen kann, ist dir wohl auch gleich!»

Sie drehte sich nach ihm um. In seinem Blick war das Feindliche erloschen. Aber er wollte nicht noch einmal bitten. Er wartete.

Sie fühlte laut ihr Herz pochen. «Das wollte ich nicht. Aber ich kann nicht. So nicht. Nach alldem, was du mir gesagt hast.»

«Dann ist es besser, wir sehen uns nicht mehr so oft.»

Nach einer Weile, in der einer des anderen Atem hörte, streckte sie ihm zögernd die Hand hin. So nahm man also Abschied! Sie fühlte in ihrer Kehle etwas hochsteigen. «Gute Nacht», sagte sie mit belegter Stimme und lief hastig über die Steinplatten davon.

Er sah ihr nach. Eine helle Gestalt im breiten Hausschatten. Seine Fingernägel krallten sich schmerzhaft in die Handflächen.

Aus dem Kasino kamen noch immer vereinzelt Gäste, Offiziere und Junggesellen, die im Werkgelände wohnten. Sie sprachen unbekümmert laut. Uhlig stahl sich davon, um nicht gesehen zu werden.

Eva hatte sich noch einmal auf die andere Seite gedreht, während Marlies leise aufgestanden war und den Trainingsanzug übergezogen hatte. Sie mußte wieder eingeschlafen sein, denn das nächste, was sie hörte, war Marlies' Zurückkommen. Dazwischen lag eine gute halbe Stunde: Marlies' Sonntagmorgengymnastik am Strand. Eva bedauerte es, daß sie morgens viel zu gern schlief, um das gleiche zu tun. Es war so bequem, den Strand vorm Haus zu haben. Sie seufzte. Vielleicht – wenn sie in Zukunft sonnabends keine Verabredungen mehr haben würde. – Komische Gegenüberstellung, dachte sie. Martin Uhlig oder Frühsport! Es dürften wohl keine vergleichbaren Größen sein.

Martin! – Er war der erste gewesen, der ihr gefallen hatte. Sie hatte eine Schwäche für sonore Stimmen. Durchs Telefon klang seine Stimme geradezu faszinierend.

Marlies war zum Duschen gegangen. Eva kroch aus ihrem Schlafanzug. Vermutlich waren wieder alle Duschen besetzt. Also erst Zähne putzen. Nackt stand sie vor dem Fließwasserbecken und ließ Wasser ins Glas laufen. Prüfend betrachtete sie sich im Spiegel. – «Dein Äußeres, dein Lachen – alles verspricht», so ähnlich hatte Martin gestern abend gesagt. Sie ließ das Zahnputzglas überlaufen. Mit feuchten, gespreizten Fingerspitzen fuhr sie von den Oberschenkeln aus langsam über ihren Körper, aufwärts über die Hüften, die Brüste seitlich streifend. Das tat gut, das war wie eine leichte Massage. Ihre Hände machten unter den Hügeln der Brüste halt, formten sich zur Schale, umschlossen einen Augenblick prüfend die Wölbungen und erhoben sich schließlich, an Schulter, Hals und Kopf entlanggleitend, bis zum Strecken. Sie reckte sich, stand leicht zitternd auf den Zehenspitzen. Ihr ganzer Körper war gespannt. Sie vermeinte, vom Boden abschnellen zu können. Triumphierend wendete sie sich dem Bild zu, das über ihrer Bettcouch hing. Sie fühlte sich der Kolbeplastik ebenbürtig. Die Hände hinter dem Kopf verschränkt, die Füße hebend und senkend, hielt sie eine wortlose Zwiesprache mit der steinernen Schönheit. Warum wollen wir verbergen, was die Natur uns gegeben hat. Würdest du dich verleugnen? – Nein. – Dich hat ein großer Künstler auf einen Sockel gesetzt. Unverhüllt. Er wußte, was er tat. Und du bist ganz keusch. – Ich verhülle vieles. Wie es Sitte ist. – Warum? – Sie kroch in ihren flauschigen Bademantel.

Martin hatte schon ein paarmal unter dem Bild gesessen. Ob ihn das auch aufgeregt hatte?

Als Eva vom Duschen zurückkam, war das Zimmer in blaue Dämpfe gehüllt. Das war nichts Neues, Marlies röstete Brot. Meist wurden die Scheiben zu schwarz, weil sie sich nebenbei noch anzog, den Tisch deckte, Zähne putzte und schnell zur Küche lief, um den Tee aufzugießen. «Durch den Röstvorgang entwickelt sich Zucker, und den verlangt unser Körper», so pflegte Marlies ihr tägliches, etwas umständliches Zeremoniell zu rechtfertigen. Sie war wortkarg an diesem Sonntagmorgen. Mit besonderer Sorgfalt deckte sie den Frühstückstisch und stellte ihr letztes Glas Hausmachermarmelade auf den Tisch.

Eva stand vor dem Spiegel und überlegte sich beim Haarkämmen, was sie dagegen zu bieten hatte. Sie brachte den Gedanken nicht zu Ende. Im Spiegel sah sie Marlies. Die Freundin lehnte in der Ecke ihrer Couch, wartend, stumm und forschend, unverwandt den Blick auf Eva gerichtet. So mußte sie schon eine geraume Weile gesessen haben.

Was war?

Sie frühstückten. Ihre Couches standen im rechten Winkel zueinander. Die beiden Mädchen sahen sich gegenseitig im Halbprofil.

«Nimm doch von der Marmelade», bat Marlies und rückte einladend das Schraubglas zurecht.

Eva lauschte auf jeden Ton. Sie fand, so sprach man mit einer Kranken – oder mit Leidtragenden bei einer Beerdigung. Sie war sich sicher. Aus den Augenwinkeln heraus beobachtete sie, wie Marlies verstohlen ihr Gesicht prüfte. Sie fühlte sich abgetastet. Marlies suchte die Merkmale der verfemten Rasse in ihren Zügen.

Eva vermochte plötzlich nicht mehr das Marmeladenbrot zum Munde zu führen, so zitterten ihr die Hände. Sie legte es auf den Teller zurück, sah Marlies voll an uns stieß hervor: «Wer hat es dir gesagt?»

Die Freundin war einen Augenblick verblüfft. Dann fing sie sich und legte ihre Hand auf Evas Linke. «Aber Eva», sagte sie liebevoll.

Eva verlangte eigensinnig: «Wer? – Hover?»

Sie zog ihre Hand fort und rutschte nach hinten bis an die gerollte Rückenlehne ihrer Couch, einen Abstand zwischen sich und Marlies schaffend. Sie wollte kein Mitgefühl.

«Ich weiß es von meinem Vetter, Heinz Brettschneider», erwiderte Marlies. «Er mußte verschiedene Personalakten einsehen. Er sprach so ganz nebenbei davon, wirklich. Und es hat doch auch gar nichts zu sagen. Sonst wärst du schließlich nicht hier. Im Arbeitsdienst warst du ja auch.»

Marlies räumte das Geschirr zusammen. Es schien, als wolle sie der Unterhaltung das Gewicht nehmen. «Für deinen Vater war es sicher noch schlimm. Aber er ist doch jetzt in Sicherheit. Und bei dir macht es so gut wie nichts mehr aus.»

Marlies wartete vergeblich auf eine Erwiderung. Leise verließ sie das Zimmer.

Eva hatte den Kopf in die Kissen gedrückt. Als sie merkte, daß sie allein war, warf sie sich auf die Couch.

Marlies war ein guter Kerl. Mit ihren Worten: «Für deinen Vater war es noch schlimm, aber bei dir macht es so gut wie nichts mehr aus» hatte sie trösten wollen. Wenn sie wüßte, was es für böse Worte waren. Wie hatte doch Gustl Schwendtmayr, ihr Stiefvater, damals gesagt, als sie das Abitur hinter sich hatte? – «Wenn du dem Schicksal deines Vaters entgehen willst, mußt du versuchen, zum RAD zu kommen. Wer den Arbeitsdienst durchmacht, trägt das Ehrenkleid der Arbeit für das Reich. Damit bist du rehabilitiert. Hierbei kann ich dir nicht helfen. Das mußt du selber schaffen.»

Die Viertelstunde im Büro des Bannführers, der die Anträge für den RADwJ bearbeitete, gehörte zu den fürchterlichsten Augenblicken ihres Lebens. In die Kolonne der Arbeitsmaiden eingereiht zu werden war für sie eine Lebensfrage. Sie mußte doch irgendwohin gehören! Vom Vater wußte sie seit fast sieben Jahren nichts mehr. Ihre Umgebung waren die Großeltern, die Brüder der Mutter und Gustl Schwendtmayr, jetzt nationalsozialistischer Amtsleiter in Posen. «Hitler macht seinen Weg!» war der Glaube in dieser Familie. Und sie, Eva, wollte nicht am Rande stehen. Sie wollte studieren wie ihre Schulkameradinnen, wollte die gleichen Rechte, die gleichen Möglichkeiten haben.

Der Weg dazu war der Arbeitsdienst.

Klopfenden Herzens stand sie vor dem Hitlerjugendführer im braunen Rock. Sie merkte von der ersten Minute an, daß er nicht unzugänglich war. Er hatte ein feistes, sommersprossiges Gesicht. Schon nach dem ersten kurzen Wortwechsel war ihr klar, daß sie hier unumwunden die Wahrheit sagen mußte. Während sie von sich erzählte, beobachtete er sie scharf.
Einmal wurde das Gespräch durch einen Führer mit einer weißen Schnur, der sehr schneidig und fordernd hereinkam, unterbrochen. Eva dachte: Jetzt ist alles aus. Er wird mich unter einem Vorwand wegschicken. – Der Bannführer war dem anderen ins Nebenzimmer gefolgt. Durch die offene Verbindungstür hörte Eva seine helle, scharfe Stimme. Er schien einigen Unterführern die Leviten zu lesen. Als Antwort war

nur das Zusammenknallen von Stiefelabsätzen und eiliges Davontraben zu hören. – «An die Kandare müssen sie alle! An die Kandare!» Mit rotem Wutgesicht stand er wieder in der Tür. Breitbeinig marschierte er auf Eva zu, sah sie lauernd an, fühlte wohl ihre Unsicherheit.

«*So* können wir sein», sagte er, «und *so*!» Er schnippte mit einer schnellen Bewegung seiner Rechten unvermutet dicht an Evas Gesicht vorbei, so daß sie erschrocken zurückwich, und lachte schadenfroh.

«Angst?» Sein Blick durchforschte aufdringlich ihre Gesichtszüge. «So schlimm sind wir doch gar nicht.» Er ging um seinen Schreibtisch herum und hob eine Reiseschreibmaschine auf die Platte. Dann tippte er Evas Personalien, mit einem Finger. Name – Geburtsdatum – Wohnort –

«Sie sind also Vierteljüdin!» sagte er und tippte mühsam.

Sie sah ihn groß an. «Nein, Halbjüdin. Ich habe Ihnen doch ...»

Er unterbrach sie. «Und wenn ich Ihnen sage, Sie sind Vierteljüdin, dann sind Sie eben Vierteljüdin. – Verstanden?» Seine kleinen Augen schienen sie hypnotisieren zu wollen. Erst jetzt bemerkte sie, daß er einen Silberblick hatte und mit einem Auge immer an ihr vorbeisah.

Sie nickte stumm.

Als sie später Gustl Schwendtmayr den Vorgang erzählte, lachte er schallend. «Die Kleinen halten sich an ihren großen Lehrmeister», sagte er und zitierte Göring: «Wer Jude ist, bestimme *ich*!»

Eva hatte über sich bestimmen lassen. Damals – vor zwei Jahren. Ihre Fragebogen wiesen sie als Vierteljüdin aus. Fünfundzwanzig Prozent. Was ist das schon! Damit war man sogar «RAD-würdig».

Die Sonne war herumgekommen und tastete mit ihren Strahlen nach dem Kopf des Bamberger Reiters. Er hatte auch im Zimmer der Maidenführerin gehangen, damals im Arbeitsdienst, sozusagen als Standardheld der Mädelführerinnen. Große, kerndeutsche Vergangenheit. Ein rassereiner Fürst. – Marlies hatte ihn wohl nicht deshalb hingehängt. Sie besaß Bücher über Kunst, wußte Bescheid über Spätbarock und italienische Renaissance und las gewissenhaft die Gedichte, die der Soldat Axe ihr gebracht hatte. Eva hatte das Gefühl, als ließe es sich leichter leben, wenn Marlies alles wußte, alles, die ganze Wahrheit.

Sie schaute auf dem Korridor nach ihr aus. Vom Balkon des Gemeinschaftsraumes drangen Stimmen herüber. Sie erkannte das etwas scharfe Organ der Püschel, der Scholtz-Klink-Verehrerin, und sah Marlies neben ihr stehen. Unbemerkt von den Mädchen ging Eva leise zurück in ihr Zimmer.

7

Das goldene Kalb

Der hochgewachsene «Doktor» sah neben dem Gerippe des A 4 wie ein Zwerg aus.

Ein Riesenspielzeug! – dachte Traude Hörselmann, als sie ihn, den geistigen Vater der Zukunftswaffe, begeistert und lebhaft wie ein Junge seine neuesten Ideen und Versuchsergebnisse am originalgroßen Gerät demonstrieren sah.

Die Elite der Versuchsstelle war in der Zusammensetzwerkstatt versammelt. Traude Hörselmann war Dr. Klemt dankbar, daß er sie mitgenommen hatte. Ihr gegenüber stand der General, der militärische Chef, neben ihm Heinz Brettschneider. Einer der Interessiertesten war der junge Dr. Baer, der ihr bisher wenig sympathisch erschienen war.

In der Gesellschaft des dunkelhaarigen einsiedlerischen Professors bemerkte sie drei unbekannte Gesichter. Sie vermutete in dem älteren den Physiker vom Berliner Kaiser-Wilhelm-Institut, den Dr. Klemt ihr schon angekündigt hatte. Auf ihre leise Anfrage bestätigte Klemt:

«Professor Leupold mit seinem Oberassistenten Tiefenbach. Der dritte ist ein Techniker, Flugzeugführer.»

Der dritte gefiel Traude am besten. Man konnte ihm deutlich

anmerken, daß er sich zwischen diesen Kapazitäten der Hochfrequenztechnik, Aero- und Thermodynamik, Metallurgie, physikalischen Chemie und Ballistik recht fehl am Platze vorkam. Höflich trat er zurück, sobald einer der Wissenschaftler, im lebhaften Gedankenaustausch mit dem vortragenden Doktor, an ihm vorbei um das Demonstrationsobjekt herumgehen wollte. Groß und breit wie er war, schien er überall im Wege zu sein.

Traude hatte sich hinter zwei mächtigen Porzellanisolatoren verschanzt. Als der Flieger erneut von seinem Platz vertrieben wurde, fing er ihren lächelnden Blick auf. Sie rückte zur Seite, und er umging etliche Kabelrollen, bis er neben ihr stand.

«In der Luft ist wohl mehr Platz!» sagte sie statt einer Begrüßung.

Er war erfreut, daß sie schon etwas von ihm wußte. In seinem großen, flächigen Gesicht blitzten breit die gesunden Zähne. «Verstehen Sie alles, was die da reden?» fragte er mit einer halben Wendung nach der debattierenden Gruppe. Der Doktor hatte sich eine Leiter bringen lassen und stand in halber Höhe des hautlosen Monstrums. Mit erhobener Stimme dozierte er, schob seine Hände in das Kabelgewirr und legte die metallenen Eingeweide bloß, über deren Beschaffenheit und Funktion er referierte. Ein Arzt, ein Anatom, der jeden Nervenstrang im Körper seines Patienten kannte!

Etwas zögernd beantwortete Traude Hörselmann die an sie gerichtete Frage. Sie wollte den Flieger nicht einschüchtern. «Man muß schon aufpassen», sagte sie.

«Natürlich.» Etwas schuldbewußt versuchte er, wieder dem Vorgang zu folgen, um dessentwillen er seinen Freund Tiefenbach begleitet hatte. Mit halbem Blick beobachtete er das Mädchen neben sich, die einzige Langhaarige in dem Männerforum. Sie sah tatsächlich aus, als fühle sie sich zu Hause in diesem Zahlen- und Formelwirrwarr.

Auch Traude war nur noch mit halber Aufmerksamkeit bei der Sache. Aus dem Riesenspielzeug schien das Goldene Kalb geworden zu sein. Es war der Götze, der Tausende von Hirnen, Tausende von Menschenkräften forderte. Menschen*leben* – bisher noch nicht.

«Vom Startversuch im Herbst hängt alles ab», hörte sie den General zu den Gästen vom Kaiser-Wilhelm-Institut sagen.

«Wenn er danebengeht, haben wir allen Kredit im Waffenamt – und noch höher hinauf – verloren. Wir experimentieren schon viel zu lange herum. Einige Skeptiker halten uns längst für Narren, vielleicht auch für Schlimmeres.» Der General senkte seine Stimme, die in der Erregung laut geworden war. «Der Führer hat einen Befehl herausgegeben, wonach nur noch Rüstungsprojekte begonnen werden dürfen, die innerhalb von sechs Monaten einsatzfähige Waffen zum Ergebnis haben.»

Mit einer Stimme, die in ihrer leidenschaftslosen Sachlichkeit von der Schärfe des Generals seltsam abstach, warf der Berliner Professor ein: «Er rechnet demnach mit dem baldigen Kriegsende.»

«Mit dem baldigen Endsieg», verbesserte der General.

Der Gelehrte blieb gleichmütig. «In diesem Falle –», er hob den Blick zu dem starren, ragenden A-4-Gerippe, aus dem Kabel und Drähte heraushingen wie abgeschnittene Nervenstränge – «käme das hier sowieso zu spät.»

Jürgen Baer hatte sich in die Nähe dieses Professors geschlagen. Er lauschte den Worten nach, suchte vergeblich nach einem Ton des Bedauerns.

Traude Hörselmann war mit dem Flieger Wilfried Parisius die fünfhundert Meter bis zum Windkanal gegangen. Nun bedauerte sie, daß ihr im richtigen Augenblick kein Vorwand eingefallen war, unter dem sie ihn hätte ins Haus bitten können. Die interne Nachbesprechung, die Klemt gewohnheitsgemäß in seinem Büro zu veranstalten pflegte, war durchaus zwanglos und locker. Parisius hätte nicht gestört.

Professor Leupold war im Wagen des Generals ins Kasino gefahren, und Klemt nahm dessen Assistenten Tiefenbach mit zum Windkanal.

Traude hatte den jungen Mann vorher wenig beachtet. Er war für sie hinter Leupolds gewichtigem Renommee und Parisius' Körpergröße zurückgetreten. Als sie ihn nun in Klemts Büro neben ihrem weltmännischen Chef stehen sah, taxierte sie ihn kurz ab: Nicht so gewandt wie Klemt, doch selbstbewußter als Parisius. Seine Augen treten unter der auffallend breiten Stirn zurück. Er ist wohl einer, aus dem man schwer klug wird. – So etwas gefiel Traude nicht. Ihre Berufsarbeit brachte ihr so viel «Unbekannte», daß sie wenigstens in ihrem Privatleben wissen wollte, mit wem sie es zu tun hatte. Wie etwa bei Parisius. Auf dem kurzen Weg, den sie zusammen gegangen waren, hatte er so freimütig seine Gedanken vor ihr ausgebreitet, daß sie glaubte, ihn fast zu kennen. Er war keiner von den Bahnbrechern, er war Flugzeugkonstrukteur mehr aus Begeisterung als von der Bildung her. Er war ein Bastler, ein kleiner Tüftler mit Zirkel und Reißschiene. Lieber noch saß er in der Kabine, und er verstand es, die Herztöne seiner Maschine abzuhören. Er war der erste Pilot des «fliegenden Dreiecks», des schwanzlosen Flugzeugs. Himmelsmaler war er: weiß auf blauem Grund. Wilfried Parisius schlang den Kondensstreifen des ersten Jagdflugzeugs mit Düsenantrieb, das in seine Hände gegeben wurde, in gewagte Schleifen. Er meinte, es sei besser, *er* stehe kopf anstatt die Welt. Das war sein Lieblingssatz. Er war immer gut wieder heruntergekommen, weil er an seinem Steuerknüppel keineswegs so unbeholfen war wie zwischen all den Professoren und Doktoren. – «Darf ich Sie anrufen?» hatte er Traude zuletzt gefragt. – Schade, daß sie ihn nicht mit hereingenommen hatte. Nun saß sie diesem Tiefenbach gegenüber, der kaum noch daran zu denken schien, daß sie eine Frau war. Er vergaß, ihr eine Zigarette anzubieten. Er gab bekannt, daß Professor Leupold für die Zeit seines Inselaufenthaltes eine Art Vorlesungsreihe durchführen wolle für junge Wissenschaftler, die sich für die Grundlagenforschung der Physik interessierten.

Klemt, die Hände in den Taschen seiner ausgezeichnet geschneiderten Hose, lief im Zimmer auf und ab. Er wiegte den Kopf: «Haben wir denn jetzt Zeit für so etwas? Sie haben es doch heute gehört: Das Militär sitzt uns auf den Fersen. Wissen Sie, was man dem Doktor schon vorgeworfen hat? Er hintertreibe den Rüstungsauftrag zugunsten seiner Weltraumutopien. Er wolle lieber zum Mond fliegen als die englische Insel beschießen. Ein lächerlicher Vorwurf!»

«Verlockender wäre es wohl», erwiderte Tiefenbach trocken.

Klemt hielt im Wandern inne und sah den jungen Mann, der mit übergeschlagenen Beinen im Sessel saß, an, als mache er eine plötzliche, ihn überraschende Entdeckung. Er setzte sich mit verschränkten Armen auf die Schreibtischkante und sagte kollegial warnend: «Glauben Sie nicht, Tiefenbach, daß wir hier weitab vom Schuß sind, weil linker Hand die Wasserwüste anfängt und rechts von uns die Leute in den Fischerdörfern sich bei Fliegeralarm auf die andere Seite drehen! Man sieht uns sehr genau auf die Finger. Gerade hier!»

«Ich weiß», sagte Tiefenbach leise. «Unsere Front ist sehr lang. Wenn man die Insel nicht dazurechnen würde, steckte man uns junge Leute ebenso gnadenlos in Landseruniform wie die anderen Millionen.»

«Zweifellos. Und zwar läßt man uns nur so lange ungeschoren, als man damit rechnen kann, daß aus unseren Köpfen noch etwas Brauchbares herauskommt. Im Interesse des Endsiegs. Also können wir hier nicht fröhlich in den Tag hinein forschen.»

Tiefenbach hob die Schultern. «Das habe ich auch nicht gesagt. Was Leupold will, ist eine Art – sagen wir – Freizeitgestaltung für angehende Wissenschaftler. Auf freiwilliger Grundlage. Nach dem Dienst. Es wird vielen später zustatten kommen. Oder glauben Sie, wir könnten nach dem Kriege in der Welt noch mitreden, wenn nicht unsere führenden Leute trotz aller Kriegsaufgaben versuchen würden, den Grund auszubauen?»

Klemt spielte mit seinem Briefbeschwerer, dem Modell einer Flügelbombe. Selbstsicher sagte er:

«Nach dem Kriege hat die Welt unser A4 kennengelernt. Sie *wird* uns mitreden lassen.»

Tiefenbach machte eine vage Bewegung.

«Sie glauben nicht an unser Projekt?» fragte Klemt.

«Sicher wird das A 4 eines Tages fliegen. Aber ich bezweifle, daß es den Krieg entscheidet oder ihn wenden könnte, wenn es nötig sein sollte.»

Klemt hörte diese Meinung wohl nicht zum erstenmal. Er tauschte einen Blick mit Traude Hörselmann. «Dann könnten wir ja den ganzen Kram hier zusammenpacken und uns freiwillig zur Front melden. Als Fachpersonal für die Flammenwerfer, Feuerwerker für Kleinraketen oder so etwas! Hätten Sie Lust, Tiefenbach?»

«Offen gestanden – nein. Ich kann mich für das Kriegsspiel nicht einmal vom sportlichen Standpunkt her begeistern. Und die Auslandsreisen, die ich mir immer gewünscht habe, stelle ich mir auch etwas anders vor.»

«Im Schlafwagen, Erster, was?»

«Im Faltboot die Donau hinunter täte es auch. Mich stört es nicht, an der Grenze meinen Paß zeigen zu müssen. Aber mich stört es, wenn ich merke, daß ich ungebeten irgendwohin komme.»

Klemt hieb spöttisch auf seinen Schreibtisch. «Die Macht ist auch kein schlechtes Visum. – Ich denke, wir basteln noch ein bißchen weiter an unserem Sorgenkind.» Er hatte unter das Gespräch einen Schlußstrich gesetzt und wandte sich Traude Hörselmann zu:

«Herr Tiefenbach wird uns nächste Woche einige Nüsse zu knacken geben. Das kommt davon, weil ich ihm unsere mathematische Gruppe als besonders zuverlässig angepriesen habe. Ein paar Zimmer sind wohl vorübergehend frei zu machen zum Planimetrieren. Und für kurze Zeit müßten Sie Professor Leupold Ihre Mathematiker zur Verfügung stellen.»

«Alle drei?» fragte Traude überrascht.

«Wir brauchen sogar vier», sagte Tiefenbach.

«Nehmen Sie für die Kontrollauswertungen die Leontine hinzu», schlug Klemt vor. «Die schafft's.»

«Ich denke, Eva Leonhard haben Sie Herrn Brettschneider für eine Versuchsreihe versprochen.»

«Er hat sich für Fräulein Kaiser entschieden. Aus Sicherheitsgründen.» Zu Tiefenbach gewandt, fügte Klemt hinzu: «Daß bei Fräulein Leonhard irgendeine arische Großmutter fehlt, stört Sie wohl nicht?»

«Nicht im geringsten.»

«Na also. Dafür ist sie auch besonders hübsch.» Klemt zwinkerte vielsagend.

Traude verzog ein bißchen den Mund. «Sie fährt nächste Woche für zwei Tage nach Berlin. Hoffentlich überschneidet sich das nicht.»

«Muß das sein?» fragte Klemt.

«Ich habe es ihr zugesagt. Ihr Verlobter muß an die Front.»

Klemt stieß einen überraschten Pfiff aus. «Verlobt ist sie also auch!»

8

Zwischen Kurfürstendamm und Deutschlandhalle

«Fugger-Kirsch – die Marke für Kenner», stand auf dem Werbeplakat, das neben der Theke des kleinen Lokals hing. Evas Augen wanderten immer wieder zu dem dunkelroten Kirschenpaar, mit dem die Firma Fugger den Gästen Appetit auf ihre Liköre machen wollte, obwohl man sie längst nicht mehr bekam. Im dritten Kriegsjahr sah man in Berlin nicht mehr auf Qualitätsmarken.

«Ich habe aber einen Apricot für die Herrschaften. Der ist auch noch recht gut», sagte die freundliche Wirtin zu ihren einzigen Gästen, dem jungen Paar, das wohl allein sein wollte. Das konnten sie haben am Sonntagvormittag in der Knesebeckstraße. Die Wirtin stellte mit den beiden Likörgläsern einen Strauß Goldlack auf den Tisch. Das Mädchen nickte ihr ein «Danke» zu, dem Leutnant fiel die Gefälligkeit wohl gar nicht auf.

Es war Eva zumute, als sei sie aus sich selbst herausgeschlüpft, als stehe sie neben sich und beobachte sich unausgesetzt. Während der Fahrt nach Berlin, oder vielmehr schon nach Hartmuts Brief, in dem er sie dringend um das Treffen in Berlin bat, hatte sie sich vorgenommen: Ich muß es ins reine bringen. Ich kann ihn nicht mit einer Lüge ins Feld ziehen lassen. Wir müssen uns aussprechen.

Nun, da sie ihm gegenübersaß, merkte sie, wie schwer das war, weil es fast ein Fremder war, den sie hier traf. Sie waren am Abend vorher im Theater gewesen, zusammen mit Hartmuts Onkel. Es gab irgendein Stück um Don Juan, den Frauenverführer. Eine Variation des alten Themas. Donna Anna auf der Bühne jammerte in unausstehlicher Weise um ihre verlorene Unschuld, und der Komtur war ein beleidigter Wüterich.

Hartmut fand das Stück problematisch. Irgend etwas daraus schien ihn stark zu beschäftigen.

Sie hatten dann am Kurfürstendamm in einem Kellerlokal gegessen. Das Resümee des Theaterabends hieß im Munde des Onkels: «Man darf junge Verlobte nicht allein lassen.»

Mit der jammernden Donna Anna verglichen zu werden, war Eva widerwärtig. – Sie sah sich mit Martin Uhlig im Schatten des Kasinos stehen. In trotziger Auflehnung gegen die konventionelle Moral von Hartmuts Onkel wünchte sie sich in diesem Augenblick fast, sie hätte damals Martins Drängen nachgegeben. Hartmuts Onkel betrachtete sie durch sein Monokel an goldener Kette wohlwollend prüfend. Sie hielt seinem Blick stand und fühlte dem etwas steifbeinigen Sechzigjährigen gegenüber eine wollüstige Überlegenheit. Es war das Bewußtsein ihres jungen Lebensgefühl, das noch elastisch war, erwartungsvoll und vielversprechend.

Ihr feinen Bürger, euer Korsett paßt mir nicht!

Eva staunte über sich selbst. Die Kruste ihrer Herkunft bröckelte ab. Der patriarchalische Großvater, die höhere Mädchenschule, der Arbeitsdienst – alles miteinander hatte zu Hartmut Wedelstedt geführt, dem streng erzogenen Internatsschüler, dem Sohn des Wehrwirtschaftsführers.

Das war wie in einem Leitstrahl, dachte sie. Aber jetzt kommt die Umlenkung.

Worte, die sie noch vor einem halben Jahr in die Mitte getroffen hätten, glitten an ihr ab, gingen vorbei wie die Tangenten an der Parabel auf ihrem Millimeterpapier. Dazu gehörten das Gejammer der Donna Anna wie die wohlwollende Würde des Onkels. Auch Hartmuts stereotypes «Das bauen wir alles viel schöner wieder auf», wenn sie auf eine Trümmerstätte im verwundeten Berlin hinwies. Oder seine Lieblingswendung: «Wir haben dem deutschen Osten gegenüber eine schwerwiegende Verpflichtung. Ich bin glücklich, daß ich an die Ostfront komme.»

Das alles schluckte sie nicht mehr. Sie glaubte ihm nicht, daß er keine Furcht kenne. Keine Furcht vor der Schlacht, vor dem Tode. Jäh erkannte sie, was diese Furcht, das natürliche Gefühl, überdeckte. Gestern, im Kellerlokal, hatte er jeden Offizier, von denen es ringsum an den Tischen wimmelte, auf Kriegsauszeichnungen hin geprüft. Ein Deutsches Kreuz in Gold hatte ihn zu versteckter Bewunderung hingerissen, ein Ritterkreuz in Erregung versetzt. Der Ehrgeiz hatte ihn gepackt. Klingendes Blech, Sterne und Tressen, die Kennzeichen heutigen Ruhms und zukünftiger Macht, waren sein Ziel. Sie verstand erst jetzt in vollem Umfang, was er vor längerer Zeit zu Gustl Schwendtmayr gesagt hatte, als jener seinen Posten in Posen angetreten hatte: «Siehst du, der Nationalsozialismus vergißt seine alten Getreuen nicht. Darum behaupte ich: Die Helden dieses Krieges werden die Führer von morgen sein.»

Jemand hatte ihr erzählt, daß Wedelstedt, damals noch Unteroffizier, auf dem Kasernenhof seine Leute schliff. Nach dem Kriege würde er Paläste bauen, wenn der Führer es wünschte, monumental wie die ägyptischen Pyramiden und wie jene: zum Ruhme des neuen Pharao, mit dem Blut und dem Schweiß der Sklaven errichtet. Der ewige Kanon des Kasernenhofes: Auf – nieder, auf – nieder, kehrt – marsch-marsch! – Thema mit Variationen.

Sie glaubte, Herbert Axes bitteren Blick noch zu fühlen. Marlies hatte ihn vor wenigen Tagen eingeladen, und sie hatten ihn gemeinsam auf ihrem Zimmer bewirtet. Labahn mußte mehrmals klopfen. Sie hatten über seinem Bericht Zeit und Stunde vergessen.

Und nun hier: Berlin W, ein Leutnant, der sich der fehlenden Kreuzeszeichen auf der Brust schämte, ein Strauß Goldlack auf dem Tisch und ein überholtes Werbeplakat mit Klischee-Kirschen. Ein Marinesoldat betrat das kleine Lokal und löste in ihr für einen Augenblick die Assoziation des Geruchs von salziger Seeluft aus. Er wurde verdrängt durch den herbsüßen Mandelduft des Apricot-Likörs. Hartmut reichte ihr das gläserne Schälchen.

«Auf deine glückliche Wiederkehr», sagte sie.

«Und auf die Gelegenheiten!» Er schlug sich gegen die kahle linke Brusttasche.

Der Radioapparat hinter der Theke brachte gedämpft den Wehrmachtsbericht: Russische Einheiten im Mittelabschnitt aufgerieben – Partisanengebiet gesäubert – im Luftkampf abgeschossen – in der deutschen Bucht versenkt –! Das waren die «Gelegenheiten», nach denen ein Offizier dekoriert wurde. Hartmuts Vorstellung vom Glück.

Aber nein, sie hatte ihn wohl doch verkannt! In der sonntäglichen Vormittagsstille des kleinen Lokals standen plötzlich ein paar Worte. Militärisch stramm standen sie da, hingeworfen von dem jungen Offizier, der das Lied seiner Jungenszeit wahrzumachen im Begriff stand und «nach Ostland reiten» wollte und der vorher seine Liebste fragte: «Was hältst du von der Hingabe?»

Sie saßen sich gegenüber, und der Leutnant drehte einen Bierfilz.

Eva dachte: Ist das die Taktik des künftigen Helden? – Sie wußte nicht, was stärker in ihr war: Betroffenheit darüber, wie wenig er sie kannte, oder der Wunsch, ihn nicht ernst zu nehmen. Sie entschied sich für letzteres und hätte ihn fast wegen seines Ungeschicks ausgelacht. Aber sie überlegte noch rechtzeitig, daß er in wenigen Wochen vielleicht im Unterstand hausen würde und für ihn die Klärung dieser Frage einfach zu jenen Dingen gehören mochte, die ein Mann, der ins Feld rückt, geordnet zurücklassen möchte: abgeheftete Kontoauszüge, abgeschlossene Tagebücher, klare Liebesbeziehungen. – So sagte sie und sah an ihm vorbei:

«Irgendwann einmal gehört es dazu.»

Sie atmete erleichtert auf, als er nach der Wirtin rief, um zu zahlen.

Eva war froh, daß für den Abend ein Treffen mit mehreren Bekannten und ihrer Stiefschwester Steffi geplant war. Als sie zum Bahnhof Zoo schlenderten, begann sie davon zu erzählen. Er gab zu, nicht viel Interesse an dieser Abendgesellschaft zu haben, die Sigrid Maes, Evas Kindheitsfreundin aus Langenbrück, arrangieren wollte.

Sigrid lebte schon über ein Jahr in Frankreich. Mit diesem Land und dem Begriff Paris verband Hartmut eine Vorstellung von völkischem Verfall, Zersetzungsgefahr und allem, was der deutschen Wehrkraft abträglich war. Daß auch Sigrid in diesen Sog hineingeraten war, bewies deutlich genug die Wohnung am Kaiserplatz, die ihr ein Freund für die Zeit ihres Berliner Aufenthalts zur Verfügung gestellt hatte. Da er selbst in Paris bleiben mußte, machte er die Einschränkung, sie dürfe keine Herrenbesuche dort empfangen. Hartmut fand Sigrids Verhalten unmöglich und mißbilligte sehr, daß Eva und Steffi in dieser anrüchigen Wohnung übernachteten. Lediglich Evas Bitte und ihr geheimnisvolles Versprechen, er werde einen alten Bekannten treffen, bewogen ihn, den Sonntagabend mit dieser – wie zu vermuten war – gemischten Gesellschaft zu teilen.

Vom S-Bahnhof Deutschlandhalle war noch eine Strecke zu Fuß zurückzulegen. Dann kamen Barackenstädte, schnell erbaute Unterkünfte für die Ersatztruppenteile aller Waffengattungen.

Sanitäts-Unteroffizier Erwin Brodereck hatte Sonntagsdienst. Da es ein schöner Frühsommertag war, an dem jeder versuchen würde, in Berlins wasserreicher Umgebung ein paar Stunden zu verbringen, konnte er damit rechnen, von Patienten verschont zu bleiben. Sein großes Zimmer in der Sanitätsbaracke bot genügend Raum für Gäste, die Sigrid Maes unbedingt hatte einladen wollen.

Leutnant Wedelstedt, den Eva Leonhard mitgebracht hatte, gab sich anfangs recht arrogant. Sein schiefgezogener Mund entspannte sich erst, als der letzte Gast, Oberleutnant Rosenthal, eintraf. Die Überraschung war geglückt. Zwei alte Kameraden, die ihre Militärzeit gemeinsam verbracht hatten, fanden sich wieder. Mit Erich Rosenthal zusammen war Wedelstedt im Hause Schwendtmayr ein und aus gegangen, wenn die Primanerin Eva ihre Ferien dort verlebte. Erich war erstaunt, daß die beiden «noch nicht weiter » waren, nicht einmal mit Ring und so, wie er, beinahe vorwurfsvoll, Hartmut gegenüber feststellte.

Eva mußte über den untersetzten, gedrungen wirkenden Hansdampf lächeln, der mit seinem Kommen alle Konvention und Steifheit hinwegfegte.

«Euer Schnaps ist gut», lobte er den Gastgeber und drückte fast gleichzeitig Stiffi einen Kuß auf die Wange. Er stellte fest, daß sie bei weitem nicht mehr so dürftig aussehe wie als Vierzehnjährige. Als er sich neben Eva setzte und den Arm um sie legen wollte, schlug sie ihm lachend auf die Hand und stand auf. Er hatte schamlos knapp sitzende Breecheshosen an. Um ihre Flucht zu motivieren, tanzte sie mit Rolf Küppers.

Der junge Fahnenjunker-Feldwebel war der schönste Mann des Abends. Er sah aus wie ein Filmheld und hätte eben von der Leinwand, mitten aus einem Film über Liebe, Abschied und draufgängerisches Heldentum, herabgestiegen sein können. Sein größter Scharm bestand darin, daß er ständig zu fragen schien: «Was wollt ihr eigentlich von mir? Ich finde euch alle nett.» Sein Spiegelbild ignorierte er. Zumindest verstand er es meisterhaft, diesen Anschein zu erwecken. Seit einem halben Jahr kannte er Steffi Schwendtmayr. Und sie, die Achtzehnjährige, schien nur auf ihn gewartet zu haben. Von einem Genesungsheim bei Posen hatte man ihn «in den Busch» geschickt, wie er sein derzeitiges Kommando hinter Prenzlau nannte. Er trug bereits das Verwundetenabzeichen und das EK II. Das neue Frontkommando würde nicht lange auf sich warten lassen. Für ihn war das kein Mythos mehr wie für Wedelstedt. Es war die bittere, unausweichliche Notwendigkeit, die man mit etwas sportlichem Geschick und einer gehörigen Portion Glück zu überstehen hatte. Und solange es Mädchen gab und Zärtlichkeit, nahm man sie und gab sie. Einen Kuß für Sigrid, einen enggetanzten Tango mit Eva, eine lange Umarmung und halbheimliches Geflüster mit Steffi.

«Wenn wir uns dann lange nicht sehen, Steffi, das Trauerjahr mußt du aber einhalten, ehe du einen anderen küßt.»

Ein derartiger Scherz aus diesem Munde löste erst Verblüffung, dann Lachen aus. Erich Rosenthal schlug sich auf die Schenkel.

Die Tanzplatte war abgelaufen, und keiner hatte Lust, das Koffergrammophon neu aufzuziehen. Rolf Küppers hatte sich zu einem offenbar ernsten Gespräch mit Erwin Brodereck etwas von den anderen abgesondert. Erwin, klein und drahtig, ein ehemaliger Jockei, war beim Remontezureiten gestürzt und Sani geworden.

Für alle hörbar, doch ohne sonderliche Erregung, klang Küppers' Stimme. «Wahrscheinlich komme ich zu einer Panzereinheit. Aber wenn sie mich in die SS stecken wollen, ziehe ich Leine.»

Brodereck hatte ihm aufmerksam zugehört. Er wiegte nachdenklich den Kopf. Erich Rosenthals Lachen polterte quer durchs Zimmer.

«Küppers, denken Sie, der schwarze Rock steht Ihnen nicht?»

«Mir gefallen die Totenköpfe nicht, Herr Oberleutnant.»

Alle waren verblüfft, als Hartmut Wedelstedt mit harter Stimme in das ironisch gefärbte Geplänkel eingriff: «Und mir gefällt Ihre Einstellung nicht, Küppers.»

Erstaunt hob Rolf Küppers, der gelassen neben Brodereck stand, seine Schultern.

«Ihre Einstellung zur Sache meine ich», ergänzte Wedelstedt gereizt. «Sie reden, als wüßten Sie heute, nach beinahe drei Jahren Krieg, noch immer nicht, worum es geht.»

«O doch, das weiß ich», sagte Rolf Küppers hintergründig. «Leider! Ich war nämlich bereits vorn.»

Der letzte Hinweis brachte Hartmut Wedelstedt auf. «So, darauf bilden sie sich wohl wer weiß was ein.»

Rolf Küppers wandte sich verächtlich um und sagte leise und schnoddrig zu Brodereck: «Nee, ich wollte, ich hätte die Scheiße nie gesehen.»

Wedelstedt hatte es gehört. Seine dichten, engstehenden Augenbrauen bildeten eine gerade Linie. Es sah aus, als wollte er auf Küppers losspringen. Rosenthal und Eva griffen gleichzeitig von hinten nach seinen Armen. Sigrid, eine Offiziersmütze auf dem Kopf, versuchte, ihn auf den Stuhl zu drücken. «Kinder, was seid ihr ungemütlich!» Sie bemühte sich mit krampfhafter Lustigkeit, die Stimmung zu retten.

In die ersten Töne der rasch aufgelegten Schallplatte ertönte das langgezogene Jaulen der Luftschutzsirene. Um diese Zeit hatte niemand Fliegeralarm erwartet. Brodereck sah draußen nach dem Rechten und bat, das Licht zu löschen. Die Verdunklung sei in dem großen Raum nicht einwandfrei.

«Habt ihr denn hier keinen Luftschutzbunker?» fragte Hartmut Wedelstedt bestürzt, «oder wenigstens einen Splittergraben?»

Sigrid schwieg verlegen, und Brodereck entschuldigte sich achselzuckend. «Wir können doch unsere Mädchen nicht allein lassen. Offiziell dürften sie nämlich schon gar nicht mehr hier sein.»

Wedelstedt ließ sich auf seinen Stuhl fallen. Jemand drehte das Licht aus. Fürsorglich stellte Brodereck eine abgeschirmte Kerze auf den Tisch.

«Wie zu Weihnachten», sagte Steffi kindlich und suchte sich auf Rolf Küppers' Knien ihren Platz.

«Jawohl, schöne Bescherung», spottete Hartmut Wedelstedt. Er saß also in der Falle. Wie es bei dieser Sigrid kaum anders zu erwarten war. Er mußte mit Eva sprechen, daß sie sich von ihr trennte. Unbedingt. Das war kein Umgang für sie. Die

Geliebte eines Berliner Buchmachers, der jetzt als Zivilist in Paris saß und dem Beauftragten für Kraftfahrwesen zugeteilt war. Diese Schieber, diese Etappenhengste! – Wedelstedts rechter Mundwinkel zog sich nach oben. Wie immer, wenn ihn etwas stark erregte, bekam er seinen schiefen Mund. Noch hatte er kein Recht, sich über sie zu erheben. Sogar der grüne Fahnenjunker hatte ihm etwas voraus. Aber nicht mehr lange! – Wo blieb denn Eva? Warum setzte sie sich nicht zu ihm? Jetzt im Dunkeln, wo jeder sich einen bequemen Platz gesucht hatte, um die scheußliche Wartezeit so angenehm wie möglich zu überstehen! Hoffentlich hielt die windige Baracke überhaupt stand, falls in der Nähe etwas passierte. – Er überlegte, was für militärische Angriffsziele im Umkreis der Deutschlandhalle liegen konnten.

Eva hatte es nicht vermocht, sich neben Hartmut zu setzen. Sie hockte dicht neben Sigrid und nahm es in Kauf, daß Brodereck, der kleine Jockei, sich an ihre Seite drängte. Sie hielt auch still, als seine Hand streichelnd über ihr Kleid fuhr, vom Knie ein Stück aufwärts. Sie wagte mit keiner Bewegung, aus dem Dunkel in den Lichtkreis der Kerze zu kommen, ständig Hartmuts Aufforderung fürchtend: «Komm doch her, Eva.»

Die Gespräche gingen schleppend hin und her. Es waren nur Fetzen, vor allem zwischen Sigrid und Erich Rosenthal. Paris sei ein Abenteuer – und Italien – und Nordafrika. Griechenland müsse man noch mitkriegen, ehe der Krieg aus sei. So billig kam man nirgends wieder hin.

«Anneliese Theuerkauf war in Griechenland», sagte Sigrid, zu Eva gewandt. «Sie ist zu beneiden. Bedenke mal: Athen – die Akropolis – die ganze Antike! Sie weiß das bestimmt nicht zu schätzen.» Sigrid seufzte pathetisch. «Ich gäbe zehn Jahre meines Lebens für acht Tage Griechenland.»

Rolf Küppers räusperte sich. Er wollte wohl etwas dazu sagen, aber Steffi verschloß ihm den Mund.

Die Flak schoß. Es war nicht weit weg. Die Scheiben der Baracke klirrten. Keiner sprach mehr. Sie lauschten. Bei der ersten Bombendetonation fuhr Steffi aus Rolfs Armen hoch.

«Hast du Angst?» Schützend zog er ihren Kopf wieder an sich, als sie, ein wenig krampfhaft, verneint hatte. Zuweilen, wenn die Baracke wie von Wetterleuchten blitzartig erhellt wurde, sah Eva die beiden. Das waren nicht mehr zwei Menschen, das war einer. Steffi liebte. Vor Jahren hatte sie Eva beneidet. Jetzt beneidete Eva sie. Nicht um den schönen schlanken Mann, allein um das Liebenkönnen. –

Ein fürchterliches Krachen ließ die Barackenwände schwanken. «Alles hinlegen!» schrie Erich Rosenthal.

Hartmut Wedelstedt lag als erster auf dem Fußboden. Eva geriet in seine Nähe. «Das ist ja ein Wahnsinn in dieser Bretterbude», keuchte er.

Die Detonationen ließen nach, wurden ferner. Hartmut Wedelstedt hatte während der Entwarnung in fliegender Hast umgeschnallt, als ertrüge er die Baracke, diese Falle, nicht eine Minute länger. In der Eile vergaß er, sich bei den Gastgebern zu bedanken. Wie die anderen nach Hause kamen, kümmerte ihn nicht. Selbst der Abschied von Rosenthal fiel knapp aus.

Die Bahnen fuhren noch nicht wieder. Er war mit Eva fast allein am S-Bahnhof Deutschlandhalle. Schon auf dem Wege, als sie, ohne einander zu berühren, Seite an Seite gingen, hatte das Gespräch begonnen.

«Schade», sagte er «das war für uns beide ein verdorbener Abend. Du mußt es unbedingt deinem Vater schreiben.»

Sie zuckte zusammen, denn sie hatte in diesem Augenblick an ihren wirklichen Vater gedacht, und sie brauchte einen Moment der Besinnung, um zu begreifen, daß Hartmut ja nur Gustl Schwendtmayr meinen konnte.

«An Gustl? – Was denn?» fragte sie befremdet.

«Glaubst du denn, ihm wird es recht sein, wenn sich seine Tochter an diesen Küppers wegwirft? Das ist doch ein ganz windiger Bursche.»

«Meinst du? Er wollte Lehrer werden und mußte von der Schule weg zum Arbeitsdienst. Zwischendurch war er sogar kommissarisch Bannführer.»

«Warum ist er es nicht geblieben? Man hätte ihn vielleicht sogar uk-gestellt.»

«Er wollte eben Lehrer werden und nicht hauptamtlicher HJ-Führer. Sind denn Lehrer nicht auch wichtig?»

«Was wichtiger ist, mag dahingestellt bleiben. Nach dem Kriege werden wir uns alle diese schnell groß gewordenen Herrchen unter die Lupe nehmen müssen.»

Eva saß Bitterkeit im Halse. Heiser sagte sie: «Dann nimm mich nur gleich mit dazu.»

«Was meinst du?»

«Unter die Lupe, meine ich.»

Er blieb stehen und lachte gezwungen, als er ihren ernsten Blick sah.

«Du weißt doch – –?» fragte sie zögernd.

Er winkte ab. «Ach, laß doch. Daß dein alter Herr nicht mitmachen wollte und lieber verschwunden ist, dafür kannst du doch nicht.»

So also hatte Gustl Schwendtmayr den von ihm erwählten Schwiegersohn «informiert»!

«Dafür kann *er* nicht!» sagte sie. «Keiner kann dafür, daß er Jude ist.»

Hartmut blieb auf der Bahnhofstreppe stehen. Unter ihnen donnerte der erste S-Bahn-Zug. Sie achteten nicht darauf.

«Nein», sagte er abwehrend, ungläubig.

Ihr Nicken überzeugte ihn von der Unentrinnbarkeit.

«Aber du warst doch im Arbeitsdienst.»

Sie zuckte mit den Schultern. «Es geht eben nicht immer genau nach dem Buchstaben. Ich hatte Glück, daß einer Verständnis für mich hatte.»

Seine Ratlosigkeit war ihr peinlich, und sie strebte dem Bahnsteig zu.

Zögernd beteuerte er: «Verständnis! Das habe ich doch auch.» Es klang hilflos und ehrlich.

Ihr wurde ein bißchen weich zumute. Doch als sie seinen forschenden Seitenblick gewahrte, fing sie sich wieder. Jetzt tastet er, dachte sie, wie Marlies und sucht nach Merkmalen. – Sie lief auf den einfahrenden S-Bahn-Zug zu. Wenn er wollte, konnte er jetzt zurückbleiben, sogar mit Anstand. Aber er kam. Er mußte sich in ihr Abteil drängen. Es war erstaunlich, wie viele Menschen noch unterwegs waren. Aufgehalten oder aufgescheucht durch den frühen Fliegeralarm, strebten die Massen heimwärts.

Eva war sehr ruhig geworden. Dieses Gespräch war der Sinn ihrer ganzen Berlinreise gewesen. Sie wußte es jetzt, da der Mann so dicht an sie gedrängt stand, daß sie von seinem Gesicht ablesen konnte, wie es in ihm arbeitete. Der rechte Mundwinkel war krampfhaft verzogen. Als die Bahn in die Kurve ging und alles zu fallen drohte, hielt er sie mit einer Hand fest. Das war die einzige bewußte Berührung während dieser Fahrt.

«Wann fährst du morgen?» fragte er.

«Vierzehn Uhr dreißig vom Stettiner.»

«Sigrids Telefonnummer habe ich ja notiert. Bist du bis dahin in der Wohnung?»

«Bis Mittag bestimmt.»

Er nickte. «Ich melde mich noch mal.»

Das Gedränge löste sich. Ein Umsteigebahnhof. Auch Hartmut mußte aussteigen. Er gab ihr die Hand, wortlos, mit gesenktem Blick. Sie stand an der Stirnseite des Wagens, gegen die Wand gelehnt. Ihr Gesicht war ganz in sich verschlossen. Im letzten Augenblick schien er noch etwas sagen zu wollen. Aber er schüttelte nur den Kopf und kniff die Augen zusammen wie einer, der etwas sehr Bitteres getrunken hat. Dann erkämpfte er sich im Gegenstrom der Einsteigenden hastig den Ausgang. Der Zug setzte sich sofort wieder in Bewegung. Hartmut hatte sie nicht mehr angesehen.

Sigrid stieß mit dem Fuß die Tür zum Wohnzimmer auf und setzte ein Tablett mit Frühstücksgeschirr auf den niedrigen runden Tisch vor dem großen Berliner Ofen. Man hätte die Dreizimmerwohnung des Wettbürobesitzers Rothacker gemütlich nennen können, wenn nicht hellgebliebene Tapetenrechtecke, leere Nischen, kahle Fußböden und ausgeräumte Vitrinen verrieten, daß der Besitzer das Wertvollste an beweglichen Gegenständen in Sicherheit gebracht hatte, vermutlich in eine weniger bombengefährdete Gegend, als es das Zentrum der Reichshauptstadt war.

Trotz allem war es für die drei Mädchen, die nach längerer Zeit auf drei Tage zusammengekommen waren, ein idealer Unterschlupf. Mit hundertfünfzehn Mark Gehalt im Monat kannte man Berliner Hotels nur von außen. Sigrid gefiel sich als großzügige Gastgeberin und servierte der Jüngsten, die sich am Abend vorher nur schwer von ihrem Rolf getrennt hatte, mit verständnisvoller Miene das Frühstück am Bett.

Steffi hatte auf der Couch im Wohnzimmer geschlafen. Schnurrend, sich langsam aus bittersüßen Träumen befreiend, drückte sie ihr Kopfkissen an sich. Für sie hieß die ganze Welt Rolf. – Zwischen Geschirrklappern und Sigrids schnellen Schritten hörte sie durch die offene Tür Wasserrauschen. Sie schlüpfte in den viel zu großen Morgenrock, der muffig roch, weil er zu lange im verschlossenen Schrank gehangen hatte. Sigrid nannte ihn «Rothackers dressing-gown».

Eva kam aus dem Bad. Sie sah trotz ihrer sonnengebräunten Haut blaß aus. Beim Frühstück zeigte sie kaum Appetit. Sigrid hatte bereits erfahren, was sie wissen wollte. Mißbilligend sagte sie:

«Daß ihr euch gestern noch ausgesprochen habt, ist einerseits gut. Aber Schluß zu machen, ist ein ganz faules Ei. Du hättest es diplomatischer anstellen sollen. Wer weiß, wieviel Männer noch hops gehen im Krieg. Es ist nicht überall so gemütlich wie in Paris. Da ist es gut, sich einen zu sichern.» Die zweiundzwanzigjährige Sigrid schätzte kühl die Lage ab.

Erschrocken sah Steffi ihre schweigsame Stiefschwester an. «Es ist aus – mit Hartmut?»

Eva wußte, daß Steffi jetzt an Gustl, ihren Vater, dachte. Sein Lieblingsplan scheiterte. Er würde toben, daß sie ihm vorgegriffen hatte. Ihr war es jetzt gleich. Es konnte anders nicht mehr weitergehen, nach diesem Sonntag, der mit einer Taktlosigkeit begonnen und ebenso geendet hatte.

Sigrid wollte noch nicht aufgeben. «Vielleicht ruft er doch noch an oder kommt zum Bahnhof.»

Eva tat hoffnungsvoll. Steffis wegen. Dabei war sie sich völlig sicher, daß es gestern abend das letztemal gewesen war. Statt sie zu fragen, wo sie noch zu erreichen wäre, hätte er ebensogut sagen können: «Die Bahn ist sehr voll – –», oder irgend etwas ähnlich Belangloses.

Sigrid wollte die Vermittlerin spielen. Sie suchte Hartmuts Verhalten vom Vorabend, das sie als Hauptgrund für die Trennung ansah, zu entschuldigen.

«Rolfs Benehmen war wirklich etwas provozierend. Als angehender Offizier! Was hat er denn gegen die SS? Er hat doch die Figur dafür. Kinder, müßte der aussehen – in Schwarz!»

«Den Ehrgeiz hat Rolf gar nicht», warf Steffi ein. Aber ihr Gesicht leuchtete bei Sigrids Lob.

«Dein Pech. In Frankreich sind es meistens SS-Offiziere, die etwas zu melden haben. Rothacker sagt, sie sitzen in allen Schlüsselstellungen. Als ehemaliger Stammführer hätte Rolf dort Chancen.» Sigrid griff zu den Zigaretten. «Na ja, jeder nützt den Krieg, so gut er kann.»

Eva sah auf Sigrids hauchdünne Seidenstrümpfe herab. Sie

war voller Unrast. Ihr wurde plötzlich bewußt, daß sie nicht hierher gehörte, in diese fremde Wohnung mit den kahlen Wänden, neben die um zwei Jahre ältere Sigrid, die in vierzehn Monaten Frankreich die Erfahrungen einer Dreißigjährigen gesammelt zu haben schien.

«So etwas sagt man nicht», rügte sie Sigrids Kaltschnäuzigkeit. «Aha, die feineren Leute, wie auf deiner Insel, die behalten das klugerweise für sich», spottete Sigrid. «Oder bildest du dir ein, die denken anders?» Rauchend, in bequem gestreckter Lage, gab sie den beiden Jüngeren ihre Lebensweisheit zum besten: «Der Krieg hat eine Vorder- und eine Rückseite, sagt Rothacker immer. Die Vorderseite ist scheußlich, da muß man sich drumrumdrücken. Aber die Rückseite bietet alle Chancen. Ich selber wäre doch kaum aus unserem Nest herausgekommen. Mein Vater wollte, daß ich Kinder abrichte. Ich – Volksschullehrerin! Könnt ihr euch das vorstellen?»

Eva sagte spitz: «Und der Krieg hat dir deinen Maharadscha zugeführt!»

Sigrids Bachfischträume und die von ihr gehätschelte Zwiespältigkeit ihres Wesens hatten vor Jahren Ausdruck gefunden in dem Satz: «Entweder werde ich Volksschullehrerin – oder die Lieblingsfrau eines Maharadschas.» Es machte ihr nichts aus, daran erinnert zu werden. Vermutlich trug sie die Vorstellung von den zwei extremen Möglichkeiten ihrer Veranlagungen, die entweder ins ganz Alltägliche münden oder aber sie zu Außergewöhnlichem befähigen konnten, insgeheim noch mit sich herum. Sie ließ ihre Zehen in den völlig ungestopften, untadeligen Seidenstrümpfen spielen.

«Maharadscha – nicht ganz», gab sie zu. «Immerhin, wenn in Hoppegarten und Karlshorst wieder geturft wird, ist Rothacker Mann an der Spritze. Unter drei Wettbüros fangen wir gar nicht erst an.»

Aus Sigrids erträumtem Tausendundeine-Nacht-Fürsten war also ein moderner Geldmann geworden. Die Perlenschnüre des Turbans wurden bereits gehortet, in Valuta vielleicht, in französischen Stoffen und Seidenstrümpfen oder in Form von Goldbarren, den Notgroschen, der soliden Grundlage des französischen Bürgers. Wirklich – eine lockende Rückseite des Krieges, trotz der angegrauten und schon etwas schütteren

Haare des Pseudo-Maharadschas, dessen Bild auf dem Sims des riesigen kalten Kachelofens stand. Auch daß er Witwer war, wurde in Kauf genommen. Für die Tochter des Revierförsters aus Langenbrück war die Begegnung mit ihm zum Schnittpunkt geworden, an dem das Außergewöhnliche über das Alltägliche die Oberhand gewonnen hatte. Internationalität kontra Försterhaus. – Bois de Boulogne – Arc de Triomphe! – On parle français – und schröpft die Franzosen.

Als Sigrid, siebzehnjährig, Pressereferentin im BdM war, hatte sie eine Rüge bekommen, weil sie das Buch «André und Ursula» in einer Besprechung rühmend hervorgehoben hatte. Es handelte von der Liebe einer Deutschen zu einem jungen Franzosen. Die völkerverbindende Tendenz des Buches als Positivum hervorzuheben war nicht im Sinne der Gebietsmädelführung. Um sich zu rehabilitieren, schrieb Sigrid einen anderen Artikel, über die Ursachen der Degeneration in der französischen Jugend. Sie hatte damals noch keinen leibhaftigen Franzosen gesehen. Als sie Eva den Artikel vorlas, waren sich beide darin einig, daß er voller Blödsinn war. Aber er wurde gedruckt. Trotzdem wurde Sigrid bald danach ihr Amt los. Die Bannmädelführerin konnte ihr die Buchbesprechung nicht vergessen. Seitdem kommentierte Sigrid die deutschtümelnde BdM-Tüchtigkeit mit «Latsch-latsch die Heide blüht» und behauptete von sich, ein «faible» für Frankreich zu haben.

Eva sann weiter. An die «Vorderseite», der man an der Seine immerhin ein paar tausend Kilometer entrückt war, dachte man vermutlich nicht gern in den Champs-Élysées und in den Hotels an den Pariser Boulevards, den «Unterkünften für Wehrmachtsangehörige».

Das Telefon schrillte. Sigrid sah Eva vielsagend an, ehe sie den Hörer abnahm. Evas Herz schlug sekundenlang heftiger. Es ließ sich nicht dirigieren.

«Steffi, für dich!» Sigrid winkte mit dem Hörer.

Eva atmete langsam durch. Es war Zeit, zum Bahnhof zu gehen.

9

Weiße Segel

Traude Hörselmann biß in ihr drittes trockenes Brötchen. Die Tüte mit den drei restlichen hatte sie in den Panzerschrank gestellt, damit sie nicht in Versuchung käme, sie noch am Vormittag aufzuessen. Es war scheußlich, wenn man sogar von fett- und markenfreiem Eintopfessen dick wurde. Und sie wollte gerade jetzt mit ihren jüngeren Mitarbeiterinnen konkurrieren können.

Wilfried Parisius hatte angerufen und sie nach ihren Wochenendplänen gefragt. In der vergangenen Woche, als er auf Dienstreise war – was sie nicht wußte –, hatte sie das Telefon kaum aus den Augen gelassen. Zu Hause, im Seestern, hatte sie in melancholischen Anwandlungen, derentwegen sie sich selbst verspottete, abendelang ihren Plattenspieler strapaziert und sentimentale Schlager gehört, deren Banalität einen so schön berieselte, sofern man es darauf anlegte, einen Kummer zu hätscheln.

«... wenn dein Herz sagt, den oder keinen.
Und grade diesen einen Mann, den kannst du nicht
bekommen ...»

Und nun hatte er doch angerufen. – Es würde ein schöner Sommer werden.

Sie schwenkte den Panzerschrankschlüssel, als sie, an ihrem Brötchen kauend, den Nebenraum ihres Büros betrat. Das Zimmer war ganz ausgefüllt von zwei großen Zeichentischen. Der Wuschelkopf des Mathematikers Karl Mathesi und der dunkle, glatte Eva Leonhards waren darübergebeugt. Jeder hantierte mit einem Planimeter auf dem festgezweckten Pergament. Schweigend führten sie das spinnenbeinige Präzisionsgerät, das die schwierige Integralrechnung selbst von einem Laien, wie Eva es war, handwerklich lösen ließ, millimetergenau über die Umrisse der geometrischen Zeichnung.

Eva schaute auf, als Traude eintrat. Ihr tat der Rücken weh vom stundenlangen gebeugten Stehen. Dieser «Ehrendienst», den sie als einzige Nicht-Mathematikerin für den Forschungsauftrag Professor Leupolds mitmachen mußte, hatte auch seine Schattenseiten. Anfangs war sie froh gewesen, als sie, aus Berlin zurückgekehrt, von ihrer Rechenmaschine und den ewig gleichbleibenden Tabellen erlöst wurde. Sie streckte sich kerzengerade.

Traude sah ihr an, was sie dachte. «Wir haben es bald geschafft», tröstete sie. «Am Wochenende machen wir dafür ein bißchen Ausgleichssport.»

Übereifrig nahm Mathesi Traudes letzte Bemerkung auf: «Wie wär's mit einer Segelfahrt am Wochenende, Fräulein Hörselmann?» Er schielte zu Eva hinüber. «Ich glaube, allein mit mir hat Fräulein Leonhard nicht viel Lust.»

Die beiden Mädchen tauschten einen verstohlenen Blick. Mathesi wußte nicht, daß er, der kleine pausbäckige Salzburger, von der Rechnerinnengruppe «Barockengel» genannt wurde. Von seinem neuerstandenen Segelboot erwartete er offenbar eine Hebung seines Ansehens bei der Insel-Weiblichkeit.

Traude, selbst mit Wochenendplänen beschäftigt, ging auf seinen Vorschlag ein. «Wir könnten zu viert fahren, in zwei Booten. Ich möchte so gern einmal nach Warthe. Dort kommt man von der Landseite aus kaum hin.»

«Nach Warthe – das schafft man von hier aus in einem Tage schlecht», sagte Mathesi.

«Dann fahren wir eben schon am Sonnabend. Der Wirt vermietet auch. Und jetzt sind erst wenig Sommergäste da.»

Eva hatte ihre Vorgesetzte noch nie so enthusiastisch Pläne schmieden hören. Sie fand den Vorschlag nicht übel. In Gesellschaft mochte auch Mathesi erträglich sein.

Henny Rosenows helle Stimme unterbrach das Gespräch: «Fräulein Hörselmann! Besuch für dich!» rief sie über den Flur.

Man hatte die Gruppenleiterin vergeblich in ihrem Büro gesucht. Mathesi, in der ihm eigenen übereifrigen Betulichkeit, signalisierte auf den Flur hinaus und winkte damit Henny heran.

In der schmalen Tür erschienen Professor Leupold und Tiefenbach. Mathesi, der Tür am nächsten, streckte in seiner naivimpulsiven Art sogleich dem Professor die Hand hin und schüttelte ihm strahlend die Rechte. Mathesi verließ keinen Tag das Werk, ohne jedem, den er auf Fluren, Gängen oder im Labor traf, «einen recht frohen und gesunden Feierabend» gewünscht zu haben. Samstags wurde es abgewandelt in «ein recht gesundes Wochenende» und die Herzlichkeit noch etwas gesteigert. Dr. Klemt, der mehrmals von Mathesis wohlwollendem Händeschütteln überrascht worden war, nannte dessen tägliche Arbeitsabschlußzeremonie den «Mathesi-Appell».

Eva stand am Fenster, jenseits der beiden Zeichentische. Sie dachte an Klemts Ausspruch, und es belustigte sie, mit welch höflichem Ernst die beiden Neulinge Mathesis Vertraulichkeiten entgegennahmen. Als wollte sie Mathesis Formfehler wieder wettmachen, beschränkte sie sich auf ein zurückhaltendes Kopfnicken aus der Ferne und wandte sich schnell wieder ihrem Planimeter zu. Trotzdem bemerkte sie den ironisch-forschenden Blick, den Leupolds Begleiter ihr zuwarf, ehe er seinem Meister in Traude Hörselmanns Büro folgte.

Ein zartes Klingen begleitete die Sekunde zwischen Schlaf und Wachsein. Eva wußte es nicht zu deuten, solange sie die Schwelle, die zum völligen Tagesgefühl führt, nicht überschritten hatte. Sie blinzelte, streckte sich und stieß mit dem linken Ellenbogen gegen die Wand. Das Klingen kam von rechts. – Jetzt war die Schwelle erreicht. Sie wußte wieder, wo sie war. Ein bißchen gerührt lächelte sie. Der morgendliche Mathesi-Appell geschah vermittels Mundharmonika.

Es war alles sehr komisch. Niemand würde ihr glauben, wenn sie davon erzählte. Schuld daran war Traude Hörselmann. Sie wollte unbedingt nach Warthe, mit diesem Flieger, in einem geliehenen Boot. Zu viert übers Wochenende – dabei konnte niemand etwas Anstößiges finden. Leider lag jedoch jenes Boot im Peene-Hafen, so daß Traude mit ihrem Partner die längste Strecke allein fahren mußte. Das Mathesi-Boot «Klaus Störtebeker» lag in einer Bucht des Achterwassers vor Anker und mußte Warthe von der anderen Seite ansteuern.

Die Störtebeker-Besatzung hatte am Abend lange auf das Boot «Neunauge» gewartet, schließlich ihren Aal in Gelee mit grünem Salat allein verzehrt und nach einem Nachtlager gefragt. Der Wirt schien häufig Besucher von der Versuchsstelle zu bekommen. Wer sonst auf der Insel hatte denn noch Sportboote zur Verfügung? Und er hatte sich seinen eigenen Vers darauf gemacht, warum sie fast immer paarweise kamen. Er führte, ohne Augenzwinkern und irgendwelche Formalitäten, das ihm noch unbekannte Paar in sein Gartenhaus, ein Holzhaus auf Steinsockel, in dem außer Schuppen und Waschküche unter dem Dach ein sauberes Gästezimmer war.

«Hier», sagte er, «bezogen is'.»

Eva stutzte. «Es kommen noch zwei», sagte sie. «Eigentlich wollte ich mit meiner Freundin ...»

Der Wirt deutete auf die Bäume des Gartens. Es war absolute Windstille. «Die kreuzen noch 'rum. Wer weiß, ob sie überhaupt bis 'ran kommen. Legen Sie sich man inzwischen hin. Das sind die besten Betten hier.» Damit ging er.

Und dann begann die Komödie, die Eva so erheiterte.

Mathesi hatte auf ihr Geheiß einen Rundgang durch den Garten gemacht, bis sie im Bett lag. Er zog sich im Dunkeln aus, wie sie es angeordnet hatte. Die Betten standen, jedes für sich, an einer Wand; zwischen ihnen machte sich eine Kommode breit. Als Mathesi sich herausbeugte, um ihr mit dem gewohnten Händeschütteln gute Nacht zu wünschen, fiel sie fast aus dem Bett. Er entschuldigte sich so wortreich, daß sie ihn noch beruhigen mußte. Gleich darauf gab es Fliegeralarm. Der Wirt hatte sie schon darauf vorbereitet und gesagt, daß sie nicht aufzustehen brauchten. Eva mußte dann bald eingeschlafen sein, denn sie hörte weder die Entwarnungssirene noch die Ankunft der «Neunauge». Die Nacht zu zweit verlief ungetrübt. Der kühl heraufziehende Morgen mit dem blaßblauen Himmel konnte nicht leidenschaftsloser sein.

Mathesi freilich hatte diese Ungetrübtheit mit einer schlaflosen Nacht bezahlen müssen. – Eva hatte nicht mit ihm allein fahren wollen. Damit mußte man sich abfinden. Vor dem Wirt hatte sie allerdings zu ihm gehalten! Ihre Reaktion auf seinen Gutenachtgruß, so nahm er sich vor, sollte ausschlaggebend dafür sein, wie weit er sich ihr nähern wollte. Die unbefangene Heiterkeit, mit der sie seinen herzlichen Händedruck beantwortete, machte ihn vollends unsicher. Seufzend kam er zu dem Schluß, daß ein einzelnes Mädchen schwerer zu durchschauen sei als die ganze Mathematik.

Zum Sonnenaufgang waren sie schon am Wasser. Die «Neunauge» lag leer und teilnahmslos neben der «Störtebecker». Eva kritzelte ein paar Zeilen, während Mathesi die Sachen verstaute. «Wir kreuzen bis Mittag. Dann Ziel Boddenhaus.» Die Botschaft klemmte sie am Schwertkasten der «Neunauge» fest.

Mathesi hatte Segel gesetzt. Wie umsichtig er das Boot dirigierte und mit welcher Sorgfalt er das Frühstück vorbereitet hatte! Eva nahm die Ruderpinne, während er auf dem Boden der Jolle den Spirituskocher in Gang brachte, Wasser aufsetzte, Brot schnitt und die Schraubdosen öffnete.

Der Wind trieb das Boot sacht vor sich her. Sie hatten die große Wasserfläche für sich allein. Die aufgehende Sonne versprach einen schönen Tag. Eva empfand eine ähnliche glückliche Gehobenheit wie in ihrer Kinderzeit, wenn sie im Frühsommer bei den Großeltern in Langenbrück war, in der Zeit vor dem Schnitt der Wiesen. Seit einigen Jahren jedoch fiel jede Glücksempfindung in sich zusammen bei dem bedrückenden Gedanken, daß der Frieden nur scheinbar war. Aus der naiven Wahrnehmung: «Wie schön ist das alles» wurde der Seufzer: «Wie schön könnte alles sein, wenn der Krieg nicht wäre.» Eva dachte an Rothackers Philosophie von der Vorderseite und der Rückseite. Sie dachte an Hartmuts Sich-bewähren-Wollen und an Sigrids Frankreichbeglückung. Wer war besser, wer war schlechter? Und woher kam das alles? – Ihr fiel, wie aus Bewußtseinstiefen aufsteigend, die verstaubte Bücherkiste ihrer Onkel ein: «Vorwärts hurra!» – «Stolz weht die Flagge Schwarz-Weiß-Rot.»

«Holen Sie, bitt' schön, die Großschot ein bisserl dichter», kommandierte Mathesi in sehr unpreußischer Sprache den träumenden Steuermann. Das Segel flatterte an den Rändern.

«Mögen Sie Gedichte?» fragte er unvermittelt, während er die Frühstücksbecher umständlich austrocknete. «Dann könnt' ich Ihnen nachher, wenn wir uns ein bisserl zum Sonnen hinlegen, etwas vorlesen.»

«Sind die Gedichte von Ihnen?» Eva hatte erzählen hören, daß Mathesi dichtete.

«Ja.»

«Dann lesen Sie. Ich bin zwar kein Fachmann ...»

Mit seinen üblichen wortreichen Beteuerungen wollte er ihr klarmachen, daß das gar nicht nötig sei. Er wolle nur das Gefühl ansprechen. Dabei kam er auf das Thema, das ihn offenbar sehr beschäftigte: freie Rhythmen, originelle Bilder – die Sorgen eines angehenden Lyrikers. «Man muß immer wieder Goethe lesen, und von den Modernen sagt mir Morgenstern am meisten zu. Aber der ernste Morgenstern», betonte er. Die Innentasche seiner Jacke, die er im wasserdurchlässigen Kasten am Heck verstaut hatte, war prall von Manuskripten und schmalrückigen Bändchen der Inselbücherei.

Die Jolle «Neunauge» verließ die Warthe-Bucht erst, als die Sonne schon ziemlich hoch stand. Traude Hörselmann war ihren strengen Diätgrundsätzen untreu geworden und hatte zu dem trockenen Brötchen eine umfangreiche Portion Aal genossen. Es war unmöglich, in Gesellschaft des kräftigen Essers Parisius enthaltsam zu bleiben.

Traude war es am Morgen peinlich gewesen, dem Wirt zu begegnen, der sie in der Nacht, als sie während des Fliegeralarms gegen elf Uhr todmüde eingetroffen waren, kurzerhand aufs Notlager verfrachtet hatte. Zeltbahnen, auf Stroh ausgespannt, ein paar Decken und eine Zeltlampe. Auf ihre Frage nach Eva und Mathesi brummte er: «Die schlafen schon lange.» Sie erwartete, die beiden in der Scheune vorzufinden. Über diese Einfalt amüsierte Parisius sich noch nachträglich.

Er hatte die Miene des Wirtes besser durchschaut. Das gestand er Traude jedoch erst, als er wußte, daß auch sie nichts mehr zu ändern wünschte an der durch höhere Gewalt verursachten Gemeinsamkeit.

«Soll ich dir eine Zigarette anrauchen?» Traude hatte von ihrem Vater ein paar Packungen «Nil» bekommen. Die bekam man nicht einmal mehr im Kasino, selbst bei besten Beziehungen. Sie war glücklich, daß Parisius sie zu würdigen wußte. Er saß an der Ruderpinne, während sie zu seinen Füßen, im Windschatten hockend, die Zigarette anzündete. Als sie ihm das edel duftende Röllchen an die Lippen hielt, berührte er mit zartem Kuß ihre Finger. Sie lächelten einander zu.

Für die Mathematikerin war die große Gleichung ihres Lebens aufgegangen. So schien es wenigstens an diesem etwas blassen wolkenlosen Vorsommertag.

Je höher die Sonne stieg, um so mehr Boote wurden gesichtet. Sie kamen aus den verschiedenen Buchten, an denen die dem Festland zugekehrte zerklüftete Inselseite reich war. Das

Achterwasser war groß genug, um einander nicht zu stören. Die Welt gab vor, friedlich zu sein.

Auf der «Forelle», einem schlanken Scharpie, hielt Hans Tiefenbach seine Hand vor die Augen und suchte das Segel der «Störtebeker», die achteraus in größerer Entfernung eine Bucht ansteuerte.

«Die haben bestimmt Streichhölzer», sagte er mürrisch und kaute an seiner kalten Pfeife.

Martin Uhlig, Ruderpinne und Großschot in den Händen, lachte. Er dachte gar nicht daran, zu wenden. Lediglich zu einem kleinen Schlag nach backbord fand er sich bereit, damit die Sonne sein Gesicht besser träfe, und schaute kurz nach dem fremden Segler aus.

«Da sitzt bestimmt ein Pärchen drin. Die stört man nicht. Aber ich dachte, ich hätte einen Philosophen an Bord. Dem dürften ein paar feucht gewordene Streichhölzer nicht die Laune verderben.»

«Soviel ich weiß, konnte Schopenhauer auch besser philosophieren, wenn er Tabak hatte», knurrte Tiefenbach, nur noch zum Schein verärgert.

«Und Freud –?» fragte Uhlig ironisch.

Der andere winkte ab. «Dafür habe ich schon lange keine Zeit mehr. Die Physik hat mich nun doch gefressen.»

Uhlig fühlte, wie die Strömung gegen das Steuer drückte. Wenn er nachgab, würde das Boot nach Warthe hinübertreiben. Aber da wollte er ja nicht hin. Trotz des anscheinend flauen Windes mußte er ständig ausgleichen, ständig steuern. –

Sie hatten sich beim Segelfliegen kennengelernt. Hans Tiefenbach war dem NS-Fliegerkorps beigetreten, um Segelfliegen zu lernen. Martin Uhlig bildete damals schon während seiner Semesterferien die A-Schüler aus. Sie hatten sich angefreundet, er, der Student der Technischen Hochschule, mit seinem um zwei Jahre älteren Flugschüler, der von der Universität kam. Hans Tiefenbachs Segelfliegerlaufbahn endete mit der bestandenen B-Prüfung. Er war einer von denen, die erst alles ausprobiert haben mußten, ehe sie darüber ruhig schlafen konnten. Seine vielseitigen Interessen erschwerten ihm die Berufswahl. Er gestand Uhlig einmal, daß er am liebsten die Hälfte aller Fakultäten der Universität belegt hätte. Als er sich für die Naturwissenschaften entschieden hatte, trauerte er um Philosophie und Kunstgeschichte wie um das verlorene Orplid.

Martin Uhlig, dem die Fliegerei sehr bald Hauptziel seines beruflichen Ehrgeizes geworden war und den keine ablenkenden Zweifel mehr quälten, beobachtete die Entwicklung des älteren Freundes mit Kopfschütteln und einem Anflug heimlicher Bewunderung. Er hatte Hans Tiefenbach, der im Ruhrgebiet zu Hause war und in Frankfurt studierte, an den Wochenenden oft mit zu seinen Eltern genommen. Die Weitläufigkeit des herrschaftlichen Gutes, auf dem Uhligs Vater Inspektor war, die Jägerei, das Angeln im See waren für Tiefenbach ebenso neue und anziehende Momente gewesen wie vorher das Segelfliegen.

In den letzten Studienjahren hatte ihn die Physik so gefangengenommen, daß er Hals über Kopf nach Berlin ging, um mit Professor Leupold zusammen zu arbeiten, bei dem er glaubte, seine Pläne am besten verwirklichen zu können. Vor einigen Wochen waren beide mit einem umfangreichen Forschungsauftrag auf der Insel erschienen, und Martin Uhlig hatte seinen Augen nicht getraut, als er eines Tages in einem der neuen Zimmerinsassen des Junggesellenheims den alten Freund erkannte.

«Klar zur Wende – Ree!»

Die Strömung hatte die «Forelle» trotz allen Manövrierens zu weit an die Warther Seite gedrückt, und wenn man nicht im seichten Wasser aufsitzen wollte, wurde es höchste Zeit, wieder zurückzukreuzen.

Es war immer ein besonderes Merkmal ihrer Freundschaft gewesen, daß sie beide lange schweigen konnten. Und wenn der eine an einem Punkt wieder ansetzte, spürte der andere sofort den Gedankenfluß auf, der inzwischen unterirdisch weitergeflossen war. Uhlig freute sich, daß sich trotz der langen Trennung daran kaum etwas geändert hatte.

Tiefenbach sagte: «Es gibt keine interessantere Disziplin als die Physik.»

«Wann hast du das herausgefunden?»

«Seit ich Leupold kenne. Wir sitzen zusammen an einer Arbeit über die Atomkernstrahlung.»

«Wie weit seid ihr?»

«Ein Band könnte etwa übernächstes Jahr erscheinen–» Tiefenbachs skeptische Miene und sein Zögern paßten schlecht zu seinen Neuigkeiten.

«Woran hängt's denn noch?» fragte Uhlig.

«Nach Ansicht gewisser Leute ist alles Humbug, was wir machen.»

Uhlig zog fragend die Augenbrauen hoch. Tiefenbach gab endgültig das Pfeifekauen auf.

«Sie machen heute ‚Deutsche Physik'. Leupold ist auf der Physikertagung in Seefeld verdammt ins Fettnäpfchen getreten, als er mit seinen Ansichten herausrückte. Er wurde scharf zurechtgewiesen und unter die verfemten ‚modernen Physiker' eingereiht.»

«Vermutlich seid ihr dort nicht in schlechter Gesellschaft.»

«Weiß Gott nicht. Aber die ‚Deutschen' geben die Richtlinien, und wir sollen die Wunder vollbringen, um die Karre aus dem Dreck zu ziehen.»

«So tief ist sie wohl noch nicht drin im Dreck, daß wir sie nicht ohne Wunder wieder herauskriegen könnten.»

«Du glaubst also noch an ein gutes Ende?»

Uhlig sah an dem Freund vorbei und hielt sich mit dem Blick geflissentlich an einer Boje fest, die steuerbords auftauchte. «Die letzten Versuche haben uns einen großen Schritt vorangebracht», sagte er.

«Meinst du wirklich, daß das Heil von dieser Insel kommen kann? Was ich in den drei Wochen hier gesehen habe...»

«Übers Jahr werden wir der Luftwaffe etwas zu bieten haben – und der Flugabwehr auch. Dagegen gibt's nicht so schnell Gegenmittel. Wir werden unsere Flugbombe zum Beispiel wie einen Kirschkern in Nachbars Garten spucken.»

«Und wann, glaubst du, wird das A 4 einsatzfähig?»

Uhlig zuckte mit den Schultern. «Das fliegende Laboratorium. Das Sorgenkind des Doktors! Laß es dir von ihm selbst erzählen.» Er wendete hinter der Boje und deutete auf einen Segler, der jetzt, an der Nachbarboje festgelegt, mit gerefften Segeln vor ihnen schaukelte. «Das ist sein Boot. Sicher hat er ein paar Leute eingeladen und hält ihnen Vortrag über seine Erfahrungen im Führerhauptquartier.»

«Weiß er mit dem Sonntag nichts Angenehmeres anzufangen?»

«Vielleicht hat er seine Sekretärin mit.» Uhlig griente und hob das Glas an die Augen. «Nein, sieht nicht so aus, denn sie baden nackt.»

Hover mußte seine Muskeln anspannen, um die Bootswand von außen zu erklimmen. Es gab im Wasser keinen Halt zum Abstoßen, und der Jollenkreuzer legte sich zur Seite, als der große Mann sich hinaufziehen wollte. Ein Pferd war leichter zu besteigen!

Unter ihm prustete jemand vor Lachen.

«Hoppla – in den Sattel, Herr Hauptmann!» Der Doktor, emsig wassertretend, hielt Hover seine Handflächen unter die Fußsohlen. Aus dem Boot streckte Brettschneider, der dort ausgleichend zu manövrieren versuchte, die Hand entgegen. Ächzend torkelte der nackte Mann in die Plicht. Brettschneider warf dem Schlotternden ein Handtuch zu.

«Sie haben zuwenig auf den Knochen.»

«Das macht der anstrengende Dienst, Mädchenhändler!» Unbekümmert lachend, elastisch und geschickt wie ein Athlet, schwang sich der Doktor über die Reling. Glänzend vor Nässe stand er da, die Brust vorgewölbt, mit den geballten Fäusten dagegenschlagend, daß die Tropfen sprangen.

Hover betrachtete ihn mit geheimem Neid, während er in seine Hose fuhr. Er mußte auch die nächste Bemerkung dieses jungen Protzen noch schlucken.

«Seien Sie froh, daß Sie den Job bald los sind, Hauptmann.»

Du hast gut reden, dachte Hover. Dein Gewerbe ist in diesem Kriege sehr gefragt. Für meines ist mein Kopf entbehrlich, für deines nicht. Deshalb könnt ihr mich abkommandieren. Einsparungen in der Verwaltung! Zunächst Versetzung in den Busch, ins Versuchsgelände im eroberten Ostgebiet. Kleine KdF-Reise, sagt ihr, in Wirklichkeit ist es Dschungelkrieg. Ich weiß schon, was mich erwartet!

Der Doktor, auf dem Schwertkasten sitzend, winkte einem vorbeifahrenden Boot und schwenkte grüßend die Badehose, als er Tiefenbach erkannte. «Später im Boddenhaus, ja?» rief er ihm zu.

Er nahm die Zustimmung vom anderen Segler befriedigt wahr und sprach weiter mit der Selbstverständlichkeit eines Menschen, der gewohnt ist, daß jedes seiner Worte als wesentlich gewertet wird: «Einer unserer besten Männer, dieser Tiefenbach. Ausgezeichneter Theoretiker. Leupold nennt ihn seinen Meisterschüler.» – Er hielt die Hand als Sonnenschutz vor die Augen und sah dem Boot nach. «Ich hielt ihn für einen Stubenhocker. Nun hat er schon ein Boot unterm Hintern. Um so besser wird's ihm hier gefallen.»

Hover giftete in sich hinein. Jener kam, und man hoffte, ihn recht lange zu halten. Daß er, Hauptmann Hover, gehen mußte, wen kümmerte das schon. Sein Kopf war nichts wert, und sein dürrer Körper würde eines Tages gut genug sein als Zielscheibe für den Iwan. – All die hübschen Runkelrüben, die er oben beim Stab lockergemacht hatte, saßen jetzt in appetitlich bunten Sommerkleidern in den Vorzimmern und Zeichensälen dieser Superköpfe. Und nicht nur dort! Mädchenschritte in den langen Korridoren des Junggesellenheims waren unschwer zu unterscheiden von denen der Männer. – Der Mohr hat seine Schuldigkeit getan! – Nun ade, du mein lieb Heimatland! – Diese verdammte Insel, die jeder verfluchte, wenn er dorthin dienstverpflichtet wurde, und die jeder fluchend verließ, fluchend auf den Befehl, der ihn zurückrief.

«Wir müssen eines Tages mit Angriffen rechnen», hörte er Brettschneider sagen.

Der Doktor nickte. «Da hilft uns kein Kaiser und kein Gott. Daß wir noch keinen hatten, ist ein Zeichen, daß man uns immer noch nicht für voll nimmt.»

«Ich glaube eher, daß unsere Geheimhaltung so gut funktioniert.»

«Funktioniert *hat* – allenfalls! Wenn jetzt die KZler kommen, ist es aus.» – «Wir werden uns noch mehr sichern müssen.»

«Ich bin mehr fürs Beeilen. Hitler bekam einen Wutanfall, als er unsere Termine für die erste A-4-Serienfertigung hörte.» Der Doktor löste den Tampen vom Hals der Boje. «Alles klar? – Los! Richtung Boddenhaus. Ich will Tiefenbach fragen, wie weit er mit seinen Versuchsreihen im Windkanal ist. Morgen mittag muß ich nach Berlin. Da hilft mir kein Kaiser und kein Gott.»

«Neue Kartoffeln, nicht größer als Pingpong-Bälle, frisch aus der Erde, mit der Wurzelbürste geschrubbt und in Fett geröstet. Dazu gebratenen Aal und Kopfsalat. Die zarten Blätter des Kopfsalates werden in sauberen Tüchern trockengeschwenkt und mit ein wenig sahniger Milch angemacht. Der Rotwein, natürlich in kurzstieligen Gläsern, hat stets die richtige Temperatur. Mit größerem Genuß konntet ihr im gepflegtesten Restaurant am Kudamm auch in Friedenszeiten nicht essen.»

Amüsiert folgten die Umsitzenden der kulinarischen Schilderung des «Boddenhaus-Spezialgerichts», die der Doktor mit dem gleichen Enthusiasmus von sich gab wie sonst seine wissenschaftlichen Meinungen.

«Das gibt's natürlich nur für die Freunde des Hauses und einige Stammgäste, nicht wahr, Irene?» fügte er hinzu und streckte sich im Liegestuhl. Mit sieghaftem Lächeln sah er zu dem dunkelhaarigen Mädchen auf, das in heiterer Gelassenheit neben ihm stand, eine rote Trachtenschürze über dem bastfarbenen rohseidenen Kleid.

«Sie war Kunststudentin in Berlin», flüsterte Uhlig dem neben ihm sitzenden Tiefenbach zu. «Im Boddenhaus haben sich vor dem Krieg viele junge Künstler und Studenten in den Ferien etwas verdient. Einige kommen auch jetzt noch, wenn sie können. Für Fräulein Irene scheint sich's hier besser zu leben als in Berlin. Sie ist auch im Winter da.»

Tiefenbach begriff, womit dieses Besserleben verknüpft war, als er sah, wie das aparte Mädchen den Blick des Doktors beantwortete. Wieviel schelmische Zärtlichkeit konnte doch eine Frau in einen ganz alltäglichen Satz legen. Sie antwortete dem Doktor:

«Du hast deinen Begleitern umsonst den Mund wässerig gemacht. Es gibt noch keine neuen Kartoffeln, nicht einmal pingpongballgroße.»

«Ach! Ist es zu früh?» Er tat erstaunt.

«Anfang Juni – allerdings. Das solltest du eigentlich wissen. Bist du nicht auf dem Lande aufgewachsen?»

«Natürlich. Ich hatte es nur vergessen.» Der Doktor lachte laut.

«Außerdem nahm ich an, ihr hättet einige im Treibhaus gezogen – für mich.» Er sagte es mit der Schnoddrigkeit eines großen verwöhnten Jungen, der sich alles in der Welt kaufen kann – mit Geld, mit Scharm oder mit seinem Kopf. Einer, der über alle Werte verfügt und alle Trümpfe in der Hand hält.

Irene lief, leise lachend, quer durch den Garten davon. Ihr gut gearbeiteter Faltenrock flatterte.

Der Doktor sah ihr flüchtig nach, allzu flüchtig bei so einem Mädchen – fand Tiefenbach.

Brettschneider räusperte sich mahnend, als der Doktor fast mit der gleichen unbekümmerten Lautstärke sein Fachgespräch mit Tiefenbach begann. Obgleich die kleinen Tische, deren Höhe den zu Dutzenden aufgestellten Liegestühlen angemessen war, weit auseinander standen und obgleich Irene ihnen eine abgelegene Ecke des weitläufigen Gartens reserviert hatte, könnte doch ein Schlüsselwort vom Publikum, das an diesem Sonntagnachmittag von den umliegenden Badeorten hierhergepilgert kam, aufgeschnappt werden, und schon würden die Mutmaßungen über die Vorgänge auf dem abgesperrten Inselteil neue Nahrung erhalten.

Tiefenbach rückte seinen Stuhl dichter an den des Doktors heran. Er hatte Verständnis für Brettschneiders Kummer. Der Betriebsingenieur fühlte sich verantwortlich dafür, daß die hochfliegenden Pläne und Ideen des Doktors so gut wie möglich, so schnell wie möglich und so ungestört wie möglich realisiert wurden. Vornübergebeugt, den Blick auf das sonnenüberglänzte, ruhig liegende Achterwasser gerichtet, lauschte Tiefenbach mit wachsender Aufmerksamkeit den Worten des Doktors.

Die Pannen der letzten Startversuche waren noch nicht geklärt. Wenn das A 4 sich vom Starttisch erhoben hatte und in etwa tausend Meter Höhe über der See explodierte, waren die Fehlerquellen eben nicht festzustellen. Sobald bei dem vollautomatisch arbeitenden Gerät nur ein Teilchen seines komplizierten Inneren ausfiel, ein Kontakt nicht ausgeschlossen wurde, an einem Ventil, einem Kabel Defekte auftraten, konnte es aus der Bahn gelenkt werden oder gar explodieren. Jede Abteilung wußte genau, worauf es ankam. Theoretisch stimmten alle Werte. Das günstigste Rudermoment war errechnet worden, der Druckpunkt war im Windkanal auch im Überschallbereich einigermaßen konstant geblieben, Schub und Gewicht des Geräts waren genau aufeinander abgestimmt, das Material der Außenhaut trug den hohen Temperaturen Rechnung, die durch die Luftreibung erzeugt wurden. Die Steuerungsfachleute glaubten, alles Menschenmögliche getan zu haben. Und trotzdem häuften sich die Versager.

Das Gerät war noch zu kompliziert. Völlig unvorstellbar, es in absehbarer Zeit der Truppe in die Hand zu geben.

Tiefenbach sprach von den Versuchen, die man mit Wasserstoffsuperoxid als Treibstoff für die Turbinenpumpe vornehmen wollte. Der Doktor war überrascht, wieviel sein neuer

Mann von diesem Spezialgebiet verstand. «Die physikalische Chemie interessierte mich von jeher», sagte Tiefenbach.

Der Doktor sah triumphierend zu Brettschneider und Hover hinüber, als wollte er sagen: Habe ich nicht recht? Das ist der richtige Mann für uns.

Tiefenbach wurde von dem Gespräch, das ihn stark gefesselt hatte, abgelenkt, als er merkte, daß Uhlig neben ihm unruhig wurde. Aufblickend, sah er Irene kommen. Sie ging am Tisch vorbei, und auf des Doktors Zuruf: «Hierher, Irene!» deutete sie lächelnd auf ein Mädchen, das ihr mit einem Tablett folgte. Auf kleinen Tellern prangten schmale Stücke Obsttorte.

Tiefenbach erkannte sie wieder. Er hatte sie im weißen Kittel am Zeichenbrett gesehen. – Das ist das Mädchen, dem eine arische Großmutter fehlen soll, dachte er. Sicher nicht ganz angenehm, aber wenn man so aussieht wie sie, findet man auch in der Ära Hitlers noch Fürsprecher.

Der Doktor begrüßte Eva burschikos wie ein älterer Bruder. Brettschneider blieb korrekt, fast steif. Aus Hovers Händedruck sprach die freudige Überraschung eines alten Bekannten. Mit ironischem Lächeln, hinter dem sich mühsam niedergehaltene Erregung verbarg, stand Martin Uhlig vor ihr.

Hinter Eva waren Mathesi, Traude Hörselmann und Parisius aufgetaucht. Die Mathematikerin, übersprudelnd vor Heiterkeit, hatte das Zentrum ihres Glücks gefunden, und es war ihr zu ungewohnt und erregend, als daß sie es Außenstehenden hätte verbergen können.

Man schob zwei Tische zusammen. Mathesi beteiligte sich übereifrig daran, nachdem er durch vielfaches Händeschütteln kräftig in Fahrt gekommen war, und holte noch einen Liegestuhl herbei.

«Bringen Sie ihn bitte hierher», rief Hover ihm zu. «Für Fräulein Leonhard.»

Resigniert schob Martin Uhlig den Stuhl zurück, den er zwischen sich und den Freund gestellt hatte.

Der Hauptmann hat schneller geschaltet, dachte Tiefenbach. Schade. Er hätte gern gewußt, was sie für Augen hatte. Vermutlich dunkle. Für helle war sie zu brünett. Sie war mit Mathesis Boot gekommen. Mathesi, der wandelnde Rechenschieber! Mit unwahrscheinlicher Geschwindigkeit konnte der kleine Österreicher die kompliziertesten Gleichungen lösen.

Er war der geborene Mathematiker. Daß er ausgezeichnet Bachsche Fugen spielte und Gedichte machte, paßte zu ihm. Nur dieses Mädchen nicht. Es war schlechterdings unverständlich, weshalb sie Martin Uhlig um seinetwillen abblitzen ließ, denn irgend so etwas mußte geschehen sein.

Uhlig mochte sich jetzt selbst verspotten. Tiefenbach sah es an den Mundwinkeln, die der Freund bei aller Beherrschung nicht ganz in der Gewalt hatte.

Als Eva gegenüber Platz nahm, wandte sich Uhlig seinem linken Nachbarn Brettschneider zu und verwickelte ihn in ein fachliches Gespräch.

Tiefenbach lächelte vor sich hin. Fürchtete Uhlig, daß er ihm peinliche Fragen stellen könnte? – Sie hatten sich, seit er hier war, über das Thema Frauen noch nicht unterhalten. Warum eigentlich? Wenn man im dritten Kriegsjahr auf eine Insel kommandiert wird, rechnet man nicht damit, dort das richtige Klima für derartige Gespräche vorzufinden.

Tiefenbach streckte sich. Er fühlte angenehm den festgespannten Stoff des Liegestuhls unter sich, der jeder seiner Körperbewegungen nachgab. Man sprach in kleinen Grüppchen miteinander. Von dem glitzernden Wasserspiegel im Hintergrund hob sich Eva Leonhards Kopf ab. Leontine! Klemt hatte die Abwandlung ihres Namens aufgebracht. Allerdings hatte sie mit der Tochter der Wolffen aus Hauptmanns «Biberpelz» nichts gemein. Tiefenbach sah ihr bewegtes Gesicht im Gespräch mit Hover, der eine tragische Miene machte. Um die Beine strecken zu können, saßen sie weit vom Tisch abgerückt. Die Entfernung schien ihm bedauerlich groß.

Es macht mir nichts aus, wenn sie merkt, daß ich sie beobachte, dachte er. Amüsiert registrierte er ihren kleinen Seitenblick, der in seine Richtung ging. Der Blick war gekonnt, das mußte man zugeben. Wie zufällig, scheinbar unabsichtlich. Ein sekundenlanges Ausbrechen aus dem Gehege, in das Hovers Gespräch sie einzwängte, und schon war sie wieder ganz Anteilnahme für seinen mit Galgenhumor gewürzten Abschiedsschmerz. – Ich weiß immer noch nicht, was sie für Augen hat, dachte Tiefenbach und schaute in sein Weinglas, als könne er dort des Rätsels Lösung finden. Ein brünetter Typ hatte fast immer dunkle Augen. Es war ein ganz dummer Tick von ihm, daß er stets ausgefallene Kombinationen suchte: blonde Frau

– braune Augen, dunkle Frau – helle Augen. Oder: Leidenschaftlichkeit *und* Kühle, Verschwiegenheit *und* Temperament, Ursprünglichkeit *und* Wissen zugleich.

Lauter Antipoden, lauter Paradoxien! Er fand sie nie! Darum war er auch ohne besondere Aufregungen in die Nähe der Dreißig gerückt.

«Prosit!» sagte Traude Hörselmann und trank ihm zu. Sie war freigebig dabei, allen Männern ihre Huld zu schenken. Da der Doktor über sie hinweg mit Parisius von der Möglichkeit einer neuartigen Fallschirmmontage am A 4 sprach, hatte sie Tiefenbachs versonnenes, wortloses Selbstgespräch beobachtet.

Von dir könnte ich schon heute eine ziemlich genaue Analyse machen, dachte er. Du bist sehr nett, eine gute Kollegin, aber zuwenig spannend. Bei dir wüßte ich zu genau, wie du reagierst. Parisius ist ein liebenswürdiger Bär. Bleib bei ihm! Das Wetter und noch einiges mehr sind für ihn die großen Unbekannten, wenn er in seiner Maschine aufsteigt. Das genügt ihm. Es hat Nervenkitzel genug. Mehr Rätsel braucht er nicht. Nur deinen Küchenzettel müßtest du etwas bereichern, denn von trockenen Brötchen kann selbst ein liebender Flieger nicht existieren.

Tiefenbach erhob sich. – Dumm, daß dieser hagere Hauptmann mit der steilen Stirnfalte das brünette Mädchen so für sich beanspruchte. Sie schienen sich schon lange zu kennen. Tiefenbach fürchtete, des Doktors Fachgespräch könne wieder über ihm zusammenschlagen. Eine Ausweitung des Themas war schon festzustellen. Es hatte von Parisius auf Mathesi übergegriffen und drehte sich um das Trägheitsmoment und den Widerstandsbeiwert, die den Auftriebsbeiwert, wie die letzten Windkanalmessungen erneut gezeigt hatten, noch immer zu stark beeinträchtigten.

Ich werde mir im Restaurant von Fräulein Irene Zigaretten geben lassen, dachte er.

Das Restaurant war ein rundum verglaster Flachbau mit bäuerlich gedeckten Tischen. Über den Eckbänken schmückten keramische Krüge und Teller die Simse. Die Frau des Hauses, eine weißhaarige Matrone, war das Urbild einer Friesin. Sie strahlte sehr viel Würde aus, und man konnte sich schwer vorstellen, daß das Boddenhaus vor dem Kriege ein Liebesnest gewesen sein sollte, wie die Fama berichtete. Wahrscheinlich hatte es diesen Ruf dem besonderen Fluidum zu verdanken, das ihm durch junge Künstler und Werkstudenten anhaftete und es von anderen Gaststätten der Insel unterschied.

Irene hatte das Lächeln einer Sphinx, als sie das Geld für die Zigaretten in einer roten Ledertasche unter ihrer Trachtenschürze verschwinden ließ. Sie zeigte Tiefenbach bereitwillig den Hof, wo er sich ein bißchen umsehen wollte. Er erwartete, daß sie ihn begleite. Als sich das Lächeln in ihrem schönen Gesicht verstärkte, revidierte er seine Gedanken. Einen Augenblick lang hatte er vergessen, daß der Doktor hier war.

Er betrachtete das weißgekalkte Nebengebäude auf der dem Wasser abgewandten Seite. Unter dem weit vorgeschobenen Dach führte eine Treppe zu der hölzernen Galerie empor, von der man die Zimmer des ersten Stockwerks erreichen konnte. Indem er mit Wohlwollen der Liebespaare einer unbekümmerteren Zeit gedachte, ging er um die Veranda herum auf die Wasser- und Gartenseite zurück.

Auf dem schmalen, fast halsbrecherischen Landesteg, an dem die Segelboote lagen, standen zwei Menschen. Es waren jene zwei, die Tiefenbach am wenigsten dort zusammen vermutet hätte.

Grashalme kauend, setzte er sich auf die Uferwiese, die zum Wasser hin sanft abfiel. Er sah die beiden Gesichter im Profil, konnte jede Bewegung wahrnehmen und von ihnen nicht bemerkt werden. Das liebte er. Er analysierte, experimentierte. Er glaubte, das Gespräch zwischen seinem Freunde Uhlig und dem Mädchen mitempfinden zu können.

Es mochte etwa so angefangen haben:

Er: «Wir haben uns lange nicht gesehen.»

Sie: «Hm.» (Sie spielt mit dem Fuß auf einer losen Latte des Stegs.)

Er: «Du bist mit Mathesi hier.»

Sie (sieht ihn von unten herauf an): «Warum denn nicht? Wir arbeiten jetzt die ganze Woche zusammen. Dann können wir wohl auch zusammen feiern.»

Er: «Mir hast du gesagt, du bist verlobt.»

Sie: «Das habe ich Mathesi auch gesagt. Aber er ist sehr nett. Und versteht viel von Literatur.»

Er: «Da kann ich natürlich nicht mitreden.»

Sie (lächelt ermutigend. Das Brett ist jetzt ganz lose. Es besteht Gefahr, daß sie strauchelt und ins Wasser fällt.)

Er (hält krampfhaft das wacklige Geländer umklammert, statt sie zu stützen.)

Sie: «Dafür kannst du anderes.»

Er: «Was dich alles nicht interessiert.»

Sie: «O doch. Ich bedaure es sehr, daß ich dich nie am Steuerknüppel deiner Maschine sehen kann.»

Er: «Ist dir das so wichtig?»

Sie: «Ich habe keine Lust, immer – und wo es auch sei – nur bis zum Vorzimmer zugelassen zu werden.»

Er: «Die meisten Mädchen sitzen in Vorzimmern. Sie sind sehr nützlich, und es geht ihnen nicht schlecht dabei.»

Sie: «Ich weiß. Das sind die, die stolz sind, wenn ihr Chef, der Ia, oder was er auch ist, mit ihnen ins Bett geht, und die hoffen, daß er sie kriegsheiratet.»

Tiefenbach wirft seinen Grashalm weg und revidiert sich. – Das letzte kann sie unmöglich gesagt haben, dazu ist sie viel zu jung. – Wenn der Trottel von Uhlig ihr jetzt bloß unter den Arm greifen würde! Er sieht doch, wie die Bohle schwankt. Jetzt wippt sie auch noch mutwillig. So eine Katze! Dabei sieht man, daß sie etwas in der Bluse hat, die straff in den Bund der weißen Leinen-Shorts hineingestopft ist. Der breite Hosenbund hat ein buntes Dirndlmuster. Vermutlich haben die brauchbaren Teile von Großmutters leinenen Aussteuerhemden nicht ganz für das sommerliche Bekleidungsstück gereicht. Im dritten Kriegsjahr müssen Mädchen, die nett gekleidet sein wollen, mit Hilfe derartiger Kunstgriffe ihre Garderobe auffüllen. Hans Tiefenbach weiß das. – Er zündet sich eine Zigarette an. Vom Gräserkauen bekommt man Aktinomykose, fällt ihm ein. Als er das Streichholz ausgeblasen hat, ist der bunte Dirndlstreifen weg. Das Mädchen hat sich auf den wackligen Steg gesetzt. Hat es fertiggebracht, nicht ins Wasser zu fallen. Und Uhlig hat es fertiggebracht, ihr beim Hinsetzen nicht zu helfen. Er steht immer noch verkrampft am Geländer, statt sich neben sie zu setzen. Dieser Trottel! – Sie schlenkert mit den Beinen im Wasser. Mit ihren sehr wohlgeformten, sehr braunen Beinen. Nicht nur vorn an den Schienbeinen sind sie braun, sondern rundherum. Sie muß schon im April Sonnenbäder genommen haben. Es gibt schöne, windgeschützte Kuhlen zwischen den Dünen.

Tiefenbach raucht. Er will das Gespräch weiter verfolgen. Es ist das Amüsanteste, was ihm zu tun im Augenblick möglich ist. – Sie sitzt jetzt und spricht zum Wasser oder schaut ab und an zu Uhlig auf. Der hält den Kopf gesenkt und sieht auf sie herab. Aber das sagt nichts über ihr Kräfteverhältnis aus, denkt Tiefenbach mit einer ganz kleinen Schadenfreude irgendwo im Hintergrund. Es müßte eher umgekehrt sein. Ihm fällt ein, wie der Simplicissimus-Zeichner Olaf Gulbransson das formuliert hat: «Und sie besaß alle Macht. Denn sie liebte nicht. Das tat bloß ich.»

Armer Martin! Verzeih, aber ich muß dich noch ein bißchen länger belauschen. –

Er: «Was soll weiter werden?»

Sie: «Was? – Nichts.»

Er: «Halt deine Beine still. Ich kann das nicht mehr sehen.»

Sie: «Dann schau woandershin.»

Er: «Wenn du so weitermachst, werden sich's auch meine Nachfolger noch überlegen.»

Sie: «Ich will ja gar nicht heiraten.»

Er: «Überleg dir das. Es ist Krieg. Männer werden knapp.»

Sie: «Danke. Das war deutlich. Aber das ändert nichts daran, daß ich erst etwas werden will.»

Er: «Oha! – Was denn?»

Sie: «Ein Mensch!»

Sie steht auf. Sie läuft tatsächlich an Uhlig vorbei, springt vom Steg aufs Ufer und sucht nach ihren Sandaletten.

Tiefenbach drückt seine Zigarette aus. – Unsinn, denkt er. Sie hat natürlich ganz etwas anderes gesagt. Was ich mir vorgestellt habe, könnte nur ein Mädchen gesagt haben, das grüne Augen hat. Und das ist unter hundert Dunkelhaarigen höchstens eine.

Sie eilt, ohne auf den langsam nachkommenden Uhlig zu achten, durchs Gras. Ihre Sandaletten stehen zwei Armlängen von Tiefenbach entfernt. – Sie sieht ihn überrascht an und schlüpft hastig in die leichten Schuhe.

Verdammt! Sie hat grüne Augen. Grün mit etwas Grau. –

Er ist fast erschrocken, als er das feststellt.

Während die Weißen Segel auf dem Bodden standen ...

... fuhr Hartmut Wedelstedt über den Don. Vorbei an jenen Orten, die mit Nadeln auf der Landkarte seines Zimmers gekennzeichnet waren. Bereit für die große Bewährungsprobe.

...kreuzte ein Zerstörer vor dem Marine-Ehrenmal Laboe. An Bord befand sich der frühere Fähnleinführer, Marlies' Freund aus ihrer BdM-Zeit. Das Schiff lief aus auf Nimmerwiederkehr.

...schrieb die Bergmannswitwe Cläre Tiefenbach in Iserlohn einen Brief an ihren Sohn Hans, der mit den Worten endete: «Ich bin so glücklich, daß ich Dich in Sicherheit weiß.»

...führte der Buchmacher Rothacker in Paris ein Telefongespräch mit dem Pariser Hauptbüro des SD , nachdem ihm seine Freundin Sigrid Maes erzählt hatte, sie habe den Verdacht, daß ihre Pariser Schneiderin eine verkappte Jüdin sei.

...radelte Hanna Peplow, die Fischerstochter aus Peenemünde, über Land, zwanzig Kilometer hin, zwanzig Kilometer zurück, um einem Mittelsmann eine Nachricht zu überbringen, die, in Pergament gewickelt, im Bauch eines Räucherherings verborgen lag.

...vertrieb Gustl Schwendtmayr in Posen acht polnische Familien aus ihren Wohnungen, um eine Schule für Wehrmachtshelferinnen einzurichten.

...stellte Evas Großmutter in Langenbrück drei Zimmer bereit für eine Familie aus Düsseldorf, die sich mit allem beweglichen Hab und Gut vor den Bombenangriffen in Sicherheit bringen wollte.

...lauschte der Soldat Herbert Axe hinter den fest verschlossenen Fenstern und Türen des Zinnowitzer Pfarrhauses den Worten eines deutschen Dichters, der über den Moskauer Sender an das Gewissen der Deutschen appellierte.

Zweites Buch

Schub und Widerstand

1. Sie sah ihn nicht leiden
2. Insel ohne Leuchtfeuer
3. Meisje von Amsterdam
4. Im Zeichen des großen Bären
5. König der Oie
6. Die Theuerkaufs und Hankes
7. Posen
8. Jonastag

1

Sie sah ihn nicht leiden

Als Eva auf den Sportplatz kam, hockte Jürgen Baer an der Aschenbahn und vertiefte die Startlöcher, damit Hanna Peplows Füße besseren Halt fänden. Mit der Geduld eines Trainers probierte er mit ihr den Tiefstart. Wohl ein dutzendmal gab er das Startzeichen. Hanna war unermüdlich.

Auf dem großen grünen Mittelteil des Sportplatzes warf Eva den Speer. Nach jedem Wurf wechselte sie den Platz, um ihn wieder zurückzuwerfen. Es schien ihr gleichgültig zu sein, welche Weite sie erreicht hatte. Fast tänzerisch nahm sie den Anlauf, dann kam der Ansatz und, sorgfältig ausgewogen, der Abwurf. Mit elastischen Schritten folgte sie unmittelbar dem davonschwirrenden Speer.

Jürgen Baer schüttelte den Kopf. Das war kein Training, das war ein ästhetisches Spiel: Gymnastik mit Requisiten.

Sie nahm den Diskus auf, fühlte genußvoll die glatt geschliffene Wölbung der Scheibe in ihrer Handfläche, kostete die Drehung vor dem Abwurf aus. Aber die Flugbahn war zu flach, der Diskus flog nicht weit. Baer kam zur Aufschlagstelle geschlendert: «Darf ich Ihnen den Ansatz zeigen?»

Er zeigte ihr die Stellung des Handtellers, wies ihr die günstigste Höhe des ausschwingenden Armes. Dann warf er. Kraftvoll, mit geübtem Schwung.

Der Diskus flog seine vorgeschriebene Bahn wie ein Geschoß.

Eva freute sich der makellosen Kurve. «Ich kriege nie den richtigen Anstellwinkel heraus. Außerdem habe ich zuwenig Kraft im Arm. Bei mir fehlt der Schub.»

Baer belächelte die Vokabeln aus dem Forschungsbetrieb, die sie geschickt einzuflechten wußte. «Wofür trainieren Sie?»

«Nur so. Zu meinem Vergnügen.»

«Wir haben demnächst Sportfest. Wollen Sie nicht mitmachen? Auf der Kurzstrecke würden Sie sicherlich etwas erreichen.»

«Woher wissen Sie –?»

«Das sieht man. Ihre Beine sind trainiert. Sie sind leicht, gymnastisch geschult. Sie wissen doch, das bedeutet: niedriger Widerstandsbeiwert, niedriges Trägheitsmoment.» Er gab ihr das Berufslatein zurück. «Für den Achtzig-Meter-Hürdenlauf brauchen wir noch jemanden.»

Sie folgte ihm zur Aschenbahn, wo die Hürden für Hanna Peplow schon aufgestellt waren. «Das habe ich noch nie probiert. Aber ich möchte es gern. Ich möchte überhaupt alle Sportarten kennenlernen.»

«So? Was fehlt Ihnen denn noch?»

«Rhönradfahren zum Beispiel. Reiten und Segelfliegen.»

«Wenn Sie sich in allen anderen schon versucht haben, ist das ganz schön.»

«Mein Vater hat mich schon mit sieben Jahren in den Turnverein geschickt.»

Sie waren bei Hanna Peplow angekommen. Der Gruß des Mädchens war freundlich, aber zurückhaltend. Bereitwillig zeigte sie Eva die Technik des Hürdenlaufs, das Spreizen der Arme und den Gleichklang der Beine im Moment des Absprungs.

Baer stand an der ersten Hürde und erwartete Evas Sprung. Sie sprang elastisch, ohne Verkrampfung, überwand auch die Meter zwischen den Hürden im rechten Takt, um wieder auf das Absprungbein vor dem nächsten Hindernis zu kommen.

Baer hieß sie zurückgehen. Noch einmal, noch einmal. Dann zusammen mit Hanna. Hanna war schneller und viel sicherer. Aber Eva ließ sich packen und anfeuern. Sie holte einige Meter auf bis zum Ziel. Unter ihrer braunen Haut hämmerte es. Sie hatte sich ganz ausgeschöpft, aber sie gab nicht auf. Nach kurzer Ruhepause versuchte sie es wieder. Und noch ein drittes Mal stellte sie sich ihrer trainierten Partnerin.

Hannas Miene war zugänglicher geworden. Als Baer sich fertigmachte, um Eva zum Haus Seestern zu begleiten, blickte sie den beiden versonnen nach.

Sie hätte vielleicht doch mit Jürgen Baer darüber sprechen sollen. Vorhin beim Lockerungslauf wäre es unauffällig möglich gewesen. Es konnte nichts schaden, wenn er wußte, daß Eva Leonhard Vierteljüdin war. Aus ihrer Personalakte hatte sie es ersehen. Es galt, den Kreis der Mitarbeiter zu vergrößern. War es nicht denkbar, daß hier, bei diesem Mädchen, ein Ansatzpunkt war?

Hanna vermochte noch nicht einzuschätzen, ob Baer bereits etwas Ähnliches erwog, denn sie arbeiteten erst ein knappes Vierteljahr im geheimen Widerstandskampf zusammen, und ihre Meinung über ihn war zwiespältig. Er schien doch nicht die zuverlässige Stütze zu sein, als die er ihr in einem verschlüsselten Brief von Berlin aus angekündigt worden war. Sie hatte gehofft, daß ihr kleiner Widerstandszirkel, den sie im Werk mit einigen Kraftfahrern, Mechanikern und Monteuren aufgebaut hatte, unter Baers Leitung zu einer fühlbaren Macht anwachsen würde, hatte an Flugblätter, geheime Schriftenverteilung und ähnliches gedacht. Aber dafür schien Baer ihr nicht zielstrebig genug zu arbeiten. Noch wußte sie nicht recht, was er eigentlich erreichen wollte. Offenbar konzentrierte er sich darauf, das Werk genau kennenzulernen. Die Nachricht, die sie kürzlich in einem Räucherhering verborgen für ihn nach Züssow gebracht hatte, mochte für die Leitung in Berlin wichtig sein. Sie mußte sich damit abfinden. Es war schwer, wenn man nicht wußte, ob die Arbeit, die man unter ständiger Gefahr tat, auch Früchte trug.

Eva hatte mit Jürgen Baer im «Kameradschaftsheim» am Strandweg zu Abend gegessen. Sie wußte, daß Marlies Herbert Axe zu Gast hatte und vermutlich gern noch mit ihm allein bleiben wollte. Baer hatte den grau-violetten Rotkohlpamps mit Salzkartoffeln und der Reichs-Einheitssoße, die ihr widerlich war, mit Heißhunger verspeist.

Sie betrachtete ihn: Ein zu lang geratener Athlet, fast zwei Köpfe größer als sie – und dann solch ein Essen! Er tat ihr leid. Aber er lachte. Er habe noch ein halbes Brot zu Hause.

Sie merkte bald, daß er es gewohnt war, die Menschen seiner Umgebung einer scharfen Kritik zu unterziehen. Traude Hörselmann, mit der er oft zu tun hatte, schätzte er fachlich sehr hoch. Bei Marlies Hasse berührte ihn besonders die menschliche Seite. Dagegen ging er bei ihrem Vetter, dem Betriebsingenieur Brettschneider, auf Abstand. Mühelos spottete er sich durch die erste Garnitur der Versuchsstelle hindurch. Offenbar hielt er nicht viel von den Anstrengungen, die auf der Insel gemacht wurden.

Als er auch den Doktor und den General Revue passieren ließ, fragte Eva kopfschüttelnd: «Sie nehmen wohl überhaupt nichts ernst? Warum stehen Sie so in Opposition?»

Er zögerte mit der Antwort. «Meine Opposition ist Verteidigung.»

«Gegen was?»

«Gegen das alles hier.» Er sah sich um. – «Wollen wir nicht noch ein Stück spazierengehen?»

Sie schoben sich zwischen den Tischen, an denen die Soldaten des Versuchskommandos unlustig und gelangweilt herumsaßen, nach draußen. Baer führte sein Fahrrad, und sie schlugen den Waldweg in östlicher Richtung ein, um nicht auf das Absperrgebiet des Werkes zu stoßen.

Der Weg auf dem Dünengürtel war schmal. Oft mußte der große Mann den Kopf neigen, weil ihn die herabhängenden Zweige streiften.

Er nahm das abgebrochene Gespräch wieder auf: «Sie halten mich wohl für einen gottsjämmerlichen Ignoranten und Spötter!» Er lachte kurz auf. «Sehen Sie, das ist meine Igelstellung. Aufgewachsen bin ich in einem Hause, wo die Ehrfurcht vor allem, was Menschen erdacht und geschaffen haben, oberstes Gesetz war. Mein Vater ist ein ziemlich bekannter Chirurg. Er lehrt an der Universität Marburg. Seine jetzige Frau war Opernsängerin.»

«Warum sagen Sie nicht: meine Mutter?»

«Weil Sie dann ein falsches Bild bekämen. Seit sie bei uns ist, bin ich meine eigenen Wege gegangen.»

«Hat sie sich nicht um Ihr Vertrauen bemüht?»

«Keine Spur. Der Bruch war sofort da, als ich sie in Leipzig kennenlernte.»

«In Leipzig? Da war ich oft. – Erzählen Sie. Was haben Sie dort gemacht?»

«Mein Vater hatte einen Vortrag zu halten auf einer Tagung, über Kieferchirurgie. Er nahm mich mit. Es war im Frühjahr dreiunddreißig. Ich hatte das Abitur bestanden und sollte die Deutsche Bücherei kennenlernen. Außerdem Auerbachs Keller, das Grassimuseum, na – Sie wissen ja selbst, was einen in Leipzig fesselt.

Ich kann mich noch an jede Einzelheit erinnern. Wir wohnten im Hotel Hauffe am Roßplatz. Leipzig putzte sich gerade für den Führerbesuch. Wir bekamen deshalb schlechtere Zimmer als vorgesehen war, und mein Vater fiel unangenehm auf, weil er dagegen protestierte. Dann mußten wir froh sein, nicht ausquartiert zu werden. Hitler bevorzugte ausgerechnet unser Hotel.

Am Abend war Opernpremiere im Neuen Theater, und ich sah meine zukünftige Frau Mama als ‚Tosca'. Ich hatte sie noch nie vorher gesehen. Ich war bereit, sie zu bewundern, obwohl ich die italienischen Opern damals nicht mochte. Sie musterte mich in der Pause von oben bis unten, mit dem Ergebnis, daß ich zur Premierenfeier nicht eingeladen wurde und allein ins Hotel zurückfahren mußte.

Auch am nächsten Tag bekam ich zu fühlen, daß sie keinen Wert darauf legte, einen so großen Sohn zu haben. Ich war ihr wohl zu lang, zu schlaksig und zu schüchtern. Meinem Vater tat das leid. Er nahm mich überall mit, wenn er ohne sie unterwegs war, und gab sich besonders kameradschaftlich. Aber das nutzte nicht viel, denn ich merkte die Absicht, und die Frau gab er ja meinetwegen doch nicht auf. Da bereitete ich mich innerlich auf meine Igelstellung vor.

In der Zahnklinik lernte ich übrigens einen Namensvetter von Ihnen kennen. Mein alter Herr hatte ihn ins Hotel eingeladen, weil er ihn auf der Tagung sehr schätzengelernt hatte. Der Mann arbeitete an einer neuen Art der Kieferregulierung. So heißt das wohl. Und bei mir ist das alles verschlampt worden. Sehen Sie, wie meine Zähne über- und durcheinanderwachsen. Mein Vater hat mich als negatives Anschauungsobjekt vorgeführt. Aber diesen Dr. Leonhard ließ man einfach nicht ins Hotel. Wegen des bevorstehenden Führerbesuchs.»

«War er – Jude?»

«Ja. Dann wollten wir uns mit ihm in Äckerleins Keller treffen. Er war ein ebenso guter Weinkenner wie mein Vater. Da erfuhren wir, daß er plötzlich abgereist sei. Ein paar Obernazis aus der Zahnklinik hatten ihn fortgeekelt.

Mein Vater fraß seinen Ärger in sich hinein. Er konnte nichts tun. Am Neuen Rathaus versammelten sich schon die Massen, um Hitler zuzujubeln, und meine zukünftige Stiefmutter lag meinem Vater per Telefon in den Ohren, er solle sie rechtzeitig ins Hotel kommen lassen, damit sie den Herrscher aller Reußen ganz aus der Nähe sehen könne.»

«Was sagte denn Ihr Vater dazu?»

«Er zog sie ein bißchen damit auf und tat ihr den Gefallen. Kavalier alter Schule!»

«Und Sie?»

«Ich habe mich aus dem Staube gemacht und vom Königsplatz aus das hysterische Volk beobachtet. Ich glaube, ‚Intime Bar' hieß die Kneipe im ersten Stock. Dort habe ich mich zum erstenmal in meinem Leben betrunken. Übrigens unter den Augen eines Japaners, der von der Achse Berlin-Rom-Tokio auch nicht das Heil für die Menschheit zu erwarten schien.»

Jürgen Baer hielt inne. Er stützte sich auf sein Fahrrad und sah mit einem unsicheren Lächeln auf Eva herab. «Warum habe ich Ihnen das alles erzählt?» Er lachte wieder kurz auf. Es klang nach Selbstverspottung. «Ich wollte, daß Sie mich verstehen. Im allgemeinen bin ich nicht sehr für Familiengeschwätz.» Er hielt ihre Nervosität, mit der sie einen Zweig gegen einen Kiefernstamm peitschte, für Ungeduld.

«Aus dem Privaten kommt doch alles andere», sagte das Mädchen mit belegter Stimme. «Wenn ich es damals miterlebt hätte – mit meinem Vater ...» Sie schluckte.

Er sah sie forschend an. «Was ist Ihr Vater?»

«Zahnarzt.»

«Auch Zahnarzt?»

«Nicht – auch! Der ist es, den Sie kennen.»

«Aber dieser Doktor Leonhard war Jude –»

Sie wandte sich ab. Er lehnte das Fahrrad gegen einen Baum und ging zu ihr. Sie sah auf die See hinaus. Er stellte sich hinter sie und berührte ihre Schulter. Nach einer Weile des Schweigens sagte er: «Ich hab' Ihnen soviel erzählt. Wollen Sie mir das nicht auch erklären? Ich verstehe das nicht ganz. Sie waren doch im Arbeitsdienst.»

«Ja eben. Das gehört zu *meiner* Igelstellung oder Tarnung oder wie man es nennen will.»

«Was tarnen Sie denn? Sie machen doch mit.»

Seine Stimme klang so bitter, daß sie sich nach ihm umwandte. Ihr bewegtes Gesicht war düster vor Erregung. Etwas besänftigter fuhr er fort: «Oder verstehen Sie es so gut, Ihren Haß zu verbergen?»

«Nicht meinen Haß, mich selber muß ich doch verstecken. Damit habe ich genug zu tun.»

Er konnte sein gewohntes Spottlachen nicht unterdrücken, weil er sich die vielen Menschen vorstellte, die für gewöhnlich um sie waren, und er fand, daß ihre Worte schlecht dazu paßten.

Sie ahnte, wohin sein Spott zielte, und war ihm böse darum. «Soll ich etwa als Nonne leben? Das wäre hier viel auffälliger.» Sie wurde trotzig, ging den Weg weiter und zwang ihn damit, wieder sein Fahrrad zu nehmen. «Außerdem habe ich nicht die geringste Lust dazu. Ich will leben wie alle. Ich will kein Mensch zweiter Klasse sein. Und solange niemand das weiß, was Sie jetzt wissen, bin ich geachtet. Das ist furchtbar dumm und furchtbar komisch und manchmal furchtbar ekelhaft. Aber soll ich's denen ins Gesicht schreien? – Einer von ihnen, ein ganz besonderer Trottel, der auf meine Visage, oder was weiß ich sonst, hereingefallen ist, hat mir ja selbst den Freibrief ausgestellt. Danach bin ich ein Mischling zweiten Grades. Klingt gut, was? – Ich konnte also in den Arbeitsdienst aufgenommen werden und kam nach dem Kriegshilfsdienst hierher. Ich bin froh, wenn ich ein paar Jahre leben kann ohne Fragebogen, ohne braune Blockwalter. Die grauen Uniformen hier scheinen loyaler zu sein.»

«Und Ihr Vater? – Was für eine Uniform trägt er? Die gestreifte? Oder nur den Davidstern!»

Wie erbitterte Feinde standen sie einander gegenüber. Der Waldweg mündete auf die Landstraße. Sie verhielten den Schritt, um nicht den Leuten zu begegnen, die, von der Werkbahn kommend, die Straße bevölkerten.

«Mein Vater war nur kurz in Haft.» Evas Stimme klang schuldbewußt. «Dann hat er sich nach Amerika eingeschifft.»

«Das beruhigt Sie, wie? Und Sie haben Frieden geschlossen mit ihrer Umwelt!»

Sie zuckte unsicher mit den Schultern. «Vielleicht ist es nur ein Waffenstillstand ...»

Er riß den Lenker nach oben und ließ sein Vorderrad auf den Boden zurückschnellen, daß der pralle Gummireifen auf dem Asphalt federte. Sie waren auf die Landstraße getreten. Er mußte irgendwie seiner Erregung Ausdruck geben. «Aber so kann man doch nicht leben! Mit der Erinnerung an das alles. Sie haben es doch mit eigenen Augen gesehen! Solche Bilder lassen einen doch nicht mehr schlafen!»

«Das ist es ja eben: Ich habe nichts gesehen, nichts selbst

erlebt. Als die Nazis meines Vaters Praxis zerschlugen, war ich bei den Eltern meiner Mutter. Elf Jahre war ich alt. Ich erfuhr nichts Genaues, was mit meinem Vater geschah, und als ich viel später begriff, daß ich ihn nie wiedersehen würde, habe ich eine Nacht lang geheult. Aber ich hatte mich schon an die Trennung gewöhnt.»

«Wie war Ihr Vater?»

«Sehr ernst und immer beschäftigt. Er hat mich oft über seiner Arbeit vergessen. Wenn die Praxis geschlossen war und er trotzdem noch in seinem Sprechzimmer am Schreibtisch saß oder laborierte, wollte ich manchmal etwas erklärt haben. Dann wies er mich meistens ab mit dem Versprechen: ‚Später, wenn du groß bist, erkläre ich dir das alles.' Ich habe den Satz noch im Ohr. Er wußte mit mir kleinem Mädchen noch nichts anzufangen. Aber zum Sport hielt er mich zeitig an. Er wollte mir wohl einen Ersatz schaffen, weil ich ja keiner politischen Jugendgruppe beitreten konnte.

Ich kann mich noch genau an den Tag erinnern, an dem er von Leipzig zurückkam, von der Tagung, auf der Sie ihn gesehen haben. Da war er noch ernster als sonst, richtig verstört. Und er tat etwas, was ich nicht verstand: Er zwang mich, ein Kleidungsstück zu verschenken, das ich am liebsten trug. Es war eine Trachtenjacke, schwarze Wolle mit rotgrünem Streifen um den Halsausschnitt. ‚Berchtesgadener Jäckchen' hießen sie. Mein Vater hatte sie mir vom Winterurlaub aus dem Walsertal mitgebracht. Sie wurden damals Mode bei uns. Ich besaß das erste Exemplar der ganzen Schule und es war eine ‚echte' Trachtenjacke. – Als mein Vater von Leipzig kam, mußte ich sie der Tochter unserer Aufwartefrau schenken. Er war auf dem Bahnhof einer ganzen Kolonne Jungmädel begegnet. Die hatten mit Wimpel und Fahrtengepäck mächtig renommiert und trugen alle diese Berchtesgadener Jacken über ihren weißen Blusen. Das gehörte neuerdings zur ‚Kluft'.

Wegen dieser Jacke habe ich meinen Vater zwei Tage lang gehaßt, weil ich die Zusammenhänge nicht begriff, weil man von mir immer alles ferngehalten hatte, was sich gegen uns zusammenzog. Auch in der Schule hatte man mich geschont. Mein Vater war der gesuchteste Zahnarzt in unserer Stadt.

Zwei Tage nach dieser Jackengeschichte fuhr ich zu meinen Großeltern, und acht Tage später passierte es mit ihm.»

«Fingen Sie dann nicht an, ihn zu begreifen?»

«Den ganzen Umfang des Unglücks erkannte ich immer noch nicht. Das lag daran, daß unsere persönlichen Sachen: Möbel, Teppiche, meine Bücher und Spielsachen, fast unbeschädigt geblieben waren und zu uns herauskamen. Meine Mutter ist sehr geschäftstüchtig. Sie hatte nachweisen können, daß die Wohnung ihr gehörte, weil sie mit meinem Vater in Gütertrennung lebte. Außerdem hat sie sich die Autorität meines Großvaters zunutze gemacht. Er ist im ganzen Landkreis sehr angesehen. So hatten sich die Rowdys nur die Praxis und die wissenschaftliche Bibliothek vorgenommen.»

«Gerade das hat Ihren Vater vermutlich am tiefsten getroffen.»

«Natürlich. Aber als Elfjährige weiß man das noch nicht. Ich war glücklich, daß mein Fahrrad heil war und von meinen Kinderbüchern keines fehlte.»

«Und Ihre Mutter?»

«Meine Mutter hat Vater wohl gar nicht richtig geliebt. Ich glaube, sie wollte durch diese Heirat nur in die erste Reihe der Gesellschaft aufrücken. In einer Kleinstadt bedeutet ein Zahnarzt etwas. Sie tat alles, was mein Großvater ihr riet. Er ist genauso ehrgeizig wie sie. Nach der Katastrophe war sie ein Jahr lang verbittert, dann willigte mein Vater von Amerika in die Scheidung ein. Und als die Männer anfingen, sich nach mir umzudrehen, hat sie sich wieder verheiratet.»

Jürgen Baer lachte hart und böse auf. «Und nun sind Sie das einzige Andenken aus ihrer fehlgeschlagenen Ehe.»

«Ja. Eines, das sie nicht los wird.»

«Vermutlich liebt sie Sie nicht sehr.»

«Das fällt nicht besonders auf, weil sie sowieso ihre Gefühle nicht zeigt.»

«Und ihr zweiter Mann?»

«Der mußte ihr helfen, ihre Vergangenheit loszuwerden. Das war für sie das Wichtigste. Aber ich bin auch nicht ganz unschuldig an dieser Ehe.»

«Wieso?»

«Er hatte zuerst mich gesehen. Auf dem Sportplatz. Ich war fünfzehn und hatte für meine Klasse mehrere Preise geholt zum Schulsportfest. Im Schwimmen und auf der Kurzstrecke. Ich wurde mit ein paar anderen Mädchen auf die Tribüne gerufen und bekam vom Kreisleiter einen Medizinball für die Klasse und Urkunden, eine Medaille und solchen Trödel. Ich war im schwarzweißen Turndreß, als einzige ohne das aufgenähte Hitlerjugendabzeichen, und deshalb hatte ich Angst, den Braunen da oben die Hand zu geben. Aber denen schien das gar nicht aufzufallen, die dachten wohl an ganz etwas anderes, als sie mich von oben bis unten anguckten, und sie waren sehr freundlich. Nicht weit vom Kreisleiter stand Gustl Schwendtmayr, mein späterer Stiefvater. Er war in Zivil. Ich mußte auch ihm die Hand geben, und er hielt mich fest, so daß ich neben ihm zu stehen kam während der Siegerehrung und beim Singen des Hitlerjugend-Liedes. Er sprach so nett österreichisch, das gefiel mir. Dann holten uns unsere Eltern und die Lehrer von der Tribüne herunter und gratulierten uns. Auch meine Mutter kam. Schwendtmayr stellte sich gleich vor und wollte sie in seinem Auto in die Stadt zurückfahren. Aber wir hatten Großvaters Opel mit. Daß Mutti selber chauffierte, imponierte ihm wohl. Jedenfalls lud er sie für die Abendveranstaltung ein. Da war Schülertheater, ein Bankett und so etwas. Mutti hatte erst nicht hingehen wollen, aber dann ging sie.»

«Wußte dieser Schwendtmayr nichts von der Vergangenheit Ihrer Mutter?»

«Anfangs nicht. Ich war nämlich umgeschult worden, und hier hatte niemand meinen Vater gekannt. Später hat es Schwendtmayr natürlich erfahren, und mein Großvater mußte wieder eingreifen. Es war so weit, daß Schwendtmayr nicht mehr zurück konnte, mein Großvater hätte ihn sonst unmöglich gemacht in seiner Partei. Sicherlich war es nicht schwer, Schwendtmayr herumzukriegen, denn er ist einer von den Österreichern, die gern fünf gerade sein lassen, wenn es zu ihrem Vorteil ist. Und die Leute behaupten, meine Mutter habe ihn damals ‚ganz eingewickelt'.»

Es war dunkel geworden. Eva ging langsamer. Das nachmittägliche Training machte sich in ihren Gliedern bemerkbar. Sie hatten sich weit vom Haus Seestern entfernt. Vor ihnen streckte sich die Landstraße.

«Wollen Sie aufsteigen?» fragte Jürgen Baer und deutete auf die Querstange seines Fahrrades.

Sie nahm Platz, als gäbe es nichts Selbstverständlicheres. Ihre Gedanken waren weit weg, während sie in Atemnähe vor ihm saß. Er hatte Mühe, sie mit seinen gleichmäßig auf und ab steigenden Knien nicht zu stoßen. Es gelang nicht immer. Sie schien es kaum wahrzunehmen. Sie war noch nicht wieder aufgetaucht aus der Erinnerungswelle, die sie überspült hatte.

Wie gut wäre es, wenn ich ihr jetzt erzählen könnte, was wichtig und entscheidend in meinem Leben war, dachte Jürgen Baer. Die Entfremdung von zu Hause war nur der erste Schritt. Das Wichtigste kam später.

Er war damals Student im sechsten Semester, in Göttingen. Da er über ein größeres Zimmer verfügte, war es zur Gewohnheit geworden, daß sich eine kleine Gruppe von Kommilitonen allwöchentlich zur gemeinsamen Arbeit bei ihm zusammenfand. Es blieb nicht aus, daß ihre Gespräche, sobald das fachliche Pensum beendet war, auf politisch-weltanschauliche Fragen übergingen. Er, der Jüngste des Kreises, erkannte bald, daß er mit Heino, dem Ältesten, am besten harmonierte, obwohl dieser äußerst vorsichtig argumentierte, wenn die Meinungen aufeinanderprallten. Er war sogar bestrebt, den explosiven Jüngeren zu dämpfen.

Eines Tages legte ein Kommilitone, der Mitglied des NS-Studentenbundes war, empört ein Flugblatt auf den Tisch, das ihm in der Universität jemand in die Mappe geschmuggelt haben mußte. Das Blatt enthielt nichts weiter als ein großes Hakenkreuz und darunter die gedruckte Aufschrift: «Wer dieses Zeichen trägt, wünscht den Krieg.»

An jenem Abend kam es in ihrem kleinen Kreis zu keiner vernünftigen Arbeit. Dem Studentenbündler war die Empörung der Kommilitonen über das Flugblatt, das seiner Meinung nach ein sicheres Zeichen «bolschewistischer Wühlarbeit» innerhalb der Studentenschaft darstellte, nicht groß genug. Besonders heftig wandte er sich gegen Jürgen Baer, dessen Sarkasmus ihn aufbrachte. Sie gingen bald auseinander, aber Heino, der gemeinsam mit den anderen aufgebrochen war, kam noch einmal zurück. In stummer Aufforderung hielt er Baer eine geöffnete Zigarettenschachtel hin. Baer, damals ein starker Raucher, langte zu, griff aber statt einer Zigarette ein kunstvoll zusammengerolltes Flugblatt. Es war das gleiche wie jenes aus der Mappe des Studentenbündlers. Auge in Auge standen sich die beiden Studenten gegenüber. Heino sagte: «Du gehörst zu uns Jürgen.»

In jener Nacht saßen sie bis zum Morgengrauen beieinander und sagten sich all das, was im Beisein des Studentenbündlers hatte unausgesprochen bleiben müssen. Heinos Vater war nach Hitlers Machtergreifung als kommunistischer Gewerkschaftsfunktionär verhaftet und gefoltert worden. Frau und Sohn hatten Haussuchungen der Gestapo und die Qualen endloser Verhöre über sich ergehen lassen müssen. Unter großen Opfern und durch Fürsprache eines Onkels, der als politisch zuverlässig galt, hätte Heino sein naturwissenschaftliches Studium fortsetzen können. Ganz bewußt hatte er sich an der Universität den Ruf eines völlig unpolitischen Menschen geschaffen. Nur die engsten Freunde, die selbst den geheimen Widerstand schürten, wußten, welcherart die Lehren waren, die er aus dem Schicksal seines Vaters gezogen hatte.

Als er nach Beendigung des Studiums nach Berlin ging, setzte Jürgen Baer, der als Assistent am Institut blieb, Heinos Arbeit fort. Das Band, das zu dem Freunde nach Berlin führte, wurde bald die feste Brücke zur Leitung der illegal organisierten Gruppe, die zäh und leidenschaftlich gegen das Hitlerregime und den Krieg kämpfte.

Er hätte zu Eva Leonhard gern gesagt: «Sie gehören zu uns», so wie Heino es damals schlicht ausgesprochen hatte. Aber es war noch zu früh nach diesem ersten Gespräch, so bedeutungsvoll und schwerwiegend es auch gewesen sein mochte.

Das einzig Helle in dem verdunkelten Zimmer war der Lichtreflex an der Wand über dem Bücherregal. Er kam aus dem Radio, dessen ausgestanzte, in symmetrische Reihen angeordnete Luftlöcher an der Rückseite ein Muster von der Regelmäßigkeit einer Wolkenkratzerfassade an die Wand warfen. Von den beiden im rechten Winkel zueinander stehenden Betten aus hatten sich zwei Augenpaare an diesem imaginären Bauwerk festgesaugt. Das Radio beendete soeben eine Sondermeldung, wonach deutsche U-Boote vor der englischen Küste viele Bruttoregistertonnen feindlichen Schiffsraums versenkt hatten. Die Klänge Lisztscher Musik unterstrichen ruhmredig die Worte des Verkündungsengels, dessen Stimmlage heroisch genug war, um von vornherein jede bange Frage nach den Menschenleben abzuschneiden, mit denen eine solche Schlacht unweigerlich bezahlt werden mußte.

In dem Bett am Fenster wälzte sich Marlies unruhig.

Eva erhob sich.

«Stell das Radio noch nicht ab», bat Marlies. «Stell es ganz leise. Da können wir unseren Wolkenkratzer noch sehen, und es ist noch nicht ganz dunkel.»

«Kannst du nicht schlafen?»

«Nein.»

«War Herbert Axe lange hier?» Eva kroch wieder unter die Decke und sah besorgt zur Freundin hinüber.

Statt einer Antwort kam die Frage aus der Dunkelheit: «Meinst du, daß wir es schaffen?»

«Wer – wir?»

«Unsere Soldaten, gegen die anderen meine ich.»

«Es sieht fast so aus. Das war die fünfte Sondermeldung in drei Tagen.»

«Hast du gewußt, daß es Leute gibt, die wünschen, daß sie es nicht schaffen?»

Eva zögerte mit der Antwort. Wenn sie ehrlich sein wollte, müßte sie sagen, daß sie es seit einer Stunde zumindest ahnte. Nach dem langen Schweigen während der gemeinsamen Fahrt auf dem Rade hatte Jürgen Baer beim Abschied gleichsam das Fazit aus ihrem vorangegangenen Gespräch gezogen: «Sie haben Ihren Vater nicht leiden sehen. Das ist Ihr Unglück. Genauso wie es ein Unglück ist, daß die meisten Menschen auf dieser Insel in dem ganzen Kriege keinen Toten sehen werden. Und viele andere Millionen ebenfalls nicht. Die Begriffe: Leiden, Schmerz und Tod sind abstrakt und äußerlich. Sie treffen uns erst angesichts zerfetzter Menschenleiber auf einem Minenfeld, wenn wir die Schreie der Verwundeten in den Schützenlöchern hören müßten oder blutige menschliche Reste im Stacheldraht hängen sähen. ‚Es muß ja jeder einmal sterben!‘ Sagen die Leute. Aber *wie* sie sterben im Kriege, das ist so unmenschlich, daß die Vorstellungskraft einfach versagt. Und die Propaganda tut das ihre, daß jeder von seinen Angehörigen glaubt, sie seien gefallen wie Nibelungenhelden: in Schönheit und Größe. Sollten wir den Krieg gewinnen – was nicht auszudenken wäre! –, dann sind alle diese Leute wieder vorne dran, die achselzuckend gesagt haben: ‚C'est la guerre‘, wenn die Zigarettenration nicht ausgereicht hat, die aber den Krieg im Kriege nicht gesehen haben.» Nach diesen Worten hatte Baer sie angeblickt, als gebiete er sich selbst Einhalt, schweren Herzens, und als hoffe er, daß sie das noch Ungesagte errate. Sein Gesicht war im Dunkel. Das war gut so, denn sie hätte sich sonst noch mehr geschämt.

Jetzt kam wieder eine Stimme aus dem Dunkel, eine Stimme, die ebenso nach Wahrheit verlangte. Evas ungewöhnlich langes Zögern war für Marlies Antwort genug. «Herbert Axe sagt, die Welt führt nicht Krieg gegen die Deutschen, sondern gegen den Nationalsozialismus.»

«So steht's aber nicht in den Zeitungen.»

«Ich weiß nicht, woher er seine Nachrichten hat. Im Lager kann er unmöglich Feindsender hören. Aber er wußte so viel, daß es fast unheimlich war.» Marlies flüsterte nur noch. «Nach seiner Meinung gebe es nur *eine* Rettung für Deutschland: dem Nationalsozialismus abzuschwören. Sonst risse er uns alle in den Untergang. Er sprach wie ein Seher. Mir ist angst und bange geworden. Wenn er nur vorsichtig ist! Mein Vetter rechnet damit, daß es eine Menge Spitzel im Werk gibt.»

Eva lag ganz still. Sie ahnte, daß sich hinter Jürgen Baers Worten ähnliches verbarg. Aber diese Ahnung war noch zu vage. Sie lag als ungemünztes Gold in ihr, während sie sich der alten Währung bediente. «Es ist schwer zu begreifen, daß man nicht den Sieg der Seite wünschen soll, auf der man selber lebt. Beim Verlieren geht's einem in jedem Fall schlecht. Selbst wenn der Krieg ein Fehler gewesen ist, so kann man doch jetzt, nach drei Jahren, nur noch alles daransetzen, ihn mit Anstand zu Ende zu führen.»

«So ähnlich habe ich es ihm auch gesagt. Es freut mich, daß sogar du der Meinung bist. Denn schließlich hättest du zuallererst Grund, gegen die Nazis zu sein. Aber Herbert wußte auf alles etwas zu erwidern.»

Eva umkrampfte ihr Kopfkissen. «Sogar du», hatte Marlies gesagt. «Gerade Sie», hatte Baer gedacht. Und die Erklärung für alles waren seine Worte: «Sie haben Ihren Vater nicht leiden sehen ...»

Jürgen Baer ging seiner Lieblingsbeschäftigung nach: Er blätterte. In Büchern zu blättern bereitete ihm heute noch das gleiche Vergnügen wie vor Jahren, als er, den günstigen Augenblick nützend, in der Bibliothek seines Vaters gestöbert hatte, um hinter die Geheimnisse jenes Teils der Bücher zu kommen, die gewöhnlich unter Verschluß gehalten wurden. Auch heute noch liebte er es, alle Merkmale der äußeren Aufmachung in Betracht ziehend, das Format des Buches, den Einband, die Titelgestaltung, die Aufteilung des Inhalts in Kapitel oder Abschnitte, das Schriftbild der Seiten, kurzum, die Physiognomie des Buches zu studieren, um daraus Schlüsse auf seinen Gehalt zu ziehen. Blätternd, Seiten anlesend, ins Auge fallende Abschnitte überfliegend, unterzog er dann sein vorgefaßtes Urteil einer kurzen Prüfung, wie man einen Menschen durch Testfragen zwingt, mehr über sich auszusagen, als was äußere Merkmale verraten. In dieser Bibliothek war es allerdings schwer, Unerwartetes zu finden. Die in langen Regalen aufgereihten Bücher waren so vollkommen uniformiert, daß sie sich nur durch Dicke und Höhe der Rücken voneinander unterschieden. Baer konstatierte: Braun – alles braun! – und folgerte bitter: Wenn das genarbte Einschlagpapier nicht schon diese Farbe hätte, müßte man es umfärben.

Er stellte einen Band in die Reihe zurück, der dem Leser einreden wollte, daß alle Ströme Böhmens in Deutschland zu münden hätten. Er verzog den Mund. Welcher «Wohllaut»: Böhmen und Mähren – im Gegensatz zu dem «welschen» Wort Tschechoslowakei!

Obwohl er nicht annehmen konnte, daß er unter den hier angetretenen Uniformierten irgend etwas fand, das in ihm auch nur annähernd das auslösen konnte, was etwa Zolas «Germinal» oder seine Trilogie «Lourdes–Rom–Paris» einst bei ihm vermocht hatten, ging er doch ab und zu in die Bücherei der Versuchsstelle, in der Ilse Rubyschewski unaufdringlich herrschte und mit ihren aufgereihten Schützlingen einen wohlwollenden Umgang zu pflegen schien.

Sie kannte Baers Blätter-Leidenschaft bereits, und nicht selten hatte sie ihre eigene Mittagszeit verkürzt, weil sie ihn gewähren lassen wollte.

Ilse Rubyschewskis äußere Erscheinung konnte man vergleichen mit einem wohlausgestatteten, nicht allzu aufregenden Roman, der, in einer herzhaft volkstümlichen Sprache verfaßt, hier und da gut pointierte Lebensweisheiten versprach. Ihr Name, lang und konsonantenreich, wurde im Werk niemals voll ausgesprochen, und jeder kannte sie einfach als «die Ru». Sie nahm es nicht übel und mochte es etwa so empfinden wie die landläufige Kürzung eines langen und umständlichen Buchtitels, von dem schließlich nur das bedeutungsvollste Substantiv übrigbleibt.

Baer «blätterte», das Alleinsein nützend. Er fragte aus seiner Ecke heraus: «Wie ist eigentlich der Roman, den Goebbels geschrieben hat?»

Die Ru hob nicht den Kopf von ihren Karteikästen. Trocken sagte sie: «Er soll lieber Propaganda machen. Das versteht er besser.»

«Ist das Ihr Werturteil oder Ihr persönlicher Wunsch?»

«Natürlich ein objektives Werturteil. An seine Reden glauben doch alle, an seine Romanhelden glaubt keiner.»

«Vielleicht ist das erstere über- und das letztere untertrieben.»

Die Ru streifte ihn mit einem spöttischen Seitenblick, während sie den Karteikasten ins Fach schob. «Das wird sich statistisch schwer erfassen lassen. Die Abonnenten des ‚Reichs' und des ‚Völkischen Beobachters' erbauen sich in ihren Freistunden wohl kaum an den Büchern ihres Meisters.»

Mit lärmender Nonchalance betrat Oberzahlmeister Hanke die Bibliothek. Er begrüßte die beiden Zivilisten mit der herablassenden Jovialität eines in schneidiger Uniform daherschreitenden Offiziers. Als er ein dickes Buch auf den Tisch legte, war Baer neben ihm.

«Von Oberstleutnant Kelner», sagte Hanke.

Wie zufällig ließ die Ru den dicken Wälzer aufgeschlagen vor Baer liegen, so daß er den Titel erkennen konnte. «Mit den Augen einer Frau», ein vielgelesener Unterhaltungsroman von einem ungarischen Schriftsteller.

«Möchten Sie wieder eins mitnehmen?» fragte die Ru. «Leider ist ‚Vom Winde verweht', was Herr Oberstleutnant vorbestellt hat, noch nicht zurück.»

Hanke wehrte liebenswürdig ab. «Viel zu dick, Fräulein Ru. Momentan!» Vertraulich und ironisch lächelnd fügte er hinzu: «Der Chef heiratet demnächst. Da hat er schließlich anderes zu tun.» Baer tat ihm den Gefallen, seine Anspielungen mit einem kurzen Auflachen zu quittieren.

Die Ru breitete ihre Bücherschätze vor Hanke aus und sagte trocken: «Aus der ‚Kaiserin' wird also eine ‚Kelnerin'.» Die Männer lachten und ließen sich in ihrem Heiterkeitsausbruch nicht stören, als Hanna Peplow hereinkam. Der Zahlmeister bezog Hanna gewandt ins Thema ein:

«Fräulein Peplow wird dann entsprechend die Personalakte ändern. K–K – die Initialen bleiben.»

Er hatte nach oberflächlichem Herumsuchen zwischen den angebotenen Titeln sich für einen Band von Gerstäcker entschieden.

Ehe er ging, fragte Baer ihn, wann er abends wieder einmal den Flügel im Kasino benutzen könne.

«Ich sage Ihnen Bescheid. Es steht noch nicht fest, an welchem Tage der Oberstleutnant die Hochzeitsnachfeier im Kasino ansetzt. Danach muß ich mich richten.» Hanke war schon an der Tür.

Aber die Ru richtete es so ein, daß er noch hören konnte, was sie sagte: «Hier ist ‚Michael' von Goebbels, Herr Doktor Baer. Sie suchen doch schon so lange danach.» Auch der Argwöhnischste hätte aus ihrer Stimme keine Ironie heraushören können.

Jürgen Baer blätterte. Hanna Peplow suchte in den Regalen der Freihandbibliothek und wandte ihm den Rücken.

«Wie finden Sie es?» fragte die Ru von ihrem Schreibtisch aus.

Baer lachte sein kurzes trockenes Lachen, das jeder an ihm kannte. Er hob dabei den Kopf etwas an, wie ein Pferd, wenn es wiehert. Das Lachen konnte Bitterkeit, Spott, Heiterkeit, zuweilen auch Unsicherheit ausdrücken. Die Tonarten waren jedoch so wenig unterschiedlich, daß nur jene es zu deuten wußten, die Baer genau kannten.

«Hören Sie, was hier steht!» Mit dem Rücken gegen ein hohes Bücherregal gelehnt, las er aus dem Roman, mit dem der Reichspropagandaminister Joseph Goebbels seinen Beitrag zur modernen schönen Literatur zu leisten vorgab: «‚Das Geistige wird mir zum Überdruß. Der Intellekt ist eine Gefahr für die Bildung des Charakters. *Kerle* erziehen, *das* sollte die Aufgabe der hohen Schule sein.' – Gut, nicht?»

«Sehr gut.» Hanna Peplow hatte sich ihm zugewendet. Sie sah ihm nicht ins Gesicht, sondern verfolgte seine linke Hand, die in die Hosentasche griff.

«Also bitte sind das etwa keine Neuigkeiten? Es lohnt sich schon mal, hineinzusehen», sagte die Ru.

Hanna Peplow nahm das als Aufforderung und griff, nachdem Baer das Buch auf den Tisch zurückgelegt hatte, ohne Hast danach. Gleichzeitig wandte Baer sich an die Bibliothekarin und wies auf einen besonders dicken Band in einem entfernten Regal hinter der Schranke. «Was ist denn das für eine Bibel? Kann ich mal sehen?»

Die Ru ging bereitwillig in die gewiesene Richtung.

«Das ist die ‚Paracelsus-Trilogie' von Kolbenheyer.»

«Ach so, danke. Damit bin ich bedient. – Aber das daneben, ist das auch von ihm?» Während er die Bibliothekarin in der äußersten Ecke mit seinen unbestimmten Bücherwünschen beschäftigte, entnahm Hanna ungestört dem Goebbels-Roman ein eng gefaltetes, dicht beschriebenes Blatt Papier. Als es mit leisem Knistern in ihrer Rocktasche verschwunden war, ließ Baers Interesse an Kolbenheyers Gesamtwerk sofort nach.

Ein anstrengender Besucher, dachte die Ru.

«Kommen Sie mit zum Essen in die Kantine, Fräulein Ru?» fragte Baer liebenswürdig, als könne er damit wettmachen, daß er einen Teil ihrer Tischzeit in Anspruch genommen hatte.

Hanna Peplow war mit einem Expeditionsbuch unter dem Arm bereits gegangen.

2

Insel ohne Leuchtfeuer

Mutter, wenn du deinen Sohn jetzt sehen könntest, würdest du in christlicher Demut seiner Hoffart entgegenwirken und sagen: «All unser Wissen ist Stückwerk.»

Mit einem Anflug von Rührung stellte Hans Tiefenbach sich das Gesicht seiner Mutter vor, sah ihre fragenden Augen, den blassen, immer etwas schmerzlich verzogenen Mund, der vor Jahren, als der Sohn sich für das Physikstudium entschlossen hatte, zaghaft gefragt hatte, ob das auch wirklich kein gefährlicher Beruf sei. Ihre Angst, den Sohn könne ein ähnliches Geschick treffen wie seinen Vater, hatte in ihr den Wunsch geweckt, ihn Beamter werden zu lassen. Die Geborgenheit eines Behördenbüros schien ihr am begehrenswertesten. Auch die Tätigkeit als Lehrer zog sie in den Kreis der Möglichkeiten. Der Umgang mit Büchern und Papieren schien ihr weit ungefährlicher zu sein als der mit Naturkräften.

Ihr Vater war Bibliothekar in der Großherzoglich-Braunschweigischen Bibliothek zu Wolfenbüttel, und in den vierzig Jahren seiner Amtszeit war ihm nicht einer der Folianten auf den Kopf gefallen. Vielmehr hatte das Bewußtsein, daß Lessings Hände schon über die gleichen Buchrücken geglitten waren, seiner Arbeit, so untergeordnet sie auch sein mochte, eine innere Weihe gegeben, die sich in einer Würde manifestierte, wie sie der Bibliotheksdirektor selber nicht stärker ausstrahlen konnte. Diese Ausgeglichenheit wünschte sich Cläre Tiefenbach für ihren Sohn Hans um so mehr, als sie befürchten mußte, daß das ehrgeizige und aufrührerische Erbe seines Vaters in ihm fortleben könnte.

Obersteiger war er gewesen und bei einer Grubenexplosion tödlich verunglückt. Hans war damals knapp zehn Jahre alt. Aber diesem entsetzlichen Unglück waren, nach Cläre Tiefenbachs Meinung, andere Teil-Unglücke vorausgegangen.

Ihr Mann hatte, bald nachdem er aus französischer Kriegsgefangenschaft zurückgekehrt war, angefangen, sich an Arbeiter anzuschließen, die als «Rote» galten. Wohl hatte er den Bitten seiner Frau entsprochen und war keiner Partei beigetreten, aber sie wußte, daß er manche Stunde mit Männern verbrachte, die für die jahrelangen Unruhen im Ruhrgebiet mitverantwortlich waren, die streikten und demonstrierten und für das rote Rußland eintraten. Cläre Tiefenbach betete zu Hause und in der Kirche zu ihrem Gott, daß er die bestehende Ordnung aufrechterhalten möge, während ihr Mann den Aufrührern den Rücken stärkte. Aber das tut nicht gut in einer Ehe. Welchen furchtbaren Weg Gott wählen würde, um die Front der Aufwiegler zu schwächen, wie Frau Cläre es von ihm erbat, ahnte sie nicht.

Als sie am offenen Grabe ihres Mannes stand, gestützt von ihrem Vater, umschlungen von dem zehnjährigen Sohn, geschah etwas Unfaßbares. An der geweihten Gruft sprachen nach dem

Vertreter der Grube «die Roten». Sie nannten den Toten «ihren Genossen», trotz aller Vorbehalte, mit denen er noch zu ringen gehabt hätte, und sie legten einen Kranz mit einer roten Schleife nieder. Den alten Bibliothekar aus dem großherzoglichen Wolfenbüttel, der zeit seines Lebens deutschnational gewählt hatte, traf fast der Schlag, und die Tränen, die Cläre Tiefenbach im weiteren Verlauf des Tages vergoß, galten nicht mehr allein dem Toten. Immerhin – angesichts des Zornesausbruchs ihres Vaters, der den roten Schwiegersohn als Schandfleck auf seiner Bürgerehre ansah, ergriff sie für das Partei, was sie bei Lebzeiten ihres Mannes nie gebilligt hatte. Sie schickte den Vater allein nach Wolfenbüttel zurück und weigerte sich, mit ihrem Jungen zu ihm zu ziehen, wie es vorgesehen war. So blieb sie allein mit ihrer Trauer, ihrer Verbitterung und erzog ihren Jungen in dem ängstlichen Bemühen, ihn von jeder Tätigkeit, die auch nur annähernd nach Politik aussah, fernzuhalten. Als er verständig genug war, erzählte sie ihm das Schicksal seines Vaters, und sie ging sogar so weit, das Grubenunglück mit der politischen Betätigung ihres Mannes in ursächlichen Zusammenhang zu bringen. So wurde die Gestalt des Vaters für den Jungen zum tragischen Helden, dessen Geschick sich hätte vermeiden lassen nach dem immer wieder verabreichten Rezept: Kümmere dich nicht um Politik!

In den Ferien beim Großvater in Wolfenbüttel vernahm Hans dieselbe Weise, nur mit geschickt verbrämtem Text. Der alte Herr nutzte die Liebe des Jungen zu Büchern für seine Zwecke. Er ließ ihn lesen, soviel er wollte. Es war eine solche Fülle an Literatur da, daß der Junge die Gängelung nicht merkte.

Als seine Vorliebe für die Naturwissenschaften zutage trat, unterstützte sie der Großvater nach Kräften. Das lag nach seiner Meinung außerhalb jeder Politik. Für einen künftigen Physiker trug der Bibliothekar von Herzen gern den Hauptanteil der Studienkosten. Die Frage seiner Tochter, ob es auch keine gefährliche Disziplin sei, konnte er mit gutem Gewissen verneinen. Für ihn war allenfalls die Chemie noch gefährlich, während die Gewalten, deren sich die Physik bediente – Elektrizität, Röntgenstrahlen und ähnliches –, ihm weitgehend gebändigt erschienen.

Bändigen! – Hans Tiefenbach ballte die Hände tief in den Taschen seiner grauen Hose und ließ die Finger wieder wegschnellen. Und wieder und wieder, in schnellem Wechsel: Faust – Entspannung, Faust – Entspannung. Das ist: Bändigen – entfesseln, bändigen – entfesseln!

Schon als Junge war diese Handbewegung seine Gewohnheit, wenn ihm etwas gelungen war oder wenn eine erregende Entdeckung ihn beschäftigte. Das fing an, als sich ihm unterm Mikroskop zum erstenmal die Wunderwelt eines Wassertropfens darbot. Es wiederholte sich, als in einem gelungenen Versuch mechanische Energie in elektrische umgewandelt wurde.

Später wurden die Voraussetzungen für jene tiefe innere Befriedigung anspruchsvoller, und der letzte Höhepunkt, den er hatte, lag schon einige Jahre zurück. Es war im Gefolge der erregenden Tatsache, daß Professor Otto Hahn zum erstenmal eine Kernspaltung gelungen war. Die Spaltung des Uran-Atomkerns. Nachdem Hans Tiefenbach sich mit Professor Leupold zusammen die wissenschaftlichen Voraussetzungen und Daten, die zu der Großtat geführt hatten, in nächtelanger Arbeit zu eigen gemacht hatte und diesem Phänomen nicht mehr staunend als Gläubiger gegenüberstand, sondern es annähernd einschätzen konnte – in jenen Tagen hatte er sich Prometheus nahe gefühlt. So wie heute.

Die Finger entspannten sich. Entfesseln – bändigen! Das war seine Aufgabe. In einem Ausmaß, wie seine Mutter es nie begreifen würde.

Der Doktor hatte breit gelacht, als er ihm heute die Rechenwerte vorlegte und ihm nachwies, daß die Mängel, welche die Statiker angemeldet hatten, damit behoben seien und die von den Triebwerkspezialisten befürchteten Pannen nicht eintreten könnten. Auch der Schub würde nicht kleiner werden. Das war das Wichtigste: Die Kraft, mit der sich das A 4 von der Erde lösen mußte, durfte sich nicht verringern. Bei zwölfeinhalb Tonnen Gewicht die Schwerkraft zu überwinden, dazu gehörten ungeheure Energien.

Der Doktor hatte vom Prüfstand aus sofort den General, den alten Skeptiker, angerufen. «Tiefenbach hat das Kind geschaukelt, General», gab er in bester Laune als Meldung durch den Draht. Die Wichtigkeit des Ergebnisses für den gesamten Entwicklungsbetrieb und insbesondere seine Stellung rechtfertigten den kameradschaftlichen Ton des jungen Wissenschaftlers im Gespräch mit dem Generalmajor. «Der General feiert den Geburtstag seiner Frau im Kaminzimmer», sagte der Doktor, nachdem er den Hörer aufgelegt hatte. «Wir sind eingeladen. Haben Sie Lust, Herr Tiefenbach?»

«Nicht viel.»

«Müde, was?»

«Das nicht. – Wer ist denn noch dabei?»

«Vermutlich alles, was ein bißchen Lametta trägt.»

«Also vom Stabszahlmeister an aufwärts.»

«Sie haben recht. Verlockend ist das nicht.»

Sie waren sich beide einig, nicht hinzugehen. Der Doktor blieb noch auf dem Prüfstand, und Hans Tiefenbach schlenderte in lange nicht gefühlter Schwerelosigkeit den betonierten Weg entlang, an dessen Ende, verborgen hinter hohen Kiefern, der Prüfstand 7 lag, eine der wichtigsten Einrichtungen des Werkes. Patrouillierende Posten prüften seinen Betriebsausweis und ließen sich die farbige Plakette zeigen, deren Besitz zum Betreten dieses scharf abgegrenzten Geländes berechtigte.

Der Strand konnte von hier aus nicht mehr weit sein. In gleichförmigem Rhythmus mischte sich das klatschende Geräusch der Brandungswelle mit dem leisen Rauschen der Kiefern. Hans Tiefenbach sah die buschigen Schweife zweier sich jagender Eichkater wie rotbraune Flammen um einen Baumstamm züngeln. Schnell wie eine Rakete! – Der Doktor hatte recht, man wurde unweigerlich raketensüchtig, wenn man eine Weile auf der Insel war. Es war faszinierend, mit welcher Begeisterung die ganze Gruppe, deren Altmeister der stille Professor war, ihrer Idee nachging. Der Vorstoß ins Weltall, die Astronautik, war das Ziel. Bereits jahrzehntelang tüftelte ein kleiner Kreis an den Voraussetzungen herum. Sie hatten Interessengemeinschaften für Weltraumfahrt gegründet, Zeitschriften herausgegeben, Gönner und Geldgeber gesucht. Viele kostspielige Versuche, mit Pulverraketen wie mit Flüssigkeitsraketen, schlugen fehl. Durch nichts ließen sich die Enthusiasten entmutigen. Sie wußten, daß das Prinzip richtig war, wußten, daß allein die Rakete imstande sein würde, die astronautischen Geschwindigkeiten zu erreichen, die notwendig sind, um den Einflüssen der Erdatmosphäre zu entweichen. Vierzigtausenddreihundert Stundenkilometer! Eine phantastische Zahl. Nicht weniger phantastisch als die Vorstellung, künstliche Monde um die Erde kreisen zu lassen, Laboratorien ins Weltall zu senden, Brücken zum Mond und zu den Planeten zu schlagen!

Waren sie nicht alle Träumer, die daran glaubten? Besessene Narren? – Hans Tiefenbach dachte an die große Stunde der modernen Physik, an die Spaltung des Atomkerns, und er sagte sich, daß es nur folgerichtig wäre, wenn auch der Technik die große Stunde bald schlüge. Heute hatte er einen winzigen Baustein zu dem Werk beigetragen, das man vielleicht einmal ebenso bahnbrechend wie die Erfindung der Dampfmaschine nennen würde: den ersten Vorstoß ins Weltall.

Was wohl Professor Leupold zu seinem Erfolg sagen würde? Er stand den Arbeiten des Doktors etwas skeptisch gegenüber. In acht Tagen etwa würde man in Berlin zusammentreffen, einige Punkte herausarbeiten und die neuen Erkenntnisse auswerten für das gemeinsame Werk, das im Entstehen war: «Physik der Atomkerne.» Schade, daß er nicht hier war, der verehrte Lehrer und Freund. Es ist ein Tag, den man nicht gern allein beschließen möchte. Im Kaminzimmer des Kasinos wäre man zwar willkommen, aber weder Generale noch Heeresbeamte sind nach Hans Tiefenbachs Geschmack. Immerhin, die Frau des Generals ist relativ jung und gut aussehend, und vermutlich gibt es anständigen französischen Wein.

Das ist es überhaupt, was einem an solchem Tage fehlt: Wein und ein Mädchen. Es wäre schön mit einem Wesen anzustoßen, das die Gesetze der verschiedenen Aggregatzustände so wenig kennt wie der Astronom die Rückseite des Mondes. Ein Mund, der jung und schön ist, darf über ganz belanglose Dinge plaudern. – Über was eigentlich? Er weiß kaum, womit sich die Mädchen auf der Insel beschäftigen. Bisher sah er sie fast nur in den Vorzimmern Berichte schreibend, Listen tippend, kurz – mit Dingen beschäftigt, mit denen er gerade heute nichts mehr zu tun haben will. Er beginnt ein Spiel. – Wie im Märchen, denkt er, wo der König das erste, was ihm bei seiner Heimkehr in den Weg läuft, verpfändet. Bei ihm soll das anders, mehr ins Positive gekehrt sein. Das erste Mädchen, das er vorn zwischen Rondell und Kasino trifft, so beschließt er, wird er zu einer Flasche Wein einladen. Es dürfte nicht schwer sein, in diesem Sonderfall bei Hanke, dem neuen Kasino-Kellermeister eine Buddel lockerzumachen, wenn sie auch drei Güteklassen schlechter sein wird als die des Generalsgeburtstages.

Hans Tiefenbach durchschritt die letzte Sonderwache am Haus 4 und damit das Tor, das zum Rondell führte.

Er sah schon von weitem die Ru aus ihrer Bibliothek herunterkommen.

Halt! – befahl er sich. Habe ich nicht ein wichtiges Merkmal des Märchens außer acht gelassen? Die drei ist eine heilige Zahl. Also müßte es die dritte sein, die mir begegnet!

Freundlich grüßend ging er an der ernst dreinschauenden Bibliothekarin vorbei. Am Kasino angekommen, blickte er sich noch einmal um und sah sie, eilig radelnd, hinter den Büschen des Rondells verschwinden. Vermutlich hatte sie zu Hause Strümpfe zu stopfen oder einen spannenden Roman, der auf sie wartete. Er glaubte nicht, daß er sie mit seiner Einladung besonders erfreut hätte.

In den Klubzimmern, die vor dem Schankraum lagen, in dem er Hanke zu finden hoffte, saßen Mathesi, zeitunglesend, und einige ihm unbekannte Männer. In der Sofaecke lehnte Fräulein Püschel, die Scholtz-Klink-Verehrerin. Er erkannte sie, bevor er ihr Gesicht gesehen hatte, an den rotlackierten Fingernägeln, mit denen sie den Völkischen Beobachter hochhielt.

Das wäre Nummer zwei! – Das Verfängliche seines Spiels wurde ihm jetzt bewußt. Bisher war nur die Flasche Weißwein Realität, die Hanke ihm augenzwinkernd kalt zu stellen versprach. Der Oberzahlmeister versorgte die Generalsgesellschaft mit Getränken und war bereits informiert über Tiefenbachs beruflichen Erfolg, zu dem er ihm überschwenglich gratulierte. Hans Tiefenbach schlenderte noch einmal durch die Klubzimmer. Er hatte seine Pfeife im Trenchcoat steckenlassen.

Er fand Nummer drei, als er in die Garderobe zurückkam. Oder vielmehr – Nummer drei und vier auf einmal.

Sie standen nebeneinander im Gang zwischen den großen Garderobenständern aus Stahlrohr, wo sie soeben ihre Jacken aufgehängt hatten. Und er sah sie gleichzeitig, also konnte er wählen. Beiden gemeinsam den «Preis» zuzuerkennen, auf den Gedanken kam Hans Tiefenbach in diesem Augenblick nicht, denn die Fee Zufall schien ihm mehr als lieblich zu lächeln, als er in der einen Eva Leonhard erkannte. Die Grünäugige vom Boddenhaus, dieselbe, die in Martin Uhligs Gedanken zu spuken schien. – Die andere war Henny Rosenow, die tüchtige Mathematikerin aus dem Stab Hörselmann-Mathesi.

Als er den Garderobenraum betrat, sagte Eva Leonhard: «Kannst du mir nicht eine Klemme borgen, Henny?»

«Ich habe nur Haarnadeln», bedauerte die andere.

Eva trat vor den Spiegel und kämmte sich. Sie hatte glattes, glänzendes Haar, das sich in tief ansetzender Welle in den Nacken schmiegte und in einer weichen Innenrolle auslief. Von der rechten Stirnecke aus wurde das Haar von einer einfachen Klemme zurückgehalten.

«Ohne Klemme bin ich aufgeschmissen», sagte sie, ohne nach der kurzen, förmlichen Begrüßung von Hans Tiefenbachs Anwesenheit Notiz zu nehmen.

Henny Rosenow stand in Hans Tiefenbachs Nähe. «Sie will nicht zum Essen hereinkommen, weil sie ihre Klemme verloren hat», sagte sie, als erzähle sie einen guten Witz.

Eva setzte selbst den Trumpf darauf: «Dumm, nicht wahr? Aber mich macht das verrückt, wenn mir immer etwas ins Gesicht hängt.»

Hans Tiefenbach hätte ihr gern gesagt, daß auch das ihr nicht übel stehe, aber er fand, dazu sei es noch zu früh.

«Willst du etwa gar nicht essen?» fragte Henny.

«Vielleicht später, wenn ich eine Klemmen-Anleihe aufgenommen habe. Jetzt gehe ich erst Tischtennis spielen.»

«Dort kommen Sie ohne Klemme aus?» fragte Hans Tiefenbach ironisch.

Sie war schon an der Tür. «Da wuschelt sowieso alles durcheinander. Bei mir und bei den anderen auch.»

Überraschend schnell war Hans Tiefenbach mit Henny Rosenow allein. Er folgte ihr in den Speisesaal und dachte daran, wie gern er sich in den nächsten Stunden mit Eva Leonhard über so bezaubernde Nichtigkeiten unterhalten hätte wie Haarklemmen und Mädchenfrisuren. Oder auch über Mode und ihr besonderes Talent, sich im dritten Kriegsjahr noch apart zu kleiden. – Schade!

Hans Tiefenbach vernahm den Kanon der leichten Brandung an diesem Tag zum zweitenmal, als er den Waldgürtel durchquerte. Hier stieß man nicht mehr auf Posten und Wachmannschaften. Das Werkgelände lag etwa einen Kilometer weit hinter ihm, und der Strand, von hier aus in östlicher Richtung, kannte keinen Stacheldraht.

Die Flasche Wein stand noch in Hankes Obhut im Kasinokeller. Hans Tiefenbach hatte sein Abendessen lange ausgedehnt in der Hoffnung, daß Eva Leonhard – mit oder ohne Haarklemme – noch auftauchen würde. Statt ihrer war nach einer Stunde Traude Hörselmann aus dem Zwischenstock heruntergekommen, wo man Tischtennis spielte. Sie trat zu Henny Rosenow an den Tisch, erhitzt und aufgekratzt vom gemixten Doppel, und so erfuhr er, daß Eva mit Dr. Baer in die Kantine zum Essen gegangen war, wo es Räucherflundern geben sollte.

Die Grünäugige war ihm entschlüpft. Nun ja er durfte sich nicht beklagen. Schließlich hatte er selbst den Zufall korrigieren wollen. Aber die Lust zum Weintrinken war ihm vergangen, und die Gespräche der Rosenow schmeckten auch alle ein bißchen nach Ballistik. Das paßte weder zum Wein noch zu seiner Stimmung.

Mehrere Tage war er nicht am Strand gewesen. Er ging gern ein Stück längs der Düne und genoß es, wenn in unregelmäßigen Abständen das Sandhügelgelände einen Durchblick zur See bot.

Das Meer gab sich nicht gravitätisch. Das war gut so, denn er verspürte heute keine Lust, sich klein zu fühlen. Den ersten Dämpfer auf seine Hochstimmung hatte er schon bekommen. Seine Hand spielte längst nicht mehr ihr Spiel geballter Kraft. Aber die See war ihm heute wenigstens Freund. Sie wollte ihn ihre Überlegenheit nicht fühlen lassen.

Als Zehnjähriger, im Sommer nach des Vaters Tod, hatte er zum erstenmal das Meer gesehen. Durch irgendeine wohltätige Vereinigung konnte er in ein Kinderheim an die Nordsee verschickt werden. Die rollenden Wogen der Flut und die Unendlichkeit der Wasserfläche hatten ihn stark beeindruckt. Gutmütig hatte ihn ein Fischer am Arm zurückgezogen, als er – in Lederschuhen – den Wellen zu nahe gekommen war. Er solle nicht 'reinkippen, sagte der Mann, hier sei er nämlich am Rande der Welt. Dieser Begriff «Rand der Welt» deckte sich damals genau mit seiner Vorstellung von der Wasserunendlichkeit, die sich gegen besseres Schulwissen lange Zeit hartnäckig in seiner Phantasie behauptete. «Rand der Welt», das war Ende des Festlandes, Wasserweite ohne Wiederkehr, ein Bild, vergleichbar der Vorstellung der Alten, die sich die Erde als Scheibe vorstellten, schwimmend im Weltenmeer, unter der Glocke des Himmels.

Das Leuchtfeuer auf der Oie begann zu kreisen. So winzig war das ferne Inselchen, daß der Uneingeweihte es für ein Feuerschiff halten konnte. Hans Tiefenbach ließ sich an einem der Durchblicke nieder. Wunderbar beruhigend war dieses kreisende Licht. Beunruhigend war nur das Wissen darum, daß es bald verlöschen würde.

Die Abende mit Herbert Axe waren für Marlies Hasse eine geliebte Qual. Aus dem Mitleid mit dem unglücklichen Einsamen wurde eine leidenschaftliche Anteilnahme an seinem Geschick und darüber hinaus unablässiges Bemühen, seinen Gedankengängen zu folgen, die in für sie völlig fremde Räume führten. Während andere Mädchen ihres Alters heiter und froh von den Rendezvous ins Haus Seestern zurückkehrten, war sie nach jeder Begegnung mit dem Soldaten, dem kaum jemand Beachtung schenkte, von schweren Gedanken geplagt. Trotzdem gab sie sich immer von neuem dieser Qual hin, die sie schließlich wie etwas ihr Gemäßes empfand und anerkannte.

Der hereinbrechende Abend war ihnen die liebste Zeit. Die Stunde, wenn sich die Konturen verwischen, wenn das Ohr den Atem des Meeres in erhöhter Bereitschaft registriert, während die Linie der Land- und Wasserscheide dem Auge zu entrücken beginnt.

Ihre Sandkuhle war zur See hin offen und gegen den Ostwind mit Kiefernzweigen geschützt. Marlies hatte die Arme unter dem Kopf verschränkt. Herbert Axe saß mit angewinkelten Knien und beobachtete den Leuchtturm.

«Ich gebe ihm heute höchstens noch eine Stunde», sagte er. «Dann schaltet er ab. Bei dem Himmel.»

«Es regt dich so auf, und trotzdem willst du immer wieder hierhergehen, wo wir es mit ansehen müssen.»

«Es hält den Haß wach. Das Lager stumpft ab.»

«Du haßt doch die englischen Flieger gar nicht.»

«Ich hasse den Tiger, der den Löwen gereizt hat. Das weißt du doch. Aber mit dem Leuchtfeuer ist das so: Es ist für mich ein Gleichnis. Ist nicht unser ganzes Land eine Insel, auf der die Feuer gelöscht sind? Leuchtfeuer sind doch Orientierungszeichen. Wenn sie gelöscht sind, geraten die Schiffe in Gefahr. Hitler hat es fertiggebracht, unser Land in einen Gefahrenherd für die ganze Welt zu verwandeln.»

«Sprich bitte nicht so laut», bat sie angstvoll.

«Aber die Orientierung haben auch die anderen verloren, die in dem Haßlande leben. Sie sind blind geworden in der Dunkelheit.»

«Du wirst wenige finden, die das zugeben.»

«Vergleichen wir doch weiter die Versuchsstelle ‚Insel' mit Deutschland: Hier sind eine Menge kluger Leute beisammen, die zehn, zwölf und mehr Stunden arbeiten, ohne zu murren. Viele arbeiten ebenso gut und verantwortungsvoll wie früher an ihren Instituten oder Hochschulen.»

«Aber das müssen sie doch», sagte Marlies gequält.

«Sie müssen, das stimmt. Aber sie tun es gern. Einige sogar mit Begeisterung. Das weiß ich.»

«Es ist schwer, sich über ein gelungenes Werk nicht zu freuen.»

«Was für ein Werk ist das! Vielleicht die letzte Waffe, die alles vernichtet, gegen die es keine Abwehr mehr gibt.»

«Mein Vetter Brettschneider sagt, gegen jede Waffe hat man bisher Abwehrmöglichkeiten gefunden.»

«Und *wenn* es so wäre! Das ist doch eine Schraube ohne Ende! Womit vertut der Mensch seine kostbaren Geistesgaben, mit denen Gott ihn ausgestattet hat? Marlies – sag doch!»

«Es geht gegen den gesunden Menschenverstand», sagte sie leise. «Du hast recht. Immer recht. Es ist so furchtbar ...»

«Ja. Es ist furchtbar.»

«Weil man nichts daran ändern kann.»

«Die Erneuerung des schöpferischen Menschen von innen heraus ist nötig.»

«Wie stellst du dir das vor, Herbert?»

«Als eine Erweiterung des Ichs ins Kosmische.»

Marlies schwieg. Sie lauschte Herbert Axes letzten Worten nach, die ihr sehr groß erschienen, sehr unverständlich und sehr bedeutend. – Sie fuhr auf, als sie ein gewollt lautes Rascheln in den Strandhaferbüschen hörte. Das Dämmerlicht war zu unsicher, um den Mann sofort erkennen zu können, der über ihnen im wehenden hellen Trenchcoat, auf der Düne stand.

«Verzeihen Sie», sagte er. «Ich hatte anfangs Ihre Anwesenheit nicht bemerkt. Einen Teil Ihres Gesprächs habe ich ungewollt mit angehört. Ich möchte mich deshalb nicht davonschleichen.»

An seiner Stimme, die etwas verschleiert klang, erkannte Marlies Hans Tiefenbach.

Der Soldat war verstummt. In seiner Montur fühlte sich Herbert Axe fremden, gutgekleideten Zivilisten gegenüber ebenso unsicher wie den Militärs. Hans Tiefenbach löste die betretene Spannung, die sein Erscheinen hervorgerufen hatte, indem er sich an der Unterhaltung beteiligte. Er hockte sich an den Hang der Düne, sein Gesicht den beiden zugewandt.

«Was Sie eben sagten, Herr Axe, das klingt, als wären Sie bei Stefan George oder Hofmannsthal in die Schule gegangen.»

Axe sah ihn überrascht an. War dieser Techniker vielleicht ein Geistesverwandter?

«Sie haben sehr viel Wahres gesagt», sprach Tiefenbach weiter, weil der Soldat ihm mit seinem Schweigen recht zu geben schien.

«Aber wie stellen Sie sich diese kosmische Ich-Erweiterung vor? An was für Kräfte denken Sie dabei, die das bewirken könnten? Denn es ist nun einmal Naturgesetz, daß kein Ding ohne bewegenden Impuls seinen Zustand verändert.»

«Die menschliche Seele ist kein solches ‚Ding'», sagte Axe verweisend.

«Die menschliche Gesellschaft kann man schon mit einem Organ vergleichen, denke ich. Nur ist sie viel komplizierter und differenzierter als die sonstigen Dinge. Das ist ja das Unheimliche daran. Deshalb wissen wir zum Beispiel über die Zusammenhänge von Wirtschaftskrisen und Revolutionen weniger als über die Bahnen der Himmelskörper. Wir kennen die Bewegungsgeschwindigkeit der Elektronen. Aber wann dieser Krieg sich notwendigerweise totgelaufen haben wird, wissen wir nicht.»

«Haben Sie sich mit Politik beschäftigt?» fragte Axe, noch immer vorsichtig.

«In meiner Familie ist Politik dasselbe wie das rote Tuch für den Stier. Ich habe nur ein bißchen bei den Philosophen herumgelesen.»

«Und haben Sie nirgends den Impuls entdeckt, der die Menschheit verwandeln könnte?»

«Nein. – Sie?»

«Ja. Im Neuen Testament. Jesus von Nazareth war auch

Philosoph. Wir müssen ihm wieder näherkommen. In einem großen menschlichen Sinne.»

Hans Tiefenbach erhob sich mit rascher, unwilliger Bewegung.

«Das hört sich sehr schön an. Verführerisch wie jeder Mythos. Aber ich glaube nicht, daß die Menschen nach diesem Kriege noch bereit sind, sich einem neuen Mythos in die Arme zu werfen. Ein Friedensfürst, der vor zweitausend Jahren wirksam war, ist unserem wirtschaftlichen Zeitalter nicht mehr gewachsen.»

Auch Axe war aufgestanden. Heftig erwiderte er: «Die Zeit nach ihm hat keinen mehr hervorgebracht.»

«Ich fühle mich gar nicht kompetent, nach großen Geistern Ausschau zu halten», sagte Hans Tiefenbach einlenkend. «Ich weiß nur wenig von Ideologien und ihren Verkündern. Die Naturwissenschaft ist mein Gebiet. Und die kann ein Leben schon ausfüllen.»

Was war das für ein Abend geworden! Eine liebenswürdige Plauderei hatte er gesucht, und in einen ernsthaften Meinungsstreit über Lebens- und Gewissensfragen war er hineingeraten.

Das eben Gehörte verfolgte Hans Tiefenbach stärker, als er es wahrhaben wollte. Es gab doch merkwürdige Pärchen auf dieser Insel. Ein Mädchen wie Marlies Hasse, die in einer Sommernacht in den Dünen versponnene Predigten zu entschlüsseln suchte, gehörte auf alle Fälle zu den Seltenheiten. Die Ansichten des Mannes, die teils vernünftig, teils verstiegen waren, schienen auf das Mädchen einen besonderen Reiz auszuüben. Der Mann hatte es vermutlich verstanden, am richtigen Punkt den Hebel anzusetzen, und nun riß er Stück für Stück die Pflänzchen aus, die jene uniformierten Gärtner, die Mädel- und Maidenführerinnen, in sie hineingepflanzt hatten. Gut so. Hoffentlich nahm sie den neuen Mythos, der von der Anthroposophie herzukommen schien, kritisch genug auf.

Axe hatte übrigens recht behalten: Der Leuchtturm blinkte nicht mehr. Die Pulks flogen wohl wieder nach Berlin oder Stettin. Die Insel lag unter dem merkwürdig zwielichtigen Himmel des Sommerabends, der an der Küste die hellen Nächte hervorbringt, in denen der Schlaf die Menschen flieht und die das Blut heiß machen. Der Strand und die weißen Häuser der Wohnsiedlung waren wie ein heller Leib, der, hingeduckt unter einem dünnen dunklen Schleier, sich vergeblich zu verhüllen suchte, mit angehaltenem Atem nahender Gefahr lauschend.

Hans Tiefenbach ging durch die Straßen der Siedlung, in der ein Haus dem andern glich. Die Straßen untereinander variierten wohl, aber in dieser Zwitterbeleuchtung sah man auch das kaum.

Ein Hund kläffte hinter einem Gartenzaun. Aus dem Dunkel der offenen Terrasse des Hauses trat eine helle Frauengestalt. «Bist du's, Reinhard?» rief die Frau gepreßt.

Der Name verriet Hans Tiefenbach, daß er vor Dr. Klemts Haus stand. Er war bei dem Aerodynamiker schon einmal zu Gast gewesen. Er trat an den Zaun heran.

«Guten Abend, Frau Klemt. Sie erwarten Ihren Mann?»

Die Frau war die Stufen der Terrasse heruntergekommen.

«Herr Tiefenbach? Was machen Sie denn noch hier?»

«Ich gehe spazieren.»

«Um diese Zeit? Es wird Alarm geben.»

«Es wird nichts geben ...»

Pause. Der Hund knurrte.

«Mein Mann ist im Kasino», sagte sie nach einer Weile. «Der General hat ihn eingeladen. Warum sind Sie nicht dort?»

«Man wird nicht ohne weiteres von Generalen zum Wein gebeten. Ich jedenfalls nicht.»

Sie lachte. Einladend sagte sie: «Dann leisten Sie mir eben Gesellschaft, bis mein Mann kommt. Er wollte nicht lange ausbleiben.»

Rosemarie Klemt führte den Gast in ihr Wohnzimmer. Der Terrier folgte schweifwedelnd.

Hans Tiefenbach sah sich um. Stilmöbel, weiche Sessel mit vielen Kissen; über dem Sofa, gleichmäßig gerahmt, eine ganze Reihe gepreßter Gräser und Blumen in verschiedenen Arrangements unter Glas auf weißem Bütten. Das Zimmer einer Frau, die viel Zeit und Sorgfalt für ihre Wohnung verwendet. Sie überraschte ihren Gast mit Wodka. Das Etikett auf der Flasche trug russische Buchstaben.

Sie sah seine Verwunderung, als er das Etikett las.

«Der ist echt. Aus ukrainischem Getreide.» Sie schenkte in kleine Steingutbecher ein und setzte sich zu ihm. «Mein Vater hat ihn besorgt. Er hat in der Ukraine eine Filiale aufgemacht und viele Ankaufstellen eingerichtet.»

Rosemarie Klemt war in der Wahl ihrer Eltern vorsichtig gewesen. In der Magdeburger Börde besaß der Vater eine große Getreidemühle, der eine Keks- und Waffelfabrik angegliedert war. Seine Geschäftsbeziehungen reichten über England, wo seine Frau Verwandte hatte, bis nach Kanada. Im Osten erstreckten sie sich neuerdings bis tief nach Rußland hinein. Es galt, die deutsche Ost-Armee aus den russischen Kornkammern zu ernähren. Den längsten Arm bei diesem Riesengeschäft hatte Klemts Schwiegervater. Neben seinen Millionen brachte es ihm den Titel eines Wehrwirtschaftsführers und das Kriegsverdienstkreuz ein.

Aber über derartig profane Dinge sprach Rosemarie Klemt nicht. Sie war Idealistin. Hätte sie es bei ihrer gesellschaftlichen Stellung nötig gehabt, einem bezahlten Beruf nachzugehen? Nach Abitur und Kunstgewerbeschule war sie hauptamtliche BdM-Führerin geworden. Zuletzt hatte sie weltanschauliche Schulung – sie nannte das «Referat WS» – und Werkarbeit auf einer Gebietsführerinnenschule in Thüringen gelehrt. Nach ihrer jetzigen Meinung hatte sie viel zu früh geheiratet, denn nun saß sie mit zwei kleinen Kindern auf der Insel, fernab vom großen Geschehen, und mußte ihre früheren Kameradinnen, die sie alle für weniger befähigt hielt als sich selbst, allein Politik machen lassen.

«Wissen Sie, ich hatte noch große Pläne», erzählte sie, im Sessel zurückgelehnt, die langen Finger ihrer schönen Hände zu einem spitzen Dach gegeneinandergestellt. «Vielleicht wäre ich nach Tokio gegangen. Oder mindestens nach Rom.»

«Als was?»

«Beim Antikomintern braucht man auch Frauen!» sagte sie herausfordernd. «Im diplomatischen Dienst, meine ich. Es gibt Aufgaben in der Außenpolitik, die schaffen Frauen besser als Männer.»

«Das stimmt.» Hans Tiefenbach sagte es im Brustton der Überzeugung und trank den Becher leer.

Wenn das Zeug nicht so hochprozentig wäre, dachte er, dann wüßte ich längst, zu wieviel Prozent die Frau ernst zu nehmen ist. Sie sieht verdammt gut aus mit ihrem schmalen Gesicht und dem strohblonden, zu einem Nackenknoten zusammengefaßten Haar. Fast rein nordischer Phänotypus, nach dem «Kleinen Günther».

Mit der Sicherheit einer Frau, die sich ihrer Wirkung gewiß ist, bekannte sie ihm, daß der amerikanische Ozeanflieger Oberst Lindbergh ihr Traumheld sei. «So etwas müßte man sein: Ein bißchen Sportler – aber ganz etwas Kühnes natürlich! –, ein bißchen Diplomat, Politiker, Publizist und wegen der Leute einen passablen Rang in irgendeinem Staatsamt haben.»

«Inzwischen wird zu Hause das Baby gestohlen», sagte Tiefenbach trocken.

Sie lachte, gedämpft und gerade so, wie ihre gute Erziehung es erlaubte. «Daran hatte ich gar nicht mehr gedacht. Richtig, Gangster hatten es den Lindberghs entführt.»

«Das hat ihn ja erst populär gemacht. Ich glaube nicht, daß er sonst ein besonders großartiger Kerl ist.»

«Er glaubt an Deutschlands Unbesiegbarkeit. Und er ist gegen die Russen.»

«Ach so!»

«Das ist doch wichtig, nicht wahr?»

«Hm. – Was wird er denn machen, wenn die USA in den Krieg eintreten?»

«Sie werden hoffentlich nicht.»

«Aber wenn! Sie könnten dann nämlich mit Rußland gegen uns kämpfen.»

«Schreckliche Vorstellung! Die Fronten laufen in diesem Kriege irgendwie verkehrt, finden Sie nicht auch?»

«Fronten sind sowieso verkehrt. Es dürfte gar keine geben.»

«Sie sind wohl Pazifist?»

«Ein bißchen. Ich schieße schlecht. Ich kann das linke Auge nicht zukneifen.» Er machte es vor. «Sehen Sie?»

Es sah komisch aus, wie er sein Gesicht verzog. Sie mußte lachen. Aber nur kurz. Dann sagte sie im Tone der WS-Referentin: «Wahrscheinlich behaupten Sie, Humanist zu sein, wie die meisten Intellektuellen. Nietzsche nennt das ‚Waschlappenideal'. Sie sind moralisch aus Schwäche, nicht aus Überzeugung.»

«So schwach fühle ich mich gar nicht.» Hans Tiefenbach hatte nicht übel Lust, diese blonde WS-Hoheit in die Zange seiner Arme und Schenkel zu nehmen und sie seine Kraft fühlen zu lassen. Aber es war sinnlos. Hier war sie zu tief ins Fleisch gegangen, die Betäubungsspritze. Bei Marlies Hasse war wohl nur die Haut geritzt.

Rosemarie Klemt kam aus dem Kinderzimmer zurück. Norbert, der Kleinste, hatte gerufen. «Denken Sie nur, Norbert hat den fremden Geruch sofort gemerkt.» Sie schob die Wodkaflasche von sich. «Wir beweisen tatsächlich wenig Haltung, daß wir das Gesöff dieser Untermenschen trinken.» Sie seufzte. «Aber so sind wir Deutschen. Wir lassen uns vom Führer halb Europa schenken, und wenn es darauf ankommt, zu ihm zu stehen, versagen wir.»

«Ich denke, Hitler kann sich über mangelnde Gefolgschaft nicht beklagen. – Darf ich noch etwas von dem ‚Gesöff' haben?»

«Bitte. Der Führer trinkt bestimmt keinen russischen Wodka.»

«Soviel ich weiß, nährt er sich von Mineralwasser und Kartoffelpuffer und lebt keusch wie ein Mönch.»

Frau Klemts Blick folgte mißbilligend seiner Hand, die den Becher an den Mund führte. «Spotten Sie nicht. Jeder Große braucht seinen Nimbus für die breite Masse. Mir liegt übrigens Mussolinis Art mehr. Der stellt sich auch mal auf eine Lokomotive. Der springt aus seinem Wagen und hilft den Bauern Kornpuppen aufstellen. Ja, das macht er.»

«Sie lieben also das Explosive!»

«Man hat doch meistens eine Schwäche für das, was einem selber fehlt. Sie nicht?»

Er zögerte.

«Woran denken Sie?» drängte sie. «Ich habe Sie an etwas ganz Bestimmtes erinnert. Sagen Sie es mir. Wofür haben Sie eine Schwäche?» Sie rückte ihren Sessel näher heran. Ihre Augen ließen ihn nicht mehr los.

Er lehnte sich zurück. «Ich werde Sie enttäuschen. – Als Student bin ich gern auf Jahrmärkte gegangen und auf Rummelplätze, wo man Luftschaukel fährt und in großen Zelten sitzt und Bier trinkt.»

«Ich kenne das Oktoberfest in München – und die Schützenfeste bei uns zu Hause. In netter Gesellschaft kann so etwas ganz lustig sein.»

«Nein, ich war nie in Gesellschaft. Ich ging immer allein herum, hockte in der Gondel vom Riesenrad oder in einem Wagen der Spinne, zusammen mit fremden Liebespaaren, und beobachtete die Menschen – und mich.»

«Fanden Sie keinen Anschluß? Oder wollten Sie nicht?»

«Ich wollte schon! Natürlich nur für einige Stunden. Aber ich stellte mich ungeschickter an als der kleinste Ladenschwengel.»

«Sie haben wohl philosophiert, anstatt zu handeln?»

«Umgekehrt. Ich begann zu philosophieren, nachdem ich merkte, wie wenig ich die Menschen kannte. Ein Mädchen lachte mich aus, weil ich beim Tanzen ein todernstes Gesicht machte. Ich war mir dessen gar nicht bewußt. – Einmal, in einem Hippodrom, setzte sich der Stallmeister zu mir. Wissen Sie, so einer, der mit Peitschenknallen, Reitertricks und kleinen Zweideutigkeiten die Kundschaft auf die Pferde bringt. Er gab vor, Mexikaner zu sein. Der Kerl durchschaute mich wie kein anderer. Ich habe nie einen besseren Lehrer gehabt. Sein Kampfruf in der Manege war – allerdings erst abends nach zehn, wenn die roten Lampen aufflammten und der illuminierte Springbrunnen in der Mitte angestellt wurde –, dann haute er vom Pferde aus seinen langen Peitschenstiel auf irgendeinen der runden Tische, an denen die Pärchen saßen und die lüsternen Strohwitwer.»

«Und sein Schlachtruf?»

«Ach so, ja. Dabei rief er in seinem fremdartigen Akzent: ‚Mehr Erotik, meine Herrschaften, mehr Erotik!' – Erotik betonte er stark auf der letzten Silbe. Das ist wichtig. Dadurch klang es ausgesprochen komisch und für meine Begriffe völlig unerotisch. Er hat mich aber nur mitleidig belächelt, als ich es ihm einmal sagte. Vermutlich hatte er die besten Erfahrungen damit gemacht, und es war einer seiner Tricks.»

«Gingen Sie oft dorthin?»

«Ja.»

«Pfui.»

«Wieso pfui? – Als ich alle Tricks wußte, fühlte ich mich glänzend. Ich empfand weder Herzklopfen noch Abscheu, wenn eine kleine Kokotte sich vor meinen Augen ihre Netzstrümpfe an den Strumpfhaltern festmachte.»

Rosemarie Klemt verzog verächtlich den Mund. «Was taten Sie dann?»

«Ich rechnete weiter an meiner Algebra oder was ich eben gerade vorhatte.»

«Was? Sie arbeiteten dort?»

«Ja. Ich nahm immer etwas mit. Etwas besonders Kniffliges. Dort kommen mir die besten Gedanken.»

«In solcher Umgebung?»

«Manchmal setzte sich auch ein Mädchen zu mir. Ich bestellte etwas zu trinken. Sie sagte kein Wort und sah mich nur an oder spielte mit meinem Rechenschieber. Ab und zu tranken wir einander zu, und manchmal wollte sie, daß ich meine Hand auf ihre Haut legte.»

«Wohin – auf die Haut?»

«Auf den Nacken, auf die Hand – oder wo eben gerade Platz war.»

«War es die mit den Netzstrümpfen?»

«Ich weiß nicht mehr, ob sie welche trug. Das war auch unwichtig. Sie verstand mich gut und hat mich nie gestört. Ich habe ihr einmal einen langen Vortrag über Freud gehalten. Sie hat bestimmt kein Wort richtig begriffen, aber ...»

«Freud ist Jude», unterbrach ihn Rosemarie Klemt spitz.

«Deshalb ist er doch existent.»

Kokett verweisend sah sie ihn an. «Sie sind noch schlimmer als mein Mann. Für ihn ist auch erlaubt, was gefällt. Sie sind kein Nationalsozialist, nicht wahr?»

Hans Tiefenbach blickte überrascht auf. Dann erhob er sich, plötzlich ernst geworden. «Sind Sie schon im diplomatischen Dienst der Antikomintern, Frau Klemt?»

Sie wußte nicht, wie er darauf kam, und mußte sich erst besinnen, daß sie davon gesprochen hatten. Dann schüttelte sie heftig den Kopf und wollte ihn mit sanfter Gewalt wieder zum Sitzen bewegen. Aber er zog es vor, quer durchs Zimmer zu gehen. Vor den gepreßten Gräsern blieb er stehen. Er hörte Frau Klemt hinter seinem Rücken sprechen.

«So war es doch nicht gemeint. Ich bin nur enttäuscht, daß es unter den Intellektuellen so wenig gläubige Nationalsozialisten gibt. Viele, die ich durch meinen Mann kennenlerne, sind Nörgler, skeptisch und manchmal sogar zynisch. Bestimmt sind manche jüdisch versippt, von denen man es gar nicht weiß. Aber wir müssen doch nach dem Endsieg Großdeutschland mit ihnen schaffen. Wir brauchen Menschen, Menschen, Menschen! Allein für Polen, fürs Protektorat. An die Riesenräume weiter östlich wage ich noch gar nicht zu denken. Ein Glück, daß unsere Mittelschichten noch nicht so verseucht sind wie die Oberschicht. Der einfache Mann wird führen müssen. Unser Chauffeur zum Beispiel, ein Schlosser aus der Gegend von Haldensleben, das war ein echter Nationalsozialist. Der hat sein ganzes Heimatdorf regiert. Bei der Wahl – hundert Prozent Beteiligung und hundert Prozent für Hitler! Das ging auf sein Konto.»

«Wo ist der Mann jetzt?»

«An der Front natürlich. Als Feldwebel. Der hält seine Leute in Schwung.»

«Das kann ich mir vorstellen.»

«Er schreibt mir heute noch, auch unser ehemaliger Buchhalter, der als Zahlmeister in Litzmannstadt ist. Dort braucht man zuverlässige Leute.» Rosemarie Klemt hatte sich in Eifer geredet.

«Ich glaube, Ihr Mann kommt», sagte Hans Tiefenbach wie beiläufig. Er war sehr vertieft in den Bau einer Kornblume und eines Zittergrases.

Sie hatte das Schlüsselklappern im Vorraum überhört und öffnete schnell die Tür.

Dr. Klemt fand es erstaunlich, aber durchaus amüsant, Tiefenbach in seinem Hause zu treffen. Lachend betrachtete er die halbleere Wodkaflasche. «Sehr vernünftig, daß ihr den Erfolg begossen habt, Rosel.»

«Welchen Erfolg denn? Wir haben uns nur unterhalten.»

«Hoffentlich hast du deinen Gast nicht mit deinen BdM-Geschichten gelangweilt. Er hat eine tolle Sache für uns gelöst. Die bringt uns über eine Klippe hinweg, vor der wir schon eine ganze Weile festliegen.» Klemt hatte sich eingeschenkt und trank dem Gast zu.

Hans Tiefenbach hob seinen Becher nur zögernd.

«Der Doktor kam noch spät ins Kasino», fuhr Klemt fort. «Er hat mir und dem General einiges erzählt. Ich glaube, unser Projekt *hat* Sie, lieber Tiefenbach! So wie es uns alle gepackt hat. – Prosit!»

Rosemarie Klemts Augen suchten die des Gastes mit einem überraschten, bewundernden Blick.

Hans Tiefenbach sah sie nicht an, sondern sagte: «Es ist spät geworden. Ich möchte vor dem Fliegeralarm zu Hause sein.»

3

Meisje von Amsterdam

Die See war so ruhig, daß die Schatten der Passagiere, die sich über die Backbordreling lehnten, kaum verschwammen. Sogar das pendelnde Kreuz am Halse des jungen Fliegerhauptmanns war zuweilen im Spiegelbild des Wassers zu erkennen.

Eva beobachtete es. Sie spielte träumend mit dem winzigen Schatten, während die Motorjacht ruhig dahinglitt.

Das Ritterkreuz! – Wer es trug, war mutig und tapfer. Hartmut Wedelstedt war ausgezogen, es zu erringen, voll von brennendem Ehrgeiz.

Überall wuchsen Kreuze, wenn Krieg war. Auf der Brust des Soldaten das Eiserne Kreuz, auf dem Rock des Offiziers das Deutsche Kreuz, am Halse des Helden das Ritterkreuz. Kreuze, Kreuze, Kreuze! Sogar die Etappe hatte eins: das Kriegsverdienstkreuz. Warum mußten es immer Kreuze sein? Warum war das Symbol von Golgatha, das Zeichen tiefster Erniedrigung, zum Zeichen höchster Ehre geworden? Etwa deshalb, weil fast alle diese Kreuzesträger auf das eine, das letzte Kreuz hin lebten, das aus Holz war und den Sinn all dieser metallenen Abarten in Widersinn verwandelte?

Eva hatte es vermieden, den Hauptmann nach seinen Kriegserlebnissen zu fragen. Sie tat, als wäre es für sie nichts Ungewöhnliches, mit dekorierten Helden umzugehen. Aber als ein Flugzeug über sie hinwegflog und für Bruchteile von Sekunden die Sonne verdunkelte, ließ sich das Gespräch, auf das er wohl schon lange wartete, nicht mehr abwenden.

«Wieder ein Kreuz», sagte sie überrascht und wies auf den hastigen Schatten, den das Flugzeug aufs Wasser warf.

Er sah sie verwundert an. «Erschreckt Sie das? Mir bringen Kreuze Glück. Es ist ein gutes Symbol. Denken Sie an das Rote

Kreuz, das Hakenkreuz – ich habe jedesmal ein dickes Kreuz in mein Notizbuch gemacht, wenn ich ein Feindflugzeug abgeschossen hatte.»

«Es hätte aber auch Sie treffen können.»

«Daran darf man nicht denken, wenn man oben ist. Es ist wie in der Arena. Der Stier wittert es, wenn der Torero Angst hat. Auch der Feind merkt, wenn man schwach wird.»

«Warum sind Sie Flieger geworden?»

Er lächelte. «Das ist sehr einfach. Ich bin ein Geschwindigkeitsfanatiker. Von meinen ersten Ersparnissen habe ich mir ein Motorrad gekauft. Ich war in einer Bank angestellt. Das ist eine trockene Tätigkeit. Als die Wehrpflicht kam, fand ich die Chance, ein Flugzeug steuern zu lernen, noch verlockender als das Motorradfahren. Eins ist so gefährlich wie das andere.»

«Aber im Kriege ist das Fliegen doch kein Sport mehr.»

Er nickte unbestimmt vor sich hin. Das Kreuz an seinem Halse pendelte. «Ich habe es als Sport angesehen, bis sie meinen Bruder herunterholten. Er stürzte mit seiner Maschine als brennende Fackel ins Meer. Das war vor Narvik. Er war jünger als ich, und er war auf mein Zureden Jagdflieger geworden. Von da ab wollte ich nur noch ihn rächen. Aber ich hatte kein Glück mehr. Zum Eichenlaub hat es gerade noch gereicht. Dann haben sie mich hierher versetzt.»

«Und wie sind Sie mit Ihrem Rachegefühl fertig geworden?»

«Das halte ich wach. Der Krieg wird noch lange genug dauern, daß ich eine Gelegenheit finde ...»

«Das wünschen Sie also?»

«Das brauche ich gar nicht zu wünschen, das ist so. Der Haß ist doch bei uns allen wie ein Zündstoff. Er ist noch lange nicht ausgebrannt. Er peitscht uns vorwärts.»

Eva erschauerte trotz der warmen Sonne. – Haß! dachte sie. Gegen wen und warum? Wo fängt der Haß an? Woher kommt er? Wohin führt er? – Irgendein englischer Flieger schoß des Hauptmanns Bruder ab, ohne ihn zu kennen. Vielleicht rächte auch der schon einen Kameraden. Und nun soll wiederum die Rache zurückwirken!

Der Haß des einzelnen verbündet sich mit dem Krieg. Auge um Auge, Zahn um Zahn. Das heißt: zu rächen und zu morden bis zum letzten Mann.

Eva erinnerte sich plötzlich daran, wie ihr der Begriff «Krieg» zum erstenmal begegnet war.

Alfred, der jüngste Bruder der Mutter, hatte unter den Bildern seiner Laterna magica eines, das er «Krieg» nannte. Immer dann, wenn er die kleine Eva ärgern wollte, schob er das bunte kalikogefaßte Glasbild in den Apparat und lachte, wenn sie entsetzt die Augen zukniff und das Gesicht in den Händen barg. Sie hatte es nie vergessen: das dunkle Zimmer, darin groß an der Wand das primitiv gemalte Bild. Stürzende Pferde, fallende Reiter, riesige Wagenräder, die alles Strauchelnde, Stürzende und Sterbende zermalmten. Lange Zeit war sie in der Vorstellung befangen, daß bei Ausbruch eines Krieges sofort und schlagartig das Chaos über alle hereinbrechen würde. Krieg – das war Umsichschlagen, das war Leben ohne Lachen, ohne Freude, ohne Zerstreuung und – ohne Schlaf. Sie hatte lange nicht verstanden, wie Menschen vier Jahre, sieben Jahre, sogar dreißig Jahre Krieg hatten ertragen können. Jetzt wußte sie: Der Krieg war ein Organismus, der fraß und schlang, der aber auch Atem holte und seinen Rücken wohlig von der Sonne bescheinen ließ, während sein Maul Blut soff. Das wußte sie, weil die Zeitungen häufig Todesanzeigen brachten, weil es in bekannten Familien Verluste gegeben hatte – und weil es offenbar nicht anders sein konnte. Aber sie sah den Krieg nicht. Was sie im Augenblick sah, das war sogar höchst freundlich: ein Dutzend Menschen auf einer Luxusjacht, die auf dem Greifswalder Bodden kreuzte.

Die «Meisje von Amsterdam» sollte einem holländischen Plutokraten gehört haben. Das Amsterdamer Außenkommando der Versuchsstelle Insel hatte die Motorjacht zunächst «sichergestellt». Wie es gelingen konnte, die Prise durch die Nordsee und den Kaiser-Wilhelm-Kanal zu schleusen, blieb strengstes Geheimnis der Beteiligten. Jedenfalls lag die «Meisje» vorerst im Binnenhafen der Insel, und es war ein leichtes, sie für einen Sonntagsausflug flottzumachen, sofern der General seine Einwilligung gab.

Der Ritterkreuzträger, den Eva durch Hover kannte, hatte sie zu dieser Fahrt eingeladen. Jürgen Baer hatte gelächelt, als sie es ihm sagte. Er wollte mit ihr rudern gehen und vermutlich wieder etwas Interessantes erzählen. Kürzlich sprach er über Hegel, eine ganze Stunde lang, während sie auf ihren Rädern nebeneinander die Insel entlangfuhren. Es war anstrengend, zumal der Wind von vorn kam und der Sommerweg holprig war. Als sie Rast machten, wollte er sie küssen. Sie wehrte ihn ab, nicht weil sie ihn nicht mochte, sondern vor Überraschung. Jürgen Baer kannte keine Übergänge. Sie hatte noch Hegel im Ohr und versuchte krampfhaft, dahinterzukommen, was Dialektik ist. Es war manchmal recht schwierig mit Jürgen! Aber jetzt hätte sie doch lieber mit ihm im schmalen Boot gesessen, als hier an Bord der eleganten «Meisje» an der Reling zu stehen. Dr. Klemt hatte den Ritterkreuzträger in den Rauchsalon gerufen, wo er mit Oberstleutnant Kelner saß, und Eva kam sich verloren vor.

Außer ihr waren an weiblichen Passagieren Frau Klemt und die Kaiserin an Bord. Von Frau Klemt wurde sie mit großem Geschick übersehen, und die Kaiserin übte sich erfolgreich in den Allüren einer künftigen Offiziersfrau. Am Steuerhaus lehnte eine Fremde, der zu Ehren die Fahrt veranstaltet wurde. Auf ihrer weißen, streng gearbeiteten Leinenjacke prangten mehrere Medaillen und das Eiserne Kreuz. Sie war eine bekannte Sportfliegerin und flog Erprobungen für die Luftwaffe. Eva kannte ihr Gesicht aus vielen Illustrierten.

Aufmerksam verfolgte die Fliegerin die Kurven und Loopings, die das fliegende Dreieck schlug. Wilfried Parisius erprobte den Düsenjäger und machte mit seinen weißen Kringeln, Schleifen und Schnörkeln den Wolken Konkurrenz, die über der Oie heraufzogen. Dann gelang es einem anderen, die Aufmerksamkeit der Meisje-Besatzung für Minuten auf sich zu lenken. Der Schatten eines riesigen Kreuzes huschte übers Meer. Er gehörte zu einer Maschine, die im Tiefflug die Jacht überflog. Unwillkürlich zogen alle an Deck die Köpfe ein.

«War das Uhlig?» fragte die Fliegerin.

«Wer sonst», antwortete Hans Tiefenbach, der neben Frau Klemt saß. «Der Gruß galt Ihnen.»

Die Fliegerin schwenkte ihr Taschentuch.

Tiefenbach sah, daß Rosemarie Klemt den Mund verzog. Vielleicht bedauerte sie, daß Aerodynamiker weniger verwegen waren, und dachte an Oberst Lindbergh.

Tiefenbach erinnerte sich mit Unbehagen jenes Abends, an dem er dieser Frau unter dem Einfluß des Wodkas mehr von sich erzählt hatte, als es sonst seine Art war. Jetzt stand er beobachtend in etwa gleichem Abstand zu den drei jungen Frauen, die ihm bei aller äußeren Verschiedenheit auf irgendeine Weise ähnlich erschienen. Carla Winter, die Fliegerin mit dem bekannten Namen; Rosemarie Klemt, die enttäuschte Gelehrtenfrau, und Eva Leonhard, das Mädchen mit dem kritischen Blick. Obwohl er mit dem Mädchen an der Reling noch kein Wort von Belang gewechselt hatte, ahnte er, daß sie, gleich den anderen beiden Frauen, mehr vom Leben verlangte als der Durchschnitt ihres Geschlechts. Jede der drei suchte es auf einem anderen Gebiet, aber alle drei wollten es aus eigener Kraft schaffen. – Gegenüber, nahe der Steuerbordreling, saß in der Maske einer «grande dame» der wirkliche Durchschnitt, der sich mit einer günstigen Heirat ein bequemes Leben erkaufte: die Kaiserin. Sie würde eine hochmütige Trägerin der vom Manne entlehnten Titel sein. Eine unerbittliche Kriemhild an der Schwelle des Palastes.

«Worüber philosophieren Sie, Herr Tiefenbach?» Rosemarie Klemt, die scheinbar entspannt und unbeteiligt im Liegestuhl lag, hatte wie ein Raubtier aus dem Hinterhalt seine schweifenden Blicke verfolgt.

Sie hätte wirklich Talent zur Spionin, dachte er.

«Mir fiel soeben der Streit der Königinnen ein, meine Gnädigste», sagte er liebenswürdig-ironisch. Es machte ihm Spaß, daß sie nicht gleich zu antworten wußte.

Die Fliegerin löste den Blick von den stählernen Vögeln des Himmels und bewies, daß auch sie eine Frau war. Sie streifte sich die Leinenjacke ab und ließ sie sich von Tiefenbach über die Schultern hängen.

«Welche Königinnen meinen Sie denn?» fragte sie.

«Das wird Ihnen Frau Klemt, Abteilung WS, bestimmt sagen können.»

Rosemarie Klemt richtete sich auf und blickte ihn kampfbereit an. Es verwunderte ihn, daß sich die Blonde so leicht herausfordern ließ. «Natürlich kann ich es.»

Zu der unwissenden Sportfliegerin gewendet, sagte sie gönnerhaft: «Lesen Sie bei Schiller nach: Maria Stuart und Elisabeth von England.»

Die Kaiserin machte ein bedeutendes Gesicht und nickte bekräftigend, als hätte sie soeben das gleiche ausdrücken wollen. Dagegen gestand Carla Winter freimütig, daß die Literatur ein ihr fernliegendes Gebiet sei. «Ach ja, das haben wir mal in der Schule gelernt. Aber um was stritten sie sich eigentlich?»

«Um den Thron von England», sagte Rosemarie Klemt herablassend.

Die Fliegerin merkte, daß sie keine gute Figur mehr abgab. Sie spottete, zu Tiefenbach gewendet: «England ist unser Feind. Was sollen da solche Parallelen!»

Er war sehr erheitert. «Abteilung WS» hatte versagt. Er hockte sich auf einen Kasten, der den Rettungsring der «Meisje von Amsterdam» enthielt, setzte sich auf seine Hände und wippte vergnügt auf und ab. Unter ihm saß Rosemarie Klemt. Es war angenehm, auf sie herabzusehen.

«Frau Klemt hat falsch geraten», sagte er. «Unter dem Streit der Königinnen versteht man in der Literatur ein anderes, früheres Motiv.»

Rosemarie Klemts Ehrgeiz schien entfacht.

«In der deutschen?»

«Wenn Sie wollen – sogar in der germanischen.»

«Dann also in der Edda.»

Mit einer unwilligen Bewegung, als wäre ihr das Gespräch unerträglich geworden, löste sich Eva Leonhard in diesem Augenblick von der Reling und sagte kurz: «Nein, im Nibelungenlied. Zwischen Kriemhild und Brunhild.» Eva sagte es trotzig wie ein Kind, das man gezwungen hatte, schweigend zuzuhören, während Erwachsene Unsinn redeten. Brüsk wandte sie sich um und ging nach dem Vorderdeck. Ihr rotes Georgettetuch flatterte schadenfroh hinter ihr her.

Beschattet von den Deckaufbauten standen auf dem weniger geräumigen Vorderdeck drei Stahlrohrsessel mit orangefarbener Stoffbespannung. Eva rückte einen der Stühle in die Sonne und ließ sich nieder. Das Stahlgestell federte. Sie schürzte den Rock ihres weißen Leinenkleides, um die Knie freizubekommen.

Irgendwo unter ihr tuckerten die Maschinen. Gleichförmig rauschend zog «Meisje von Amsterdam» durch die lächerlich kleinen Wellen. Von der Nordsee und von der Scheldemündung mochte sie anderes gewohnt sein. Eva schloß die Augen.

Der Tag war schön, und es lohnte wirklich nicht, sich zu ärgern, daß ein arroganter Bildungsbeflissener die Frauen testete. Wenn Eva auch Frau Klemt nicht besonders gewogen war und die List der Kaiserin durchschaut hatte, so gestand sie dennoch den Männern diese Art «Leistungsprüfung» nicht zu. Ihr Gesicht bekam plötzlich Schatten. In der Annahme, das Schiff habe den Kurs gewechselt, wollte sie ihren Stuhl umplacieren. Dabei bemerkte sie, daß Tiefenbach sich im Sessel neben ihr ausstreckte. Ohne ihn weiter zu beachten, schloß sie wieder die Augen und bot Gesicht, Arme und Beine der Sonne dar. «Störe ich?» hörte sie ihn fragen.

«Nein. Ich träume.»

«Gut. Träumen wir gemeinsam.»

Seine Stimme klingt ein bißchen verschleiert, dachte sie. Und sehr weich. So einer hat es schwer, wenn er kommandieren muß. – Sie gab viel auf Stimmen. Für sonore, metallisch scharfe Stimmen hatte sie eine besondere Schwäche. Martin Uhligs Stimme hatte sie sofort bestochen.

Man hielt noch immer auf die Greifswalder Oie zu. Weiße Kumuluswolken zogen über der winzigen Insel herauf. Eva blinzelte ein klein wenig schräg nach unten und sah Tiefenbachs regungslos ausgestreckte Beine. Er trug keine Strümpfe. Viel Zeit zum Sonnenbaden hat er nicht, dachte sie, mit einem Blick auf seine schwach gebräunten Schienbeine und die weißen Waden.

Die winzige Kopfbewegung in seine Richtung hatte er genau beobachtet und nutzte den Augenblick.

«Dort kommen Wolken», sagte er.

«Kumuli», sagte sie, ohne ihre Haltung zu verändern.

«Sind es nicht Zirrus?»

«Nein, Kumuli.»

«Sie haben wohl immer recht?»

Seine Stimme gab dem Spott einen liebenswürdigen Ton. Eva sah zu ihm hinüber und begegnete seinem Blick. Die Augen unterhalb der auffallend breiten Stirn traten tief hinter dem Stirnbein zurück. Es waren Augen, die viel sehen wollten, ohne selbst gesehen zu werden.

Diese Erkenntnis forderte ihren Widerspruch heraus.

«Es scheint Sie zu stören, wenn ich recht habe.»

«Wieso? Dann wäre ich doch nicht hierhergekommen, nach Ihrem königlichen Abgang vorhin.»

«Ich habe mich über Sie geärgert.»

«Das habe ich gemerkt. Warum eigentlich? Was dachten Sie über mich?»

«Ich habe Sie mit meiner Großtante verglichen.»
«Wie schmeichelhaft.»
Er war belustigt und richtete sich interessiert auf.
«Und wieso?»
«Wenn Tante Mathilde irgendwo zum erstenmal eingeladen ist, dreht sie immer erst die Kaffeetasse um und sieht nach, ob das Porzellan echt ist. Meißen ist erster Rang, Rosenthal zweiter.»
Hans Tiefenbach brach in ein herzhaftes Lachen aus. «Sie haben mir also meine Literaturlektion verübelt?»
«Das war ein regelrechter Test. Wenn mir so etwas passierte, würde ich es machen wie Charlotte Löwensköld.»
«Wie kommen Sie denn darauf?»
«Kennen Sie das Buch? Es ist von der Lagerlöf.»
«Ich lese sehr wenig Romane. Aber erzählen Sie, was hat sie gemacht? Sollte sie auch ‚getestet' werden?»
«Ja. Von ihrer zukünftigen Schwiegermutter, einer stolzen Frau Oberst. Nach guter Kinderstube, Tischsitten und so. Als Charlotte das merkte, hat sie in einer Gesellschaft an der Tafel die ganze Zuckerdose über ihrem Obst ausgeschüttet. Zum Entsetzen der vornehmen Gäste.»
«Hat sie vielleicht auch geschmatzt?»
Eva mußte über seinen Einwurf lachen. «Das erste hatte schon genügt. Die Schwiegermutter verstand sie. Charlotte hatte sie alle beschämt.»
«Das imponiert Ihnen also, und Sie würden es ebenso machen?»
«Ja.»
«Also bitte, machen Sie es doch.»
«Jetzt? – Wieso?»
«Weil ich Sie schon lange ‚teste', wie Sie das nennen.»
«Sie – mich?»
«Natürlich. Solange ich neben Ihnen sitze. Mit den Wolken fing es an. Sie haben von Kumulus sogar den Plural richtig gebildet.»
Eva fühlte sich von der verhaltenen Stimme und dem sorgsam versteckten Augenpaar in die Enge getrieben. Ihre Schlagfertigkeit hatte sie verlassen. «Sie sind hinterhältig», erwiderte sie ungeschickt.
Es berührte ihn nicht. «Ich wollte Ihnen nur beweisen, daß

das, was Sie ‚testen‘ nennen, ein ganz normaler Weg zwischen den Menschen ist, wenn sie mehr als das Äußere voneinander wissen wollen. Zugegeben, daß meine Art vorhin auf dem Achterdeck ein bißchen plump war. Hoffentlich versöhnt Sie die Versicherung, daß ich nicht immer so bin.»

Sie wirbelte ihr rotes Tuch um den ausgestreckten Zeigefinger und suchte krampfhaft nach einer Entgegnung. Als sie die Spirale wieder aufwirbelte, haschte er nach dem kreisenden Zipfel und hielt ihn fest. Sie zog, wortlos. Endlich, um das zarte Gewebe nicht zu zerreißen, ließ er los.

«Was würde Charlotte Löwensköld jetzt tun?» fragte er.

«Darüber denke ich schon die ganze Zeit nach.» Plötzlich richtete sie sich auf und sah ihn herausfordernd an. «Was hätte ich eigentlich vorhin anstellen müssen, um Ihren Test unwirksam zu machen?»

«Sie hätten etwas Provozierenderes tun müssen, als eine Zuckerdose zu entleeren.»

«Was denn zum Beispiel?»

«Vielleicht Ihre Fußnägel polieren –»

«Fällt Ihnen nichts Besseres ein?»

«Ich weiß nicht. – In der Nase zu bohren, wäre vermutlich noch sinnfälliger gewesen.»

Sie lachte hellauf und warf das rote Tuch in die Luft. Den Kopf zurückgelegt, fing sie es mit ihrem Gesicht wieder auf. Wie eine zärtliche rosige Wolke flatterte es auf ihre Augen.

«Pfui über Ihre schmutzigen Gedanken! Was müssen Sie für schlimme Bücher lesen.»

Er verzog das Gesicht. Sie sah es.

«Gestehen Sie: Was lesen Sie jetzt?»

Statt einer Antwort zog er ein schwarzes, abgegriffenes, handliches Buch in biegsamem Einband aus der Tasche seiner Flanellhose.

«‚Schopenhauer – Über die Weiber‘», las Eva. «Sind Sie denn ein Weiberfeind?»

«Nicht direkt. Aber man muß doch wissen, was die Großen dieser Gattung gegen die Langhaarigen einzuwenden haben.»

«Ist es viel?»

«Nicht so viel, daß man ein Weiberfeind werden müßte.»

«Was lesen Sie sonst noch?»

«Etwas ganz Schlimmes. ‚Van Zantens glückliche Zeit‘.»

«Kenne ich nicht. Was ist das?»

«Spielt in heißen Ländern, zwischen lauter Exoten. Auch ein bißchen Rassenschande ist dabei...»

Das Tuch wurde zu einem roten Ball in Evas sich krampfender Hand.

Hinter den Deckaufbauten tauchte der Fliegerhauptmann mit dem Ritterkreuz auf. Vorsichtig balancierte er auf einem Tablett zwei Gläser.

«Der Kellermeister empfiehlt», sagte er ritterlich zu Eva.

«Achtern trinkt man schon. Es ist das einzige, was Küche und Keller unserer Luxusjacht zu bieten haben.»

Die eisgekühlte prickelnde Schorle war angenehm. Der Hauptmann ließ sich in dem freien Sessel nieder und trank sein Glas mit sichtlichem Behagen in einem Zuge leer.

Eva hatte ihm nur kurz gedankt. In ihrem Gesicht zuckte es, aber sie überwand sich und bot Tiefenbach ihr halbvolles Glas. «Es schmeckt gut. Mögen Sie?»

«Ich würde beim Kellermeister vermutlich auch etwas bekommen.»

«Aber Sie sind zu bequem, um aufzustehen! Nehmen Sie schon. Von dieser Seite habe ich nicht getrunken.» Sie drehte das Glas. Ihre Finger berührten einander.

«Jetzt haben Sie doch die falsche Seite», warnte sie.

«Nein, die richtige», sagte er leise und sandte ihr aus seinen versteckten Augen einen warmen Blick zu, ehe er seinen Mund an den Rand des Glases führte.

Der Ritterkreuzträger rückte unbehaglich auf seinem Sessel hin und her. Er kniff die Unterlippe ein. – Welche Raupen und Sterne müßte man wohl tragen, damit diese überheblichen Zivilisten es nicht mehr wagen konnten, einem Lektionen zu erteilen! Er war um wenige Jahre älter als Eva und hatte das Pech, einem halben Dutzend Männern etwa vom Jahrgang Tiefenbachs als Chef vor die Nase gesetzt zu sein. Es war ein schweres Arbeiten in den Heimatdienststellen! – Er ging Carla Winter entgegen, die mit Klemt längsseits kam.

Klemt war guter Dinge. Er trug eine weiße Leinenhose zum weißen Sporthemd, sah überhaupt aus wie der legitime Eigentümer der «Meisje von Amsterdam».

Als er Tiefenbach im Sessel bemerkte, unterbrach er seine Bordpromenade.

«Carla will nicht glauben, daß Uhlig Ihnen das Segelfliegen beigebracht hat.»

Die Fliegerin setzte sich in den dritten orangefarbenen Stuhl, den der Hauptmann mit betont strammer Kavaliersgeste für sie bereithielt. Fragend sah sie Tiefenbach an, der lässig neben ihr saß und Evas Glas noch in der Hand drehte.

«Warum ist das so unglaublich?» fragte er. «Martin war doch Fluglehrer.»

«Weil wir vorhin vom Fliegen sprachen und Sie nichts davon erwähnt haben. Ich dachte, Sie seien ein reiner Stubengelehrter. Warum tragen Sie Ihre Segelfliegernadel nicht?»

«Weil ich auf halbe Erfolge nicht besonders stolz bin.»

«Welche Prüfung haben Sie denn gemacht?»

«Die B.»

«Aha, Ihnen fehlt also noch die dritte Schwinge.»

Von der Reling her rief Klemt: «Manchen Leuten fehlt die dritte Schwinge noch ganz woanders, was Tiefenbach? Hauptsache, im Beruf ist alles rund.»

«Und das steht wohl bei diesem Herrn hier außer Frage!» Die Fliegerin nickte Tiefenbach mit einem forschend interessierten Blick zu, als habe sie soeben bedeutungsvolle Dinge über ihn erfahren.

Bald darauf umkreiste die Jacht in gleichbleibendem Abstand die Oie. Klemt und Tiefenbach lehnten rücklings an der Backbordreling, während die anderen von der Steuerbordseite aus die kleine, hoch aus dem Wasser ragende Felseninsel aufs Korn nahmen.

Klemts Fernglas ging von Hand zu Hand. Massig ragte der Leuchtturm vor ihnen auf.

Leise sagte Klemt zu Tiefenbach: «Carla Winter hat vorhin bei mir auf den Busch geklopft. Es wurmt sie, daß sie nicht weiß, was wir hier machen.»

Tiefenbach wunderte es nicht. «Sie steckt doch auch in der Entwicklung. Hat sie keine Vermutungen?»

«Sogar größere, als wir erfüllen können.» Klemt wandte sich der Wasserseite zu und dämpfte seine Stimme: «Sie tippt auf die Atombombe.»

Tiefenbach pfiff leise. Auch er hatte sich umgedreht. «Hat die eine Ahnung, was alles dazugehört!»

Klemt wiegte den Kopf. «Das Aufgebot an Menschen, Bauten

und Material auf der Insel ist für einen Uneingeweihten schon verblüffend.»

«Haben Sie ihr den Denkfehler ausreden können?»

«Nein. Sie meinte, ich wolle sie aus Geheimhaltungsgründen davon abbringen. Außerdem fragte sie nach Ihnen. Sie kennt Leupolds Namen als Quantenphysiker und zieht daraus Schlüsse auf Ihre Tätigkeit. Wenn sich so eine fixe Idee in einem Weiberkopf festgesetzt hat, werden alle Gegenargumente mit einem mitleidigen Lächeln quittiert.»

Die «Weiberköpfe», die so eifrig das kleine Eiland abgesucht hatten, erfuhren soeben vom Oberstleutnant, daß hier vor etwa dreizehn Jahren Aufnahmen gemacht worden waren zum Stummfilm «Frau im Mond», jenem aufsehenerregenden Film, der den Weltraumflug zum Thema hatte. Der stille Professor, damals schon als Experte für Astronautik bekannt, habe als fachlicher Berater mitgewirkt.

Ob Rosemarie Klemt im stillen gewünscht hatte, wenn schon nicht auf den Spuren Lindberghs, so doch auf denen irgendwelcher Filmhelden wandeln zu können, jedenfalls wandte sie sich zornig ihrem Manne zu, als «Meisje von Amsterdam» gradlinig den Kurs längs der Küste fortsetzte. «Da hat man nun seit fünf Jahren die Oie, dieses Pünktchen im Meer, ständig vor Augen, und dann wird man auf hundert Meter herangefahren und darf sie nicht betreten.»

«G. Kdos! Geheime Kommandosache, meine Liebe», sagte die Fliegerin verständnisvoll.

Aber Rosemarie Klemt ließ keinen Einwand gelten. «Wie Kinder werden wir behandelt. Jawohl, wie Kinder, denen man ein Stückchen Zucker hinhält und sagt: Da, leck mal.» Ein bitterer Blick der erregten Frau streifte Eva. «Jedes kleine Büromädchen hat größere Rechte, ganz gleich, woher sie kommt.»

«Rosel, was soll das?» Nervös unterbrach Klemt seine Frau. Seine resignierte Miene verriet das übrige. Immer wieder war es dasselbe Problem: Sie fühlte sich ausgeschlossen wie die meisten Frauen, die auf der Insel an der Seite ihrer Männer lebten und nicht erfahren durften, woran jene arbeiteten. Das wenige, was sie im nächtlichen Dunkel des ehelichen Schlafzimmers den Männern, die des Verneinens müde waren, abtrotzten, genügte nicht, um ihnen das Gefühl zu geben, einbezogen zu sein in deren Welt. Einer ehrgeizigen Frau wie Rosemarie Klemt blieb nur der Weg in den Haß. Er richtete sich bereits gegen die kleinsten Angestellten des Werkes, die als Werkstattschreiberinnen den Ausweis besaßen für das Innere des Tempels, denn als solcher erschien ihnen der Kern der Versuchsstelle hinter dem Kasino und den Verwaltungsgebäuden im Schutze des Waldgürtels.

Auch an solchen Konflikten können Ehen zerbrechen, dachte Hans Tiefenbach. Für Männer mit Schweigepflicht war es wohl besser, allein zu sein.

Carla Winter versuchte, die für alle Beteiligten peinliche Situation durch ein Scherzwort zu entspannen. Sie trat zu Tiefenbach, und mit einer Geste gegen Rosemarie Klemt sagte sie betont leicht und burschikos:

«Typischer Fall von Inselkoller. Darauf muß man einen Schnaps trinken. Zum Vorbeugen!»

«Ich denke, hier ist nur getaufter Wein an Bord?»

«Sagt man! Aber Klemt kam vorhin mit dem Oberstleutnant recht fröhlich aus dem Rauchsalon. Ich werde dem Steuermann ein bißchen um den Seemannsbart gehen. Kommen Sie, Sie halbgewalkter Segelflieger!» Lachend zog sie ihn mittschiffs zur Treppe.

4

Im Zeichen des Großen Bären

Wer es vermochte, die jungen unabhängigen Inselbewohner an warmen Spätsommertagen nach zehnstündigem Dienstbetrieb zu Vorlesungen über Quantenmechanik zusammenzubekommen, mußte schon geistige Schätze auszustreuen haben.

Dieser Zauberer war Heinrich Leupold, Professor am Kaiser-Wilhelm-Institut für Physik in Berlin, Schüler von Max Planck, dem Begründer der Quantentheorie, dessen Name von dem naturwissenschaftlichen Nachwuchs mit kaum geringerer Ehrfurcht genannt wurde als der Einsteins. Die Welt der Mikrophysik, das Wissen um die kleinsten Bausteine der Materie, stellte für die jungen Mathematiker und Ingenieure, die, knapp ihr Diplom in der Tasche, auf die Insel kommandiert worden waren, nur ein Randgebiet ihres spezialisierten Wissens dar. Die erste gelungene Atomkernspaltung, ein knappes Jahr vor Beginn des Krieges, war in ihrer umwälzenden Bedeutung vorerst nur von den erfahrenen Wissenschaftlern erkannt worden. Nun hatte Tiefenbach, Leupolds Assistent, sein Wort, das Klemt im Frühjahr skeptisch aufgenommen hatte, eingelöst. Der Professor, wegen eines Forschungsauftrags für die Versuchsstelle vorübergehend Gast auf der Insel, hielt Vorlesungen für Interessierte. Und es waren nicht wenige, die kamen.

«Leupold ist groß, und Tiefenbach ist sein Prophet», zitierte Jürgen Baer in freier Nachdichtung. Er hatte nach der zweiten Vorlesung Traude Hörselmann und Henny Rosenow bis zum Haus Seestern begleitet, den dreiviertelstündigen Weg nützend, um mit den beiden Mathematikerinnen über die eben gewonnenen Erkenntnisse zu diskutieren. Sie standen noch an der kleinen Freitreppe unter dem Hausgiebel, als Eva kam. Sie trug ihren roten Bademantel, war barfuß und wollte schwimmen gehen. Baer hatte insgeheim gehofft, sie hier zu treffen. Eva spürte seine erwartungsvolle Freude und blieb, zuhörend, bei den dreien stehen.

Von den Einzelheiten des Gesprächs begriff sie fast nichts. Solange sie in diesem technischen Betrieb nun schon arbeitete, immer wieder stand sie vor verschlossenen Türen, sobald sie nach der Entschlüsselung eines kleinen Elementargebiets ein Stück weiter vordringen wollte zum Kern der Dinge. Die von aller Anschaulichkeit losgelöste Welt der Zahlen und Formeln schien eine andere Art des Denkens vorauszusetzen als die ihr gewohnte. Irgendwie berührte sich das mit dem Denkgebäude Hegels, in das Jürgen Baer ganz eingedrungen zu sein schien. Bisher hatte sie erst eines erkennen gelernt: Die Großen aller Wissensgebiete, etwa der Naturwissenschaft oder auch der Philosophie, stellten als Abstraktion ihrer vielfältigen Erfahrungen Thesen auf, die übrige Welt akzeptierte sie und nützte sie wie Bausteine. Euklid und Pythagoras hatten sich über zweitausend Jahre mit ihren Lehrsätzen behauptet. Einem gewissen Aristoteles, ebenfalls aus dem antiken Griechenland, war es gelungen, für das Theater so gescheite Regeln zu finden, daß jeder moderne Theatermann sie auswendig kannte. Viele große Geister hatten mitbauen müssen, damit die Welt so wurde, wie sie jetzt war: kompliziert und einfach zugleich. Sind das Gegensätze? – Nein. – Wo ist das beste Beispiel? Das Alphabet. Wer hat es geschaffen, wer hat so ungemein ähnlich klingende Laute, die der Mensch zu formen imstande ist, wie d und t oder g und k, voneinander geschieden und sie als verschiedene Buchstaben klassifiziert?

Solche Gedanken kamen Eva seit ihren Gesprächen mit Jürgen Baer. Er war der erste Mann, von dem sie wußte, daß er die Erscheinungen des Lebens nicht einfach so hinnahm, wie sie sich gaben. Ihr Großvater jedoch und die beiden Brüder ihrer Mutter erfaßten nüchtern die gegebenen Tatsachen und nutzten sie, um Geld daraus zu machen. Je besser man das verstand, um so bedeutender war man. Der geschäftliche Erfolg bestimmte den Wert des Menschen. Von ihrem Vater glaubte Eva zu wissen, daß er einen Schritt weitergegangen sei. Er hatte für die Kieferchirurgie Bedeutendes geleistet und damit uneigennützig den Menschen helfen wollen.

Jürgen Baers Worte hatten Eva anfangs oft erschreckt. Er stellte so gut wie alles in Frage: daß der Himmel blau sei, daß es ein unentrinnbares Schicksal gebe und eine göttliche Güte. Er behauptete sogar, es brauchte keine Kriege mehr zu geben. Nun ging er als gelehriger, aufmerksamer Schüler zu Leupolds Vorlesungen und kam zurück, angeregt, elastisch und erfrischt wie von einem Bade.

«Dieser Leupold ist ein Erlebnis», sagte er zu Eva. Er begleitete sie zum Strand, nachdem Traude Hörselmann und Henny Rosenow sich verabschiedet hatten. Henny zog der Geruch von Eierkuchen, der aus dem offenen Küchenfenster kam, unwiderstehlich ins Haus, und Traudes Magenknurren, eine Folge ihrer Trocken-Brötchen-Diät, hatte sich nicht mehr überhören lassen.

«Ich komme mir ziemlich blöd vor, daß ich so wenig davon verstehe», sagte Eva. «Traude Hörselmann meint, ich solle nach dem Krieg Mathematik studieren.»

«Laß dir das nicht einreden», sagte Jürgen Baer kopfschüttelnd. «Deine Begabung liegt ganz woanders. – Nach dem Krieg! Das ist eine recht unbestimmte Größe.»

«Wenn schon. Irgend etwas muß man sich doch vornehmen. Es ist schrecklich, so ziel- und planlos dahinzuleben.»

«Das brauchst du ja nicht. Aber Mathematik und Physik sind nichts für dich. Wenn jemand hier fehl am Platze ist, so bist du es.»

«Die Hörselmännin ist aber sehr zufrieden mit mir.»

Jürgen Baer lachte. «Ich weiß, es ginge ja gegen dein Pflichtbewußtsein, schlecht zu arbeiten. Es gibt aber auch eine entartete Form des Pflichtgefühls. Die nenne ich Untertanengeist.»

«Du hast ja eine hübsche Meinung von mir.»

«Wenn man dir ein Gewehr in die Hand drückte und sagte: ‚Schieß!', dann würdest du schießen. Aus Pflichtbewußtsein, nicht wahr?»

«Nein. Alles andere würde ich tun, aber nicht auf einen Menschen schießen.» Eva war stehengeblieben. Sie hatte sich daran gewöhnt, daß Baer bei jedem Zusammensein das Gespräch mit zäher Unerbittlichkeit auf ein heikles Thema lenkte. Seine provozierenden Fragen und Feststellungen hatten sie anfangs aufgebracht, allmählich aber erkannte sie, daß das, was er aussprach, ständig in ihm kreiste und ihn zur Mitteilung drängte. Warum gerade zu ihr, konnte sie sich nicht erklären.

Er ging ihr voran zu einer Sandkuhle, die wie ein Vogelnest an die Düne gebaut war. Er sammelte umherliegende Holzstückchen und Kiefernzweige, um damit den Wall der Kuhle zu bestücken.

Es war starker Seegang, und der Wind fegte den Sand in feinen Schwaden und Wirbeln über den Strand.

Eva hockte sich in die Kuhle, ganz eingehüllt in ihren roten Mantel. Der Strand war kahl, menschenleer und schon lange sonnenlos. Wirbelnd fegte der Wind Fetzen vertrockneten Seegrases über den Sandgürtel. Schmale graue Bänder lösten sich daraus, hüpften über die Ebene und verfingen sich am Fuße des einzigen verloren dastehenden Strandkorbs. Eva, in sich zusammengekrümmt, die Wärme ihres eigenen Körpers suchend, fühlte die Kühle. Der Tag stahl sich davon wie der Sommer. Und was blieb, das schwang in den Versen Theodor Storms: «Am grauen Strand/am grauen Meer.» – Was darüber hinaus blieb, war Jürgen Baer, der mehr von ihr und ihrer Familie wußte als jeder andere auf der Insel. Und mit ihm blieb sein Bohren, seine Hartnäckigkeit.

Ihm schien nicht kalt zu sein. Er lag auf dem Rücken, lang ausgestreckt, ihr gegenüber, seine spöttischen Augen auf sie gerichtet, und zog, die Arme auf und ab bewegend, große Halbkreise in den Sand, wie Kinder es tun, wenn sie sich in den unberührten Schnee legen, um einen Adler hineinzuprägen.

Er redete auf das kauernde Mädchen ein, das im ständig abnehmenden Licht alles Leuchtende verlor. Er konnte besser reden, wenn er sie nicht so deutlich sah. An ihr war zuviel, was einen Mann wie ihn, ob er wollte oder nicht, ablenken konnte. Hanna Peplow warf ihm das als Schwäche vor. Vermutlich hatte sie recht. Sie war zweifellos die wertvollere Kraft in der Widerstandsgruppe. Man mußte sich völlig selbstlos einsetzen, wenn man dem Kriege und dem noch immer siegenden großsprecherischen «Führer» trotzen wollte.

Vorhin hatte Eva gesagt: «Auf einen Menschen würde ich nie schießen.» Das hörte sich gut an. Aber das behauptete manch einer. Der Feigling fürchtet schon den Knall. Eva war nicht feige, das wußte er, aber er wollte sie zwingen, weiter zu denken. Sie hatte das Zeug dazu. – Ihm fiel das Paracelsuswort ein, das sein Vater gern für sich abwandelte: «Sehr oft muß man einem Menschen eine Wunde beibringen, um ihn von einer Krankheit zu befreien. Es gilt immer, das größere Übel mit Hilfe des kleineren zu vertreiben.»

Sie würde bestimmt auf einen Menschen schießen, sagte er ihr unbeirrt, wenn behauptet würde, er sei ihr Feind.

Sie wollte es nicht wahrhaben.

Aber das Gewehr laden, damit ein anderer schießen könne, das täte sie doch, bohrte er weiter. Oder den Lauf reinigen, das Ziel berechnen, die Munition bereitstellen? Vielleicht auch nur den Gewehrschaft glätten, damit er gut in der Achsel des Schützen liege und die Zielsicherheit nicht beeinträchtige.

Es tat gut, Stück für Stück herunterzupacken von der Seele. Er warf die Brocken gegen das hockende Schattenbündel, das einen halben Meter von seinen Fußspitzen entfernt saß. Ein schweigender Gegner, der die Pfeile aufnahm und den Bogen, mit dem er sie hätte zurückwerfen können, nicht zu spannen verstand.

Jürgen Baer ließ nicht locker. – Alle handelten sie aus Pflichtgefühl. Sie sagten «Scheiße», wenn die Lkw auf den russischen Wegen stecken blieben, und doch schwitzten sie sich die Seele aus dem Leib, um die Fahrzeuge flottzukriegen und zur rechten Zeit mit ihrer todbringenden Fracht am Munitionsdepot zu sein, alle die harmlosen, pflichtgetreuen Landser. «Weil das Gesetz es befahl!» spottete Jürgen Baer bitter.

Das dunkle Bündel sprach leise. Es zitierte aus dem «Geschichtsbuch der humanistischen höheren Lehranstalten»:

«Wanderer, kommst du nach Sparta, verkündige dorten, du habest
Uns hier liegen gesehn, wie das Gesetz es befahl.»

«Ja, die Schlacht bei den Thermopylen», höhnte Jürgen Baer. «Auch damals gab es schon so eine Pflicht, so ein ‚Gesetz'. Was ist denn das für ein Gesetz, das die Menschen seit dem grauen Altertum immer wieder aufeinandergehetzt? Dieses ‚Gesetz' redet ihnen ein, es sei eine Heldentat, Menschen umzubringen. Der Mord, das größte Verbrechen, worauf die schwerste Strafe steht, wird zum Ethos erhoben, zur guten Sache!» Baers flache Rechte schlug hart auf den Sand, als brauche er für die Wucht seiner Gedanken einen fühlbaren Widerstand.

Eva seufzte.

«Ich habe darüber noch nicht nachgedacht. Aber du hast schon einmal von etwas Ähnlichem gesprochen, und mir ist etwas eingefallen, etwas sehr Primitives. Du kannst mir ruhig sagen, wenn es dumm ist.»

Es war schön, wenn der graue Zwerg sprach. Die Stimme gab ihm wieder Leuchten, gab ihm Umrisse. Jürgen wünschte sich plötzlich sehr, neben ihm zu sitzen. Er richtete sich auf und rutschte zu ihm auf den Wall. Nun, da er alles gesagt hatte, was ihn bedrängte, konnte er es riskieren, den Zwerg entzaubert zu sehen.

Ein dunkelhäutiges Gesicht im hochgestellten Mantelkragen, der, weiß gefüttert, wie Hermelin am Purpurmantel eines Märchenkönigs aussah.

«Ich habe mir vorgestellt», begann Eva, «einer will vom anderen etwas haben.»

«Dein Beispiel muß genauer sein. Nimm uns beide. Ich möchte von dir etwas haben. – Nun weiter!»

«Ja, wie weiter. Du hast mich aus dem Konzept gebracht.»

«Wir werden gemeinsam unser Gleichnis spinnen. Ich verlange also etwas von dir, was du mir nicht geben willst. Ich will...», er zögerte, als er ihren forschenden Blick empfand. Dann begann er noch einmal: «Nehmen wir an, ich will, daß du zu mir sagst, ‚ich liebe dich', und du willst das nicht sagen. Warum wohl?» – «Weil es nicht stimmt, vermutlich.»

«Sehr weise. Trotzdem, ich will's von dir hören, mehr noch: ich will, daß du mir gehörst. Ich werde dich also sehr darum bitten, dich beschwören. Was noch?

«Vielleicht mir zu Füßen fallen.»

«Natürlich. Kniefall ist sehr wichtig.»

«Aber es wirkt nicht.»

«Nein. In unserem Falle nicht. Deshalb greife ich zu anderen Mitteln. Ich bin ja der Stärkere, ich werde dich also zwingen.»

«Das ist gemein.»

«In der Politik existiert dieses Wort nicht. Und wir reden doch jetzt von Politik.»

«Du wirst mich also niederringen, das ist klar.»

«Falls du keine starken Verbündeten hast.»

«Nehmen wir an, ich hätte keine. Du besiegst mich also und kannst mich nun zwingen, daß ich mich dir...»

«Ja. Du mußt, denn ich würde deine Hände so einschrauben, daß du dich nicht mehr bewegen könntest.»

«Dann wäre ich dir also auf Gedeih und Verderb ausgeliefert? Nein, das ist widerlich. Du kannst das doch gar nicht ernsthaft wollen, denn du würdest nichts dabei gewinnen. Nie würde ich dich lieben können...»

«Das ist mir auch völlig gleichgültig.» Jürgen Baer erschrak über seine schroffe Antwort. Das Gleichnis geriet in Gefahr, die Frau in Eva und damit auch ihre Freundschaft zu verletzen. Er hätte gern dieses ganze hermelinverzauberte Badebündel in seine Arme genommen, aber die Gondel ihrer Gedanken-Schwebebahn war noch nicht auf der Bergstation angekommen. Unterbrechung hätte Absturz bedeutet.

«Du mußt mich richtig verstehen, Eva. In der Politik spielt das Gefühl des Unterlegenen kaum eine Rolle. Haben die Angreifer ihr Opfer überrollt, das besiegte Land in ihren Besitz gebracht, so haben sie politisch und wirtschaftlich sehr viel für sich gewonnen, denn damit hätten sie das Ziel ihres Krieges erreicht. Nach dem Gefühl oder nach der Meinung des besiegten

Volkes fragen sie ebensowenig wie nach der Meinung des eigenen Volkes, das für dieses Ziel auf die Schlachtfelder getrieben wird.»

«Aber», überlegte Eva, «wenn sie, die Angreifer, wirklich etwas dabei gewinnen, werden sie es doch immer wieder tun, und die Menschen hätten gar keine Möglichkeit, sich dagegen zu wehren.»

«Meinst du? – Bleiben wir bei unserem Beispiel. Wenn ich dich nun mit Gewalt so weit gebracht hätte, mir zu Willen zu sein, würdest du dich für immer in dein Schicksal fügen?»

«Niemals!» Eva sah ihn erregt, mit einem spöttisch herausfordernden Blick an. «Kratzen würde ich und ...»

«Das ist gut so – und es lohnt sich, darüber nachzudenken.»

Schweigend saßen sie noch eine Zeitlang nebeneinander, bis sich Baer gewaltsam aus seinen Gedanken riß und fragte: «Willst du noch baden? Es ist schon spät.»

«Ich habe mir vorgenommen, jeden Tag ein Weilchen zu schwimmen, solange es noch nicht zu kalt ist.»

«Gelobt sei, was hart macht», spottete er.

«Das mußt du einem BdM-Mädchen sagen, aber nicht mir.»

Als sie sich aus der Kuhle erhoben, waren sie dem Wind preisgegeben. Jürgen legte leicht den Arm um Eva. Sie stapften Seite an Seite zum Strandkorb. Er fühlte, daß sie fröstelte.

«Willst du es nicht lieber lassen?»

Sie hatte so plötzlich den Bademantel fallen lassen, daß er über seinem Arm hängenblieb wie eine zurückgelassene Haut. Mit wenigen schnellen Schritten war sie am Wasser und stand, die Kappe überstreifend, bereits mitten in der Brandung. Jürgen Baer legte den Bademantel in den Strandkorb und folgte Eva bis zu der Grenze, die die heranrollenden Wogen seinen Lederschuhen geboten. Eine bleifarbene Feuchtigkeit blieb zurück, sobald der Sog die Welle zurücknahm. Es war eine nasse, sich ständig erneuernde Bogenkette über die ganze Länge des Strandes, eine riesige Sinuskurve, so lang wie die Insel. – Eine weiße Kappe schwamm in den Wellen. Sie war nicht allzuweit draußen, aber als sie hinter einem Wellenberg verschwunden und seinem spähenden Auge verlorengegangen war, überlegte er, wie er am schnellsten aus seinen Sachen käme, um ihr zu helfen. Aber eine neue große Welle trug sie in ihrem Gischt ein Stück näher zum Ufer. Eva kam auf Rufweite heran.

«Genug!» rief er. «Es ist schon zu dunkel.»

«Dein großer Bruder hat auf mich achtgegeben.» Sie ließ sich von der letzten Welle überrollen und stieg ins flache Wasser.

Jürgen Baer legte die Hand an die Ohrmuschel. Er glaubte, sich verhört zu haben. Sie deutete zum Himmel. Über ihnen leuchteten die sieben Sterne des Großen Bären. – Er legte ihr den Bademantel um die Schultern und rieb ihr den Rücken. «Der Vergleich ist nicht neu. Aber da ich ihn oft vergesse, ist er immer wieder hübsch. Zieh die nassen Klamotten aus, du erkältest dich.»

Als sie sich im Schutze des Strandkorbs den Anzug abstreifte, stand er hinter dem Korb und sah zu seinem namensgleichen Sternbild auf. «Ich wollte, die Gelassenheit meines großen Namensvetters würde ein bißchen auf mich abfärben.»

«Das wäre schrecklich», ertönte es aus dem Strandkorb. «Abgeklärte Leute sind mir ein Greuel.»

Er schaute vorsichtig um die Ecke und fand das Nest leer. Sie hatte sich barfußleise davongestohlen. Er sah das verhüllte Etwas zur Düne laufen, den Mantel so fest zusammenhaltend, daß sie über den Strandhafer strauchelte. Oben auf der Höhe holte er sie ein. «Morgen bade ich mit», sagte er.

«Morgen bade ich vielleicht an der Oie», entgegnete sie, Triumph in der Stimme.

«Ach richtig, der Windkanal hat Modellschießen angesetzt.» Jürgen Baer erinnerte sich. «Und dich nehmen sie mit? Das ist allerhand.»

«Dr. Klemt ist großzügig. Ich soll Traude Hörselmann bei den Windmessungen helfen.»

«Da wirst du wohl begeistert wiederkommen.»

«Begeistert? – Wovon?»

«Du wirst schon sehen.»

«Ich freue mich auf die Oie. Gewöhnliche Sterbliche dürfen doch gar nicht dorthin.»

«Mach ein Gedicht darüber.»

«Wie kommst du darauf?»

«Es liegt dir mehr als Mathematik. Ich weiß das.»

«Gar nichts weißt du. – Gute Nacht, großer Baer.»

Ihr weißer Mantelkragen leuchtete, als sie das abgedunkelte Haus Seestern betrat.

Oben in der Küche sang jemand einen Schlager. Die Melodie

sprang Jürgen Baer an. Er schüttelte den Kopf und summte sie trotzdem. Ein Grammophon hatte das gleiche banale Lied geleiert, als er Eva zum erstenmal sah, im April zum Kameradschaftsabend, an der Bar, hinter der die Kaiserin residierte. Über dieser Begegnung verabsäumte er es, dem Auftrag entsprechend Hanna Peplow zu suchen, und mehrere kostbare Tage verstrichen, ehe sich eine neue, unauffällige Gelegenheit dazu bot. Merkwürdigerweise wußte Hanna von seinem Versäumnis, sie kannte sogar die Ursache. Nun zweifelte sie seit jenem Tag an seiner Zuverlässigkeit. Außerdem hielt sie Eva für oberflächlich und wohl auch für unmoralisch.

Jürgen Baer mußte lächeln, als er daran dachte. Er sah Eva aus dem Gischt der letzten Welle auftauchen, kühl und herb vom herabrieselnden Salzwasser, den schmalen Körper im hautengen Badeanzug, geschmeidig und voller Kraft. Und dann, schamhaft nackt unter dem weichen, eng zusammengerafften Purpurmantel. – Jürgen holte tief Luft. Da spürte man, daß man ein Mann von sechsundzwanzig Jahren war, in ständigem Widerstreit zwischen Vernunft und Gefühl, das sich hämmernd meldete, sobald irgendwo ein Zipfelchen lebenswerten Daseins sichtbar wurde inmitten dieses irrsinnigen Krieges.

Natürlich hatte Hanna in gewisser Weise recht, darüber enttäuscht zu sein, daß er seine Bekanntschaft mit Eva nicht besser nützte. Noch wußte er nicht, was er von ihr erwarten, noch weniger, was er von ihr verlangen durfte. Kürzlich, an einem Sonntagmorgen, waren sie nach Freest, einem Dorf auf dem anderen Peeneufer, gerudert. Statt das Dorf zu durchstreifen oder die Flußlandschaft zu genießen, versaß er die ganze Zeit in der Wohnküche eines Kraftfahrers, der häufig mit einem Lkw des Baustabes Speer nach Berlin fuhr. Er hatte Eva vorgeschlagen, währenddessen bei den Fischern im Dorf nach Räucherware zu fragen. Sie war nicht erbaut davon, alleingelassen zu werden, und kam pünktlicher zurück, als ihm lieb war. Mit der ihr eigenen Feinfühligkeit merkte sie, daß der Kraftfahrer und seine Frau ihr argwöhnisch gegenübertraten und daß bei ihrem Kommen die Gespräche in der Küche verstummten. Dennoch vermied sie es später, ihn nach diesen Menschen oder dem Grund seines Besuchs zu fragen. Daß sich seine Jacke über einem Ring Kupferdraht wölbte, schien sie geflissentlich zu übersehen. Unten am Fluß zog sie plötzlich die

Schuhe aus, watete ins Wasser und brach einen ganzen Arm Rohrkolben aus dem Schilf. «Auf dem Weg vom Hafen versteckst du deine Konterbande besser in diesem Blumenstrauß. Es fällt auch nicht auf, wenn wir meinen Badeanzug drumwinden», sagte sie trocken.

Tief beeindruckt von ihrer selbstverständlichen Hilfsbereitschaft, wollte er schon einen Schritt weitergehen und sie zu sich herüberziehen. Als habe sie das befürchtet, sagte sie rasch, wie abwehrend: «Ich habe auch eine Prise an Bord genommen. Zwei Pfund Flundern sind im Bootskasten. Aber darüber spricht man nicht. Man wertet sie aus.»

Als Eva, den nassen Badeanzug schwenkend, die Treppe hinaufstieg, hörte sie Lachen und Grammophonmusik. Im oberen Gemeinschaftsraum brannte Licht.

«Si, si, si, schenkst du mir nur einen Penny,
si, si, si, sing ich dir das Penny-Lied ...»

klang es gedämpft durch das Haus.

Der Gemeinschaftsraum hatte zum Flur hin keine Tür, er war eigentlich nur eine dielenartige Erweiterung des oberen Korridors. Für die Einrichtung hatten die Geldmittel nicht gereicht. Die Hauptwand hatte man vor kurzem mit einem Führerbild dekoriert. Es glich einer Aufnahme aus der Wochenschau, in so grobem Raster gedruckt, daß man einigen Abstand zwischen sich und das Bild bringen mußte, um die Darstellung zu erkennen: Hitler stehend im Auto, die Linke an der Windschutzscheibe, die Rechte zum Gruß erhoben, in feierlichem Ernst durch eine spalierbildende Menge fahrend.

Kamerad Blinklicht hatte es von der Unterkunftsverwaltung stillschweigend in Empfang genommen und ebenso stillschweigend hingehängt. Keine der Heimbewohnerinnen äußerte mehr als ein vieldeutiges «Na, nun ist ja die Wand nicht mehr so kahl.» Der ehemalige Leuchtturmwärter hütete sich, etwas darauf zu erwidern. Nur seiner Nichte Hanna Peplow gegenüber äußerte er seine wahre Meinung über das Bildmonstrum: «Laß man, Hanna, der steht ja im Auto. Da muß er doch einmal zum Fenster 'rausfahren.»

Unter diesem Bilde probierte Edith Knorr, die kleine Kupferrote mit dem Gemmengesicht, Spitzen- und Hackenstep. Das

Koffergrammophon der Ru stand auf der holzverkleideten Zentralheizung, und im Rhythmus des Liedes klappten die Stepschuhe. Schnell! Schneller! Edith versuchte, das Tempo zu verdoppeln – nur Spitze, Spitze! Aus ihrem sorgfältig nach oben frisierten Haar löste sich eine Strähne. Keiner hatte das zurückhaltende Mädchen bisher so erlebt. Man wußte über sie kaum mehr, als daß sie von der Tanzausbildung in den Arbeitsdienst geholt wurde, den Kriegshilfsdienst durchmachen mußte und sich dann freiwillig dienstverpflichten ließ, weil sie den Glauben an ihre künstlerischen Fähigkeiten verloren hatte. Durch die vielen Suppen und Breimahlzeiten im Arbeitsdienst war sie überdies in die Breite gegangen. Sie hatte resigniert und war auf der Insel geblieben. Die Ru, ihre Zimmernachbarin, hatte mit ihrem Koffergrammophon das Eis gebrochen. Edith Knorr gab ein Gastspiel. Ihr Publikum stand, aus Mangel an Sitzgelegenheiten, an Türpfosten und Wände gelehnt. Der Rhythmus war ansteckend. Die gymnastikgeübte Henny Rosenow versuchte, ein paar Schritte nachzumachen. Es gelang, nachdem sie ihre Segeltuchschuhe gegen lederne ausgetauscht hatte. Mit erfreutem Kichern ließ sie sich belehren. Als Eva auftauchte, hatte Traude Hörselmann gerade eine Schallplatte aus ihrer Sammlung beigesteuert. «Das ist ein Paso doble», sagte sie. «Geht es danach auch?»

Edith Knorr nahm den Rhythmus in sich auf, versuchte erst vorsichtig und klapperte dann in steigendem Tempo los. Der karierte Glockenrock schwang weit um ihre Hüfte.

Auch Eva sprang der Rhythmus an. Es war nicht das erstemal, daß sie Stepschritte versuchte. Mit Edith Knorr konnte sie es allerdings nicht aufnehmen, aber darauf kam es nicht an. Sie vermischte unbekümmert den Step mit Foxtrottschritten, und ihre nackten Beine sprengten wirbelnd die Enge des zusammengerafften Bademantels.

Unermüdlich zog die Ru das Grammophon auf. Sie amüsierte sich wie eine Mutter, der es gelungen ist, ihren vom Schicksal stiefmütterlich behandelten Töchtern ein Vergnügen zu bereiten. Wohl ein gutes halbes Dutzend versuchte sich steppend auf dem Parkett.

Als letzte und Zaghafteste ging Marlies Hasse zu den aktiven Tänzern über. Alles summte die «Donkey-Serenade». Zum rhythmischen Trappeln des Esels klapperten die Stepschritte, bewegten sich die Arme: Mädchen zwischen Zwanzig und Dreißig, in langen Hosen, weiten Röcken, Shorts – und Eva als Flamme dazwischen.

Niemand hatte bemerkt, daß Fräulein Haugk und Fräulein Püschel die Treppe heraufgekommen waren und sich beobachtend hinter die anderen Zuschauer gestellt hatten. Dann war die Esels-Serenade zu Ende, und eine Atempause der fröhlich Erschöpften trat ein.

Überraschend ertönte es aus dem Hintergrund: «Das ist unerhört. Das ist ja eine Kulturschande.»

Den hart hingeworfenen Sätzen folgte eine kurze, verblüffte Stille. Dann mußte Traude Hörselmann lachen, und die anderen fingen an zu murmeln.

«Wie meinen Sie denn das, Fräulein Püschel?» fragte Traude. «Ist Steppen so verwerflich?»

«Überlassen Sie doch solche Tänze den Niggern.»

«Und der Schlager war englisch», sekundierte Fräulein Haugk ihrer Freundin.

Die Ru klappte ihr Grammophon zu. Trocken sagte sie: «Nur gut, daß wir noch nicht mit dem Krakowiak angefangen hatten.»

Das brachte die Püschel zu flammender Empörung. «Und das alles unter den Augen des Führers! Das ist zumindest eine Geschmacklosigkeit.» Sie hob den Blick anklagend gegen das große Wandbild.

«Hier werden Negertänze aufgeführt», ereiferte sich Fräulein Haugk, «während draußen unsere Soldaten im Dreck liegen.»

«Für uns alle», ergänzte Fräulein Püschel, ehe sie sich umdrehte und zu ihrem Zimmer ging. «Armes Deutschland! Wenn die Jungens wüßten, für wen sie das alles auf sich nehmen.»

Die Ru, ihren Musikkoffer in der Hand, schickte den beiden Störenfrieden einen verächtlichen Blick nach. «Das habe ich gern! Wozu die Frontsoldaten nicht alles gut sind!» Sie winkte Edith Knorr zu, die sich als Urheberin der «Kulturschande» fühlte und kleinlaut an der Wand lehnte. Als die Bibliothekarin an Traude Hörselmann vorbeiging, flüsterte sie: «Ich habe niemanden gebeten, sich für mich totschießen zu lassen. Sie vielleicht?»

Traude schüttelte den Kopf und machte eine Geste, es sei jetzt besser, still zu sein. Der Püschel traute jeder einen langen Arm zu. Der Hinweis auf das Führerbild hatte sogar Traude verblüfft. Damit würde die Püschel im Werk hausieren gehen. Traude beschloß, den Vorfall mit Dr. Klemt zu besprechen. Bei der Überfahrt zur Oie würde sich wohl die Gelegenheit dazu bieten.

5

König der Oie

Es gibt Augenblicke, in denen man seinen Gedanken ein «Halt!» zuruft. Man verhält gewissermaßen geistig den Schritt, sich Muße verschaffend, um den Augenblick richtig auszuloten. Meistens beginnt es damit, daß den Menschen blitzartig ein Gedanke durchzuckt, etwa: «Dieser Augenblick ist einmalig! Du erlebst ihn nie wieder», oder: «Was du jetzt erlebst, wünschen sich Tausende.» Danach richtet sich der aufnahmefähige Geist ein, alles einzusaugen, es tief unter die Haut zu bekommen. Die Gedanken schürfen tiefer, das feine Registrierwerk der Gehirnzentrale arbeitet präziser als gewöhnlich, kurzum, der ganze Mensch atmet, riecht, hört, sieht, fühlt und schmeckt mit allen Poren, Nerven und Kapillaren. – Für Eva, die noch wenig in ihrem Leben gesehen hatte, begann dieser schwer erklärbare Prozeß mit dem Augenblick, als sie den Fuß auf die winzige Insel setzte, die man die «Greifswalder Oie» nennt. Hier erst bekam sie das wirkliche Inselgefühl. Keine Brücke vermochte die Wasserweite zu überspannen. An der einen Seite schlugen, vom Nordost herangetragen, die Wellen brausend gegen die Steilküste, während sie am schmalen Strand der Westseite, dem einzig möglichen Landeplatz der Insel, in sanftem Sog über die Steine rieselten.

Der einzige Bauer, der die wenigen Morgen urbaren Inselbodens bestellte, war – wie es hieß – zugleich Bürgermeister, Gastwirt, Posthalter, Telegraphist, Fischer, Lotse und Wetterwart. Sein Befehlsbereich umfaßte seinen Bauernhof, die Wetterstation und den Leuchtturm. Es gab kalte Winter, in denen wochenlang keiner der kleinen Küstendampfer sich bis zur Oie durchkämpfen konnte. Dann mußten die Flieger einspringen und das Lebensnotwendigste für die Inselbesatzung vom Flugzeug aus abwerfen.

Das alles hatte Eva bei der Überfahrt von Henny Rosenow erfahren, die aus Greifswald stammte. Sie hockten zusammen in dem alten Fischereifahrzeug, einem abgetakelten Kutter, längs der Bootswand auf den Planken. Sitzgelegenheiten gab es nicht, außer ein paar Kisten und Tonnen neben dem Steuerhaus, das in der Mitte wie eine düstere Festung aufragte. Das Schiff hieß «Pirat», und wie Piraten kam sich das Häuflein, die Nachhut des Windkanal-Versuchskommandos, auch vor.

Eva hatte dieselbe Fahrt vor etwa drei Wochen unter anderen Bedingungen erlebt. Schwellende Polster im Rauchsalon der «Meisje von Amsterdam», federnde Stahlrohrsessel mit orangefarbener Stoffbespannung, ein schwingendes eichenlaubverbrämtes Ritterkreuz, eine kühle Schorle. «Der Kellermeister empfiehlt!» Eva glaubte die prickelnde Schorle auf der Zunge zu spüren, aber es waren nur die salzigen Spritzer eines Brechers, der seinen Gischt über Bord sprühte. Sie schüttelte die Tropfen von ihrer Windbluse. Der «Pirat» durchfurchte tief das Wasser. Hob man den Kopf über Bordhöhe, mußte man sich ständig auf Sprühregen gefaßt machen, der Gesicht und Haare näßte.

Die Versuchsleitung und der größere Teil der Versuchsmannschaft waren mit einem schnelleren und komfortableren Fahrzeug etwas früher in See gestochen, und als der «Pirat» landete, hatte man die Abschußgeräte für die Modelle bereits aufgebaut. Traude Hörselmann bereitete einen Pilotballon zum Aufstieg vor. Sie winkte Eva und Henny, die zusammen vom Landeplatz kamen, heran.

«Ich habe mit Doktor Klemt gesprochen, wegen unserer Tanzerei gestern», sagte sie. «Er findet nichts dabei. Wir waren doch unter uns.»

Henny Rosenow schien sehr erleichtert. Noch nie in ihrem zweiunddreißigjährigen Leben hatte sie von sich reden gemacht, und so, gänzlich skandalungewohnt, war sie völlig eingeschüchtert worden.

«Hoffentlich verdreht die Püschel nicht alles, wenn sie es ausposaunt», sagte Eva.

Henny schaute sie ängstlich an. «Kann man denn das?»

Traude hatte auch daran gedacht. «Ich habe Klemt sogar Einzelheiten erzählt: vom leichtgeschürzten Knorr-Süppchen und von Leontine im roten Bademantel.»

«Was hat er dazu gesagt?» Hennys Furcht war noch nicht beseitigt.

«Er hat laut gelacht und gemeint, das müßte hübsch ausgesehen haben.»

Henny schüttelte überrascht den Kopf. Sie hatte so gar keine Menschenkenntnis.

«Was haben wir für einen großzügigen Chef», lachte Eva. Für sie war die Sache erledigt.

Traude fand, die Jüngere nahm es allzu leicht. Nicht zuletzt ihretwegen war Traude bemüht, jedes Gerede zu unterdrücken. Vielleicht gab es Leute auf der Insel, die allzugern einen Grund gefunden hätten, um Eva abzuschieben. Sie nahm sich vor, gelegentlich mit Marlies Hasse darüber zu sprechen. Für heute war der Fall abgetan. Es sah aus, als wolle es ein guter Tag werden.

Klemt war guter Laune, erwartungsvoll wie vor einer Theaterpremiere, und Wilfried Parisius hatte ihr gestern am Telefon verraten, daß er als «Luftkutscher» für die Gäste eingesetzt werde. Sie hielt sich deshalb schon im freien Gelände auf, um die Landung seines Fieseler Storch nicht zu verpassen.

Dr. Klemts Lachen wurde vom Wind weit über die kahle Ebene getragen. Er schüttelte der Pirat-Besatzung die Hände und brachte Mathesi in Verlegenheit, indem er dessen Begrüßungszeremonie noch überbot.

Klemt erntet die Früchte seiner Politik, dachte Traude. – Er war wirklich großzügig. Wem hatte er nicht alles diese kleine Exkursion auf die Oie ermöglicht. Da waren die Mechaniker aus der Werkstatt, zwei Arbeiter vom Versuchsraum, der Gehilfe aus dem Thermolabor, beinahe sämtliche Konstrukteure der Aerodynamischen Abteilung. Ihr selber hatte er mit einem Augenzwinkern die Auswahl der Laboranten und Rechnerinnen überlassen. Bedingung war nur, daß für jeden ein Vorwand gefunden wurde, der seine Teilnahme nach außen rechtfertigte. Traude hatte es ihrem Meister an Großmut gleichgetan und für jede Meßtabelle eine eigene Protokollführerin vorgesehen. Eine Aktenmappe voll Tabellenvordrucke und ein Dutzend Bleistifte waren ihr Expeditionsgepäck.

Dr. Klemt hatte auch Vorsorge fürs Essen getroffen. Geschickt schlug er dabei zwei Fliegen mit einer Klappe. Er tat dem Oberzahlmeister Hanke vom Kasino den Gefallen, ihn zu der Exkursion einzuladen, und verpflichtete sich dadurch einen Ernährungsminister, auf den Verlaß war.

Man müßte so ein Lebenskünstler sein wie Klemt, dachte Traude. Er hatte ihr hin und wieder Einblick in seine Lebensphilosophie gegeben: «Wenn man einem Haufen Menschen übergeordnet ist, wie ich es bin, so kommt man nur zur Ruhe, wenn man ihn, den Haufen, bei möglichst guter Laune hält. Das ist nicht so einfach bei zehn Stunden Arbeitszeit, Nachtschichten und stundenlanger Werkbahnfahrt. Brot und Spiele reichen längst nicht mehr aus, um die Massen zur Anspannung aller Kräfte zu bewegen. Das Volk braucht seinen Fetisch. Ein solcher Fetisch ist für unsere Leute das A 4. Sie ahnen, daß es alle bisherigen Waffen übertreffen wird. Jeder hofft auf einen kleinen Abglanz des Ruhms, wenn A 4 zu guter Letzt den Krieg entscheidet. Ich komme meinen Leuten in allen Kleinigkeiten entgegen. Ich spreche mit ihnen heiter, wie man es mit Kindern macht. Wenn's dann mal darauf ankommt und ich die Peitsche nehmen muß, springen sie und denken, auch das sei Spaß.»

Das Gespräch hatte Traude Hörselmann sehr nachdenklich gestimmt und wenig später, zu einer ungestörten Stunde nach dem Dienst, hatte sie in seinem Arbeitszimmer die Gelegenheit wahrgenommen, es fortzusetzen. Sie wendete ein, daß der Fetisch A4 auf die Pazifisten unter den Mitarbeitern schwerlich wirken könne. – Nach seiner Meinung hatte die Arbeit am A4, der großen Sache für den Sieg des Vaterlandes, eine Art Fluidum auf der Insel geschaffen, dem sich auch die anfangs Widerstrebenden nicht entziehen konnten. Er rechnete Mathesi zu diesen Außenseitern, vielleicht auch die Rosenow, bestimmt aber den Berliner Professor Leupold und den Skeptiker Tiefenbach. Letzterer war, nach Klemts Ansicht, mit seiner fanatischen Forscherneugierde schon ganz von der Anziehungskraft erfaßt worden, die das A4 als wissenschaftlich-technisches Demonstrationsobjekt ausübte. Bei diesen Männern war die Forscherneugierde die Achillesferse, auf die man zielen mußte. Die breite Masse hatte sowieso noch ihren Kinderglauben, den

Goebbels äußerst geschickt zu lenken wußte. Klemt sprach von dem Propagandaminister mit einer Anerkennung, die der Listige dem noch Listigeren zollt.

«Das Volk glaubt doch noch an den Weihnachtsmann», sagte er. «Im übertragenen Sinne natürlich. Es sieht seinen Führer bei Kartoffelpuffern und Mineralwasser. Wie sinnig! Obendrein schläft er allein. Läßt sich mit Kindern fotografieren – und mit Schäferhunden. So ein guter Mensch! Kein Arbeiter und kein Kleinbürger traut ihm zu, daß er etwas Schlechtes tun könnte. Er tut ja auch nichts Schlechtes. Er ordnet nur an. Und alles Schlechte verkehrt sich in Gutes, wenn es unserem Volke nützt. Nur, das Volk interessiert ihn gar nicht, das ist der Witz. Wenn ich das meiner Frau sage, beschimpft sie mich, ich sei ein ganz schlechter Nationalsozialist! Ja, sie spricht das Wort immer ganz aus. Nationalsozialist! Sie hat keine Ahnung, was für ein guter Nazi ich im Grunde bin. Ich verstehe nämlich die Linie des Führers vollkommen. Er muß sich mit den Mächtigen verbünden, wenn er selber mächtig werden will. Das Volk bei uns ist keine Macht. Der kleine Parteigenosse, der gedacht hat, es gehe um ihn und seine Interessen, als er sich in den Saalschlachten mit Kommunisten gedroschen hat, ist ein Dummkopf. Heute liegt er in Rußland im Massengrab, und seine Frau ist längst mit einem anderen ins Bett gegangen. – Weißt du, wann ich erkannt habe, daß es Hitler um die großen Dinge geht? 1937, als ich mit meiner Frau zum Besuch ihrer Verwandten in England war; als ich jenseits unserer Grenzen etwas von unserer Außenpolitik spürte; als Chamberlain nach München und Godesberg reiste; als die Tante meiner Frau um ihre sinkenden Aktien jammerte. Im englischen Kolonialreich hielten die Fugen nicht mehr dicht. Wenn es Hitler gelänge, einen Teil der abbröckelnden Kolonialländer abzufangen, wäre er ein großer Mann, sagte ich mir. Für dieses Ziel ist ihm jedes Mittel recht. Und Hitler wußte damals genau, wohin er sich zu wenden hatte. Daß die großen Konzerne ihn gestützt haben, brauchten sie nicht zu bereuen. Sogar mein Schwiegervater, ein eigensinniger Deutschnationaler, hat sich belehren lassen. Er macht in Getreide und betreibt jetzt zwei Filialen in der Ukraine.»

Klemt hatte nach dieser Nonstoprede nachdenklich innegehalten, ehe er zum Angelpunkt seiner Lebensweisheiten gekommen war. «Meine Frau ist dadurch obenauf», bekannte er. «Ihr Vater gehört zu den größten Steuerzahlern der Provinz Sachsen. Und diese Industriellen bilden den engsten Ring um Hitler. Dazu die hohen Militärs. Wir Wissenschaftler waren bisher ‚ferner liefen', Eigenbrötler in unseren Instituten am Rande der Politik. Seit wir auf der Insel wohnen, verschieben sich allmählich die Proportionen zu meinen Gunsten. Das regt Rosemarie auf, zumal ich sie nicht in meine Arbeit hineinblicken lassen kann. Aber sie ist ein Dickkopf wie ihr Vater. Ich warte auf den Tag, an dem ich ihr beweisen kann, daß unsere Kopfarbeit Hitler mehr nützt als alle Wechsel ihres Vaters. Aber geschickt ist er schon, der alte Herr, das muß man ihm lassen. – Dein Vater macht Werkzeugmaschinen», sagte er abschließend zu Traude. «Läßt er sich auch die Konjunktur nicht entgehen?»

«Er beliefert die Schiffswerften mit Schnellhoblern», erwiderte sie. «Hier in den Werkstätten habe ich unser Firmenschild auch schon entdeckt. In Amsterdam und Brüssel ist mein Vater an Verkaufskontoren beteiligt.»

Klemt war von dieser Auskunft befriedigt. Er hatte sich genau überlegt, zu wem er so offen über seine Angelegenheiten sprach. Traude Hörselmann war seinesgleichen. Sie hatten zufällig am gleichen Tage die Arbeit in der Versuchsstelle aufgenommen. Da seine Frau meinte, in Traude keine Konkurrenz fürchten zu müssen, hatten sie das erste Insel-Silvester zusammen verbracht und sich dabei verbrüdert.

Nicht selten gab es solche Plauderstunden, die mit einem dienstlichen Problem begannen und in private oder politische Randgebiete mündeten. Auf dem Heimweg zur Siedlung traten beide bewußt bedächtig die Pedale ihrer Fahrräder, damit sie ihr Gespräch behaglich ausklingen lassen konnten. Traude Hörselmann schien gerade dieses Bekenntnis Klemts so bedeutsam, weil sie daraus entnehmen konnte, daß seine häuslichen Konflikte in ursächlichem Zusammenhang standen mit seinen Berufszielen, seiner Lebensauffassung überhaupt. Sie hatte sich oft darüber gewundert, daß Klemt, der mit allen Mitarbeitern so glänzend umgehen konnte, offenbar seine eigene Frau nicht zu nehmen verstand. Traude bewunderte und bedauerte ihn zugleich. Doch seit sie Wilfried Parisius kannte, war Klemt aus ihrem Lebensradius abgedrängt, quasi zur

Tangente geworden. Heute freute sie sich mit ihm, denn heute war er König der Oie, ein kleiner Herrscher, der an der Spitze seines Hofstaats in seiner Kronkolonie eingekehrt war. Seine Königin, die verbittert zu Hause saß, würde auf geheimnisvolle Weise sehr schnell erfahren, wie heiter und großzügig er hofgehalten hatte, und das würde ihre Stimmung schwerlich heben.

Mit ungeschickt anmutenden, spinnig-staksigen Beinen setzte der Fieseler-Storch zur Landung an. Er war der einzige Flugzeugtyp, der auf der Oie landen konnte, denn der unbewaldete Teil des Inselchens hätte für eine Rollbahn nicht die erforderliche Fläche hergegeben. Der Storch aber hoppelte nach dem Aufsetzen nur ein paar Meter über das versteppte Brachland – und stand.

Traude Hörselmann klopfte das Herz ganz unvernünftig, als sich die Klappe der Pilotenkabine öffnete. Ein Mann schwang sich heraus. Sie erkannte ihn nicht, weil sie ein wenig kurzsichtig war und auch zu weit entfernt stand. Parisius lehnte sich aus der Kabine und sprach mit Klemt, der schnell herangekommen war. Er wollte wohl noch einmal starten, denn Klemt sorgte dafür, daß er freien Anlauf bekam. Ehe der Pilot die Kabine wieder schloß, blickte er sich suchend im Kreise um. Traude stand auf einem großen Feldstein und ließ ihr Kopftuch flattern. Er nickte und winkte ihr zu. Gleich darauf zog er ihr zu Ehren eine Schleife und flog südwärts davon, einen weiteren Gast zu holen.

Der Mann, der als erster auf dem Luftwege zu Klemts Hofstaat stieß, war Hans Tiefenbach. Bei seinem ersten Rundblick über die winzige Insel gewahrte er Eva Leonhard. Sie hatte mit Mathesi und Henny Rosenow eine Art Lager aufgeschlagen und beschwerte die ausgebreiteten Tabellenpapiere mit Steinen. Henny Rosenow jagte hinter ihren Tabellen her, die der Wind mit Stärke fünf über die Insel fegte.

Überall fing sich der Wind. Auch in Evas kurzer Windbluse und den Haarsträhnen, die ihr wie dunkle Schlangen ums Gesicht fuhren.

Lächelnd gab er ihr die Hand und sagte: «Nun sind wir doch noch hier gelandet.»

Sie wies auf den davonschwirrenden Fieseler Storch. «Allerdings getrennt marschiert.»

Ihre burschikose Art erheiterte ihn. «Getrennt marschieren, vereint – was nun eigentlich? Denn ‚schlagen' doch wohl nicht.»

«Immerhin – zum Schießen sind wir hergekommen.»

«Vielleicht auch zum Robinsonspielen.»

«Mein Herr, Sie unterschätzen das Unternehmen Windbeutel.»

«Wie nennen Sie das? Wird hier Schlagobers gereicht?»

«Windbeutel. Kommt von Windkanal», belehrte sie ihn herablassend. «Aber Sie sind ja betriebsfremd.»

«Wieso?» Er blickte sie herausfordernd an. «Vielleicht bin ich ein Windhund, und Sie wissen es nur nicht.»

Traude Hörselmann war herangekommen. «Ein bißchen windig sind wir heute alle», sagte sie, ihn begrüßend, «Leontine, wir lassen jetzt den Pilotballon auf.»

Dr. Klemt gab Anweisung, die erste Modellserie gleich nach der zweiten Landung des Fieseler Storch abzuschießen. Die sorgfältig verpackten Geschoßmodelle wurden an den Startplatz gebracht.

Tiefenbach betrachtete die glänzend polierten Flugkörper. Es galt, diejenige Form herauszufinden, die den geringsten Widerstand mit größter Stabilität vereinte. Man hatte die Grundform des A 4 stark variiert. Die Modelle hatten verschiedene Hecks, stumpfe und spitz zulaufende. Unterschiedlich waren auch die Leitwerke in Stärke und Anordnung, und es gab Modelle mit und ohne Seitenflossen.

Ein paar Außenseiter lagen zusätzlich in den mit Holzwolle gefüllten Kisten: Geschosse, die der Windkanal für die Rüstungsfirmen als Sonderauftrag erprobte. «Röchling», las Tiefenbach auf einem überschlanken Modell, «Rheinmetall» auf einigen anderen. Die großen Konzerne vom Rhein waren also Kunden bei den «Windbeuteln», den Aerodynamikern der Insel. Ihr Windkanal war der Sammelpunkt aller neu entwickelten Aggregate, deren Ziel es war, schneller zu fliegen als der Schall. Die Insel besaß den einzigen Überschall-Windkanal Großdeutschlands. Vielleicht sogar den einzigen überhaupt. Kein Wunder, daß ein ehrgeiziger Gelehrter wie Klemt seine eigenen Erprobungen nebenher betrieb. Er setzte alle Hoffnungen auf das Modell «Osterei» – seiner Form wegen so genannt –, das er von Grund auf entwickelt hatte. Tiefenbach betrachtete das Modell mit dem gedrungenen Körper und dem engen, überzarten Leitwerk skeptisch.

Der Fieseler Storch setzte zum zweitenmal auf und entließ den wichtigsten Gast des Tages, den «Doktor».

Vom Pilotensitz erhob sich Martin Uhlig. Als Uhlig Brille und Kappe ablegte und die Räder der Maschine fest blockieren ließ, erlosch für Traude Hörselmann die Sonne dieses Tages.

Eva hatte Martin Uhlig in letzter Zeit selten gesehen. Er sei viel unterwegs, hieß es, in Frankreich, Italien, Holland. Am Abend nach der Ausfahrt auf der «Meisje von Amsterdam» hatte er im Kasino Carla Winter erwartet. Die Fliegerin war nach der kleinen Seereise recht lebhaft geworden und hatte ihre Gunst gleichmäßig zwischen Uhlig und Tiefenbach aufgeteilt. Mit Uhlig schien sie eine alte, erprobte Kameradschaft zu verbinden, während sie sich für Tiefenbach, von dem sie wenig, aber offenbar Entscheidendes wußte, erst zu interessieren begann. Eva hatte sich beim Abendessen möglichst entfernt gehalten von dem Trio, und Uhligs ironische Blicke, mit denen er ihren Begleiter, den Ritterkreuzträger, maß, tunlichst zu ignorieren versucht. Sie wußte, daß der Offizier Uhligs Vorgesetzter war und daß der zivile Fliegeringenieur den jungen Hauptmann nicht anerkannte, trotz aller Orden, die freilich in der Jagdfliegerei leichter zu verdienen waren als in der Erprobungsfliegerei, wo mehr vorausgesetzt wurde als Schneid und Kaltblütigkeit. Eva kannte Martin Uhligs Meinung sehr gut. – Sie war an jenem Abend bald nach Hause gegangen, ohne offiziellen Abschied von der Tischrunde, der Rosemarie Klemt als beleidigte Göttin vorstand. Eva hatte gehofft, noch einmal mit Hans Tiefenbach ins Gespräch zu kommen. Etwas war zwischen ihnen nicht zu Ende gesprochen. Aber es wurde nichts daraus. Carla Winters Fliegergeschichten verfehlten ihre Wirkung auch auf ihn nicht. Er trank den Rotwein, den Hanke zu Ehren des Gastes im Kaminzimmer servierte, an ihrer Seite.

Als Hans Tiefenbach vor Evas Augen buchstäblich aus den Wolken fiel, war die quälende Frage sofort wieder gegenwärtig. Aber die Anwesenheit von Martin Uhlig verringerte die Hoffnung, ihn allein sprechen zu können. Die Männer eilten sofort zum Allerheiligsten, zur Abschußstelle.

Eva hatte sich einen windgeschützten Platz am Rande der Kiefernkuscheln gesucht. Überall zwischen dem niedrigen windzerzausten Buschwerk hockten und standen die Beobachter. Eva hörte, wie Mathesi mit Henny Rosenow verabredete, daß er besonders auf den Drall achten, während sie eine eventuell auftretende Kopf- oder Schwanzlastigkeit registrieren wolle.

Unweit von Evas Platz saß ein älterer Soldat windgeschützt in einer Sandkuhle. Er gehörte zum Versuchskommando Nord und arbeitete augenblicklich in der Werkstatt des Windkanals. Der Gefreite Zobel winkte das Mädchen, das noch nicht den rechten Beobachtungsplatz gefunden hatte, zu sich heran.

Die kleine Sandhöhle mit dem Ausblick nach Westen bot wahrhaftig ausgezeichneten Schutz gegen den Südost-Wind.

Man wartete auf den Anfang der Vorstellung.

Zobel kaute an einem gelblichen Grashalm.

Eva warnte: «Machen Sie das nicht. Sie kriegen die Strahlenpilzkrankheit.»

Der Mann kaute weiter. «Es ist doch ganz egal, wovon uns schlecht wird.»

Eva dachte an Herbert Axe, der in dem gleichen Barackenlager wohnte wie der Soldat neben ihr. Sie sagte: «Wie lebt es sich eigentlich in Ihrem Lager? Scheußlich, was?»

Zu ihrer Überraschung widersprach der Soldat. «So schlimm ist es nicht mehr, seit wir Hanke los sind. Das ist der, der heute den Verpflegungsminister macht. Ein richtiger Radfahrer, sage ich Ihnen: nach oben buckeln, nach unten treten. Ich dachte erst, Doktor Klemt hätte ihn mit hierhergenommen, weil er eine tüchtige Windfahne braucht.»

Der Soldat freute sich, daß Eva über seinen Witz lachte. Er sprach weiter, nicht laut, nur für den Bereich der kleinen Höhlung bestimmt. «Wenn man, wie ich, einigermaßen in seinem Beruf arbeiten kann – eigentlich bin ich Klempner –, mag das ja alles noch angehen. Man hat zu essen, zu rauchen, und abends wird Skat gekloppt. Wer will, findet auch ab und zu ein Mädchen. Geredet wird höchstens über die versenkten Bruttoregistertonnen. Will sagen, wieviel Prozent es mehr sind, als sie zugeben. – Aber darüber machen Sie sich bestimmt keine Kopfschmerzen, was?»

«Sehe ich so aus?»

«Na, ich weiß nicht!» Zobel blinzelte sie gutmütig abschätzend an. «Sie haben bestimmt noch mit keinem vom VKN so 'ne Art Tuchfühlung gehabt. Die riechen Ihnen doch alle zu sehr nach Entlausungschemie und Kommißbrot, was?»

Eva fand die Anspielung ungerecht. Aber vielleicht hatte der Soldat sie mit dem Ritterkreuzträger zusammen gesehen, der immerhin zu den seltenen Vögeln der Etappe Insel gehörte. Selbst Uhlig meinte, sie lasse sich von so einem «Klempnerladen» beeindrucken. – Das alles mochte sie dem Soldaten nicht sagen, deshalb erwiderte sie: «Ich bin mit einem Ihrer Kameraden gut bekannt. Er heißt Herbert Axe. Wohnt Baracke 24b.»

Der Soldat zog den Grashalm durch die Zähne, daß er summte. «Da wohne ich auch», sagte er. «Das ist ein Unglückswurm, der Axe. Er wollte neununddreißig übers Meer und die Zulukaffern studieren. Nun sitzt er mit einer Stinkwut in Pommern und muß Dächer mit Tarnfarbe bepinseln. Schlimm für so einen, der einen so unpraktischen Beruf hat. Manchmal denken wir, er ist schon halb verrückt. Da will er die Welt verbessern mit seiner Religion, die bloß einer versteht, der 'ne hohe Schule besucht hat. Er tut uns ja leid, aber landen kann er damit nicht. Heute will keiner mehr aufs Jenseits vertröstet werden, *hier* muß was passieren, daß wir aus dem Dreck 'rauskommen. Doktor Klemt ist ja der Meinung, daß uns das Ding da, das A4, dazu verhilft. Ob's wirklich England in Klump schießen wird, ich weiß nicht ...»

Die beiden hatten im Gespräch das Signal nicht beachtet, das den Beginn der ersten Serie ankündigte. Völlig überrascht sahen sie das erste Miniatur-A-4 in ziemlich steilem Winkel aus den Kiefernkuscheln hochsteigen. Mit feinem Sausen durchschnitt das schlanke Geschoß die Luft, gewann schnell Höhe und fiel nach erreichtem Gipfelpunkt, wo es zu taumeln begann, in steiler Kurve ins Wasser.

«Sieht sich hübsch an, wenn man weiß, daß einem nichts passieren kann, was?» sagte der Soldat.

In Abständen von mehreren Minuten wurde ein Modell nach dem anderen in verschiedenen Anstellwinkeln hochgeschnellt.

Da flogen sie ins Blaue hinein, mit stumpfem Heck, sternförmigem Leitwerk, vibrierenden Seitenflossen. Viele waren Versager, taumelten schon beim Anstieg, torkelten wie trunken aus der Bahn und schlugen auf die Steine ins seichte Wasser, mit knapper Not am Steilufer der Insel vorbei.

Nachdem das erste «Osterei» Dr. Klemts mit leichtem Linksdrall, aber in stabiler Kurve geflogen war, versagte der Kontrollschuß völlig. Das Aggregat schlug in geringer Höhe wie ein Pendel hin und her, und seine Schwerkraft schien einen heftigen Kampf gegen die vorhandenen Auftriebskräfte zu führen, die noch immer Höhe zu gewinnen suchten, aber die Spitze torkelte und gab die Führung auf. Sich überschlagend, fiel das Geschoß wie ein steuerlos gewordenes Flugzeug steil nach unten. Jemand schrie lauthals: «Deckung!» Dann prasselte es dank des starken Ostwinds doch noch jenseits des Steilhangs nieder. Ein Geräusch wie der Aufschlag auf Holz brachte alles auf die Beine.

So rasch, wie der Gefahrenmoment heraufgezogen war und sich abgespielt hatte, so rasch verließen die Insulaner, ob Mann oder Frau, ob Chef oder Arbeiter, ihre Beobachtungsposten. Sie brachen überall aus den Kuscheln heraus wie aufgescheuchte Waldbewohner.

Eva und Zobel hatten, wie alle anderen, unwillkürlich die Köpfe eingezogen, als das «Osterei» seine Kapriolen machte. «Na, bis nach Rußland schießen sie damit jedenfalls nicht», sagte der Soldat sarkastisch, als der Aufschlag vorüber war und das allgemeine Rennen begann.

Auf halbem Wege traf Eva mit Martin Uhlig zusammen, dem beim schnellen Lauf der lange Ledermantel um die Beine schlug, daß es klatschte.

«Wir leben gefährlich», scherzte sie, nur um etwas zu sagen.

«Das liegt dir doch.»

«Eisen auf den Kopf zu kriegen liegt mir absolut nicht.»

«Dein Kopf ist ja noch dran. Wär' auch schade drum.»

«Kümmert dich das überhaupt noch?» Eva sah ihn nicht an und erwartete auch keine Antwort auf ihre Frage. Sie dachte an die Stunden, in denen sie heimlich bedauert hatte, daß er seinen Vorsatz, ihr aus dem Wege zu gehen, so ernst nahm. Uhlig war in seinem Kollegenkreise sehr angesehen. Er erlebte viel, wußte, was er wollte, und war kritisch. Sie hätte manchmal gern mit ihm gesprochen, wenn er plötzlich im Kasino auftauchte, nach einer weiten Flugreise, einem Außenkommando am Bodensee oder in Italien. Aber er war ihr gegenüber nie unbefangen, und hinter seinen Worten schwang stets etwas mit wie Vorwurf oder Erwartung. Das machte sie unsicher.

Sie lief ihm voraus, den ausgetretenen Sandweg hinunter zu dem kleinen Hafen, in dem die Schiffe lagen. Um den düsteren, wenig einladenden «Pirat» hatten sich die herbeigelaufenen

Insulaner geschart. Das «Osterei» war aufs Steuerhaus geprallt und hatte das Dach durchschlagen. Versuchsingenieur Immisch war dabei, mit einigen Helfern den Unglücksvogel zu bergen. Dr. Klemt war nicht mehr der Herrscher aller Reußen, sondern ein enttäuschter, nach den Fehlerquellen grübelnder Gelehrter.

Oberzahlmeister Hanke hatte mit einer kräftigen Erbsensuppe aus der Feldküche die Mägen voll und die Gemüter träge gemacht. Die meisten verschliefen die einstündige Mittagspause in den Sandhöhlungen zwischen den Kuscheln oder am Rande des Hochwaldes, der ein Stück der Insel im Norden bedeckte.

Besucher mit romantischen Ambitionen wurden von den kaum begangenen, von Beeren- und Heckenrosengestrüpp verwachsenen Wegen des Waldteils angelockt. Henny Rosenow war entzückt über den Reichtum an Brombeeren und Hagebutten. Sie sammelte in Kopftuch und Schultertasche rote Hagebutten für ihre Vitaminspeisekammer. Traude Hörselmann folgte ihrem Beispiel, aber erst, nachdem Mathesi bemerkt hatte, daß man aus den «Hätscherln» einen vorzüglichen Süßwein herstellen könne. Er wollte ihr gern das Rezept von seiner Mutter in Salzburg besorgen.

«Das Ergebnis werde ich ‚Oie-Wasser' nennen», sagte sie und malte sich bereits aus, wie sie es mit Parisius zusammen trinken würde.

Eva hatte eine Pflanze gefunden, die keiner kannte. Von einem reich beblätterten gebogenen Stengel hingen, in der Art der «tränenden Herzen», an zarten Fäden bläuliche Blüten herab. Sie freute sich des seltenen Exemplars. Sie war kreuz und quer durchs Dickicht gestreift, das in ihrer Phantasie zum Hänsel-und-Gretel-Wald wurde, um sich bald darauf in den Hain zu verwandeln, in dem Daphne auf der Flucht vor dem liebestollen Gott zum Lorbeerbaum wurde. Sie ließ sich leiten von dem Bewußtsein, daß dies die Insel der Inseln sei, die etwa 360 Tage im Jahre ganz einsam war, ein Paradies der Vögel, Pflanzen und kleinen Tiere. Man durfte nur nicht daran denken, daß man zum Hofstaat König Klemts gehörte, hergekommen, um stählernes Spielzeug ins Wasser zu schießen. Wie dumm mußte das alles den großen Vögeln erscheinen, die am hohen Ufer und in dem dichten Busch- und Baumbestand nisteten.

Zu ganz anderen Zwecken müßte man auf die Oie kommen

dürfen. Eine Robinsonade müßte man leben, ohne alles, was an den Krieg erinnert. – Ganz allein? – Nein, vielleicht zu zweien. Natürlich zu zweien. Aber nicht mit irgend jemand. – Mit Jürgen Baer? Er würde spätestens nach zwanzig Minuten doch wieder vom Krieg sprechen. – Und Martin Uhlig? Sie würden sich schon nach einer Stunde streiten und auseinanderlaufen, soweit die Insel es gestattete. – Mathesi würde nur Gedichte vorlesen wollen, und der Ritterkreuzträger würde viel zuviel reden, weil er anzunehmen schien, man langweile sich, wenn man schwieg.

«Was würdet ihr mit der Oie machen, wenn sie euch gehörte?» fragte Eva die Hagebuttenpflückerinnen hinter sich. Sie hatte sich am Waldrand auf den Bauch gelegt und sah durch eine Lücke im niederen Gebüsch aufs Meer hinaus, nach Norden zu, wo es kein Land mehr zu geben schien.

In Traude Hörselmann war durch die Enttäuschung über Parisius jeder romantische Schauer erloschen.

Sie sagte lakonisch:

«Wenn ich der Eigentümer wäre, würde ich sie an die Versuchsstelle verpachten. Zu Versuchszwecken.»

«Also so wie jetzt», stellte Henny Rosenow fest. Sie stand mitten im Dornbusch der Heckenrosen. «Und Sie, Mathesi?» Der Barockengel aus Salzburg drehte sich auf den Rücken. Er lag, ähnlich wie Eva, an einem schießschartenengen Durchblick aus Ginster und schien Verse zu entwerfen. «Ich würde einen großen Garten aus der Insel machen», sagte er in seinem weichen Österreichisch.

«Eine nordische Isola Bella?» fragte Traude ironisch.

Mathesi ließ sich nicht stören. «Wenn es das Klima erlaubte, würde ich ein Sanatorium für lungenkranke Kinder einrichten.» Sein Vorschlag lag nahe. Er hatte selbst eine Tbc durchgemacht.

Henny Rosenow war wegen des rauhen Klimas nur für Benutzung im Sommer. Ein Kurheim für gesunde Lebensweise würde sie bauen, wo es Prießnitzkuren, Sauna und vegetarische Kost gäbe. «Und dann natürlich Freikörperkultur, Männlein und Weiblein getrennt, wie in Schweden», schlug sie vor. «Wem das nicht paßt, der braucht nicht zu kommen.»

«Ich nehme Dauerkarte», sagte eine Männerstimme hinter ihr. Traude lachte über Hennys bekanntes erschrecktes Quietschen bei dem unerwarteten Auftauchen Tiefenbachs.

Eva blinzelte zu ihm hinauf.

Er war über und über mit Kiefernnadeln, Altweibersommer und Spinngeweben behängt.

«Kommen Sie her, ich klopfe Sie ab.»

Er sah die zarte Pflanze, die sie immer noch behutsam in der Hand hielt. «Sie haben Salomonssiegel gefunden», sagte er bewundernd. «Und so spät im Jahr noch. Das ist sehr selten. Ich habe es zuletzt im Taunus gesehen.» Er setzte sich ohne Umstände neben sie, fest davon überzeugt, hier willkommen zu sein. Die Abgeschiedenheit der Insel ließ keine Förmlichkeiten zu, und es schien fast, als sei dieser Ort oder diese Begegnung das Ziel seines Umherstreifens.

Eva dachte: Warum habe ich ihn vorhin in meine Oie-Träumereien nicht mit einbezogen? Er ist der einzige, der die Pflanze kennt. Wahrscheinlich erkennt er auch die Vögel an ihren Stimmen. Mit ihm wäre es vermutlich am schönsten. Er verstünde es gewiß, wenn man längere Zeit nicht sprechen mochte. Bei ihm klang es manchmal, als hole er seine Worte irgendwo aus Urtiefen hervor und präge noch an ihnen, während er sie sprach in zögernder Verhaltenheit, mit seiner verschleierten Stimme. Das war alles so ganz anders als das, was sie bisher beeindruckt hatte. Seit der Stunde auf Deck der «Meisje von Amsterdam» wußte sie, daß sie sich mit ihm weder langweilen noch zanken würde hier auf der Insel. Er würde wieder sehr geschickt «testen» wollen, und sie würde ihn selbstverständlich durchschauen und ein bißchen Charlotte Löwensköld spielen. Man würde sich wohl auch mal streiten, aber nur so, um geistig Florett zu fechten. Dabei würde sich unauffällig die Gelegenheit ergeben, ihn zu fragen, was es mit der Rassenschande in dem bewußten Buch auf sich habe.

Sie ließ die Blütenstände des Salomonssiegels über ihre Hand gleiten.

Traude Hörselmann hatte mittlerweile Tiefenbach in ihre Umfrage eingeweiht. Lebhaft ging Eva ihn an: «Was täten Sie mit der Oie?»

«Ich glaube, ich würde sie der Forschung einräumen.»

«Also auch zum Schießen freigeben!» Eva war bitter enttäuscht.

«Nein, nichts mit Schießen. Wir haben schon zu lange Krieg und wissen kaum noch, daß die Forschung einen ganz anderen

Sinn hat. Ich könnte Ihnen viele Forschungsstätten nennen, für die die Abgeschiedenheit der Oie ideal wäre.»

Eine kleine Gruppe Männer, in ihrer Mitte der Doktor, kam den Weg entlang und wurde sofort von Mathesi in die Volksbefragung einbezogen. Der Doktor lachte. «Das ist doch ganz einfach: das A4 würde ich von hier aus starten.»

«Nur schade, daß da drüben Schweden liegt und nicht England», sagte einer der Männer.

Oberzahlmeister Hanke bedauerte, keine eigene Idee zu haben. Aber er stelle sich vor, was Herr Brettschneider vermutlich auf die Frage antworten würde. «Einen Stacheldraht um die Oie, und dann das ganze KZ drauf. Von hier kann bestimmt keiner türmen.»

Der Widerhall bei seinen Zuhörern war dünn, und die Gruppe ging weiter. Aber Hanke, der einen wirkungsvolleren Abgang brauchte, wandte sich noch einmal um und rief zurück: «Da fällt mir ein: Ich für meinen Teil würde als erstes ein Schild am Hafen aufstellen und draufschreiben lassen: ‚Juden und Zigeunern ist der Zutritt bei Strafe verboten!' » Mit forscher Wendung machte er kehrt und folgte den anderen.

Eva war es, als öffne sich unter ihr der Fels und sie müsse hinabstürzen in die peitschenden Wellen.

Traude begriff als einzige sofort, was in ihr vorging. Hans Tiefenbach fiel erst Sekunden später, als er die Verwandlung in Evas Gesicht sah, die kleine Bemerkung ein, die Klemt einmal über Evas Herkunft gemacht hatte. Henny und Mathesi ahnten nichts. «Geschmackloser Kerl», sagte Henny abfällig

Traude mahnte zum Aufbruch. Es wurde Zeit, die Plätze wieder einzunehmen. Die zweite Serie mußte verschossen werden.

Eva war noch so gelähmt, daß sie sitzen blieb, als die anderen schon weggingen. Tiefenbach reichte ihr die Hand, um ihr aufzuhelfen. Sie hielt krampfhaft den Blütenstengel fest, die Blume, die der Volksmund nach dem jüdischen König Salomon genannt hatte und die so selten und so schön war.

«Ich zeige Ihnen den Moosweg, den ich vorhin gegangen bin», sagte Hans Tiefenbach. Seine Stimme klang noch verhaltener als gewöhnlich.

Eva spürte den leichten Druck seiner Hand an ihrem rechten Schulterblatt. Sie fühlte sich sanft nach der Richtung geschoben, wo, kaum erkennbar, der verwachsene schmale Pfad begann.

Sie mußten hintereinander gehen. Er führte sie, mit der einen Hand Zweige zur Seite schiebend, die andere ihr entgegengestreckt. Keiner sprach. Wie eine leicht verletzliche Trophäe hielt sie in der freien Hand das Salomonssiegel und hütete es vor zurückschnellenden Zweigen. Ein Fasan lief vor ihnen her und verschwand im raschelnden Laub. Hans Tiefenbach verhielt den Schritt und wies stumm auf ein funkelndes Augenpaar über spitzem Schnäuzchen im Grünen des Preiselbeerkrauts. Blitzschnell zog sich der Marder zurück, als er sich entdeckt sah.

Eva hätte endlos gehen mögen. Sie versuchte, sich auszumalen, wie es wäre, wenn sie sich verirrten und im Kreise gingen, und die Schiffe wären schon mit den anderen abgefahren. Es wäre nichts Schreckliches dabei. Sie würde es nicht einmal bedauern, denn die Schiffe trügen ja auch Hanke mit fort, den Zahlmeister, der aussah wie Jung-Siegfried und verschlagener war als der Hunnenkönig Etzel. – Ob Tiefenbach etwas wußte? Ob er ahnte, wie das böse Wort sie getroffen hatte? Sie hatte sich schlecht beherrscht. Nicht zum erstenmal fielen in ihrem Beisein Worte dieser Art. Daß es sie heute besonders traf, lag an der harten Diskrepanz, die zwischen den Träumen, mit denen sie das kleine verwunschene Eiland umwoben hatte, und der grausamen Wirklichkeit klaffte. Es war wie eine Vertreibung aus dem Paradies. Es war das Ende aller Märchen. Es war die höhnische Preisgabe Daphnes an ihren Verfolger.

Als das Meer durch die Bäume schimmerte, blieb Hans Tiefenbach stehen und zog sie zu sich heran. Er küßte sie, und sie war bereit, noch einmal einen Traum Gewalt über sich gewinnen zu lassen. Auch danach sprachen sie nichts. Die Brücke, über die sie gemeinsam gingen, um zu den Bereichen der Menschen zu gelangen, war gewoben aus der Melancholie einer unwiederbringlichen Stunde.

6

Die Theuerkaufs und Hankes

Eva und Marlies gerieten, als sie aus dem Swinemünder Bahnhof traten, unversehens in eine Kette von Marinesoldaten. Die Matrosen, mit ihren schweren Seesäcken über den Schultern, polterten die Steinstufen hinunter, um sich auf einen Pfiff ihres Transportleiters in Doppelreihe aufzustellen.

Es wimmelte von Soldaten. Blaubemützte Matrosen, grünlichgraue Männer der Küstenartillerie, Flakartilleristen, Flieger, Feldgraue. Dazwischen Mädchen in den blauen Kostümen der Marinehelferinnen und dem Blaugrau der Luftwaffe. Die ganze Stadt schien Uniform zu tragen. Zivilisten fielen auf.

Marlies kannte die kleine Hafenstadt aus friedlichen Zeiten, von den großen Ferien her, die sie mit den Eltern in Heringsdorf verbracht hatte. Heute mußte sie das Lazarett suchen, in dem ein ehemaliger Schüler ihres Vaters mit einem Beinschuß lag und auf ihren Besuch wartete, wie ein Frontsoldat eben wartet, der nur einen bekannten Menschen in erreichbarer Nähe weiß.

Daß Eva mitgefahren war, hatte Marlies einem Zufall zu verdanken. Vor längerer Zeit hatte eine gewisse Anneliese Theuerkauf an Eva geschrieben und sie nach Swinemünde eingeladen. Diese Anneliese stammte aus Langenbrück, war als Nachrichtenhelferin in Griechenland gewesen und suchte, zurückgekehrt und nach Swinemünde versetzt, offenbar Verbindung mit der früheren Gefährtin. Eva hatte zunächst wenig Neigung gezeigt, sie wiederzusehen, aber als Marlies von dem Lazarettbesuch sprach, hatte sie sich überraschend schnell entschlossen, mitzufahren. Es schien Marlies, als ob sich Evas Plan für das Wochenende zerschlagen habe und sie nun den freien Tag, ganz gleich wo, verbringen wolle.

«Verzeihung, Fräulein!» An allen Ecken lauerten hier Gelegenheiten für die, die sie suchten. Blaue Mützenbänder flatterten, goldene Ärmelstreifen blitzten auf marineblauem Grund. «...denn wir fahren gegen Engelland», tönte es aus einer Nebenstraße. Matrosen mit geschulterten Seesäcken marschierten und sangen keuchend.

Marlies fiel der Fähnleinführer und Freund vom Sonnenwendfeuer und Erntetanz ein. Ihn und sein Schiff hatte eine Mine zerrissen auf der Fahrt gegen «Engelland». Morgen würden diese hier fahren, oder übermorgen. Auch in einem Monat würden sie noch zurechtkommen, denn der Krieg dauerte, dauerte, dauerte. – Erschrocken spürte sie, wie tief bereits Herbert Axes pessimistische, anklägerische Gedanken von ihr Besitz ergriffen hatten. «Defätistisch» nannte man so etwas wohl. Aber konnte man von einem Menschen, dessen Bruder im KZ Dachau saß, etwas anderes erwarten? Herbert hatte ihr einmal erzählt, daß allen KZ-Häftlingen eine Zahl auf die Brust eingebrannt würde, damit man sie bei einem Fluchtversuch leichter einfangen könne. Sein Bruder sei ein Gezeichneter, sagte er.

Marlies hatte manchmal die schreckliche Vorstellung, auch er, Herbert, habe so eine Ziffer über dem Herzen, denn er war bereits ein Gebrochener, auch ohne Peitsche und Folterkammer, von denen er behauptete, daß es sie gebe in den Gefängnissen der Nazis. Folterungen im zwanzigsten Jahrhundert? Sie glaubte nicht daran. Sie beruhigte sich damit, daß, falls so etwas existiere, Heinz Brettschneider als alter Parteigenosse davon wissen müßte und daß er dann keinesfalls mehr mitmachen würde. Auch Dr. Klemt gehörte zur Partei und manch anderer, den sie hochschätzte. Sie alle hätten sich im Wahrheitsfalle bestimmt längst abgekehrt.

Bedrückt ging Marlies durch das wimmelnde Leben in den septemberlich warmen Straßen Swinemündes. Ich bin in der richtigen Stimmung, einen Verwundeten zu trösten, dachte sie. Ich liebe ein seelisches Wrack und gehe ein körperliches Wrack besuchen. Nach dem Kriege wird man Ärzte brauchen, nichts als Ärzte und Pfleger, Chirurgen und Psychiater.

Sie wunderte sich, als Eva einen Straßenpassanten nach dem Weg fragte. Sie hatte die Freundin schlecht geführt.

Anneliese Theuerkauf stand altersmäßig zwischen Eva und Marlies. Sie flog Eva an den Hals, als sie die Erwartete in der

Diele des Marinehelferinnen-Wohnheims stehen sah. Eva hatte mit einem so herzlichen Empfang nicht gerechnet, ließ sich aber bereitwillig anstecken von Annelieses Unternehmungslust.

«Ich bin auf meiner Bude heute allein, da können wir es uns gemütlich machen. Und heute abend –», Anneliese tat geheimnisvoll und ließ nicht gelten, daß die beiden am Abend zurückfahren wollten. Die Unterbringung bereite keine Schwierigkeiten. Es seien eine ganze Menge Kameradinnen auf Wochenendurlaub gefahren, und mit der Heimleiterin mache sie das schon klar, auch für Marlies, die natürlich mit eingeladen war.

Marlies fühlte sich wie von einem frischen Wirbelwind erfaßt, der ihre düsteren Gedanken hinwegfegte. Das braunäugige Mädchen belustigte sie. Ihre Sicherheit steckte an. Sie tat, als hätte sie Befehlsgewalt über ein ganzes Kriegsschiff. Ohne sich durch die Marinehelferin vom Dienst, die in der Anmeldung saß, eingeschüchtert zu fühlen, griff sie zum Telefon und «machte alles klar».

«Der Käptn ist begeistert, daß ich neue Gesichter mitbringe», sagte sie, den Hörer auflegend.

Mit einem leisen Lächeln auf den Lippen machte sich Marlies auf den Weg ins Lazarett. Vielleicht war es heute gut für sie, in solche Gesellschaft zu kommen. Anneliese hatte von einem Bordfest gesprochen. Das klang nach illuminiertem Vergnügungsdampfer, Bordkapelle und Mondnacht. Obwohl sie wußte, daß dergleichen kaum zu erwarten war, freute sie sich darauf.

Der Käptn, von dem Anneliese gesprochen hatte, war Erster Ingenieur auf dem Wohnschiff «San Salvador», das am Kai von Swinemünde fest verankert lag; der Käptn ihres Herzens aber war Unteroffizier in einer Scheinwerferbatterie und trug die breiten Schulterstücke der Küstenartillerie.

Eva erfuhr die Zusammenhänge nach und nach, als sie in Annelieses Zimmer zum Tee frisches Kommißbrot mit Marmelade aßen. Die Stachelbeermarmelade war aus Langenbrück. Eva kannte die Sträucher in Theuerkaufs Garten, von denen die Beeren stammten. Sie hatte immer die großen roten bevorzugt, die mit der knackigen Schale, während Anneliese die honigsüßen goldgelben lieber mochte. Zehn oder zwölf Jahre waren sie damals alt. Ein Jahr später freilich, als das Unglück mit Evas Vater geschehen war, durfte Anneliese nur noch über den Gartenzaun mit ihr sprechen. Alle drei Theuerkauf-Jungen waren begeisterte SA-Männer und HJ-Führer, und was sie bisher bei der kleinen Schwester widerstrebend geduldet hatten, verboten sie nach dem «Vorfall» in der Kreisstadt unverzüglich. Es gab Leute in Langenbrück, die behaupteten, daß die Theuerkauf-Jungens mit ihrem schweren NSU-Motorrad an jenem Tage in der Kreisstadt gewesen seien und tüchtig geholfen hätten, den Juden die Fenster einzuschlagen. Der alte Theuerkauf freilich, der ein alteingesessener Langenbrücker war und eine Fahrradhandlung nebst Autoreparaturwerkstatt betrieb, wollte davon nichts wissen. Als er bald darauf im Kegelklub mit dem runden Parteiabzeichen erschien, lächelte man und dachte sich sein Teil. Abergläubische Leute und solche, die an ein Gottesgericht auf Erden glaubten, sahen in dem Unglück, das ein Jahr später die Familie Theuerkauf heimsuchte, eine unheimliche Bestätigung des Gerüchts. Bei einer wilden Motorradfahrt verunglückten die beiden ältesten Theuerkauf-Söhne tödlich. Angeblich waren sie auf einer Dienstfahrt für den SA-Sturm gewesen. Aber wieder ging das Gemunkel, daß ein üppiges Saufgelage der Todesfahrt vorausgegangen sei. Ausmaß und Gepränge des Doppelbegräbnisses überstiegen alles, was Eva je gesehen hatte. Die NSDAP trug ihre jungen Helden mit dem gleichen prangenden Pathos zu Grabe, das sie ihren «von Mörderhand gemeuchelten Märtyrern» angedeihen ließ. Hinter der Gardine des Mansardenfensters versteckt, sah Eva die endlose Kette der spalierbildenden BdM-Mädel und Jungmädel stehen. Es hatte ihr die Kehle abgeschnürt vor Ergriffenheit. Die man unter den Fahnen mit dem Hakenkreuz zu Grabe trug, waren Annelieses Brüder, und Anneliese war immer nett zu ihr gewesen. Daß es nicht zu einem engen Umgang zwischen ihnen kam, lag daran, daß sie, Eva, in die Schule einer anderen Stadt überwechselte. Außerdem wurde Anneliese Jungmädelführerin und mußte darauf Rücksicht nehmen. Trotz ihrer Sehnsucht nach einer Gemeinschaft mit anderen Mädchen hätte Eva damals nicht einmal von ihrer besten Freundin – falls sie eine gehabt hätte – erwartet, daß sie ihretwegen ausschlüge, Führerin zu werden. Als Führerin ging man neben dem Wimpel her, stimmte Lieder an, in die alle einfallen mußten, und sagte

Sprüche auf unterm Maibaum. Eva wußte, daß sie das nie würde tun dürfen, und begehrte es vielleicht gerade deshalb so heiß. Wie sollte sie Anneliese hassen, die doch nur das tat, was sie, Eva, selbst mit Inbrunst getan hätte?

Nun, nach Jahren, saß sie Anneliese gegenüber, die temperamentvoll ihre Erlebnisse berichtete. Von den Rotkreuz-Kursen des BdM war der Weg zur Rotkreuzschwester gegangen. In Griechenland hatte sie sich eine schwere Gelbsucht geholt, und ihr Vater hatte nach ihrer Genesung alles darangesetzt, sie aus dem Schwesterndienst freizubekommen. Dafür hatte sie sich als Marine-Stabshelferin verpflichten lassen und war froh gewesen, als sie ihrem verknurrten Alten wieder entronnen war. In Swinemünde hoffte sie nun eine Weile zu bleiben, denn hier gab es den «Käptn» mit dem flotten Wohnschiff und jenen Unteroffizier, der allabendlich mit riesigen Spiegelscheinwerfern breite Himmelsleitern ans dunkle Firmament zauberte.

Eva lehnte sich auf dem Feldbett weit zurück gegen die Deckenrolle an der Wand, die eine Lehne vortäuschen sollte. Auf den beiden anderen Betten des Zimmers standen Kopfkissen in großen blauweiß gewürfelten Bezügen, dekorativ aufgebaut mit hochgereckten Zipfeln wie lauschend aufgestellte Ohren.

Anneliese sah Evas beobachtenden Blick.

«Ich fühle mich wohl hier», sagte sie. «Ins Ausland möchte ich nicht wieder.»

«Warum nicht?»

«Mir war es immer unheimlich. Die fremden Menschen, die fremde Sprache. Man wußte nie, was sie vorhatten. Karl-Heinz meint zwar, man gewöhnt sich dran ...»

«Ist das der Unteroffizier von den Scheinwerfern?»

«Ja. Er wird dir bestimmt gefallen. – Und wie steht es mit dir? Du erzählst gar nichts. Kennst du nicht den Leitsatz: ‚Genieße den Krieg, der Friede wird fürchterlich'?»

«Bei uns ist alles sehr geheim», sagte Eva ausweichend.

«Ich habe schon so etwas läuten hören. Aber von dir kannst du doch erzählen. Was habt ihr denn für Männer dort?»

«Och, recht nette.»

«Soldaten?»

«Auch. Aber meistens Zivilisten.»

Anneliese drückte ihre Zigarette im Ascher aus. Sie rauchte stark. Ihr schien etwas in den Sinn zu kommen. «Deine Großmutter erzählte mir etwas von einer Verlobung, als ich das letztemal auf Urlaub war. Wo ist er denn? An der Front?»

«Ich glaube.»

«Das weißt du nicht?»

«Nein. Ich habe Schluß gemacht.»

«Wegen eines anderen?»

«Nein.»

«Na du, erzähl mir nichts! Heutzutage macht man nicht so leichtfertig Schluß.» Sie holte Fotografien hervor, Bilder ihres Swinemünder Sommers: Mariner und Mädchen in Uniform, vielfach herausfordernd gruppiert, mit heiteren Mienen. Sie lebten dem Tage.

Was soll ich erzählen, fragte sich Eva. Wie könnte ich ihr die Freundschaft mit Jürgen Baer schildern oder meine zwiespältigen Gefühle für Martin Uhlig? Von Hans Tiefenbach ganz zu schweigen.

Aber Eva war EVA, und glänzen wollte sie auch ein bißchen. So erzählte sie Nebensächliches: von der Ausfahrt mit der «Meisje von Amsterdam». Und das eichenlaubgeschmückte Ritterkreuz vergaß sie nicht zu erwähnen.

Zwei schmale Kajüten standen dem Ersten Ingenieur im Wohnschiff «San Salvador» als Logis zur Verfügung, die für sechs Menschen nur wenig Bewegungsfreiheit hergaben.

«Mehr Tuchfühlung, meine Damen», witzelte der Ingenieur, der mehrere Silberbalken an seiner dunkelblauen Uniform trug. «Sonst geht die Tür nicht zu.»

Er hatte gar nicht so unrecht. Jeder Quadratmeter war ausgenützt: Unter dem Bullauge die ledergepolsterte Eckbank, davor ein am Boden angeschraubter runder Tisch, der aussah, als stamme er aus einer Stehbierhalle. Schränke und Schubfächer waren in die holzverkleideten Wände eingebaut, das Bett hing in halber Höhe wie in einem Schlafwagen. Es gab kein bewegliches Möbelstück.

«Ich komme mir vor wie in eine Maikäferschachtel gesperrt», sagte Marlies. Die ungewohnte Umgebung erheiterte sie ungemein, und die Gastfreiheit der Männer fand sie großartig.

Aus dem Wandschrank neben seiner Schlafkoje holte der Ingenieur einen Armvoll Flaschen. Er winkte Eva heran. «Wir werden jetzt einen echten ‚Manhattan‘ mixen. Oder wollen Sie unser Spezialgetränk ‚San Salvador'? Eigene Erfindung.» Evas Kenntnisse beschränkten sich auf Seehund und Schwedenpunsch, weshalb sie mitleidig in die Kategorie der Binnenland-Trinker eingereiht wurde. Ihr zum Trost stellte Karl-Heinz Wingensiefen fest, daß sie ausgezeichnet tanze. Es war jeweils nur für ein Paar Platz, die anderen mußten währenddessen gehorsam auf der Eckbank sitzen bleiben.

Der sechste, ebenfalls ein junger Mariner mit schmalen Silberbalken auf den Schultern, saß an der Bankecke und spielte Klampfe. Er spielte alles, was von ihm verlangt wurde, nach dem Gehör. Er sprach kaum, ließ sich oft einschenken und rührte sich nicht von seinem Platz.

«Er ist frisch verlobt», sagte Wingensiefen zu Eva, als wäre für das Verhalten des Musikus eine Erklärung am Platze. Da der Obermixer, gemeinsam mit Anneliese, ein neues Getränk braute, tanzte Wingensiefen, der breitschultrige Küstenartillerist, zum wiederholten Male mit Eva. Man merkte bei jedem Schritt, daß man auf einem Schiff war. Eva hatte lange nicht mehr richtig getanzt. Wingensiefen war wirklich ein netter Junge und führte ausgezeichnet. Trotz des engen Raumes konnten sie ein paar Figuren tanzen.

Anneliese schaute durch den Rauch ihrer Zigarette von nebenan herüber. – Sie lacht zu laut, dachte Eva. Das ist unecht. Sie ist wütend auf mich. Das ist dumm. Morgen bin ich wieder fort. Und nicht das kleinste Quentchen Wingensiefen wird mit mir gehen. Ich werde sagen, mir ist heiß, wenn er mich wieder zum Tanz auffordert.

Leicht schwankend, was vom unablässigen Schlingern des Schiffskörpers herrühren mochte, kam der Gastgeber aus seiner Mix-Kombüse und schüttelte geheimnisvoll eine bauchige Flasche.

«Jetzt kommt 'ne Wolke!» rief Anneliese, die ihm folgte.

«Schotten dicht, alle Mann an Deck!» kommandierte der Erste Ingenieur mit kratziger Stimme. «Der Clou des Abends.» Er schütttelte die Flasche.

«Mach's nicht so spannend und laß deinen Flaschengeist endlich 'raus», verlangte der Musikant und schob sein Glas über den Tisch.

Der Erste Ingenieur, dem der Schalk Falten in die Augenwinkel gegraben hatte, entkorkte pfiffig die Flasche. «Ich kredenze Ihnen jetzt die Krone meiner Cocktail-Schöpfungen: den ‚Todesritt von Mars-la-Tour'!» Eine dunkelbraune Flüssigkeit floß in die Gläser.

Alle kosteten zaghaft.

«Schmeckt wie beim Zahnarzt», stellte Marlies fest.

«Wie frischgeteerter Gartenzaun», behauptete Wingensiefen.

«Spielen Sie: ‚Ich steh auf der Brücke!'», verlangte Eva von dem Musikus. – Ich hab einen Schwips, dachte sie. Und sie sang in bester Laune zu der Klampfe:

«Wir sitzen hier aufgereiht wie auf der Schnur
und trinken den Todesritt von Mars-la-Tour.
Hollatiriri ...»

Die anderen fielen ein und schunkelten auf der sich leicht wiegenden Bank. Eva schüttelte kleine, anspruchslose Reime aus dem Ärmel und fand ein aufmerksames Publikum. Schließlich ging Wingensiefen dazu über, ihr mit der ersten Zeile ein Stichwort zu geben:

«Ich möchte gern reimen und weiß doch nicht wie ...»,

worauf Eva, fast ohne zu überlegen, den Vers weiterführte:

«– Der eine kann's eben, und der andre lernt's nie.»

Der Gastgeber klatschte sich auf die Schenkel, und Wingensiefen rief: «Wo ist Ihr Glas, ich muß mit Ihnen Brüderschaft trinken.»

Eva fühlte sich leicht, als gäbe es keine Schwerkraft mehr. Die ungewohnten hochprozentigen Getränke hatten viele kleine Teufelchen in ihrem Blute mobil gemacht. Sie wehrte Wingensiefens Arm ab, mit dem er, das Glas in der Hand, sie zum Bruderkuß unterhaken wollte, stand auf und schob sich, da Bank wie Tisch unverrückbar waren, über die Knie der Sitzenden hinweg. Auf der winzigen Tanzfläche bewegte sie probierend die Beine.

«Krakowiak?» fragte der Musikant und schlug auf die Saiten.

«Nein, ich will steppen.» Eva wechselte mit Marlies einen Blick, den niemand sonst verstand. Was im Hause Seestern unangenehmes Aufsehen erregt hatte, würde hier, an Bord der «San Salvador», wohl hinpassen. Zuerst waren ihr die Beine etwas schwer, dann aber paßten sie sich dem Schwebegefühl des Körpers an, die Knie wurden elastisch, die Füße klappten fast von allein. Evas schmaler Körper bewegte sich im Rhythmus des gezupften Schlagers.

Der Gastgeber hatte sich hoch hinauf auf seine Koje geschwungen und schlug mit den Beinen den Takt gegen das Holz, in den Händen die bauchige Flasche mit dem Rest des «Todesritt von Mars-la-Tour». «Das ist Klasse», schmunzelte er und besah sich die Tanzeinlage gewissermaßen von den Toppen aus.

Wingensiefen stand in der Verbindungstür, tat nichts und sagte nichts. Er schaute nur auf den wirbelnden blauen Faltenrock. Ta-tam, ta-tam – das Klampfenspiel war nur noch rhythmische Begleitung für die klappenden Füße, die Schuhspitzen, die auf den Boden stießen, abschnellten und sich wieder fingen, ein aufregend schnelles Präzisionsspiel. Nicht weniger schön waren des Mädchens Augen. Als sie, unmittelbar vor ihm tanzend, in die Hände klatschte, hob er seine Hand, von der sie nur einen Finger nahm. Es war ihr Drehpunkt, an dem sie sich unter seinem Arm ein paarmal um sich selbst drehte. Dann endete sie ganz plötzlich in einem weiten Ausfallschritt wie ein Fechter. – Ta-tam! Wingensiefen ergriff ihren Arm. Sie taumelte. Die letzten Drehungen waren zu heftig gewesen.

Ihr war sehr heiß geworden, die Enge der Maikäferschachtel bedrückte sie. Schnell lief sie hinaus.

Marlies nutzte die Gelegenheit, um auch Luft zu schöpfen. Die beiden Freundinnen lehnten an der Reling. Der Spätsommerabend stand über dem Swinemünder Hafenbecken. Dunkel hoben sich die verschiedenartigsten Silhouetten kleinerer Kriegsschiffe gegen den blassen Himmel ab.

«Ich habe einen tüchtigen Schwips», sagte Eva.

«Ich auch. Wir dürfen nichts mehr trinken, sonst brummt uns morgen der Kopf.»

«Morgen nachmittag muß ich Hürden laufen. Gegen eine Greifswalder Mannschaft. Ich habe es Baer versprochen.» Eva lachte etwas schuldbewußt.

«Da hätten wir doch heute abend zurückfahren sollen.»

«Jetzt ist es zu spät. Bis wir in Zinnowitz sind, ist die letzte Werkbahn weg.»

Marlies fröstelte. Sie stieg die schmale Treppe hinab in den Bauch des Schiffes, das, weil es nicht mehr seetüchtig war, einigen Marineausbildern als ständiges Quartier diente.

Noch bevor Eva ihr folgen konnte, war der Musikus übers

Deck herangekommen. Er blieb an der Treppe dicht vor ihr stehen.

«Na, Mondscheinpromenade gemacht?» fragte er mit nasaler Stimme.

Sie schüttelte den Kopf. «Nix mit der Romantik. Alles ist duster hier draußen.»

«Um so besser.» Er faßte ihren Arm. Es war so dunkel, daß sie sein Gesicht nicht erkennen konnte. Plötzlich fühlte sie eine Hand an ihrer Bluse. Sie ließ ihn tasten, bis er die Knopfleiste erreicht hatte und hastig daran zu nesteln begann. Dann schlug sie zu – und traf gut.

Er lachte ärgerlich auf. «Hab dich nicht so, du kleine Jüdsche!»

Eva umkrallte wie im Krampf das Geländer. Was unter ihr schwankte, konnten nicht nur die Schiffsplanken, was schwarz um sie war, konnte nicht nur das Nachtdunkel sein. So schwankend und so dunkel waren kein Schiff und keine Nacht. Aber ihr Leben war so, und aller Selbstbetrug half nichts –

Sie stürzte fast die schmale Treppe hinunter. Dann, vor der Kajütentür, wurde ihr alles klar: Sie hatte Annelieses Eifersucht herausgefordert, und Anneliese hatte mit einem Satz die Schwärmerei der Männer zunichte gemacht «Wißt ihr denn auch, wem ihr den Hof macht?» hatte sie vielleicht gesagt. «Einer Judenschickse!» – Anneliese war gemein, gemein, gemein! Sie gehörte also zu den Hankes, die Verbotsschilder für Juden aufstellten!

Wohl oder übel mußte Eva wieder zurück in die Kajüte. Das erste, was sie sah, war Marlies' verständnislos fragender Blick. Peinliche Stille umgab sie. Der Gastgeber drehte unbeholfen am Radio. Es war, als ob ein fröhlich plätscherndes Wasser plötzlich zu Eis erstarrt sei.

Eva sagte mit erzwungener Festigkeit in der Stimme: «Marlies, ich fahre heim. Es ist besser.»

Niemand erwiderte etwas. Anneliese rauchte krampfhaft. Die Luft war dick von Zigarettenqualm. Marlies erhob sich überrascht. Nach kurzem Zögern sagte sie: «Gut, ich komme mit.»

Als Wingensiefen Eva in die Jacke half, fragte er fast schüchtern: «Kommen Sie heute abend überhaupt noch nach Hause?»

«Bestimmt», antwortete sie hart. «Wir haben ja zwei Beine.» Er geleitete sie wortlos übers Fallreep.

Marlies wußte, daß mit Eva etwas Ungewöhnliches, Böses geschehen war und daß sie der Freundin zuliebe einen beschwerlichen Weg durch die Nacht auf sich nehmen mußte, denn in Zinnowitz endete die offizielle Bahnlinie. Das letzte Stück der Insel, das ein paar Fischerdörfer umschloß, war nur mit der werkeigenen Bahn zu erreichen, die jedoch zu so später Stunde nicht mehr verkehrte.

Von Zinnowitz aus hatten sie etwa zehn Kilometer Fußweg vor sich. Sie gingen auf der Landstraße, weil sie meinten, dort besser vorwärts zu kommen als am Strand. Die Chancen, einem Auto zu begegnen, waren gleich Null. Es gab weder Privat- noch Dienstwagen, sogar die Werkleitung fuhr Werkbahn oder Fahrrad.

Nach halbstündiger Wanderung begannen Marlies' Schuhe zu drücken. Zu ihrem hübschen kombinierten Kostüm, dunkelgrünem Faltenrock und zimtbrauner Jacke, hatte sie die braunen Sportschuhe angezogen, die ein ehemaliger Schüler ihres Vaters, leider eine halbe Nummer zu knapp, in Prag für sie besorgt hatte – eine Kostbarkeit im Zeitalter der Bezugsscheine.

«Ich muß sie ausziehen», sagte sie schließlich. «Es geht nicht mehr.» Sie hinkte bereits.

«Dann gehen wir am Strand weiter», schlug Eva vor. «Direkt am Wasser, wo der Sand fest ist.»

Es war nicht sehr behaglich, weitab vom nächsten Dorf, eine Stunde vor Mitternacht, den Waldgürtel zu durchqueren. Die Bäume rauschten über ihnen.

Marlies, ihre Schuhe in der Hand, sah im Dunkeln die Wurzeln und Kiefernzapfen nicht. Der Barfüßigen wurde jeder Schritt zur Qual. Endlich fühlte sie den Untergrund weicher werden. Letzte Baumreihen standen auf den Ausläufern der Dünen, wo der Seesand feinkörnig den Waldboden überlagerte. Als die beiden Mädchen auf die Düne hinaustraten und die See vor sich sahen, atmeten sie auf. Da war es, das geliebte Element, an dessen Seite es nur einen Weg gab, den man nicht verfehlen konnte.

Auch Eva zog Schuhe und Söckchen aus. Das Wasser war wenig bewegt. Kaum hörbar lief die letzte Welle breit am Strande aus: Marlies überließ im ständigen Vorwärtsgehen ihre brennenden Füße der kühl heranschlagenden Nässe. Eva hielt sich dicht neben ihr. Sie sprachen miteinander in langen, herzschweren Zwischenräumen.

Hier glaubte man, allein auf der Welt zu sein. Dieser helle Streifen, Vorland einer langen Insel, von keinem Leuchtfeuer gestreift, lag jenseits menschlicher Bereiche, zumindest in dieser Nacht, in der Eva Leonhard, zwanzigjährige Tochter eines jüdischen Zahnarztes, begann, der Liebe, die ihr Leben bisher beherrscht hatte, den Haß gegenüberzustellen.

Hinter dem Walde, dachte sie, dort wohnen sie, die Theuerkaufs und Hankes, und ich muß mich am Rande halten, um ihnen nicht zu begegnen. Ganz dicht am Wasser muß ich gehen, gerade so, daß ich nicht ins Meer falle, aber auch so, daß sie mich nicht verjagen können mit Gesetzen und Verbotsschildern.

Ein Märchen fiel ihr ein, das Märchen von der klugen Bauerntochter. Da sollte das arme Mädchen «nicht nackt und nicht bekleidet, nicht geritten und nicht gegangen» zum König kommen. Sie hatte die Aufgabe gelöst, indem sie sich, in Fischgarn gehüllt, an den Schwanz eines Esels binden ließ. Was war das für ein Aufzug! Aber das Bauernmädchen wurde reich belohnt, weil sie das unmöglich Scheinende möglich gemacht hatte. – Mußte sie, Eva, das nicht auch tun? Sie wollte leben – trotz aller Verbotsschilder, wollte lernen – trotz versteckten und offenen Mißtrauens. Und auch lieben wollte sie und wiedergeliebt werden – trotz der Theorie von der Minderwertigkeit ihrer Rasse. Aus der Asche ihres Stolzes, der die Giftlohe des Hasses entsprungen war, schlug die Flamme ihrer Sehnsucht nach Liebe und Verständnis so unbändig hoch, daß es ihr die Kehle eng machte. Hinter dem Walde wohnten nicht nur die Hankes und Theuerkaufs, sondern auch ein Jürgen Baer, ein Hans Tiefenbach, eine Traude Hörselmann – und vor allem Marlies.

Eva strömte das Herz über. Sie konnte nicht länger in sich verschließen, was sie seit Jahren bedrückte. Sie erzählte der Freundin alles von ihrem Vater, von der «Musterung» für den Arbeitsdienst, von der Mädelführerin Anneliese Theuerkauf und ihren Brüdern.

Sie gingen und gingen. Ohne die Spur einer Veränderung schimmerte das flüssige Metall der See in Grau und Silber. Die Dünen am Waldrand hockten wie geduckte Greise mit schütterem Haarwuchs: spitzköpfig, rundköpfig, bleich, mit fahlen Strandgrasbüschelhaaren.

Marlies hatte schweigend zugehört. Nach einer Weile fragte sie: «Hat Anneliese Theuerkauf noch nie irgend etwas zu dir gesagt? Ich meine – so in der Art wie heute – etwas Verächtliches?»

«Nein, noch nie. Dann wäre ich doch gar nicht zu ihr gefahren.»

Evas Fuß stockte. Stimmte es denn, was sie da sagte? Vor Jahren – – sie erinnerte sich plötzlich eines anscheinend unbedeutenden Erlebnisses ihrer Kinderzeit: «Es war, bevor das mit Vater passierte. Ich verbrachte gerade meine Osterferien in Langenbrück bei den Großeltern. Wir steckten meist zu dritt zusammen: Anneliese, Sigrid Maes – die jetzt in Paris ist – und ich, spielten entweder bei den Großeltern auf dem Holzplatz, bei Theuerkaufs auf dem Autohof oder um die Försterei herum. Einmal hatte sich Sigrid beim Klettern so gründlich die Strümpfe zerrissen, daß ihre Mutter ihr dicke Wollstrümpfe anzog. Sigrid behauptete, sie kratzten scheußlich, aber noch war es zu kalt, um sie heimlich herunterzurollen. Da erzählte ich ihr, ich wisse ein Mittel, daß sie sie nicht mehr anzuziehen brauche. Sie sollte es so machen wie unser Hausmädchen, das meine weißwollenen Trachtenstrümpfe in ganz heiße Persillauge gesteckt hatte. Natürlich waren sie zusammengeschrumpft und so verfilzt, daß sie mir nicht mehr paßten. Meine beiden Freundinnen fanden den Tip großartig. Sigrid wollte es heimlich ausprobieren, aber Anneliese, die Unbeteiligte, erzählte zu Hause davon, ein bißchen prahlerisch, wie man sich als Kind auf einen schlauen Streich etwas einbildet. Damit es besser wirkte, hatte sie ihren Eltern gesagt: ‚Eva macht das immer so, wenn sie ihre Wollstrümpfe nicht mehr anziehen will.‘ Ich wollte von Anneliese wissen, was ihre Eltern dazu gesagt hätten, und sie berichtete mir ganz unbefangen: ‚Meine Eltern haben sich angeguckt, und mein Vater sagte: Da seht ihr's, das ist das Jüdische in ihr.‘ Anneliese lachte dabei, und wir lachten auch. Ich habe dann meinen Vater gefragt, ob wir Juden wären und ob das Schlimme, was manchmal in einem sitzt, gerade das Jüdische sei. Er war zuerst sehr bestürzt. Dann bekam er einen ganz bösen Blick, ging in sein Zimmer und schlug die Tür hinter sich zu. An diesem Tage hat mich meine Mutter im Schwimmverein angemeldet, was ich mir schon lange wünschte, und mir den Rat gegeben, tüchtig zu schwimmen und den anderen zu zeigen, was ich leisten könne. – Das ist nun über zehn Jahre her, und ich hatte es fast vergessen, wie man das Unangenehme leicht vergißt – oder vergessen möchte.» Eva fiel ein, daß Jürgen Baer einmal gesagt hatte: «Die größte Schwäche der Menschen ist ihre Vergeßlichkeit. Dadurch lernen sie nicht aus früheren Fehlern, und die Menschheitsgeschichte macht bei jedem Schritt vorwärts einen halben zurück.» Zwischen den Bäumen sahen die Dächer der Häuser hervor, die den Dünenweg säumten. Metallisch klar blinkten die Sternbilder.

Die beiden Wanderer hatten ihr Ziel erreicht.

Am gleichen Abend hatte Dr. Klemt das klare Wetter genutzt, um vom Balkon seines Hauses aus die Sterne zu beobachten. Er besaß ein Zeiß-Fernrohr, das für Liebhaber schon außergewöhnlich war. Auf dem nach drei Seiten offenen Balkon hatte er sich in Mannshöhe ein Holzgestell anbringen lassen, so daß er von da aus das Rohr auch in die vierte Richtung ausschwenken konnte. Am Okular stand sein Gast, Hans Tiefenbach. Klemt hatte ihn auf seine Privatsternwarte eingeladen mit dem Bemerken: «Wer das Kleinste kennt, muß auch das Größte studieren.» Tiefenbach gab ihm recht. Das Studium des Mikrokosmos, der Welt der Atome und Elementarteilchen, dieser Sonnensysteme im kleinen, veranlaßte die Forscher ständig, Vergleiche mit den Vorgängen im Makrokosmos zu ziehen. «Die Physik hat sich längst mit der Astronomie verheiratet.»

«Umgekehrt!» behauptete Klemt. «Die Astronomie ist die ältere Wissenschaft, die älteste überhaupt.» Er hatte sich mit der Dichte der Fixsterne beschäftigt. «Andere sehen weiße Mäuse, und ich suche weiße Zwerge», fuhr er scherzend fort. Er hatte den Sirius im Rohr und ließ Tiefenbach hindurchblicken.

Die ungeheure Dichte der Materie, aus der dieser helle Doppelstern besteht, war den Wissenschaftlern bekannt. Klemt wußte auch die Entfernung in Lichtjahren auszudrücken.

Sie fanden den Andromeda-Nebel und sprachen darüber, daß er nichts anderes sei als eine Anhäufung von Sonnen in der Art, wie es die Milchstraße ist, zu der die Erde gehört. Sie unterhielten sich über Magnetfelder, die man auf der Sonne festgestellt hatte, und über die elliptischen Bahnen der Planeten.

Als sie den Mond im Okular hatten, meinte Tiefenbach: «Es ist doch merkwürdig: Was wissen wir nicht alles vom Ganzgroßen und vom Ganzkleinen, aber die Zusammenhänge unsrer Welt, in der wir leben, erkennen wir nicht. Ob es Krieg oder Frieden gibt, wie lange Krisen oder Konjunkturen anhalten, können wir nicht ergründen.»

Klemt hob die Schultern. «Überall, wo der Mensch seine Hand im Spiel hat, ist es aus mit einer gesetzmäßigen Entwicklung. Darum versagen unsere Berechnungen in unserem eigenen Alltag. Das ist doch ganz einfach.»

Tiefenbach hatte den kühlen Erdtrabanten groß im Blickfeld und betrachtete seine narbige Oberfläche. «Das bedeutet also: Wenn wir erst auf dem Mond sind, wird auch die Eigengesetzlichkeit dieses einsamen Gesellen durchbrochen.»

Klemt spazierte auf dem Balkon hin und her, die Hände in den Hosentaschen. «Nehmen wir an, der Mond sei von Bewohnern eines anderen Planeten aus gut zu beobachten. Jahrhundertelang haben jene Astronomen die gleichen Studien gemacht wie wir. Nun landen unsere Astronauten, an der Spitze unser ‚Doktor', sagen wir – in zwanzig Jahren da oben und schaffen die Voraussetzungen dafür, daß ein paar Jahre später Atombombenversuche in großem Maßstab vorgenommen werden können – vielleicht unter der Leitung eines Herrn Tiefenbach.»

«Davor bewahre mich ein gütiges Schicksal!»

Klemt lachte auf. «Ich meine nur – es liegt im Bereich der kosmischen Möglichkeiten. Jedenfalls würden solche Versuche die Mondlandschaft stark verändern und vermutlich sogar seine Materie einigermaßen – umordnen. Da haben Sie den Eingriff der Menschen! Für die Beoachter von unseren Nachbarplaneten dürfte diese plötzliche Mutation der Mondmaterie schwer deutbar sein.»

Tiefenbach gab das Okular frei. Er sprach langsam, in seiner grüblerisch mühsamen Art: «Ich hoffe, daß wir bei der Eroberung unseres Trabanten etwas weniger anspruchsvoll auftreten. Wenn es etwa so vonstatten ginge, wie Sie eben entwickelt haben, dann wäre die Spezies Mensch nichts anderes als der kosmische Wolf. – Stellen wir uns den Weltenraum doch einmal bevölkert vor. Unter diesen uns noch unbekannten Lebewesen sind wir – Sie, ich der Doktor oder wer auch immer in den Raum vorstößt – ‚die Menschheit' schlechthin. Und ich muß sagen, die Vox humanitas wäre ein schriller Mißton im kosmischen Orchester, wenn wir sie unter Atombombenfeuer in den Raum hinausschicken würden.»

«Ach was, lieber Wolf sein als Lamm! Auch die Raumeroberung ist eine Machtfrage. Keine Regierung würde auch nur einen Pfennig dafür opfern, wenn es nicht so wäre. Die Raumforschung gilt als schlechtes Geschäft. Man muß sie den Machthabern schmackhaft machen.»

«Indem man ihr ein militärisches Mäntelchen umhängt», sagte Tiefenbach bitter.

«Die Oberste Heeresleitung wirft uns ja bereits vor, daß das Entwicklungsprogramm des A4 nur ein Aushängeschild sei, hinter dem wir ungestört unsere Raumforschung betreiben.»

«Also Mißtrauen von oben? Finden Sie, daß es berechtigt ist?»

«Nein. Wir wissen hier alle, was auf dem Spiel steht. Der Krieg ist schon lange kein KdF-Feldzug mehr. Leider läßt sich der Doktor manchmal von seinem Enthusiasmus hinreißen und entwickelt vor ungeeigneten Leuten seine Lieblingsidee, an der er schon lange vor dem Krieg mit dem Professor gearbeitet hat.»

«Ja, er kann phantastische Pläne entwickeln.»

«Unbekümmert darum, was die Zuhörer für Schlüsse daraus ziehen.»

«Wahrscheinlich hätte er den Schwung nicht, wenn ihm dieses Unbekümmerte fehlte. Und sein Elan ist etwas wert für ein so kühnes Projekt. Der erste Schritt in den Weltenraum –!» Klemt lehnte an der Brüstung des Balkons. Ironisch sagte er: «Sie denken auch lieber an Weltraumraketen als an Waffen. Da sehen Sie's! So kann man schnell in den Geruch kommen, die Forschung um ihrer selbst willen zu betreiben.»

Tiefenbach lehnte sich neben seinen Gastgeber. «Seien Sie ganz ehrlich, Dr. Klemt, im Grunde ist es doch auch so! Uns Wissenschaftlern liegt gar nichts daran, Menschen zu vernichten, Städte kaputtzuschießen. Wir haben doch unseren Beruf aus ganz anderen Motiven gewählt.»

Sorgfältig knetete Klemt seine schlecht ziehende Zigarre. «Aus wissenschaftlicher Neugier wird geforscht, sagen wir mal, grob gesprochen. Mag sein. Aber darüber hinaus steckt doch in uns allen eine Art Machthunger. Daraus erklärt sich für mich der Trieb des Forschers: der Drang, die Materie zu erkennen, um sie zu beherrschen. Aber diese Herrschaft im stillen Labor befriedigt erst, wenn wir sie nach außen wirkend anwenden können. Wir Physiker müssen uns bewußt werden, daß wir ganz entschieden dazu beitragen können, den Kampf um die Macht – im großen gesehen – zu beschleunigen. Unser Beruf ist zukunftsträchtig wie kaum ein anderer, mein lieber Tiefenbach.»

«Macht! Macht! Immer wieder Macht! Das halte ich für eine höchst gefährliche Vokabel.»

Klemt spottete: «Man kann ein Ding nicht aus der Welt schaffen, indem man Begriffe ignoriert. Wir alle marschieren doch schon eine ganze Weile munter mit auf diesem Wege. Die Sudetenkrise, der Anschluß Österreichs – ganz schöne Machtproben! Nun sind die Kolonien dran. England muß vor uns in die Knie gehen, sonst schaffen wir es nicht. Ich war zweimal drüben. Die Überheblichkeit der Engländer ist bodenlos. Hitlers Kompromiß haben sie 1940 abgelehnt. Aber sie werden uns ihren Platz einräumen müssen auf der Rangliste Europas, und dazu können wir das Unsrige tun. Das A 4 wird den Sprung über den Kanal machen, davon bin ich überzeugt.»

«Möglich. Aber beeilen müssen wir uns. Im Volksmund trägt Göring schon eine ganze Weile den Namen Meier. Berlin hat böse Zahnlücken.»

«Ich weiß. Doch das Ziel lohnt den Einsatz.»

«Was erwarten Sie denn als Ziel?»

«Wir werden uns gewaltig ausdehnen können. Erinnern Sie sich an die Dichte des Sirius? Noch sind wir ein weißer Zwerg. Aber die europäische Landkarte ist schon lange revisionsbedürftig.»

«Auch im Osten?»

«Dort erst recht. Wir werden viel mehr Truppen nach dem Osten werfen können, wenn das A4 die Westfront in Schach hält. Mein Schwiegervater hat nicht die Absicht, seine Filialen in Südpolen und in der Ukraine wieder aufzugeben. Man wird uns Deutsche wieder ernst nehmen in der Welt.»

«Man wird uns fürchten.»

Klemt spöttelte: «Ich weiß, Sie möchten geliebt werden. Da müssen Sie Wanderprediger werden. Oder noch besser – ein Lämmchen heiraten.»

«Das sind schlechte Auswege», gab Tiefenbach zurück.

«Sie haben recht. Eine Ehe zum Beispiel ist immer kompliziert.

Und ich rate Ihnen: heiraten Sie nicht im Kriege. Da ist alles noch schwieriger.»

Tiefenbach löste sich von der Brüstung, um Klemt beim Zusammenlegen des Geräts zu helfen. «Ich habe auch nicht die Absicht», sagte er.

Als sie die kostbaren Teile in das angrenzende dunkle Zimmer trugen, hörten sie von unten Klavierspiel.

«Meine Frau hat Besuch», sagte Klemt. «Sie hat herausgefunden, daß sie Baers Stiefmutter, eine ehemalige Opernsängerin, kennt. Sie haben sich in Bad Pyrmont getroffen. Nun muß er herhalten.» Klemt verzog sein Gesicht ein wenig. «Er spielt ausgezeichnet Klavier.»

Macht! – dachte Hans Tiefenbach. Wie kläglich scheiterst du mit deiner Macht!

Jürgen Baer spielte Bach. – «Das klingt wie Mathematik in Tönen», hatte Eva Leonhard neulich gesagt, als sie ihm zuhörte. Die Bemerkung gefiel ihm, es war etwas dran. Der Bachsche Kontrapunkt war exakt und klar wie eine mathematische Aufgabe, für die es nur eine Lösung gab. Bei Bach konnte man nichts verwischen, nichts verkleistern.

Heute hatte er eine Zuhörerin mit gänzlich anderen Gedanken. Rosemarie Klemt saß im Sessel neben dem Klavier und fragte, als er geendet hatte:

«Glauben Sie an ein musikalisches Zeitalter?»

Er ruckte auf dem Drehstuhl herum, weil er sich vergewissern wollte, ob sie scherze. Aber sie sah ihn ernst an und fügte erklärend hinzu: «Nach dem Kriege natürlich erst. Rosenberg schreibt darüber. Er sieht darin die beste Möglichkeit, das materialistische Zeitalter zu überwinden.»

Baer war es nicht möglich, sein gewohntes kurzes Auflachen zu unterdrücken. Er strich über das glänzende Holz des Klaviers. «Nach dem Kriege werden wir froh sein, wenn uns noch so ein Instrument geblieben ist», sagte er bitter, «und die Menschen werden auf das ganze musikalische Zeitalter pfeifen, wenn sie erst dahintergekommen sind, wer schuld daran ist, daß sie alles verloren haben, was das Leben schön und reich macht – diese bösen ‚Materialisten'!» Erschrocken hielt er inne. – Jetzt habe ich mich hinreißen lassen, dachte er. Jetzt wird sie mich stellen.

Aber Rosemarie Klemt blieb völlig ruhig. Ihr blonder Kopf

hob sich von dem dunklen Hintergrund des Sessels ab. Bis jetzt hatten sie nur von familiären Dingen gesprochen, von Baers Stiefmutter und ihrer Theaterkarriere. Frau Klemt wußte geschickt einzuflechten, daß sie die Baronin Krupp von Bohlen-Halbach ebenfalls in Pyrmont kennengelernt und, da sie selbst eine «Geborene» war, Zugang zum Tisch dieser Fürstin aus der deutschen Stahlindustrie gefunden habe. Aber diesem großen Jungen, dieser seltsamen Mischung von Kunstliebhaber und sportlich derbem Naturburschen, war mit solchen Namen nicht zu imponieren. Das hatte Rosemarie bald gemerkt. Er schien sogar Abstand von seiner interessanten Stiefmutter zu halten. Es war nicht leicht, an ihn heranzukommen. Sie wollte an diesem Abend nicht mit ihm streiten und schluckte seine aufrührerische Entgegnung. Irgend etwas hatte er an sich, daß man ihm mehr Freiheiten zugestand als anderen. Befriedigt stellte sie fest, daß er unruhig wurde.

Mit den Händen die Taschen ausbeutelnd, ging Jürgen Baer im Zimmer auf und ab. Ein Bild der Kraft! Ein Heros, wie man ihn sich nur wünschen konnte. Über der breiten Stirn setzte das dunkle Haar in gerader Linie an, eine kräftige Parallele zur Doppel-Geraden der Augenbrauen bildend. Die Gedanken hinter dieser Stirn hatten mit jedem Mythos gebrochen. Rosemarie Klemt empfand es unklar. Ihr Leitspruch, den sie sich von Mussolini ausgeliehen hatte, «Glauben, gehorchen, kämpfen!», paßte nicht auf ihn. Hier war einer, der die Musik liebte, ohne sich von ihr verzaubern zu lassen. Er würde «erkennen» an die Stelle von «glauben» setzen wollen, das war das mindeste, und wenn sie ihm einreden wollte, der Glaube sei es, der Berge versetze, so würde er ihr unweigerlich beweisen, daß es nur die Vernunft vermag. Sie wollte es heute nicht auf eine Probe ankommen lassen. Er gefiel ihr zu gut. Nur andeutungsweise wies sie ihn wegen seiner pessimistischen Worte zurecht, die ketzerisch klangen, ihr jedoch nicht leicht durchschaubar erschienen, vielleicht, weil sie zu sehr den Mann in ihm gesehen hatte. Rosemarie lächelte über ihre eigene Schwäche. «Wir werden alle reich sein, wenn wir den Krieg gewonnen haben.»

«Wir», er betonte das erste Wort scharf, «gewinnen ihn ja gar nicht.»

«Wer dann?»

«Allenfalls die, die draußen im Schlamm liegen.»

«Sie meinen also, die Massen machen Geschichte?»

«Ja.»

«Und die Generale? Und die Führer?»

«Kein Armeeführer kann eine Schlacht schlagen ohne seine Divisionen.»

«Aber die Divisionen sind wie steuerlose Schiffe ohne ihre Generale.»

«Die Not einer Situation schafft neue Führer. Der einzelne ist ersetzlich, die Masse nicht.»

«Sie reden wie ein Bolschewist. Aber für so etwas sind Sie doch viel zu intelligent. Möchten Sie vielleicht in der Masse untergehen? Sie – mit Ihren Fähigkeiten?»

Er blieb in der Mitte des symmetrischen Teppichmusters stehen und placierte sorgfältig seine großen Füße parallel zu den türkischen Arabesken. Tausende von Wollfäden ergaben das Wunderwerk vielfach verschlungener Kanten und Blumenmotive. Jetzt müßte ich still sein, dachte er. Aber ich kann nicht. Man kann einfach den Mund nicht halten, wenn man eine Frau so reden hört.

Er schlug einen bewußt leichten Ton an. «Warum setzen Sie nicht statt ‚Masse' die ‚Volksgemeinschaft'?» Ihre Bestürzung ausnützend, fuhr er schnell fort: «Ich will es Ihnen sagen: Weil es dann peinlich wird, wenn Sie so reden. Damit verraten Sie nämlich, was Ihnen die Volksgemeinschaft wert ist.»

«Na schön, sprechen wir offen miteinander. Sie sind kein politischer Abc-Schütze mehr. Ich halte es mit Nietzsche, der sagt, man solle die Masse mit Hilfe von Religion und Mythen in Unwissenheit lassen, um so leichter sei sie zu beherrschen.»

Baer lachte hart auf. Seine Füße überschritten die Grenze der Arabeske. «Großartig! Nun brauchen Sie mir nur noch das Geheimmittel zu verraten, mit dem man den widerspenstigen Teil der Masse dazu bringt, sich beherrschen zu lassen.»

Rosemarie Klemt zögerte. Der Ton seines Lachens hatte sie getroffen. Schließlich sagte sie nachlässig: «Das ist nicht so schwer: dem Bürger jeden Sonntag sein Huhn im Topf, dem Arbeiter Arbeit –»

«Ganz gleich, zu welchem Zweck?»

«Ja. Seit Hitler in der schwersten Krisenzeit als starker Mann aufgetreten ist, haben die Sozialdemokraten abgewirtschaftet. Die Opposition ist tot. Auch wenn sie nicht verboten wäre.»

Baer atmete auf. Gut, daß sie davon überzeugt war. Also nahm sie auch ihn nicht ganz ernst.

«Und wie ist es mit der Jugend?»

Sie lächelte ironisch. «Damit ist es am allerleichtesten. Für die Jungens ist der Krieg das große Abenteuer. Schon das Geheimnis um Spanien war voller Romantik.» Nun zitierte sie doch noch ihren Mussolini: «Glauben, gehorchen, kämpfen! – Der kleinste Pimpf sieht sich als Held von morgen. Was meinen Sie, was eine Fahne, ein Lied, ein Lagerfeuer schon zuwege gebracht haben! Für die Intelligenteren haben wir die Parallelen aus der Geschichte. Eine Fülle von Beispielen, von Theoderich bis zu Friedrich dem Großen. Die Menschheitsgeschichte ist Kriegsgeschichte. Das haben sogar meine Mädels kapiert auf der Führerinnenburg. Ich verdanke meine letzte Beförderung einem Vortrag über das Thema ‚Das Reich'. Da kann man weit ausholen. Alexander der Große – Karl V. – Bismarck! Mindestens zwanzigmal habe ich den Vortrag gehalten. Und wissen Sie, warum ich so erfolgreich damit war? Ich habe die Mädels, so zwischen sechzehn und neunzehn waren sie alle, nicht vom Verstand her angesprochen, sondern vom Gefühl. Da lassen sich die Menschen formen. Um Alexander den Großen haben sie beinahe geheult! Der Gebietsführer sagte damals zu mir: ‚Bei dir lernt man völkisch denken. Und das ist das A und O unserer Weltanschauung.'»

Baer stand an das Klavier gelehnt und stellte sich die Frau, die im hellen Seidenkleid, den Plisseerock wie einen Fächer um sich gebreitet, inmitten ihrer Stilmöbel saß, im dunklen Tuchkostüm der höheren BdM-Führerin vor. Er betrachtete sie, als müsse er sich Gesicht und Haltung einer Frau, die so sprechen konnte, besonders einprägen. Schöne Frauen mit Geist gab es nach seiner Erfahrung gar nicht so häufig. Hier saß eine Frau mit seltener Verstandesschärfe, und sie hatte diese Gabe einem Ungeist verschrieben.

Seine Stimme klang heiser vor Anstrengung, seine Empörung zu unterdrücken. «Ich würde das A und O Ihrer Weltanschauung etwas anders formulieren. Ich habe auch mal Nietzsche gelesen.» Er machte eine kurze Pause. – «Ihr heimlicher Prophet sagt nämlich: ‚Die Lüge ist gut, wenn sie dient, jenen Wärmegrad zu erreichen – bis man glaubt.'»

Rosemarie Klemt ließ sich nicht mehr verblüffen. Spöttisch erwiderte sie: «Nietzsche ist nicht Hitlers Prophet.»

«Offiziell nicht. Weil es alle seine Anhänger verschnupfen würde, die sich nicht zu den Übermenschen rechnen dürfen, und solange Krieg ist, wird ja auch das barmherzige Märchen von der Volksgemeinschaft gebraucht. – Was hält denn die Baronin Krupp davon?»

«Sie behauptet, völlig unpolitisch zu sein, aber ich erfuhr, daß sie gleich nach der Machtergreifung ihren Haushalt – und der ist nicht klein – arisiert hat. Das hat mich mit ihr ausgesöhnt. Für Göring hat sie ein Faible, weil er ihr zu einigen wertvollen italienischen Gemälden verholfen hat. Im übrigen tut sie so, als hätten Leute wie sie den Führer nicht nötig.»

«Er war für sie ein Gottesgeschenk.»

«Das glaube ich auch. Ich freue mich, daß wir uns wenigstens in diesem Punkte einig sind.»

«Immerhin etwas!» entgegnete Baer trocken.

Im Nebenzimmer wurde Klemts Stimme laut.

«Die Sterngucker kommen», sagte die Frau im Sessel.

Die Schiebetür öffnete sich, und Klemt trat mit Tiefenbach ein. Die Männer begrüßten sich heiter und kollegial. Tiefenbach blieb einige Schritte vor Baer stehen, der im gelben Lichtkreis der Stehlampe unter der niedrigen Zimmerdecke besonders lang und drahtig wirkte. «Baer», sagte Tiefenbach. «Sie sehen aus wie – warten Sie, es wird mir gleich einfallen.»

Baer machte, da alle ihn ansahen, mit seinen langen Armen eine unsichere Bewegung.

«Jetzt habe ich's!» Tiefenbach schien einen Namen aus den Schubladen seines Unterbewußtseins hervorgeholt zu haben. «Sie sehen aus wie einem Holzschnitt von Masereel entstiegen.»

Baer straffte sich und wurde heiter. Tiefenbach wandte sich an Klemt: «Kennen Sie die Bilderzählungen von Frans Masereel? Es kehrt fast immer derselbe Mann wieder, für ihn wohl der Mensch schlechthin.»

Rosemarie Klemt verbarg mühsam ihre Enttäuschung, nicht mitreden zu können. «Es ist wohl kein deutscher Maler?» fragte sie spitz.

«Flame ist er. In der Münchner Kunstausstellung finden Sie ihn nicht», warf Baer fast triumphierend ein.

Klemt beschäftigte sich mit einem Tablett voll Gläser. Er merkte, daß seine Frau gereizt nach einer Entgegnung suchte. Lautlos in sich hineinlachend, ging er umher und bot das scharfe ukrainische Getränk an. Mit diesem «Baeren» hat sie wohl kein Glück gehabt, dachte er. Der Bursche hat vermutlich leichten Linksdrall. Er soll sich nicht den Mund verbrennen. Es wäre schade. Er kann was. «Worauf trinken wir?»

Die drei Männer warteten auf den Vorschlag der Frau des Hauses. Langsam erhob sich Rosemarie Klemt aus ihrem Sessel. Der helle Fächer ihres Rockes klappte zusammen. «Auf den Endsieg», sagte sie.

Klemt spürte sofort den Vorbehalt bei den beiden Jüngeren. «Lieber auf etwas Näherliegendes. Ich trinke auf den nächsten Start von A 4.»

«Wann ist er angesetzt?» fragte Tiefenbach.

«Im Oktober.» Klemt trank schnell sein Glas leer.

Tiefenbach tat es ihm nach. Baer folgte zögernd.

Rosemarie Klemt seufzte.

Als Hans Tiefenbach und Jürgen Baer gegen ein Uhr nachts, vom Klemtschen Hause kommend, den Dünenweg entlanggingen, sahen sie zwei einsame Schattengestalten vom Strand heraufsteigen. Müde traten die Beine den Sand, an den schlaff herabhängenden Händen baumelten die Schuhe.

Tiefenbach war verwundert stehengeblieben, beobachtend, wie er es gern tat, im Schatten eines mannshohen Strauches.

Baer erschien die eine der Gestalten sehr bekannt. Um sie nicht zu erschrecken, stellte er sich mitten auf den Weg und erwartete die späten Strandgänger.

Dann standen sie vor ihm, ein bißchen erschrocken, aber zu erschöpft, um einen Laut von sich zu geben.

«Nanu?!» sagte Baer und legte in das kleine Wort sein Erstaunen und einen leisen besorgten Vorwurf, etwa wie ihn sich ein Bruder der jüngeren Schwester gegenüber gestatten darf.

Als Eva ihn erkannte, lief sie impulsiv die wenigen Schritte auf ihn zu, breitete die Arme aus und fiel ihm um den Hals. Ihre leichten Schuhe schlugen im Schwung gegen seine Schulterblätter und fielen klappernd in den Sand.

Ihre rasche Geste hatte etwas Rührendes. Bewegt hatte Jürgen Baer das Mädchen aufgefangen. Was mochte in ihr vorgehen? Kürzlich erst, am Strand, war sie seiner Berührung geschickt ausgewichen. Sie mußte weit gewandert sein. Im doppelten Sinne.

Marlies sah, langsam näher kommend, Hans Tiefenbach aus dem Schatten treten. Als Eva sich von Jürgen löste – nur für Sekunden hatte sie gefühlt, wie sich die Knöpfe seines festen Jacketts in die Seide ihrer Bluse drückten – und sich nach der Freundin umsah, stand Tiefenbach neben Marlies. Sein Erscheinen mutete wie ein Spuk an. Unverständlich für die anderen, handelte Eva wie ein verschrecktes Kind. Sie bückte sich nach ihren herabgefallenen Schuhen, nahm sich nicht einmal die Zeit hineinzuschlüpfen, sondern lief barfuß über den steinigen Weg auf das Haus Seestern zu. Marlies' Ruf: «Warte doch, Eva, ich komme mit!» überhörte die Fliehende. Ohne sich noch einmal umzuschauen, verschwand sie im dunklen Haus.

Keiner der Zurückbleibenden ahnte, daß sie in der letzten Woche, noch bis zu diesem verhängnisvollen Tage selbst, auf ein Wort, einen Telefonanruf von Hans Tiefenbach gehofft hatte. Was hätte sie dann noch die Swinemünder Einladung gekümmert! Jetzt, als sie zurückkam, gedemütigt, als ein Haßwesen, war er da, wie aus dem Boden gewachsen.

«Was ist mit ihr?» fragte Jürgen Baer.

Hans Tiefenbach hatte sich abgewendet und knickte ein paar Äste von den Sträuchern. Marlies sagte gedämpft: «Eine ehemalige Freundin hat ihr etwas Böses angetan. Sie ist ganz durcheinander.»

«Ist es – ich meine, hat ihr Vater etwas damit zu tun?» forschte Baer zögernd.

Marlies verstand sofort. «Ja. Ich muß jetzt hinauf zu ihr. Gute Nacht.»

Die beiden Männer setzten langsam ihren Weg fort. Baer lachte aus tiefer Bitterkeit höhnisch auf. «Das ist eines der Opfer von Frau Klemts Mythen-Therapie. Rasse als oberster Charakterwert! Wirklich, ein barbarischer Fetisch.»

Tiefenbach war durch Evas Benehmen heftig bewegt. Nach der impulsiven Liebkosung Baers war sie vor ihm, Tiefenbach, erschreckt geflohen. Wie hing das mit der Beleidigung zusammen, die sie offenbar an diesem Abend irgendwo erfahren hatte? Er fand den Schlüssel nicht, nur eines wurde ihm klar: Dieses Mädchen begegnete ihm immer wieder in Situationen, die sich in ihm festhakten. Da war sein erster Besuch im Boddenhaus, dann die Fahrt auf der Jacht, der Tag auf der Oie und jetzt, schattenhaft plötzlich, am nächtlichen Strand. Und mit der

Unauslöschlichkeit der besonderen Situationen wurde ihre Gestalt aus seinen Gedanken untilgbar. – Jürgen Baer schien ihr nahezustehen. Man mußte einige Vorurteile über Bord werfen, wenn man diese zwanzigjährige Eva richtig einschätzen wollte.

Er mußte Baer etwas antworten. Daß Eva ihm leid tue, wollte er sagen, aber dann konnte er es nicht. Mitleid – das war ein Wort, das so gar nicht zu ihr paßte. Er sagte: «Das Mädchen ist ungewöhnlich.» Das war zwar keine Erwiderung auf Baers Worte, aber er wurde verstanden.

7

Posen

Eva fuhr ostwärts, in ein Gebiet hinein, das noch vor drei Jahren durch einen Schlagbaum von Deutschland getrennt war. Auf der politischen Karte in ihrem Schulatlas hatte es zu dem weinroten Gebiet gehört, auf dem «Polen» stand und das sich einprägsam von dem blaugetönten «Deutschen Reich» abhob. Jetzt nannte man diesen Teil «Reichswarthegau».

Über die Flüsse, die Eva überquerte, waren in den letzten Jahren zu Wagen und per Eisenbahn wohl schon Millionen Soldaten transportiert worden, gesunde und verwundete, hoffende und verzagte. Auch Hartmut Wedelstedt war darunter gewesen. Eva dachte selten an ihn. Jetzt, da sich Posen näherte und sie sich auf das Wiedersehen mit der Mutter, dem Stiefvater und der Stiefschwester Steffi vorbereitete, rückte ihr Hartmut bedrohlich nahe. Sie würde Gustl Schwendtmayr Rede und Antwort stehen müssen, denn in ihren kurzen Briefen hattc sie es beharrlich umgangen.

Der Zug war voll. Eva stand im Gang zwischen lauter Zivilpersonen. Schwendtmayr hatte einmal davon gesprochen, daß die ehemalige Provinz Posen «germanisiert» werden müsse. Diese Leute hingen offenbar damit zusammen.

Am Ende des D-Zug-Wagens standen einige Männer von der

Organisation Todt bei ihren Rucksäcken. Einer pfiff. Eva suchte die zerflatternden Töne zusammen und erkannte die Melodie «Nach Ostland geht unser Ritt». Auch das hatte sie in Langenbrück oft singen hören, von den Pimpfen und Hitlerjungen. Der Großvater hatte über diese Ostlandreiter gelacht. Das war lange vor dem Kriege gewesen. Jetzt hatten sie es, das «neue Land».

Am Bahnhof in Posen stand Steffi. Hübsch, mollig und strahlend, ein kleines bißchen verlegen, wie immer, wenn sie Eva längere Zeit nicht gesehen hatte. Es war regnerisch, Pfützen standen auf dem Bahnhofsvorplatz.

«Wir nehmen einen Fiaker», schlug Steffi vor. Sie meinte damit die kleinen, klapprigen Pferdedroschken. «Zur Schwerdtfegerstraße. Fahren Sie am Theater vorbei», sagte sie zu dem bärtigen Graukopf auf dem Kutschbock. Der Pole verstand, und die beiden kletterten in den offenen Viersitzer.

Eva war nur einmal für wenige Tage in Posen gewesen. Das lag knapp ein Jahr zurück. Sie erinnerte sich an matschigen Schnee und eine kalte Wohnung. Inzwischen waren die Eltern umgezogen. «Wir haben es jetzt schön», sagte Steffi.

Als sie am Theater vorbeifuhren, berichtete sie, daß sie mit Rolf Küppers regelmäßig die Vorstellungen besuche. Er sei auf einem Offizierslehrgang in Posen. Ein großes Glück für sie beide. Und der Vater möge ihn auch leiden.

Eva wußte jetzt, woher die ruhige Heiterkeit kam, die Steffis Wesen ausstrahlte. Bei ihr ging also alles glatt. Der Arbeitsdienst, der für Eva schwer erkämpfte Lebensnotwendigkeit war, fiel für Steffi weg. Irgendeine Berufstätigkeit im Warthegau galt als gleichwertiger «Ost-Einsatz». Schwendtmayr hatte seiner Tochter im Landesarbeitsamt einen guten Posten verschafft. Steffi wies im Vorbeifahren auf ein großes Amtsgebäude. «Das ist meine Dienststelle.»

«Was machst du da?»

«Ich bin beim Treuhänder der Arbeit. Wir vermitteln Arbeitskräfte.»

«Wohin?»

«Überallhin. Ins ganze Reich.»

«Sind denn hier so viele Menschen übrig?»

«Du bist gut. Ich meine doch die Polen.»

Steffi machte Eva auf das Schloß aufmerksam. Die Fassade verbarg sich hinter dem dichten Gitterwerk eines riesigen

Gerüsts. Eva erinnerte sich, dieses Gerüst auch vor einem Jahr schon gesehen zu haben.

«Das Schloß wird ganz und gar umgebaut», berichtete Steffi. «Der Führer will jedes Jahr drei bis vier Wochen hier wohnen. So als Ost-Residenz. Ich finde das schick. Jeder große Herrscher muß so etwas haben.»

«Aber doch nicht mitten im Krieg.»

«Zur Siegesfeier soll es fertig sein. Gustl sagt, die Welt muß sehen, daß uns der Krieg überhaupt nicht geschwächt hat. Friedrich der Große hat es auch so gemacht. Er hat nach dem Siebenjährigen Krieg ein riesiges Palais in Potsdam bauen lassen.»

Sie bogen in die Schwerdtfegerstraße ein. Es war eine stille Straße, deren ernste, gediegen gegliederte Fassaden und gepflegte Vorgärten eine vornehme, patrizische Zurückhaltung ausstrahlten.

Als Steffi den Kutscher vor einem ockerhellen Haus halten ließ, bewegte sich die Gardine einer Loggia im ersten Stock. In die ausgestreckte Linke des alten Kutschers zählte Steffi den Fuhrlohn. Der Alte verzog keine Miene, als er das Geld einsteckte.

Eva nahm ihren Koffer auf. Hinter ihr bellte ein Hund. In der Haustür stand eine Frau, einen Schäferhund neben sich.

«Mutti!» Eva ging schnell auf sie zu, bereit, sie zu umarmen.

«Komm erst herein», sagte die Mutter. «Nicht vor den Leuten.»

Die Wohnung war fast luxuriös eingerichtet.

«Woher habt ihr nur die vielen Teppiche?» fragte Eva.

Sie war durch die Fünfzimmerwohnung gegangen, über gut gespäntes Parkett, dicke Brücken und weiche Teppiche.

«Die konnte man in der ersten Zeit hier sehr günstig kaufen.» Gustl Schwendtmayr sagte es mit heimlichem Besitzerstolz. Er war eben vom Dienst gekommen, hatte die braune Amtsleiterjacke mit einer Tiroler Trachtenjoppe vertauscht und saß, weit zurückgelehnt, im tiefen Sessel. Kritisch wie der Examinator bei einer Schauspielerprüfung verfolgte er Evas Schritte und Bewegungen und genoß behaglich, wie sie Stück um Stück die neue Wohnung entdeckte.

Die Goldbuchstaben im Deckel des Klaviers verrieten eine polnische Herstellerfirma. In einer Empire-Glasvitrine stand altes Porzellan: hauchdünne Mokkatassen mit viel Gold und Schnörkeln, eine zierliche, sehr bunte Madonna und Blumenväschen auf dünnen Beinen. Eva hatte früher nie bemerkt, daß ihre Mutter Sinn für derlei Dinge gehabt hätte. An den Wänden hingen Kupferstiche vom alten Posen. Die polnische Beschriftung war durch ein Passepartout, zum Teil recht ungeschickt, abgedeckt.

Alles war neu für Eva. Auch die schwellenden Polstermöbel und der schwere geschnitzte Tisch. Aber kein Stück davon war fabrikneu, und Eva hatte das unbehagliche Gefühl, als hätten diese Möbel schon immer zwischen diesen Wänden gestanden und nur die Besitzer gewechselt. «Habt ihr das alles mit der Wohnung übernommen?» fragte sie.

Schwendtmayr klopfte dem Schäferhund, der neben ihm auf einer grünen Smyrnabrücke lag, das Fell. Scherzend beugte er sich herab. «Da ist uns eine ganz Neugierige auf den Pelz gerückt, Cäsar. Der müssen wir das viele Fragen ein wenig abgewöhnen.» Knurrend erhob sich der Hund und saß mit gespitzten Ohren neben seinem Herrn, als warte er auf weitere Befehle. Aber Schwendtmayr war durchaus freundlich gestimmt.

Das schlanke dunkle Mädchen gefiel ihm wieder einmal ungemein. Ernster war sie geworden in dem letzten Halbjahr, dabei irgendwie wacher, bewußter. Die umherwandernden Augen ließen sich nichts vormachen. Sie schienen unter die Haut blicken zu wollen. Auf der «Insel» lebten interessante, kluge Menschen. Sie mußte einiges erlebt haben. Wenn man zwanzig Jahre alt war und so aussah, fand man Zugang zu allen Kreisen, wo immer man wollte. – Ulrich Hover hatte es geschickt angefangen. Die Herkunft des Mädchens war jetzt überdeckt und würde nach dem Kriege durch das, was sie für den Sieg des Vaterlandes getan hatte, vergeben und vergessen sein. – Hat Pech gehabt, als sie sich ihren Vater aussuchte, das arme Ding! – Schwendtmayr betrachtete aufmerksam ihr Halbprofil. Sie stand mit der Mutter vor einem kleinen Bild, das die berühmte schwarze Madonna von Czenstochau darstellte. Wenn man es weiß, sieht man es natürlich, dachte er. An der Nase kaum, aber um die Augen herum. Das schwarze Haar soll sie von ihrer Langenbrücker Großmutter haben, denn der Leonhard war dunkelblond. Die leicht bräunliche Haut, die auch Lucie, seine

Frau, hatte, stammte ebenfalls von der mütterlichen Linie. Viel Semitisches blieb dann nicht mehr, und sie hätte also noch Glück im Unglück gehabt, wozu noch der Glücksfall zu rechnen war, daß sie ihn, Schwendtmayr, zum Stiefvater bekommen hatte.

Er zündete sich eine neue Zigarre an und beobachtete die hin und her gehenden Frauen im Ausschnitt der offenen Flügeltür wie eine reizvolle Pantomime. Sie berieten Kleiderfragen. Lucie und Steffi hatten auf dem Eßzimmertisch ihre Schätze ausgebreitet: Mantel- und Kostümstoff, Futterseide, Steifleinen, leuchtend rote Krawattenseide, gestreiften Sommerstoff.

Schwendtmayr konnte nicht hören, was die drei Frauen miteinander sprachen. Das Radio spielte in seiner Nähe. Er sah nur, wie Steffi sich den Sommerstoff an den Körper hielt, ihn geschickt raffte und drapierte. Eva befühlte ihn.

Es ist Wollmusselin, ging es Schwendtmayr durch den Kopf. – Es war wirklich ein glücklicher Zufall, daß man bei der Räumung eines Hauses auf dieses Stofflager gestoßen war. Da hatte vermutlich so ein polnischer Textiljude seine Waren versteckt, um den Deutschen ein Schnippchen zu schlagen. Der Jude war schlau, der Deutsche gründlich, und der Nationalsozialist war der Vollstrecker. An dem Juden war jetzt nichts mehr zu vollstrecken, wohl aber an seiner Ware.

Das war ein schöner Ausverkauf gewesen. Die Polen hatten Sinn für Qualität. Ihre Stoffe waren erstklassig. An die Geschicklichkeit ihrer Schneider reichten die deutschen nicht heran.

Schwendtmayr erhob sich und schloß eine Seitentür seines schweren geschnitzten Bücherschrankes auf. Die Fächer dienten als Lager für seine privaten Vorräte. Gute Zigarren, Kognak, ein paar Büchsen Fleisch, Feinobst und Spargel. Mehrere Stücke Toilettenseife wölbten den zusammengelegten Wollstoff in dem Fach darüber. Daneben war ein Schuhkarton gepreßt. Schwendtmayr liebte es, ab und zu die Seinen zu überraschen. Er verschloß seine Schätze vor ihnen, um gelegentlich den Großzügigen spielen zu können. Steffis temperamentvolle Freude und Lucies verstecktes Bewundern seiner Organisationsfähigkeiten stärkten sein Selbstgefühl. Heute wollte er vor Eva seine Hand öffnen. Das Mädchen, das ihn als Fünfzehnjährige im Turndreß mit ihren kleinen festen Jungmädchenbrüsten so begeistert hatte, sollte ein Kostüm nach

Maß bekommen, das ihre Formen dezent unterstrich. Sie war im Arbeitsdienst aus ihren Sachen ziemlich herausgewachsen und trug sogar geänderte Kleider der Mutter auf nach der Devise «aus zwei mach eins». Daß sie bei ihr trotzdem nach etwas aussahen, hatte sie ihrer guten Figur zu verdanken.

Als Schwendtmayr unter einem Kupon Anzugstoff den dunkelblauen Wollstoff mit dem Nadelstreifen hervorzog, dachte er zufrieden: Nicht jeder hat drei schöne Frauen anzuziehen. – Er glättete den Stoff und suchte Futter und Steifleinen hervor. – Teuer wurde es freilich mit der Zeit. Für die Steffi mochte bald ihr Leutnant in spe sorgen. Ein bißchen naseweis, der Küppers, aber ein patenter Junge. Er würde sich wohl im Krieg noch die Hörner ablaufen. – Und die Eva? Er schritt, den Stoff über den Arm gehängt, beinahe feierlich über die Schwelle des Eßzimmers.

«Du stehst da wie der Weihnachtsmann», sagte Steffi respektlos. «Hast du was, so laß dich nieder ...», zitierte sie den Kindervers.

Schwendtmayr ignorierte die Keckheit der Jüngsten. Er sah auf Eva, die über die Krawattenseide strich. «Nein», sagte er, «eine weiße Bluse sieht feiner aus. Für das Kostüm.» Nun spürte er doch, daß ihm die Feierlichkeit schlecht anstand, und er warf lässig den Stoff auf den Tisch. «Komm schon, sieh ihn dir an.»

«Schön», sagte Eva bewundernd. «Ist er für mich?»

Schwendtmayr kannte ihre Art, sich zu freuen. Sie war weniger überschwenglich als Steffi, die laut jubeln konnte. Eva ergriff bedächtiger, aber um so gründlicher Besitz von einem Geschenk.

«Ich wollte dir den Stoff eigentlich erst später geben, aber jetzt hast du eine günstige Gelegenheit, das Kostüm machen zu lassen.» Es erregte ihn, als sie, ihm dankend, ihre Hände auf seine Schultern legte und für einen Augenblick ihr Gesicht ihm sehr nahe kam. «Du bist lieb, Gustl», sagte sie. Ein Backenkuß folgte von spitzen Lippen. Sie ist nicht mehr so prüde wie früher, dachte er erfreut. Wie flüchtig ihre Geste war, merkte er nicht. «Such dir einen Schnitt aus, der nicht so schnell unmodern wird. Ich wünsche mir sehr, daß du das Kostüm trägst, wenn du mit Wedelstedt zum Standesamt gehst.»

Eva wäre der Stoff fast aus der Hand gefallen. Es war gut, daß Steffi sich gerade bemühte, ihn gefällig an ihr zu drapieren.

«Dreh dich!» kommandierte die Jüngere schnell. Ihr Gesicht war dicht vor Evas. Beschwörend sah sie die Ältere an. «Laß ihn doch reden», sagte dieser Blick. – Ohne verräterische Hast sprach Steffi weiter. «Ein klassisches Schneiderkostüm muß das werden. Zu etwas anderem ist der Stoff zu schade. Das kann Woike großartig. Wir gehen morgen zu ihm.»

Eva glitt erleichtert auf der Bahn des unverfänglichen Themas weiter. «Ich habe doch nur acht Tage Urlaub. Kann denn das ein Schneider so schnell machen?»

«Wenn es drauf ankommt, macht er es in drei Tagen», sagte Schwendtmayr.

«In Zinnowitz muß man drei bis vier Monate warten.»

Evas Mutter lächelte über die Naivität der Zwanzigjährigen. «Hier haben wir doch polnische Schneider. Das ist sehr vorteilhaft. Von denen können unsere Handwerker noch etwas lernen. Und billig –!»

«Na, na, Lucie, halte mal keine Propagandareden für die Polen!» Schwendtmayr sah die Proportionen sich verschieben. Für Eva hatte hier jedes Wort Gewicht. «Zuschneiden können sie», gab er zu. «Im übrigen sind sie flink und preiswert, und wenn wir kommen, müssen sie springen. Also – in wieviel Tagen befehlen gnädiges Fräulein ihr Kostüm?»

Das Wetter war besser geworden, aber immer noch nicht gut genug, daß Lucie Schwendtmayr Lust gehabt hätte, ihre Tochter auf einem Rundgang durch die Stadt zu begleiten, und da Steffi im Dienst war, ging Eva allein.

Posen war eine merkwürdige Stadt. Merkwürdig nicht von ihrer baulichen Anlage her, sondern hinsichtlich der Menschen, die hier wohnten. Eva war in ihrem Leben nur wenig gereist. Sie kannte keine Städte mit internationalem Fluidum. In Posen fand sie das, was sie nur vom Hörensagen kannte, allerdings in einer ganz seltsamen Kräfteverteilung.

Laut und protzend traten die offiziellen Vertreter des Deutschen Reiches auf, die Posen, «das Schaufenster des Ostens», zu verwalten und prunkvoll auszustatten hatten. Ihre augenfälligsten Erfolge waren der Umbau des Schlosses und der Bau des großen Ostland-Hotels.

In ihre besondere Obhut nahmen diese hohen Partei- und Verwaltungsstellen alle jene Baltendeutschen, die sich vor der

«Roten Gefahr» westwärts abgesetzt hatten; deren eingefleischter Haß gegen das revolutionäre Rußland war die beste Visitenkarte für Posener Behörden. Der Antibolschewismus war kriegswichtig. Die Baltendeutschen halfen ihn schüren. Also bekamen sie bevorzugt Wohnungen, Anstellungen, Vergünstigungen.

Die Sonderstellung, die der Osten versprach, war der große Köder für Tausende von Familien geworden. Ein mittlerer kommunaler Angestellter, der nach einem Jahr Posen-Aufenthalt nicht Abteilungsleiter war und sich nach einem weiteren Jahr nicht «Regierungsrat» titulieren ließ, hatte die Zeichen der Zeit nicht verstanden. Nachdem man seinen Morgenritt hinter sich hatte, ließ man sich im Dienstwagen zum Amt fahren. Im Herbst hatte man seine Jagd in der waldreichen Posener Umgebung. Das Theater stand den Bühnen der Reichshauptstadt an Qualität kaum nach, und es war so viel Militär da, daß den Polen gar nichts übrigblieb, als sich ruhig zu verhalten. Der Warthegau mit dem Herzstück Posen war eine riesige Etappe des Ostens, das Reservoir der uk-Gestellten. Wer einmal dazu gehörte, tat gut daran, zur Schaustellung von des Reiches Macht und Herrlichkeit das Seine beizutragen. Dem Drang nach Osten war Genüge getan. Der Bürger schielte nicht weiter. Sein «Vorposten» hatte Komfort.

Geduckt und einige Grade schäbiger gekleidet als die deutschen Eroberer, schoben sich die eigentlichen Besitzer dieser Stadt durch die Straßen. Eva hatte das Gefühl, als seien die Polen ein Menschenschlag, der um einen Kopf kleiner ist als ihre Landsleute. Von den stramm einherstolzierenden Offiziersanwärtern aller Waffengattungen, SS-Leuten, schmucken Blitzmädchen und flanierenden Arbeitsmaiden hoben sich die älteren Frauen und Männer, die mit abgeschabten Einkaufstaschen an den Geschäften geduldig Schlange standen, erheblich ab. Jüngere Polen sah man am Tage kaum auf den Straßen.

Der Schneider Woike war ein kleiner Mann von etwa fünfzig Jahren, schweigsam und willfährig. Wortlos nickend hatte er zugestimmt, als Steffi ihm den kurzfristigen Liefertermin genannt hatte. Ein unbehagliches Gefühl beschlich Eva, wenn sie daran dachte, wie der Pole den Kostümstoff betrachtet hatte. Sein Blick hinter der dürftigen Drahtbrille hatte sie scharf prüfend gestreift.

Er weiß, woher der Stoff stammt. Er erkennt ihn wieder, dachte sie erschrocken und fühlte Schamröte den Hals heraufsteigen. – Aber sie wollte nicht mehr daran denken, sie brauchte das Kostüm. «Du hast dich oben herum sehr entwikkelt», hatte die Mutter gestern gesagt, als sie die Tochter vor dem Spiegel stehen sah in ihrer einreihigen Gabardinejacke, die über der Brust auseinanderklaffte. Ein Kostümstoff verschlang die ganze Punktkarte, und man brauchte ja auch Strümpfe und Wäsche. Man mußte schon zugreifen, wenn einem zusätzlich etwas geboten wurde. Und Gustl war kein übler Kerl. Er hatte wohl seine Quellen, wo er Stoffe und Lebensmittel lockermachen konnte, ohne jemanden direkt zu schaden. Eva wußte, daß er ihretwegen manches aufs Spiel gesetzt hatte. Wäre er nicht ein so verdienstvoller alter Kämpfer aus Hitlers Heimat gewesen, hätte man ihn wohl nicht so groß werden lassen. Einmal hatte sie ihn gefragt, warum er das alles für sie tue. «Ach, weißt du», hatte er geantwortet, «die Juden sind ja gar nicht so sehr unsere Feinde. Die verstehen schon, sich anzupassen. Und die Rassenmischung ist noch ein ganz ungelöstes Problem. Aber die Kommunisten! Die sind Staatsfeind Nummer eins. Vor denen müssen wir uns hüten.» –

Eva fand, als sie von ihrem Rundgang nach Hause kam, nur das polnische Hausmädchen Gilda vor. Die gnädige Frau sei zum Friseur gegangen, antwortete das Mädchen einsilbig auf Evas Frage.

Die dreiundzwanzigjährige Gilda sprach fließend deutsch. Trotzdem waren aus ihr kaum ein paar Sätze herauszubringen. Sie saß in der Küche und schabte ein graugelbes Wurzelgemüse.

«Was ist das?» fragte Eva. Sie wäre gern in ein Gespräch mit ihr gekommen.

«Pastinaken.»

«Ist das polnisch?»

«Nein.»

«Kann ich etwas zu trinken haben?»

«Ja.»

Gilda holte eine Flasche mit einer durchsichtigen Flüssigkeit aus dem Schrank, dazu ein Wasserglas. Eva roch hinein. «Das ist doch Alkohol.»

«Ja.»

Lachend wehrte Eva ab. «Für was halten Sie mich denn?»

«Sie haben gesagt, Sie wollen trinken. Sie hätten sagen müssen: ‚Ich habe Durst'.»

«Aha! Solche feinen Unterschiede kennen Sie in unserer Sprache?»

«Fast alle Polen in Poznan können deutsch sprechen.»

«Wie nennen Sie Posen?»

«Poznan.»

«Poznan!» Eva versuchte, den weichen Z-Laut nachzubilden. Der Name war durch das a klangvoller als das deutsche Wort. Impulsiv fragte sie: «Haben Sie ein deutsch-polnisches Wörterbuch zu Hause?» Die Polin sah sie verblüfft an.

«Ich interessiere mich sehr für Sprachen», erklärte ihr Eva.

Gilda wurde etwas lebhafter. «Wir haben zu Hause keine Bücher mehr. Nur mein polnisch-französisches Lexikon ist übriggeblieben.»

«Französisch? Sie sprechen auch französisch?»

«Ich studierte Romanistik, als –»

Eva erriet, was das Zögern bedeutete. Sie war bestürzt und fühlte sich zugleich heftig hingezogen zu dem Mädchen. «Sind Sie fertig geworden mit dem Studium?»

«Nein.»

«Was wollten Sie denn werden?»

«Lehrerin für Französisch und Deutsch.»

Eva wurde still. Gilda griff taktvoll auf Evas anfängliche Bitte zurück. «Ihr Vater hat ein polnisches Wörterbuch. Er wird es Ihnen geben.»

«Eigentlich –», Eva zögerte, «– ich möchte ihn nicht darum bitten.»

«Sie können leicht herankommen. Es steht hinter der Scheibe im Bücherschrank. Ich zeige es Ihnen.»

Vor dem Schrank im Herrenzimmer tippte Gilda auf die große Glasscheibe. Ganz an der Seite stand, eingezwängt zwischen einem Jagdkalender und einem Informationsbuch über einheimische Sumpf- und Wasservögel, das Taschenwörterbuch.

«Das ist es.»

«Danke. Ich muß gleich nachschlagen. Oder sagen Sie es mir? – Was heißt ‚Przeklęte szkopy'?»

Gildas Gesicht verschloß sich. «Warum wollen Sie gerade das wissen?»

«Weil ich es heute auf der Straße gehört habe.»

Das Läuten der Türglocke erleichterte es Gilda, die Antwort zu umgehen. Sie hastete aus dem Zimmer.

«Steffis Trommelbuben», so nannte Eva in Gedanken Rolf Küppers. Als sie ihm gegenüberstand, im Foyer des Theaters, wo er seine beiden Damen erwartete, freute sie sich wie damals in Berlin an seinem schönen offenen Gesicht. Er war selbstsicherer geworden und gab sich den Anschein, als mache er sich über alles und jeden lustig.

Sie sahen gemeinsam den «Don Carlos» und schlenderten dann die Schloßfreiheit entlang.

«Sire, geben Sie Gedankenfreiheit!» zitierte er pathetisch den Marquis Posa, um gleich darauf im respektlosen Ton eines Lausejungen hinzuzusetzen: «Hat er schön gesagt, der Schiller, wie?» Er lachte scheinbar unbekümmert und hakte seine beiden Begleiterinnen burschikos unter.

Eva mußte daran denken, daß die Polin Gilda in der deutschen Sprache zu Hause war und, wenn sie Deutsch unterrichten wollte, sicherlich auch Goethe, Schiller und seinen «Don Carlos» kannte. In dem Theater, wo Schiller gespielt wurde, hing ein Schild mit der Aufschrift: «Polen ist der Zutritt verboten.»

«Was sagst du denn zu unserer Ost-Metropole?» Rolf Küppers drückte ermunternd Evas Arm. «Gnädigste scheinen in Gedanken.»

«Die Stadt ist schön.»

«Ein wahres Wort, wenn auch nicht neu. Etwas Schönes schaffen bekanntlich nur Deutsche, ergo ist diese Stadt so deutsch wie Berlin oder München, ergo haben slawische Untermenschen hier nichts zu suchen, ergo sind wir hier die rechtmäßigen Herren.» Steffi schüttelte mißbilligend den Kopf. «Wozu das alles, Rolf?»

«Mein liebes Kind, für Neulinge wie Eva ist es wichtig, wenigstens in Stichworten zu erfahren, was wir auf unserer Leutnants-Universität vor- und rückwärtskauen müssen. Sie müßte sich sonst auf Schritt und Tritt wundern in dieser Stadt. Im Vertrauen –», er zog Eva näher an sich heran, «wenn sie mich nach meinem Lehrgang nicht gleich wieder nach vorn schicken, verfrachte ich Steffi zuerst heim ins Reich.»

Diese Tonart hatte Eva von Rolf nicht erwartet. «Ist dem

Leutnant in spe schon hier der Boden zu heiß?» spöttelte sie. «Was sagt denn der Amtsleiter Schwendtmayr dazu? Der wünscht sich doch einen Helden zum Schwiegersohn und keinen –», sie suchte nach einem passenden, nicht allzu harten Wort.

Steffi seufzte ein bißchen und wandte sich an Eva. «Rolf sieht neuerdings immer schwarz, auch wenn es drei Sondermeldungen am Tage gibt.»

Rolf blieb am Geländer der Brücke stehen. Vor ihnen erhob sich das Schloß mit dem Baugerüst an der Fassade, massig und geheimnisvoll wie eine Riesin, die schamhaft ihr Gesicht hinter einem grobgewebten Schleier verbirgt.

Der junge Soldat hatte alle Spottlust abgestreift. «Mit dem Heldentum ist das so eine Sache», sagte er. «Wenn Tollkühnheit schon den Helden macht, dann ist der gemeinste Einbrecher einer. Der wagt doch etwas, setzt Freiheit und Leben aufs Spiel. Was wollt ihr noch!?»

«Du bringst seltsame Vergleiche.» Steffi gefiel die Unterhaltung nicht.

Rolf kam ein neuer Gedanke. Er wies auf das Schloß. «Würdet ihr da oben auf das Gerüst klettern, wenn es jemand von euch verlangte? Ganz oben hinauf, bis zur Balustrade, nur so, um zu zeigen, was ihr könnt?» Beide Mädchen wehrten ab. «Aber wenn da oben hilflos ein Mensch stünde, ein Kind vielleicht, das allein nicht herunter könnte, würdet ihr es dann wagen?»

«Ja», sagte Eva, ohne zu zögern.

«Dann hätte es doch einen Sinn», fügte Steffi hinzu.

Rolf sagte nichts. Er schien nachzudenken, während sie langsam weitergingen.

Nach einer Weile sagte Steffi klagend: «Rolf meint immer, das Kämpfen unserer Soldaten habe keinen Sinn. Wir hätten überhaupt keinen Krieg machen dürfen. Als ob jemand daran schuld wäre! Uns hat einmal ein Lehrer in der Schule gesagt, Kriege kämen gesetzmäßig, sonst würden die Menschen zu übermütig werden.»

«So ähnlich haben wir es auch gelernt», bekannte Eva zögernd. Lebhaft, aber mit unterdrückter Stimme, fuhr Rolf dazwischen. «Was gesetzmäßig ist, will ich euch sagen: daß alle hemmungslosen Eroberer an ihren Eroberungen zugrunde gehen. Alexander der Große, Napoleon–»

«Bist du verrückt, Rolf, wenn das jemand hört!» Steffi preßte beschwörend seinen Arm.

Aber Rolf sprach eindringlich und leise weiter: «Oder daß ihre Reiche zerfallen sind, sobald ihre Eisenfaust fehlte. Man kann die Geschichtsbücher auch von diesem Gesichtswinkel aus durchblättern. Das ist hochinteressant, und plötzlich sieht alles ganz anders aus. – Ich habe neulich versucht, mir vorzustellen, ich sei ein Franzose, der sein Land liebt, so wie wir unseres. Ich wollte mich in ihn hineinversetzen und war sehr bald fest davon überzeugt, daß nur ‚uns Franzosen' der Führungsanspruch in Europa zustehe. Das fränkische Reich unter Karl dem Großen hat vor elfhundert Jahren bis zur Elbe gereicht. Köln lag ebenso tief in seinem Stammlande wie Paris, und Aachen war sein Kaisersitz. Jedes Kind lernt in der Schule: Karl war ein ‚fränkischer' Kaiser! Und heute! Heute wollen uns die Deutschen, von denen damals noch gar keine Rede war, nicht einmal Elsaß-Lothringen lassen.»

«Das ist doch alles ganz abwegig, Rolf!» Steffi weinte fast.

«Natürlich ist das abwegig, genauso abwegig wie unsere Behauptung, daß die Provinz Posen kerndeutsches Land sei.»

Sie standen vor dem Schwendtmayrschen Hause. Rolf wandte sich an Eva. «Hast du mal ein paar Polen aus der Nähe gesehen und ihre Blicke gespürt? Da sammelt sich etwas an! Das kann man nicht mit Gewehrkolben und nicht mit schönen Worten austreiben. Das ist der Haß, der hinter Tausenden von Stirnen sitzt und mit jedem Tage wächst.»

Eva hatte mit steigender Verwunderung zugehört. Sie kannte Rolf bisher als unbekümmerten, sehr scharmanten Jungen. Bei seinem Zusammenstoß mit Hartmut war ihr zum erstenmal eine Ahnung aufgestiegen, daß dieser ehemalige HJ-Führer durchaus nicht führergläubig in den Tag hineinlebte. Die letzten Monate hatten ihn offenbar noch stärker geprägt.

Leise fragte sie:

«Seit wann kommen dir solche Gedanken?»

«Über alles mögliche nachgedacht habe ich schon lange. Aber seit wir hier in der Offiziersschule über Geschichte sprechen, ist mir vieles klargeworden. Natürlich kriegen wir die Geschichte so serviert, wie es in den Streifen paßt, aber die Parallelen bieten sich ja von selber an. Und wir sind Gott sei Dank noch nicht alle zu Holzköpfen geworden. Wenn man vorne im Graben war wie ich, merkt man, was los ist. Dreck und Läuse und keine Ablösung und Tag und Nacht keine Ruhe und weiter voran: erobern, erobern, erobern! Wofür denn nur? Damit ER sich auch noch ein Prunkschloß an der Wolga bauen lassen und der Dicke in den russischen Wäldern Wildschweine schießen kann?»

Er redet fast wie Jürgen Baer, dachte Eva. Nur einfacher, jungenhafter. «Du warst doch Hitlerjugendführer. Hast du da nicht auch nach Ostland reiten wollen?»

«Natürlich. Mit Fanfaren und Landsknechtstrommeln.»

«Bist du deinem ‚Führer' erst böse geworden, als du an die Front mußtest?»

«Nein. Als mein Glaube erschüttert wurde. Ich hielt ihn für einen lauteren Menschen. Dann schloß er den Nichtangriffspakt mit Rußland. Das verstand ich nicht. Wozu hatte man uns denn den Haß gegen die Bolschewisten eingebleut? Dann ließ ich mir einreden, das sei nötig, um friedlich leben zu können. Ich fand mich damit ab. Aber bald gab es trotzdem Krieg, und der Vertrag wurde gebrochen wie gar nichts. Ein Onkel von mir ist Justizbeamter. Eine peinlich korrekte alte Haut. Er wollte aus mir einen Juristen machen. Ich hatte damals schon von ihm gelernt, daß Verträge zwischen den Menschen notwendig sind, um die gesellschaftliche Ordnung aufrechtzuerhalten. Sie sind unantastbar und heilig. Wie wichtig sind sie dann erst im Leben der Völker! Mein Onkel nannte jeden, der einen ganz gewöhnlichen Kaufvertrag verletzte, schon einen Betrüger. Dann zeigte er mir in unserer Bündnispolitik noch viele faule Eier. Wenn der kleine Mann so mit Verträgen umspränge, käme er für Jahre hinter schwedische Gardinen. Mein Onkel behauptete, auch zwischen den Staaten der zivilisierten Welt gälten diese Gesetze, und jeder Bruch würde sich einmal rächen. – Siehst du, damit fing es an, damit war es mit meinem naiven Glauben aus. So belastet, zog ich in den Krieg gegen Rußland. Und jetzt bemühe ich mich, zu erkennen, anstatt zu glauben.» Er streckte Eva die Hand hin. «Ich muß gehen.»

Steffi drückte mit dem Rücken bereits die Haustür auf. «Nun bist du nicht einmal mit raufgekommen.»

«Ich bin genau in der richtigen Stimmung, um deinem Vater gegenüberzutreten», spottete er bitter. «Gute Nacht, Liebes.» Er nahm sie in den Arm. Ihre Ablehnung schien ihn nicht zu bedrücken. Er war trotz allem ihrer sicher. Sie war weich. Sie würde sich formen lassen.

Im abgedunkelten Treppenhaus stieg Steffi der Schwester voran die Stufen hinauf. Sie ging langsam, fast schwerfällig. Auf dem Treppenabsatz blieb sie stehen und wandte sich um. Es klang wie eine Entschuldigung, als sie sagte: «Rolf kann auch anders sein. Wenn er bei uns ist, wird er oft sehr fidel. Ich weiß nicht, was heute in ihn gefahren ist.»

«Er macht sich viel Gedanken», antwortete Eva, «und das ist doch gut.»

«Ich weiß nicht. Solche Gedanken sind sehr gefährlich. Bedenke nur, wenn er recht behielte und wir hier alle wieder raus müßten! Vielleicht alles zurücklassen, die Wohnung und alle Sachen –»

8

Jonastag

Es war Sonnabendmittag zur Büroschlußzeit der Behörden. Vor dem großen Gebäude des Landesarbeitsamtes wartete Eva auf Steffi. Sie war zu früh gekommen und mußte sich nun gedulden. Gleich ihr wartete an der Hausmauer eine ältere Frau, in ein Umschlagtuch gehüllt, ein Bündel in der Hand. Sie mochte vom Lande sein. Als sich die Frau ein paar Schritte näher zur Eingangspforte heranschob, sah Eva, daß sie stark hinkte.

Auf wen mag sie wohl warten? dachte Eva. Daß es eine Polin sei, schien ihr gewiß. Gildas Mutter hatte einen ähnlichen Gesichtsschnitt. Sie hatte Frau Dombrowska vor wenigen Tagen kennengelernt. Eine große Frau mit etwas schwammigen, schlaff gewordenen Gesichtszügen war gekommen, um für Eva eine Bluse zu nähen. Sie arbeitete in dem kleinen Zimmer neben der Küche, wo die Nähmaschine stand und wo Eva schlief. Die auffallend lebendigen Augen in dem flächigen Gesicht der alternden Frau bildeten einen starken Gegensatz zur Schwerfälligkeit ihres Körpers. – Das war Gildas Mutter. Sie hatte Eva sehr aufmerksam betrachtet und ihr dann einen modischen Ratschlag für die Bluse gegeben. Er zeugte von Geschmack, den man ihr, an ihrer eigenen abgetragenen Kleidung gemessen, nicht zutrauen konnte.

Eva hatte sich zum Strümpfestopfen zu ihr gesetzt. Allmählich, nachdem sie die beobachtenden Blicke der Polin freundlich und unbefangen entgegengenommen hatte, gelang es ihr, ein Gespräch in Gang zu bringen. Der vorwurfsvolle Unterton, der in Frau Dombrowskas Worten anfangs mitschwang, verlor sich, je mehr sie die Anteilnahme ihrer jungen Zuhörerin fühlte. In gebrochenem Deutsch sprach sie vom Schicksal ihrer Familie in den letzten Jahren.

Ihr Mann war Apotheker. Sie hatten eine Apotheke in der Innenstadt besessen. Gilda, die Studentin, die Victor Hugo und Henri Barbusse ebenso verehrte wie Lessing, Schiller und Heine, war mit einem Journalisten verlobt. Diese beiden jungen Menschen, klug, weltoffen, dabei tief in ihrer Heimat wurzelnd, sahen in der Verbindung mit den beiden traditionsreichen westlichen Kulturkreisen das Glück ihres Landes. Als die Deutschen in den Spätsommertagen des Jahres 39 mit Feuer und Schwert kamen, schlug das Gefühl des jungen Mannes für das traditionsreiche Nachbarland in fanatischen Haß um. Er wagte zuviel, wurde gefaßt und war bei dem ersten Massentransport dabei, der nach Osten ging. Der Apotheker Dombrowski wurde wenige Wochen später aus seinem Laboratorium weggeholt. Er hatte gerade noch Zeit, seinen weißen Kittel auszuziehen. Frau Dombrowska wurde aus ihrem Haus ausgewiesen und bekam mit ihrer Tochter ein kleines Zimmer in der Glogauer Vorstadt. Eva kannte das Haus. Auf der gleichen Etage wohnte der Schneider Woike. In jeder der Wohnungen war ein Dutzend Menschen und mehr untergebracht.

«Warum wurde denn Ihr Mann weggeholt?» fragte Eva mit enger Kehle. «Er hat sich doch nicht aufgelehnt wie Gildas Verlobter?»

«Nein. Er war ein ruhiger Mensch. Aber sie haben fast die ganze Intelligenz weggebracht: Lehrer, Rechtsanwälte, viele Ärzte.»

«Warum das?»

Die Polin biß einen Faden durch und sah über den Stoff

hinweg mit ihren großen Augen Eva forschend ins Gesicht. «Wer denken gelernt hat, kann gefährlich werden. Gilda denkt auch zuviel. Ich sehe es gar nicht mehr gern. – Ich glaube, Sie haben auch viele Gedanken im Kopf. Das ist nicht gut in unserer Zeit. Man kann nur noch hoffen und beten.»

«Hoffen Sie, daß Ihr Mann bald zurückkommt?»

«Ich hoffe, daß er einen schnellen Tod gefunden hat.»

«Sie glauben nicht mehr, daß er –?» Eva war erschüttert, mit welcher Haltung die Polin das Unabänderliche trug. In wieviel qualvollen Stunden mochte sie sich dazu durchgekämpft haben.

«Wir wissen alle, daß wir die Unseren nicht wiedersehen.»

Eva brachte es nicht über sich zu fragen, woher die Frau diese Gewißheit habe. Vielleicht ließ sie sich leichter ertragen als die Vorstellung, daß ihr Mann der Willkür seiner Feinde ausgeliefert sei. – Ein Feind! – Was war das? – Sie selbst war einer, sie, Eva Leonhard, die sich getroffen fühlte, wenn sie das Schild sah «Für Polen verboten!» Insgeheim strich sie das Wort «Polen» aus und setzte dafür «Juden». Hanke und Anneliese Theuerkauf errichteten solche Schilder, auch Hartmut Wedelstedt und Gustls Parteigenossen. Das waren alles Deutsche. Die Dombrowskis waren Polen. – Wer ist denn nun mein Feind, dachte Eva, oder wessen Feind bin ich? Etwa Gildas, die verstummt, weil sie glaubt, ich lerne ihre Sprache, um ihre Landsleute zu bespitzeln? «Verfluchte Nazideutsche» heißt das zornige Wort, das Gilda mir nicht übersetzen wollte. – Aber bin ich nicht vielmehr der Feind der Hankes, die mich zu den Polen ins Lager schicken würden, wenn sie mehr von mir wüßten? – Das ist wie ein Teufelskreis, aus dem man nicht herauskommt! Frau Dombrowska hat recht: Man darf nicht zuviel denken. – Feind, Feind, Feind! Ich will ja gar niemandes Feind sein. Ich tue niemandem etwas, nehme keinem etwas weg. Ich will nur leben. Auch Gilda und ihr Verlobter wollen leben. – Gustl sagt, man hält die Polen in einem Lager fest, das Auschwitz heißt. Er sagt, das sei notwendig für die Dauer des Krieges, sonst könnten sie unseren Soldaten in den Rücken fallen. Vielleicht lebt der Apotheker Dombrowski auch dort. Warum sollte man ihn denn umgebracht haben, einen Apotheker, der Säfte und Salben mixt, der sich in seiner Wissenschaft des Lateins bedient, genau wie ein deutscher Apotheker, und nichts weiter will, als Kranken helfen.

Eva nahm sich vor, übermorgen, wenn sie ihr Kostüm bei Woike abholen konnte, auf einen Sprung zu Frau Dombrowska hinüberzugehen und ihr ein bißchen Hoffnung zu machen.

Steffi ließ lange auf sich warten. Eva war mehr als zehnmal die Front des großen Hauses abgeschritten. Auch die Polin stand noch da, aber sie hatte inzwischen Gesellschaft gefunden. Aus einem Nebeneingang war eine breithüftige Frau in weißer Schürze und weißer Köchinnenhaube getreten. Sie blickte sich vorsichtig nach allen Seiten um, ehe sie die polnische Bäuerin verstohlen heranwinkte. Ihr Bündel in der Hand, hinkte die Wartende unbeholfen näher. Beim Aufundabgehen hörte Eva ein paar polnische Worte. Sobald sie herankam, erstarben die Stimmen.

Eva wendete sich gerade wieder, als aus einem anderen Seitenausgang ein junges Mädchen kam. Es trug einen losen Mantel, ein buntes Kopftuch und derbe Schuhe. Eva stand einen Augenblick dicht vor dem Mädchen, das sich suchend umsah. Noch nie hatte Eva einen so trostlosen Blick gesehen. Dahinter lag eine Seele ohne jede Hoffnung. Blitzartig zuckten die Worte Frau Dombrowskas durch ihr Hirn: «Hoffen? Ich hoffe, daß er einen schnellen Tod gefunden hat.» So sah die ganze Hoffnung dieser Menschen aus.

Als das Mädchen die Bäuerin bei der Köchin stehen sah, ging sie langsam auf die beiden zu. Ihr Gang verriet alles. Noch ehe sie herangekommen war und ein Wort sagen konnte, rutschte die Bäuerin zusammen, nieder auf ihr Kleiderbündel, als versagten ihr die Beine den Dienst. Das junge Mädchen und die Köchin griffen nach ihr und zogen sie wieder herauf. Das Mädchen sprach auf sie ein. Da fing die Frau an zu weinen, fast lautlos schluchzte sie in harten Stößen vor sich hin, den Rücken an der Mauer, den halbverhüllten Kopf gesenkt.

Die Köchin sah unruhig zur Tür. Aus dem Hauptportal des Landesarbeitsamtes kamen vereinzelt die ersten Angestellten, die ihren Dienst beendet hatten: Männer mit Aktenmappen, Mädchen mit Stadttaschen. Die Köchin legte, verhalten schluchzend, rasch ihre Wange gegen die des Mädchens, strich der Bäuerin begütigend über den Arm und verschwand im Seiteneingang.

Unter dem ersten Dutzend der heimwärtsstrebenden Angestellten war Steffi. Sie winkte Eva erfreut zu.

«Schon lange gewartet?» Sie hakte die Größere unternehmungslustig ein. Mit wenigen Schritten hatten sie sich dem polnischen Mädchen genähert, das im Begriff war, mit der alten Frau langsam weiterzugehen. Als sie Steffis frische Stimme im österreichischen Dialekt hinter sich hörte, blieb sie stehen und wandte sich um. Ihr erloschener, unsäglich trauriger Blick heftete sich vorwurfsvoll auf Steffi. Die war verstummt. Ihr heiteres Gesicht wurde ernst, fast unwillig. Sie wollte schnell vorbeigehen, als Eva so stark ihren Arm drückte, daß er schmerzte. Es lag eine Forderung darin, der sie sich nicht entziehen konnte.

Steffi verhielt den Schritt und wandte sich den beiden Polinnen zu. «Ist das Ihre Mutter?» fragte sie das Mädchen.

Ein stummes Kopfnicken war die Antwort. Zugleich zog das Mädchen die Frau einen Schritt weiter, damit die Fragerin den schwerfällig hinkenden Gang wahrnehmen mußte.

Steffi verstand die Geste. Sie nagte, peinlich berührt, an der Unterlippe. Mit verlegenem Schulterzucken sagte sie: «Es tut mir leid. Aber ich kann wirklich gar nichts machen. Das müssen Sie doch einsehen.»

Sie hatten etwa fünfzig Meter zurückgelegt und waren um zwei Straßenecken gebogen, bevor Eva es vermochte, das erste Wort zu sprechen. Auch Steffi hatte geschwiegen. Sie kannte Eva gut genug, um zu wissen, daß sie eine Erklärung erwartete.

«Was war mit den beiden Frauen?» fragte Eva.

«Es sind Mutter und Tochter. Sie kommen vom Lande. Das Mädchen, sie heißt Angela, ist zur Sammelstelle bestellt.»

«Was für eine Sammelstelle?»

«Wo die Transporte zusammengestellt werden. Sie soll als Ostarbeiterin ins Reich.»

«Und dagegen hat sie Einspruch erhoben?»

«Du bist gut. Den Polen steht doch gar kein Einspruchsrecht zu. Sie ist die erste, die sich bis ins Landesarbeitsamt gewagt hat. Es ist mir schleierhaft, wie sie hineingekommen ist. Sie hat genau zur richtigen Abteilung gefunden. Sie muß jemanden im Hause kennen, vielleicht den Heizer oder so einen. Hast du etwas beobachtet, als die Mutter unten wartete?»

«Nein. Mir fiel sie nur auf, weil sie stark hinkt.»

«Deshalb kam ja das Mädchen. Sie behauptet, ihre Mutter

braucht sie dringend. Ich habe mich auch erweichen lassen und habe es dem Regierungsrat vorgetragen.»

«Was hat er gesagt?»

«Angepfiffen hat er mich, weil ich sie überhaupt zur Tür hereingelassen habe. Was das werden solle, wenn die Polen erst merkten, daß es bei uns weiche Stellen gäbe! Die hätten strikt zu gehorchen und nichts weiter. Die Alte, er meinte die Mutter, würde schon nicht umkommen.»

«Und wenn, dann fände es dein Regierungsrat auch nicht schade», ergänzte Eva bitter.

Steffi sah sie betroffen an. «So ist er nun auch wieder nicht. Aber er hat doch seine Verfügungen. Gerade mit den Deportationen ist man sehr genau. Wenn er da fünf gerade sein läßt, geht's ihm selber an den Kragen.»

Eva nickte unbestimmt. Steffi hatte recht. Jeder war hier eingespannt in die große Maschinerie. Weil die Verfügungen sprachen, wurden die Menschen stumm. Oder war es umgekehrt? Weil alles Menschliche verstummt war, konnten die Verfügungen sprechen?

Auf die langsam heranrollende Straßenbahn stürzte sich eine Traube von Menschen. Sie erklommen die Plattform des stark besetzten Anhängers, drängten und schoben ins Innere des Wagens, damit keiner der Wartenden, die von schwerer Arbeit nach Hause strebten, zurückbleiben mußte. «Nur für Polen» stand auf einem Schild, das gut sichtbar in den Fensterrahmen geklemmt war.

Ohne Mühe und Drängen fanden Eva und Steffi im Triebwagen Sitzplätze. Sie sprachen nicht. Eva sah zum Fenster hinaus. Sie fuhren quer durch die Stadt, die in ihr so zwiespältige Gefühle ausgelöst hatte. Ihr fiel Sigrid ein, die in Paris lebte. Paris gehörte den Franzosen, und die Deutschen hatten es besetzt. Ob es dort ähnlich war wie hier? – Aber Posen galt ja nicht als besetzte Stadt, Posen hatte man dem Großdeutschen Reich bereits einverleibt. Hitlers Schloßumbau, Görings Jagdschloß unweit des Gorkasees waren äußere Zeugen dafür, daß man hier seßhaft werden wollte.

Wieviel Teilungen Polens hatte es in der Geschichte eigentlich schon gegeben? Eva erinnerte sich dunkel daran, so wie man weiß, daß es mehrere Punische Kriege gegeben hat, ohne von deren Sinn und Zeitfolge noch eine Vorstellung zu haben. Ihr gegenüber faltete ein Mann das breite Zeitungsblatt des «Völkischen Beobachters» zusammen und gab den Blick in den Wagen frei. Auf der Bank nebenan saß ein junges Mädchen. Sie schien fremd zu sein, denn sie erkundigte sich höflich bei ihrem Nachbarn, ob sie mit diesem Wagen wirklich nach Unterberg käme. Ihr Nachbar, ein Mann in unauffällig grauer Joppe, schüttelte den Kopf. «Nein», sagte er, «andere Richtung.» Er sprach mit hartem Akzent, und es schien, als beschränke er sich bewußt auf die notwendigsten Worte.

Aber das junge Mädchen, über seine Auskunft sehr erschrocken, gab sich noch nicht zufrieden. «Wie? Entgegengesetzt muß ich fahren?»

«Besser ist andere Linie. Nummer sechs.»

«Oh, wo kann ich denn umsteigen?»

Der Mann wurde unruhig und wollte mit einer stummen Geste das Mädchen an die Schaffnerin verweisen, als der Mann mit der Zeitung laut rief, daß alle Wageninsassen ihn hören mußten: «Hier hat sich ein Pole eingeschlichen.» Drohend und gewichtig erhob er sich, schob sich zu dem Mann in der grauen Joppe heran. «Du bist Polacke, was?»

Stumm, mit zusammengepreßten Lippen, saß der andere im Kreuzfeuer der Blicke aller Wageninsassen. Der Mann mit der Zeitung stand aufgereckt vor ihm, in hellem Zorn, wie der Hüter der Ehre einer ganzen Nation. «Den Herrschaften genügt wohl ihr Sonderwagen nicht mehr, was?» bellte er los. Er packte den Polen am Ärmel und zog ihn vom Sitz hoch. «So weit kommt es noch, daß wir uns mit euch auf eine Bank setzen müssen.» Er zerrte sein Opfer auf den Gang und schob es, in steigender Wut über das Schweigen des Mannes, zur Tür. «Raus, du Polenschwein!» Mit einem Fußtritt beförderte er den Mann über die Stufe, so daß jener über die Breite der Plattform taumelte und im Stolpern gegen die Rückwand des Wagens schlug.

Das junge Mädchen, zu spät erkennend, daß sein eigenes Ungeschick die Ursache dieses widerlichen Zwischenfalls war, wollte jetzt nur eines: den Wagen so schnell wie möglich verlassen. Sie zog sich scheu vor dem Rächer zurück, der drohend in der Türöffnung stand, bereit, mit einem weiteren Fußtritt das Aussteigen seines Opfers zu beschleunigen. Ehe sich der gehetzte Mann von der langsamer fahrenden Straßenbahn hinuntergleiten ließ, streifte sein Blick den Peiniger. Es war der

Haßblick einer machtlosen Kreatur, die sich dem Wolfsgesetz des Stärkeren ausgeliefert weiß.

Der Mann mit der Zeitung kehrte an seinen Platz zurück, hoch aufgereckt, mit Anerkennung heischendem Blick. Aus einer Ecke hörte man ein beifälliges «Skandalös!» Aber die meisten Gesichter blieben ausdruckslos. Die Menschen hatten sich in ihr Ich zurückgezogen. Es war wenig nutzbringend, hier Stellung zu beziehen, also schwieg man lieber.

Mit höhnisch herabgezogenen Mundwinkeln setzte sich der Vollstrecker auf den Platz des verstoßenen Polen. Eva würgte der Ekel. Steffi sah sie hilflos, fast schuldbewußt an. «Wir steigen gleich aus», sagte sie, als sei das ein Trost.

Man sagt, daß ein Unglück selten allein kommt.

An diesem Oktobertage in Posen schien es Eva, als werde sie von einer unsichtbaren Kraft geleitet mit dem Ziel, sie zum mehrfachen Zeugen fremden Unglücks zu machen. Auf jene Kette scheinbarer Zufälligkeiten später zurückschauend, nannte sie ihn «Jonastag», in Anlehnung an den Aberglauben der Seefahrer. Sie liebte es, Sammelnamen zu erfinden für Dinge und Begebenheiten, die im allgemeinen wortreiche Beschreibungen erfahren.

Gustl Schwendtmayr hatte darauf bestanden, Eva vor ihrer Abreise in sein «schwierigstes Projekt» einzuweihen. Wie er einleitend sagte, war es oft nicht einfach, für die vielfältigen Bedürfnisse der deutschen Dienststellen geeignete Gebäude zu finden. Da brauchte der RAD Unterkünfte für seine Arbeitsmaiden, die HJ ein Heim für ihr Wehrertüchtigungslager. Überall mußte Amtsleiter Schwendtmayr helfen.

In der letzten Zeit hatten ihm die SS, die Reichsfrauenführung und das Amt Rosenberg gemeinsam in den Ohren gelegen, dem dringenden Bedürfnis nach einer Reichsbräuteschule, die repräsentativ für den deutschen Osten sein sollte, schleunigst abzuhelfen. Dafür die geeigneten Gebäude in Posen zu finden, war schwierig. Die Stadt war mit deutschen Dienststellen vollgestopft. Schwendtmayr mußte lange die Randgebiete durchkämmen, ehe er etwas fand, wo mit Geschick heranzukommen war.

Der ehemalige Gutshof, an dem er sich endlich festhaken konnte, war von der OT belegt. Schwendtmayr hatte schnell herausgebracht, daß die Gebäude schlecht ausgenützt wurden. Der Lagerführer, ein geistig unbeweglicher Mann, ließ sich verhältnismäßig leicht davon überzeugen, daß seine Männer in den langgestreckten einstöckigen Wirtschaftsgebäuden, die durch den Park vom Herrenhaus getrennt waren, viel besser unterzubringen seien. Die ehemalige Futterküche ließ sich leicht herrichten. Aus der Käserei wurde eine Duschanlage. Die Schlafräume im Stockwerk darüber reichten vollkommen aus. Die Polen loszuwerden, die dort oben noch wohnten, war der geringste Kummer. Schwendtmayr war stolz darauf, daß er diese Vorarbeiten schnell und reibungslos bewältigt hatte. Die OT-Männer waren für ihn die Müllabfuhrleute des Reichs. Ihre nägelbeschlagenen Knobelbecher paßten sowieso nicht zu den Parkettfußböden des Gutshauses. Hoffentlich machte ihm die Leitung der künftigen Reichsbräuteschule keinen Vorwurf daraus, daß die Männerunterkünfte so in Rufweite lagen. Aber die rassestolzen SS-Bräute, geschult im Ahnenerbe, würden wohl kaum für ein Techtelmechtel mit den Knobelbecherträgern zu haben sein. Schließlich sollten sie die Mütter der künftigen Wehrbauern des deutschen Ostens werden, mit deren Blut man einen neuen kerndeutschen Stamm in dieser völkisch vermanschten Provinz züchten wollte. Es gab eine ganze Menge Mädchen, die diese Aufgabe schon begriffen hatten. In den Geburtsanzeigen des «Völkischen Beobachters» konnte man lesen, daß die Eltern ihre soeben geborenen Stammhalter, alle die Sigwulfs, Rüdigers und Gundolfs, bereits in der Wiege für ihre völkische Aufgabe, Wehrbauern im deutschen Osten zu werden, verpflichteten, fast so, wie man früher die Sprößlinge schon im zarten Alter der Kirche verschrieben hatte.

Schwendtmayr kannte das alles. Er fand für seine eigene Person wenig Geschmack an solchen heroischen Taten und Opfern auf Fernsicht. Wenn andere es vermochten – nun gut! Er zollte ihnen Achtung. Die Bräute sollten ihr schönes Heim bekommen. Das im Jagdhausstil der zwanziger Jahre erbaute Herrenhaus entsprach durchaus der Vorstellung vom künftigen Landsitz eines Grundbesitzers im deutschen Osten, die man in den Mädchen wecken wollte. Schlimmstenfalls ließ sich am Ende des Parks ein fester Zaun ziehen. Man konnte nicht wissen, ob das Temperament dieser Mädchen stärker war als ihre auf Auswahlprinzip gegründete Moral.

Schwendtmayr erwartete Eva und Steffi an der Freitreppe. Seine Stieftochter hatte von ihm wissen wollen, worin eigentlich seine Tätigkeit bestehe. Heute sollte sie sich selbst von seinem verantwortungsvollen Amt überzeugen. «Mir kann nur eine Arbeit imponieren, die den Krieg schnell beenden hilft», hatte sie gesagt. Etwas aufrührerisch klang das. Er hatte klipp und klar geantwortet, seine Arbeit ziele darauf hin, daß man nach dem Endsieg in der Lage sei, die gewonnenen Gebiete auch zu halten. Schon mancher Sieger habe seinen Sieg verschenkt durch falsche Nachkriegspolitik. Es gelte also, bereits jetzt die Ostgebiete der deutschen Jugend schmackhaft zu machen. Sie habe nach Lebensraum geschrien, nun sei er da. Die Bauern im Warthegau und im Generalgouvernement würden die Goldgräber Europas werden.

Er verstand sich darauf, die Worte zu setzen. Nach einer solchen Rede verstummte Eva immer. Es war klar, daß sie es einsah, denn schließlich konnten ihr, der ehemaligen Arbeitsmaid, diese Gedanken nicht ganz neu sein. Er lächelte noch heute in sich hinein, wenn er daran dachte, wie sie das geschafft hatte, das mit dem Arbeitsdienst. «Wer Jude ist, bestimme ich!» Der Meister hatte seine geheimen Nachahmer gefunden. Eva würde schon durchs Leben kommen, darum war ihm nicht bange. Er wollte sie vor ihrer Abreise unbedingt noch zur Rede stellen wegen Wedelstedt. Sie sollten nur die Heirat nicht zu weit hinausschieben. Es war Krieg. Und wenn es schlimm kam, war es immer noch besser, eine verwitwete Wedelstedt zu sein als eine ledige Leonhard. Allerdings schien es zwischen dem Liebespaar eine Verstimmung gegeben zu haben, soviel hatte er schon gemerkt.

Eva war auch heute nicht gerade gut aufgelegt. Es enttäuschte ihn, daß sie nicht rückhaltlos bewunderte oder lobte. Die Diele mit dem Kamin, mit der Krone aus ineinandergeflochtenen Geweihen, der schweren Treppe, die im ersten Stock in eine Galerie auslief, war ein Prunkstück.

Als sie durch einige der Schlafzimmer gingen, in denen je drei kühle und saubere Betten auf die ersten Heimgäste warteten, versuchte Schwendtmayr einen Scherz.

«Richtige keusche Jungfrauenpfühle, was?»

Eva nickte. Die frisch gekalkten Wände, die hell lackierten Betten und das unberührte Leinenzeug forderten tatsächlich zu einer solchen Feststellung heraus. Bald würde über jedem Bett das gerahmte Bild eines zackigen Offiziers hängen, der den Totenkopf an der Mütze und auf den Spiegeln trug. Und die Mädchen würden von ihren Helden träumen, würden Liebe denken und Zuchtwahl meinen und ihre ungeborenen Söhne einem Götzen opfern, der Menschenblut verlangte. Sie verwarfen Jahwe und vergaßen, wie gütig der Gott der Juden zu Abraham gewesen war, als er das Menschenopfer Isaaks nicht angenommen hatte. Diese Betten würden nicht lange unbeschmutzt bleiben. Hundert unerlaubte Liebesnächte konnten sie nicht schlimmer besudeln als die nächtlichen Gedanken dieser Reichsbräute, dieser hochbeinigen Mädchen mit starken Brüsten und breiten Becken, die ihren Leib degradieren ließen zum Gefäß, in das die schwarzen Träger des Totenkopfsymbols ihren Samen senkten.

Eva hätte nicht sofort sagen können, aus welchen Verborgenheiten solche Gedanken in ihr aufstiegen. Bemerkungen Jürgen Baers, begonnene Gespräche mit Marlies und Axe, später zu Ende Gedachtes, beklommen Erfühltes, Streitfragen im Arbeitsdienst – alles kam zusammen, stand aus den tiefsten Winkeln des Bewußtseins auf und wurde Bild.

Sie hatte eines der Zimmer der Länge nach durchschritten. – So, jetzt ist es nicht mehr unberührt, dachte sie schadenfroh. Jetzt ist mein Hauch darin. Vielleicht merkt ihr es in euren Träumen. Vielleicht hat einer eurer Helden geholfen, meinen Vater zu vertreiben!

Nur um etwas Kritisches gegen die kühle Pracht einzuwenden, sagte sie zu Schwendtmayr: «Warum sind überall drei Betten aufgestellt? Dieses Zimmer ist kleiner als die anderen. Hier hätten zwei genügt.»

Schwendtmayr verzog süffisant das Gesicht. Er sah sich um, sich vergewissernd, daß ihm niemand zuhöre. Steffi war schon weitergegangen und besichtigte die Dusch- und Baderäume. «Wegen der Moral», sagte er augenzwinkernd hinter vorgehaltener Hand.

Eva schob befremdet die Augenbrauen dicht zusammen. Schwendtmayr fuhr im Flüsterton fort: «Damit sie's nicht miteinander treiben.»

Sie blickte unsicher an ihm vorbei. Aber da er sie für sehr erfahren zu halten schien, wollte sie sich ihre Ahnungslosigkeit nicht anmerken lassen. «Die hierherkommen, haben doch alle Haltung», sagte sie, nur um die Antwort nicht schuldig zu bleiben.

Er griente. «Wenn die Hündin läufig wird, ist's damit fix vorbei. Und wenn dann der Rüde nicht in der Nähe ist, wird's schlimm.»

Mit einem Gefühl des Ekels schob sich Eva schnell an ihm vorbei durch die Tür zur Diele. Sie vermied es, den Ärmel seines Ledermantels auch nur zu streifen.

Sie gingen durch den Park und gelangten zu den Wirtschaftsgebäuden, wo die Männer der OT, die zu einem Bautrupp gehörten, sich einrichteten. Die kriegswichtige Tätigkeit des Trupps bestand darin, eine Straße vom Jagdschloß am Gorkasee bis nach Posen zu bauen. Das Auto des Reichsjägermeisters sollte bald ungehindert darauf rollen können. Immerhin war das eine Aufgabe, für die man Weib und Kind, die Werkstatt oder den kleinen Bauernhof daheim für ein paar Jahre im Stich ließ. «Einer für alle, alle für einen!» Das «Einer für alle» – das war die Frau daheim, die den Pflug in die Erde drückte und den Ochsen antrieb, für ihn mit und für die Kinder. Und das zweite: «Alle für einen» – das waren sie hier bei der OT, die die Straße bauten für den einen, den Reichsjägermeister, den man auch Reichsmarschall nennen konnte, womit seine Titel noch nicht erschöpft waren.

Ein paar OT-Männer spuckten auf ihre Knobelbecher, die nicht mehr sauber zu kriegen waren, andere stopften Strohsäcke und schüttelten Decken. Nebenher schielten sie auf das Grüppchen Polen, das nun schon seit zwei Stunden vor der letzten Tür hockte. Die beiden Familien hatten gestern noch in den vier Räumen über dem Pferdestall gewohnt. Man hatte sie heute fast mit Gewalt hinaustreiben müssen. Nun warteten sie auf den Obertruppführer in der Hoffnung, bei ihm Gnade zu finden. Sie wollten sich in den früheren Futterkammern neben der Remise einrichten. Beharrlich hockten sie auf ihrem spärlichen Hausrat und warteten. Schweigend, bekümmert.

Als sich der Obertruppführer zusammen mit dem braunen Amtsleiter vom Park her näherte, wußten die OT-Männer, daß die Polen keine große Chancen mehr hatten.

«Macht euch doch fort!» rief einer der Männer, einen frisch

gestopften Strohsack auf dem Kopf balancierend, den Leuten verstohlen zu.

Die wandten die Köpfe zum Park hin, und es kam Bewegung in die Gruppe. Ein älterer Mann, der auf einem buntbemalten Holzkasten gesessen hatte, erhob sich langsam.

Der Obertruppführer und Schwendtmayr grüßten die OT-Männer mit erhobenem Arm. Ein gutes Stück hinter ihnen traten Eva und Steffi auf den Hofplatz.

«Bald geschafft, Kameraden?» rief der Obertruppführer aufmunternd in die Runde. Dann sah er das Häuflein Polen, diesen trägen Fremdkörper zwischen den bienenfleißigen OT-Männern.

«Was wollen denn die noch hier?»

Einer seiner Leute machte Meldung.

Der Pole stand im Hintergrund und wartete auf die Gelegenheit, die militärisch knapp gehaltene Meldung zu ergänzen. Aber ehe er dazu kam, war Schwendtmayr herangetreten.

«Wie kommt es, daß die Exmittierung noch nicht abgeschlossen ist?» fragte er herrisch. «Die Leute sollten längst untergebracht sein.»

Der Obertruppführer machte eine ratlose Geste. «Das waren sie ja auch. Ich verstehe das selbst nicht.» Er winkte den Polen heran. «Warum seid ihr noch nicht fort?»

«Wir sind zwei große Familien», berichtete der Mann langsam, mit einer Stimme, die vor Erregung brüchig war. «Das sind elf Personen, darunter vier kleine Kinder. Wir sollen in zwei kleinen Stuben wohnen, alle zusammen, das ist zuwenig Platz.»

«Warum zuwenig?» warf Schwendtmayr ein. «Jetzt geht's bei den meisten Leuten ein bißchen eng zu.»

«Unsere Älteste ist schwanger. In zwei Monaten sind wir noch eins mehr. Soll sich das alles vor den kleinen Geschwistern abspielen?» Die Stimme des Mannes bat, beschwor. Hinter ihm erhob sich seine Frau, einen etwa achtjährigen Jungen mit tiefliegenden Augen an der Hand.

Schwendtmayr sagte unwillig: «Wie ihr das macht, ist eure Sache. Wenn ihr zusammen zwei Zimmer habt, werdet ihr schon eins als Wochenstube einrichten können. Wir haben keinen anderen Platz für euch.»

«Doch, hier ist Platz.» Die Polin sah mit ihren schwarzen Augen den Amtsleiter durchdringend an. «Wir kennen auf diesem Hof jeden Winkel, wir haben hier zeitlebens gearbeitet. Die Futterkammern stehen leer. Ihr braucht sie nicht.»

«Vielleicht brauchen wir sie doch noch», sagte der Obertruppführer. «Wir können neue Leute dazubekommen.»

«Die Kammern haben Luken statt Fenster. Niemand von euch wird darin wohnen wollen», sagte der Pole und stellte sich neben seine Frau. Ihre Lippen begannen zu zittern. Die stundenlang aufgespeicherte Erregung entlud sich.

Schwendtmayr wandte sich ärgerlich ab. Er stellte seinen Mantelkragen hoch und schnellte mit dem Fuß einen Stein zur Seite, der bis zur Hauswand sprang. «Halten Sie sich doch nicht weiter mit diesen Leuten auf», sagte er zu dem Obertruppführer. «Es ist völlig unmöglich, daß sie hier wohnen bleiben. Den ganzen Komplex verwaltet von jetzt ab federführend die SS.»

«Die SS?» Das Wort schlug wie eine Handgranate ein. Aus dem Munde der Frau kam die Frage wie ein erstickter Aufschrei. Dann hastete sie, den Jungen mit sich ziehend, zu ihrer Familie zurück, die in fieberhafter Eile wahllos Gepäckstücke aufraffte. Der Mann folgte ihr zögernd.

Schwendtmayr hatte die Hände in die Taschen vergraben und ging näher an das aufgescheuchte Häuflein heran. – Sieh mal an, das hatte er noch nicht gewußt, was man mit diesem Zauberwort erreichen konnte! Bisher hatte er immer andere Mittel gebraucht und war damit auch zum Ziel gekommen. – Er stand jetzt dicht bei den Polen, denen der Appetit auf die geräumigen Futterkammern so schnell vergangen war. Er war Herr der Situation gewesen, während der Obertruppführer eine recht klägliche Figur abgegeben hatte. Schwendtmayr genoß dieses Bewußtsein der Überlegenheit. Er verstand es, kleine Siege für sich zu nutzen, wie er es verstand, den großen Sieg vorbereiten zu helfen.

Ohne seinen verbindlichen Ton aufzugeben, sagte er: «Wenn ihr zu viele seid, dem ließe sich abhelfen.» Er nahm sich ein etwa sechzehnjähriges Mädchen aufs Korn. «Wie wär's denn mit einer kleinen Dienstverpflichtung, irgendwohin ins Reich?»

Die Sechzehnjährige antwortete ihm mit einem angstvollen Kopfschütteln und wandte sich hilfesuchend ihrer Mutter zu. Aber der Verfolger ließ nicht so schnell ab. «Deinen Namen kannst du mir schon sagen.» Er rief kurz über die Schulter: «Steffi, notiere doch mal.»

In wortloser, angstvoller Pein hantierte die Sechzehnjährige an einem ausgedienten, mit Hausrat beladenen Kinderwagen.

Schwendtmayrs Lage fing an, peinlich zu werden. Er wollte vor Eva und seiner Tochter die Gentlemanrolle, die er einwandfrei durchgehalten zu haben meinte, im letzten Augenblick nicht aufgeben. Mit spöttischem Lächeln schlenderte er seitwärts und rief Steffi zu: «Laß dir den Namen sagen.»

Zögernd trat Steffi näher. Eva, die sich bisher im Hintergrund gehalten hatte, folgte ihr und flüsterte: «Du kannst doch nicht –!»

Steffi zuckte zaghaft mit den Schultern. Leise sagte sie: «Es wird ihnen nichts passieren. Gustl macht das nur zur Einschüchterung.»

«Aber die Angst, in der die Leute dann leben.»

Evas dringliche Stimme hatte Steffi getroffen. Sie trat mit gezücktem Bleistift dicht an das polnische Mädchen heran. Eva war ihr auf den Fersen, als gelte es, ein Unglück zu verhindern.

«Du heißt Natalja, nicht wahr?» fragte Steffi halblaut.

Das Mädchen hob überrascht den Kopf und verneinte zaghaft. Steffi notierte, befriedigt nickend. «Also Natalja. Und weiter?» Sie sah der Polin auf die Lippen, die sich hilflos bewegten, ohne ein Wort zu formen.

«Woronski also», sagte Steffi laut und empfing erneut ein verwundertes «Nein» als willkommene Bestätigung. Sie nickte, schraubte ihren Drehbleistift zurück und ging zwischen den Polen hindurch, die ihr, erstaunt und zweifelnd zugleich, nachblickten.

«Ihr müßt keine Angst haben», flüsterte Eva der Sechzehnjährigen hastig zu, ehe sie Steffi folgte.

Dann sahen sie die elf Menschen davonziehen, denen ihre bisherige Armut jetzt, da es ins Elend ging, wie das verlorene Paradies erscheinen mochte.

Der Anblick fremden Elends – in solcher Häufung – hatte in Eva Gedanken ausgelöst, die sie nicht zur Ruhe kommen ließen. Sie glaubte, in der Wohnung Schwendtmayrs nicht mehr atmen zu können, und versuchte sich vorzustellen, wie es wäre, wenn sie zu der polnischen Familie ginge und sagte: «Ich gehöre zu euch. Nehmt mich auf.» Sie wußte, wie abwegig dieser Gedanke war, denn sie hätte damit niemandem geholfen. Aber da ihr Herz übervoll war von Empörung und Mitleid, ihr Hirn jedoch leer vor Hilflosigkeit, dachte sie an mancherlei Abwegiges. Die Atmosphäre dieses Hauses, dieser Stadt bedrückte sie. Wenn man hier lebte, gehörte man zu denen, die Polen aus der Straßenbahn warfen, aus den Wohnungen, aus ihrem Lande. Die «Insel» erschien ihr plötzlich wie ein Eiland voller anständiger Menschen. Dort gab es Jürgen Baer, Marlies und Axe, die den Krieg haßten. Auch der kleine Mathesi gehörte dazu, und vielleicht waren es noch viel, viel mehr. In ihrer Erregung wurden Hanke und Frau Klemt zu unbedeutenden Einzelerscheinungen, die in der reinen Insel-Luft nicht viel ausrichten konnten. Sie wollte sofort zurückfahren. Morgen schon, nein, am liebsten noch heute abend.

Beim Abendessen erklärte sie, daß sie fortmüsse. Warum, wollte man wissen. Sie stotterte an ihrer Ausrede herum, die ihr selbst unglaubwürdig erschien: ein Versuch, an dem sie gern teilnehmen wolle, eine Geburtstagsfeier im Haus Seestern. – Es klang recht unglaubwürdig.

«Das hast du doch alles früher gewußt», sagte die Mutter kopfschüttelnd.

«Ach was, Versuche!» warf Schwendtmayr ironisch ein. «Deshalb bricht kein Mädchen seinen Urlaub ab. Versuche – mit Männern vielleicht?» Er schaute sie forschend an.

Trotzig entgegnete sie: «Und wenn's so wäre?»

«Das wäre ja noch schöner. Einen Wedelstedt bekommst du nicht wieder.»

«Will ich auch gar nicht haben.»

«Sieh mal an. Daher weht der Wind. Hast wohl an jedem Finger einen Schatz, was?»

Eva schwieg verletzt. Steffi und die Mutter räumten das Geschirr aus dem Zimmer. Eva blieb mit Schwendtmayr allein, der wieder seine Tiroler Jacke trug und wie ein jovialer Hausvater aussah. Cäsar lag auf seiner Smyrnabrücke, den Kopf auf den Pfoten, und sah seinen Herrn von unten herauf treu ergeben an.

Schwendtmayr ging zum Rauchtisch und zündete sich eine Zigarre an.

«Denk bloß nicht, daß dich jemand von deiner Insel heiratet. Du kennst deinen dunklen Punkt ganz genau.»

«Wer spricht denn vom Heiraten? Ich will doch gar nicht.»

«Das sagst du jetzt. In zwei Jahren, wenn die jungen Witwen

sich wieder nach dem nächsten umsehen, denkst du anders darüber. Und ich sage dir: Vor einer Witwe mit drei Kindern schrecken die Männer weniger zurück als vor dir.»

Eva gab sich den Anschein völliger Ruhe. «Das stimmt. Hartmut ist auch zurückgeschreckt.»

«Was? Du hast es ihm gesagt?» Der graue Aschenring löste sich von der Zigarre und fiel auf den Teppich. Knurrend erhob sich der Hund.

Eva nickte schwach.

Schwendtmayr schob die rechte Hand in die Hosentasche, als fürchte er, sie könne von selbst, ohne sein Zutun, losschlagen gegen das aufsässige, verdammt reizvolle Mädchen, das dort in scheinbarer Gelassenheit auf dem Teppich stand. «Bist du verrückt geworden?» keuchte er.

Sie zuckte bedauernd mit den Schultern. «Man muß sich doch alles sagen, wenn man ein Leben lang zusammenbleiben will.»

«Sakra noch mal!» Jetzt fauchte er los. «Durch mich sollte er es erfahren, Mar' und Josef! Ich habe so viel Trümpfe in der Hand, so viel Trümpfe! Alle gesammelt für dich, du dummes Mädchen. Der alte Wedelstedt hat in Luxemburg einen Reibach gemacht, der sich gewaschen hat – durch mich! Der Onkel in Grunewald ist in Krakau ins Geschäft gerutscht – durch mich, alles durch mich! Die fressen mir aus der Hand, sonst lasse ich ihnen anders auf die Finger gucken. Da gibt's genug Verfügungen, wenn man einen hineinlegen will. Sie hätten mir jeden Gefallen getan, verlaß dich drauf.» Ächzend sank er in den Schreibtischstuhl, ein müder Mann, dem sein größter Coup mißglückt war.

Bitter sagte Eva: «Mich heiraten – das sollte wohl der ‚Gefallen' sein. Vielen Dank!» Sie lachte geringschätzig. «Da hätten sie dich schön angeschmiert, armer Hartmut.»

Schwendtmayr hörte gar nicht zu, sondern überlegte fieberhaft. «Wann hast du es ihm gesagt?»

«Anfang Juni, in Berlin.»

«Schon ziemlich lange her. Eine Schande, daß du uns nichts davon geschrieben hast. Aber ich denke, ich werde es noch einrenken können.» Er erhob sich und ging auf sie zu. «Mir ist der Schreck ordentlich in die Glieder gefahren. Weil du es bist, werde ich's mit Daumenschrauben machen, was ich im allgemeinen nicht gerne tue. Du kennst mich ja, ich bleibe lieber verbindlich.» Er schien einen günstigen Ausweg gefunden zu haben, denn er zündete sich die vernachlässigte Zigarre von neuem an. Eva betrachtete ihn, als habe er in einer fremden Sprache gesprochen. «Einrenken?» sagte sie befremdet. «Mit Daumenschrauben? Aber ich will doch gar nicht. Du brauchst nichts für mich zu tun. Es ist mir sehr recht, daß es so gekommen ist.»

Schwendtmayr stutzte einen Augenblick. Aber gleich darauf hatte er begriffen. Blitzartig durchschaute er das Verhalten dieses Mädchens: ihre bohrenden Fragen, ihr provozierendes Herumschnüffeln in der Wohnung, ihre Vertraulichkeit mit der polnischen Näherin, der alten Dombrowska. Dazu kam ihr Benehmen in der Bräuteschule. Durch ihre ironische Schweigsamkeit hatte sie ihn so irritiert, daß er sich zu schweinischen Bemerkungen über die SS-Bräute hinreißen ließ. Verdammt noch mal, er war ein schöner Trottel! «Mir imponiert nur, was hilft, den Krieg schnell zu beenden», hatte sie gesagt. Einen Frieden um jeden Preis wollte sie, einen Schmachfrieden vielleicht, sie, deren Vater sich nach Amerika verdrückt hatte – diese Jüdin!

Die Hand ließ sich nicht mehr in der Tasche halten. Sie schlug zu. Traf mitten ins Gesicht.

Eva taumelte. Ohne ein Wort stürzte sie aus dem Zimmer.

Die Mutter traf sie beim Packen. Eva wollte sofort zum Bahnhof. Steffi saß bei ihr und weinte.

Behutsam nahm die Mutter ihr die Sachen aus der Hand. Sie sah die roten Augenränder, die erhitzten Wangen, den tiefen ratlosen Trotz in den Augen. «Du hast ja Fieber», sagte sie in ihrer bestimmten Art. «Leg dich hin. Morgen früh kannst du fahren, wenn du willst.» Sie begann die Couch für die Nacht herzurichten. «Hättest du nur vorher mit mir über alles gesprochen. Du warst sehr ungeschickt. Ich glaubte, du würdest Gustl besser kennen. Er ist herzensgut, aber man darf ihm seine ‚Projekte' nicht zerstören. Darin ist er wie ein Kind, das wütend wird, wenn man ihm seine Bausteine durcheinanderwirft. Deine Verbindung mit Wedelstedt war eine seiner Lieblingsideen.»

«Ich bin doch keine Schachfigur, die man herumschieben kann, wie es einem paßt.» Eva saß da, die Hände im Schoß, gereizt und ermattet.

«Du wirst sehen, das Schicksal schiebt dich noch manchmal dahin, wo du gar nicht hinwillst.» Die Mutter strich die Decke glatt. Ihre Miene war nicht frei von Besorgnis. Leise fragte sie: «Mochtest du Hartmut so wenig leiden?»

«Leiden – ja. Zuerst hatte ich ihn wirklich gern. Aber später – seine merkwürdigen Briefe, und dann in Berlin – ach, Mutz!» Aufschluchzend fiel Eva der Mutter um den Hals und fand dabei den Kosenamen aus ihrer Kinderzeit wieder, den sie lange nicht gebraucht hatte. Sie fühlte die Hand der Mutter über ihr Haar streichen.

Die Mutter, Gefühlsausbrüchen wenig zugänglich, schob Eva vorsichtig von sich. Mit halbem, aufmunterndem Lächeln reichte sie ihr ein Taschentuch. «Es ist wirklich besser, wenn du morgen schon fährst.» Sie seufzte. «Hoffentlich brauchst du nie zu bereuen, was du getan hast.»

Eva glaubte aus diesen Worten herauszuhören, daß die Mutter sich mehr Sorgen um sie machte, als sie sich im allgemeinen anmerken ließ. Das tat ihr wohl.

Während der Zug mit Eva über die Oder fuhr ...

... mußte sich das polnische Mädchen Angela in einem Sammellager ein gelbes Viereck mit einem lila «P» auf die Kleider nähen.

...erfuhr Jürgen Baer bei einem dienstlichen Aufenthalt in Berlin, daß sein Freund Heino mit mehreren Kameraden aus der Leitung der Widerstandsgruppe verhaftet worden sei und die Prozesse auf Hitlers Befehl als «geheime Kommandosache» behandelt wurden.

...erfuhr die Erprobungsfliegerin Carla Winter beim Oberkommando der Luftwaffe, daß in der Versuchsstelle Insel keine Atombomben, wohl aber andere hochmoderne Waffen entwickelt würden, für deren Erprobung man nunmehr auch ihre bewährte Hilfe benötige.

....sagte Oberstleutnant Kelner zu Oberzahlmeister Hanke: «Ich reiche Sie zum Kriegsverdienstkreuz ein, wenn Sie für meine Hochzeitsfeier ein standesgemäßes Menü zusammenbringen.»

Drittes Buch

Stunde X

1. Enten und Äpfel
2. A 4 fliegt
3. Zwischen den Jahren
4. Der Wendepunkt
5. Sonne und Sturm
6. Veränderungen
7. Die Flucht
8. Am Pranger
9. Der Bumerang
10. Eh, General
11. Hankes Rache

1

Enten und Äpfel

Inseln haben im allgemeinen keine glatten Ränder. Sandige Landzungen und moorige Halbinseln bilden Buchten und tiefe Einschnitte.

Im Vergleich zur Verlassenheit einer Landzunge erschien die Gegend um die Versuchsstelle «Insel» wie eine Metropole.

Hans Tiefenbach saß regungslos zwischen mannshohem Gras. Er war mit seinen großen Füßen ins Reich der Wasservögel eingefallen, er und Martin Uhlig, und fürchtete nun, auf Nester zu treten und Unruhe zu verbreiten. So blieb er sitzen und ließ Uhlig allein auf Enten gehen. Der Freund hatte sowieso kein Gewehr für ihn.

Hans Tiefenbach erinnerte sich des Tages, als es ihm zum erstenmal Spaß gemacht hatte, ein Gewehr in der Hand zu halten. Es war in den Wäldern des Gutes, das Martin Uhligs Vater verwaltete. Der Besitzer, ein Offenbacher Lederwarenfabrikant, veranstaltete Tontaubenschießen für seine Gäste.

Martin Uhlig begleitete seinen Vater zu solchen Anlässen, wenn er gerade übers Wochenende von Darmstadt herüberkam. Bei einem seiner Besuche erlebte Hans Tiefenbach ein Tontaubenschießen und beobachtete mit Spannung den Flug der Tontaube, jener handtellergroßen Scheibe, die mit einem Wurfgerät aus dem Unterstand in die Höhe geschnellt wird. Es war ein erregendes männliches Spiel, nach der schnell fliegenden rotierenden Scheibe zu zielen und sie hoch oben in der Luft zu zerschmettern.

Bei jedem gutsitzenden Treffer zerplatzte die Tontaube in kleine Splitter.

Auch die beiden Studenten wurden aufgefordert, zu schießen. Martin Uhlig, schon geübt, traf nicht schlecht.

«Ich bin blutiger Anfänger», sagte Hans Tiefenbach, während er den Hahn des Gewehrs spannte.

«Das waren wir alle mal», antwortete der Lederwarenfabrikant jovial, ein mächtiger, schwerer Mann, der auf einem lächerlich kleinen Feldstühlchen hockte. Er schaute sich oft um, denn er erwartete seinen Sohn.

Als Hans Tiefenbach zum zweiten Male anlegte, fuhr das Auto vor, so dicht an die Waldschneise heran, wie es mit dem Opel-Admiral nur eben ging. Der Junior stieg aus; lang, blaß, schmächtig, begleitet von einem Hühnerhund. In seinem elegant geschnittenen Jagdanzug sah er einem Operettensänger ähnlich, der stutzerhaft als Sonntagsjäger herausstaffiert war. Er setzte eine Schießbrille auf und wollte, da die älteren Herren schon einen Durchgang hinter sich hatten, sofort drankommen. Sein Vater gab ihm in unverfälschtem Frankfurterisch zu verstehen, daß dem Uhligschen Besuch sechs Schuß zuständen. Das sei abgemacht. Gereizt gab der junge Mann zurück: «Kann der überhaupt schießen?»

Hans Tiefenbach erinnerte sich genau, daß er nach dem vierten Schuß das Gewehr aus der Hand gab. Er hatte die beiden letzten Tontauben knapp angeschossen. Dann machte die Ungeduld des jungen Dandy, der etwa gleichaltrig mit ihm war, seine Hand unsicher. Der herumstreifende Hühnerhund irritierte ihn, und das spöttische Gesicht mit der Schießbrille versetzte ihn in eine so ohnmächtige Wut, wie er sie kaum jemals empfunden hatte. Am liebsten hätte er in dieses blutleere Gesicht geschlagen.

Mit überlegenem Lächeln trat der junge Herrensohn vor, legte an und traf. Legte wieder an und traf. Als er zurücktrat, streifte er Hans Tiefenbach mit einem kalten Blick, ließ sich von Martin Uhlig Feuer für seine Zigarette geben und ging, dem Hund pfeifend, wieder zu seinem Wagen.

Der Alte schien enttäuscht. «Wir wollen noch zu den Teichen. Kommst du nicht mit?»

Der Motor lief bereits. «Nein, Papa, wir spielen noch einen Satz Tennis und wollen dann pokern.» –

An jenem Abend, als Hans Tiefenbach allein in seinem Zimmer war, hatte er plötzlich das Gefühl gehabt, seinem Vater nahe zu sein. Er hatte blitzartig Zugang gefunden zu den Gedanken, die seinen Vater in den letzten Lebensjahren bewegt haben mochten. Vielleicht hatte der Vater viele solcher Erlebnisse gehabt, die, aneinandergereiht, ihn zu jenen Männern führten, die später seinen Sarg mit einer roten Fahne bedeckten.

Was ihm, Hans Tiefenbach, damals geschehen war, das war – äußerlich gesehen – natürlich lächerlich. Nicht einmal Martin Uhlig hatte es begriffen. Aber in Tiefenbachs Inneren war wohl doch ein Stück vom Geiste seines Vaters. Der Lederwarenfabrikant und Grubenaktionär war viel zu sehr Geschäftsmann, um nicht leutselig zu sein. Der Sohn war hineingeboren in Reichtum und Lebensgenuß. Trotzig stellte er bei allen, die ihn die Unzulänglichkeit seines anfälligen Körpers bewußt werden ließen, seine gesellschaftliche Vorrangstellung zur Schau. Er hatte nichts gelernt. Seine tägliche Aufgabe sah er darin, seinen Körper zu kräftigen, um ihn der Firma zu erhalten, der Fabrik und den vielen Aktienpaketen. Seit Kriegsbeginn mochte sich sein Vermögen verdoppelt und verdreifacht haben. Der Krieg verschlang genügend Lederzeug, vom Koppel bis zur Kartentasche. Aber er verschlang nicht den schwindsüchtigen Jungen. –

Drei aufeinanderfolgende Schüsse zerrissen die Stille. Uhlig war an seine Opfer herangekommen. In dem undurchdringlichen Schilfdickicht unweit Tiefenbachs Lagerplatz flatterte und raschelte es erregt. Durch die Schüsse aufgeschreckte Wasservögel flatterten hoch und zogen flügelschlagend dicht über dem Brackwasser dahin. Der Jäger feuerte in die Schwärme hinein.

Hans Tiefenbach ging nach dem Ufer zu, konnte aber Martin Uhlig, der hinter einem Knick stand, nicht sehen. Eine neue Kette Krickenten flog auf. Wieder ein Schuß. Schwer wie ein Stein fiel eine der kleinen graubraunen Enten steil nach unten, mitten heraus aus dem Verband.

Martin Uhligs Pfiff beendete verabredungsgemäß die Jagd.

Gemeinsam durchsuchten sie den Schilfwald nach den erlegten Tieren. Die Beute war gut: sechs Krickenten und drei Stockenten. Martin Uhlig band sie sachkundig zusammen. Jeder trug ein Entenbündel, als sie sich mühsam aus dem Dschungel herausarbeiteten. Bis zu der kleinen Bucht, in der das Segelboot lag, gab es keinen getretenen Pfad. Unter ihren Füßen gluckste es. Ein Wasservogel stieß einen schrillen Warnruf aus. Die Störenfriede waren noch zu nah.

Die beiden Freunde mußten barfuß, mit aufgekrempelten Hosen, durchs Wasser waten, um das Boot auf der Sandbank flottzumachen. Das Wasser war so kalt, daß man die Beine nicht mehr zu fühlen meinte. Kurz vor dem Einsteigen geriet Martin Uhlig mit einem Bein in eine Vertiefung, und das Wasser floß ihm in den gerollten Wulst des Hosenbeins. Mit einem kräftigen Fluch schwang er sich ins Boot. «Nicht einmal ein Paar anständige Stiefel besitzt man!»

Hans Tiefenbach setzte Segel. Er lachte, als Martin mit spitzen Fingern verdrossen das klatschnasse Hosenbein schüttelte. Aber die Nässe saß schon im Stoff.

«Zäh wie Leder, hart wie Kruppstahl muß die deutsche Jugend sein!» Spöttisch zitierte Hans Tiefenbach das geflügelte Wort, mit dem jeder Pimpfenführer aus seiner Gefolgschaft Mutproben und körperliche Leistungen herauspreßte. «Wolltest du nicht mal Offizier werden?»

Martin Uhlig lachte unbehaglich. «Ja, aber aus denselben Gründen, wie der Turnvater Jahn mal Minister werden wollte. Der fand die Minister schlecht und wollte es besser machen.»

Als sie die schattige Bucht hinter sich hatten, trieb sie der Wind ab, zur See hinaus.

«Der Wind hat gedreht. Wir müssen kreuzen. Verdammte Kiste.»

Die beiden richteten sich auf eine längere Rückfahrt ein. Im Bootskasten fand Hans Tiefenbach einen wollenen Lappen, den er dem Freund unter den nassen Stoff schob. Die Wade war eiskalt und bläulich.

«Hast du nicht einen Schnaps mit?»

Hans Tiefenbach sah besorgt, daß der andere fror.

Martin Uhlig verneinte.

«Bist doch noch kein richtiger Weidmann, Martin.»

«Das sagst du mir – und morgen frißt du meine Enten!»

Hans Tiefenbach lachte. Martins bissiger Humor erschien ihm als gutes Zeichen.

Bei jeder Wende waren sie nur ein kurzes Stück vorangekommen. Die Sonne versank hinter dem Schilfwald der Landzunge. Der breite Peenearm nahm kein Ende. Nach jeder Krümmung hofften sie auf die Einfahrt des Peenemünder Hafens zu stoßen.

«Das werden teure Enten», sagte Hans Tiefenbach nach

längerer Pause. Sinnend sah er auf die buntgefiederten Stockenten zu seinen Füßen. «Was willst du mit ihnen machen?»

«Essen natürlich. Wir müssen jemanden finden, der sie zurechtmachen kann.»

«Rupfen, ausnehmen, braten», zählte Hans Tiefenbach auf. «Wer kann so etwas?»

«Ich denke, die Mädchen im Seestern. Die Leontine zum Beispiel ist wirtschaftlicher, als sie aussieht.»

«Sie ist verreist.»

«So? – Du weißt aber gut Bescheid.»

«Ich habe schließlich mit dem Windkanal zu tun.»

«Ja, ja.»

«Hast du etwas dagegen?»

«Blöde Frage.» Martin Uhlig riß sich den Wollappen vom Bein. «Das kratzt», behauptete er.

Sie segelten eine Weile schweigend. Martin Uhlig korrigierte ständig den Kurs, um möglichst viel Strecke zu gewinnen. Auf den Bootsplanken lagen die Enten. Hans Tiefenbach fing wieder davon an: «Also was wird nun mit den Vögeln?»

«Ich werde mit Hanke reden. Vielleicht macht's uns die Kasinoküche. Und wir laden ein paar Leute dazu ein. Hanke und die Köchin können sich dafür auch eine braten.»

«Eine nur?»

«Na ja, meinetwegen auch zwei, aber nur von den kleinen Krickenten.»

«Sei nicht so knickrig.»

Martin Uhlig stöhnte. «Ich esse drei, ohne Rotkohl!»

«Vielleicht könnnen wir den A-4-Start damit feiern.»

«Lächerlich. Er ist ja schon wieder verschoben.»

«Vor fünf Monaten warst du optimistischer.»

«Die ‚Zigarre' hat zu viele Mucken. Der ganze Sommer ging verquer. Beinahe jeden Monat wird mit großem Brimborium ein Start angesetzt, Zigtausende kostet so ein Ding, und was kam bisher dabei heraus? Eins flog ja ein paar Kilometer hoch. Sah ganz hübsch aus. Aber dann baute es auch ab, genau wie die anderen.»

«Du hältst also neuerdings mehr von der Flügelbombe, dem ‚Kirschkern'?»

«Ja. Wir haben damit zwar nicht so große Rosinen im Kopf wie die A-4-Leute. Wenn wir ihn 200 Kilometer weit spucken können, genügt uns das, aber dafür ist der ‚Kirschkern' eher einsatzfähig als die ‚Zigarre', verlaß dich drauf.»

«Na schön, und drei Monate später haben die Engländer eine Abwehrwaffe gefunden; denn aus dem Unterschallbereich kommt ihr ja nicht heraus. 700 Stundenkilometer, eine höhere Geschwindigkeit schafft ihr nicht. Damit seid ihr der Abwehr ausgeliefert.»

«Abwarten! Jedenfalls steht unsere Entwicklung auf besseren Füßen. Wir haben es nicht nötig, Versuchsreihen zu ‚frisieren', wie es der Doktor mit seinen Leuten macht. Er meldet günstigere Daten zum OKH, um seine Pannen zu verdecken.» Martin Uhlig lachte bissig, als er Hans Tiefenbachs ungläubigen Blick bemerkte. «Ja, ja, so sieht es aus! Reichweite, Zielgenauigkeit, alles wird um einige Prozent beschönigt, damit Material und Mammon weiterrollen. Für seine Raketen tut der Doktor bekanntlich alles. Nur um weitermachen zu können, lügt er das Blaue vom Himmel herunter, wenn es darauf ankommt.»

«Oder verbündet sich mit dem Teufel.» – Ein moderner Doktor Faust also, dachte Hans Tiefenbach. Kürzlich war von Berlin eine Abordnung gekommen, um festzustellen, welche der beiden Waffen, die auf der Insel vordringlich entwickelt wurden, die größere Aussicht auf baldigen Einsatz biete. Die Flügelbombe ‚Kirschkern', das motorgetriebene, automatisch gesteuerte Flugzeug, wurde zum scharfen Konkurrenten der Rakete A 4. Der Doktor war an jenem Tage gereizt wie ein Tiger. Nach den vielen Pannen der letzten Monate war es eine reine Glückssache, ob an diesem Stichtage das A 4 dem Willen seiner Schöpfer gehorchen würde. Es tat ihnen den Gefallen. Es flog immerhin so hoch, daß die zuschauenden Laien und Halbfachleute tief beeindruckt waren. Daraus konnte etwas werden.

Der «Kirschkern» dagegen, der sonst zuverlässig war, plumpste allzu früh ins Wasser. Seine Erzeuger hatten Glück, daß die Fliegerin Carla Winter als Fachkraft dem Beobachterstab angehörte. Sie sagte in die skeptischen Mienen hinein: «Meine Herren! Selbst wenn das Projekt ‚Kirschkern' in sechs Monaten noch nicht einsatzfähig sein sollte, ist es trotzdem wert, mit allen Kräften weiterentwickelt zu werden. Ich sehe darin den Vorläufer für das Ein-Mann-Torpedo in der Art, wie es die Japaner todesmutig schon anwenden.»

Sieben Männer unterwarfen sich der Meinung dieser Frau,

und die beiden Projekte wurden als gleichrangig wichtig dem Ministerium gemeldet.

Peinlich war, daß nach der offiziellen Prüfung von höchster Stelle der geplante große Herbststart des A 4 «in großer Besetzung» wieder hatte verschoben werden müssen. Die letzten Brennversuche hatten schlechte Ergebnisse gezeitigt. «Wegen einer technischen Verbesserung am Ofen», setzte man als Grund auf die Meldung. Der Doktor wußte, daß ein weiterer Fehlstart dem ganzen Entwicklungsprogramm ungeheuer schaden würde, und er verschob lieber die Termine, statt ein Risiko einzugehen.

Die Dunkelheit war hereingebrochen, als die beiden Segler den Hafen erreichten. Mit klammen Fingern zogen sie die Persenning über das offene Scharpie. Wie eine Nußschale schaukelte die «Forelle» neben dem mächtigen Schiffskörper der «Meisje von Amsterdam».

Das Weidmannsglück geht nicht immer Hand in Hand mit dem Glück schlechthin.

Martin Uhlig war wütend. Er schrie ins Telefon, er werde selbst mit dem Oberstleutnant reden. Als er den Hörer auf die Gabel geknallt hatte, überfiel ihn ein Hustenanfall, und er beeilte sich, wieder in sein Zimmer zu kommen, wo es wärmer war als in der Portiersloge. Er zog seinen Wollschal fester um den Hals und steckte den Tauchsieder ins Wasser. Er mußte Kamille inhalieren, sonst war morgen der Hirnkasten zu. Das alles wegen der Enten! Und nun war er sie auch noch los. Hanke, dieser Trottel – oder war er so raffiniert? –, hatte die ganze Vogelgalerie so recht dekorativ im kühlen Kasinokeller ausgebreitet, daß Oberstleutnant Kelner, der Kasinochef, beim Inspizieren der Weinvorräte unweigerlich darüber stolpern mußte. Was lag näher, da die Nachfeier seiner Hochzeit mit Christa Kaiser vor der Tür stand, als die Vögel zu requirieren. Für das Festessen der Offiziere, wohlgemerkt! Oberstleutnant Kelner ließ extra durch Hanke darum bitten. Jawohl bitten – und einladen dazu. Netter Tausch: neun stattliche Wildenten gegen den Vorzug, der Ex-Kaiserin die Hand küssen zu dürfen!

Martin Uhligs Miene blieb bissig, als Hans Tiefenbach kam. Der Freund zog aus jeder Jackettasche eine Dreiviertelliterflasche.

«Den Weinbrand schickt dir Hanke als Tröster. Und die

Milch habe ich ihm noch extra abgeknöpft. Ich werde uns einen Grießschmarren machen.»

«Grießschmarren!» höhnte Martin Uhlig. «Grießschmarren! Wenn man fast ein Dutzend Wildenten im Keller liegen hat. Schwer errungen unter Strapazen ...!»

«Und mit einem Katarrh bezahlt», ergänzte Hans Tiefenbach gemütlich. «Stimmt alles. Aber du kannst nichts machen. Kelner hat schon Befehl gegeben zum Rupfen.»

Wütend stand Martin Uhlig von der Couch auf. «Das sind *meine* Enten. Lieber fress' ich sie roh.»

Hans Tiefenbach goß Weinbrand ins Zahnputzglas und bot es dem Freund.

«Hat keinen Zweck. Bekommt dir schlecht. Der General ist Gast auf dem Fest. Hanke und Kelner sind heilfroh, daß der Fleischgang gesichert ist für ihr Menü. Ehe du ihnen die Vögel aus den Klauen reißt, schicken sie dich auf Außenkommando ‚in den Busch'.»

«Schweinereien sind das. Und Hanke hat das bewußt eingefädelt.»

«Natürlich. Er hat sich auf deine Kosten lieb Kind bei seinem Vorgesetzten gemacht.»

«Und da soll man nicht aus der Haut fahren.»

«Ist sinnlos. Wärst du doch Offizier geworden! Vielleicht hättest du ein bißchen Ethik in diese Kaste gebracht», spottete Hans Tiefenbach. «Was bedeutet schon der kleine Trick mit den Enten gegen die tausend großen Schurkereien, die von solchen Leuten ausgeheckt werden. Da geht's nicht nur um totes Federvieh.» Er stand an der Tür.

Martin Uhlig drehte sich, halb besänftigt, nach ihm um. «Deine Philosophie leuchtet mir ein. Aber wenn du gehst, juckt's mich wieder.» Er goß den Weinbrand hinunter und schüttelte sich.

«Ich will nur die Kaiserschmarrenmaschine holen. Bei Wodruba habe ich sie zuletzt gesehen.»

«Von da hat sie Bonorden schon wieder weggeholt. Der wohnt oben, ganz links.»

Die «Kaiserschmarrenmaschine» war eine runde elektrische Bratpfanne, die in dem Junggesellenheim der Männer großzügig von einem Zimmer zum anderen verliehen wurde und besonders bei den mehlspeisengewohnten Süddeutschen und Österreichern sehr begehrt war. Wem das etwas unhandliche Ding gehörte, wußten die wenigsten Teilnehmer dieses Verleiherrings. Man schob es nach Gebrauch unter die Couch und wartete, bis sich ein neuer Interessent meldete.

Martin Uhlig krächzte heiser sein frevlerisches Tischgebet: «Mögen ihnen die Knochen im Halse steckenbleiben!» Er hatte mit sicherem Blick ein annehmbares Stück saftiger Stockente auf der großen Fleischplatte ausgemacht und ungeniert darauf bestanden, daß die Duse es ihm vorlegte. Das Mädchen war unbeholfen, und beim Nachschöpfen der Tunke wäre es beinahe schiefgegangen. Der Leidtragende war Hans Tiefenbach, der neben ihm saß und wohl oder übel das von Martin Uhlig verschmähte kleinere Stück nehmen mußte.

Ich werde mich an den gebratenen Zander halten, dachte der Geschädigte wehmütig, das winzige Fleischstück auf seinem Teller abschätzend, das nun der Lohn jenes strapaziösen Jagdausflugs war. – Und nach dem Dessert verschwinde ich, nahm er sich vor. Den Militärs liegt sowieso nichts an uns.

Außer Uhlig und Tiefenbach waren Klemt und der Doktor die einzigen Gäste in Zivil. Dazu kamen die Frauen. Von der Ex-Kaiserin waren Frau Klemt, die Maidenführerin des KHD-Lagers und Fräulein Püschel dieses Kreises für würdig befunden worden.

Hans Tiefenbach war mit seiner kleinen Geflügelportion sehr schnell fertig. Er hatte Muße genug zu beobachten, wie der General, der zwischen Frau Klemt und der Ex-Kaiserin eine Art Ehrenplatz innehatte, dem Oberzahlmeister Hanke anerkennend zunickte und dabei auf seinen Teller wies. Hanke verbeugte sich dankend. Der Oberstleutnant hatte das bemerkt und wandte sich dem General zu. «Wir haben uns da einen ausgezeichneten Organisator herangeholt», sagte er.

«Das merke ich», erwiderte der General und trank behaglich einen Schluck Wein. «Wildgeflügel ist ein seltener Genuß. Wer geht denn hier so erfolgreich auf Enten?»

«Soviel ich weiß, einige unserer jüngeren Mitarbeiter.» Gedehnt setzte Kelner hinzu: «Sie sind wohl sogar hier.»

Hans Tiefenbach lehnte sich so weit wie möglich in seinen Stuhl zurück, um von dem Oberstleutnant nicht gesehen zu werden, der ohne sonderliches Interesse die Reihe der Speisenden entlangblickte. Aber der General erwartete gar keine nähere Auskunft.

Die Dame des Abends, Christa Kelner geborene Kaiser, saß zwischen ihrem Mann und dem General. Sie wußte von der Herkunft der Enten und lächelte. Sie hatte erreicht, was sie wollte, wenn auch das Ziel anders aussah, als sie es sich vor zwei Jahren vorgestellt hatte. – Eigentlich hatte sie in dem Kreis um Martin Uhlig Fuß fassen wollen. Da waren ihr manchmal spitze Bemerkungen entschlüpft über Mädchen, denen sie sich überlegen fühlte. Und dann kam die dumme Sache mit Wodruba, dem Chemiker aus Wien, der sie liebenswürdig lächelnd gefragt hatte, in wiewenig Zimmern des Junggesellenheims sie noch nicht übernachtet hätte.

Uhlig dachte genauso von ihr, darüber bestand kein Zweifel. Es bereitete ihr eine heimliche Genugtuung, daß sie jetzt einen Mann hatte, der dank seiner Stellung Macht besaß. Er hatte Uhlig gezwungen, sozusagen einen Vertreter aus jenem Kreis, der sie abgelehnt hatte, zu ihrer Hochzeit die Mahlzeit zu liefern. Und Uhlig war sogar gekommen, voller Wut. Auch das wußte sie. Er war gekommen, um etwas von seinen eigenen Enten abzukriegen. – Eigentlich ist er doch ein bißchen kläglich, versuchte sie sich einzureden. An seinem Nachbarn, Hans Tiefenbach, war mehr dran; dafür glaubte sie eine Witterung zu haben. Aber sie hatte sich jetzt festgelegt, und wenn Kurt Hanke Kavalier blieb und schwieg, würde ihr in Zukunft kaum etwas fehlen.

Mit würdevoller Unnahbarkeit sah sie geradeaus, als die Duse kam, um den Teller zu wechseln.

Ihr Mann neben ihr atmete schwer. – Ich muß aufpassen, daß er nicht zuviel ißt, dachte sie, sonst bekommt es ihm wieder nicht. Den Stabsarzt muß ich noch wegen der Diät fragen.

Sie sah den Standortarzt, einen Freund ihres Mannes, mit Klemt sprechen. Der Arzt sah zerquält aus. Man begegnete ihm abends im Kasino häufig in Gesellschaft der kleinen Edith Knorr. Ob er noch zu ihr hielt, seit sie im Haus Seestern Niggertänze aufgeführt hatte, wußte Christa nicht. Die Püschel hatte ihr erzählt, es sei eine tolle Orgie gewesen. Auch die Leonhard war dabei, ganz knallig gekleidet, in irgend etwas Rotes. Und nichts darunter! Leider hatten die Hörselmann und die Hasse mit Klemts Hilfe die umlaufenden Gerüchte schnell gestoppt. Und vor allem Bonorden, der Leutnant aus dem Vorzimmer des Generals, der auch mit der kleinen Knorr liebäugelte, hatte das Gerede abgewiesen. Ein Gspusi in einer Schlüsselstellung zu haben, war das A und O, wenn man als Frau im Kriegseinsatz einigermaßen passabel über die Runden kommen wollte. Christa Kelner wußte das sehr gut aus eigener Erfahrung. Daß sie heute dieser Tafel vorsaß, war der beste Beweis ihrer geschickten Nutzanwendung.

Sie hatte plötzlich das unbehagliche Gefühl, beobachtet zu werden. Es irritierte sie besonders, da soeben Kurt Hanke durch ein verstohlenes Lächeln und eine kaum wahrnehmbare Geste beim Heben seines Glases ihre gemeinsame Vertrautheit angedeutet hatte.

Tiefenbachs versteckt liegende Augen schätzten sie ab. Er lächelte wie einer, der hinter die Fassaden blickt. Christa Kelner nahm sich vor, ihn später in ein Gespräch zu ziehen. Er schien sich zu langweilen. Vielleicht war es doch ein Fehler gewesen, so wenig Damen einzuladen.

Nach dem Mokka, der in den Klubräumen gereicht wurde, suchte die Kelnerin, gewesene Kaiserin, jenen jungen Mann, der sich in ihrer Gesellschaft langweilte. Sie fand ihn weder im Kaminzimmer noch im roten Salon. Auch Uhlig war nicht da.

Hanke sah sie unschlüssig umhergehen. In gut gespielter Korrektheit trat er auf sie zu. «Gnädige Frau suchen jemanden?»

In ebenso vollendet gespielter Kühle blickte die Frau des Oberstleutnants den Zahlmeister an. «Ja. Herrn Tiefenbach oder Herrn Uhlig.»

«Die Herren lassen sich entschuldigen. Herrn Uhlig macht seine Erkältung noch zu schaffen, und Herr Tiefenbach erwartet ein dringendes Telefongespräch aus Berlin von seinem Professor.»

«Danke.» Die Kelnerin führte die Szene so abrupt zu Ende, daß ihre hoheitsvolle Wendung auf Hanke unangenehm echt wirkte. Gewohnt, rasch zu reagieren, nahm er der Duse, die drei Liköre vorbeibalancierte, das Tablett ab und ging gewandt auf Frau Klemt und die Maidenführerin zu. «Meine Damen!» Galant kredenzte er die rote Flüssigkeit. Seine Aufmerksamkeit wurde von den beiden wohlwollend vermerkt. Es befremdete ihn allerdings, daß auch Frau Klemt nach dem Verbleib Tiefenbachs fragte.

«So, er ist schon gegangen», sagte sie gedehnt und blickte prüfend die Reihe der Gäste entlang. Ihr Mann saß am Generalstisch, und den lebhaften Gesten des Doktors sah man an, daß dort gefachsimpelt wurde. Hier waren Frauen also unerwünscht. Am Nebentisch trank der Stabsarzt still vor sich hin. Es hieß, er habe sich in eine kleine Angestellte vernarrt, die ihn jedoch zum besten hielt. Kelner, der junge alte Ehemann, hatte schon einen roten Kopf, und Stabszahlmeister Fahrland erzählte Kasinoanekdoten, die vor allem Fräulein Püschel belachte.

Rosemarie Klemt seufzte. Sie wußte im voraus, wie der Abend verlaufen würde. In einer Stunde etwa würde der General dem Fahrland jovial auf die Schulter klopfen und sagen: «Fahrland, haben Sie die Stimme geölt?» – «Jawohl, Herr General.» – «Also, Büblein klein an der Mutterbrust.» – «Jawohl, Herr General, Büblein klein.» Fahrland würde seinen Baß erklingen lassen und die Räume mit dem Falstafflied füllen. Und dann würden sie ihm mehr und mehr zu trinken geben, er würde singen, was man verlangte, und nicht merken, wie er heiser wurde und wie sie ihn zum Affen machten. Es war immer wieder dasselbe.

«Was kann ich für die gnädige Frau tun?» Hanke schob ihr einen Sessel hin.

Also gut, dachte sie, dieser Abend heißt Hanke.

Das langgestreckte Inselgelände wurde hinter der Absperrung, in der Gegend der Prüfstände, wohin man ohne besonderen Ausweis nicht gelangen konnte, immer unübersichtlicher. Allein hätte Hans Tiefenbach die Blockhütte in der Dunkelheit kaum gefunden. Es war schon gut, daß er Martin Uhlig aufgefordert hatte, zu dem Apfelkuchenschmaus mitzukommen, der hier in der Wildnis, arrangiert von Traude Hörselmann und ihrem Kreis, stattfinden sollte. Die Mädchen mußten einige Ingenieure vom Versuchsfeld eingeladen haben, denn ohne diese Männer hätten sie niemals ihren Fuß ins Allerheiligste der Versuchsstelle setzen dürfen.

«Wir hätten doch erst ein paar Schnäpse trinken sollen», meinte Uhlig brummig, als der Weg in der Dunkelheit kein Ende zu nehmen schien.

Tiefenbach lachte. «War dir dein Stück Ente zu fett? Übrigens habe ich vorgesorgt. Statt Blumen.» Er zog die Revers seines

Ledermantels auseinander. Aus der Innentasche ragte ein Flaschenhals. «Ich hatte bei Hanke noch etwas gut. Er gab mir anstandslos, was ich wollte. Der Kerl schien froh zu sein, daß wir abzogen. Er verträgt keine Konkurrenz bei den Damen.»

«Ich bin gespannt, wegen welcher Damen du mich hier in den Busch gelockt hast.»

«Bei dir scheinen die Entenknochen verquer zu sitzen», spottete Tiefenbach.

Zweihundert Meter hinter dem letzten Wachtposten wären sie an der Blockhütte fast vorbeigelaufen. Eine Stimme aus dem Dunkel rief sie an: «He! Wie ist die Parole?»

«Apfelkuchen!» gab Tiefenbach trocken zurück.

Der Rufer lachte kurz auf. Es war Jürgen Baer.

Die Holzhütte war nichts weiter als ein Schutzraum für ein Arbeitskommando. Sie besaß einen kleinen eisernen Ofen; Holz lag genügend herum, und auf der heißen Platte wurde Glühwein gebraut. Die rohen Holzbänke waren mit Decken belegt, und die primitive Hängelampe hatten die Mädchen mit bunten Tüchern verhängt. Auf einer Kiste, genau in der Mitte des Raumes, prangte ein großer Apfelkuchen. Es gab keinen Hüttengast, der nicht die Geschichte dieses Apfelkuchens kannte.

Beim Eintreten suchten Hans Tiefenbachs Augen flink und erwartungsvoll den quadratischen Raum ab. Er fand, was er suchte.

Eva war also wieder da. Er hatte es gehofft und nicht über sich gebracht, Traude Hörselmann danach zu fragen, als sie ihn einlud. Nun stand Eva da und rührte geschäftig im Punschtopf. Mit einer großen Kelle wollte sie ihm einschenken.

«Wo haben Sie Ihre Tasse?» fragte sie gespielt streng.

«Eine Tasse?»

«Jeder sollte eine Tasse mitbringen. Was machen wir nun?»

«Leihen Sie mir Ihre. Wir haben doch schon einmal aus demselben Glas getrunken.»

Bei seiner Anspielung auf die Ausfahrt mit der «Meisje» sah sie ihn voll an. Dann ging sie wortlos zur Fensterbank und nahm einen gelblichen Porzellanbecher mit braunen Punkten herunter.

Er paßt sogar zu ihrem Pullover, dachte Hans Tiefenbach vergnügt.

Traude Hörselmann verteilte den Apfelkuchen. Er war ein

Gemeinschaftswerk im weitesten Sinne, und er war einmalig und kostbar durch den schwierigen Transport der Äpfel.

Bei einem Dienstflug nach Friedrichshafen hatte Wilfried Parisius seine dort vor längerer Zeit geknüpften Beziehungen ausgenützt und am früchtereichen Bodensee einen halben Zentner Äpfel aufgetrieben. Im Bauch der Heinkelmaschine war genügend Platz, peinlich war nur, daß er noch in Kassel zu tun hatte und dort übernachten mußte. Die Wetterfrösche hatten Nachtfrost angesagt, und die kostbaren Äpfel waren in Gefahr, wenn das Flugzeug unter freiem Himmel stehen mußte. Aber der schweigsame und zurückhaltende Parisius konnte offenbar, wenn es darauf ankam, recht aktiv werden. Unter dem Vorwand, er habe kälteempfindliche, äußerst wertvolle Geräte geladen, fand er Gehör bei einem Flugplatzgewaltigen und durfte die Äpfelmaschine in eine der schützenden Hallen rollen.

Traude Hörselmann sorgte dafür, daß Parisius' Tat die Runde machte. Die Güte des Apfelkuchens, auf der obstarmen Insel ohnehin eine Rarität, setzte das Husarenstück ins rechte Licht.

Martin Uhlig kaute und sagte düster zu Hans Tiefenbach: «Parisius war nicht so blöd wie wir. Ich bin bloß froh, daß die Großkopfeten nicht auch noch die schönen Äpfel gekriegt haben.» Er ließ sich den Teller nachfüllen. Die Stücke waren fast so groß, wie er sie von dem ländlichen Haushalt seiner Mutter gewohnt war. Es war erstaunlich, wie gut die Mädchen backen konnten. Sicher hätten sie sich auch an die Wildenten gewagt. Die nächsten, die er schießen würde, ließ er sich bestimmt nicht wieder aus den Zähnen ziehen.

Der «Seehund», ein mit Gewürzen heiß bereiteter Weißwein, erhitzte die Köpfe. Franz Wodruba, der so naiv dreinschauen konnte und dem man das Gegenteil nachsagte, hatte im Freien eine Flasche Slibowitz kaltgestellt. Mehr als ein Dutzend Tassen und Becher drängten sich ihm entgegen. Er wehrte ab und überließ Traude Hörselmann die Verteilung. Wodruba nahm die Klampfe und behauptete singend, daß er die schönen Mädchen nicht erfunden habe.

In einer Ecke erfanden Edith Knorr und der als Zivilist verkleidete Leutnant Bonorden etwas anderes: den Nougatkuß. Das Zeremoniell wurde von einigen Interessierten genau verfolgt. Die beiden hatten sich an einer Stange Nougat zugleich festgebissen und, behaglich das Süße schleckend, arbeiteten sie sich Millimeter um Millimeter zueinander heran. Als sie sich etwa in der Mitte trafen – die schärfsten Beobachter wollten gesehen haben, daß Edith etwas schneller gearbeitet hatte –, als jedenfalls der Nougat verschwunden war und die beiden Münder sich aufeinanderlegten, quietschte Henny Rosenow: «Huch!» Sie schien das Ende des Spiels überraschend zu finden.

Die Sache machte Schule. Weitere Süßigkeiten länglichen Formats wurden halbiert, um mehr Exemplare zu bekommen. Auf diese unverfängliche Weise holte sich Martin Uhlig einen Kuß von Eva.

«Dein Mund ist viel zu süß, daß ihn nur einer küßt», dudelte das Koffergrammophon. Traude Hörselmann summte mit. Sie hatte den Arm um die Schultern ihres Apfelritters gelegt und versuchte sich vorzustellen, was ihre Eltern sagen würden, wenn sie ihn zu Weihnachten mit nach Hamburg brächte; zu ihrer Mutter, die so großen Wert auf gesellschaftliche Formen legte, und zum Vater, dem etwas pedantischen Kaufmann. «Pilot», würde er sagen, «ist das überhaupt ein Beruf? Nicht einmal mit ordentlicher Ingenieursausbildung?» – Sie würde sich sehr durchsetzen müssen.

Hans Tiefenbach beobachtete, daß Eva und Martin Uhlig tanzten, ohne ein Wort miteinander zu sprechen. Es schien nicht gut mit den beiden zu stehen. Martin machte ein Gesicht, als wolle er das Mädchen festhalten, um jeden Preis, ohne danach zu fragen, ob es bei ihm glücklich sei.

Hans Tiefenbach wußte, daß der Freund mit dieser selbstherrlichen Art einige Male bei Frauen Glück gehabt hatte. Bei diesem Mädchen fuhr er schlecht damit, und das quälte ihn offenbar schon monatelang. – Es war in der allerersten Zeit seines Aufenthalts auf der Insel, kurz nach dem Tag im Boddenhaus, als er, Hans Tiefenbach, Martin Uhlig auf seinem Zimmer besuchte. Martin hatte ihm ein Fotoalbum zum Blättern gegeben, während er selber in dem Kofferverschlag, seiner provisorischen Kochnische, Eierkuchenteig einrührte. Die Kaiserschmarrenmaschine war bereits angeheizt. Hans Tiefenbach hatte Fotos gefunden von den ersten Sonnenbädern in den Dünen. Auf vielen Bildern sah er Eva Leonhard. Es waren schöne Porträts darunter, mit Sorgfalt gemacht. Ein sprechendes Mädchengesicht, eine dunkelhäutige Suleika auf nördlicher Insel.

Martin hatte aus seiner Kombüse heraus gerufen: «Gefallen sie dir?» Er meinte die Erzeugnisse seiner Fotokunst.

«Hm. – Besonders das Mädchen.»

«Welches?»

«Du bist gut! Mal mit Turban, mal ohne. Mal viel an, mal wenig...»

«Ach so.» – Pause in der Eierkuchenecke. Nur das Brutzeln des Fetts in der Kaiserschmarrenmaschine war zu vernehmen.

«Ist nichts mit ihr?» fragte Hans Tiefenbach hartnäckig.

«Die ist schon in festen Händen.»

Tiefenbach warf die Pfeife im Munde herum, daß sie klappernd an die Zähne schlug; das sicherste Zeichen, wenn ihn eine Sache stark beschäftigte. Er ließ die Porträts noch einmal Revue passieren. Plötzlich Uhligs Stimme aus der Kombüse: «Liebst du sie auf beiden Seiten braun?»

Das Pfeifeklappern hörte spontan auf. Verblüfft fragte Tiefenbach zurück:

«Wen? Das Mädchen?»

«Die Eierkuchen natürlich.» –

Seitdem hatten sie nicht wieder von Eva Leonhard gesprochen, abgesehen von der Anspielung im Segelboot nach der Entenjagd. Hans Tiefenbach hielt Eva im Arm. Sie umtanzten in schwungvollen English-Waltz-Schritten die Reste des Apfelkuchens, ein paar Randstücke auf einem Steingutteller, und machten eine Geschicklichkeitsübung daraus. Es war viel Luft zwischen ihren Körpern. Sie lachten beide und freuten sich, daß einer den anderen sehen konnte, wie er sich in leichten Schwingungen und Drehungen der Melodie anpaßte. Beim Schlußakkord umschloß Hans Tiefenbach mit beiden Händen Evas Taille und schwang das Mädchen hoch. Ihr Faltenrock wölbte sich wie eine Glocke. Sie landete geschickt auf einem Fuß. Dann zog er sie mit zur Bank. «Komm», sagte er, ohne das steife Sie erst zu bemühen, «wir müssen sowieso aus einem Becher trinken.»

Der Raum war nicht groß. Es wurde viel geraucht, und wegen der Verdunklung konnte nur schwer gelüftet werden. Es fiel nicht auf, wenn sich jemand unter dem Vorwand, frische Luft schöpfen zu wollen, eine Weile entfernte.

Jürgen Baer nützte das aus. Mit Hans Tiefenbachs Erscheinen war Eva ihm entglitten. Ihr Verhalten überraschte ihn, nachdem sie Tiefenbach geflohen hatte bei der nächtlichen Begegnung am Strand. – Es ist hoffnungslos mit Eva, dachte er. Erst weiht sie mich in den Kummer ihrer Posener Erlebnisse ein, wenn ich aber meinen Nutzen daraus ziehen will, schwirrt sie ab. – Er stürzte den Rest Slibowitz hinunter und gesellte sich zu Marlies, die ihm bedrückt schien. Er wußte von ihrer Bindung an Herbert Axe, den seltsam versponnenen Soldaten, den er in letzter Zeit im Zinnowitzer Pfarrhaus mehrmals in dem kleinen Kreis der heimlichen Rundfunkhörer getroffen hatte.

Marlies fürchtete sich nicht vor der kalten Luft und begleitete Jürgen Baer auf dem Geländerundgang. Er schritt trotz der Dunkelheit sicher aus, und sie überließ sich seiner Führung. Bald hatte er herausbekommen, was sie beschäftigte. Sie hatte Herbert Axe zu diesem improvisierten Fest eingeladen, hatte jedoch, als er Bedenken äußerte, ihre Aufforderung nicht nachdrücklich genug wiederholt.

«Sie kennen ihn ja auch ein bißchen», sagte sie. «Er steckt voller Hemmungen. Natürlich mußte er zuerst nein sagen. Aber ich hätte ihm seine Minderwertigkeitkomplexe ausreden können. Und das habe ich nicht getan. Er braucht so nötig ein bißchen Aufheiterung.»

«Geben Sie zu: Im Grunde waren Sie erleichtert, daß er abgelehnt hat.»

«Ja. Ich war feige. Ich fürchtete, er würde nicht zu uns passen. Eigentlich sind wir doch eine ziemlich leichtfertige Gesellschaft mit unserer Festefeierei. Oft habe ich ein schlechtes Gewissen.»

«Da sind Sie nicht die einzige. Aber das Gewissen reicht bei den wenigsten aus, um Antrieb für vernünftiges Handeln zu werden. Im Kasino saufen sie. In Zinnowitz feiern sie Privat-Maskenfeste. Jeder betäubt sich, so gut er kann. Der eine besäuft sich, weil wir nicht schnell genug siegen, den anderen graut's, wenn er an das Kriegsende denkt, das unser Goldenes Kalb, das A 4, herbeiführen soll.»

Marlies wurde bewußt, daß Jürgen Baers Anspielung auf «den anderen» Herbert Axe galt. «Was wissen Sie von Axe?» fragte sie überrascht.

«Ich bin Menschenkenner. Das braucht Sie nicht zu beunruhigen. – Übrigens haben wir uns ein bißchen verfranzt.» Er sah sich prüfend um.

«Ich dachte, Sie kennen die Gegend hier?»

«Nein. Hier habe ich im allgemeinen nichts zu suchen.»

«Wir müssen dicht am Prüfstand 7 sein. Hören Sie das Brummen? Die Arbeiter machen Nachtschicht wegen des bevorstehenden Starts.»

In der Ferne bellte ein Wachhund. Marlies zuckte zusammen. «Hier dürfen wir nicht weitergehen. Wenn uns ein Posten sieht! Ich habe doch keinen Zusatzausweis.»

Meine Plakette gilt auch nicht für diesen Geländeteil, dachte Jürgen Baer im stillen.

Um dieses Spaziergangs willen hatte er das Fest mitgemacht. Er mußte wissen, wie dicht die Postenkette um den Prüfstand 7 war, und ausprobieren, welche Möglichkeiten es gab, ohne die offiziellen Ausweispapiere an die wichtige Abschußarena heranzukommen. Fünfzig Meter Luftlinie, weiter konnten sie vom Prüfstand nicht mehr entfernt sein. Wenn er bei Marlies keinen Verdacht erregen wollte, müßte er jetzt umkehren. Fürsorglich ergriff er ihren Arm. «Meinen Sie, man würde uns für Spione halten? Mich vielleicht, aber Sie doch nicht, als Verwandte des Betriebsingenieurs.»

Sie hörte den Spott heraus. «Scherzen Sie nicht. Das ist eine ernste Sache. Ich habe oft Angst. Um Axe zum Beispiel. Es gibt Leute, die vermuten hinter den vielen mißglückten Startversuchen Sabotage. Bei einer Fahndung werden sie sich zuerst Leute herausgreifen, die viel meckern. Wenn sie Axe vorladen, verliert er die Nerven. Er denkt ständig an seinen Bruder, den sie ins KZ gesperrt haben.»

Eine Weile gingen sie schweigend nebeneinander. Jürgen Baer dachte an die Genossen im Kerker, an Heino und die anderen aus der Berliner Gruppe, die in den Händen der Gestapo waren und auf ihre Urteile warteten. Als er von den Verhaftungen erfahren hatte, beschlossen er und Hanna, zunächst vorsichtig abzuwarten, ob man Spuren zu ihrem Vorposten entdecken würde. Als alles ruhig blieb und auch im Personalstand der Versuchsstelle keine auffallenden Veränderungen eintraten, waren sie wieder an die Arbeit gegangen. Da es ihnen ratsam erschien, vorerst alle nach Berlin laufenden Fäden fallenzulassen, waren sie ganz auf sich gestellt. Um so dringender bedurften sie neuer Mitarbeiter. Was Eva betraf, rang er schwer mit sich. Immer wieder kam er zu dem Schluß, daß sie durch ihre Herkunft zu gefährdet sei. Aber mit Axe war es etwas anderes und auch mit Marlies, die als Kusine des Betriebsingenieurs und langjährige Sozialangestellte außerhalb jeden Verdachts stand.

Er überlegte, wie er es Marlies beibringen sollte, daß Axe unbedingt eine Aufgabe brauche, für die zu leben es sich lohne. Eine sehr diesseitige Aufgabe müßte es sein, die es sofort zu lösen galt. Marlies würde vermutlich entgegnen, daß es für Axe kein Ziel geben könne in diesem Krieg, den er ablehne – Jürgen Baer kam mit den Gedanken nicht zu Ende.

Dicht vor ihnen knurrte ein Wachhund. Aus dem Gebüsch fiel der schwache Lichtstrahl einer abgedunkelten Laterne. Marlies fühlte sich, noch ehe sie einen Schreckensruf ausstoßen konnte, heftig in Jürgen Baers Arme gerissen. Er drängte seinen Kopf an ihre Schulter und umschlang sie. «Los! Umarmen Sie mich!» flüsterte er. Unsicher hob Marlies die Arme und tastete sich an seiner Jacke hoch. Während der blasse Lichtstrahl näher kam, sagte er halblaut: «Komm, Liebling, die anderen werden uns schon vermissen.» Noch immer in enger Umschlingung mit ihr, wollte er weitergehen.

«Halt!» rief der Lampenträger.

«Mann, wie können Sie uns so erschrecken!» entgegnete Jürgen Baer vorwurfsvoll. «Sehen Sie nicht, daß Sie stören?»

«Tut mir leid. – Ihre Ausweise.» Der Wachhabende, einen Schäferhund an kurzer Leine, kam heran.

Jürgen Baer zog Ausweis und Dienstplakette aus der Tasche. «Das Fräulein hat keinen. Das sage ich Ihnen gleich. Wir tagen nämlich in der Blockhütte, mit Gästen. Leutnant Bonorden hat die Genehmigung eingeholt.»

«Hier ist aber nicht die Blockhütte, hier geht's zum – hier geht's ganz woandershin. Und Ihre Plakette gilt hier auch nicht mehr.»

Jürgen Baer lachte gezwungen. «Marlies, der Mann nimmt uns übel, daß wir mal allein sein wollten.» Er trat dicht an den Wachhabenden heran und tat vertraulich. «Rund um die Hütte promenieren nämlich noch mehr Pärchen. Deshalb sind wir hundert Meter weiter gegangen. Verstehen Sie so etwas nicht?»

Der Mann brummelte: «Melden muß ich es trotzdem. Sie haben ein fremdes Fräulein hier herumgeführt.»

Jürgen Baer seufzte. Das fehlte gerade noch: sein Name in so einem Zusammenhang! Es half nichts, er mußte Marlies hineinziehen. «Kennen Sie den Betriebsingenieur Brettschneider?»

«Natürlich. Den kennt doch jeder hier.»

«Na also. Das ‚fremde Fräulein' ist seine Kusine.»

Der Mann hob die Taschenlampe und leuchtete Marlies ins Gesicht. «Ach so, unsere Betriebsfürsorgerin! Warum haben Sie denn das nicht gleich gesagt? Die darf zwar auch nicht hier herumspazieren, aber wenn Sie sich mal küssen wollen – ein Unmensch ist man ja nicht. Jetzt sind Sie wohl fertig damit.» Der Mann ging grinsend davon. Nach zehn Schritten wandte er sich um, sich vergewissernd, ob das Pärchen auch wirklich den Weg zur Hütte nahm.

Marlies atmete erst auf, als die warme Luft des verräucherten Raumes sie umfing. Jürgen Baer lächelte. «Fühlen Sie sich nun sehr kompromittiert?» Sie wollte etwas Heiteres erwidern, aber es gelang nicht recht, weil sie sich ein wenig schämte, sich so ängstlich und ungeschickt benommen zu haben. War auch das schon Herbert Axes Einfluß? Sein hoffnungsloses Leben in Furcht war wie eine ansteckende Krankheit. Sie hatte den Bazillus schon aufgenommen. Aber sie wollte sich dagegen wehren. Vielleicht half ihr Jürgen Baer dabei. Wie geschickt und schnell er reagiert hatte, als der Wachtposten auftauchte. Sie sah ihn plötzlich mit anderen Augen an und stellte mit leiser Befriedigung fest, daß Evas Wünsche in anderer Richtung verliefen.

Eva saß auf der Bank, heiter, mit geröteten Wangen, und schlenkerte ihr rechtes Bein, das unbeschuht war.

«Den Schuh hat Hans Tiefenbach mitgenommen», erklärte sie Marlies, «damit ich ihm nicht weglaufen kann. Wodruba wollte ihn unbedingt unter vier Augen sprechen. Irgend etwas Dienstliches. Ich bin einfach gezwungen, treu zu bleiben.»

«Fällt's schwer?» fragte Marlies.

Eva lachte mutwillig. «Es ist sogar ganz lustig. Martin Uhlig hat es den Rest gegeben, als ich ihm den Tanz abschlagen mußte. Ich glaube, für ihn bin ich jetzt gestorben.»

Als Hans Tiefenbach mit Wodruba zurückkam, baute er sich schmunzelnd vor Eva auf. Den Schuh trug er unterm Arm. «Brav gewesen?»

«Ich mußte ja.»

«So ist's recht.» Er ging in die Knie und zog ihr den Schuh an.

Wie der Prinz dem Aschenputtel, dachte Marlies. Sie war froh, daß die Melancholie, die seit der Rückkehr aus Posen auf Eva lastete, überwunden zu sein schien.

2

A 4 fliegt

An einem klaren Herbsttage sahen alle, die in der Versuchsstelle Insel arbeiteten, das Produkt ihrer jahrelangen, mehr oder minder intensiven Bemühungen in die Ionosphäre steigen. Das A 4 flog; zum erstenmal in der vorausberechneten Weise ohne Zwischenfall.

In den Büros und Werkstätten wurde an diesem Tage wenig geschafft. Das große Ereignis des Starts brachte sämtliche Insulaner auf die Beine, und selbst die kleinste Angestellte bewegte die Frage, ob es klappen würde. Vor der letzten Überprüfung der wichtigsten technischen Einzelheiten des Flugkörpers hatte der General noch einmal an den Stab der Hauptverantwortlichen appelliert.

«Meine Herren, der Ausgang dieses Starts wird für das Schicksal der gesamten Versuchsstelle von großer Bedeutung sein. Wenn er nicht gelingt, haben wir im Waffenamt – und an höherer Stelle erst recht – unseren Kredit verloren. Projekt A 4 kann von heute auf morgen aus der Liste der kriegsentscheidenden Waffen gestrichen werden. Das bedeutet für uns: Ablehnung der höchsten Dringlichkeitsstufe, Wegfall vieler Uk-Stellungen, Kleinkampf um jedes Gramm Material. Noch haben wir alle Trümpfe in der Hand. Setzen Sie alle Ihre Kraft daran, die Minute X gut vorzubereiten. Der Reichsmarschall und sein Stab werden dem Startversuch beiwohnen.»

Die flachen Dächer der Werkstätten waren an diesem Tage begehrte Aufenthaltsorte. Traude Hörselmann, an Klemts Seite, hatte sich einen solchen Logenplatz erobert.

Eva traf sich mit Marlies und Herbert Axe auf dem Sandhügel

unweit des Windkanalgebäudes. Sie gehörten zur Masse derer, die da oben keinen Zutritt fanden. Für den Soldaten Axe war es schon ein großer Vorzug, während der Dienstzeit in Marlies' Nähe sein zu dürfen. Er hatte sich den Wirbel des merkwürdigen Tages zunutze gemacht und sie gesucht. Seit er ihre Einladung zu dem Hüttenfest abgelehnt hatte, waren sie nicht mehr zusammen gewesen. Marlies hatte sich am Telefon mit reichlicher Arbeit entschuldigt.

Der Tag begann mit langem Warten. Es war kühl. Die Wartenden traten von einem Bein aufs andere, um sich zu erwärmen. In einer Gruppe wurden Wetten abgeschlossen. «Das Ding fliegt doch wieder nicht», sagte einer.

«Wenn's nicht hinhaut, bist du mit schuld», spottete Versuchsingenieur Immisch. «Die *gläubigen* Herzen sind es, die den Sieg erringen.»

«Da können wir ja aufhören, dran zu arbeiten, und lieber beten gehen», schlug Zobel vor, den Eva von der Oie kannte und der Axes Zimmergenosse war. Für ihn war dieser Tag der Abschied vom Windkanal. Er hatte ein anderes Kommando bekommen.

Marlies wußte von Brettschneider, was auf dem Spiel stand. Denen da oben auf dem Dach wird wohl anders zumute sein, dachte sie.

Durch Gespräche mit ihrem Vetter wußte sie von den vielfältigen und komplizierten Vorbereitungen, die dieser «Minute X» vorausgegangen waren. Der Leiter des Versuchsfeldes hatte ein raffiniertes Kommando- und Zeitsystem entwickelt, bei dem es um Sekunden ging. Jetzt saßen sicherlich die Meßingenieure an ihren Geräten, erhielten letzte telefonische Durchsagen von der Schießleitung. Auf den höchsten Plattformen der Prüfstände und des Meßhauses richteten Beobachter ihre Scherenfernrohre ein, Stenografen neben sich, die ihre Wahrnehmungen zu protokollieren hatten. Fotografen und Kinooperateure machten ihre Apparate fertig, und im Bunker standen die Triebwerks- und Steuerungsingenieure vor den Schaltpulten.

Eine bis ins kleinste eingespielte Organisation, ein Präzisionsuhrwerk, in dem ein Rädchen ins andere griff, war nötig, wenn der Start der Großrakete A 4 gelingen sollte, wenn Steighöhe, Umlenkung, Brennschluß und Reichweite in der vorausberechneten Weise erzielt werden sollten. Die Behandlung des Flugkörpers war so kompliziert wie der Flugkörper selbst. – Wenn starke Wünsche wirklich Kräfte wären, dann müßte das A 4 diesmal fliegen. Aber es waren auch Gegenwünsche da. Vielleicht nicht in so zahlreichen Herzen, aber sie mochten nicht weniger intensiv sein. Herbert Axes Gedankenwelt war ihr vertraut. Es gab keine Illusionen mehr: Er wünschte das Versagen dieses großen, mühevollen Werks und hätte sogar ein Bombardement in Kauf genommen. Jedes Mittel war recht, das helfen konnte, den Krieg schnell zu beenden. «Dieser Krieg ist die Tat eines Größenwahnsinnigen», sagte er oft. «Unser Volk zerfleischt sich für die verdrängten Komplexe eines Gernegroß.» Zerquält ging sie nach solchen Gesprächen heim. Gegen seine Auslegung lehnte sich etwas in ihr auf.

Eva war die einzige, mit der sie darüber zu sprechen wagte, wenigstens andeutungsweise. Aber auch von da kam keine Klärung. Dann traf sie wieder mit ihrem Vetter zusammen und fand dort fanatischen Arbeitswillen und Siegesglauben. Auch an die Ungeduld des Verwundeten im Swinemünder Lazarett mußte sie denken, der seinen «Haufen» nicht im Stich lassen wollte und seiner Rückkehr ins Baltikum entgegenfieberte. – Wo war Verrat? Wo war Treue? – Sie träumte manchmal davon, jemand habe sie durchschaut und wegen ihres Doppelspiels in ein Lager gebracht. Darum hatte ihr das Zusammentreffen mit dem Wachtposten an der Blockhütte solchen Schrecken eingejagt. Sie war soweit, daß sie nichts mehr zu wünschen oder zu hoffen wagte, weder Sieg noch Niederlage. – Ich bin schlimmer als alle, dachte sie. Ich stehe zwischen den Fronten.

Immisch zog die Uhr. «Es müßte gleich soweit sein.»

Aus dem entferntliegenden Kommandobunker ertönte eine Stimme durch den Lautsprecher: «X minus drei. – Zeit läuft.»

Immisch fuhr sich durchs Haar. Vor jedem Versuch die gleiche Spannung, dieselben endlos scheinenden Minuten. «Die Steuerkreisel laufen schon. Verdammt noch mal, warum kann man jetzt die Zigarre nicht stehen sehen – frei auf ihrem Starttisch, nur noch mit dem Abwurfkabel!»

«X minus zwei. – Zeit läuft.» Einige Nachzügler kamen gerannt und erklommen eilig den Sandhügel. Ferngläser richteten sich zum Himmel.

«X minus eins. – Zeit läuft. » Die Menschen hielten den Atem an. Eine Rauchpatrone stieg in die Luft.

«Gleich wird die kleine Stufe eingeschaltet.» Immisch fieberte. «Mit acht Tonnen Schub. Dann die Hauptstufe. Fünfundzwanzig Tonnen Schub. Fernsehen müßte man können! Wie sich der Rückstoß entwickelt –» Der Versuchsingenieur verstummte.

Fast lautlos, da der Schall des arbeitenden Triebwerks die Wartenden noch nicht erreicht hatte, tauchte das A 4 senkrecht aus dem Walde auf, ein vierzehn Meter hohes metallenes Ungeheuer, dem ein breiter, fast gleichlanger Feuerschweif aus dem Heck schoß. Mit wachsender Geschwindigkeit gewann es Höhe. Ein Komet, von Menschenhand in die Atmosphäre geschleudert!

Es flog schon einige Sekunden, ehe donnerartiges Brüllen die Ohren der weit im Gelände verstreuten Beobachter erreichte. Die schwarzweiße Flächenzeichnung des aerodynamisch einwandfrei proportionierten Körpers ließ erkennen, daß er stabil und ohne sich zu drehen seine steile Bahn zog.

Die Techniker auf dem Hügel rissen sich um die Ferngläser. Obgleich die meisten von ihnen die Daten des Aggregats aus Tabellen und Diagrammen kannten, obgleich sie wußten, daß in der Verbrennungskammer, wo sekündlich hundertfünfundzwanzig Liter Spiritus und Sauerstoff hineingepumpt wurden, die Verbrennungsgase Temperaturen von zweitausendachthundert Grad Celsius erreichten und die frei werdenden Energien in der Endphase mit etwa sechshundertfünfzigtausend PS bewertet wurden, verschlug es ihnen jetzt, da sie diese ungeheuren Kräfte in Aktion sahen, fast den Atem. Der Gasstrahl schoß mit einer Geschwindigkeit von zweitausend Metern pro Sekunde aus der Düsenmündung. Der sekündlich leichter werdende Flugkörper wurde immer schneller und bog nach knapp fünf Sekunden Flugzeit aus seinem senkrechten Anstieg in den vorgeschriebenen Umlenkbogen ein. Zögernd, so schien es, gehorchte das Aggregat einem unhörbaren Befehl.

«Schallgeschwindigkeit!» verkündete die Stimme durch den Lautsprecher, und das A 4 flog erst knapp eine halbe Minute. Wieder hielten die Techniker den Atem an. Folgte jetzt die Explosion? Nicht umsonst sprachen die Fachleute von der «Schallmauer». Es war eine imaginäre Barriere, die noch keine Flüssigkeitsrakete überwunden hatte. Aber das A 4 hielt seine gleichmäßige Bahn ein, als hätte es kein Kriterium gegeben.

«Jetzt sind zentnerschwere Steine gekullert», sagte Immisch, ohne das Glas abzusetzen. Er dachte an Klemt, an den Doktor und den General, die kürzlich bei einem Besuch des Windkanals im Versuchsraum von ihren schweren Befürchtungen gesprochen hatten.

Im Fernglas war die Rakete nur noch ein schimmernder Strich mit leuchtendem Flammenschweif. Zehn Kilometer schätzten einige Sachkundige die Höhe. Plötzlich zeigte sich am klarblauen Himmel ein feingezackter weißer Streifen.

Bertel Drews schrie auf: «Es zerplatzt!»

Auch andere mußte die Wahrnehmung beunruhigt haben, denn aus dem Lautsprecher kam eine beschwichtigende Stimme: «Alles normal. Kondenserscheinungen.» Die Zackenbildung zeigte die große Strömungsunruhe der Atmosphäre in dieser Höhe.

Immisch ließ nach einer Weile das Glas sinken. Seine Hände waren verkrampft. «Jetzt müßte es etwa dreiundzwanzig Kilometer hoch sein und viereinhalbmal schneller als der Schall fliegen. Wenn man hier den Meßton hören könnte, wüßte man es genau.»

Der zum Pünktchen gewordene Flugkörper war seinem Blickfeld entschwunden. Die Rakete hatte wohl bereits alle Höhenrekorde gebrochen. Wieder vergingen Sekunden. Dann meldete die Stimme durch den Lautsprecher: «Brennschluß.»

Das ganze Schauspiel hatte etwa eine Minute gedauert. In kleinen Gruppen verließen die Schaulustigen den Hügel.

«Siebzig Kilometer, höher steigt es nicht», sagte einer der Techniker.

Immisch war optimistischer.

«Auf achtzig wird es schon kommen. Der Schub war vollkommen in Ordnung.» Er knuffte den anderen in die Seite. «Nun soll mal einer kommen und sagen, daß sich unsere Arbeit nicht lohnt, was?»

Herbert Axe war als erster vom Hügel gestiegen. Stumm folgte ihm Marlies. Als sie außer Hörweite waren, sagte er: «Da oben fliegt der Tod, und hier unten jubeln sie. Jetzt hat der Wahnsinnige die Waffe, die er braucht.»

Marlies, die sich dem starken Eindruck des technischen Wunderwerks nicht hatte entziehen können, schwieg schuldbewußt. Sie gingen in die noch leere Kantine. Wie zu einem

Volksfest waren alle ins Gelände gepilgert und kamen nur langsam von ihren Ausguckposten zurück.

«Von morgen ab bin ich beim Werkbahnkommando», erzählte Axe. Er bemühte sich, nicht mehr über das eben Gesehene zu sprechen. «Ausgerechnet mich haben sie dazu bestimmt, Sprüche an die Lokomotiven zu malen: ‚Räder müssen rollen für den Sieg.' Grotesk, was?»

Er erwartet schon keine Antwort mehr von mir, dachte Marlies bedrückt, als er sofort weiterredete. – Ein Mensch, der mit seiner Not nicht fertig wurde. Er wurde auch mit dem A-4-Start nicht fertig.

«Mene-mene-tekel», zitierte er. «Ich mußte daran denken, als ich den feurigen Strahl sah. Danach versteht man alles: den Aberglauben der Alten, Hexenfurcht und Dämonenangst. Menschen, die solch feurige Zeichen ihrer Macht brauchen, werden scheitern.»

«Wenn du dir dessen sicher bist, mußt du doch ruhiger werden», sagte Marlies.

«Vorher werden sie uns alle mit in das Chaos reißen.»

Es ist unmöglich, gegen seinen Pessimismus anzugehen, dachte sie. Ich habe es so oft versucht. Es macht mich krank. Ich kann nicht mehr.

Inmitten der Massen, die aus dem Werkstättengelände zurückfluteten, traf Eva auf Jürgen Baer. Er löste sich aus einer Gruppe, als er sie auf dem Seitenweg vom Windkanal kommen sah. Sie blieben ein Stück hinter den anderen zurück.

«Na», sagte er herausfordernd, «bist du hinundhergerissen?»

«Ich fand es toll», bekannte sie.

«Wir hatten die Ehre, den ersten Aufstieg einer Flüssigkeitsrakete in die Ionosphäre zu erleben. Welturaufführung sozusagen. Man nimmt es wenigstens hier an.»

«Das ist eine enorme Sache, nicht wahr?»

«Allerdings. Die wenigsten haben damit gerechnet, daß es so gut klappen würde. Das fliegende Laboratorium!» Er lachte auf. «War ganz schön launenhaft bisher. Aber so, wie es heute fliegt, ist es von der Kanalküste aus in fünf bis sechs Minuten in London. Fünfzehnhundert Meter in der Sekunde, nach unseren Berechnungen!» – «Und was wird nun?»

«Sie werden Versuchsserien bauen und das Fertigungswerk

schleunigst in Gang setzen. Göring wird im Führerhauptquartier berichten. Hitler wird einen Wisch unterschreiben, daß die Versuchsstelle Insel jedes angeforderte Material zu bekommen hat. Höchste Dringlichkeitsstufe! Der Doktor kriegt einen Orden, und der General wird befördert. Oder auch nicht. Vielleicht kommen die Geier.»

«Welche Geier?»

«Die Neidhammel, die denen, die daran gearbeitet haben, ihre Beute wegschnappen. Paß auf, wie sie alle angeschwirrt kommen, die bis jetzt keinen Pfifferling für das A-4-Projekt gegeben haben: die Herren aus der Industrie, vom Generalstab und natürlich die Goldfasane. Jetzt wird ihnen das Riesenspielzeug plötzlich Spaß machen.»

«Ach, das kümmert mich alles nicht. Wenn nur eins dabei herauskäme: daß in einem halben Jahr Frieden wäre.»

Er sah kopfschüttelnd auf sie herab. Du Kindskopf, begreifst du es immer noch nicht? – Dann bogen sie auf den Weg zur Kantine ein und gesellten sich zu den anderen.

In einer Hochstimmung sondergleichen hatten der General, der stille Professor, der Doktor und ein kleiner Stab engster Mitarbeiter den Beobachtungsstand verlassen. Sie geleiteten ihren hohen Gast, der bester Laune war, zum Auto.

Ein mächtiger Klumpen Würde in ordenglitzerndem Prunk unter taubengrauer Pelerine, den Marschallstab gekonnt lässig in der Hand, schritt breit auf den Wagen zu. Er nickte behaglich zustimmend, als ihm der Doktor die weiteren Maßnahmen beschrieb, die zur Auswertung des A-4-Starts eingeleitet worden waren. Eine grüne Flüssigkeit würde die Einschlagstelle auf der See kennzeichnen. Parisius war bereits mit einer schnellen Maschine aufgestiegen. Die Meßgeräte hatten als Gipfelpunkt eine Höhe von etwa neunzigtausend Metern registriert, und die Weite konnte man bei zweihundert Kilometern annehmen. Das A 4 hatte auch die letzte schwere Probe bestanden: Das Wiedereintauchen in die Atmosphäre war ohne böse Überraschungen abgegangen. Der dahinrasende Körper hatte die Bremswirkung der dichter werdenden Luftschichten, die durch Reibung erzeugte hohe Temperatur der Außenhaut, überstanden.

Mit fachmännischem Interesse folgte der Reichsmarschall

dem Bericht des eifrigen jungen Mannes mit dem verwitterten Schlapphut, der ihm beinahe im Nacken saß.

Er hatte doch den richtigen Riecher gehabt, auf diesen jungen Enthusiasten zu setzen, entgegen der Meinung aller Skeptiker. Er wollte dafür sorgen, daß man diesem Feuerkopf nicht den Schwung nahm mit kleinlichen Quertreibereien und Eifersüchteleien, wie sie zwischen Heer und Luftwaffe immer wieder vorkamen. Denn nur mit Elan war so etwas zustande zu bringen, was er, der erste Feldherr nach dem Führer, heute gesehen hatte. Wenn der Marschallstab nicht gewesen wäre, hätte Göring sich wohl die Hände gerieben. – Er würde seine Berichterstattung auskosten, im Führerhauptquartier so gut wie bei Goebbels, seinem großen Widersacher. Der würde sich auf die Beute stürzen und würde zähneknirschend von ihm, seinem persönlichen Gegner, das in Empfang nehmen müssen, was er so dringend für sein Geschäft brauchte: die Beruhigungspille fürs Volk.

Seit den fortschreitenden Luftangriffen im Westen und auf Berlin hatte das Volk nicht mehr so viel Sinn für schöne Worte wie «Glauben, gehorchen, kämpfen». Die Opiumbeigaben mußten verstärkt werden. Der Rachedurst der Bombengeschädigten mußte Nahrung bekommen, das würde auch der Front den Rücken stärken. Die Hoffnung auf Vergeltung ihrer Leiden manifestierte sich in dem feuerspeienden fliegenden Pfeil, der heute zum erstenmal über der Ostsee aufgestiegen war. In zehn, nein, vielleicht schon in sechs Monaten würde er von der holländischen Küste aus über den Ärmelkanal fliegen, aus den Stellungen der Ostfront nach Moskau, nach Leningrad. Er würde die Schlüsselposition Stalingrad und das Erdölgebiet im Süden den deutschen Truppen öffnen. – Ja, es war ein guter Tag heute, ein sehr guter Tag!

Göring dachte vergnügt an seine eigene Spontanreaktion beim donnernden Aufsteigen der Riesenrakete. «So ein Start wird die Hauptattraktion auf dem ersten Parteitag nach dem Kriege in Nürnberg sein.» Der junge Doktor hatte lachend den Mund breitgezogen und die Zähne gezeigt, als er, sein Marschall, ihm das sagte. Auffallend schöne Zähne hatte der Bursche, ein richtiges Raubtiergebiß. Er würde nach dem Kriege, wenn er nicht mehr aus Geheimhaltungsgründen im Schatten zu stehen brauchte, ein Volksheld werden. Alle Voraussetzungen dazu brachte er mit: jung, überlegen, nicht verweichlicht, beste deutsche Familie, dazu Grips im Kopf. Von letzterem sogar so viel, daß man ihn im Auge behalten mußte. Daß er groß, blond und blauäugig war, konnte man als Tüpfelchen auf dem i nur begrüßen.

Über das ganze rosige Gesicht lächelnd, hob der Reichsmarschall grüßend den Stab seiner Würde, ehe er in den Wagen stieg. Da trat mit zackiger Ehrenbezeigung ein Hauptmann auf ihn zu und überreichte ihm ein versiegeltes Fernschreiben. Der Marschall erbrach es, noch vor dem Wagen stehend. Die rosige Siegesgewißheit fiel plötzlich wie eine Maske von ihm ab. Die Gesichtszüge wurden schlaff. Er wandte sich nach seiner Eskorte um. «Geben Sie Befehl zum Flugplatz: meine Maschine sofort startklar machen.» Ohne auf die bestürzten Gesichter zu achten, stieg er in den Wagen. Nachdem er sich trotz seiner Fülle schnell und elastisch niedergelassen hatte, winkte er den General heran. Nur ihm verständlich, gab er eine kurze Erklärung seines plötzlichen Aufbruchs. «Die Sowjets versuchen eine Gegenoffensive im Raum von Stalingrad. Gerade heute. Das ist eine Mahnung. Wir brauchen das A 4. Denken Sie daran.» Die Tür schlug zu.

Ernst legte der Generalmajor die Hand an die Mütze und sah dem Mächtigen nach, der davonfuhr und der doch nicht so mächtig war, daß er unabhängig gewesen wäre von ihm, dem vielfach angefeindeten Raketen-General, oder von dem jungen Doktor neben ihm, der nicht einmal einen militärischen Rang besaß.

Als Labahn, der Kamerad Blinklicht des Hauses Seestern, die Kate seines Schwagers, des ehemaligen Fischers und jetzigen Werkschutzmannes Peplow, verließ, wunderte er sich sehr, den etwas schlaksigen Dr. Baer mit seinem Fahrrad zu treffen. Labahn kannte ihn von seinen Besuchen bei der Leonhard und der Hasse. Es ging Labahn nicht recht in den Kopf, daß seine Nichte Hanna etwas mit dem jungen Manne zu tun haben könnte. Aber wo wollte der sonst hin? Denn zu seinem Vergnügen fuhr man hier hinten, zwischen den letzten Bruchbuden des ehemaligen Fischerdorfes, wo die Straße im Ödland der Peenemündung endete, bestimmt nicht herum.

Jürgen Baer trat sachte die Pedale, wie einer, der sogar noch beim Radfahren nachdenken muß, den langen Oberkörper tief über die Lenkstange gebeugt. Er grüßte im Vorbeifahren, freundlich wie immer. Als es nicht mehr so auffällig war, blieb Labahn stehen und blickte sich um. Baer war nicht mehr zu sehen. Unmöglich konnte der junge Mann schon hinten im Schilfgelände untergetaucht sein. Es war gar nicht anders denkbar, als daß er in dem allein stehenden Fischerhause verschwunden war, samt seinem Fahrrad. Höchst seltsam! Kopfschüttelnd ging der Alte weiter. Er mußte sich beeilen, denn sein Dienst begann bald wieder «bei den Jungfern», wie Hanna spöttisch sagte. Er hatte lange mit seinem Schwager über den A-4-Start gesprochen. Endlich hatte er auch mal etwas davon gesehen, was sie hier hinter Zäunen und Wachhäusern ausknobelten. So geheimnisvoll sie immer taten, an einem Tage wie dem heutigen konnten sie keinem die Augen zubinden. Und was er gesehen hatte, das hatte er gesehen. Wo so ein Ding niederging, da wuchs kein Gras mehr. Wenn es nur kein Bumerang wurde, der eines Tages auf die Insel zurückkam. «Gottes Mühlen mahlen langsam», orakelte Labahn.

Hanna Peplows Zimmer im Obergeschoß des einstöckigen Fischerhauses war schlauchartig lang, mit schrägen Wänden. Die Tür war niedrig, und das Fenster glich einer Augenöffnung im moosüberzogenen Rohrdach. Mit vorgeneigten Schultern stand Jürgen Baer in der niederen Stube, als fürchte er, an die Decke zu stoßen, wenn er sich aufrichtete. «Setz dich doch», sagte Hanna. Sie war dabei, in einem winzigen Kanonenofen Feuer zu machen. «Dann fällt es nicht so auf, daß mein Zimmer für dich nicht nach Maß ist.»

Er ging zum Fenster. Um hinauszusehen, mußte er sich hinabbeugen. «Einen Ausblick hast du! Der wiegt alles auf.»

«Du bist sonst immer gekommen, wenn es dunkel war. Jetzt siehst du, was du versäumt hast.»

Eine flache schilfbewachsene Ebene zog sich bis zum Fluß hinunter. Die Reste des Fischerdorfes, das durch die Versuchsstelle zum Sterben verurteilt war, lagen seitab, und der Ausblick machte einen glauben, auf einsamstem menschenleerem Vorposten zu sein, nur in Gesellschaft der Wasservögel, die hier, an den sumpfigen Ufern der Flußmündung, in Scharen nisteten. Hinter windgebeugten Krüppelkiefern, jenseits der Peene, ging die Sonne unter.

Jürgen Baer riß sich los von dem Anblick und setzte sich in

den Korbstuhl neben dem kleinen runden Tisch. Hanna beobachtete von ihrer Couch aus das prasselnde Feuer.

«Ich hoffte, daß du heute kommst», sagte sie, ohne den Blick zu wenden, «wagte aber nicht, mich ganz und gar darauf einzustellen, dann wärst du vielleicht nicht gekommen. Aber es wird schnell warm hier. – Was hältst du von der Sache heute?»

Jürgen Baer streckte seine langen Beine aus. «Ich schäme mich, es dir zu sagen.»

«Kann mir's schon denken. Es hat dich begeistert.»

«Hast du's fliegen sehen?»

«Ja.»

«Na und?»

«Mir war's nur unheimlich. Ich verstehe ja nichts von Technik. Kann es wirklich so kriegsentscheidend werden, wie sie alle reden?»

«Nein. Aber heute haben sie damit einen psychologischen Sieg in den eigenen Reihen errungen, und zwar auf der ganzen Linie. Ich hab's an mir gesehen. Meine Technikerseele ist mir durchgegangen. Wenn man nicht wüßte, daß das Ding eine Vernichtungswaffe sondergleichen werden soll, müßte man jubeln. Es ist die Vorstufe für den Weltraumflug.»

«Nun mal langsam. Bleib auf der Erde und schäm dich. Ja, schäm dich gründlich.» Sie stand auf und legte Holz nach. «Das Ding wird gegen England fliegen, gegen die Sowjetunion, wird offene Städte angreifen, Menschen in Massen vernichten.»

Jürgen Baer setzte sich neben sie, als sie ihren Platz wieder einnahm. «Hätte ich dir von meinen Gedanken gar nichts sagen sollen?»

«Das wäre gegen unsere Abmachungen.»

«Siehst du. Es ist sehr wichtig, daß du über die Folgen Bescheid weißt, die dieser geglückte Start haben kann, lange bevor die erste A-4-Serie einsatzfähig ist. Göring hat es fliegen sehen, und die Propagandamaschine wird's auswalzen.»

«Da wird es Zeit, daß wir den Menschen die Wahrheit sagen. Wann, meinst du, werden wir anfangen können zu senden?»

Er sah sie an. Sie hatte von Technik wirklich wenig Ahnung, sonst wäre sie nicht immer so ungeduldig, wenn die Sprache auf den Geheimsender kam, den er mit seinen Helfern auf einem Zinnowitzer Hausboden anlegen wollte. Die notwendige Vorsicht erforderte viele Umwege. Er scheute sich, ihr einen

Termin zu nennen. Sein Vertrauensmann von der Fahrbereitschaft war seit Tagen unterwegs und hatte die benötigten Spulen noch nicht liefern können. Es war ein mühseliges Heranschaffen aller Einzelteile. Aber der künftige Sender schien Hannas Steckenpferd zu sein. Etwas verschämt holte sie aus einem hinter der Couch verborgenen Kasten ein Blatt Papier hervor.

«Du mußt verstehen», sagte sie, «ich beschäftige mich schon damit, was wir den Menschen sagen werden. Ich – ich habe etwas entworfen.»

Er las die zwanzig handgeschriebenen Zeilen. Es war ein Appell an die deutschen Mütter, das Massenmorden beenden zu helfen, indem sie ihren Söhnen klarmachten, daß sie für eine schlechte Sache kämpften.

«Daß du dich an die Mütter wendest, ist gut», sagte Jürgen Baer nach einer Gedankenpause. «Aber wir müssen ihnen zuerst sagen, *warum* dieser Krieg ins eigene Fleisch geht, warum er gar nicht gut ausgehen kann. Ich glaube, nach dem, was wir heute gesehen haben, muß unser Sender eine ganz bestimmte Aufgabe bekommen. Wir müssen die Menschen aufklären über den faulen Zauber mit den Vergeltungswaffen. Dazu sind wir prädestiniert wie niemand anders.» Er sprang auf, begeisterte sich an seinen eigenen Gedanken. «Das kann uns niemand abnehmen.»

Hanna zerriß das Blatt Papier in kleine Fetzen und warf sie in den Ofen. Sie konnte ihm nicht so schnell folgen. Er legte ihr die Hand auf die Schulter.

«Entwirf etwas Neues. Sprich wieder die Mütter an. Sie müssen erfahren, daß die Vergeltungswaffen keine Wunder vollbringen können, daß sie nichts anderes sind als Ferngeschosse mit starker Sprengwirkung, die England wohl schaden können, aber die Feinde nicht einschüchtern werden. Nach wie vor werden ihre Söhne an den Fronten verbluten müssen, und feindliche Bomber werden nicht nachlassen, ihre Wohnungen zu zerstören. Wir müssen Goebbels' Zauberformel entzaubern. Das ist es, Hanna! Das Märchen von der Wunderwaffe zunichte machen! Den lächerlichen Strohhalm knicken, an den sich die gequälten Menschen klammern.»

Jetzt war Hanna ihm gefolgt. «Ich wollte, ich könnte das bald ins Mikrofon sprechen.»

«Du?» Er schüttelte den Kopf. Es war unmöglich, sie sprechen zu lassen. Der norddeutsche Klang ihrer Stimme war unverkennbar. Und dann – sie war die wichtigste Stütze ihres kleinen Kreises.

«Was ich mir vorstelle, muß aber eine Frau sprechen», beharrte sie.

«Ja, ja, ehe es soweit ist, haben wir eine gefunden, die geeignet ist.»

Hanna seufzte. «Ich möchte so gern wieder einen deutlichen Erfolg unserer Arbeit sehen.»

«Du darfst nicht zu viel verlangen. Unsere Nachrichten waren immer äußerst wichtig für die Gruppe in Berlin.»

«Mag sein. Jetzt müssen wir unser Material selber verwerten. Ich schäme mich immer, wie wenig wir tun können, wenn ich höre, was an den Fronten los ist. Vorhin habe ich Moskau dringehabt. Die Rote Armee kommt in Bewegung. Sie drückt zurück.»

«Endlich. Wo denn?»

«Bei Stalingrad, sagten sie.»

«Hoffentlich machen sie Ernst.»

«Die machen bestimmt Ernst.»

«Was hast du denn heute, Hanna?» Er legte etwas unbeholfen seine Hand auf ihr Knie.

Sie schob die Hand weg und angelte nach dem Schürhaken, um die Ofentür zu schließen. «In der letzten Zeit habe ich fast nichts erreicht. Die Verbindung zu den KZ-Häftlingen hat noch nicht geklappt. Ich konnte auch noch nichts für die Maria tun, die wir hier einschleusen müssen. An meinen Vater wage ich mich nicht mehr heran.»

«Er ist doch nicht gegen uns?»

«Nein. Aber mitmachen will er auch nicht. Er hat wohl Angst.» «Wir könnten ihn als Werkschutzmann gut gebrauchen.»

Jürgen Baer überlegte. Ihm fiel ein, was Axe beim Mittagessen in der Kantine vom Werkbahnkommando berichtet hatte. «Die Häftlinge verlegen Eisenbahnschwellen», sagte er vor sich hin. «Ich werde versuchen, über den Soldaten Axe an unseren Mann heranzukommen.»

«Axe? Ist das derselbe, der seit einiger Zeit in den Zinnowitzer Kreis kommt?»

Jürgen Baer bestätigte es. Im Zinnowitzer Pfarrhaus, wo ein kleiner Kreis Verschworener häufig zusammentrat, um heimlich ausländische Sender abzuhören, war Herbert Axe vor einiger Zeit aufgetaucht, ernst, mit in sich gekehrtem Blick, ein Abseitiger unter den Abseitigen.

«Du meintest damals, man könne nicht auf ihn rechnen», sagte Hanna.

«Ich muß es versuchen. Er ist ein bißchen verworren, ich glaube, Anthroposoph. Aber fanatischer Nazigegner.»

«Ich traue solchen Menschen nicht, bei denen man nicht dahinterkommt, was sie eigentlich wollen.»

«Dem Axe kannst du schon trauen.»

«Mir wäre es lieber, du gingest nicht mehr zu dem Zinnowitzer Kreis. Es sind zu viele geworden. Komm lieber ab und zu hierher. Hier oben können wir ganz gut hören, wenn wir vorsichtig sind.»

Er sah sie aufmerksam an. «Wenn einer von uns mal dran glauben muß, dann darf auf den anderen nicht der geringste Verdacht fallen. Darüber sind wir uns doch schon lange einig. Euer Haus liegt viel zu exponiert, als daß es nicht auffiele, wenn ich regelmäßig am Tage käme. Was meinst du, wie dein Onkel mich heute angeblickt hat, als ich auf dem Wege zu dir war.» Jürgen Baer legte den Arm auf die Couchlehne und berührte Hannas Nacken.

Sie schüttelte ihn ab. «Bitte laß sein, sonst wird alles nur noch schwieriger.»

Er respektierte diesen Ton an ihr. Er respektierte an diesem fünfundzwanzigjährigen Mädchen so manches, was er, im Vollgefühl seiner Männlichkeit, bei anderen mit einem Lächeln weggefegt hätte. Wenn er darüber nachdachte, war er versucht, zu dem Schluß zu gelangen, in ihm sei so viel Achtung vor dem Mädchen Hanna, daß für eine zärtliche Zuneigung, Liebe, oder wie man dieses Gefühl auch nennen mochte, kein Platz sein konnte. Er bewunderte ihren Mut, ihre Besonnenheit und Entschlußkraft. Er ahnte, was es sie kostete, ihre Gefühle der Vernunft unterzuordnen, und es rührte ihn, wie konsequent sie auch darin war. Bisweilen begehrte er sie, wie jetzt in ihrer unmittelbaren Nähe. Dann überfiel ihn der Wunsch, ihr zu sagen, sie könnten vielleicht einmal bereuen, nicht alles, womit einer den anderen hätte beglücken können, ausgekostet zu haben. Aber es kam ihm vor wie ein Todesurteil, und er schwieg. Mit ihrem Namen im Gedächtnis und dem Auftrag seines Freundes Heino, sie bei ihrer Vorpostenarbeit zu unterstützen, war er auf die Insel gekommen. In Berlin, bei der Leitung der Gruppe, hatte man ihn darauf hingewiesen, daß Hanna Peplow vermutlich zu größeren Aktionen nicht in der Lage sei und das Eindringen in die innere Struktur des geheimen Betriebes ihm obliegen müsse.

Er hatte bald erkannt, wie schwierig die Kleinarbeit auf der Insel war, wo die leitenden Männer vom Raketenfieber gepackt waren und die Mehrzahl der übrigen Mitarbeiter dem sogenannten «Inselkoller» durch eine lockere und betont unbekümmerte Lebensweise zu entgehen suchte.

Hanna hatte zwar an ihrem Auftrag festgehalten, durch geschickte, zweckmäßige Auswertung ihrer Personalkenntnisse neue Helfer und Mitarbeiter für die Gruppe zu gewinnen, sich jedoch nach mehreren Fehlschlägen stärker auf die Nachrichtenübermittlung konzentriert. Als er eines Tages von Berlin mit dem Vorschlag zurückkam, einen Sender zu bauen, hatte sie begeistert zugestimmt. Die Arbeit mit dem Sender schien leichter und aussichtsreicher als der schwierige Geheimdruck von kleinen Schriften und Flugblättern, da nahezu alle technischen Einzelteile für den Sendeapparat aus dem Werk entnommen werden konnten.

Die Nachricht von der Verhaftung der leitenden Mitglieder der Berliner Gruppe traf Hanna schwer. «Die Männer sollen sich bei den Verhören großartig halten. Wer noch kein Kommunist war, wird es jetzt», hatte Jürgen Baer mit rückhaltloser Bewunderung berichtet, nachdem er über den Freester Kraftfahrer Genaueres erfahren hatte. Es überraschte sie, festzustellen, wie wichtig ihm dieses politische Bekenntnis war. Es hatte ihr vorerst genügt, zu wissen, daß die Gruppe Menschen der verschiedensten weltanschaulichen Richtungen zusammenfaßte, die auf das eine Ziel, Hitlers Kriegsherrschaft zu brechen, hinarbeiteten. Nun wollte Hanna mehr wissen, und sie debattierten, sooft es ihre seltenen heimlichen Zusammenkünfte erlaubten, über die politische Aufgabenstellung und Zielsetzung der Gruppe.

Jürgen Baer hätte sich keine aufmerksamere Zuhörerin wünschen können als diese einfache Fischerstochter, die als

Hausmädchen bei einem Schiffsmakler gedient hatte. Jetzt überraschte sie durch einen ungewöhnlichen Ernst, der ihm trotz seiner theoretischen Überlegenheit oft abging. Er mußte es hinnehmen, daß sie ihn ermahnte, konsequent zu arbeiten, wie sie es – rein gefühlsmäßig – schon lange tat. Sie hatte ihm gegenüber ständig einen Vorsprung.

Konnte sie eigentlich ermessen, welche Schwierigkeiten gerade dieser Frontabschnitt bot für ihn, den Physiker, Chemiker und Forscher, der er nun einmal mit Leib und Seele war? Wer die Besessenheit des Wissenschaftlers nicht kannte, begriff auch nicht, daß er manchmal wie träumend aus seinem Labor wegging mit dem Hochgefühl einer vortrefflichen Leistung und daß es eines gewaltigen inneren Rucks und energischen Eigenbefehls bedurfte, das Erreichte am nächsten Tage zu vernichten. – Es war schwer für ihn, und Heino hätte ihn noch am ehesten verstanden. Von Hanna konnte er es nicht ohne weiteres verlangen.

Mitten in seine Gedanken hinein sagte Hanna: «Die Leonhard hat eine gute Aussprache.»

«Wie kommst du darauf?» fragte er befremdet.

«Sie könnte für uns ins Mikrophon sprechen.» Hannas Gedanken schienen um die bevorstehende Aufgabe zu kreisen. «In ihrer Akte steht ein Vermerk. Demnach müßte sie gegen die Nazis sein. Aber das weißt du bestimmt besser als ich. – Ob du sie für uns gewinnen kannst?»

Jürgen Baer antwortete, unbeholfen ausweichend: «Wir brauchen reifere Stimmen.»

Hanna bemerkte seine Unsicherheit. Leise sagte sie: «Nicht wahr, du liebst sie?»

Er schrak auf. Zuckte mit den Schultern und lachte kurz.

«Kommt es dir so vor?»

«Ja. Und da willst du sie nicht in Gefahr bringen.»

«Sie ist wirklich ganz ungeeignet für unsere Sache. In jeder Hinsicht. Ich rede zu ihr wie ein Buch. Sie hat keine blasse Ahnung von tieferen politischen Hintergründen. Ein reiner Gefühlsmensch. Ganz impulsiv. Schreibt Gedichte.»

«Und wenn schon. Aber daß sie nichts im Kopf hat, daran glaube ich nicht. Vielleicht geht's ihr nur zu gut hier, darum denkt sie nicht richtig nach. Sie ist doch überall vorne dran, wenn es etwas zu feiern gibt.»

Jürgen Baer pfiff durch die Zähne. An dieser Stelle erschienen ihm Hannas gute Informationen etwas geschmacklos. «Sie wird schon noch etwas für uns zu tun kriegen», sagte er kurz.

Am späten Abend dieses Tages, den die Versuchsstellen-Leitung mit goldenen Lettern in die Annalen der Forschungsstätte Insel einzugraben gedachte, betrat der Soldat Axe mit Anzeichen schwerer Erschöpfung seine Wohnbaracke im VKN-Lager.

Die sieben Stubenkameraden empfingen ihn mit Gejohle. Es war ihnen anzusehen, daß die Sonderzuteilung Weinbrand, die es aus Anlaß des geglückten A-4-Starts für das Lager gegeben hatte, bereits verkonsumiert war.

«Mensch, Axe, das war 'ne Wolke! Ein Pfunds-Kameradschaftsabend. Wo warst du denn bloß?» Der Gefreite Zobel hieb ihm freundschaftlich auf die Schulter.

Einer meckerte hämisch. «Unser Heiliger hat's mit den Mädchen. Da gibt's statt Schnaps Bratkartoffeln. Und Eier in die Pfanne.» Er bekräftigte die darauf folgende Zote durch eine unmißverständliche Handbewegung.

Axe verzog das Gesicht, als erhielte er unaufhörlich Schläge. Zu den Zeugen des verrauschten Kameradschaftsabends, leeren Flaschen und Zigarettenschachteln, gehörten auch Spottverse, in steiler Druckschrift auf große Pappquadrate geschrieben. Hier und da hing am Fußende der Betten ein rasch gedrechselter Reim. Axe las die große Inschrift über seinem Bett:

Die Achse *(Der Axe)*

Wir *haben* einen neuen Gott,
der Gott – der heißt: die Achse.
Die Ketzer kommen aufs Schafott,
ob Bayer, Preuß', ob Sachse.

Erregt riß er die an einem Schnürsenkel baumelnde Pappe herunter. Wortlos, mit zitternden Händen, begann er sich auszukleiden. Irgend etwas war an ihm, was die anderen verstummen ließ. Das Gelächter brach ab.

«Mensch, hab dich nicht so!» brummte es aus einem Bett.

Stumm, mit fahrigen Bewegungen, richtete Axe sein Lager. Er schien seine Gedanken nicht ganz beisammen zu haben, denn er vergaß, sich vollends auszuziehen, und legte sich in Unterwäsche hin.

Zobel sah, daß der Kamerad mit geweiteten Augen vor sich hin starrte. «Axe, verstehst du denn keinen Spaß mehr? Wir haben uns heute abend alle einen Jux gemacht.»

Axe nickte krampfhaft und legte sich auf die Seite. «Ja, ja, laß mich.»

Ein Jux. Was war das? Das war ein Wort aus einer Welt, der er schon lange nicht mehr angehörte. Hinter den elektrisch geladenen Drähten des Konzentrationslagers, in das sie ihn bald bringen würden, gab es so ein Wort erst recht nicht. Ob sie ihn schon identifiziert hatten? Gesehen hatten sie ihn nicht, aber sein Fahrrad, das an der Hintertreppe lehnte, mußten sie bemerkt haben, als sie sich das Haus aufs Korn nahmen.

Zu sechst waren sie im Zinnowitzer Pfarrhaus überrascht worden beim Abhören des Londoner Rundfunks. Er war der Siebente, und wenn er nicht gerade in der Küche gewesen wäre, um Feuer für die Kerze zu holen, wäre er bereits in der Gewalt der Bullen. So wie die anderen. Er hatte sich durch den Keller getastet, einen Ausweg gefunden und auf Umwegen die Landstraße erreicht.

Die neun Kilometer bis zum VKN-Lager erschienen ihm endlos. Er fuhr, ständig behindert von seinem zu langen Soldatenmantel, als säße ihm der Tod im Nacken.

Und hier erwarteten sie ihn mit einem Jux! Ja, wahrhaftig, sie nannten das «einen Jux»: «Die Ketzer kommen aufs Schafott –»

Nach einer Nacht voll schwerer Träume trat Herbert Axe seinen Dienst auf dem Rangierbahnhof der Werkbahn an.

Er wunderte sich, was für ein ruhiger, kalt-klarer Morgen dem schrecklichen Tage folgte. Es war ein Tag wie jeder andere. Unweit des Werkeingangs, wo sein Weg abzweigte, wartete er. Er hoffte, Marlies sprechen zu können. Er war zu früh aufgestanden und mußte Geduld haben. Aber er mußte sie sehen. Und je länger er an der kahlen Landstraße stand, preisgegeben dem Spott oder der Verwunderung der Kameraden, die an ihm vorbei an ihre Arbeitsplätze gingen, um so mehr setzte sich in ihm der Gedanke fest: Jetzt kommt es auf sie an. Nur noch auf sie! Alles andere ist schon verloren. Ich brauche einen einzigen Menschen. Nur einen einzigen!

Marlies kam! Lachend, schwatzend, so schien es ihm, inmitten eines ganzen Rudels von Radfahrern, unter denen

Dr. Klemt und Traude Hörselmann waren. Sie mußten zur Ausweiskontrolle an der Wache absteigen.

Da sah Marlies den einsam Wartenden. Er stand und rührte sich nicht. Er blickte sie nur an. Er wartete in diesem Augenblick, so wie er nie in seinem vierunddreißigjährigen Leben gewartet hatte. Und weil er so voll innerer Spannung war, bemerkte er auch die kleine Welle der Verlegenheit, die über sie hinging, als sie ihn stehen sah. Sie hob ein wenig die Hand und lenkte ihr Rad so weit auf die Seite, als es angängig war, ohne den Anschluß an ihr Rudel zu verlieren. «Ruf mich morgen mal an.» Ihre warme Stimme klang, als bitte sie um Verzeihung. Dann verschwand sie hinter dem Wachgebäude.

Es fiel Axe schwer, sein Rad zu besteigen. Mühsam bewegte er die Pedale. Wie ungern gegebenes Brot im Magen säuert, so quollen ihm die mitleidig zugeworfenen Worte im Hirn. Sie schienen sich ins Nervenzentrum zu fressen und ihm die Glieder schwer zu machen. – Was war das nur? Erwartete er zuviel von den Menschen? Oder hatte Marlies schon erfahren, daß man den Kreis der Schwarzhörer ausgehoben hatte? Befürchtete sie, mit ihm zusammen genannt zu werden? – Wer fürchtete sich nicht vor Verhören, vor Gefängnis und KZ! Auch er fürchtete sich. Aber er gehörte zu den Menschen, die sich unablässig mit dem beschäftigen müssen, was sie quält. Das war bei ihm ein innerer Zwang, dessen er nicht Herr werden konnte.

Er hatte Zobel die rechte Seite der Güterzuglokomotive überlassen, während er auf der linken arbeitete. Von hier aus sah er immer das Arbeitskommando der KZ-Häftlinge, die unter Aufsicht eines Kapo Eisenbahnschienen verlegten.

Es waren etwa zehn Männer, dürre, ausgemergelte Gestalten in gestreiften Anzügen. Mit Hilfe von Trägerhaken mußten sie die Eisenschienen hochheben und sie dann auf Kommando im Gleichschritt etwa zehn Meter weit transportieren. Dabei waren Eisenbahnschwellen, Geleise und Weichen zu überschreiten. Der Kapo fluchte, sobald einer der Männer stolperte, und war sofort hinter ihm.

Bald bin ich auch dabei, dachte Herbert Axe.

Die weißen Buchstaben auf dem schwarzen Tender der Lokomotive wurden schief. Die Striche des ä liefen aus wie Tränen auf einer Kinderwange. Herbert Axe war sich kaum noch bewußt, daß er einen Pinsel hielt und vorgezeichnete

Buchstaben mit weißer Lackfarbe auszufüllen hatte, die die Menschen in ihrem Glauben an den Sieg bestärken sollten. Er wußte nur noch eins: Für ihn gab es keinen Sieg. Und für die dort in den gestreiften Anzügen auch nicht. Sieg gab es für jene, die gestern abend ins Zinnowitzer Pfarrhaus eingedrungen waren, und für alle, die das feurige Menetekel zum Himmel gesandt hatten. Zu ihnen hatte sich auch Marlies geschlagen. In seinem krampfhaften Verlangen nach einem Menschen, dem er vertrauen konnte, hatte er das nicht erkennen wollen – –

Ein fast tierisch klingendes Aufbrüllen durchschnitt die Luft. Einer der Häftlinge hatte stolpernd seinen Trägerhaken fallen lassen. Der Hintermann besaß nicht die Kraft, seine Last mit zu übernehmen, und die schwere Eisenschiene fiel dem Träger der anderen Seite auf den Fuß. Der qualvolle Schrei des verletzten Mannes war noch nicht verhallt, als der Kapo auf jenen losschoß, der durch sein Stolpern zum Urheber des Unglücks geworden war. Mit wütenden Schlägen auf Rücken, Hinterkopf und Nacken prügelte der Kapo ihn zusammen. Der schwächliche, zu Tode erschrockene Mann sank um und schlug sich die Stirn an einer Eisenbahnschwelle blutig. Er blieb ohnmächtig liegen. Ein Stöhnen ging durch die Reihe der Häftlinge.

Ohne sichtbare Anteilnahme an diesem Vorgang, der sich innerhalb weniger Minuten abspielte, tat das Personal der Werkbahn seinen Dienst. Fauchend fuhr eine Lokomotive vorbei.

Herbert Axe sah den schweren schwarzen Körper herankommen. In seinen Schläfen hämmerte es. «Nur einen Augenblick stark sein», sagte er sich, «nur einen winzigen Augenblick. Es ist besser als das andere. Als *alles* andere.» Er machte ein paar unsichere Schritte. Dann rannte er, taumelnd, wankend, wie von Sinnen.

Der Lokomotivführer vermochte nicht mehr zu bremsen, als der Soldat angestürzt kam und sich mit erhobenen Armen auf die Schienen warf.

Der Telefonanruf, den Brettschneider an diesem Vormittag erhielt, beunruhigte ihn stark. Da er sein Büro nicht verlassen konnte, befahl er einen Augenzeugen des soeben gemeldeten Unfalls zu sich.

Das war ein böser Tag heute. Gleich morgens die Geheimnachricht von der Geheimen Staatspolizei, daß man am Abend vorher einen Kreis Schwarzhörer im Pfarrhaus Zinnowitz ermittelt habe. Unter den sechs Verhafteten seien auch Angestellte der Versuchsstelle. Prominente Namen waren jedoch nicht dabei, wie der Betriebsingenieur sofort feststellen konnte. Die Abwehrabteilung hatte bisher noch keine nennenswerten Erfolge aufzuweisen. Jetzt war ihr offenbar ein Fischzug gelungen. Schwarzhörer – klare Sache.

Was nun kam, war rätselhaft: Ein Todesfall an den Rangiergeleisen der Werkbahn. Selbstmord, wie behauptet wurde. – –

Axe! Wo hatte er den Namen nur gehört? Brettschneider besann sich mühsam. – Herbert hieß er. Wie kam es, daß er sogar den Vornamen dieses Soldaten wußte? – Marlies hatte ihn ausgesprochen! Es fiel ihm in dem Augenblick ein, als der Augenzeuge sein Büro betrat.

Der Gefreite Zobel, noch tief erschüttert von dem Erlebnis, berichtete teils stockend, teils in fliegender Hast.

Fast atemlos schloß er seinen Bericht: «Axe rannte über die Schienen direkt auf die Maschine los. Ein Sprung, und dann war er drunter.»

Brettschneider versuchte, sich keine Erregung anmerken zu lassen. «Er wird gestolpert sein. Vielleicht wollte er dem Lokomotivführer etwas zurufen.»

«Nein.» Der Gefreite lächelte trotz der ernsten Situation über die Naivität des Ingenieurs. «Das war einwandfrei kein Unfall. Axe hat mit wenig Leuten gesprochen. Was sollte er denn mit dem Lokführer zu tun haben?»

«Aber was sollte ihn denn zum Selbstmord getrieben haben? Das ist doch völlig unverständlich.»

«So unverständlich ist das gar nicht, Herr Ingenieur. Wenn ich vor Ihnen offen reden darf –»

«Heraus mit der Sprache. Sie müssen sowieso aussagen, wenn der Fall geklärt werden soll.»

«Vielleicht will man das gar nicht so genau klären. Axe hat nämlich einen Bruder im KZ. Wenn von KZs bloß die Rede war, wurde er schon immer komisch. Und nun hat er das da mit angesehen.»

«Hm. – Das mit dem Kapo behalten Sie mal lieber für sich. Es ist mein ganz persönlicher Rat für Sie. Man wird selbstverständlich diesen Menschen belangen, dafür werde ich schon sorgen. Verstanden?»

«Jawohl, Herr Ingenieur. Bloß –»

«Was ich noch fragen wollte: Wohnten Sie mit Axe zusammen?»

«Jawohl, im selben Schlafsaal.»

«War er denn gestern schon irgendwie deprimiert?»

«Ja. Er kam auf den letzten Drücker nach Hause, mit dem Rade. Er war sehr abgehetzt und wollte mit niemandem sprechen. Allerdings hatten wir gerade ein bißchen gefeiert, und dafür war er ja nie zu haben.»

Brettschneider hatte sich Notizen gemacht. Er gab dem Gefreiten die Hand. «Es ist keine Kleinigkeit, einen Kameraden zu verlieren», sagte er in einem Ton, als kondoliere er einem nahen Angehörigen. «Glauben Sie mir, der Tote ruht besser, wenn seine Kameraden ihn als Verunglückten betrauern. Der Krieg fordert Opfer. Auch der Soldat Axe ist im Dienst fürs Vaterland gefallen. Sprechen Sie in diesem Sinne mit Ihren Kameraden.»

Der Gefreite sah den Ingenieur so überrascht an, daß jener hinzufügte: «Ich habe mir Ihre Einheit notiert und werde Ihrem Vorgesetzten Bericht erstatten über Ihren vorbildlichen Kameradschaftsgeist, Herr Zobel.» Mit freundlichem Kopfnicken wurde der Gefreite entlassen.

Auf der Treppe fiel ihm ein, daß der Ingenieur sich nicht einmal nach dem Kapo erkundigt hatte. – Zobel stieß Luft durch die Zähne. Als ob sich je einer dafür interessieren würde! Und der Axe, der bekam seinen Nachruf zwischen den Gefallenen: «Für Führer, Volk und Reich gaben ihr Leben ...» Im Grabe würde er sich umdrehen, wenn er es wüßte.

3

Zwischen den Jahren

Die Menschen feierten auch im Kriege den 24. Dezember als den Tag, da das Heil in die Welt gekommen war. Die Deutschgläubigen machten aus der morgenländisch unarischen Madonna eine Hollefrau und aus dem Weihnachtsmann den Sunnwendmann. «Der Sunnwendmann, wo kommt er her», sangen Jungmädelchöre im Radio. An die Stelle der «Stillen Nacht» trat die «Hohe Nacht der klaren Sterne», ein Lied mit einer so kühlspröden Melodie, daß Jürgen Baer es spottend «Klare Nacht der kalten Sterne» nannte.

Das Radio meldete, daß der Führer wie alle Jahre auf ein privates Weihnachtsfest verzichte und den Heiligabend bei seinen Soldaten an der Front im Unterstand verleben werde. Wer war da nicht gerührt?

An der Front «Insel» war man froh, daß kein Halbgott gekommen war, um mit seinem guten Beispiel gegen die geplanten Heimatreisen Sturm zu laufen. Die an den künftigen Einsatz des A 4 glaubten, waren überzeugt, daß seine Durchschlagskraft jede Verzögerung wettmachen würde. Also konnte man getrost Weihnachten bei der Familie feiern, die in Stuttgart, Darmstadt oder sonst irgendwo saß und den Herrn des Hauses zum Preise einer Trennungsentschädigung an den Rüstungsschwerpunkt Insel verpachtet hatte. Und jene, die nicht an das Gelingen der Wunderwaffe glaubten, hatten erst recht keine Skrupel, der Insel für zehn Tage den Rücken zu kehren. Jeder sah zu, daß er möglichst viele Feiertage herausschlug und daß trotzdem noch ein Rest Jahresurlaub übrigblieb.

Die drei Züge, mit denen man Anschluß nach Berlin und Hamburg hatte, wurden am 23. Dezember von den Heimatsehnsüchtigen gestürmt. Die Lokomotive ächzte. Ihre Räder hatten Herbert Axes Lebensstränge durchschnitten. Aber daran dachte keiner von denen, die froh waren, in den überfüllten Vierterklassewagen einen Platz erobert zu haben. Nur an Marlies' Seite reiste die Reue mit. «Du hättest Herbert Axe herausreißen können aus seiner Hoffnungslosigkeit. Warum hast du ihm nicht zugeredet, an euren Zusammenkünften teilzuhaben, beim Apfelkuchenschmaus in der Blockhütte, bei Jürgen Baers Klaviersonaten im Kasino? – Er paßte sich nicht leicht an, aber zu dir hatte er Vertrauen. Er hätte mit deiner Hilfe vielleicht auch Zugang zu deinen anderen Freunden gefunden. Die Kraft, die du ihm gabst, hätte sich vervielfacht und wäre sein Halt geworden. War dir seine Uniform zu schäbig? Fürchtetest du den Spott eines Hanke? –»

Beim Umsteigen fühlte Marlies kaum ihre Beine. Sie hatte in entsetzlicher Enge die Bummelzugstrecke durchstanden. Jetzt wurde sie inmitten des Knäuels weitergeschoben. Sie sah Traude Hörselmann winken, die bereits im Gang des Hamburger Zuges stand. Eine glückliche Traude. Es war zu erwarten, daß sie mit einem Ring am Finger zurückkehren würde.

Schon seit Wochen hatte Traude die Heimreise vorbereitet. Sie war so emsig, daß sie darüber die Qual ihres Fastens vergaß und an ihrer Brötchendiät Genüge fand. Wochenlang wirkte ihr Zimmer wie die Werkstatt eines Kunsthandwerkers. Erst machte sie in Leder, dann ging sie zu Sperrholz über, sägte und bemalte Märchenfiguren für die Kinder ihres Bruders. Als alles fertig war, buk sie in der Gasheizröhre des Thermolabors Pfefferkuchen mit Sirup, Ei-Ersatz und Mandelaroma und rechnete mit mathematischer Gründlichkeit aus, wieviel Natron oder Pottasche noch hinzugetan werden mußte an Stelle der fehlenden Eier.

Die Schätze, mit denen sie die Ihren erfreuen wollte, trug sie im Koffer bei sich. Den Hauptanteil der Pfefferkuchen hatte Parisius als Proviant bekommen. Er hatte sich mit Uhlig geeinigt, eine Maschine in die Gegend von Emden zu fliegen. Gerade in diesen Tagen. Das war gut so. Traude würde im patrizisch stolzen Elternhaus sagen können: «Wilfried kommt mit seiner He III.» Sie hockte sich auf ihren Koffer und war guter Dinge. Der lange Jürgen Baer war mit seinem zugigen Stehplatz unzufrieden. «Wollen wir nachsehen, ob man in der 2. Klasse sitzen kann?»

«Wir – mit unseren Arbeiterrückfahrkarten?»

«Wenn kontrolliert wird, bezahlen wir den Zuschlag.»

Die Sitzplätze der 2. Klasse waren besetzt. Einige Kriegshilfsdienstmaiden, die unter Traude Hörselmanns Anleitung mühsam gelernt hatten, mit Rechenschieber und Logarithmentafel umzugehen, rekelten sich in den grauen Polstern.

Jürgen Baer grinste. «Wenn Sie Uniform trügen, könnten Sie die Gören hinausexpedieren lassen.»

Traude hob die Schultern. «Lieber nicht.»

Nebenan in der 1. Klasse waren zwei Plätze frei. Baer wies auf das rotgepolsterte Abteil. «Für uns.»

Traude lachte. «Ich dachte mir schon, daß Sie Anarchist sind.»

«Wieso? Ich bin ein deutscher Gefreiter a. D. Mit diesem Dienstgrad stehen einem bekanntlich alle Türen offen.» Er schob vieldeutig grinsend die Abteiltür auf.

Die Reisenden in ihren Polsterecken waren viel zu vornehm, ihren Gruß zu erwidern.

«Wohin fahren Sie eigentlich?» fragte Traude. «Sind Sie nicht aus Marburg?»

«Ich fahre über Güstrow nach Hause.»

«Haben Sie Ihre Braut dort?»

«Nicht daß ich wüßte.»

«Irgend jemand hat mir mal erzählt, Sie seien verlobt.»

«Das ist nicht mehr so ganz sicher.» Er lachte kurz.

Traude beeilte sich, ihre Bestürzung hinter einem Lächeln zu verbergen. Was ihr im Augenblick Erfüllung bedeutete, als Wort und Versprechen für die Dauer eines Lebens galt, tat dieser junge Mann, der mit sechsundzwanzig Jahren den Doktortitel besaß und über beträchtliche Erfahrungen zu verfügen schien, mit einem spöttischen Lächeln ab.

Bei den Kolloquien mit Professor Leupold und Tiefenbach war er der lebhafteste Frager. Es war ein Vergnügen zuzuhören, wenn er mit Tiefenbach über eine wissenschaftliche Frage stritt. Immer geistesgegenwärtig, scharf und bereit, Ungenauigkeiten aufzudecken, war er dem besonnenen Tiefenbach im Angriff überlegen. Bei Tiefenbach wurde man Zeuge, wie er unter den Schätzen seines Innern sorgfältig zu wählen begann, ehe er dem Jüngeren antwortete. Er tat das in einer etwas zähflüssigen Redeweise, mit selbstquälerisch gedankenschweren Pausen, in denen er nochmals zu prüfen schien, ob er auch wirklich die rechten Formulierungen gefunden hatte, um den Partner von der Korrektheit seiner These zu überzeugen.

Zwei interessante Männer, dachte Traude, aber viel zu kompliziert zum Heiraten. Ihre Gedanken kehrten zu Parisius zurück und fühlten sich dort sehr behaglich.

«Ich kann mit einer Maschine bis Emden fliegen», sagte Hans Tiefenbach am Telefon. «Ich wollte dir nur Lebewohl sagen. Wann fährst du?»

«Ich bleibe hier», sagte Eva in die Sprechmuschel. Ihre Stimme klang nicht sehr fest.

Hans Tiefenbach schwieg vor Überraschung einen Augenblick. Dann: «Weihnachten – hier? Warum?»

«Ich war ja erst kürzlich bei meinen Eltern.»

«Wolltest du nicht zu deinen Großeltern fahren?»

«Das war unbestimmt.»

«Aber dann bist du doch Weihnachten ganz allein.»

«Ein paar Mädchen bleiben schon noch hier.»

«Du, das tut mir leid. – Was ist da zu machen?»

«Gar nichts. Es ist eine gute Übung, sich von Sentimentalitäten zu befreien.»

«Das klingt nicht sehr überzeugend. Wer hat dir das gesagt?»

«Baer.»

«Das sieht ihm ähnlich.»

«Ich finde, er hat recht. Ich werde daran denken.»

«Denk aber auch an etwas Nettes.»

«Zum Beispiel?»

«Daß man nachfeiern könnte.»

«Nein. – Ich will gar nicht.

«Was ist?» – «Nichts.»

«Du wirfst Gepäck über Bord. Sei vorsichtig damit, Ev! – Warum antwortest du denn nicht? – Ev!»

«Ja. – Es war nur, weil Labahn eben hereinkam.»

«Wenn ich wieder da bin, mußt du mir viel erzählen. Ich habe dann hoffentlich etwas mehr Zeit als in den letzten Monaten. Ich weiß noch so wenig von dir. – Wo bist du Silvester?»

«Vielleicht im Boddenhaus. Ich weiß noch nicht. – Wir müssen Schluß machen, hier warten zwei andere aufs Telefon.»

«Auf Wiedersehen, Ev.»

Woher hat das Meerwasser sein Salz? Woher haben Tränen ihr Salz? Sie sind verwandt, diese großen rollenden Wogen und die kleinen stillen Tropfen, die sich dem Menschenauge entringen. Vielleicht ist das Tosen der See nichts anderes als das Schluchzen der Welt.

Ein kleiner Mensch rätselte um die Weltgeheimnisse, rang Gedichtfetzen in sich nieder und kämpfte gegen eine Verlorenheit, die den Stimmen Raum gab, welche diesen sturmgrauen Frühwintertag als Vorboten der Heiligen Nacht ausgeben wollten. Nein, so sah keine «Heilige Nacht» aus, eher eine «Nacht der kalten Sterne.»

Eva schmeckte die ersten Schneeflocken auf der Zunge. Sie hatte die Hände tief in die Taschen gewühlt und lief gegen den Wind. Die Kapuze hing ihr über den Rücken. Es lohnte die Mühe nicht, sie wieder heraufzuziehen. Eva ging dicht an die auslaufende Welle heran, entfloh, eilte ihr entgegen, sank bis zum Rand des Oberleders im feuchten Sandgrund ein. Wieder einmal balancierte sie am Rande der Welt. Sie wollte der See, der großen Einsamen, nahe sein. Niemand setzte an einem solchen Tag den Fuß auf den Strand.

Ich grüße dich, See! Weißt du, was heute für ein Tag ist? Weihnachten nennen ihn die Menschen. In Posen zündet meine Mutter Kerzen an einem Tannenbaum an; in Langenbrück tut es der Großvater. In Posen denken sie: Das Evchen ist in Langenbrück gut aufgehoben. In Langenbrück hofft die Großmutter: Geb's Gott, daß das Kind in Posen ein gesegnetes Christkindl hat. – In Langenbrück, wo ich noch am ehesten zu Hause bin, ist heute der älteste Sohn, mein Onkel Ewald, auf Urlaub gekommen. Er hat lange nach einer Frau gesucht. Nun, mit beinahe vierzig Jahren, hat er sie endlich gefunden. Eine Landjahrführerin aus Liegnitz. Sie kommt zum erstenmal nach Langenbrück, und sie darf nicht verschreckt werden. «Ewald schrieb, es wäre besser, wenn du nicht kommst.» So steht es im Brief der Großmutter. Vielleicht stehen auch ein paar Tränen hinter den zitterigen Buchstaben. Vielleicht. Aber die Liebe meiner Großmutter hält der Furcht vor dem Sohne und dem Respekt vor der unbekannten Schwiegertochter nicht stand. – «Dein Großvater ist augenblicklich sehr nervös. Und ich bete für Alfred jeden Tag.» Alfred ist der jüngste Sohn meiner Großmutter. Er ist in Stalingrad eingeschlossen. – Mein Großvater ist unerträglich, wenn er nervös ist. Die Großmutter wollte mir wohl zu verstehen geben, daß es keine reine Freude für mich zu Hause wäre. Sie ist eine gute Frau. Sie ist besser als alle anderen. Oben in meinem Zimmer steht ein großes Paket von ihr. Wenn sie mit ihrer zarten brüchigen Stimme singt «Es ist ein Ros' entsprungen», wird man andächtig.

Da war sie wieder, die Sehnsucht.

Eva sprang vor einer Welle zurück und lachte ihrer Gesprächspartnerin entgegen. Das Lachen war so hart, wie die Bäche, die über ihr Gesicht rannen, salzig waren.

Seit wann sind getaute Schneeflocken salzig? Sag, daß ich nicht weine. See, du! Du bist die einzige, die mich hier sieht. Du bist eine schlechte Zuhörerin. Du redest immerfort dazwischen. Und immer wieder dasselbe. Welche Tonart ist heute dran? Moll oder Dur? – Hör auf mit deinem ewig gleichen Singsang. So tröstet man Kinder, Verzweifelte, Erschöpfte. Übers Haar streichen, unablässig die gleiche Bewegung, bis sie ruhig werden, einschlafen. Ich will aber nicht getröstet werden. Ich will kein Mitleid. Ich bin nicht erschöpft, nicht verzweifelt – und ich bin kein Kind mehr. Frag nicht, was ich bin. Ich kann dich heute nicht hören –!

Eva lief fort vom Rande der Welt, als würde sie verfolgt. In der Pförtnerloge des Hauses Seestern traf sie Ilse Rubyschewski, die gerade den Telefonhörer auflegte.

«Also nicht», sagte die Bibliothekarin. «Da kann man nichts machen.» Sie sah Eva forschend ins Gesicht. Nebeneinander stiegen sie die Treppe zum ersten Stockwerk hinauf.

Das Haus war ungewöhnlich still. Kamerad Blinklicht schloß die Pförtnerstube ab, nachdem er sich vergewissert hatte, daß der Restbestand seines Hauses weder Telefonanrufe noch «etwa Männer» erwartete. Einige Mädchen waren in die Siedlung eingeladen, wo sie im Familienkreis mitfeiern konnten.

«Ich kriege keinen Besuch», sagte die Ru auf der Treppe. «Wollen Sie zu mir kommen? Ich habe sogar etwas Ähnliches wie einen Tannenbaum.»

Eva hatte am Tage zuvor die Ru in der Bibliothek gesprochen. Sie wollte sich Lektüre holen für die Festtage. Auf der Werkstraße, die einsam war wie an Feiertagen, hatte sie den Doktor getroffen.

«Feiern Sie Silvester mit uns im Boddenhaus», sagte er liebenswürdig, als er erfuhr, daß sie Weihnachten auf der Insel blieb. Er flog mit dem General bis Berlin und hatte keine Sorge, Heiligabend nicht bei seinen Eltern zu sein. Er begleitete Eva in die Bibliothek.

Die Ru hatte ihm ein Buch zurückgelegt. Es war ein umfangreicher Roman über Leibniz. Er dankte ihr. «Sie sind großartig, Fräulein Ru, daß Sie daran gedacht haben. Wollen Sie nicht meine Sekretärin werden?»

Sie sah ihn belustigt an. «Will Ihre langjährige Limmerin Sie verlassen?»

Der Doktor lehnte an der Barriere der Buchausleihe und trug seine Beschwerde den beiden Mädchen vor. «Sie heiratet Weihnachten ihren Raibele und will dann nur noch halbtags arbeiten. Was soll ich mit einer Sekretärin, die mittags nach Hause geht, um ihrem Mann Spätzle zu machen. – Was halten Sie überhaupt davon: Im Leben der Limmerin ändert sich nichts. Sie hat ihrem Raibele auch jetzt schon die Socken gestopft und abends Essen gekocht. Sie wohnen in zwei Zimmern, genau wie vorher.»

«Aber als Frau Raibele hat sie einen Freibrief für die Halbtagsarbeit.» Die Ru lachte, beinahe schadenfroh.

«Ja, du liebe Zeit, was ist denn das für eine merkwürdige Rechnung? Verstehen Sie das, Leontine?» Der Doktor wandte sich Eva zu. Eva dachte an ihre langweiligen Tabellen, die ermüdenden Zahlenkolonnen und an den silbernen Pfeil, der einmal Menschen töten würde. Sie wußte nicht, ob Spätzle bereiten und Socken stopfen sie befriedigen würde, aber sie sagte: «Ich machte es genauso.»

«Ich nicht», setzte die Ru mit ihrer dunklen Stimme dagegen.

«Sie haben auch einen richtigen Beruf», ereiferte sich Eva. «Aber was ich mache, dabei wird man ja selber zur Rechenmaschine.»

Der Doktor sah das Mädchen prüfend an. «Sie haben nichts gelernt?»

«Nein. Abitur und dann Arbeitsdienst.»

Er machte eine wegwerfende Handbewegung, als er ihre bekümmerte Miene sah. «Für ein Mädchen ist das nicht schlimm. Sie werden heiraten.» Er lachte spöttisch. «Und dann hat ja doch keine Frau mehr Interesse am Beruf. Dann beginnt die Kochtopf-Ära.»

Die frostige Erwiderung der Ru erreichte ihn schon an der Tür. «Wenn Sie meinen, das trifft für alle zu, so irren Sie sich.»

Er ging ungläubig lachend hinaus, das Leibniz-Buch in der grüßend erhobenen Hand. «Frohes Fest, meine Damen.»

Eva ging mit Stollen und Vanillekipferln aus Langenbrück ins Zimmer der Ru hinüber. Die Ru hatte Heringssalat, Weißbrot, Eier und Pudding angerichtet, ein Essen, wie man es für Männer vorbereitet. Auf einem Wärmeöfchen aus Porzellan stand eine Teekanne mit Rotweinpunsch. Das Zimmer war schlecht geheizt, weil die Standortverwaltung in den Festtagen sparen wollte, vor allem in den kaum besetzten Unterkünften. Die Ru schob die elektrische Heizsonne dicht an die Couch.

Die Bibliothekarin hatte bis zuletzt ihren Verlobten erwartet. Er war Wirtschaftsleiter eines Lazaretts in Litzmannstadt. Sein Urlaub schien so gut wie sicher. Im letzten Augenblick hatte man ihn beauftragt, irgendwo weiter östlich ein Hilfslazarett einzurichten. «C'est la guerre», sagte die Ru. Sie klemmte ihre lange Zigarettenspitze zwischen die Zähne und schenkte Punsch ein.

Eva hatte die Ru bei der Tanzorgie unter dem Hitlerbild schätzengelernt, als sie ungerührt der Püschel in die Parade fuhr und sich für die verschreckte Edith Knorr einsetzte. Man wußte im allgemeinen nicht viel von Ilse Rubyschewski. Sie gehörte zu den Älteren der weiblichen Angestellten, hatte eine kurze, burschikose Art zu reden, die manchen abschreckte, die jedoch zu ihrem herben Gesicht, das, lang und schmal, an einen rassigen Pferdekopf erinnerte, durchaus paßte. Meisterhaft verstand sie es, ein angeborenes Hüftleiden zu verbergen. Eva hatte nicht gewußt, daß die Ru verlobt war. Die Fotografie auf dem Bücherregal zeigte einen schönen lachenden Männerkopf mit tadellosen Zähnen und welligem Haar. Er erinnerte Eva an Hanke. Sie wußte nicht, ob die Zahlmeisterspiegel auf der Uniform zu dem Vergleich herausforderten. Das Zahlmeisterfoto lachte fast so breit wie der hölzerne Hampelmann, der, frisch bemalt und noch unlackiert, an der Wand hing.

«Ich habe meine Weihnachtsarbeiten nicht geschafft.» Die Ru wies auf ein paar unfertige Wachstuchtiere in einem Bastkorb und setzte mit einem vielsagenden Seitenblick hinzu: «Der kleine Kram geht nach Thüringen, zu einer Freundin. Sie betreut ein paar Kinder, deren Eltern – abhanden gekommen sind. Die

Kleinen haben wenig Freude. Darum, meine ich, muß man etwas tun.»

«Sie werden sich auch im neuen Jahr noch über das Spielzeug freuen», antwortete Eva mit belegter Stimme. – Eltern, die abhanden gekommen sind, wie sie das sagte. Eva tat an diesem Abend einen tiefen Blick in das Wesen eines, wie es ihr schien, merkwürdigen Menschenkindes.

Die Ru besaß nur noch ihren Vater. Er war Journalist und hatte, solange es ging, bei linksgerichteten Zeitungen gearbeitet. Sozialdemokrat war er. Er wollte kein NS-Kriegsberichterstatter werden und saß nun unbefriedigt und nörgelnd in der Verwaltung eines Heeresverpflegungsamtes bei Hannover, der Willkür von Zahlmeistern ausgesetzt, die skrupellos in die eigene Tasche wirtschafteten, Pakete nach Hause schickten und sich Kriegsverdienstkreuze anheften ließen.

Er hatte seiner Tochter eine gründliche Ausbildung gegeben, damit sie sich im Leben zurechtfinden konnte, auch ohne Mann, ohne Familie. Mit einer lahmen Hüfte, einem verkrümmten Becken kann man keine Kinder zur Welt bringen und findet nicht so leicht Liebhaber. «Die Hauptsache, im Gehirn ist nichts verkrümmt», war die Meinung von Vater Rubyschewski, und er hatte dafür getan, was er konnte. Aber gegen das Ewigweibliche hatte auch der Federgefechtstüchtige nicht anrennen können. Seine kluge Tochter erklärte ihm, sie wolle heiraten. Dagegen wäre nichts einzuwenden gewesen, aber daß es ausgerechnet ein Zahlmeister sein mußte, einer von diesen «egoistischen Hohlköpfen»! Ein ehemaliger «Bürohengst» aus irgendeiner NS-Reichs-Überwachungsstelle, ein «Halbgebildeter mit einem großen Maul», wie er sich ausdrückte. – Sie sagte, sie könne es sich nicht leisten, lange zu wägen. Es gäbe nicht viel Männer, die von vornherein auf Kinder verzichteten. Außerdem sehe er gut aus, und sie wolle mit ihrem Mann «über den Markt gehen können».

Seit dieser Enttäuschung schrieb ihr Vater nur alle Vierteljahre eine Karte. Die Weihnachtskarte war pünktlich eingetroffen, vorsichtshalber im Umschlag. «Wir hatten in letzter Zeit oft Fliegeralarm. Hannover sieht böse aus. Ich teile die Wohnung mit drei Familien. Eine Frau, die kürzlich einzog, hatte einen Koffer voll Bücher gerettet. Beinahe der gesamte B-c und einige Th-M und R-R. Ein wahrer Schatz!» Der Vater wußte, daß seine Tochter ohne große Mühe Balzac, Thomas Mann und Romain Rolland aus seiner Chiffrierung herausfinden würde.

«Bis jetzt scheint ja die Post noch nicht bespitzelt zu werden», sagte die Ru, «aber lange wird's wohl nicht mehr dauern.» Sie erzählte, daß man kurz nach Herbert Axes Tod von ihr habe wissen wollen, was für Bücher er sich in der Bibliothek ausgeliehen habe. Das ließ sie aufhorchen. Ein gewisser Immisch, Versuchsingenieur im Windkanal, stellte sich bald darauf als Freund Herbert Axes bei ihr vor und erkundigte sich – angeblich aus rein freundschaftlichem Interesse –, worüber Axe so im allgemeinen mit ihr gesprochen habe. Als großer Bücherfreund sei er ja oft in der Bibliothek gewesen und habe sich auch gern länger dort aufgehalten.

«Der gelungene A-4-Start hat uns die Spitzel herangezogen, wie ein Lagerfeuer im Busch die Raubtiere anlockt.» Die Ru krauste voller Unbehagen ihre große schmale Nase. «Man riecht es förmlich, daß sich das Klima auf der Insel verändert hat. Wenn man es weiß, ist es weniger gefährlich. Darum sage ich es Ihnen, nicht etwa um Sie zu beunruhigen.» Sie lehnte sich auf der Couch zurück. «Aber heute wollen wir nicht daran denken.»

Die Kerzen auf dem Tannenzweig, der den Tisch schmückte, malten lange Schatten. Die Ru betrachtete Eva.

Das Mädchen war ihr aufgefallen, als es in die Bücherei kam und nach einem Buch über Masereel fragte. Dann wollte sie unbedingt «Van Zantens glückliche Zeit» von Laurids Bruun lesen. Einmal hatte sie sich den «Zarathustra» mitgenommen. Die Bibliothekarin hatte sie schlecht warnen können. Jetzt war Eva zu Hermann Hesse übergegangen. Das Mädchen war bildungshungrig.

«Warum wollten Sie damals unbedingt den ‚Van Zanten' lesen?» fragte die Ru. Sie sprachen mit großen Pausen, in denen jeder seinen Gedanken nachhing.

«Jemand hatte gesagt, da stehe etwas von Rassenschande drin. Ich war neugierig.»

«Ein Weißer, der ein Südseemädchen liebt! Nun ja, für heutige Begriffe –»

«Tiefenbach sagte es. Er hat es wohl ironisch gemeint.»

«Hat er Ihnen auch Masereel verschrieben?»

«Nein. Ich hörte ihn nur mit Baer über den Maler sprechen.

Ich kannte nicht einmal den Namen. Das ist mir immer so unangenehm.»

«Sie kennen viele Namen noch nicht, die es wert sind, daß man sie behält.»

«Ich glaube, ich bin sehr ungebildet.»

«Nur einseitig. Aber dafür können Sie nichts.»

«Ich kann auch nicht abstrakt denken. Wenn Baer manchmal seine Ideen entwickelt –»

Die Ru richtete sich in ihrer Ecke auf, um die Zigarette abzustreifen. «Vor Baer nehmen Sie sich lieber ein bißchen in acht. Er ist Kommunist, vermute ich.»

Eva erschrak. Wie hart das klang. Der Vater der Ru war doch Sozialdemokrat. War das nicht den Kommunisten ähnlich? Für den Großvater in Langenbrück waren das alles «Rote» gewesen, Sozis und Kommunisten. Warum nun diese scharfe Abwehr? Eva wagte nicht zu fragen.

Die Kerzen brannten herab. Die Punschkanne wurde leer. Die beiden Mädchen zogen die Beine an, packten sich Sofakissen auf die Füße und hüllten sich in eine Decke. Ihre Zehen stießen aneinander. Jeder nahm ein Quentchen Körperwärme vom anderen.

Die Ru hatte viel nachgedacht und viel gelesen. Und sie hatte Erfahrungen in ihrem zweiunddreißigjährigen Leben gesammelt. Als nur noch die Glühspirale der Heizsonne das Zimmer schwach erhellte, sprach sie davon, was sie über das Zusammenleben der Geschlechter dachte. Wie war das mit ihr selber? Sie war verlobt. Der Mann hatte nicht kommen können. Sie war so wenig enttäuscht darüber, daß Eva sich wunderte.

Die Ru liebte die Männer nicht. Sie lehnte sich auf gegen die Überheblichkeit des anderen Geschlechts. «Alle Männer bilden sich ein, wir Frauen warten nur auf sie. Sie reißen Zoten und glauben, uns damit wild zu machen. – Wild auf was? Ich mag es nicht aussprechen. Sie sind noch sehr jung, Leontine, aber glauben Sie mir, die Männer sitzen in ihrer Arroganz wie der Affe im Käfig. *Sie* geben das Zeichen zum Beischlaf. *Sie* sind es, die sich herablassen zum Heiratsversprechen. Welche Gnade! Und wir, das dumme Weibervolk, vergießen Glückstränen für den Vorzug, ihnen die Wäsche waschen zu dürfen. – Haben Sie sich das alles einmal überlegt? Ist das nicht unwürdig? Ebenso unwürdig wie die Tatsache, daß unsere Arbeit schlechter bezahlt wird als die der Männer. Sehen Sie sich Fräulein Hörselmann an. Sie ist so tüchtig, daß sie Gruppenleiterin geworden ist. Aber Mathesi, dessen Können nur einseitig ist, wird besser bezahlt.»

Eva wußte nicht, ob sie die Ru ernst nehmen sollte. Trug sie nicht einen Verlobungsring, das Zeichen eines Heiratsversprechens? – Sie sagte es.

Die Ru seufzte. «Sie haben recht, daß Sie an mir zweifeln. Trotzdem, ich meine es ernst. Ich bin nicht stark genug, um allein zu bleiben. Ich brauche nicht den Mann fürs Bett, verstehen Sie, nicht dafür! Aber ich bin ehrgeizig. Ich will nicht zeit meines Lebens als verkleinerte Frau herumlaufen. Unsere Sprache gebraucht wohlweislich für die unverheiratete Frau die Verkleinerung – Fräulein! – Darin liegt schon die Geringschätzung. Und das sage ich Ihnen, Sie sind noch jung und haben noch die Wahl, aber denken Sie nicht zu spät daran: In unserer Gesellschaft gilt die Frau nur etwas, wenn sie einen Mann ‚abbekommen' hat. Sie können Witwe werden oder sich scheiden lassen, alles wird anerkannt, nur nicht ein ‚Fräulein'. Dann gelten Sie nichts, dann dichtet man Ihnen unerfüllte Sehnsucht an, auch wenn Sie ein ganzer Mensch sind und sich Ihren Lebenskreis geschaffen haben. Die Ärzte führen jede Migräne auf einen Sexualkomplex zurück. Und die verheirateten Frauen, die Nacht für Nacht ins warme Ehebett steigen, rümpfen die Nase, wenn Sie Ihrer Sehnsucht nachgeben und sich ein Kind anschaffen. – Sehen Sie mich an, ich habe keine große Wahl. Meinem Vater gefällt mein Verlobter nicht. Es tut mir leid. Aber wenn ich schon heirate, um die Verkleinerung loszuwerden, die mich rasend macht, dann soll es wenigstens ein schöner Mann sein. Bitte! Daß er nicht besonders klug ist, kommt mir ganz zupasse. Aber ich will mit ihm über den Markt gehen können.»

Eva hatte ihre Zehen eingezogen, als fürchtete sie eine Berührung. Wenn Frauen sich nichts aus Männern machten, suchten sie Anschluß an andere Frauen. Soviel wußte sie. Ihr wurde unbehaglich unter der Decke. So unauffällig wie möglich drehte sie sich und brachte ihre Beine in eine andere Lage.

Aber die Ru paffte Rauchkringel in die Luft und sprach ruhig weiter. Sie war eine Theoretikerin der Liebe. In der sexuellen Abhängigkeit vom Mann schien ihr das Kernproblem für die Unterdrückung der Frau zu liegen. Indem sie sich dem natürlichen Trieb verschloß, glaubte sie es zu lösen. Sie sprach kritisch über die Droste-Hülshoff, die unverheiratet geblieben war und eine späte Liebe zu einem Mann gefaßt hatte, der ihr Sohn hätte sein können. Dann erzählte sie von Caroline Schlegel-Schelling und von Rahel Varnhagen, die auf die geistige Elite ihrer Zeit so stark gewirkt hatten, daß sich ihre Abhängigkeit von selbst aufhob.

«Mädchen wie Sie müssen ihre Macht wahrnehmen», sagte sie. «Sie scheinen nicht untalentiert zu sein. Ich kenne Sie schon eine Weile. Sie hatten sich zuerst den Uhlig ausgesucht. Dann sah ich Sie mit dem Eichenlaubhelden ...»

Eva winkte ab. Ihre Befangenheit war verflogen. «Ich scheine ja in einem netten Ruf zu stehen.»

«Besser so, als ein kleines Mäuschen werden wie unsere Edith Knorr, die dem ersten besten Leutnant an den Hals fliegt und sich vor Verliebtheit von ihm schikanieren läßt. Dabei ist sie hübsch und jung genug, um die Männer noch ein bißchen auszunützen.»

«Verliebte sind schlechte Bundesgenossen für Sie, liebe Ru.»

«*Sie* sind doch nicht verliebt?»

«Nicht daß ich wüßte. Ich nütze ganz gern noch ein bißchen aus.»

«Sie sind richtig. – Komm, sagen wir du zueinander.»

Eva schlief tief in den Weihnachtstag hinein. Die Heizkörper waren um zehn Uhr noch kalt. Sie kroch wieder unter ihre Decke und las. Gegen Mittag klopfte Labahn sie aus dem Bett. Ein Eilpaket aus Posen war eingetroffen. Eva ahnte, was es enthielt. In einer Seidenpapierhülle lag das dunkelblaue Kostüm mit dem Nadelstreifen. Steffi schrieb einen rührenden Brief dazu. Eva möge es um Gottes willen annehmen, obwohl es sie vielleicht an einen bösen Tag erinnere. Es sei so gut geraten und fehle ihr so sehr, und wenn sie es ablehne, nütze sie niemandem. Es passe keinem im Hause, auch Gilda nicht – ja, das setzte Steffi hinzu –, und Gilda werde zu Weihnachten Mutters geänderten Wintermantel bekommen, der noch recht gut sei. – Die Mutter hatte ihren Weihnachtsgruß auf eine Karte geschrieben. Sie setzte immer «wir» statt «ich» und umging es auf diese Weise, Schwendtmayr zu erwähnen.

Eva zog das Kostüm an. Der schöne Stoff hatte kaum Knitterfalten. Sie betrachtete sich im Innenspiegel ihres Schrankes. Noch nie hatte sie ein so gutsitzendes Kleidungsstück besessen.

Sie stand noch vor dem Spiegel, als die Ru kam. Bewundernd trat sie näher. Eva mußte sich vor ihr drehen. «Das ist doch nach Maß gemacht», sagte sie und strich über den langen faltenlosen Rücken.

«Mir ist nicht so recht wohl dabei. Ein Pole hat es gearbeitet. Für einen Hungerlohn.»

Die Ru hob die Schultern. «Das ist nicht Ihr Verschulden. Die Verhältnisse liegen nun mal so. Im Kriege muß manch einer seine Arbeitskraft billiger verkaufen, als sie wert ist.»

Die Ru nahm das als eine Selbstverständlichkeit hin. Reformen erstrebte sie nur auf dem Gebiete der Frauenrechte. Eva wunderte sich und war zugleich erleichtert. Sie konnte es sich nicht leisten, das Kostüm stolz zurückzuweisen. Ihr Kleiderschrank war schlecht bestückt.

Am Abend half sie der Ru, das Spielzeug fertigzumachen für die Kinder, deren Eltern abhanden gekommen waren. Als sie den lachenden Hampelmann lackierte, fragte sie: «Haben die Kinder ihre Eltern durch Bombenangriffe verloren?»

«Ich glaube nicht», sagte die Ru einsilbig. Mit einem aufmerksamen Seitenblick auf Eva setzte sie nach einer Pause hinzu: «Es gibt viel Unglück unter den Menschen. Manchmal ist es besser, man weiß die Ursachen nicht zu genau.»

Von meinem Vater würde sie wohl auch sagen, er sei abhanden gekommen, dachte Eva. Aber sie sagte nichts.

Am zweiten Feiertag hatte sie ihre Scheu überwunden und ging zum Strand. Die See war für sie längst kein Ding mehr, die See war ein Gefährte. Und die See hatte sie schwach gesehen am Heiligabend.

> Dünen, um welche die Winde wehn,
> schweigt stille von allem, was ihr gesehn,

dachte es in ihr. Sie ging nach Hause und schrieb Verse. In ihr Tagebuch trug sie ein: «Ich fühle immer stärker, daß mein künftiger Beruf etwas mit Literatur zu tun haben muß. Die Ru ist zu beneiden. Sie hat eine abgeschlossene Ausbildung und steckt zwischen ihren geliebten Büchern. Ich dagegen verkümmere über meinen Zahlen.»

Am Abend ging sie ins Werk-Kino. Für die Anwohner und

Zurückgebliebenen gab man einen Film um Friedrich den Großen: Otto Gebühr in altbewährter Fridericus-Maske im Krieg gegen die Österreicher.

Den Platz neben ihr nahm Mathesi ein, nach kräftigem Händeschütteln. Da fast alle übrigen Besucher Ehepaare waren, machten sie den Heimweg gemeinsam.

Der Österreicher Mathesi betrachtete den Film mit völlig anderen Augen als Eva, die – der Tendenz seiner Hersteller folgend – für den Sieger Fridericus Rex Partei ergriff. Die Fragestellung, ob das Anrecht der Österreicher an Schlesien nicht historisch größer und demzufolge auch ihr Sieg gerechter gewesen wäre, war ihr gar nicht in den Sinn gekommen. Damals, vor fast zweihundert Jahren, sei Österreich der Feind gewesen, und es stehe außer Zweifel, daß man ihm noch heute die Niederlage und dem preußischen Friedrich den Sieg gönnte. Dafür sei man Deutsche.

Mathesi, der so scharf rechnen und so wenig scharf reden konnte, gelang es mit wenigen Worten, sie nachdenklich zu stimmen. Sie hatte das, was der Film vom «Großen König» und seinem Krieg berichtet hatte, für Wahrheit genommen. Sie hatte preußisch-deutschen Geschichtsunterricht gehabt. Mathesi hatte in der Schule österreichische Geschichte gelernt und wußte um die Opfer, die der Haß zwischen Friedrich und Maria Theresia das österreichische Volk gekostet hatte.

Eva durchfuhr es plötzlich. – Daß ich so denke, wie ich denke, ist rein zufällig und liegt am Zufall meiner Geburt und meiner Erziehung. Den Film, den ich für wahr halte, hält ein Österreicher für verlogen. So wird es auch mit anderen Dingen sein. Wäre ich die Tochter eines der Sägewerksarbeiter, die bei meinem Großvater arbeiten, würde ich wohl die Welt auch anders betrachten.

Es kam also darauf an, die Wahrheit zu finden, sich hinauszuheben über das Denken eines Preußen, eines Deutschen, eines Österreichers, hinauszuwachsen über das Denken eines Mädchens, dessen Eltern die Mittel hatten, das Schulgeld für die höhere Schule zu bezahlen. War so etwas möglich? Konnte man sich aus der Sphäre, zu der man gehörte, befreien? Sie dachte an Jürgen Baer, an Rolf Küppers. Rolf hatte in Posen eine Barriere seiner Erziehung gesprengt. Erfahrungen, die ernüchtert hatten, halfen ihm dabei. Jürgen Baer hatte einen weit größeren Vorsprung, aber sein Vorlauf war ihr ungewöhnlich, so daß sie sich oft scheute, Fragen zu stellen, und manches unverstanden hinnahm.

Wenn man im Morgenlande geboren ist, überlegte sie weiter, glaubt man als treuer Muselman, daß Allah der alleinige Gott ist. – Ihre ersten Zweifel an der christlichen Religion hingen mit der Deutung zusammen, die ihr Geschichtslehrer über die Entstehung des Islam gegeben hatte. Das hitzeflirrende Licht der Wüste, das die Fata Morgana hervorbringt, hatte dem Propheten Mohammed zu seinen Erscheinungen verholfen. Auch den Entschluß, in die Wüste zu gehen, entkleidete der Lehrer alles Mystischen. – Wie nun, hatte die vierzehnjährige Schülerin gedacht, wenn das Christentum nicht viel anders entstanden ist? Auch das Christentum kommt aus dem Morgenlande und ist voller Mystik. Die Mohammedaner können es ebensogut als eine Fiktion ansehen. Wer hat also recht? Auf welcher Seite ist die Wahrheit?

Mathesi erwiderte auf ihre Grübeleien schlicht: «Um diese Fragen haben die Völker große Kriege geführt, ohne sie damit entscheiden zu können.»

Die Dünenausläufer mit dem schütteren Kiefernbestand waren zu einer sanft gewellten Winterlandschaft geworden. Dem kleinen Pferd der Boddenhausbesitzer hatte man ein Glöckchen am Zaumzeug befestigt und das Tier vor drei zusammengekoppelte Rodelschlitten gespannt. Als das ungewöhnliche Gefährt durch das Dorf fuhr, standen die Leute hinter den Gardinen und schüttelten die Köpfe. Ein Fischer blieb stehen und murrte laut:

«Die Front braucht Schlitten. Wir haben unsere abgegeben. Die hatten's wieder mal nicht nötig.»

Die sechs jungen Leute auf dem Rodel-Geleitzug hörten kein Murren und sahen keine verstohlenen Blicke. Sie glitten durch stiebenden Schnee, lachten, wenn eine halbwüchsige Kiefer ihre Last auf sie herabschüttete, und kollerten in den Schnee, sooft der Kutscher auf die Schräge eines weißbestreuten Schotterhaufens fuhr und die Schlitten kippten. Sonne und Frost vereinigten sich zu einer Funkelpracht ohnegleichen.

Man möchte so etwas bedichten und kann es nicht, weil alle Worte schon vergeben sind: funkeln, glitzern, gleißen. Man ist dem Reich der Schneekönigin nahe. Das Sonnenstrahlenbündel auf unberührtem Schneehügel ist wie der Erlösungskuß im Märchen, der den Zauber der Eisherrschaft bricht.

Evas gerötetes Gesicht glänzte.

Ein Schneeball stieß ein Loch ins fehlerlose Glitzertuch. Wodruba hatte schlecht gezielt. Er und sein Landsmann Mathesi waren vom letzten Schlitten gekippt. Der Schneeball sollte Bonorden, der das Pferd lenkte, aufhalten. In Seitenlage hopste der leicht gewordene dritte Schlitten hinterher.

Spöttisch sang der Leutnant über die Schulter:

«Wer fällt, der bleibet liegen,
wer steht, der kann noch siegen,
wer übrigbleibt, hat recht...»

«Halt doch an!» bat Edith Knorr, die hinter ihm saß. Er lachte und zog die Zügel an.

Wodruba wollte nicht wieder aufsteigen. Ihm froren die Füße. Er hatte, getreu dem Führeraufruf, nicht nur seine Skier, sondern auch seine Skistiefel in die Sammlung gegeben. Die Heimat hatte die Front auszurüsten für den Kampf gegen den «General Winter». Wodruba besaß nur noch Halbschuhe. Mit nassen Füßen trabte er neben den Schlitten her.

Das Pferd ging im Schritt eine Anhöhe hinauf. Sobald die Schlitten einen Augenblick standen, froren die Kufen fest; beim Anfahren ruckte es hart, wenn die Verbindungsstricke sich strammten. Eva saß auf dem zweiten Schlitten. Der Mann hinter ihr nutzte die Gelegenheit, um, sie festhaltend, jedesmal mit beiden Händen straff ihre Brust zu umspannen. Sie zog die wattierten Lederfinger des Mannes fort, aber die Lederfinger waren hartnäckig. Sie legten sich beim nächsten Anfahren wieder auf ihre Brust. Wie selbstverständlich. Siegesgewiß.

Die Lederfinger gehörten dem Rundfunkkommentator eines großdeutschen Senders, sozusagen einem Publikumsliebling. Er hatte eine Informationsreise durchs Baltikum gemacht und dort Hauptmann Hover, den derzeitigen Transportbegleitoffizier, kennengelernt. Hover hatte, gekoppelt mit einer Dienstreise, für die Jahreswende ein paar freie Tage herausgeschlagen, die er auf der Insel verbrachte. Dem Rundfunkmann war Hovers Einladung als Abschluß seiner Kriegsberichtertätigkeit sehr willkommen. Er ließ sich im Boddenhaus einführen. Eva hatte aufgehorcht, als sie seine klangvolle kultivierte Stimme hörte. Er sprach bei Tisch viel und lebhaft, und Mathesi nannte ihn einen «Übergescheiten». Beim Verteilen der Plätze auf den Rodelschlitten tat er, als sähe er Wodruba und Mathesi gar nicht für Männer an. Während Bonorden Edith Knorr seinen Rücksitz anwies, sagte der Rundfunkmann: «Paaren wir uns also. Wir nehmen den zweiten Schlitten.» Und Eva gehorchte seiner auffordernden Geste.

Als die Sonne hinter den Kiefernwipfeln verschwand, wurde es empfindlich kalt. Wodruba machte Luftsprünge, um seine Füße zu erwärmen. Mathesi schlug mit den Armen kreuzweise um die Brust. «Das Schönste an einer Schlittenpartie ist die Freud' auf den warmen Ofen daheim.»

Eva fühlte, daß ein Gesicht sich seitlich an ihre Kapuze herandrängte. Der Atem wölkte vor ihm her. Die Lederfinger preßten. «Nicht wahr, wir beide frieren nicht.»

Neben dem Kachelofen des Boddenhauses saß Hans Tiefenbach. Als die durchfrorene Schlittenmannschaft das große Wohnzimmer betrat, begann ein ausgiebiger Mathesi-Appell. Der kleine Mathesi hatte buchstäblich alle Hände voll zu tun, denn außer Tiefenbach war auch der Doktor eingetroffen, Hover war vom Nachmittagsschlaf erwacht, Irene deckte den Tisch. Mathesi drehte sich wie ein Kreisel, besessen, weitere Opfer zu finden.

«Haben wir uns denn schon begrüßt?» Er konnte es nicht erwarten, daß Irene das Tablett absetzte. Sie lachte herzlich, als er ihr fast den Arm aus dem Gelenk schüttelte.

«Wir haben uns doch heute schon bei Tisch gesehen. Sie sind – wissen Sie, was Sie sind? Ein richtiger General Wirrwarr.»

Mathesi war wirklich einen Augenblick verwirrt, aber dann lachte er und beruhigte seine übereifrigen Hände an den glatten, wohltuend warmen Kacheln des großen Eckofens.

Hans Tiefenbach hatte in den lebhaften Anfangssekunden nur auf Eva gesehen. Er genoß ihre Überraschung, das freudige Aufleuchten ihrer Augen. Sie wurde sogar rot. Weiß der Teufel – er war ihretwegen früher zurückgekommen. Er hatte seiner Mutter etwas von den Schwierigkeiten des Werkes erzählt, an dem er mit Leupold schrieb. Ein Problem müsse durchgearbeitet werden, ehe er den Professor wieder traf. Die Mutter hatte ihm geglaubt. Er war die halbe Nacht gefahren, um rechtzeitig hier zu sein. Das Mädchen war Weihnachten allein gewesen. Silvester sollte sich das nicht wiederholen.

Eva hatte noch etwas Schnee in den Haaren. Eine kurze krause Strähne an der Stirn war von weißen Kristallen überzogen. «Guten Tag, Schneekönigin, bin ich lange weggeblieben?» Das Diadem begann zu tauen. Er strich es ihr aus dem Haar.

Sie leuchetete ihn an aus ihren hellen Augen, die er einmal für grün gehalten hatte.

«War es nicht schön zu Hause?»

«Doch, aber ich muß arbeiten. Das Buch will geschrieben werden. Du weißt doch, über die graue Theorie.» Sie brauchte nicht gleich zu wissen, was ihn in Wahrheit hergetrieben hatte. Der Abend war noch lang.

Irene rief. Es war Hilfe in der Küche nötig. Eva eilte.

In der Verbindungstür stand der Rundfunkmann. Er verstellte ihr den Weg. Sie sollte bitten. Sie verzog den Mund und blitzte Spott in die Siegeraugen. Er hob die Schultern und ließ sie vorbei. Der Doktor saß im Stuhl zurückgelehnt und beobachtete den Fremden. Fachsimpeln war also ausgeschlossen. Nun gut. Darauf war er eingestellt. Schon wegen der Mädchen. Immerhin verbot die Anwesenheit des Besuchers auch ein sonst sehr beliebtes Gesprächsthema: die Begebenheiten am Rande des Werksalltags, die nicht selten anekdotischen Charakter hatten. So kam die Unterhaltung schwer in Gang. Schließlich, als Hover keinerlei Anstalten machte, eine Überbrückung zu finden, wandte sich der Doktor dem Gast zu.

«Sie waren Weihnachten an der Front?»

«Ja. Im Nordabschnitt.» Der Rundfunkmann hatte eine kleine Landkarte bei sich. Die Linie, die er zeigte, lag weit westlich von Stalingrad.

«Hitler sollte dort bei den Landsern sein. Haben Sie ihn nicht getroffen?» fragte Mathesi.

«Nein. Die Front ist lang.»

«Und wie ist die Stimmung?» erkundigte sich der Doktor.

«Als es bekannt wurde, woher ich kam, hat man mich beauftragt, der Heimat zu sagen, die Front steht wie ein Mann. Ich werde von dieser Reise über alle Sender sprechen. Es muß an die Herzen gehen. Das sind prächtige Burschen, diese jungen Offiziere. Fast alle eine harte Schule gehabt: Hitlerjugend,

Ordensburgen. Die haben Zug in ihrem Haufen. Man denkt, auf einem Truppenübungsplatz im Reich zu sein.»

Leutnant Bonorden hing an den Lippen des Erzählers. Seine Haltung straffte sich. Er stand da wie Napoleon: die Hand zwischen zwei Knöpfen in die Jacke geschoben. An seinesgleichen hing die Hoffnung des Reichs. Er schämte sich plötzlich, am Kachelofen zu stehen – und ging ans Fenster.

«Haben Sie etwas Näheres über die Lage in Stalingrad gehört?» fragte die verschleierte, äußerst zivil klingende Stimme Tiefenbachs.

Der Rundfunkmann orgelte zurechtweisend: «Unserer tapferen 6. Armee gilt die Sorge der ganzen Nation. Es ist ein heißes Ringen. Der Sieg wird in die Geschichte eingehen als ein zweites Sedan.»

Tiefenbach ging in die Küche zu den Mädchen. Eva stand am Kohlenherd und buk in einer großen eisernen Pfanne Quarkkeulchen. Bonorden hatte sie als sächsische Spezialität gepriesen. Eva kannte als einzige das Rezept. Wodruba ging herum und naschte. Er hatte sich an der Brotmaschine in den Finger geschnitten. Die Hausfrau kam mit Verbandzeug.

«Was erzählt der da drin von der Front?» fragte Wodruba den Eintretenden.

«Er macht in Siegesgewißheit. Etwas anderes hat er nicht gelernt.»

Wodruba seufzte. «Man braucht nur so ein Organ zu haben wie der da, schon glaubt's einem die ganze Welt.» Die Uk-Stellung des jungen Chemikers war aufgehoben worden. «Heldenklau» war auch auf der Insel umgegangen, und Wodruba war eines seiner Opfer. Ihm war klar, daß es an der Front nicht zum besten stehen konnte. Würden sie ihn sonst hier wegholen?

Er sah den Doktor über den Hof gehen. Wie zufällig wollte er ihm in den Weg laufen. Wenn ihn einer für unabkömmlich erklären konnte, dann war es dieser kaum dreißigjährige technische Direktor.

Wodruba hatte etwas von Hitler gehalten, im Gegensatz zu seinem Landsmann Mathesi, der einmal gesagt hatte: «Wenn sie schon Österreich die Selbständigkeit nehmen wollen, dann hätten sie es an Italien anschließen sollen. Die Deutschen sind für uns doch viel zu preußisch.» Nun sollte es für Wodruba wirklich «preußisch» werden. Er hielt nicht viel davon. Er war auf dieser nördlichen Preußeninsel ganz zufrieden gewesen, trotz der vielen Kartoffeln, die man hier aß. In Unterständen, Bunkern und Kasernen war kein Platz für seine Klampfe und kaum das rechte Publikum für seine Wiener Histörchen. Soviel wußte er vom preußischen Zack-zack.

Der Doktor ging zum Achterwasser hinunter. Wodruba umging das Haus von der anderen Seite. Dort war kein Weg geschaufelt. Was tat das! Er machte lange Sprünge. Der Schnee war verharscht und brach wie sprödes Glas. Die Ränder kratzten die Fußgelenke, seine Halbschuhe füllten sich zum zweitenmal, und der Schneebruch näßte die Strümpfe.

«Ob's hält, Wodruba?» Der Doktor hackte mit seinem Bergstiefel auf das Eis los wie ein Junge. Das Achterwasser hatte einen breiten zugefrorenen Gürtel. Es war nahezu dunkel. Nur der Schnee leuchtete.

«Ich würde es nicht riskieren.»

«Ein Held sind Sie wohl nicht, was?» lachte der Doktor.

«Man will einen aus mir machen.»

«Sollen Sie eingezogen werden?»

«Ich habe den Wisch schon in der Tasche. In vierzehn Tagen geht's los.»

«Das ist ja unmöglich.»

Der Doktor hörte auf mit Eishacken.

Wodruba hob die Schultern. «Der Personalchef meint, es seien genug Chemiker da.»

«Quatsch. Wir können nie genug haben. Wer soll denn Ihre Aufgabe übernehmen?»

«Doktor Baer, soviel ich weiß.»

«Det is'n Ding.»

Wodruba triumphierte. Wenn der Doktor anfing zu berlinern, kam's von Herzen.

«Ich bespreche das mit Brettschneider. Sie können sich darauf verlassen.»

Das Essen war angerichtet. Auf den derben quadratischen Tischen, die sommers im Gästegarten standen, lagen blauweiß gewürfelte Decken. In der Mitte standen Holzleuchter mit gelben Kerzen. Der letzte Tag des Jahres konnte festlich beschlossen werden. Da die Mädchen knapp waren, wurden sie an die Tische verteilt. Es gab keine Frage, daß Irene an den Tisch des Doktors gehörte und Edith Knorr an Bonordens Seite. Der Rundfunkmann nahm besitzergreifend Evas Arm und rückte ihr einen Stuhl zurecht. Sie setzte sich. An ihrer anderen Seite saß Hans Tiefenbach und lächelte.

Im Boddenhaus hatte man noch genügend Wein. «Das ist hier eine Insel der Seligen auf unseliger Insel», sagte der Doktor und hob sein Glas gegen die weißhaarige Hausfrau. Sie bangte um einen Sohn an der Ostfront und schien das Schicksal durch Guttaten gnädig stimmen zu wollen.

Die Tische waren nicht reich, aber reichlich mit Speisen versehen. Mit Wohlwollen sah die Hausfrau, wie schnell sich die Platten leerten. Es ging auch ohne Fleisch, wenn der Fisch frisch geräuchert war, der Quark sahnig geschlagen, mit Kümmel oder Tomatenmark gewürzt wurde, und der Salat mit Liebe angerichtet war. Auch die süßen Quarkkeulchen mit Obst schmeckten den Männern. Der Doktor nahm sich schon zum drittenmal davon. Er war ein starker Esser. Mochte er zulangen, soviel er wollte. Außer ihrem Sohn gab es kaum jemanden, dem sie es mehr gegönnt hätte als ihm.

Die Maschen der Geheimhaltung waren nicht so dicht gewebt, daß nicht bis zum Boddenhaus gedrungen wäre, was auf dem letzten verlorenen Zipfel der Insel geschah. Für die weißhaarige Frau war der Doktor der Vater des großen Wunders, das ihrem Sohn verheißen war, ihm und allen Soldaten an der Front. Der junge Doktor schmiedete Siegfrieds Schwert. Schon lange schmiedete er daran, seit Jahren schon. Er war von Anfang an gern in ihrem Hause eingekehrt, wenn er Erholung und Entspannung suchte. Es mußte sehr schwer sein, das Wunder zu machen.

Der Bohnensalat schien dem Doktor auch zu schmecken, obwohl etwas Pfeffer fehlte. Irene hatte gespart, weil die letzte Reserve zur Neige ging. Als Hilmar, der Sohn, das letztemal auf Urlaub war, hatte die Mutter über diesen Mangel geklagt. Er hatte sie lachend um die Schultern gefaßt. «Wir werden die Kolonien ein bißchen schneller zurückerobern, damit du deinen Pfeffer und deine Muskatnüsse bekommst.» Sie hatte nichts mehr gesagt. Sie wußte ja, daß es um größere Dinge ging: um Lebensraum des Volkes, um Deutschlands Würde, die besudelt war nach dem Versailler Schanddiktat. Hilmar hatte sich für die Offizierslaufbahn entschieden.

Sie horchte auf. Die Gespräche sprangen über die Tische. «Früher hieß es, ‚Mit Gott für König und Vaterland!' Heute heißt es ‚Für Führer und Reich'», sagte der Rundfunkmann mit seiner wohltönenden Stimme. «Das bedeutet völlige Selbstaufgabe. Die eigene Person wird der großen Idee untergeordnet. Der einzelne ist nichts, das Ziel ist alles.»

Ohne eine Spur von Ironie, aber sehr langsam, zerlegte der Doktor die Fakten. «Der Ideenträger ist der Führer – quasi. Das Ziel ist das Reich. – Wie soll es einmal aussehen?»

«Es wird nicht klein sein. Denken Sie an das Antikomintern-Dreieck Berlin–Rom–Tokio.» Der Rundfunkmann lächelte wie einer, der mehr weiß, als er sagen will. «Sie müssen weit in die Geschichte zurückgehen –»

«Bleiben wir ruhig in der Gegenwart!» Tiefenbach, der in sehr lässiger Haltung in seinem Armstuhl hockte, hob seine Stimme. Sie drückte wie Blei. Die Lerche, die der andere aufsteigen lassen wollte, sackte in ein Windloch. «Einmal finde ich, daß auf der Geraden Berlin–Tokio sehr viele Länder liegen, die nicht die geringste Lust verspüren werden, sich ans Reich anzuschließen. Weder an den Tenno noch an den Führer. Also ist dieses ‚Ziel' utopisch. Zum anderen, und das wollte ich vor allem sagen, glaube ich nicht an die Selbstaufopferung unserer Offiziere. – Herr Bonorden, Sie sind doch Berufssoldat! Was war ausschlaggebend bei Ihrer Berufswahl? Ideelle Erwägungen?»

Leutnant Bonordens Stimme strammte sich. «Natürlich ideelle Gründe.» Es war nicht gut, dem Rundfunkmann irgendeine Handhabe zu geben. Wer weiß, wie weit dessen Beziehungen reichten. Bonorden hatte kein persönliches Interesse an dem Marsch nach Osten. Er nahm rasch die Hand von Edith Knorrs Schulter und zog verstohlen sein Bein aus der engen Nachbarschaft ihrer seidenbestrumpften Wade zurück. «Man hat im Arbeitsdienst mein Organisationstalent und meine Führereigenschaften erkannt.»

«Sie sind wendig, drahtig, Sie können gut kommandieren.»

Es war Bonorden angenehm, daß diese Männertugenden in Edith Knorrs Beisein zur Sprache kamen. Er schlug im Sitzen die Hacken zusammen. «Wenn Sie wollen, organisiere ich noch in diesem Jahr eine kleine Nachtübung.» Er schaute im Scherz zur Uhr. Es fehlten zwei Stunden bis Mitternacht.

An Tiefenbachs schwerer Stimme glitt der Spaß ab. «Mit

diesen Voraussetzungen haben Sie eine glänzende Laufbahn als Offizier vor sich.»

«Gelobt sei, was hart macht», kam es aus einer Ecke. Es wurde nicht ernst genommen, denn es klang österreichisch weich.

Der Rundfunkmann fand es an der Zeit, das Windloch aufzufüllen. Er sagte zu Tiefenbach: «Sie sprechen also dem Kriegshandwerk jedes ideelle Motiv ab. Der Offizier sucht nach Ihrer Meinung in seinem Beruf die Befriedigung seines Machthungers? – Das ist eine Unterstellung.»

«Ich unterstelle gar nichts. Es gibt viele Gründe, aus denen ein junger Mensch in unseren Tagen Berufssoldat wird. Der Wunsch, ohne allzu großen Aufwand an Arbeit schnell vorwärtszukommen, ist nicht gerade vorbildlich, aber menschlich verständlich. Warum wollen Sie das verschleiern? Warum machen Sie es wie in den Heiratsannoncen eines mittelmäßigen Familienblattes: ‚Ideal denkender junger Mann...' und so weiter? Sie nehmen als Wirklichkeit, was es nur noch in den Köpfen von Backfischen gibt.»

Hauptmann Hover rückte auf seinem Sessel hin und her. Er setzte zu einer Entgegnung an. Es war Zeit, das Gespräch in andere Bahnen zu lenken. Aber der Rundfunkmann war schneller.

«Das ist sehr interessant. In welchem Beruf findet man nach Ihrer Meinung die meisten Idealisten, wenn schon nicht bei den Offizieren, die zum Schutze des Vaterlands bestellt sind?»

Tiefenbach hob die Schultern. – «Bei Blindenführern und Krankenwärtern vielleicht. Ansonsten treten sie wohl ziemlich gleichmäßig verteilt auf.»

Irene mischte sich ein. «Aber die Ärzte! Sie sind doch in erster Linie Helfer der Menschheit.»

«Ich kenne keinen Mediziner, der aus reiner Menschenliebe seinen Beruf gewählt hat. Naturwissenschaftliches Interesse ist gewöhnlich die erste Triebfeder. Ferner ist ein Arzt selten arbeitslos. Und für die breite Masse ist er der ‚Doktor' schlechthin.»

«Wie steht es mit den Geistlichen?» fragte Mathesi. Er saß weit vorgebeugt. Die Streitfrage beschäftigte ihn lebhaft.

«Die Theologie vergibt reichlich Stipendien, und die Fakultät ist nie überfüllt. Und wer eine Rednergabe hat, sucht sich eine

Kanzel –», Tiefenbach machte eine liebenswürdige Geste, «nicht jeder gelangt zum Rundfunk. Außerdem ist eine hübsche Landpfarre auch heute noch ein kleines Patriarchat.»

Tiefenbach wurde mit Zurufen eingedeckt.

«Wie ist es mit den pädagogischen Berufen?»

«Was ist mit den Forschern?»

Hover atmete auf. Das verfängliche Gespräch hatte sich zu einer Art Gesellschaftsspiel entwickelt.

Sein Gast wiegte den Kopf. Er lehnte sich hinter Evas Rücken zu Tiefenbach hinüber. «Sie sind ein Ignorant, Herr Tiefenbach. In welchen Menschheitsniederungen haben Sie Ihre Illusionen eingebüßt?»

Tiefenbach warf seine Pfeife hin und her. Er war erregter, als er sich anmerken ließ. Ihm war längst bewußt geworden, daß er vor diesem Fremden unvorsichtig weit gegangen war in seinen Äußerungen. Aber er wollte keinen Zurückzieher machen. Durch die rege Beteiligung der übrigen Gäste am Gespräch war wohl auch die Schärfe des Disputs gemildert worden und die Gefahr behoben. «Ich bin Physiker», sagte er auf die Frage seines Gegners. «Da gilt nur das Exakte. Jede Theorie muß durch genaue Messung bestätigt werden.»

«Ihre Weltanschauung ist mir zu ingeniös. Sagen Sie mal, was hat *Sie* denn zu Ihrem Beruf getrieben? Auch kein ideelles Ziel?»

«Nein. Die Neugierde.»

Als es auf Mitternacht zuging, sprachen sie gedämpft, in kleinen Gruppen. Der Rundfunkmann hatte sich nicht lange Evas geschwungene Nackenrolle angeschaut. Die Kehrseite dieses tiefbraunen Kopfes beanspruchte Tiefenbach. Der Rundfunkmann setzte sich zu Hover und Wodruba. Er hatte ein launiges Silvester erwartet und war enttäuscht.

Eva sah Tiefenbach mit einem leisen Vorwurf an. «Warum hast du so gesprochen, als wäre dir nichts heilig? Du bist doch gar nicht so. Du hast mir einmal gesagt, dein Beruf sei voller romantischer Geheimnisse, wie eine Expedition in unerforschte Länder.»

Er neigte sich dicht zu ihrem Ohr. «Denk an Charlotte Löwensköld. Manchmal kommt man an einen Punkt, an dem man nur noch mit der Faust in die Schlagsahne hauen möchte.»

Evas Blick streifte den Rundfunkmann. Seine Stimme trug.

«Er schlägt schon wieder Schaum», flüsterte sie.

Hover schien sich vorgenommen zu haben, noch im alten Jahr ein ernstes Wort mit Eva zu sprechen. Er ging ihr nach, als sie in der Küche die Gebäckschüssel auffüllen wollte.

«Ich hatte kürzlich in Posen zu tun», begann er. «Ihre Eltern führen ein gastfreies Haus.»

«Ja, sie haben genügend Platz für Besucher», sagte Eva unverbindlich. Sie wußte, worauf er hinauswollte. Es war ihr jedoch nicht möglich, ihm von vornherein keck zu begegnen. Gerade bei diesem Mann hatte sie immer das Gefühl, sie sei ihm zu Dank verpflichtet. Er hatte ihretwegen etwas riskiert.

Der Reserve-Offizier spielte mit der Gebäckzange. Er ließ sie auf- und zuschnappen wie das Maul eines gefräßigen Reptils. «Schwendtmayr bekommt schlechte Laune, wenn jemand von Ihnen spricht», sagte er ohne Übergang. «Es war nicht klug, ihn so weit zu bringen.»

Eva antwortete sehr leise: «Es ging nicht anders. Ich mußte mit mir ins reine kommen.»

Hover sah auf sie herab. – Was dachte sich dieses Mädchen eigentlich? War sie sich der Gefahr gar nicht bewußt, in der sie ständig schwebte? Schwendtmayr hatte ihm erst jetzt reinen Wein eingeschenkt. Er, Hover, hätte keinen Finger für sie krumm gemacht, wenn er von Anfang an gewußt hätte, daß sie Halbjüdin war. Jetzt hing er drin in der Sache und mußte den Mund halten. Es lag ihm nichts daran, wegen Judenbegünstigung degradiert zu werden. Er hatte auch Schwendtmayr ernstlich gewarnt. Der sah jetzt sein Verhältnis zu der Stieftochter weitaus nüchterner an als damals in Berlin. «Das Jüdische bricht bei ihr durch», hatte er zugeben müssen.

Eine gute Eigenschaft hatte das Mädchen glücklicherweise: Sie hängte sich nicht wie eine Klette an ihre Gönner. Andererseits scheute sie nicht vor Eigenmächtigkeiten zurück, die ohne weiteres eine Preisgabe ihrer Helfer zur Folge haben konnten. So verließ sie den Weg, den Schwendtmayr ihr generös geebnet hatte, weil sie «mit sich ins reine» kommen wollte. Ahnte sie denn nicht, daß sie nach dem Endsieg der Nationalsozialisten vogelfrei sein würde? Schwendtmayr, Wedelstedt und wer weiß noch alles würden ihr den erlittenen Ärger mit Zinseszins heimzahlen. Was erwartete sie nur vom Leben? Sie bewegte sich hier im Boddenhaus im Kreise der erlesenen Hausgäste mit einer Selbstverständlichkeit, die an Unverfrorenheit grenzte. Sie balancierte auf schmalem Grat, den Abgrund neben sich, und wagte noch, mit hochgereckter Nase, festzustellen, daß die Luft nicht sonderlich «rein» sei.

Er hatte nicht übel Lust, ihr eine Grobheit zu sagen, aber er bezwang sich. Sie reagierte unberechenbar. Es war für ihn besser, wenn es niemand auffiel, daß er mit ihr ein wichtiges Gespräch geführt hatte. Er sagte in dem Ton, mit dem er etwa einen seiner Feldwebel abgefertigt hätte: «Solange Krieg ist, heißt es gehorchen. Ein Befehl schließt die Sorge um die Sicherung des Lebens mit ein. Jedes Privatissimum ist eine Aktion, die das Ganze gefährden kann. Sie haben Schwendtmayr den Gehorsam verweigert. Das werden Sie noch einmal bereuen.»

Er ging, ohne sie anzusehen, ins Zimmer zurück.

Eva stand vor der Gebäckschüssel und versuchte ihre Erregung einzudämmen. Sie hatte mit Mißbilligung gerechnet. Sein Ton machte sie bestürzt. Was er im einzelnen gesagt hatte, wußte sie schon nicht mehr genau. Sie hatte nur das eine herausgehört: Menschen dritter Klasse durften sich nicht erdreisten, zu denken oder gar anständig bleiben zu wollen. So etwas wie Stolz gab es für sie nicht.

Die Spannung, die beim Nahen der letzten Minuten eines Jahres sich einer Gesellschaft mitzuteilen pflegt, lag bereits über dem Zimmer, als Eva sich endlich entschloß, wieder hineinzugehen. Irene hielt sie im Vorbeigehen am Rock fest. Aber der Scherz wegen Evas übermäßig langem Ausbleiben ging ihr nicht von der Zunge. Des Mädchens Gesicht hieß sie schweigen.

Der Rundfunkmann saß neben der Hausfrau. Die Weißhaarige, Angst um den Sohn im Herzen, sah in dem Fremden mit der wohltönenden Stimme einen Mann, der eingeweiht war in die großen weltpolitischen Zusammenhänge, die den Krieg zu diktieren schienen.

«Wenn man Frieden haben will, muß man verzichten können», sagte sie leise. «Besser ein schlichtes Leben im Frieden, als daß man die ständig wachsenden Ansprüche durch immer neue Kriege zu befriedigen sucht.» Sie dachte an Hilmars Scherz über den fehlenden Pfeffer. Sie war eine einfache Frau und hatte einfache Wünsche. Aber damit fingen sie wohl an, die Ansprüche! Millionen Menschen hatten sie, vielfältig und wohl weit umfangreicher als sie. Und die Summe all dieser Ansprüche, war das nicht die Ursache zum Krieg? Dieses Immer-mehr-haben-Wollen, war es das nicht, was sie «Mangel an Lebensraum» nannten? Hing es nicht zusammen mit dem Ruf nach der «Unabhängigkeit von ausländischen Märkten»? Ja, ja, ja, das war es doch: ihr Pfeffer, Irenes französisches Parfüm und die reinseidenen Strümpfe. Es war angenehm, holländisches Frühgemüse billig zu bekommen, und es wäre gut, wenn man sich nicht mehr damit abquälen müßte, auf dem sandigen Küstenstreifen Weizen anzubauen. In der Ukraine war er wohlfeiler. – Ach, alles das ist angenehm. Aber das alles kann nur durch Kriege erkauft werden. Und der Krieg ist Angst, ständige Angst um den Sohn. Und sie will alle Ansprüche zurücknehmen, die sie einmal hatte, sie will sie mit dem alten Jahr begraben. Sie will dem neuen Jahr den Frieden abringen. Sie wird es Hilmar schreiben. Sie wünscht sich, daß er ebenso fühlt wie sie. Er soll nicht mehr denken: «Es ist hübsch, Leutnant zu sein. Die Uniform steht mir gut. Ich kann befehlen –» Das alles ist doch eitel. Er ist ihr Sohn, er ist ein ganzer Mensch, auch ohne Offiziersdegen. Aber er ist auch so verletzlich wie ein Mensch, und eine Granate kann ihn auslöschen.

Der Rundfunkmann durchbrach den Wall ihrer Gedanken. «Gnädige Frau, die Welt ist für einen Frieden noch nicht reif. Sie steckt voller Zündstoff. Es wird unser Verdienst sein, ihn entschärft zu haben, wenn wir das internationale Judentum entmachtet und den Bolschewismus beseitigt haben.» Er formte die Worte mit Bedacht und schien ihnen wohlgefällig nachzulauschen. «Aber seien Sie ohne Sorge. Das große Ziel ist in erreichbare Nähe gerückt. In geheimen Laboratorien entsteht die Waffe, die uns den Sieg der letzten Schlacht bringen wird. Das Leid jeder deutschen Mutter wird tausendfache Vergeltung finden.»

Der Doktor beugte sich interessiert zum Nebentisch hinüber. In gut gespielter naiver Neugier fragte er: «Sagen Sie mal, wissen Sie Näheres?»

Der Rundfunkmann lächelte herablassend. Jeder sah ihm an, daß er zu wissen meinte. «Es gehört zu meinem Beruf, hin und wieder einen Blick auf das Schachbrett der großen Weltpolitik zu tun. Sie können versichert sein, die Welt wird den Atem anhalten, wenn der Führer seine großen Trümpfe ausspielt.»

«Ach! – Hat er sie schon in der Hand?»

«Welche Frage! Halten Sie ihn für einen Prahlhans, der mit Embryos operiert?»

«Warum setzt man diese Waffen noch nicht ein? Die Bevölkerung in Berlin und im Rheinland hätte eine Entlastung längst verdient.»

«Sie ahnen nicht, wie gewissenhaft der Führer ist. Außerdem hat er ein unwahrscheinliches Fingerspitzengefühl dafür, im richtigen Moment das Richtige zu tun. Er hält die Zeit wohl noch nicht für gekommen.»

Es fiel dem Doktor offensichtlich schwer, auf eine scharfe Erwiderung verzichten zu müssen. Selbst die Hausfrau, die am wenigsten in die Einzelheiten an der Peene eingeweiht war, erkannte die Hohlheit dieses Geschwafels. Soviel wußte sie von des Doktors Sorgen und dem Drängen der Obersten Heeresleitung. Oder gab es doch noch eine andere, eine mächtigere Waffe?

Da der Rundfunkmann merkte, daß er in dieser Gesellschaft das letzte Wort behielt, schloß er pathetisch mit einer Sentenz: «Immer sind es die großen Politiker und Feldherren, die Geschichte machen. Ohne Napoleon wäre die Weltgeschichte anders verlaufen. Hätte es keinen Goethe gegeben, es wäre ohne Einfluß auf die geschichtliche Entwicklung gewesen.»

Der Mann des Rundfunks hatte Gefühl für die Zeit. Seine letzten Worte trafen sich mit dem ersten Mitternachtsschlag der Wanduhr.

Sobald es angängig war, verließen Eva und Hans Tiefenbach das Zimmer. Sie verständigten sich durch Blicke.

Draußen war es kalt. Der Wind war stumm. Nachdem der letzte Glockenton von der nahen Dorfkirche verhallt war, schien die Stille vollkommen. «Nicht ein Flügelschlag geht durch die Welt!» Damit hatte ein Dichter den vollendetsten Ausdruck für die unendlich scheinende Erstarrung gefunden. Eva flüsterte die Verszeile durch die Wolke ihres Atems.

Nichts ist schwerer zu verstehen als ein Mensch, dachte Hans Tiefenbach. Die Quantenmechanik zu begreifen ist einfacher. Eins zum anderen verhält sich wie das Einmaleins zur Integralrechnung.

Für Evas Stimmungsumschwung, seit sie aus der Küche zurückgekommen war, hatte er keine Erklärung. Ihm fehlten die

Konstanten für seine Rechnung. Was wußte er schon von ihr! – Zum Achterwasser hinunter war nur ein schmaler Weg gebahnt. Hans Tiefenbach hatte den Arm auf ihre Schulter gelegt und führte sie wie ein großes Kind knapp vor sich her. Versonnen, als seien ihre Gedanken nichts Ungewöhnliches, fragte sie: «Glaubst du, daß ein Buckliger glücklich sein kann?»

Er war verblüfft, wußte nicht, worauf sie hinauswollte. «Wie meinen?» fragte er, einen Scherz versuchend.

«Ob es möglich ist, mit der Welt in Harmonie zu leben, wenn man einen Buckel hat. Das möchte ich gern wissen.»

Er verstärkte den Druck seiner Hand an ihrer Schulter, blieb stehen und zwang sie zu sich herum. «Was sind das für Gedanken, Ev! Du hast doch keinen Buckel.» Er faßte mit beiden Händen die Ränder ihrer Kapuze und zog ihr Gesicht in der wolligen Gnomenhülle dicht an das seine. Beide Blicke tauchten forschend ineinander und fragten wortlos: «Wer bist du?»

Sie hatte den Wunsch, sich zu offenbaren. Sie öffnete die Lippen, aber ihre Worte: «Es gibt Gebrechen, die man nicht auf den ersten Blick sieht» wurden erdrückt in der heftigen Bewegung, mit der er sie an sich zog. Ihre Kapuze fiel unter dem Ansturm seiner Hände zurück. Danach gab es nichts mehr zu sagen. Dennoch rannen Tränen um eine unbeantwortete Frage aus Herzensnot. Aber da waren ihre Gesichter schon wieder zu entfernt voneinander, als daß der andere es wahrgenommen hätte.

Hinter ihnen knirschte der Schnee, und Hans Tiefenbach sagte: «Das nächste Silvester verbringen wir beide irgendwo in den Bergen, wo uns niemand kennt.»

Eva wünschte in diesem Augenblick, er hätte die bestimmte faszinierende Stimme des Rundfunkkommentators, damit es ihr leichter fiele, ihm zu glauben.

Der Doktor kam mit Irene vom Hause her. Sie trafen am Ende des schmalen Schneepfades mit Hans und Eva zusammen. Irene hatte den Doktor aus des Rundfunkmannes Nähe gebracht. Die Männer waren in Meinungsverschiedenheiten geraten, die zu verfänglichen Bemerkungen des Doktors führen konnten. Der Kommentator behauptete, eine großangelegte Propaganda um die Vergeltungswaffe sei richtig und aus psychologischen Gründen zu verantworten. Der Glaube an die eigene Überlegenheit sei der wichtigste Faktor für die Moral des Soldaten. Der Doktor gab zu bedenken – und er fiel dabei in Eifer –, daß man Gefahr laufe, auf diese Weise das Moment, ohne welches eine militärische Überraschung nicht denkbar sei, zu verschenken.

«Und was meinte der starke Mann dazu?» fragte Hans Tiefenbach interessiert.

Der Doktor lachte spöttisch. «Starker Mann. Das trifft es haargenau. Die Propagandamaschine hat uns überrundet. Der Prophet da drin weiß sicherer als wir, daß die Vergeltung alles bisher Dagewesene übertrifft. Er redet, als könnten die Soldaten ihre Gewehre wegschmeißen und mit Hakenkreuzfähnchen auf den Panzern den Feind überrollen. Alles im Gefolge unserer Wunderwaffe! – Wenn ich an die Mucken und Unzulänglichkeiten denke, die unsere Zigarre noch hat –!»

«Vielleicht weiß der Mann doch noch etwas von einer anderen Entwicklung», sagte Tiefenbach.

Der Doktor spottete: «Das könnte dann nur eine atomare Waffe sein. Und wenn es so etwas gäbe, wären Sie längst nicht mehr bei uns, Tiefenbach.»

«Es ist fast komisch», sagte Irene. «Der Mann hat keine Ahnung, bei wem er seine Weisheiten ablädt.» Sie lächelte den Doktor mit unverhülltem Stolz an.

Der schob seinen freien Arm unter Evas, was Tiefenbach als Zeichen nahm, mit Irene den Kreis zu schließen. So standen sie zu viert, eng eingehakt, und traten auf der Stelle, um die Kälte abzuwehren. Das warme Zimmer wurde von einem falschen Propheten blockiert.

«Wodruba macht erstaunte Kinderaugen. Er faßt es nicht, daß unsere Geheimhaltung so gut funktioniert. Ich hatte allerdings auch erwartet, daß dieser Herr Superklug zumindest eine Ahnung von der Sonderstellung der Insel hätte», sagte der Doktor.

«Demnach hat auch Hover dichtgehalten», sagte Tiefenbach.

«Hover.» Der Doktor lachte breit. «Der alte Schlawiner sitzt stumm dabei, besieht seine Stiefelspitzen und zerkrümelt Pfefferkuchen. Ich höre es richtig, wie er innerlich feixt. Während er hier war, ging doch jeder Startversuch schief. Er hat nur Pannen am A 4 miterlebt.»

«Mir tut die alte Dame leid», sagte Irene. «Sie schlürft die Worte. Sie denkt an Hilmar und erwartet von euch ein schnelles Kriegsende.»

«Sie ist nur eine von den Millionen, die der Rundfunkmann täglich übers Mikrophon anspricht und betört», sagte Tiefenbach langsam. «Mit der Macht seiner Stimme.»

«Wir sind keine Götter!» Der Doktor nahm Irenes Worte als Vorwurf. «Vielleicht fehlt uns Heutigen das Universelle, das die Alten hatten. Denken Sie an Leibniz. Was war der nicht alles: Philosoph, Mathematiker, Theologe, Pädagoge.»

Eva beobachtete ihn. Sie hatte das Buch, das er sich über Weihnachten ausgeliehen hatte, auch gelesen. Die Ru hatte es ihr empfohlen. Jetzt lauschte sie, was der Doktor, gegen den sie sich winzig klein vorkam, herausgelesen hatte.

«Sogar die erste Rechenmaschine hat er gebaut. Ein toller Kerl!» Es kamen jedoch keine Gedanken über den Titan Leibniz, die Eva nicht gekannt hätte.

Von der anderen Seite kam etwas, das sie aufhorchen ließ. Hans Tiefenbach formulierte, zäh und langsam, in Gedanken wühlend, seine Ergänzung. «Leibniz hat schon zeitig das Problem des ewigen Friedens für die Menschen durchforscht. Ihm schwebte eine Versöhnung aller Gläubigen vor und die Gründung eines Geistesreiches –» Hans Tiefenbach löste seinen Arm aus dem Irenes und strich sich über die Stirn, als brauche er eine Unterstützung bei der Schwere des Denkvorgangs. «Er schreibt, daß die Energien der Menschen sich vergeistigen müßten. Die gemeinsame Entwicklung der Völker auf wissenschaftlicher Ebene könne den politischen Frieden vorbereiten. Es gibt Verse von ihm, die an den Kaiser gerichtet sind » Die Hand an der Stirn hatte ihre Hilfe vollbracht. Das Zitat war gefunden. Er nahm wieder Irenes Arm und sprach fließend:

Höchster Ruhm ist es dir, wenn durch dich die Erde zur Ruhe kommt und nimmer der Krieg Christen durch Christen zerfleischt.»

Der Doktor machte aus seiner Verwunderung keinen Hehl. «Der Leibniz-Roman ist zwar an die tausend Seiten stark, aber davon steht kein Wort drin.»

«Solange die offizielle Meinung ist, daß zuviel Zündstoff in der Welt sei, sind solche Verse auch nicht am Platze.» Hans Tiefenbach schüttelte sich vor Kälte.

«Wollen wir nicht hineingehen?» bat Irene.

Die kleine Gruppe löste sich auf. Der Doktor sagte: «Ich weiß nicht, der Jahresanfang gefällt mir diesmal nicht. Einer da drin ist bestimmt ein Jonas.»

Eva mußte an die Worte der Ru am Weihnachtsabend denken, an ihre Befürchtungen, daß es Spitzel im Werk gebe. Auch Baers Worte, die er nach dem Start gesagt hatte, fielen ihr ein: «Vielleicht kommen die Geier.» Die Insel war aus ihrem Schattendasein herausgetreten. Der Doktor, der sich das dringend gewünscht hatte, erkannte wohl bereits die unangenehmen Begleiterscheinungen des Erfolg-Habens im Kriege. Einsilbig gingen sie ins Haus.

Im verdunkelten Hausflur griff Hans Tiefenbach in seine Manteltasche und zog ein schmales Buch hervor. «Ich habe dir etwas mitgebracht. Ein Buch, das wenig Worte macht und viel sagt. Und vor allem Wesentliches sagt.» Er schlug es auf. «Mein Name stand schon drin. Ich habe deinen dazugeschrieben. Mehr Worte hat das Buch nicht.»

Eva nahm das Geschenk, als wäre es zerbrechlich. Die abgeschirmte Notlampe reichte nur ungenügend zum Erkennen. Es war ein Buch voller Bilder, Holzschnitte in kräftigem Schwarz-Weiß, eine ungewohnte Schrift für die Lesehungrige. «Frans Masereel», las sie unter dem Titel.

Sie war beglückt. Wie er schenken konnte! Sie verzieh ihm die unbeantwortete Frage.

4

Der Wendepunkt

Das Jahr war kaum einen Monat alt. Ein Schläfer, der mit dem linken Bein zuerst aus dem Bett gestiegen war, konnte nicht vernörgelter sein als dieser Einunddreißig-Tage-Jüngling. Jürgen Baer nahm es gelassen hin. Lieber ein Ende mit Schrecken als ein Schrecken ohne Ende.

Es war offensichtlich, daß die Direktion der Versuchsstelle große Sorgen hatte. Der Doktor, meist von einem Schwarm

Fremdlingen umgeben, sah kaum nach rechts oder links, wenn er im Kasino erschien. Die Industrie und die Schnüffler hatten Einzug gehalten. Die großen Konzerne schickten ihre Vorhut. Die Entwicklung des A-4-Projektes hatte ihren Kulminationspunkt erreicht. Der Umschwung in die Fertigung stand bevor, die Sache begann rentabel zu werden. Das Volk bezahlte seine Wunderwaffe mit Blut und harter Währung.

Jürgen Baer versuchte, sich auf die Treibstoff-Analyse zu konzentrieren, die er an Wodrubas Stelle zu Ende führen mußte. Der arme Kerl hatte daran glauben müssen. Vor zehn Tagen war er schweren Herzens abgereist, gen Osten. Die Klampfe war dageblieben und die Kaiserschmarrenmaschine. Bei seinem Abschied hatte sich herausgestellt, daß das vielbegehrte, ständig auf Wanderschaft befindliche Monstrum ihm gehörte. Er hatte es großmütig der Allgemeinheit der Junggesellen vermacht.

Bis zuletzt hoffte er, der Doktor werde seine weitere Uk-Stellung veranlassen. Aber nichts geschah.

Baer schob mißmutig die Papiere zusammen. Die Protokolle waren unvollständig. Sehr ordentlich war Wodruba wohl nicht gewesen. Manche Formeln waren kaum zu entziffern.

Das Telefon schrillte. Zu Baers Erstaunen wurde Wodruba vom Sekretariat des Doktors verlangt. Baer gab sachliche Auskunft und erzeugte betretenes Schweigen. Flüsternd schien die Limmerin, kürzlich verehelichte Raibele, den Bescheid von Wodrubas Ostlandkommando weitergegeben zu haben, denn plötzlich war eine harte Stimme am Apparat.

Der Doktor hatte den Hörer ergriffen. Er war empört. Von Wodrubas Analyse hing es ab, ob ein neues Mischverhältnis des Treibstoffes beitragen konnte, den Unsicherheitsfaktor beim A-4-Start herabzusetzen. Die Brennversuche mußten vor dem nächsten Start, der nahe bevorstand, abgeschlossen sein.

Die Stimme des Doktors, die immer etwas Zäh-Teigiges an sich hatte, wurde spitz und scharf. «Welcher Trottel hat denn den Wodruba mitten aus der Arbeit herausgerissen? Das ist ja unverantwortlich!»

«Ich denke, Sie wußten davon, Doktor», kam die ruhige, etwas erstaunte Antwort von Baers Seite.

«Keine Silbe.»

«Ach! Dann muß Wodruba Silvester blau gewesen sein und es sich nur eingebildet haben, daß –»

Im Direktionsbüro schlug sich jemand gegen die Stirn. Der Schlag unterbrach Baers Worte. «Mann! Baer! Es stimmt! Irgendwo zwischen Eis und Schnee hat er es mir erzählt. – Verdammt noch mal. Limmerin, schreiben Sie –» Noch den Hörer am Ohr, gab er der Sekretärin, von deren neuem Namen er nicht sonderlich Notiz nahm, Anweisungen. Dann rief er wieder in die Muschel: «Wie lange würden Sie brauchen, um die Analyse zu Ende zu bringen?»

Baer zögerte mit der Antwort. «Ich muß mir erst die vorliegenden Ergebnisse genau ansehen. Die Protokolle sind unvollständig.»

«Wodruba muß sofort wieder her. Wie lautet sein Kommando?»

«Standortkommando Westfalenhof.»

«Wo ist das?»

«Beim Truppenübungsplatz Groß-Born.»

«Ah, da werden sie ihn wohl erst ein bißchen schleifen! Übermorgen ist er wieder hier, Baer, da hilft uns kein Kaiser und kein Gott.»

Jürgen Baer pfiff leise, als er den Hörer auflegte. Jetzt würden die Fernschreiber in Bewegung gesetzt werden, um die erneute Uk-Stellung des Schützen Wodruba zu bewirken. Es gab Blitzgespräche mit Groß-Born. Die Leitung der Versuchsstelle würde ihre ganze Autorität aufbieten, denn jetzt entfesselte der Doktor einen Wirbel.

Dieser Wirbel trug zwei Tage später Jürgen Baer durch eine tiefhängende Wolkendecke und setzte ihn auf einem Feldflugplatz weit hinter der russischen Grenze wieder auf die Erde.

Die landende Ju 52 erregte Aufsehen. Martin Uhlig stieg aus der Kabine.

«Die werden denken, wir haben unseren Omnibus voll Verpflegung oder Ersatzmannschaften – oder sonst was!» Uhlig war noch immer verärgert, daß man ihn mit der großen langsamen Junkersmaschine losgeschickt hatte. Aber daran hatte selbst der Doktor nichts ändern können, denn die Erprobungsflüge waren noch um ein paar Grade wichtiger als Wodrubas beschleunigte Rückführung. Vom Truppenübungsplatz Groß-Born war Wodruba längst weiter ostwärts gesandt worden. Man hielt sich in den Heimatdienststellen offenbar nicht mehr lange damit auf, die frischen Truppen für den Frontdienst einzudrillen. Die Einheiten im besetzten Gebiet mußten, solange sie in Ruhe lagen, auch beschäftigt werden. Der Doktor hatte fast zwei Tage gebraucht, um Wodrubas Uk-Stellung zu erwirken und den Standort der Feldeinheit, der er zugeteilt worden war, zu ermitteln. In der Eile konnte nur eine provisorische Freistellungsverfügung ausgeschrieben werden; das Originalpapier war vom Generalkommando aus unmittelbar an die Einheit abgeschickt worden.

«Aber kommen Sie mir ja nicht ohne den Wodruba zurück», hatte der Doktor bei der Verabschiedung gesagt und es für angebracht gehalten, Baer als Verstärkung an Uhligs Seite zu geben. «Sie wissen, was auf dem Spiel steht», sagte er mahnend zu Baer. «Eventuell müssen Sie ein paar Offiziere glattweg überfahren, wenn sie Späne machen wollen wegen des fehlenden Papiers.»

Das war leicht gesagt. Wer begeistert ist, vermag auch zu überzeugen. Der Doktor ahnte nicht, wie unglücklich seine Wahl war, als sie auf Baer fiel.

Das Bodenpersonal des Feldflugplatzes gab seine stramme Haltung sehr schnell auf, als es sah, daß Zivilisten der Maschine entstiegen.

«Was bringt ihr uns denn?» fragte ein Gefreiter.

«Nichts, wir wollen nur etwas holen», antwortete Uhlig und bedachte Baer mit einem Da-hast-du's-Seitenblick.

Der Flugplatzkommandant war ein junger Mensch, der sich ärgerte, daß er diesen Zivilisten ein Fahrzeug geben sollte. Die Einheit, die sie aufzusuchen hatten, lag in einem entfernten Dorfe.

«Wenn Sie wenigstens Benzin mitgebracht hätten», schnarrte er, «der Brennstoff ist knapp hier vorn.» Er betonte die letzten Worte und maß mit unverhohlener Mißbilligung die Zivilmäntel der beiden Ankömmlinge. Uhligs fliegergrauer Ledermantel schien ihn besonders zu reizen. Er lehnte sich weit in seinem Stuhl zurück, damit das Eiserne Kreuz I. Klasse besser sichtbar wurde.

Das Feldtelefon auf dem Schreibtisch rasselte. Die hochmütige Miene des Hauptmanns sank binnen weniger Sekunden in sich zusammen. Er stand langsam von seinem Stuhl auf, während er die telefonische Meldung, die ihn sehr zu erschüttern schien, entgegennahm. Seine freie Hand fuhr nervös über den Schreibtisch. Es sah aus, als beginne er seine Schreibutensilien zusammenzuräumen, wie vor einem hastigen Aufbruch. Dann bezwang er seine fahrige Hand. Den Hörer auflegend, streifte er die beiden Besucher mit einem kurzen, fast haßerfüllten Seitenblick und rief nach seinem Adjutanten. Er griff nach seiner Mütze und gab im Vorbeigehen dem Adjutanten einen kurzen Befehl. Dann verschwand er, wortlos grüßend.

Wenig später saßen Uhlig und Baer in einem kleinen Auto mit Allwetterverdeck, in das die Kälte durch alle Ritzen drang. Die Wege waren vereist. Der kleine, für Kriegszwecke umgebaute Volkswagen, für dessen künftigen Besitz irgendein gutgläubiger deutscher Kleinbürger seine Spargroschen geopfert hatte, zermahlte hartgefrorene Radspuren auf russischen Landwegen.

«Haben Sie das Gesicht des Kommandanten gesehen?» sagte Uhlig leise zu Baer, der im Rücksitz neben ihm saß. «Der hat keine gute Nachricht bekommen.»

Baer nickte. Er versuchte, mit dem Fahrer ins Gespräch zu kommen. Die Fahrt war lang, und der Obergefreite schien die Abneigung seines Kommandanten gegen Zivilisten nicht zu teilen.

«Es scheint rundherum zu kriseln», sagte er. «Viel erfahren wir ja nicht. Wir haben die Fahrzeuge in Ordnung zu halten und müssen ständig auf dem Sprunge sein. Wir müssen die Suppe so essen, wie sie oben gekocht wird. Vielleicht werfen sie uns auch noch nach Stalingrad.»

«Das dürfte wohl bald zu spät sein», sagte Baer.

Sie fuhren durch ein zerschossenes Dorf. Der Fahrer gab Gas und preschte an den Ruinen vorbei.

«Partisanen», sagte er, als er wieder auf freier Strecke war. «Man sollte es nicht für möglich halten, was die Russen riskieren. Da können sie noch so viele Geiseln umlegen.»

Uhligs Kopf fuhr herum. Er hatte versucht, durch das vereiste Seitenfenster zu sehen. «Was sind das für Geiseln?» fragte er scharf. Es klang, als meine er, den Obergefreiten bei einer unwahren Behauptung ertappt zu haben.

Aber der Mann antwortete ungerührt: «Wen sie gerade erwischen: Frauen und alte Männer. Für einen Deutschen werden drei Russen umgelegt oder vier – je nachdem.»

Uhlig kniff die Lippen zusammen und sah zu Baer hinüber.

Der saß in der Ecke und rührte keinen Muskel. Sein Gesicht hatte gelernt, Gedanken zu verbergen.

Hinter einem Walde bogen sie von der Straße ab. Ein einsames Gehöft, eine Art Vorwerk, lag vor ihnen.

«Zu welchem Zug müssen Sie?» fragte der Obergefreite.

Das wußten weder Uhlig noch Baer. Sie hatten nur die Kompanienummer auf ihrem Marschbefehl vermerkt.

«Ich dachte es mir schon», sagte der Obergefreite. «In dem Vorwerk liegt der Kompaniestab. Da können Sie sich erkundigen.»

Das Vorwerk, eine Handvoll zusammengedrängter Häuser mit einem Ziegeleischornstein dazwischen, der in halber Höhe zusammengestürzt war, wirkte in der weißen Ebene wie eine Faust mit aufragendem Zeigefinger. Mit Schwung lenkte der Soldat das Fahrzeug in den geräumigen Hof.

«Recht ruhig hier», brummte er verwundert und sah sichernd durch die Windschutzscheibe.

Baer und Uhlig, froh, die steif gewordenen Glieder strecken zu können, stiegen aus. Der Hof war leer. Frische Autospuren führten kreuz und quer, aber weder ein Fahrzeug noch eine Menschenseele war zu erblicken. Der Obergefreite beugte sich hinaus. «Die haben hier geräumt. Muß gerade erst passiert sein.» Er wies auf die frischen Spuren. «Wenn Sie sich noch ein bißchen die Beine vertreten wollen, kommen Sie mir nach, an der Ziegelei vorbei. Da brauche ich nicht zu wenden.» Er gab Gas und fuhr geradeaus, zwischen Ziegelei und Stallgebäude hindurch. Die beiden strebten ihm nach. Sie hatten die Bemerkung über die Partisanen nicht vergessen. Niemand hatte daran gedacht, ihnen für diese Exkursion ein Schießeisen mitzugeben.

Martin Uhlig bog an der Ziegelei als erster um die Ecke. Betroffen blieb er stehen. Die Zigarette, die er in der Hand hatte, fiel in den Schnee.

An der Wand des Ziegeleigebäudes, das hier einen rechten Winkel bildete, saßen und lagen Menschen, stumm und steif in der Kälte. Tote. Fünf Russen: drei Frauen, ein alter Mann und ein Kind. Sie lagen nebeneinander, die Gesichter im Schnee. Das Kind hatte die Hände ausladend nach oben gebogen, als umarme es die weiße Pracht. Der Mann, ein alter bärtiger Bauer, saß dazwischen, kerzengerade, den Kopf im Nacken, Augen und

Mund weit offen. Zwischen den Liegenden schien er auferstanden zu sein und das Unrecht dem Himmel zu klagen. Bei der Exekution war er wohl als einziger an der Mauer herabgeglitten, und die große Kälte hatte seinen Körper im Sitzen erstarren lassen.

Martin Uhlig preßte die Zähne aufeinander. Sein kräftiger Unterkiefer schob sich hin und her. Er stand vor dieser entsetzlichen Leichenschau und dachte: Vier für einen! – Das hier waren sogar fünf. Das Kind hatte wohl nicht von seiner Mutter lassen wollen. Was zählte es schon! Vielleicht vor einer Stunde erst waren die deutschen Gewehrläufe auf die fünf Menschen gerichtet gewesen. Die Spur des Lkw, der sie gebracht haben mochte, war noch frisch. Wäre die Erde nicht so hart gefroren, lägen sie schon in einer Grube an der Kieshalde nebenan, und ahnungslos wäre er dann mit Baer vorbeigegangen, ahnungslos und unbekümmert. – Er wendete sich Baer zu. Der stand mit verschlossenem Blick hinter ihm. Uhlig brachte das auf. «Weg hier», sagte er und folgte der Autospur. Nach einigen hastigen Schritten, als die Toten nicht mehr zu sehen waren, blickte er sich nach Baer um. Der folgte langsam, wie jemand, der am offenen Grabe eines Freundes eine Minute länger der stummen Zwiesprache bedurft hatte als das übrige Trauergefolge. Uhlig dachte: Entweder rührt diesen Menschen nichts, oder er hat das alles gewußt.

«Ist das nicht Wahnsinn?» fragte er erregt.

Baer nickte nicht einmal. «Es sind die Spuren der deutschen Herrenrasse. Aber das hier ist nur ein kleiner Teil von dem ganzen *großen* Wahnsinn.»

Uhlig war viel zu aufgewühlt, um den Sinn aus Baers Worten herauszuhören. «Ich würde irrsinnig werden, wenn ich hier mitmachen müßte», sagte er und schritt rasch aus, auf den Wagen zu.

«Wir machen doch mit», sagte Baer neben ihm.

Uhlig schob nervös den Unterkiefer hin und her. «Das ist wohl ein Unterschied.»

«Kein sehr großer. Es kommt nicht allein darauf an, mit eigenen Händen jemanden umzubringen. Befehlende und Befehlsempfänger gibt es im Kriege, nichts weiter. Die das hier befohlen haben, machen sich selber die Hände nicht schmutzig.» Baer neigte sich Uhlig zu und flüsterte: «Wer wird einmal die

Verantwortung für das A4 übernehmen? Irgendwelche Soldaten, die an der Abschußbasis befehlsgemäß den Auslösehebel bedienen – oder wir?»

Uhlig bezwang seine Erregung. Sie näherten sich dem Auto. Beherrscht sagte er: «Genaugenommen, sind wir alle Befehlsempfänger. Bis zum Doktor aufwärts.»

«Ja», sagte Baer bitter, «wir haben es weit gebracht. Wir sind Lakaien mit den Ansprüchen von Grafen und den Allüren von Henkersknechten.»

Der Obergefreite machte sich am Kühler zu schaffen, als sie herantraten. Er war verlegen und entschuldigte sich, die Herren durch den Ziegeleiausgang gewiesen zu haben. «So etwas ist kein schöner Anblick», sagte er. «Aber die Russen gehen mit unseren Leuten auch nicht anders um. Gefangene machen die gar nicht, sagt unser Kommandant. Genickschuß – und fertig.» Er trat auf den Starter. Der Wagen war noch warm und kam sofort in Gang.

«Dafür hat niemand Beweise», sagte Baer aus seiner Ecke heraus.

Der Soldat warf den Kopf zurück. «Auf die Beweise verzichten wir alle gern. Und wenn's einen doch mal erwischen sollte, dann lieber gleich die letzte eigene Kugel in den Kopf.»

«Das werden Sie sich wohl sehr überlegen.»

«So viel Ehre im Leib wie unser Kommandant habe ich auch noch, wenn unsereiner auch nicht so viel davon spricht.»

Daher weht der Wind, dachte Baer. Der Flugplatzkommandant verstand es offenbar. Er war ein Scharfmacher. Baer fing einen mahnenden Blick Uhligs auf und entschloß sich schweren Herzens, fernerhin zu schweigen.

Im nächsten Dorf lag der Kompaniestab. Der Kompaniechef war unterwegs, und sie wurden seinem Vertreter vorgeführt. Es war ein auffallend kleiner Leutnant mit einer Brille. Diese beiden körperlichen Mängel schien er durch einen besonders scharfen Umgangston wettmachen zu wollen. Die Soldaten rannten, knallten die Hacken und machten zackige Wendungen. Es herrschte ein hastiger, nervöser Ton in diesem Stabsquartier.

Der kleine Leutnant gab sich den Anschein, als sei er durch die beiden Besucher in einer sehr wichtigen Arbeit unterbrochen worden. Er vermied es, zu Baer aufzusehen, der vor ihm stand, groß, ruhig und sicher, wie ein Vater vor seinem Kind.

Uhlig berichtete, daß sie im Auftrage des Heereswaffenamtes einen Mann zurückzubringen hätten, dessen Uk-Stellung dringend erforderlich sei. Leider sei es versäumt worden, zur rechten Zeit die erforderlichen Schritte zu unternehmen.

Einen Mann wollte man zurück haben! So! Für eine Entwicklung der höchsten Dringlichkeitsstufe! Nun ja, wenn der Befehl vorlag, hatte das wohl seine Berechtigung. Was war schließlich ein Mann in einer kriegsstarken Kompanie. Einer weniger beim Schanzen oder bei der Fahrzeugpflege. Hoffentlich war es nicht gerade ein Autoschlosser. Die waren schwer zu entbehren. Aber nein, es war nur ein Chemiker, und er hieß Wodruba. Der Leutnant, erfuhr den Namen erst, als die Papiere vor ihm lagen. Er hob überrascht den Blick und sah zum erstenmal seine Besucher voll an. Dann sprang er auf. «Da kann ich nichts machen», sagte er. «Sie müssen warten, bis der Kompaniechef kommt.»

Uhlig und Baer, allein gelassen, sahen sich verwundert an. Baer verzog das Gesicht. «Ausgeliefert. Wir müssen doch merken, daß wir beim Kommiß sind.»

Uhlig machte die Verzögerung nervös. «Der Leutnant war zugänglich, solange er Wodrubas Namen nicht wußte. Wenn er erst dahinterkommt, daß das wichtigste Papier noch fehlt, ist es ganz aus.»

Rascher als erwartet kam der Kompaniechef. Vom Fenster aus sah Baer ihn ins Haus gehen.

«Tellheim», sagte er und wippte auf den Fersen.

«Wieso?» Uhlig stand im Hintergrund des Zimmers an dem wuchtigen russischen Ofen.

«Arm in der Schlinge und angefüllt mit Ehre.»

«Aber leider ist das hier kein Lustspiel. Ich sehe schwarz.»

Es dauerte eine Weile, ehe der Kompanieführer von dem kleinen Leutnant über den Begehr der beiden Zivilpersonen informiert worden war. Dann flog die Tür auf, und die beiden wurden zackig aufgefordert, vor dem Oberleutnant zu erscheinen. Schmaler Kopf, dicht zusammenstehende Augenbrauen, verbissenes Ehrgeizgesicht, stellte Baer fest. Das EK II war die einzige Auszeichnung. Der verletzte Arm rührte wohl kaum von einem Gefecht her.

Der Oberleutnant war so groß wie Uhlig. Er blickte den Eintretenden mit schlecht verhohlener Neugier entgegen. Sein

Mund verzog sich beim Sprechen etwas. Der rechte Mundwinkel rutschte nach oben. Das gab dem Gesicht einen sarkastischen Zug. Sofort übernahm der Offizier die Führung des Gesprächs. Ohne sich die Mühe einer verbindlichen Einleitung zu machen, sagte er: «Die Uk-Stellung des Schützen Wodruba wird vom Heereswaffenamt befürwortet, wie Sie sagen? Aber wo ist die Verfügung des Generalkommandos? Ich sehe hier nur eine Dringlichkeitsbescheinigung der V-Stelle Insel, und die ist für mich nicht maßgebend.»

«Das Fernschreiben vom Generalkommando ist dabei», sagte Uhlig.

«Ein Fernschreiben ohne Dienstsiegel ist für mich kein gültiges Dokument.»

Uhlig erklärte, daß der Schein unterwegs sei und das Flugzeug auf dem Feldflugplatz warte. Nicht von ungefähr habe die V-Stelle für einen einzigen Mann eine Maschine bereitgestellt.

Vielsagend sah der Oberleutnant zu seinem Stellvertreter hinüber. «Wenn *wir* so großzügig mit unserem Brennstoff umgingen, dann müßten wir unsere Fahrzeuge demnächst zur Front *schieben.*»

Der kleine Leutnant nickte beifällig.

Uhlig wollte scharf erwidern, aber Baer kam ihm zuvor. Er ging scheinbar auf den Ton des Offiziers ein. «Das wollen wir ja gerade verhindern helfen. Brennstoffmangel! Woran liegt es denn? Weil unsere chemische Industrie nicht genügend Fachkräfte hat. Wodruba ist ein ausgezeichneter Chemiker. Ich habe mit ihm zusammen gearbeitet.»

Der Oberleutnant streifte den großen Zivilisten mit einem verächtlichen Blick. Im Tone eines Menschen, der mehr weiß, als er sagen will, erwiderte er: «Die V-Stelle Insel ist kein Hydrierwerk. Geben Sie sich keine Mühe mit Ihren Erklärungen.»

Jetzt fuhr Uhlig auf. «Sie als Offizier wissen genau, daß wir Ihnen keine näheren Angaben über die V-Stelle machen können. Eines aber steht fest: daß Wodruba dort eine Tätigkeit zu verrichten hat, die kriegsentscheidender ist, als wenn er hier Autos putzt oder Fußböden schrubbt.»

Oder Geiseln erschießt, hätte Baer gern hinzugesetzt.

Der Offizier wuchs hinter seinem Schreibtisch. Sein rechter Mundwinkel zog sich vor Empörung noch höher. Er suchte nach

Worten. «Meine Herren, Sie scheinen nicht zu wissen, in welcher ernsten Lage wir uns zur Zeit befinden, sonst könnten Sie nicht so abfällig vom Dienst des einfachen Soldaten sprechen. Vor knapp vierundzwanzig Stunden sind Tausende deutscher Soldaten mit ihren Offizieren in die Hände der Russen gefallen.»

Im Raum wurde es still. Uhlig und Baer sahen sich an. Sie wußten beide: Stalingrad war gefallen. Die 6. Armee hatte sich ergeben müssen. Baers breite Brust hob und senkte sich unter einem tiefen Atemzug. Keiner konnte wissen, ob es ein Seufzen oder Aufatmen war.

Die Stimme des Oberleutnants durchbrach die Stille der Bestürzung. «Verstehen Sie nun, warum ich auch nicht auf *einen* Mann verzichten kann?» Er gab dem kleinen Leutnant einen Wink, sich der beiden Männer anzunehmen. Für ihn war der Fall erledigt. Er hatte die unbequemen Sendboten mundtot gemacht mit der Wucht der erschütternden Nachricht.

Martin Uhlig war nicht gesonnen, sich mit diesem Bescheid zufriedenzugeben. Erregt durchmaß er das Zimmer vom Fenster bis zum Ofen. Er teilte mit Baer seine Fliegerschokolade. Sie aßen sie zum Brot. Es war niemandem eingefallen, ihnen etwas Warmes zum Essen anzubieten.

«So schlimm es klingt», sagte Uhlig, «aber es ist so: Dem Oberleutnant ist das verlorene Stalingrad ein willkommener Vorwand, Wodruba festzuhalten. Gerade Wodruba. Das Ganze ist faul, ein reiner Willkürakt. Wir dürfen nicht lockerlassen.»

Sie beratschlagten eine Weile. Dann meldeten sie sich wieder im Vorzimmer des Adjutanten.

«Wie lästige Bittsteller», sagte Baer leise, «die hintenherum wieder hereinkommen, wenn man sie vorn hinausgeworfen hat.» Er seufzte verächtlich. «Was tut man nicht alles fürs Vaterland!»

Der Oberleutnant ließ sich nicht mehr sprechen. Auf ihr Drängen gelangten sie nur bis zu dem kleinen Leutnant. Der saß hinter seinem Schreibtisch. Er war, mit seinem unverhältnismäßig langen Oberkörper, ein Sitzriese. Die Eintretenden beachtete er kaum und ließ Uhlig reden.

Martin Uhlig konnte seiner Stimme ohne Anstrengung den scharfen Befehlston geben, der auf Litzenträger, Backfische und Untertanenseelen jeglicher Art immer wieder Eindruck machte.

Der Leutnant hob tatsächlich schon beim zweiten Satz seinen Kopf vom Heeres-Verordnungsblatt, in dem er blätterte.

«Sie haben an unseren Ausweisen gesehen, daß wir – obwohl in Zivil – ebenfalls Angehörige einer Wehrmachtsdienststelle sind. Wir sind selbstverständlich unserem Vorgesetzten Rechenschaft schuldig über das, was wir in der Sache Wodruba unternommen haben –»

«Bitte sehr, unterrichten Sie Ihren Oberstabszahlmeister von den Bedenken unseres Kompanieführers», sagte der Leutnant spöttisch.

«Oberstabszahlmeister?» Baer lachte kurz auf. – «Jawohl. Er hat ja die Bescheinigung der V-Stelle unterschrieben.»

«Als Leiter der Personalabteilung!» sagte Uhlig scharf. «Wir beide haben uns vor unserem unmittelbaren Vorgesetzten, dem Generalmajor, zu verantworten – Herr Leutnant.» Uhlig sprach schnell weiter. Er sah, daß seine Taktik richtig war, denn das Heeres-Verordnungsblatt wurde zur Seite gelegt. «Wir dürfen nichts unversucht lassen, unseren Auftrag gut zu Ende zu führen. Wollen Sie uns bitte mit Ihrer nächsthöheren Kommandostelle verbinden.»

Der Leutnant bemühte sich, seine Überlegenheit aufrechtzuerhalten. «Ich glaube nicht, daß das Bataillon auf Ihre fernmündliche Information hin eine Entscheidung treffen wird.» Er erhob sich und war plötzlich wieder sehr klein.

«Wenn es sein muß, werden wir zum Bataillonsstab fliegen», sagte Baer, ohne eine Miene zu verziehen. Er wußte genau, daß die Ju spätestens am nächsten Morgen wieder in der V-Stelle zur Verfügung stehen mußte und daß die Zeit bereits weit fortgeschritten war. Er hatte keine Ahnung, in welcher Entfernung der Bataillonsstab lag.

Er erreichte, was er wollte. Der Leutnant wandte sich zur Tür. «Ich werde die Verbindung herstellen lassen.»

Wieder warteten Baer und Uhlig in dem kahlen Raum und zählten die Schritte zwischen Fenster und Ofen.

«Das dauert aber lange mit der Verbindung», spottete Uhlig nach Ablauf der ersten Viertelstunde. Er zog alle paar Minuten seine Uhr. Nach einer weiteren Viertelstunde klopfte es. Der Luftwaffen-Obergefreite kam, um zu mahnen, daß seine Zeit bald abgelaufen sei. Der Fahrbefehl, den der Flugplatzkommandant bewilligt hatte, war zeitlich begrenzt.

Uhlig stöhnte tief nach innen. Er malte sich aus, was der Kraftfahrer sagen würde, wenn es hieße, fünfzig oder mehr Kilometer weiter zum Bataillonsstab zu fahren. Baer suchte nach einer Formulierung, die den Obergefreiten bei guter Laune erhalten konnte und ihn zugleich im ungewissen ließ über Beginn und Ziel der nächsten Fahrt. Da fesselte ihn ein Vorgang auf der Dorfstraße.

«Moment mal», sagte er und trat dichter an das Fenster heran. Er sah etwas, das man schwerlich als ungewöhnlich bezeichnen konnte. Ein Soldat, feldmarschmäßig ausgerüstet, mit vollem Gepäck, kam rasch, fast im Laufschritt, die breite Dorfstraße entlang auf das Stabsquartier zu. «Da kommt er», sagte Baer und lachte kurz auf. «Fertig zur Abreise.»

Uhlig atmete erleichtert durch. Er klopfte dem Obergefreiten erfreut auf die Schulter. «Satteln Sie, mein Lieber. Wir können!»

Franz Wodruba hatte gerade das Haus erreicht, als Uhlig aus der Tür trat. Der Soldat stoppte seinen Eilmarsch und grüßte stramm militärisch. Als er gleich darauf Baer bemerkte, der sich beim Heraustreten im Türrahmen bücken mußte, verklärte sich sein Gesicht. Trotzdem verharrte er stumm, in respektvoller Entfernung. Zwei Wochen Kommiß hatten genügt, um diesem unbekümmerten Wiener einzuimpfen, wie groß die Kluft zwischen einem Landser und einem normalen Menschen war.

«Einsteigen, Herr Wodruba», sagte Uhlig einladend.

«Entschuldigen S' noch a Momenterl, ich soll in der Schreibstube grad' noch mei Papierl in Empfang nehmen.» Eilig zwängte sich Wodruba mit seinem umfangreichen Gepäck durch die schmale Tür.

Wenig später fuhren sie ab. Keiner der drei hatte den Kompaniechef noch einmal gesehen. Im letzten Augenblick, als der Luftwaffen-Obergefreite den Fuß bereits am Gashebel hatte, erschien der kleine Leutnant in der Tür. Er machte eine Geste, als bedauere er, zu spät gekommen zu sein. Mit einem nachlässigen Gruß bedachte er den davonfahrenden Wagen.

Wodruba berichtete: Oberleutnant Wedelstedt, das sei der Kompaniechef mit dem Arm in der Schlinge – was übrigens keine Schußverletzung, sondern bei vorbildlicher schneller Räumung einiger Dörfer passiert sei, wofür er auch das EK bekommen habe –, also dieser Wedelstedt habe in dem Augenblick, als er erfuhr, daß Wodruba in der Versuchsstelle Insel gearbeitet habe, einen heillosen Rochus auf ihn bekommen. Er habe ihn zu den rauhesten Burschen gesteckt und sofort dem Exekutivkommando zugeteilt. Es sei schrecklich gewesen.

Wedelstedt! Jürgen Baer horchte auf. Den Namen hatte er von Eva schon gehört; er wußte nur nicht mehr, in welchem Zusammenhang. Er nahm sich vor, ihr von der Begegnung zu erzählen.

Wodruba saß vor ihm. Der militärisch kahlrasierte Nacken des Soldaten mutete ihn fremd an. – Unsere Beute! dachte er. Ich habe geholfen, die Front um einen Mann zu schwächen. Und jetzt bringe ich ihn zu einem Frontabschnitt, wo er das Zehnfache für den Krieg leisten wird. Ich bin mitten drin in dem Schleuderwerk. Die Überlebenden von Stalingrad sind ausgestiegen. Hoffentlich mit allen Konsequenzen. Und Heino hat es nicht mehr erlebt. – Während er im Zuge ahnungslos mit Traude Hörselmann gescherzt hatte, einen Tag vor Weihnachten, hatten sie den Freund erhängt. Nicht einmal einer Kugel hatten sie ihn für würdig befunden!

Er kroch tiefer in die Hülle seines Mantels hinein, und ihm fiel ein, daß er Hanna Peplow vor kurzem gesagt hatte: «Wenn Wodruba weg ist, habe ich einigermaßen freie Hand. Die sollen was erleben mit ihrer Treibstoffmischung.» Und nun hatte er ihn zurückgeholt.

«Daß unsere Helden von Stalingrad kapituliert haben, sehe ich als Verleumdung an. Sie sind ruhmvoll untergegangen. Anders kann es gar nicht sein.»

Diese Worte kamen am 3. Februar aus dem Munde Rosemarie Klemts. Sie hatte Gäste. Um den Teetisch ihres Stilzimmers saßen Traude Hörselmann, Christa Kelner und die Maidenoberführerin, die Leiterin des Wohnheims «Koralle». Rosemarie Klemt wählte sehr sorgfältig aus, wenn sie – zweimal im Jahr – ihren Damentee gab. Diesmal hatte ihr die Unglücksbotschaft, die sie aus den Mittagsnachrichten erfuhr, den Tag verdorben. Aber es gefiel ihr nicht übel, gleich ein Publikum zu haben für ihre Mutmaßungen und Meinungen. Christa Kelner, die frischgebackene Oberstleutnantsfrau, bejahte auch ohne Worte alles, was sie sagte. Das wußte Frau Klemt. Die Maidenführerin, politisch auf dem laufenden durch die regelmäßige Notwendigkeit, ihren Maiden die Zeitungsschau zu geben oder abzuverlangen, war ihr eine gute Ergänzung. Eine Enttäuschung war diesmal Traude Hörselmann. Nicht genug, daß sie sich mit einem Werkpiloten, einem «Einflieger», verlobt hatte, sie schien auch in ihrer Haltung abgerutscht zu sein. Durch die Tatsache, daß ihr Bruder vor Charkow lag, ließ sie sich zu dem Vergleich verleiten, was wäre, wenn er statt in Charkow in Stalingrad läge.

«Untergang, ob ruhmvoll oder nicht, bedeutet Tod», sagte sie, «also das Ende ohne jede Hoffnung. Mein Bruder hängt am Leben. Er hat eine Familie, drei Kinder. Ich wäre dankbar für jeden kleinen Funken Hoffnung. Ob er durch Kapitulation gewonnen wäre oder nicht, das ist mir gleich.»

Rosemarie Klemt antwortete verächtlich: «Lieber einen Menschen in Ehren verlieren als einen Ehrlosen zurückkehren sehen.»

«Der Meinung bin ich auch», sagte die Kelnerin und goß sich Weinbrand in den Tee. Sie hatte ihn als Gastgeschenk mitgebracht. Er stammte aus dem Keller des Kasinos.

Traude Hörselmann sah zergrübelt aus. Seit Weihnachten genoß sie nicht nur das Glück, Parisius' Braut zu sein, sondern teilte auch seine Sorgen. Da er einen gesunden Menschenverstand hatte, waren diese nicht klein. Traude schüttelte den Kopf. «Es war ein Abenteuer, in Rußland so weit vorzustoßen. Napoleon hat sich dort schon das Genick gebrochen. Ich weiß nicht, ob es besonders ehrenhaft ist, für einen Irrtum zu sterben.»

Die Maidenführerin strich ihren runkelrübenfarbenen Rock glatt und sah erstaunt zu Frau Klemt hinüber. Warum protestierte denn die Gastgeberin nicht? Das war doch offenkundige Auflehnung! Rosemarie Klemt bemerkte den Blick und lächelte spöttisch. Sie kannte den Verlauf von Zeitungsschauen und Aussprachen über die politische Lage. Die Maidenführerin war gehorsames Nachbeten der Zeitungs- und Rundfunkmeldungen von ihren Kriegshilfsmaiden gewohnt. Anderslautende Gedanken hinter den Mädchenstirnen schien es für sie nicht zu geben.

Aber ganz so einfach war es nicht. Dr. Klemts Umgang waren kompliziertere Menschen. Rosemarie Klemt braucht nur an Tiefenbach und Baer zu denken. Viele Hitlergläubige waren abgefallen seit Kriegsbeginn. Es gab Zweifel, viel Wenn und

Aber. Rosemarie Klemt wußte das. Sie verachtete die Kleingläubigen, aber sie rechnete mit ihnen. So sagte sie ganz ruhig zu Traude Hörselmann: «Wenn du die Taktik der rollenden Angriffe an der Ostfront für falsch hältst, sprichst du dem Führer die Fähigkeit ab, unser oberster Feldherr zu sein.»

Traude erschrak. Sobald der «Führer» auftauchte, drohten Unannehmlichkeiten. Sie dachte an die Sache mit dem Hitlerbild im Haus Seestern. Sie zog sich zurück. «Ich verstehe nichts von Strategie. Ich dachte nur daran, daß viele tausend Menschen geopfert werden mußten, und ich sehe den Grund nicht ein. Wir können doch diese Ostgebiete nie halten.»

«Sie haben sich wohl noch nicht viel mit der nationalsozialistischen Weltanschauung beschäftigt?» fragte die Maidenführerin spöttisch.

«Nein, ich habe Mathematik studiert.»

«Darum ist Ihnen vermutlich der tiefere Sinn dieses Krieges auch noch nicht aufgegangen. Wir sind es, die das Imperium der weißen Völker gegen die Revolution der Farbigen schützen müssen.»

Traude war überrascht über die Belehrung der Maidenführerin. Worauf sollte denn das hinaus? Weder Stalingrad noch Warschau hatten farbige Bevölkerung. Aber irgendwo hatte sie etwas Ähnliches schon gehört. Mühsam erinnerte sie sich an eine Unterhaltung zwischen Dr. Klemt und Brettschneider. Brettschneider hatte von einer «asiatischen Drohung» gesprochen. Zu den asiatischen Völkern rechnete er auch das sowjetische Rußland. In der «gelben Gefahr», die den weißen Völkern drohte, spielte weiterhin das riesige China eine Rolle und auch Japan, obwohl es mit dem Reich verbündet war. Aber Hitler hielt ja seine Verträge nur , solange sie ihm nützten. Die billigen Exporte der farbigen Länder, zu denen man auch Südamerika rechnen mußte, waren der Kernpunkt der «asiatischen Drohung». – Etwas Ähnliches mußte die Maidenführerin meinen, auch wenn sie es, hätte man sie gefragt, mit der Rasse, der Überlegenheit des nordischen Blutes verbrämt hätte. Aber so viel durchschaute Traude schon, daß sie das idealisierende Mäntelchen empfand. Nach den Tausenden Besiegten von Stalingrad tat man gut daran, sich ein bißchen stärker als gewöhnlich die Augen zu reiben. So blieb die grausame Erkenntnis, daß es in dem großen Völkermorden um die Weltmärkte ging. Sie war

Großkaufmannstochter. Sie wußte, was das Wort «Märkte» bedeutete: Absatz! Absatz und Gewinn im großen. Besitz und Absatzmöglichkeit von Erdöl, Weizen, Chemikalien, Erzen, Kohle. Dafür starben sie also, die in Stalingrad, vor Moskau und am Don! – Sie wußte im voraus, was die Maidenführerin und Rosemarie Klemt darauf geantwortet hätten: «Unser Land ist zu klein. Wir sind ein Volk ohne Raum. Das Versailler Diktat hat uns die Lebensquellen genommen.» – Aber das stimmte ja alles nicht! Ihr Vater fabrizierte Maschinen. Er war ein guter Ökonom und frei von Größenwahn. Er hatte ihr einmal gesagt, daß Deutschland von jeher in der Lage gewesen sei, die Einfuhr von lebenswichtigen Gütern durch die Ausfuhr seiner hochentwickelten Fertigwaren zu decken. – Wozu also der Krieg? Ein Würfelspiel um die Macht in der Welt? Ein blutiges Spiel! – Ihr klopfte das Herz, denn sie hatte jetzt jemanden zu verlieren. Sie liebte Wilfried Parisius sehr.

Ganz entfernt hörte sie Rosemarie Klemts Stimme: «Die Stalingrader Schlacht ist nur eine kleine Episode auf unserem großen Wege. Sie wird Früchte tragen. Bestimmt! Unsere tapfere Wehrmacht wird um so entschlossener vorgehen, sich um so fester um den Führer scharen.» Obgleich Rosemarie Klemt jetzt die Stimme senkte, fast so, als verrate sie ein Geheimnis, hörte Traude die nächsten Worte erschreckend deutlich. «Und auch auf der Insel wird man sich zusammenreißen. Deutschland ist wie der gehörnte Siegfried. Stalingrad – das war die verwundbare Stelle, das ungeschützte Schulterblatt. Aber laßt das A 4 erst fertig sein. Das macht uns unüberwindlich.» Schadenfroh quittierte Rosemarie Klemt Traudes beschwörenden Blick. «Wir sind doch unter uns», sagte sie leichthin. Sie hatte beabsichtigt, ihre Gäste zu verblüffen. Alle sollten sehen, daß sie als Ehefrau nicht uneingeweiht nebenherlebte. Was sie nicht wußte, dachte sie sich dazu. Daß gerade dieses Zuviel-dazu-Denken Traudes Bestürzung hervorgerufen hatte, merkte sie nicht.

Die Klemtschen Kinder kamen, um gute Nacht zu sagen. Die siebenjährige Winifred hatte die klugen, lebhaften Augen des Vaters. Der vierjährige Norbert war kühl zurückhaltend wie die Mutter und hatte das Pummelig-Kleinkindhafte nahezu abgestreift. Traude begleitete das Pflichtjahrmädchen ins Kinderzimmer. Winifreds Wunsch, von ihr zu Bett gebracht zu werden, war Traude ein willkommener Anlaß, der unerquicklichen Unterhaltung zu entfliehen.

Auf der Treppe, als es die Mutter nicht mehr sehen konnte, ließ sich Winifred huckepack nehmen. Norbert stand abwartend. Er ließ sich auch von dem sechzehnjährigen Pflichtjahrmädchen nicht anfassen. Das Mädchen stammte aus Sachsen und fühlte sich in dem Hause noch sehr unsicher. Beim Waschen im Badezimmer nahm sie für Norberts Gesicht den falschen Lappen. Der Kleine riß ihn ihr aus der Hand und warf ihn gegen die Fliesenwand. «Der ist doch für unten 'rum! Das lernst du nie!» rief er. Die altkluge Redewendung klang drollig in dem Kindermund. Traude mußte wider Willen lachen. Aber das Mädchen biß sich auf die Lippen und wurde rot.

«Gehst du im Sommer wieder mit uns zum Strand?» fragte Winifred, als Traude sie hinlegte.

«Möchtest du es denn gern?»

«Ja. Aber Mutti sagt, du hast keine Zeit mehr für uns, weil du jetzt einen Bräutigam hast.»

Traude gab ihr einen Nasenstüber und versprach viele Strandgänge für die Tage, an denen ihr Bräutigam fliegen müsse.

Wenn ich erst Kinder habe! – dachte Traude, als sie die Treppe langsam hinunterstieg. Aber sie kam nicht dazu, ihren Gedanken nachzuhängen, denn Oberstleutnant Kelner war gekommen und hatte Oberzahlmeister Hanke mitgebracht.

Hankes Eintreffen verursachte eine kleine Revolution in der Teegesellschaft. Die Maidenführerin hatte offenbar ein Recht, seine Anwesenheit für sich zu verbuchen, aber weder Rosemarie Klemt noch Christa Kelner waren geneigt, ihr den schönen Mann zu überlassen. Er saß zwischen ihnen in dem Sessel, den Traude innegehabt hatte.

Der Oberstleutnant stand noch bei Klemt im Herrenzimmer und erregte kaum Aufsehen.

«Meine Damen!» Hanke sprach ernst, der Lage angemessen; nichtsdestoweniger war ihm anzumerken, daß ihm der Empfang gefiel. «Die Forderung des Tages wird uns allen noch mehr abverlangen. Taten – aber vor allem Haltung. ‚Die Treue ist das Mark der Ehre', danach müssen wir leben und auch unsere Mitarbeiter entsprechend durchsieben. Ich bin überzeugt, daß die Pläne für den großen Gegenschlag längst im Führerhauptquartier liegen. Und was wir tun können, na –!» Er blitzte nach drei Seiten, um seine Hörerinnen voll zu befriedigen. Traude saß im Hintergrund auf dem Klavierschemel und wurde von dem Blitzeblick nicht bedacht. Aber die Maidenführerin stand in seinem Bann. Lebhaft beteuerte sie: «Für meine Maiden lege ich die Hand ins Feuer – mit einigen Ausnahmen.»

«Die Ausnahmen müssen beseitigt werden. Die Insel ist der ungeeignetste Ort für unsichere Elemente», sagte der Oberzahlmeister, als habe er bereits den Befehl für eine Säuberungsaktion in der Tasche.

«Eigentlich ist es auch nur eine, für die ich nicht geradestehen kann», beeilte sich die Maidenführerin hinzuzufügen. «Sie wohnt nicht mehr im Heim.»

Rosemarie Klemt zog die Augenbrauen hoch. Unvermittelt schrillten hohe Töne durchs Zimmer. Traude Hörselmann hatte auf dem Klavier ein paar Tasten angeschlagen. Sie entschuldigte sich, schien selbst überrascht zu sein. Sie habe sich nichts dabei gedacht.

Klemt kam mit dem Oberstleutnant durch die Verbindungstür. Die unvermittelten Töne hatten sie angelockt. Das Gespräch nahm eine andere Wendung. Traude atmete auf.

Hans Tiefenbachs Zimmer war schmucklos wie das Nachtquartier eines Reisenden, der lediglich sein Gepäck abgesetzt hat und sich nicht für längeren Aufenthalt einrichten will. Auf dem Tisch lag keine Decke, die Wände hatten keine Bilder. Ein Leuchter in Handschmiedearbeit mit dicker Kerze und Windschutz aus gelbem Pergament war das einzige, was dieser wehrmachtseigenen Unterkunft – neben den Stapeln von Büchern auf dem Schreibtisch – eine eigene Note gab. Der Leuchter stand erst wenige Stunden dort. Wenn man so wollte: Das Licht war mit Eva Leonhard in dieses Zimmer gekommen. So hatte Hans Tiefenbach lächelnd gesagt, als sie ihm den Leuchter auf den Tisch stellte als Geschenk an ihn, zu seinem Geburtstage, der im Jahre 1943 so verdüstert wurde.

Sie saßen zu dritt beim Schein der Kerze: Eva, Hans Tiefenbach und sein Mentor, Professor Heinrich Leupold. Um ihn zu ehren, hatte Tiefenbach Eva gebeten, an diesem Tage bei ihm Hausfrau zu spielen.

Sie war noch nie bei ihm gewesen. Sie war neugierig auf Professor Leupold, der immer nur kurze Gastrollen auf der Insel gab und von dem sie wußte, daß er in Hans Tiefenbachs Leben eine bedeutende Rolle spielte. Nun war der große Schatten auf den Tag gefallen, und dieser Schatten bestimmte Gedanken und Gespräche. Hans Tiefenbach hatte ihr einmal gesagt, er habe zu Leupold so viel Vertrauen, als ob er sein Vater wäre. Beglückt empfand sie, daß sie in den Vertrauenskreis einbezogen war. Es gab kein vorsichtiges Wägen und Zurückhalten der Worte. Was emporgewühlt war, mußte über die Zunge fließen. Das stille Zimmer umschloß drei Freunde.

Hans Tiefenbach zerfaserte in seiner schwerfließenden Redeweise Zorn und Bitternis. «Was mir am Nationalsozialismus am unheimlichsten ist, das ist die ungeheure Anmaßung, die zu Stalingrad geführt hat. Es ist doch ein Wahnwitz, so weit vorzupreschen! Hitler kennt weder Maß noch Ziel.»

Leupold ließ Hans Tiefenbach ruhig ausreden. Dann wartete er, bis Eva ihm das Rotweinglas neu gefüllt hatte. Er dankte ihr mit einem freundlichen Kopfnicken, trank einen Schluck und sprach, halb zurückgelehnt, die Hände um sein Knie gefaltet. «Was Sie Anmaßung nennen – Sie meinen damit den Führungsanspruch der Nazis –, das ist nichts weiter als letztes Aufbäumen eines Sterbenden.»

Eva war überrascht von seinen Worten. Impulsiv fragte sie: «Wen meinen Sie mit dem Sterbenden? Das Dritte Reich? Es ist doch noch sehr jung.»

«Unsere Welt meine ich. Die bürgerliche Ära, oder wie man es nennen will. Die künftige Geschichtsschreibung wird einen Begriff dafür prägen. Ich habe ihn heute noch nicht. Ich weiß nur, daß die Wirtschaftskrise zu Hitler führte und die Herzen für einen Messias empfänglich machte. Dem Ertrinkenden erscheint der Strohhalm als rettender Baumstamm. Selbst demokratisch gesinnte Kreise gewann der Mann für sich. Sie nahmen Rassenhetze und Führerprinzip in Kauf, weil er den Antibolschewismus predigte. Die Unternehmer fürchteten kommunistische Einflüsse wie die Pest, und als sie merkten, daß sie unter den Arbeitern immer stärker wurden, sagten sie sich: ‚Da hilft nur noch die Peitsche' – und finanzierten Hitler.»

«Sie sehen also in Hitler kein vereinzeltes Phänomen?» fragte Hans Tiefenbach mit leisem Zweifel.

«Nein. Er ist für mich die Inkarnation des Abstiegs unserer Gesellschaft. Der Abstieg war unvermeidlich. Die Form unseres

Abtretens bestimmt er, das ist richtig. Und die ist allerdings furchtbar genug.»

«Demnach wäre der ‚Führer' auch nur ein Geführter! Und was Sie sagen, klingt so, als glaubten Sie überhaupt nicht daran, daß Männer Geschichte machen.»

«Das Einzelwesen, das Individuum, schält sich aus der Masse heraus, wenn seine Zeit da ist. Das ist eine Gesetzmäßigkeit. Rousseau und Voltaire haben die Französische Revolution geistig vorbereitet. Aber doch nicht von ungefähr. Die Revolution des Bürgertums lag in der Luft. Die Ideen reiften allmählich, und aus dem Volk gekommen, kehrten sie dahin zurück und wurden Zündstoff. Die Situation der Majorität bestimmt den Geschichtsablauf.»

Eva hatte in wachsender Erregung dem Wortwechsel der beiden Männer zugehört. Hier waren Antworten die Fülle auf ungelöste Fragen. Da Hans Tiefenbach im Nachdenken verharrte, wendete sie sich an den Professor.

«Kürzlich sagte jemand etwas, das mich stark beschäftigt hat. Er sagte, die Dichter und Denker seien nicht in der Lage, die Weltgeschichte zu beeinflussen, sondern nur die Politiker und Feldherren. Wenn es Napoleon nicht gegeben hätte, so meinte der Mann, wäre die Weltgeschichte anders verlaufen. Aber hätte es keinen Goethe gegeben, so spielte das weiter keine Rolle.»

«Warum hat Sie das so beschäftigt, Fräulein Eva?»

«Weil mir die Auslegung nicht gefiel und weil ich nichts zu erwidern wußte. Aber jetzt wüßte ich schon zu antworten.»

«Der Mann scheint ein sehr oberflächlicher Betrachter zu sein. Zur Weltsituation gehört auch das geistige Klima, und das hat Goethe innerhalb Europas weitgehend beeinflußt. Wenn Sie wollen, kann ich Ihnen einen sinnfälligeren Vergleich geben. Was wäre Kolumbus gewesen, ohne die Lehre von der Kugelgestalt der Erde? Anaximander und Pythagoras – also Philosophen und Mathematiker waren es, deren Spuren der Tatmensch Kolumbus folgte, als er seine Entdeckungen machte.»

Eva sah sich bestätigt. Daß sie diese Stunde an Leupolds Seite auskosten konnte, verdankte sie wohl vor allem dem Freund, dem «großen Baeren». Durch ihn war sie vorbereitet. Sie saß nicht stumm dabei wie die Kelnerin, ängstlich bedacht, ihr Unwissen zu verbergen, und sie begriff, daß Wissen das Verantwortungsgefühl erhöhte.

Auch Hans Tiefenbach war von des Professors Geschichtsbild stark berührt. Erregt ging er im Zimmer hin und her. «Entsetzlicher Zustand! – Wir treten nun schon kurz! Sollen wir auf der Stelle treten und uns der Gestapo ausliefern?»

«Das muß jeder mit seinem Gewissen ausmachen. Eines weiß ich gewiß seit der Physikertagung in Seefeld: Hitler kriegt die Atombombe nicht. Die wenigen, die sie entwickeln könnten, fahren wohlweislich auf Nebengleisen. In Satzfetzen, mit halben Bemerkungen haben wir uns verständigt. Hitler ist davor zurückgeschreckt, daß die Entwicklung nuklearer Waffen Jahre beanspruchen würde. Er glaubt, bis dahin längst den Sieg in der Tasche zu haben. In diesem Falle kommt der Größenwahn dieses Mannes unseren Wünschen sehr entgegen. Mir ist ein Stein vom Herzen gefallen. Die Atombombe in Hitlers Hand würde die Schande, die auf unser Volk fällt, unaustilgbar machen.»

«Und wie ist das mit dem A 4?» fragte Hans Tiefenbach herausfordernd.

«Ach, dieses mühsame Kind unseres genialen Doktors! Eine Schwalbe macht noch keinen Sommer und ein geglückter Start noch keine Erfolgsserie. Es absorbiert ein paar hundert Wissenschaftler und ein paar tausend weitere Menschen und bewahrt sie davor, sich töten zu lassen.»

Hans Tiefenbach befriedigte die Antwort nicht. Er dachte an den Rundfunkkommentator. «Sein bloßes Vorhandensein macht das A 4 schon gefährlich. Im psychologischen Sinne. Die Propagandamaschine arbeitet damit. Man spekuliert mit der Hoffnung der Menschen. Sie werden zum Aushalten bewogen, mit der Wunderwaffe im Hintergrund. Vielleicht haben auch die Eingeschlossenen in Stalingrad noch bis zuletzt an Entsatz geglaubt, auf Hilfe gehofft durch das Wunder der Vergeltungswaffe. Ist es nicht ebenso schlimm, diesen Betrug mitzumachen wie an der Waffe zu bauen? Sie verhindern oder fördern – was ist menschlicher? – Herr Professor, wir stecken in einer furchtbaren Sackgasse.»

Der Professor schien gelassen. «Das wissen wir doch nicht erst seit heute, lieber Tiefenbach.»

«Nein. Sie haben recht.» Hans Tiefenbach gab sein nervöses Umherstreifen auf. «Übrigens – ich bin ein schlechter Gastgeber. Verzeihen Sie.»

«Bei dieser jungen Dame müssen wir uns beide entschuldigen, daß wir die ganze Zeit von Politik gesprochen haben», sagte der Professor liebenswürdig.

Hans Tiefenbach blieb vor Eva stehen und beugte sich zu ihr herab. «Das ist nicht nötig, Professor. Dieses Mädchen ist ein Außenseiter. Sie versteht fast mehr von dieser Wissenschaft als ich.»

«Dann scheint sie sich in vielen Fakultäten auszukennen, denn was sie gebacken hat, schmeckt ausgezeichnet.»

Die herabbrennende Kerze war der Zeitmesser des Abends. Die beiden Männer hatten ihren Arm auf die niedrige Lehne der Couch hinter Evas Kopf gelegt und saßen ihr zugewandt. Das Mädchen war die Verbindung zwischen ihnen. Das wenige, was gesprochen wurde, wog schwer. Auch Eva sprach hin und wieder.

«Manche Leute sitzen am Radio und addieren die verlorenen Bruttoregistertonnen und Flugzeuge. Sie meinen, das Ende des Krieges sei ein Rechenexempel.»

Leupold stellte den Kopf schräg und zog die Augenbrauen hoch. «So einfach ist das nicht, wenn auch die Heeres-Etats der Großmächte ziemlich bekannt sind. Aber es wird ja immer weitergearbeitet. Und wo es fehlt, muß das Volk opfern.»

«Der Weltkrieg 14/18 soll fünfunddreißig Prozent des Weltvermögens gekostet haben», sagte Hans Tiefenbach. «Nur die direkten Verluste gerechnet. Man bedenke: fünfunddreißig Prozent des Vermögens der ganzen Welt!»

«Dieser Krieg wird noch viel, viel teurer», sagte Leupold. «Das A 4 noch gar nicht eingerechnet.»

Wann wird man die Bilanz ziehen müssen, dachte Eva, diese fürchterliche Bilanz, in der Menschen zu Zahlen werden, zu Verlustzahlen, so vielstellig, daß man Rechenmaschinen zu Hilfe nehmen müßte, um sie zu addieren! Wie stark war eigentlich eine Armee? Und was blieb davon noch übrig, als sie kapitulierte? – Alfred, der jüngste Bruder der Mutter, war in Stalingrad. Sie dachte an ihn und glaubte, das Bild aus der Laterna magica vor sich zu sehen. Sie gab dem Bild einen neuen Namen: Stalingrad.

5

Sonne und Sturm

Eva hatte dunkle Augenränder. Vier Nächte lang das Brausen des Windkanals, Zahlenkolonnen, Dezimalwerte, Protokollblätter voller Nullen mit winzigen Endziffern weit hinter dem Komma.

Kaum vorstellbar, daß es da noch wichtig war, ob man eine Drei oder eine Vier vom Manometer ablas.

Noch niemals war der Meßvorgang so wichtig genommen worden. Doktor Klemt war selbst die halben Nächte dabei. Er war voller Unrast unterwegs zwischen seinem Büro und dem Versuchsraum. Sein eigenes Projekt, das «Osterei», hing in der Meßkammer. Das Modell, silbern glänzend, mit aufgeblähtem Leib, war dem Anprall der Luftströme ausgeliefert. Nach dem Heck zu fast halbkugelförmig abgerundet, ließ es die im Schlierenbild sichtbar werdenden Ströme hinter sich zusammenschlagen.

Doktor Klemt riß nach jeder Meßserie dem Versuchsstab fast die Protokollblätter aus den Händen. Für die nächste halbe Stunde saß er dann in seinem stillen Büro und handhabte den Rechenschieber. Müdigkeit schien er nicht zu kennen, obwohl er auch am Tage seinen Dienst versehen mußte. Es ging um sein eigenes Werk. Er brauchte die letzte Bestätigung.

«Er macht uns den totalen Kriegseinsatz vor», sagte Versuchsleiter Immisch spöttisch, als Klemt wieder einmal mit einer Handvoll Meßprotokollen verschwunden war. «Die Hörselmann mit ihrem Stab wird er tagsüber schön hetzen, daß die Auswertung laufend vonstatten geht. Noch ein halbes Jahr in diesem Tempo, und wir sind reif fürs Irrenhaus. – Avanti – wir blasen.» Er drückte auf den Knopf, der Polteschieber öffnete sich, die Luft wurde hereingedrückt und schoß in die Meßkammer, dreieinhalbmal schneller als der Schall, dirigiert und bestimmt von der Düse, jenen zwei mächtigen Backen, deren Krümmungen durch komplizierte mathematische Methoden errechnet worden waren.

«Ich denke schon in Kurven und Zahlen», sagte Eva am Ende der Versuchsreihe zu Traude Hörselmann. «Geht dir das auch so?»

Traude lachte. «Das gibt sich alles. Als Mathematiker muß man etwas nebenbei haben. Die meisten meiner Kollegen musizieren. Ich bin leider nicht musikalisch genug. Dafür handwerkele ich ein bißchen. Wenn ich eine Märchenfigur für das Kinderzimmer meiner beiden Nichten entwerfe, habe ich die Quadratur des Kreises und die ganze Euklidsche Geometrie vergessen. Sieh den runden Rücken des Rattenfängers. Da denke ich nur an die Sage, sonst nichts. – Mach es auch so, Lütten, geh nach Hause, schlaf dich aus und schreib ein Gedicht.»

Eva wurde rot. Seit sie im Gespräch mit Mathesi etwas von ihren literarischen Versuchen erwähnt hatte, war es im mathematischen Büro bekannt geworden. Trotz Mathesis Drängen hatte sie es noch nicht über sich gebracht, jemandem etwas davon zu zeigen. Nur Marlies hatte sie dieses Geheimfach ihres Innern einmal geöffnet, abends, in der Stille ihres gemeinsamen Zimmers. Sehnsüchte, Träume und enttäuschte Hoffnungen führten ihr die Feder. Und vor allem das Erstaunen über das allmähliche Kennenlernen eines Menschen, der Eva hieß. – Ich bin! Und ich beginne mich zu entdecken. Es wird Zeit. Sonst ist es zu spät. Der Feldzug in Nordafrika ist verloren. In Italien brodelt es. Die Luftangriffe nehmen zu. Ich will wissen, mit wem ich es zu tun habe, ehe es mich erwischt. Ich werfe Gedichte aus mir heraus und verschlinge sie sofort wieder. Ich lerne mit weit größerem Eifer als in der Schule «Die Bürgschaft». Ich kann diese Zeit nicht besser nutzen, als mich zu bemühen, ein Mensch zu werden. Jürgen Baer sagt, das genüge nicht. Es tut mir leid, aber mehr vermag ich nicht. Was er will, ist mir unheimlich. Ich möchte leben, möchte übrigbleiben – möchte das Menschwerden zu Ende bringen. Es ist etwas so Wunderbares –

Zuweilen hat man die Empfindung, als wären Träume Wirklichkeit.

«Ich hab' mir heute einen Traum gefangen,
so bunt und vielversprechend wie ein Sommertag –»

dichtete es in Eva. Sie hatte den fehlenden Nachtschlaf noch nicht nachholen können. Am Vormittag rumorten die Putzfrauen im Haus Seestern. Sie hatte die Maisonne in den Dünen genutzt, aber zu einem tiefen Schlaf kam man dort auch nicht. Am Sonnabendnachmittag wurde es derart lebhaft am Strand, daß man selbst in der entlegensten Kuhle nicht völlig entblößt liegen konnte.

Eva kam zur rechten Zeit ins Haus, um von Labahn zu erfahren, daß Hans Tiefenbach angerufen habe. – Er war also wieder da! Nach einem Sechs-Wochen-Kommando in Italien.

Als er seinen Anruf wiederholte, bemühte sie sich, ihre Freude nicht durch allzu starke Stimmbewegung zu verraten. Er war am Vorabend zurückgekommen und hatte zum Sonntag das Scharpie bestellt, die «Forelle», die zur Versuchsstelle gehörte. Er fragte gar nicht, ob es ihr recht sei; ihm schien es selbstverständlich, daß sie mit ihm fahre. Sie hätte gern ein bißchen gezögert, etwa so, als wäre sie bereits verabredet für den Sonntag, aber sie vermochte nichts anderes zu sagen als: «Ja. Ich freue mich.»

Sie dachte an Traude Hörselmann, die sie belächelt hatte, vor knapp einem Jahr, als jene ihrer Glückseligkeit nicht Herr zu werden vermochte. – Daß sie sich eben noch nach Schlaf gesehnt hatte, war vergessen. Sie griff den Traum-Vers wieder auf:

«– Ich bin ihm weit ins Land hin nachgegangen,
bis er im Sonnenscheine endlich vor mir lag.»

Ein Traum – ein Schmetterling, sagte sie sich. Wenn man ihn berührt, zerstört man ihn. – Sie schob das Wachstuchheft von sich. Die Verse verführten zur Melancholie. Sie machten sich selbständig.

«Doch Asche rinnt durch meine schlaffen Finger,
vermischt mit Erde sich und feinem Staub –»

Sie schlug das Heft zu. Verbarg es.

Am frühen Sonntag segelten sie. Hans Tiefenbach zeigte Eva vom Boot aus die Stelle, wo er im Herbst mit Uhlig auf Wildentenjagd war. Er erinnerte sich noch jeder Einzelheit und lachte darüber. Wenige Tage danach hatte man die Kelnersche Hochzeit gefeiert und zugleich das Apfelfest in der Blockhütte. «Das war eigentlich der Anfang.»

«Welcher Anfang?» fragte Eva.

«Unser. Von da an haben wir ‚du' zueinander gesagt. Ohne besondere Formalität, glaube ich.»

Sie nickte. «Du trankst aus meinem Becher.» Sie schaute an ihm vorbei. Hinter ihm stand die Sonne.

Eva saß auf dem Schwertkasten des offenen Bootes, die Fockschot in der Hand. Ihr dunkler Kopf erhob sich vor dem weißen Großsegel. Versonnen sprach sie vor sich hin:

«Was man im Herbst begonnen hat,
sehr bald verdirbt –»

«Wie meinst du?» Der Wind trug ihr Flüstern an ihm vorbei.

«– gleich einem buntgefärbten Blatt,
das sonnentrunken, sommersatt
am Boden stirbt.»

«Dichtest du?» Ein Luftwirbel hatte ihm den Reim zugetragen. Sie mußte blinzeln, wenn sie ihn ansehen wollte. Ärgerlich über ihr vorlautes Herz, das sich so schwer bändigen ließ, antwortete sie schroff: «Nein. Ich male.» Seine Gestalt schien im Sonnenglast des überhellen Maimorgens zu zerfließen. Eva spielte mit diesem Bild. Sie verengte ihre Augen zu einem Spalt. Schlieren, dachte sie. Ich sehe die Luft. Deine Umrisse lösen sich auf. Und jetzt setze ich dich wieder zusammen. Ich male dich neu. Ich male dich so, wie ich dich haben möchte. Und das ist – genauso wie du bist. Sie blinzelte, um das Flimmerbild aus ihren Augen loszuwerden. – Somit habe ich nicht einmal gelogen!

Sie sah ihn am Ruder sitzen. Er war stark gebräunt. Der helle Hemdkragen lag über dem dunkelroten Pullover, dessen Halsloch ausgeweitet war. Er schien sehr ruhig. Seine Blicke glitten über die niedrigen Flußufer, die hier bereits weit zurücktraten. Der Fluß öffnete sich dem Meer. Die Wellen kräuselten sich stärker und bereiteten sich vor auf die große Vereinigung mit ihren herberen Schwestern.

Hans hatte ihr erzählt, daß Hanke das Scharpie für diesen Sonntag belegen wolle. Er war eine Viertelstunde zu spät gekommen. Inständig hatte der Zahlmeister gebeten, doch zurückzutreten, es liege ihm unendlich viel daran, gerade an diesem Sonntag –! Tiefenbach hatte an die Kelner-Hochzeit gedacht und ungerührt entgegnet: «Auch mir liegt gerade an diesem Sonntag unendlich viel daran. Ich habe nämlich sechs Wochen in weißem Staub verbracht in einer Gegend, die der Sahara nicht unähnlich sein dürfte.» Der Zahlmeister hatte wütend sein Drängen aufgegeben. «Es sollte mich nicht wundern, wenn er den Großmast angesägt hat», sagte Hans Tiefenbach lachend zu Eva.

Sie hätte gern gewußt, mit wem Hanke unbedingt an diesem Tage segeln wollte. Traude Hörselmann hatte ihr von dem Teenachmittag bei Frau Klemt erzählt. War es die Maidenführerin? Sie konnte sich vermutlich nicht jeden beliebigen Sonntag frei machen. Den nächsten Gedanken verwarf Eva so schnell, wie er ihr gekommen war: Frau Klemt? Die war heute allein. Ihr Mann war beim Windkanal, um dem Abschluß der Meßreihe beizuwohnen.

Der Wind kam von der Landseite und erfaßte das Scharpie kräftig, als Hans Tiefenbach das Steuer herumlegte, um längs der Küste zu segeln. Er peilte das Wrack eines ehemaligen Leuchtturms an, das als toter Steinklotz aus dem Wasser ragte. Eva hoffte, daß Hans vorbeifahren möge. Vor reichlich einem Jahr hatte Martin Uhlig mit ihr dort angelegt. Man mußte geschickt manövrieren können, um längsseits heranzukommen. Sie hatte seine Geistesgegenwart bewundert und sich ehrgeizig bemüht, ihn beim schnellen Reffen der Segel zu unterstützen. Dann hatten sie den Turm von außen erklommen. Eine senkrechte Feuerleiter führte zu einer Galerie hinauf, von wo man einen weiten Blick hatte. Ihr war es vorgekommen, als klettere sie an einem Fabrikschornstein hinauf. Oben hatte Martin Uhlig sie lächelnd umfaßt. Er hatte ihren Mut erproben wollen. Sie ärgerte sich darüber und kämpfte mit der wahnwitzigen Vorstellung, der Knoten, mit dem das Bootstau an einer der untersten Sprossen festgemacht war, könnte sich lösen, und das unbemannte Scharpie würde abgetrieben. Und sie beide wären da oben allein, kilometerweit vom Land entfernt, auf der windumtosten Galerie dieses Steinklotzes, wo nicht einmal die Möwen nisteten, gegen den die unwirtlichste Insel noch ein Paradies war. Sie löste ein buntes Atlasband, das ihr Haar zurückhielt, und ließ es über die eiserne Brüstung flattern. Der

Wind ergriff es und trieb es in zuckendem, zögerndem Wechsel zwischen Steigen und Fallen dem Meere zu. Martin Uhlig war befremdet. «Ich opfere», sagte sie. «Tu du es auch.» Aber er hatte dafür kein Verständnis. Er lachte und ließ ein abgebranntes Streichholz, das er aus der Hosentasche hervorgekramt hatte, hinunterfallen.

Heute blieb der Turm an Backbord liegen.

«Wohin segeln wir?» fragte Eva.

«Was fragst du mich? Frag doch den Wind.»

Eva freute sich der Antwort. Sie schien ihr ebenso poetisch wie ungenau. Es gab keinen Steinklotz mehr, an dem die Wellen leckten. Alle Wellen hatten sich vereinigt, das Boot vorwärts zu treiben. Eva dachte: Gestern noch fürchtete ich, von meinen Zahlen und Diagrammen nicht loszukommen, jetzt bin ich in das Gegenteil verfallen.

«Ich hab' mir heute einen Traum gefangen!» Aufpassen muß ich auf mich. Aufpassen! – Das ging am besten, wenn man sachlich blieb.

Sie lehnte den Oberkörper weit über Bord. Das Boot schnitt die Wellen schräg. Es schien von Welle zu Welle zu springen. «Etwas fieren!» rief sie.

«Was bedeutet ‚fieren'?» fragte Hans ruhig.

«Die Schot lockerer lassen.»

«Aha.» Er folgte ihrem Rat. Die Fahrt wurde wieder ruhiger, ohne daß die Geschwindigkeit nachließ. «Danke, Käpt'n», sagte er mit einem kleinen resignierten Lächeln. «Du siehst, auch beim Segeln fehlt mir die dritte Schwinge.»

Sie wußte, was er meinte. Überall, so glaubte er, fehle ihm etwas an der Vollendung, an der Vollkommenheit. Seine Fliegernadel mit den zwei Schwingen hatte sie eines Abends im Kasino in seinem Portemonnaie gesehen. Er trug sie nie. Von Professor Leupold wußte sie, daß Hans den Doktortitel erworben hatte, schon vor seinem Geburtstag. Er hatte es ihr gegenüber nicht einmal erwähnt. Nur von dem Werk sprach er manchmal, an dem er mit Leupold schrieb. Das schien er als seinen Prüfstein anzusehen. Die große Prüfung der dritten Schwinge!

Eine leichte Brise trieb sie vorwärts. Sie hatten die Weite für sich allein und sahen sich nicht um nach der Flußmündung und der Insel. Die Segel standen prall. Die Sonnenkugel kletterte an ihrer blauen Glocke empor und wollte wärmen, aber der Wind, summend in den Wanten, verlachte sie.

«Setz dich doch ins Boot», sagte Hans. «Hier kannst du sonnenbaden.» Er legte Bademantel und Jacke vor seine Füße und wies einladend auf den Pfühl.

Eva ließ sich von der Bordkante gleiten. Die Fockschot zwischen die Füße geklemmt, zog sie sich Pullover und Bluse aus. Im Windschutz genügte der Strandanzug.

Er wußte, wie sonnenhungrig sie war. «Du kannst alles ablegen, auch den kleinen Fetzen da.» Er berührte den Rükkenknoten ihres bunten Brusttuches. «Hier sieht dich niemand.»

«Niemand? – Und du?»

«Nur wenn ich mich nach vorn beuge. Aber das kann ich nicht, denn ich muß ja steuern.»

Sie lachte. «Ja – und nach oben gucken, damit die Segelränder nicht flattern.» Das Tüchlein fiel, und sie lehnte ihren blanken braunen Rücken unbefangen gegen seine Schienbeine. Ihr Kopf überragte seine Knie. Sie lehnte ihn zurück, schloß die Augen und wandte ihr Gesicht der Sonne zu.

Er sah von seinem hohen Sitz aus auf sie herab. Ihr Körper war fast gleichmäßig braun. Die Haut, die das Brusttuch verhüllt hatte, war kaum matter getönt als Schultern und Arme. Er lächelte.

Bei Bansin sollte es eine Badestelle geben, wo man ungehindert nackt baden konnte. Man nannte sie «Schwedenstrand». Heiter fragte er: «Hat sich der Schwedenstrand im letzten Jahr in die Nähe des Hauses Seestern verlagert?»

«Wieso?» fragte sie, ohne den Kopf zu wenden.

«Weil du so rundherum braun bist.»

Sie blinzelte von der Seite. «Wie kannst du das sehen? Du solltest dich doch nicht nach vorn beugen.»

«Ich mußte ja. Es war deine Schuld. Die Ränder der Fock flatterten.»

«Hättest es mir sagen sollen.»

«Das ging nicht. Ich habe den Fachausdruck wieder vergessen.»

«Fieren?»

«Ja, richtig.»

Sie lachte hellauf. «Alles Lüge! Wenn etwas flattert, muß man dichtholen.»

Er lachte mit. «Ich werde bei dir Unterricht nehmen. Darf ein guter Steuermann Ruderpinne und Großschot in eine Hand nehmen?»

«Ich glaube nicht.» Sie hatte die Augen wieder geschlossen.

«Schade» , sagte er, «ich hätte gern eine Hand frei.»

«Was tätest du mit ihr?»

«Ich würde sie auf deine Schulterkugel legen.»

«Warum gerade dorthin?»

«Sie ist so rund und braun.»

Eva legte ihren Kopf zur Seite und hob die linke Schulter bis zur Wange, als wollte sie nachprüfen, ob er recht habe. Seine linke Hand schob sich dazwischen. Die kräftigen, sehnigen Finger umspannten besitzergreifend das Gelenk mit der mattbraunen Haut.

Eva war überrascht. «Wie kommt es, daß du plötzlich doch eine Hand frei hast?»

«Ich habe die Schot festgelegt.»

«Genial.»

«Genial wäre es erst zu nennen, wenn wir trotzdem auf Kurs blieben.»

«Ist damit zu rechnen?»

«Wenn keine Böen kommen, ja.»

«Du mußt mir rechtzeitig Bescheid sagen, wenn Rügen in Sicht ist, damit ich mich anziehen kann.»

«Das hat noch Zeit. Eine gute Stunde etwa. Mach dir's nur bequem.»

Sie rutschte auf seiner Jacke hin und her, tastete befremdet. «Hier drückt irgend etwas. Hast du etwas Hartes in deiner Jackentasche?»

Er stutzte – und begann zu lachen. «Teufel noch mal! Gib her.»

Während er die Jackentasche durchforschte, bediente sie kniend Fock und Großsegel. Der Wind ging kühl über Schultern und Brust. Vor ihnen lag ein flacher Landstreifen. Die große Insel Rügen streckte ihnen den äußersten Vorläufer ihrer buchtenreichen Küste entgegen.

Der Wind, der in den Wanten summte, bekam Konkurrenz. Die neuen Töne kamen von achtern. Blies Hans Tiefenbach Flöte? Eva sah sich um.

«Eine richtige Melodie wird das nicht», sagte der Steuermann entschuldigend, «versuch du es mal. Ich habe dir das Ding aus Italien mitgebracht.»

«Und dann in der Jackentasche vergessen.» Sie nahm das Instrument aus seiner Hand. «Wenn ich mich richtig draufgesetzt hätte, wäre es entzweigegangen.»

«Ich wußte, daß du so etwas nicht tust.» Er benutzte den Augenblick, als sie sich etwas umständlich wieder vor ihm niederließ, ihren Nacken zu küssen. Sie antwortete ihm mit einem mißratenen Flötenton.

Das tönerne Instrument war eine Okarina. Es war so groß wie eine Faust, hatte mehrere Schallöcher und schien einem Vogelkörper nachgebildet zu sein. Eva machte es Spaß, Töne zu suchen, den Dreiklang zu finden, Harmonien zu bilden. Sie stellte sich dabei südländische Hirtenjungen vor: dunkle, schwarzäugige Buben wie auf den Bildern Murillos.

Hans Tiefenbachs linke Hand haschte nach ihren Haarsträhnen, die der Wind hochtrieb. In Eva sang es.

Im Gasthof des kleinen Badeortes Thiessow konnte man zwar nicht annähernd so gut wie im Boddenhaus, aber preiswerter als in Zinnowitz essen. Danach wanderten sie Arm in Arm die Hauptstraße des Ortes entlang. Wie fern war der Staub der Campagna und das Getöse des Windkanals in den langen Arbeitsnächten.

Der Nordstrand war um diese frühe Nachmittagsstunde menschenleer. Die Kinder des Dorfes vergnügten sich lieber an der anderen Seite, wo ein paar Fischerkähne lagen, Netze und Angelgerät getrocknet wurden und auch das Segelboot vertäut war. Der Sand war warm, und ein schütterer Waldstreifen hielt den Wind ab.

Hans Tiefenbach zog Pullover und Hemd über den Kopf. Eva lag schon im Sand, seinen Bademantel als Kopfpolster zusammengelegt. Weit breitete sie die Arme aus. «Der ganze Strand ist für dich da.»

«Das ist zu billig.» Er kam zu ihr heran, ließ sich nieder und streckte sich im rechten Winkel zu ihr aus. Seinen Kopf legte er auf die warme Haut ihrer Körpermitte, dicht unterhalb des Rippenbogens.

Sie legte die Arme an. «Jetzt sind wir ein T.»

«Wie meinen?»

«Ein großes T sind wir.»

Er lachte. «Wie das paßt. Der Anfangsbuchstabe meines Namens.»

«Wenn du dich parallel verschiebst bis zu meinen Füßen, sind wir ein L. Das ist dann *mein* Name.»

«Zu deinen Füßen? – Das ist nichts. Aber ich kann mich auch nach deinem Kopf hin verschieben.» Mit einer schnellen Ruderbewegung verlagerte er sich. Er zwinkerte ihr übereck zu. «Hast du noch weitere Vorschläge für lebende Bilder?»

Sie schien das Spiel ernst zu nehmen. «Für unsere Vornamen brauchten wir einen dritten Mann.»

Er spottete: «Zu dumm, daß ich Hanke nicht eingeladen habe.»

Auflachend rollte sie weg von ihm. Sie blieb auf dem Bauch liegen und häufelte Sand um sich. Aber das Lachen war schnell zerflattert , und sie wurde still.

Als bemühe er sich, den Fährten ihrer Gedanken zu folgen, sagte er: «Wir sind richtige Inselmenschen geworden. Ist dir das schon aufgefallen?» Er beeilte sich nicht, wieder in ihre körperliche Nähe zu kommen; statt dessen näherte er sich ihren Gedanken. «Ich werde nie den Tag auf der Oie vergessen. Aber auch im Boddenhaus – überall, wo wir uns begegnen, ist Inselatmosphäre. Auch die ‚Meisje von Amsterdam' war eine schwimmende Insel.»

«Und heute sind wir von einer auf die andere gefahren», sagte Eva. «Das ist ja ein Inselkomplex.»

Er nickte. «Insel bedeutet Isolierung, Abgeschlossenheit. In meinem Leben hat das schon früher eine Rolle gespielt. Ich bin auf Kirchweihfeste und Rummelplätze gegangen, um aus der Isolierung herauszukommen und mit Menschen zu sprechen.»

Eva rückte zu ihm heran. Leise sagte sie: «Dann hattest du also auch niemanden, der dir einen Weg gewiesen hat?»

«Ich habe meinen Vater früh verloren. Das ist schlimm für einen Jungen.»

«Für ein Mädchen auch.»

Seine Hand tastete sich zu ihr und fand ihren Oberarm. «Du hast recht.»

Sie spürte den Druck. «Weißt du etwas – von meinem Vater?»

Er nickte.

Sie zögerte lange. Sie meinte, er müsse ihr Herzklopfen noch auf der Haut ihres Armes spüren. Endlich sagte sie: «Es ist aber alles noch viel schwieriger, als was du von Klemt oder Brettschneider wissen kannst.»

Seine Hand fiel herab. Er setzte sich auf. Sie scheute sich, ihn anzusehen. Sie fühlte, daß ihr die Tränen die Stimme abwürgten. Warum gab es unter den vielen Inseln der Erde keine für sie? Eine Insel ohne Fragen und ohne Angst! – Sie wollte in die grelle Sonne blicken, um einen Vorwand für ihre Tränen zu haben, die sich nicht mehr lange zurückhalten ließen. Aber die Sonne narrte sie und schob sich hinter eine Wolke, die erste an diesem blauen Tage. Sofort war es kühl am Strand. Eva erschauerte. Hastig stand sie auf und lief ans Wasser. Das war wider alle Vernunft, denn hier war es noch kühler. Aber sie hatte nicht erst überlegen können. Sie mußte etwas tun. Sie wollte ihn nicht neben sich sitzen sehen, erschrocken, peinlich berührt, verlegen. Sie stand fröstelnd und ließ sich die Füße überspülen.

Da sauste an ihr vorbei ein flacher Stein ins Wasser, sprang dreimal hoch, ehe er versank – eine Jungengeschicklichkeit, die sie immer bewundert und nie erreicht hatte. Ein Arm schob sich in den ihren und zwang sie sanft aus der feuchten Kühle heraus.

Die Sonne hatte die Wolke abgeschüttelt. Hans Tiefenbach zog Eva im Weitergehen fest an seine Seite, als würde er sie mit seinem Körper wärmen wollen. Da fiel das Zittern von ihr ab. «Ich ahnte schon, daß du etwas mit dir herumträgst», sagte er. «Aber du wußtest doch, daß ich Einstein verehre und Freud und den Maler Liebermann. Warum hast du mir das nicht längst gesagt? Du bist du – und so gefällst du mir. Rasse ist doch kein Fetisch.»

Sie sah angestrengt geradeaus. Sie fror nicht mehr, aber sie wagte noch nicht zu glauben. Hans würde sie hier nicht im Stich lassen. Das wohl nicht. Er war kein Wedelstedt. Aber konnte man nicht Einstein verehren und sich trotzdem scheuen –? Sie machten kehrt auf ihrer Wanderung, um sich nicht zu weit von ihrem Lagerplatz zu entfernen.

«Warum verehrst du die drei?»

«Weil sie ungewöhnlich sind. Jeder auf seine Weise.»

«Welche Menschen, die auch ich kenne, hältst du für ungewöhnlich?»

Er überlegte kurz. «Nicht sehr viele. Professor Leupold, den Doktor –» Da er merkte , wie erwartungsvoll sie war, gab er den ernsten Tonfall auf. «Vielleicht auch deine Freundin Marlies.»

«Warum?»

«Weil sie trotz ihres Fürsorgeberufs weder betulich noch herrschsüchtig ist. Einem der beiden Laster verfallen die meisten aus diesen Berufen.»

«Und Frau Klemt?»

«Sie ist ziemlich klug, aber weder originell noch witzig. Also nichts Ungewöhnliches.»

«Was hältst du von Baer?»

Er zwinkerte ihr zu. «Sicher nicht ganz soviel wie du; immerhin hat er ungewöhnliche Einzelzüge. – Aber höre mal, du machst ja aus jeder Frage eine Rundfrage! Wie ein geschickter Reporter. Man merkt es kaum und gibt brav Antwort. So war es auch auf der Oie. Du hast Talent zur Journalistin.»

«Vielleicht werde ich das noch.»

«Lieber nicht. Da kriegst du eine spitze Nase, weil du sie in alles hineinstecken mußt.»

«Nur in das Ungewöhnliche», sagte sie heiter.

Er nahm seinen anderen Arm zu Hilfe, um sie an sich zu ziehen.

«Du bist großartig. Komm, gib mir einen Kuß.»

Sie wußte, daß es nur ein Zipfel Glück war, der sich ihr bot. Aber sie nahm ihn begierig. – «Ich hab' mir heute einen Traum gefangen.» – Sie wollte ihn ausschöpfen, ehe er zu Asche wurde. Sie wollte durch ihn reicher werden.

Weil der Wind vom Lande her wehte, hatten sie die heraufziehende Wolkenbank erst spät bemerkt. Sie hatte sich lange hinter dem Walde geduckt, und ihre ersten Vorläufer, die der Sonne Bahn kreuzten, sahen nicht beunruhigend aus. Als den beiden Strandläufern bewußt wurde, daß der Wind stark aufgefrischt hatte und der Himmel sich bezog, griffen sie in wortlosem Einverständnis zu ihren Sachen und liefen auf dem kürzesten Wege zum Strand der Fischer.

Die «Forelle», die fest auf dem Sand gelegen hatte, schaukelte und schlingerte. Das Wasser war gestiegen, der Wind drückte in die Bucht. Eva wußte, was das bedeutete: eine Fahrt, den Wind schräg von vorn, ständiges Abhalten vom Land, einen großen Umweg, weil man nicht hart am Wind bleiben konnte, und schließlich ein langes, schwieriges Manövrieren, um gegen den Wind in die Peenemündung hineinzugelangen.

Über dem Festland wurden die Wolken immer dunkler. Ein Gewitter bereitete sich vor. Einige Fischer, die Pfeifen im Mund, verfolgten die Vorbereitungen der Segler.

«Wenn dat man gut geiht», sagte einer warnend. «Wollt ihr nich do bliewen?» Er hielt den Tampen, um ihn auf den Bug zu werfen, wenn das Scharpie klar war zum Ablegen.

«Es hilft nichts, wir müssen zurück», rief Tiefenbach. Schweigend und schnell arbeitete er mit Eva auf den schaukelnden Planken. Eva zerrte eine Öljacke aus dem Bootskasten und verstaute dort alles, was nicht gebraucht wurde. Die Öljacke warf sie Hans zu, der das Steuer einstellte. «Zieh sie an.»

«Nein. Zieh du sie an.»

«Du brauchst sie am Steuer nötiger. Ich habe meine Windbluse.» Mit einem zurrenden Geräusch stieg das Großsegel am Mast hoch. Der Wind drückte sofort. Der Fischer warf den Tampen klatschend aufs Deck. «Gode Fahrt!» rief er und kratzte sich im Genick.

Das Scharpie kam gut aus der Bucht heraus. Es zeigte sich, daß Hans Tiefenbach – auch ohne genaue Kenntnis der Seemannssprache – ein besonnener Steuermann war. Eva spürte es sofort, und seine Sicherheit teilte sich ihr mit.

Die Wellen in der Bucht waren zahm gewesen gegen das, was sie auf dem Greifswalder Bodden erwartete. Schräg von vorn kamen sie herangerollt, schaumgekrönt, anschwellend zu Wogen, die das kleine offene Boot auszuheben trachteten. Unablässig rauschte, gischtete, wuchtete es an die Bootswand. Eva saß auf der Steuerbordkante und lehnte sich weit nach draußen. Was sie am Vormittag im Übermut getan hatte, wurde jetzt zur zwingenden Notwendigkeit. Sie hakte sich mit den Füßen am Schwertkasten fest und schob sich bis zu den Oberschenkeln hinaus, ihr ganzes Körpergewicht einsetzend. Die Backbordseite lag so tief, daß die Brecher hereinschäumten. Der Gischt übersprühte Eva in breiten Strahlen. Ihr Gesicht troff.

«Es hat keinen Sinn. Wir kehren um.» Hans Tiefenbach, der noch einigermaßen trocken war, sah die Unmöglichkeit ein, ihr die Öljacke geben oder sonst irgendwie ihren schweren Posten erleichtern zu können. Er durfte das Steuer nicht einen Atemzug lang aus der Hand lassen. Ein schlecht genützter Augenblick konnte das Boot zum Kentern bringen. Eva lag fast waagerecht wie ein in der Luft schwebender Körper, der nur noch an zwei Punkten Berührung mit der festen Materie hatte. Vergeblich suchte sie ihr Gesicht vor dem erneuten Anprall eines Sprühstrahls zu schützen.

«Kannst du nicht eine Kleinigkeit vom Winde abfallen?» fragte sie.

«Wir sind schon weit vom Kurs abgekommen. Was wir jetzt noch verlieren, müssen wir vor der Mündung mit Kreuzen bezahlen. Das kann dann Stunden dauern.»

«Dann bleib so. Ich halte schon aus.»

«Täusche dich nicht. Das Schlimmste kommt noch vor der Flußmündung. Das ist eine Düse, die uns immer wieder ausspeien wird.»

«Vielleicht legt sich der Wind ein bißchen. Es dauert doch noch Stunden, bis wir da sind.»

«Er wird eher stärker, wenn das Gewitter kommt.»

Über dem Festland, von dem sie die kilometerweite Wasserfläche trennte, zuckte der erste Blitz. Gleichzeitig tauchte der Bootsbug tief in ein Wellental und war der nächsten heranrollenden Woge so weit preisgegeben, daß der Gischt das Focksegel näßte, am Mastbaum vorbeisprang und als mächtiger Sprühstrahl Eva überschüttete.

«Nein!» brüllte Hans, als wolle er den nassen Angreifern Einhalt gebieten. «Jetzt ist's genug. Wir wenden!»

Evas Hände waren rot und so klamm, daß die nur noch mit Mühe die Fockleine halten konnte. Ihr Haar hing in Strähnen herab, und die letzte Überflutung hatte ihr das Wasser in den Kragen der Windbluse gesprüht. In dem Auf und Ab der Wellen schien das Boot immer auf der gleichen Stelle zu schaukeln, und es war eine entmutigende Vorstellung, daß es so noch stundenlang weitergehen würde, ohne die geringste Möglichkeit eines Atemholens. Das alles wußte Eva. Trotzdem rief sie: «Wir müssen doch das Boot abliefern. Auf mich brauchst du keine Rücksicht zu nehmen.»

Hans reagierte nicht darauf. Er schätzte bereits alle Möglichkeiten des Wendemanövers ab. «Klar zur Wende!»

Der Bug drehte sich gegen den Wind, und dann, dem kräftigen Ruderschlag gehorchend, wieder heraus. Knatternd schlug das Großsegel herum. Eva zerrte gehorsam an der Fockschot, die, naß und hart, in die Hände schnitt. Die Bootsplanken, bis dahin eine glitschige Rutschbahn, kamen ins Gleichgewicht. Das Boot war wie ein Tier, das aufatmet. Es schien von einem steilen, steinigen Bergpfad auf eine Rennbahn versetzt zu sein. Tänzelnd lief es vor den Wellen her, ließ sich einholen, wie zum Spaß auf den Rücken nehmen und vorwärts tragen. Jetzt war es mit den Elementen im Bunde.

Es gelang Hans Tiefenbach, mit einer Hand seine Jacke aus dem wasserdichten Bootskasten herauszuzerren. Auch jetzt konnte er seinen Posten nicht einen Augenblick verlassen. Es galt, gute Fahrt zu machen, um an Land zu kommen, ehe das Gewitter losbrach. Die Blitze zuckten häufiger.

«Häng dir die Jacke über!» rief er Eva zu, die zusammengekrümmt auf der Bordkante hockte. «In zwanzig Minuten haben wir es geschafft.»

Geschafft! – Eben nicht! Rügen lag wieder vor ihnen, unter grauverhangenem Himmel, und die Dreiviertelstunde höchster Anspannung und zäh verbissenen Ringens war umsonst gewesen. Eva empfand keine Befreiung, des Kampfes ledig zu sein. Sie hatten aufgegeben. Hatte Hans Tiefenbach Angst gehabt? – Sie sah zu ihm hinüber. Sein Gesicht war noch immer angespannt. Er erwog, am Nordstrand anzulegen, weil sie dort am leichtesten herankämen. Er wollte dem Gewitter zuvorkommen.

Wie hätte sich Martin wohl an seiner Stelle verhalten, überlegte Eva. Er hatte an dem verlassenen Leuchtturm eine Mutprobe von ihr verlangt, als er auf den schmalen Sprossen hoch über dem Wasser ihr vorausgeklettert war. Sie hätte damals nie zugegeben, daß sie Angst hatte, von plötzlichem Schwindel befallen zu werden. «Sieh dich nicht um!» hatte er ihr von halber Höhe herab zugerufen.

Hans Tiefenbach war anders. Er hatte zurückgeblickt und gesehen, daß Rügen noch nahe war, daß die Umkehr lohnte. – Wie ist das im Krieg? fragte sie sich. Der Soldat kann auch nicht umkehren. Er muß durchhalten, was immer auch kommt.

Die Frage beschäftigte sie derart, daß sie anfing davon zu sprechen, als sie unter der Persenning saßen, Schutz suchend vor dem ersten Platzregenschauer, der das Gewitter einleitete. Sie hatten den Nordstrand knapp erreicht und konnten eben noch den Regenschutz über das Boot spannen. In gebückter Haltung hockten sie nebeneinander unter der feuchten Plane.

«Warum bist du umgekehrt?»

«Weil es Wahnsinn war, mit dem kleinen Boot.»

«Ein Soldat kann auch nicht umkehren, wenn ihm etwas befohlen wird.»

«Diese Fahrt hatten wir uns ja selbst befohlen, und wir haben den Befehl revidiert.»

«Nein. Der Befehl kommt eigentlich von der Versuchsstelle. Das Boot muß heute abend im Hafen sein, und wir müssen morgen früh unseren Dienst beginnen.»

«Du überlegst sehr gründlich, Ev. Aber derjenige wäre ein schlechter Kommandeur, der seine Befehle um jeden Preis durchgeführt wissen will. Einsatz und Ziel müssen sich die Waage halten, sonst verlieren Befehlsgewalt und Soldatengehorsam ihren Sinn. Man muß doch überlegen, was es zu gewinnen gilt und womit man es bezahlt. Mir war der Einsatz zu hoch für einen pünktlichen Dienstbeginn.»

«Wir hätten es geschaft.»

«Vermutlich wären wir nicht gerade gekentert – wenn wir aufgepaßt hätten. Aber das hättest du mit völliger Erschöpfung bezahlen müssen und vielleicht sogar eine Lungenentzündung bekommen.»

«Und was wird nun?»

«Wir werden im Gasthof ein Nachtlager finden und von dort aus den Ingenieur vom Dienst anrufen. Morgen früh sieht es hoffentlich wieder anders aus. Die Wettervorhersage war nicht schlecht. Wir segeln dann, sobald es hell wird.»

Eva seufzte unernst. «Das war Hankes Rache.»

Hans lachte herzlich. «Statt den Mast anzusägen, hat er Petrus aufgehetzt.»

Der Regen ließ nach, und sie liefen ins Dorf. Als sie den Gasthof erreicht hatten, brach das Gewitter los.

Der Gastwirt hatte den kleinen rechteckigen Tisch für seine neuen Gäste weiß gedeckt. Die Stammgäste aus dem Dorf waren an Holzplatten gewöhnt. Außerdem wollten sie nicht zu Abend essen. Sie saßen beim Bier oder Köm und sprachen über den Krieg. Ein Alter in der Ecke der langen Holzbank, die sich unter den niedrigen Fenstern hinzog, schien zum Haus zu gehören. Der Wirt stellte ihm ein einfaches Abendessen hin und sagte: «Nu hau man rin, Vadder.»

Während der Alte die Bratkartoffeln aß, lauschten die anderen Gäste pfeifequalmend dem Wehrmachtsbericht. Auch der Alte hatte vernommen, was alle bewegte. Als die Schlußfanfaren ertönten, fuhr sein stoppliges Kinn herum. Er rutschte auf der Holzbank bis in Hörweite seines Nachbarn am Nebentisch und fragte vertraulich, mit der Lautstärke eines Schwerhörigen: «Nu segg bloß mal, Willem, was sind denn eigentlich Tisanen?»

Der Fischer guckte ihn verdutzt an. «Tisanen?»

Der Alte nickte und wies mit dem Messer auf den Radioapparat. Dort verklangen die letzten Töne der Lisztschen Préludes. «Was sie eben seggt hebben.»

Der Fischer schmunzelte und nahm die Pfeife aus dem Munde, um dem Alten das Hören zu erleichtern. «Par-tisanen meinst woll?»

Der Alte sah ihn empört an. «Paar Tisanen? – Nee, nee, Willem, Dutzende von Tisanen, segg ich dir, Dutzende! Nich bloß 'n paar. Sonst würden die da in Radio gor nich von reden.»

Der Fischer zog den Alten am Ärmel dicht zu sich heran und sprach erklärend auf ihn ein.

Eva, die allein an ihrem gedeckten Tisch saß, stellte fest, daß sie die einzige Frau in der Gaststube war. Gleich darauf mußte sie sich berichtigen. Von der Küche her trat ein Mädchen herein. Sie blieb hinter der Theke stehen und ging dem Wirt zur Hand. Der mußte ihr etwas zugeflüstert haben, denn sie nickte leicht. Während sie Gläser ausspülte, sah sie mit scheuen Blicken zu Eva herüber. Eva spürte es, hütete sich aber, zur Theke zu sehen. Sie tat, als studiere sie den Anschlagzettel mit den Zugverbindungen, obwohl sie längst wußte, daß sie den letzten Anschlußzug in Stralsund nicht mehr erreichen würde. Das Mädchen schenkte Bier ein, als der Wirt durch die Küchentür verschwand. Sie tat es still, ohne ein Lächeln auf dem hellen Gesicht, das von streng gescheiteltem, glattem dunklem Haar umrahmt war. Keiner der anwesenden Männer nahm Notiz von ihr, obwohl sie sehr hübsch war. Dann trat der Wirt wieder ein, begleitet von Hans Tiefenbach. Der Wirt wehrte den Dank des Gastes ab. «Schon gut, schon gut!» Aufatmend ließ sich Hans neben Eva nieder.

«Es war gar nicht so einfach, Verbindung zu bekommen. Die Wirtsleute sind außerordentlich gefällig. Sie haben sich sehr bemüht.»

«Hast du den Ingenieur vom Dienst sprechen können?»

«Ja.» Hans sah Eva mit einem leisen Lächeln an. «Es war ausgerechnet Baer.»

«Ach!» entfuhr es ihr. «Was sagte er?»

«Er hat gelacht über unser ‚Pech'.»

«Ironisch natürlich.»

«Ich weiß nicht. Die Verständigung war schlecht. Er wird Traude Hörselmann Bescheid geben, daß du erst mittags kommst.»

«Wir werden doch schon früher da sein.»

«Vermutlich. Aber du wirst wenigstens erst zum Seestern gehen und dich umziehen müssen.»

Dagegen war nichts zu sagen. Sie sah etwas beschämt an sich herab. Hans hatte ihr seinen Pullover gegeben mit dem viel zu weiten Halsloch. Da sie auch ihre durchnäßte Bluse ausziehen mußte, hätte sich das Kleidungsstück recht kahl ausgenommen, aber ein buntes, seitlich geknüpftes Tuch gab dem schmucklosen Männerpullover eine überraschend weibliche Note. Hans haschte nach einem Zipfel. «Wie hübsch! Wo hast du denn das her?» Sie tat geheimnisvoll. «Herbeigezaubert.»

Da fiel es ihm ein. Er breitete die Hände demonstrativ über seine Brust. «Das ist doch der kleine Fetzen , der heute morgen zuviel an dir war!»

Sie nickte, und dann lachten sie beide. Er umschloß ihre Hand, die auf dem Tisch lag, mit seinen Fingern. «Ich finde es wundervoll, mit dir zusammen schiffbrüchig zu sein.»

«Fordere Hankes Rache nicht noch einmal heraus.»

«Bist du so abergläubisch?»

«Wir sind doch Fahrensleute. Da gehört es dazu. Ich weiß sogar, was uns heute noch einmal hierhergezogen hat.»

«Da bin ich aber neugierig.» Er setzte sich behaglich zurecht, als warte er auf eine Geschichte.

«Die Okarina.»

«Was? Das kleine Ding?»

«Wir müssen sie am Nordstrand verloren haben, als wir so schnell aufbrachen.»

«Wenn dir viel daran liegt, können wir nachher noch einen Spaziergang machen. Draußen wird es heller.»

Der Wirt brachte das Abendbrot: Spiegeleier, ein Stück Räucheraal und Krautsalat.

«Haben wir ein Glück!» sagte Hans Tiefenbach anerkennend.

Der Wirt freute sich über den Dank. Er blieb ein Weilchen stehen und erzählte, daß er öfter junge Paare als Wochenendgäste habe. Vom Flugplatz Garz kämen die meisten Offiziere in Zivil, die sich hier auf ein oder zwei Tage mit dem Fräulein Braut träfen. Sehr oft seien es zugleich Abschiedstreffen, denn wer mochte wissen, wie viele nicht mehr vom Feindflug zurückgekehrt seien. Ja, es sei schon schlimm mit dem Krieg! Aber er wolle den Herrschaften den Appetit nicht verderben. – Damit empfahl er sich.

Eva war ernst geworden. Hans hingegen spürte keine Lust, die Worte des Wirts auf sich wirken zu lassen. Jetzt, nachdem sich das Wetter wieder aufgeklärt hatte und die Versuchsstelle benachrichtigt war, wollte er diesen überraschenden Abend ungetrübt auskosten. Er war ein Geschenk. Kein Mensch in diesem Gasthaus, in diesem Ort kannte sie beide. Weder er noch Eva würden wohl jemals wieder hierherkommen. Das Inselgefühl war vollkommen. Er wollte, daß sie ebenso empfand. Seit dem Gespräch unter der Persenning wußte er, daß es in ihr arbeitete und daß kleine Ursachen – wie es heute die Umkehr war – in ihr große Fragen auslösten. Er versuchte, die Worte des Wirts, die sie offensichtlich bewegten, für sich zu nützen.

«Sei so lieb und löse mir den Aal aus der Pelle. Bei allem Fischigen bin ich so ungeschickt.»

Als sie bereitwillig sein Besteck nahm, um seinen Wunsch zu erfüllen, setzte er leise hinzu: «Nun brauchen sich die Einheimischen nicht länger über uns die Köpfe zu zerbrechen.»

Sie runzelte die Stirn. Bei einem verstohlenen Rundblick bemerkte sie, daß tatsächlich viele Augenpaare auf ihren Tisch gerichtet waren.

Ironisch fragte sie: «Ist es ein besonderes Zeichen von Vertrautheit, wenn ich dir den Aal zerlege?»

«Ich finde, ja. Man ist dann mindestens verlobt, wenn nicht jung verheiratet.»

«Ah! Wie die Gäste, die aus Garz herkommen?»

«Eben. – Könnte ich nicht so ein Fliegerleutnant sein? Ich glaube, sie stehen bei Frauen hoch im Kurs.»

«Bei vielen. Aber du bist nicht der Typ dazu.»

«Das schmerzt mich tief. Warum nicht?»

«Dann wärst du heute nicht umgekehrt.»

Er legte etwas zu laut die Gabel hin. «Verdammt noch mal! Das kreidest du mir also doch an.»

«Im Gegenteil. Ich habe darüber nachgedacht. Bis heute habe ich immer geglaubt, es sei ehrenvoll, eine einmal begonnene Sache unbedingt zu Ende zu führen. Um jeden Preis. Ich dachte, das gehöre zum Mut. Und ich wollte immer gern mutig sein.»

«Es gehört manchmal auch Mut dazu, einen Irrtum einzugestehen.»

Sie nickte. «Das habe ich heute begriffen. Aus Angst, sich eine Blöße zu geben, wenn sie einen Fehler eingestehen müssen, spielen manche Leute den Mutigen. Das ist der höchste Grad der Feigheit.»

«Deine Logik ist verblüffend, Mädchen.»

«Über die Mathematik kommt man am leichtesten zu Schlußfolgerungen, findest du nicht? Wenn der Ansatz einer Aufgabe falsch ist, hilft nur eines: noch mal von vorn anfangen.»

«Da hilft uns kein Kaiser und kein Gott!» zitierte Hans eine beliebte Redensart des Doktors. «Du hast recht. Wir hatten heute die Größen unterschätzt.» Er sann eine Weile nach. «Übrigens kostet diese Grundtorheit die Menschheit ungezählte Opfer. Der Krieg ist das beste Beispiel.»

Eva fiel ein, daß auch Jürgen Baer von den Größen, die man nicht unterschätzen dürfe, gesprochen hatte: «Wer über den Sieg in Polen gejubelt hat, dem kann man noch verzeihen, denn selig sind, die da geistig arm sind. Wer den Luftkrieg gegen England für unvermeidlich hielt, war einfach ein schlechter Rechner. Aber wer den Überfall auf die Sowjetunion begrüßt hat, war total wahnsinnig, ganz nüchtern betrachtet. Vom Menschlichen ganz abgesehen.» Sie fühlte, daß Hans Tiefenbachs Gedanken in eine ähnliche Richtung gingen.

Vor ihrem endgültigen Versinken brach die Sonne noch einmal, kurz aufzuckend, durch die Wolkenbank, die jetzt, arglos und gewittermüde, locker am Horizont lagerte.

Als Eva und Hans aus dem Haus traten, stand der Wirt in der Haustür. Er schien auf sie gewartet zu haben und rückte mit einem Anliegen heraus. Ob die Herrschaften wohl ein junges Mädchen in ihrem Boot mitnehmen könnten, fragte er. Es handle sich um Maria, eine entfernte Verwandte, die ihm vorher im Gastzimmer geholfen habe. Sie habe ihren Schatz beim VKN. Aber die Bahnverbindung nach Usedom sei so umständlich, daß ein Besuch kaum lohne, zumal er sie schwerlich länger als einen Tag bei der Arbeit entbehren könne. Wenn aber die Überfahrt in aller Frühe vonstatten gehe, könne sie immerhin ein paar Stunden mit ihrem Liebsten zusammentreffen, der Furier sei und gewiß Zeit für sie finden werde. Sie könne dann mit dem Nachmittagszug zurückfahren.

Hans Tiefenbach sah keinen Grund, dem freundlichen Wirt seine Bitte abzuschlagen. Ehe er ihm antwortete, sah er fragend auf Eva. Sie nickte ihm zu. Er hatte es nicht anders erwartet.

Der Wirt verbeugte sich devot dankend, und da er gefällig sein wollte, wies er ihnen einen schmalen Abkürzungsweg zwischen Gärten und Wiesen zum Nordstrand.

Der Strand war glatt wie eine Tenne. Wenn Eva nicht genau die Stelle gewußt hätte, wäre die Okarina unauffindbar geblieben. Die rundliche Flöte war in den Sand eingeschwemmt und ragte nur noch als winziges Hügelchen, in der Höhe einer umgestürzten Untertasse, heraus.

Eva pulte den Sand aus den Schallöchern. «Die kleine Flöte hat schon allerlei aushalten müssen», sagte sie schuldbewußt.

«Bedeutet dir das kleine Ding so viel?» fragte er, belustigt über ihren Eifer.

Sie sah nicht auf und sagte wie nebenbei: «Ich meinte, du hättest dir etwas gedacht, als du es für mich gekauft hast.»

«Das habe ich auch.»

«Darauf kommt es wohl bei einem Geschenk an; nicht darauf, ob es aus Gold ist oder nur aus Ton.»

Er trat dicht zu ihr, legte ihr beide Arme auf die Schultern und drückte, sich leicht herabbeugend, seine Stirn gegen die ihre. «Herrgott, Mädchen! Es macht nicht nur Spaß, mit dir auf eine Insel verschlagen zu werden, es ist auch wunderbar, dir etwas zu schenken. – Was hast du sonst noch für Untugenden?»

«Untugend nennst du das?»

«Ja. Weil es Verführungskünste in höchster Vollendung sind.»

«Ich habe nicht vor, dich irgendwie zu verführen.»

«Das ist es ja! – Und tust es unaufhörlich.»

«Wozu – verführen?»

«Muß ich das noch sagen? Ich spreche das Wort so ungern aus.»

«Aus Angst, es könnte sich abnutzen?»
«So ungefähr.»
«Ich erlasse dir die Antwort.»

Er schloß seine Arme um ihren Nacken und suchte durstig ihren Mund. Leidenschaftlich hielt er sie umarmt, als wolle er ihr doppelt vergelten, daß sie auf das Wort, das jedes Mädchen gern hört, verzichtet hatte.

Arm in Arm gingen sie zur «Forelle», die einsam, mit kahlem Mast, in der Dämmerung lag und von schwachen Brandungswellen sacht geschaukelt wurde. Der See war ihr nachmittäglicher Aufruhr nicht mehr anzusehen.

Hans schlug die Persenning zurück. Gemeinsam legten sie den Bootskörper schräg. Glucksend sammelte sich das Wasser an der tiefsten Stelle.

«Wenn wir morgen früh anfangen auszuschöpfen, verlieren wir mindestens eine halbe Stunde Zeit.»

«Machen wir es jetzt», riet Eva.

Im Boot fanden sie nur eine lächerlich kleine Konservendose. Es fiel ihr ein, daß sie auf dem Abkürzungsweg an einer Schutthalde vorbeigekommen waren. In der Sandkuhle am Dorfausgang würde sie wohl eine größere Büchse finden.

Er zweifelte. «Es ist schon zu dunkel.» Aber sie war schon davongelaufen.

So ein Sammelort menschlichen Abfalls ist ein öder Flecken. Besonders unbehaglich ist er im Halbdunkel, wenn man fürchten muß, in Scherben zu treten oder beim Tasten nach einer verbeulten Konservenbüchse an Hundeexkremente zu geraten. Man sollte meinen, daß ein solcher Ort als abendlicher Treffpunkt für junge Menschen ungeeigneter sei als ein Kirchhof.

Eva hatte eben eine passende Büchse gefunden, als sie, sich aufrichtend, sah, wie zwei Menschen auf sie zukamen. Sie mußten sich eben getroffen haben, denn der junge Mann begrüßte das Mädchen, dessen dunkles Kopftuch unter dem Kinn geknotet war. Die beiden gingen an den häßlichen Ablagerungen vorbei, wanderten zwischen den zerklüfteten Sandhügeln, als schritten sie durch einen Park.

Eva war hinter einem verbeulten Kinderwagen ziemlich gedeckt. Um das Liebespaar nicht zu erschrecken, wollte sie leise davongehen. Aber da gab es etwas, das sie festhielt: die Stimme des Mädchens. Obwohl sie leise sprach, wehten die hastigen und erregten Worte zu Eva herüber.

«Jutro pokazemy tym przeklętym hitlerowcom, że z nami niema żartów ...

In der ersten Überraschung dachte Eva nichts weiter als einen Namen: Gilda! – Das war die Sprache Gildas, des polnischen Mädchens in Posen. Dann fiel ihr das Wörterbuch in Schwendtmayrs Bücherschrank ein, das sie leider zu wenig benutzt hatte, um den Sinn dieser Worte verstehen zu können. Aber «przeklete» – verfluchte, das wußte sie noch. Und für «hitlerowcom» gab es nur eine Übersetzung!

Es war nicht gut, hier zuzuhören. Die beiden Menschen mochten sich an diesem häßlichen Ort vor jedem Lauscher sicher fühlen. Eva hieb mit ihrer erbeuteten Konservenbüchse gegen die Wand des alten Kinderwagens. Die leise Unterhaltung hörte sofort auf, und das Mädchen bückte sich, als suche es etwas. Der Mann wendete sich nach der anderen Seite und begann, Teile eines Fahrradrahmens aus einem Haufen herauszuziehen. Eva mußte zwischen ihnen hindurchgehen. Sie war dem Mädchen sehr nahe. Es hatte ein auffallend helles Gesicht. Das Mädchen aus der Wirtsstube! – Eva erschrak, noch während sie es dachte. Das helle Gesicht mit der breiten leuchtenden Stirn unter dunklem Haar – das war keine Verwandte des Wirts, das war eine Polin. – Eine Polin hat keinen Liebsten beim VKN. Was wollte sie also dort? Sie kam vom Hafen aus unkontrolliert in den ersten Sperrgürtel, der um die Versuchsstelle gezogen war. Auf dem Landweg würde es ihr nie gelingen. – Aber was konnte sie dort schon ausrichten! Ins Werk selbst würde sie auch von da aus nicht gelangen, wenn sie keine Helfer hatte. Dem Wirt schien viel an dieser Überfahrt zu liegen. Eva hatte mit Hans gemeinsam über die devote Verbeugung gelacht.

Eine Polin! Wie Gilda, wie das Mädchen, das im Posener Arbeitsamt um Gnade gefleht hatte, weil man es von seiner gebrechlichen Mutter weg nach Deutschland dienstverpflichtet hatte. – Und was bist du? sprach es in Eva, während sie sehr langsam den kurzen Weg zum Strand zurücklegte. Du gehörst auch zu denen, die man zum menschlichen Kehricht machen will. Der «große Baer», dein Gewissen, hat einmal gesagt, man darf nie den Menschen in sich verleugnen. Er meinte damit die vielen Soldaten, die den Menschen abstreifen, wenn sie den Militärrock anziehen. Aber du, Eva, du hast es schon einmal verleugnet, das Menschliche, und damit jene, zu denen du gehören müßtest! – «Wenn ich Ihnen sage, Sie sind Vierteljüdin, so sind Sie eben Vierteljüdin!» Und du hast den Richterspruch des Bannführers anerkannt, als Geschenk gewertet. – «Wahrlich, wahrlich, ich sage dir: der Hahn wird nicht krähen, bis du mich dreimal verleugnet hast.» Wem galten diese Worte Jesu? – Judas Ischarioth? Petrus?

Was war sie? – Sie stand auf der Düne. Unten am Wasser arbeitete ein Schatten. Sie sehnte sich plötzlich danach, neben ihm zu sein, zu fühlen, daß er nicht nur ein Schemen war. Sie hastete über den breiten Strand.

Ich habe ja Angst, dachte sie, richtige Angst! Ich möchte mit ihm in einem hellen Zimmer sitzen.

«Du wolltest, daß das Zimmer hell ist», sagte er leise.

«Bitte – nur die Nachttischlampe», bat sie.

Es gab in diesem Zimmer im ersten Stock des Gasthofs nichts, was lohnend gewesen wäre, ins helle Licht gerückt zu werden. Bett, Stuhl, Schrank und Waschkommode waren schmucklos und ein bißchen wurmstichig. Der Bettvorleger, flach und abgetreten, schien sich den Dielen anpassen zu wollen. Das Prunkstück des Zimmers war die Waschschüssel, ein riesiger runder Trog aus Porzellan, dessen Rand über die Begrenzung des schmalen Waschtisches hinausragte. Die Innenfläche war mit großen Phantasieblumen bemalt, die offenbar den Eindruck erwecken wollten, als seien sie im Wasser schwimmende Schlinggewächse.

Vor diesem porzellanenen See stand Eva. Stand da wie ihre Stammutter aus dem Garten Eden. Stand und wusch. Wusch ein großes weißes Laken. Sie tauchte immer wieder dieselbe Stelle in die Schüssel und rieb einen Fleck aus. Emsig rieb sie. Oh, es war ihr so peinlich!

Nun war er fast verschwunden, dieser Fleck. Blut löst sich in kaltem Wasser. Eva war erleichtert. Sie wrang und drückte den feuchten Zipfel mit einer Beflissenheit, die rührend war.

Er trat hinter sie und preßte sein Kinn gegen ihre Schulter. Seine Hände glitten zärtlich unter ihren Brüsten entlang. Leise sagte er: «Du tust, als müßtest du eine Schande beseitigen.»

Sie ließ die Arme sinken.

Er nahm ihr das Laken aus der Hand und warf es achtlos über den Stuhl. Dann drehte er sie zu sich herum und strich ihr seitlich an den Hüften entlang, als wolle er die Umrisse ihres Körpers nachzeichnen. Unter ihrem erstaunten Blick fiel es ihm schwer, Worte zu finden. Seine Hände stiegen wieder herauf bis zu den Achselhöhlen. «Du bist die größte Überraschung meines Lebens. – Als ich dich bat, zu dir kommen zu dürfen, erlaubtest du es ohne Zögern, mit einer Überlegenheit ...»

In ihren Augen begann es zu glimmen. Jäh wurde ihr bewußt, daß er sie für oberflächlich gehalten hatte. Leise und traurig sagte sie: «Wie wenig kennen wir uns doch. Für mich war das heute eine große Einheit: die Gewitterfahrt, der unbekannte Gasthof, der Spaziergang am Nordstrand – und du. Ich wußte es. Warum sollte ich dir etwas vormachen? – Die Okarina hat es so gewollt.»

Er umfing sie, schuldbewußt lächelnd. Er nahm sie auf die Arme und trug sie zum Bett. Sein Gesicht war über dem ihren. Beider Augen waren Wanderer in einer geliebten Landschaft, die es noch tiefer zu erforschen galt.

Eva regte sich lange nicht. Dann nahm er ihren Mund, ungestüm und plötzlich. Sie wehrte ab, gab nach, wurde weich. Als er sie ließ, richtete sie sich auf und warf ihren Kopf auf seine Brust. Die dunklen Haare breiteten sich über ihn wie ein glänzender Fächer. Eine schmale, am Ende gelockte Strähne erreichte mit der äußersten Spitze die weiche Wölbung einer der kleinen Brüste, die von der Ebene seiner Rippenbogen herabgeglitten war. Mit sorgsamer Hand holte er sie zurück, ein warmes, weiches, fast selbständiges Körperchen, ein junger Vogel, der sich verirrt hatte.

Wie weit kann man miteinander eins werden? Wie weit enthemmt der Körper den Geist? – Eva glaubte, neben dem Pochen seines Herzens, das beglückend nahe an ihrem Ohr schlug, leise Schritte zu hören. Sie drangen durch die Zimmerdecke und wollten nicht erkannt werden. Sie waren um diese späte Stunde so wenig für die Ohren der Gäste bestimmt wie die Worte:

«Jutro pokażemy tym przeklętym hitlerowcom ...»

Eva richtete sich auf und lauschte verstohlen nach oben, wo sich ein Mensch für einen schicksalsschweren Weg vorbereitete;

denn darüber, daß diese Maria mit dem hellen Gesicht eine Aufgabe zu erfüllen hatte, gab es keinen Zweifel.

Als Eva kurz vor dem Schlafengehen noch einmal über den Hof gegangen war, denn es war ein ländlicher Gasthof mit ländlichen Einrichtungen, hatte sie das Mädchen an der Hintertür getroffen. Maria ließ schnell das dunkle Kopftuch in den Nacken gleiten, als fürchte sie, daran wiedererkannt zu werden. In der sorgfältig verdunkelten Hofpforte stand ihr helles Gesicht als Rahmen zweier fragender Augen. Es war eine forschende, fast trotzige Frage. Es war ein Blick, der bereit war zu verachten, wenn die Antwort gegen sie ausfiel. Eva brachte heiser hervor: «Gute Nacht. Bis morgen!» Der Antwortgruß der Polin erreichte sie, als sie schon auf der Treppe war. Es war wie der Dank für ein Geschenk.

Vielleicht muß ich morgen für diese Stunde bezahlen, dachte Eva, lauschend zwischen zwei Wänden. Hinter der lebendigen klopfte des Mannes Herz, hinter der gekalkten Zimmerdecke schlurften die Schritte. Der gleichmäßige Ton unter ihrer Hand verriet nichts darüber, wie weit dieses Herz bereit sein würde, mitzubezahlen. – Sie sah Hans Tiefenbach schmerzlich berührt an, als sie ihn sagen hörte, er bedaure es, daß sie auf der Rückfahrt nicht allein seien. – Gab es denn nichts, was mächtig genug war, den Gleichklang der Gedanken zu erzwingen? Nicht einmal die tiefste geheimnisvolle körperliche Nähe vermochte es! Mit einer impulsiven Bewegung zog Eva die Decke über sich, Schoß und Brüste sorgfältig bedeckend.

«Dir ist kalt.» Er strich ihr besorgt über die Schulter. «Wir wollen jetzt schlafen.»

Die morgenkühle See tat, als wisse sie nichts von Gewitterböen und gefährlich anrollenden Wogen, in denen die dunkle Drohung geballter Regenwolken eingefangen war, nichts von der Ohnmacht des offenen Segelbootes, wenn der Sturm dwars stand. An diesem Montagmorgen waren die Schaumkronen nicht viel mehr als koketter Zierat der Wellen, nichts anderes als die dünnen Windwolkenschleier für den Himmel.

Das Boot machte stetige Fahrt. Im Schatten zwischen Mast und Focksegel hockte das Mädchen Maria. Sie hatte sich in Fahrtrichtung gesetzt und den Kopf an den Mast gelehnt. Die

Knie hielt sie umschlungen, und man konnte annehmen, daß sie schlafe. Am Morgen war sie als erste am Nordstrand gewesen und hatte sich sehr geschickt gezeigt, als es galt, das Scharpie flottzumachen. Unerschrocken stieg sie in das kalte Wasser, nachdem sie gemeinsam mit Tiefenbach den Bug aus der Sandfurche befreit hatte, in die er eingesackt war. «Das Fräulein kann schon einsteigen», hatte sie gesagt. «Ich habe Kraft.» Mit hochgeschürztem Rock kam sie längsseits, als das Boot schon frei im Wasser lag. Eva half ihr herein, und sie standen einen Augenblick dicht nebeneinander.

«Dank», sagte Maria schlicht.

Als sie ihren Platz einnahm, fiel Hans Tiefenbach etwas ein.

«Ihre Kennkarte haben Sie doch bei sich», sagte er. «Am Hafen wird manchmal danach gefragt.»

Maria schien emsig mit dem Zusammenlegen ihrer Jacke beschäftigt zu sein. Sie sah nicht auf und bejahte nachlässig.

Eva hatte es durchzuckt. Es war besser, wenn die beiden nicht ins Gespräch kamen. Bei manchen Worten war der fremde Akzent in Marias Sprache auffallend. «Sie ist sicher noch müde», sagte Eva leise, als müsse sie das wortkarge Benehmen des Gastes entschuldigen.

Hans Tiefenbach war es nur recht, wenn sich die Fremde zurückhielt. Sein linker Fuß schob sich mit leichtem Druck über Evas rechten; eine verstohlene Geste des Einverständnisses im Beisein eines Dritten. Zum Sprechen war es zu früh. Der Tag schritt langsam bergan im Rhythmus der Sonnenbahn.

Im Vorbeifahren deutete Hans mit seiner Pfeife zu dem verlassenen Leuchtturm hinüber. «Dem Steinklotz kann kein Sturm und kein Unwetter etwas anhaben. Den hätte es nicht gerührt, wenn wir gestern an dieser Stelle gekentert wären. Die Werke der Menschen sind mitunter stärker als der Mensch selbst.»

Das helle Gesicht des Mädchens Maria wurde sichtbar. Sie setzte sich steif hin und blickte in die Runde, als wolle sie sich orientieren. Eva rückte ihr etwas näher. Sie sagte scheinbar leichthin: «Wenn wir am Hafen sind, brauchen Sie nicht auf uns zu warten. Wir machen das Boot noch fertig, mit Persenning und so. Aber Sie müssen mit Ihrer Zeit haushalten. Bis zum VKN-Lager brauchen Sie eine Dreiviertelstunde. Halten Sie sich rechts, wo Sie die Katen des alten Fischerdorfs sehen. Dahinter beginnt die Betonstraße. Kurz vor der Hauptwache biegen Sie rechts ab, denn ins Werk wollen Sie ja nicht.» Sie sah das Mädchen, das ihr aufmerksam zuhörte, fest an und hoffte, daß jene auch das verstand, was sie nicht aussprechen konnte. Im Fischerdorf würde sie keinen Wachen begegnen. Eva wagte nicht zu fragen, ob ihr die Wege dort bekannt waren. Vielleicht wollte Maria gar nicht zum VKN-Lager, aber zur Orientierung mochte ihr der Hinweis wohl doch nützlich sein. Sie hoffte es.

Als sie auf der Peene waren, zog eine Heinkelmaschine eine Schleife über ihnen, kam noch einmal im Tiefflug zurück und nahm ihnen in der Sekunde des Überfliegens den Wind aus den Segeln. Das Großsegel schlug zurück, und da Maria, trotz Tiefenbachs hastigem Warnruf, den Kopf nicht schnell genug einzog, gab es einen unsanften Zusammenstoß.

«Das war Martin!» schimpfte Hans Tiefenbach hinter der davonbrausenden Maschine her. «Netter Empfang. Unser Abenteuer hat sich wohl schon herumgesprochen.»

Maria hielt die Hand gegen die schmerzende Stirn. Sie lächelte krampfhaft.

«Tüchtig pressen», rief Eva mitleidig und reichte ihr einen nassen Lappen, «sonst bekommen Sie eine Beule.»

«Ich werde ihm heute abend erzählen, was er angerichtet hat», sagte Hans Tiefenbach.

Maria wehrte ab. «Nein, nein, es ist ohne Bedeutung. Schmerz ist schon vorbeigegangen.» Sie ließ ihre Stirn los und beschäftigte sich angelegentlich mit ihrer großen Handtasche. Nach einer Weile – sie mochte intensiv mit sich zu Rate gegangen sein – sagte sie, ohne aufzublicken: «Es ist besser, wenn nicht viele erfahren, daß Sie mich mitgenommen haben. Nicht für mich, aber für meinen Bräutigam. Heute ist Arbeitstag. Da darf sich ein Mädchen nicht erwischen lassen, wenn es seinen Schatz besuchen will.» Für Evas waches Ohr klangen diese Sätze eingelernt. Aber Maria verstand es, einen Anflug von Spitzbüberei hineinzulegen, die Hans Tiefenbach erheiterte.

«Da können Sie unbesorgt sein, Fräulein Maria. Wenn Ihnen jemand dieses Wiedersehen gönnt, so sind wir es.» Er fing Evas Blick ein, der vorausgeeilt war, auf die Insel zu, wo Trennung und Alltag warteten. Sie schien danach zu fiebern. Er verstand sie heute morgen nicht. Jeder Anspielung auf das Erlebnis der vergangenen Nacht war sie während der Fahrt ausgewichen.

Nach der leisen, verhaltenen Zärtlichkeit beim Frühstück in der stillen Gaststube war ihm das unverständlich. War sie so scheu vor dieser Maria, die doch auch einer Liebesstunde entgegenfuhr?

Das Mädchen machte sich Evas Hinweis zunutze. Sie hatten kaum im Hafen festgemacht, als Maria auf den Steg kletterte, sich umsah und, rechts ein paar schilfgedeckte Häuser wahrnehmend, zufrieden schien. Mit einem kurzen, herzlichen Dankeschön verabschiedete sie sich schnell und verschwand hinter den Baracken des Bootsplatzes.

«Komisches Mädchen!» Hans Tiefenbach sah ihr nach. «Heute morgen beim Start half sie so emsig, und jetzt hatte sie kaum Zeit zu warten, bis wir das Segel 'runter hatten.»

«Du hast ihr selbst gesagt, du hättest Verständnis für sie», wandte Eva ein. «Ihre Ungeduld gehört doch auch dazu. Vielleicht hat sie ihren Liebsten lange nicht gesehen.»

«Und ausgerechnet mußten wir ihr noch eine Beule verpassen. Dem Martin stecke ich das doch!»

«Laß es lieber», bat Eva. «Es braucht wirklich niemand zu wissen, daß wir jemanden hier eingeschleust haben.»

«Eingeschleust ist gut», sagte er. «Das klingt ja nach Verdunkelungsmanöver. – Aber du hast schon recht: Dieser Sonntag mit allem, was dazugehört, ist unser Ureigenstes, das niemanden etwas angeht, nicht wahr?»

Sie kniete vor dem Bootskasten und reichte ihm den Bademantel aufs Deck. «Ja, Hans.»

Die kleinen Worte berührten ihn. Das war wieder der Ton, den er auf der Fahrt vermißt hatte.

6

Veränderungen

Die grauen und die braunen Uniformen hielten sich zahlenmäßig etwa die Waage im Konferenzzimmer der Direktion. Dennoch war die braune Gruppe die stärkere, denn an ihrer Spitze stand der Minister für Bewaffnung und Munition.

«Meine Herren, der Führer hat geträumt, daß niemals ein A 4 England erreichen wird!»

Mit dieser Zauberformel, die an Primitivität nichts zu wünschen übrigließ, schlugen die braunen Sendboten aus Berlin alle sachlichen Einwände der Forscher und Techniker der Versuchsstelle aus dem Felde.

«Wenn es uns dennoch gelungen ist, das Interesse der obersten Führung der NSDAP zu wecken, so war das keine Kleinigkeit. Wir haben damit gewisse Verpflichtungen übernommen. Wir brauchen Garantien dafür, daß mit der Fertigung der Waffe unverzüglich begonnen wird. Mit dem Totaleinsatz aller verfügbaren Kräfte müssen geeignete Teile des Entwicklungswerks für das Fertigungswerk bereitgestellt werden.»

Der Sprecher des Ministers war ein geübter Redner. In seinem Munde klang sogar ein Traum als ernst zu nehmendes Argument.

Das ist Goebbels' Schule, wie bei dem Rundfunkmann, dachte Tiefenbach. Er saß zwischen Klemt und Brettschneider, dem Doktor schräg gegenüber. Noch nie hatte er den Doktor so nervös gesehen. Vorgestern noch hatte jener in einer Vorbesprechung im Kreise seiner Mitarbeiter gesagt: «Daß die Industrie uns schlucken wollte, haben wir abbiegen können. Mir scheint in der gegenwärtigen Situation das Waffenamt ein verständnisvollerer Antriebsfaktor zu sein als der Aufsichtsrat einer GmbH. Jetzt heißt es, weiterhin eng zusammenzustehen, um uns jegliche Bevormundung vom Halse zu halten.» Der General hatte noch einige Sätze hinzugefügt und von langjähriger Waffenbrüderschaft gesprochen zwischen den Raketenforschern und dem Heereswaffenamt, die es zu erhalten gelte. Man könne die Versuchsstelle ebensowenig in eine GmbH umwandeln wie ein Regiment Soldaten in zivile Verwaltung überführen. – Nun, zwei Tage später, saß man um den gleichen Tisch, und der Doktor ließ es scheinbar ungerührt geschehen, daß der Keil hineingetrieben wurde in den Stab der Forscher, die sich vom Raketenfieber hatten packen lassen und von denen so mancher sich über moralische Bedenken erst allmählich hinweggesetzt hatte, weil er hineingerissen wurde in die Hochstimmung, die jede technische Großtat erzeugt.

Der Minister hatte ausgearbeitete Pläne mitgebracht. Aber er war nicht so unklug, sie dem technischen Direktor, von dessen Genie der Reichsmarschall und der Reichsführer SS überzeugt waren, aufzwingen zu wollen. Der Sprecher des Ministers fragte ganz loyal, auf die Schultern welcher Mitarbeiter der Doktor die Verantwortung für jene von der NSDAP geforderten Garantien zu legen beabsichtige. Denn ihm, dem Doktor selbst, werde es ja in Zukunft kaum noch möglich sein, das Werk in seiner komplizierter werdenden Struktur zu überblicken.

Die Schwere der Frage lastete.

Der General dachte an die Waffenbrüderschaft und wartete.

Brettschneider, langjährig bewährt, wartete.

Der Doktor schwieg.

Der Sprecher sah seinen Minister an und empfing von ihm das Zeichen. Die Würfel fielen.

«Der Doktor hat den Kopf eingezogen und klein beigegeben», sagte Tiefenbach zu Uhlig, als dieser ihn im Kasino mit der Frage empfing, was es Neues gebe. «Jeder Abteilungsleiter kriegt einen Aufpasser vor die Nase gesetzt, und über dem Ganzen schwebt eine Art Ressortchef.»

«Und was sagt der General dazu?»

«Der hat zu tun, seine Wut zu verdauen. Er als einziger hat versucht, das Unheil abzuwenden. Er berichtete über meine Verhandlungen mit Eckener in Friedrichshafen und lobte die Beweglichkeit und Umsicht der jetzigen Leitung über den grünen Klee. Die Idee, uns von Eckener Montagehallen auszuborgen ist zwar nicht das Ei des Kolumbus aber um Vorlauf zu bekommen, bis das Fertigungswerk läuft, dafür hat es schon seine Bedeutung – zugegeben.»

«Sahen das die Berliner nicht ein?»

«Sie wollten wohl nicht. Sie lenkten sofort auf den wunden Punkt ab.»

«Kirschkern?» fragte Uhlig, peinlich berührt.

«Ja. Es ist tatsächlich erwiesen, daß ihr einen davon unfahrplanmäßig in Nachbars Garten gespuckt habt.»

«Das Ding ist uns ausgebüxt, hat sich selbständig gemacht.»

«Das Peinliche dabei ist, daß man die Landung der Flügelbombe auf Bornholm beobachtet hat und das Ding seitdem spurlos verschwunden ist. Man rechnet damit, daß es Leute der dänischen Opposition beiseite geschafft haben.»

Uhlig lehnte an der Theke und trommelte nervös auf die Nickelplatte. Man konnte zehn Erfolgsserien haben, kein Hahn krähte danach; es brauchte aber nur einen Versager zu geben, schon kamen sie und spielten ihn als Trumpf aus im großen Kartenspiel. Natürlich war es eine fatale Geschichte mit dem ausgerückten Kirschkern. Die Steuermaschine hatte versagt. Carla Winter würde daraufhin wieder der bemannten Bombe das Wort reden. Vielleicht fand sie jetzt Gehör. Man war ja sowieso dabei, in der Versuchsstelle alles durcheinanderzuschütteln und einen gegen den anderen auszuspielen. Jeder tat gut daran, vor seinen nächsten Mitarbeitern den Mund zu halten. Das Tollste war, daß die SS die Bewachung der ganzen Anlage übernehmen wollte. Das bedeutete: noch einen Sperrgürtel, noch mehr Stacheldraht. Und dahinter der SD. Der General konnte nichts machen. Himmler zeigte sich stärker als Heer und Luftwaffe zusammen. – Der Doktor hatte heute klein beigegeben. Um sich den starken Arm und die offene Hand des Ministers zu erhalten, gab er das Vertrauen seiner engsten Mitarbeiter preis.

Uhlig sah an sich herab. Seit drei Tagen trug er die Luftwaffenuniform mit orangefarbenen Spiegeln und Silberschnüren auf den Schultern. Auch er hatte etwas preisgegeben: seine stolze Überlegenheit gegenüber den Militärs, die nach seiner Meinung wegen fachlicher Unkenntnis auf Abzeichen und Dienstränge angewiesen waren. Nun hatten sie ihn, den Erprobungsflieger und Diplomingenieur, doch so weit bekommen. Die Etappe Insel war Front geworden, hieß es. Es gab keine Flieger in Zivil mehr. Sie hatten ihn eingestuft, nicht nach Was-leistest-du, sondern nach Wie-alt-bist-du, also – eingestuft «nach Schnauze». Sein militärischer Abteilungschef, der Eichenlaubträger, hatte ihm gratuliert und süffisant dabei gegrinst. Sie besaßen jetzt den gleichen Rang, und der eine erkannte den anderen als Soldat sowenig an, wie er von jenem als Techniker anerkannt wurde.

Preisgegeben – ein unbehagliches Gefühl. Aber es ging sowieso alles schief. Seit Stalingrad, oder vielmehr, seit er die fünf toten Russen im Schnee gesehen hatte, so erschien es Uhlig. Am 10. Juli waren die Amerikaner in Europa gelandet. Erster Stützpunkt Sizilien. Bei Kursk hatte man die vielgepriesenen Tigerpanzer eingesetzt, und man war trotzdem bald wieder zurückgeworfen worden.

Eigentlich konnte man es dem Doktor kaum verdenken, daß er nach allen Stützen griff, die sich ihm boten, denn nach oben hin hatten in letzter Zeit fast alle seine Mitarbeiter an Kredit verloren. Nicht nur ein Kirschkern konnte durch die Lappen gehen, auch KZ-Häftlinge schafften es. Brettschneider war dadurch ganz schön in Schwierigkeiten geraten. Klemt ritt sein Steckenpferd mit einer unausgegorenen Neuentwicklung, dem Osterei. Man hatte ihm, Uhlig, die erste Erprobung angetragen. Er hatte die Daten des vom Flugzeug aus zu startenden Lufttorpedos genau geprüft und es zu nochmaliger Prüfstandprobe zurückgegeben. Klemt hatte sauer reagiert, obgleich er die Einwände nicht entkräften konnte. Nun hatte er Parisius die Erprobung angedreht. – Ich habe Wilfried gewarnt, dachte Uhlig. Aber Klemt konnte eindringlich reden. Parisius war gutmütig und vertraute auf sein Fliegerglück. Bei klarem Wetter würde er morgen mit dem nicht zu Ende erprobten Osterei am Bauch der Maschine aufsteigen.

Carla Winter kam als eine der ersten aus dem Offiziersspeisesaal, wo das Essen für die Gäste stattgefunden hatte. Sie wollte ihre Nachtischzigarette in Uhligs Gesellschaft rauchen und freute sich, auch Tiefenbach am Tisch neben der Theke vorzufinden. «Warum haben Sie nicht mit uns gespeist, Tiefenbach? Die wichtigsten Verhandlungen wurden jetzt erst geführt. Wie üblich: zwischen Suppe und Fisch.»

«Was wird schon dabei herausgekommen sein!»

«Seien Sie nicht so skeptisch. Bestellen Sie lieber eine Flasche Wein, damit wir auf ihre Ernennung anstoßen können. Sie sind der neue Verbindungsmann zur Zeppelinwerft.»

«Habe ich Ihnen die Ehre zu verdanken?»

«Ich habe Sie vorgeschlagen.»

«Woraus schließen Sie, daß mir an einer Ernennung gelegen ist?»

«Ich weiß, daß man mit Ihnen hier recht wenig anfangen kann.»

Carla rückte näher und flüsterte in kameradschaftlicher Vertraulichkeit: «Weil ihr die Atombombe ja doch nicht zustande bringt. Außerdem fühlt ihr euch in Pommern nicht wohl.» Sie lachte siegesgewiß. «Martin wird uns in Friedrichshafen oft besuchen kommen.»

Uhlig horchte auf.

«Gehst du auch an den Bodensee?»

«Ja, mein Lieber. Ich werde versuchen, mutige Jungens zu finden, die einen aufsässigen Kirschkern besser zu dressieren verstehen als eure Wunderwerke von Steuermaschinen.»

«Du bist verrückt, Carla.» Uhlig fuhr mit der Hand über die Holzplatte des Tisches, als gebe es etwas wegzuwischen. «Total verrückt. Menschen in den sicheren Tod zu schicken!»

«Sie werden sich opfern, damit Millionen leben.»

«Wenn wir zu solchen Mitteln gezwungen sind, dann ist unser vielgerühmtes Rüstungspotential für die Katz, und wir Entwicklungstechniker sind ein trauriger Haufen. – Hans, bring mir einen doppelten Köm mit!» rief er Tiefenbach zu, der zu Hanke hinter die Theke gegangen war.

Tiefenbach mußte warten, bis Hanke für ihn Zeit fand. Brettschneider hatte offenbar den Wein für die Gäste auszuwählen. Er trank mehrere Proben und entschied sich schließlich für eine Sorte, die, seinem Gesicht nach zu urteilen, sauer wie Essig sein mußte.

Hanke spottete, als Brettschneider davonging. «Der hat auch noch beim Portwein einen sauren Geschmack auf der Zunge. Die drei ausgerückten KZler kommen ihn teuer zu stehen. Es sollen schwere Politische sein.»

«Auszurücken! Eigentlich toll, wie sie das geschafft haben», sagte Tiefenbach.

Hanke klemmte eine Weinflasche, aus der die Ordonnanz den Korken nicht herausbekommen hatte, zwischen die Beine. Mit einem lauernden Blick auf Tiefenbach sagte er: «Man vermutet, daß es fremde Helfer von außen gegeben hat.»

«Das kann ich mir nicht denken. Wer kommt denn schon in unseren Sperrgürtel herein?»

«Auf dem Wasserwege geht's ohne große Schwierigkeiten. Am Hafen wird niemand kontrolliert.» – Der Korken war in Stücke gegangen. Vorsichtig und umständlich bemühte sich Hanke, den Wein zu retten.

«Wie meinen Sie das?» fragte Tiefenbach befremdet.

«Man macht am Sonntag einen kleinen Törn, fährt zu zweit aus und kommt zu dritt wieder.» Hanke schwenkte mit dem Wein, der für die Gäste nicht zu gebrauchen war, in die Küche ab.

Hans Tiefenbach war zumute, als hätte der Zahlmeister ihm die Flasche über den Schädel gehauen. Er erinnerte sich mühsam: Die letzte halbe Stunde der Rückfahrt von Rügen – das fremde Mädchen – – «Es ist besser, wenn nicht viele erfahren, daß Sie mich mitgenommen haben ... Nicht für mich, aber für meinen Bräutigam ...» – und dann Eva: «Es braucht niemand zu wissen, daß wir jemanden hier eingeschleust haben ...» Ja, war sie denn von allen guten Geistern verlassen?

Die kleine zurückhaltende Edith Knorr war plötzlich zum Mittelpunkt des Hauses Seestern geworden. Traude Hörselmann, die Ru und Marlies Hasse saßen an ihrem Bett. Im Hintergrund am Fenster stand Eva Leonhard.

Die ehemalige Tanzschülerin mit dem Gemmengesicht war acht Tage lang dem Dienst ferngeblieben, ohne ärztliches Attest. Schließlich hatte, nach einem kleinen telefonischen Hinweis durch die Betriebsfürsorgerin, der Stabsarzt sich persönlich nach der Kranken umgesehen, die sich bisher eigensinnig geweigert hatte, zur Untersuchung ins Krankenrevier zu gehen. So geschah es, daß der Stabsarzt selbst, fünfundvierzigjähriger Witwer und seit langem geduldiger Bewerber um die Liebe der hübschen jungen Tanzelevin, bei seiner Untersuchung eine Schwangerschaft feststellte.

Edith Knorr fühlte sich als das unglücklichste Wesen der Welt. Leutnant Bonorden hatte sich aus dem Staub gemacht. Vor zehn Tagen hatte er seine Sachen gepackt. Versetzung nach Danzig. Mit vielen tröstenden Versprechungen war er abgereist. Ja, wenn er erst befördert wäre! Aber der Krieg – – und seine Eltern – – und die Kameraden. – Er sei doch noch so jung. Oh, wie er sich genierte! Und wie gern hatte er sich sonst mit ihr sehen lassen und sie schadenfroh grinsend am Tisch der höheren Offiziere vorbeigeführt, wo der Stabsarzt saß. «Der alte Bock», hatte er ihn manchmal genannt. Und Edith hatte es zugelassen, war blind vor Glück gewesen, hatte die Arroganz seiner dreiundzwanzig Jahre für männliche Sicherheit genommen.

Eva sah sie im Bett sitzen mit trotzigem, verweintem Gesicht. Ihre immer sorgfältig nach oben gekämmten, vorbildlich gelegten Haare hingen aufgelöst über die Schultern herab.

Auf der Rückfahrt von Rügen, überlegte Eva, habe ich gedacht: Vielleicht bekomme ich nun ein Kind! – Einen solchen Gedanken in vollem Ernst zu erwägen war nicht leicht. Sie hatte sich an Romane erinnert, in denen die Mädchen, wenn sie liebten, immer ungewöhnlich edel waren. Sie trotzten der Familie und der ganzen Welt. Selbst wenn es die Umstände verlangten, daß der Geliebte sie verließ, taten sie so, als wäre es ein Verlust für sie, wenn sie nicht eine Leibesfrucht von ihm austragen konnten. – Nein, Eva machte sich da nichts vor. Sie wollte kein Kind. Sich neun Monate oder länger nicht ungehindert bewegen können! Jäckchen häkeln, mit gewölbtem Leib im Stuhl sitzen müssen, während die anderen auf dem Sportplatz waren oder radelten, segelten, schwimmen gingen! – Und dann, wenn das Kind da war: Krieg! Ohne Heim und Sicherheit. Hatte sie nicht immer noch damit zu tun, selber erst ein Mensch zu werden? – Ach, all das konnte kein Mann nachfühlen. Bonorden nicht, der sich schleunigst versetzen ließ, um der Verantwortung zu entgehen, und Hans Tiefenbach nicht, der zwischen Friedrichshafen, Berlin und der Insel pendelte als wissenschaftlicher Reisender. – Eva dachte an ihr weihnachtliches Gespräch mit der Ru, und sie sah das Gesicht der Bibliothekarin, das jetzt auszudrücken schien: «Ich habe es kommen sehen.»

Als Edith sich etwas beruhigt hatte, sprach die Ru offen aus, was sie dachte. Sie hatte Bonorden bereits durchschaut, als er, ein Neuling auf der Insel, sich ihr in der Bibliothek vorgestellt hatte. Er sprach die Vorsilbe seines Namens bewußt so aus, daß man sie als «von» verstehen mußte. Sein Hang zu blenden ging ins Groteske.

«Ich habe Sie zeitig genug vor ihm gewarnt, Edith», sagte die Ru sachlich.

Edith Knorr sah mit beinahe feindseligen Blicken auf ihre Besucherinnen. «Sie haben gut reden. Sie haben alle Ihren Beruf.»

«Was soll das heißen?» fragte Traude Hörselmann.

«Mich haben sie herausgerissen aus der Ausbildung. Ich kann nicht mehr tanzen. Das stand schon fest, als ich hierherkam. Da habe ich mir vorgenommen, einen Mann zu finden. Die Vorstellung, ich müßte mein Leben lang Manometer ablesen, war mir entsetzlich. Ich verstehe das alles gar nicht, die Logarithmen und die Wurzelrechnung. Ich kann mir unter Trägheitsmoment nichts vorstellen und habe keine Ahnung, wie eine Formel zustande kommt. Ich arbeite wie eine Maschine. Das halte ich nicht mehr lange aus. Und so sah ich gar keinen anderen Ausweg. Aber das verstehen Sie natürlich nicht–»

Marlies fühlte sich für Edith Knorrs Geschick mitverantwortlich. Immer wieder erkannte sie, wie wenig ihre soziale Arbeit vermochte. Wo die Grundlagen für eine gesunde Entwicklung fehlten, blieb alle Fürsorge nur Stückwerk. Ihre Sozialarbeit war ein Almosen, das der Staat den Menschen gab, nachdem er sie zu Bettlern gemacht hatte. Arme Edith Knorr. Die Angst vor einer unerfüllten Zukunft hatte sie einem Windhund in die Arme getrieben.

Die Ru hatte einige Male das Zimmer durchmessen, nachdenklich, fast geistesabwesend. Dann blieb sie ziemlich plötzlich vor Ediths Bett stehen. «Ich werde Ihr Kind adoptieren, wenn ich heirate», sagte sie trocken. «Und ich verlange von Ihnen, daß Sie Ihr möglichstes tun mit dem Würmchen. Essen Sie tüchtig, damit wir ein kräftiges Kind bekommen. Und verscheuchen Sie den Leutnant aus Ihren Gedanken, damit es ihm nicht zu ähnlich wird. Sollte es ein Junge werden – aber das hat wohl noch Zeit.»

Sie fing an zu lachen, weil sie sich dabei ertappte, daß ihr das Herz über die Zunge sprang. Die Ru war solche Regungen von sich nicht gewohnt. Ein noch ungeborenes Kind schlich sich in ihre Gedanken und vollbrachte Wunder.

Edith hing an ihrem Halse. «Ach Ru, Sie sind köstlich. Ich hatte Angst vor Ihrem Spott, und nun sind Sie es gerade, die es mir leicht macht.»

Durch die Tür schallte Henny Rosenows Stimme herein. Eva wurde gesucht. Sie habe Besuch.

Eva stand, aufgewühlt durch das Geschick Edith Knorrs, vor

Hans Tiefenbach, der sie noch nie unangemeldet besucht hatte. Er spürte sofort, daß etwas Ungewöhnliches sie bewegte.

«Edith Knorr kriegt ein Baby», sagte sie auf seine Frage, hastig, ohne Übergang.

«Ach!»

«Und Bonorden hat sie sitzenlassen.»

«Hm-m.»

«Du findest das wohl in Ordnung?» Seine unbestimmten Entgegnungen reizten sie.

«Keineswegs. Aber es gibt Menschen, von denen man nichts anderes erwartet.»

«Wie selbstverständlich du das sagst! Ist es vielleicht ein typisch männlicher Charakterzug, wenn man so handelt?»

«Was redest du da. Für einen jungen Dachs wie Bonorden ist es natürlich unbehaglich, in so eine Situation zu kommen.»

«Unbehaglich! Na schön. Aber daß er sein Mädchen vielleicht sogar in Gefahr bringt, spielt wohl keine Rolle?»

Hans Tiefenbach bemühte sich, von Evas Erregung nicht angesteckt zu werden. Zu jeder anderen Zeit hätte ihn Edith Knorrs Schicksal lebhaft interessiert, und er hätte mit Eva des langen und breiten darüber gesprochen, jetzt aber beschäftigte ihn Hankes letzte Bemerkung. «Es gibt Mädchen, die bringen sich selber in akute Gefahr.»

Sie sah ihn verständnislos an. Er sprach langsam, mit großem Nachdruck: «Man schleust ein Mädchen auf die Insel in den Sperrbezirk, und dieses Mädchen verhilft politischen Häftlingen zur Flucht. – Was meinst du, geschieht mit den Hehlern, wenn ihnen Beihilfe nachgewiesen wird?»

Eva sah ihn starr an.

«Hast du gewußt, wen wir ins Boot nahmen?» fragte er und las die Antwort gleichzeitig aus ihren Augen. «Warum hast du mir nichts gesagt?»

«Ich hatte Angst, du würdest sie nicht mitnehmen. Nicht wahr, du hättest es abgelehnt?»

Er zögerte. «Sie war eine Polin», sagte Eva trotzig.

«Für wen bringst du dich in Gefahr?» Er schlug sich gegen die Stirn. «Für wen – frage ich!»

Sie zuckte mit den Schultern, wurde unsicher, da sie seine Erregung hervorbrechen sah. «Danach habe ich nicht gefragt. Ich merkte nur, daß da ein Mensch war, der eine Aufgabe zu erfüllen hatte. Und in Posen habe ich gesehen, wie die Polen behandelt werden. Ich wollte etwas davon wiedergutmachen bei dieser Maria.»

«Wer heutzutage seinem guten Herzen nachgibt, landet eher hinter Gittern als die Bösewichte.»

Sie sah gequält zur Seite, als habe sie sich mit diesem Gedanken bereits abgefunden. Impulsiv faßte er nach ihren Schultern und zog sie zu sich heran. Seine Stimme wurde heiser vor Eindringlichkeit.

«Ev! Mir wird angst und bange um dich. Bedenke doch, wenn ein Mann wie Hanke den geringsten Verdacht gegen dich hegt, dann genügt schon die halbe Wahrheit, die in deinen Personalakten vermerkt ist, um – Ev, das wäre doch entsetzlich!»

Ihr wurde die Kehle eng. Ihre Lippen begannen zu zittern. Sie hatte ihn noch nie so aufgewühlt, so erregt gesehen. «Aber man kann doch nichts gegen sein Gewissen tun –»

Er umschloß sie mit seinen Armen und flüsterte an ihrem Ohr: «Ich will dich nicht verlieren, hörst du! Wir wollen übrigbleiben. Du und ich. Wir wollen gemeinsam leben – nach dem Krieg. Du mußt dich bewahren. Versprichst du mir das?»

Die Tränen rannen ihr übers Gesicht. Er fühlte ihre Feuchtigkeit an seiner Schläfe. «Du willst doch dasselbe, nicht wahr?» Er gab ihr Gesicht frei und strich ihr übers Haar. «Du versprichst es mir. Ich könnte sonst nicht ruhig weggehen.»

«Wohin?»

«Sie schicken mich für längere Zeit nach Friedrichshafen. Ich werde nur für ein paar Tage zwischendurch herkommen können, als Dienstreisender sozusagen.»

«Warum läßt dich der Doktor gehen?»

«Es ist in seinem Interesse. Und ich bin hier ja nirgends fest verankert»

«Doch – du bist.» Mit leidenschaftlicher Geste nahm sie seinen Kopf in beide Hände und küßte ihn wahllos auf Stirn, Augen, Wangen, Kinn.

Er atmete erleichtert auf. «Ja – bei dir. Gottlob, daß du es mich noch fühlen läßt. – Aber das zählt bei denen nicht.»

«Du gehst doch gern von hier weg , nicht wahr? Alle schimpfen sie auf die Insel. Ich durfte dir kein Bild in dein Zimmer hängen. Keine Decke wolltest du für deinen Tisch haben. Nur Durchgangsstation sollte die Insel sein.»

«Man soll sich keine Heimstätten schaffen, solange Krieg ist. Das geht gegen mein Gefühl. Ich will auch nicht, daß sich mehr Gepäck ansammelt, als was ich in einem Koffer wegtragen kann.»

Sie wurde still und nahm seine Hände von ihren Schultern. Er wollte sie doch frei haben, die Hände! Auch Bonorden hatte sich wohl kein neues Gepäck aufladen wollen, deshalb hatte er Edith zurückgelassen. Gepäck war hinderlich im Krieg. Man rettete sich leichter, wenn man die Hände frei hatte. Auch ein Kind war hinderlich. Jemanden zu lieben war hinderlich. Alles war hinderlich, was die Rettung der eigenen Haut in Frage stellen konnte. Wie armselig war man schon geworden, wie armselig!

Sie verbarg Schluchzen und Anklage hinter hausfraulicher Geschäftigkeit. Er sollte sie heiter in Erinnerung behalten. Sie wollte ihm nicht einmal die Gedanken beschweren.

7

Die Flucht

Mussolini war gestürzt und verhaftet. Jürgen Baer brachte die Nachricht zu Eva und Marlies. Sie saßen beim Abendessen im Kasino, und es war nicht gut, in dieser Umgebung eine Meinung darüber zu äußern.

Zu dritt schlenderten sie auf Umwegen zum Wohnheim. Auf der Betonstraße war um diese Zeit kaum Verkehr. Jürgen Baer, sein Fahrrad führend, ging zwischen den beiden Mädchen. Er war in Hochstimmung. Das Liktorenbündel war also schwächer als das Hakenkreuz. Die Italiener waren unduldsamer als die Deutschen. Zum Teufel! Wenn einer stark genug wäre, den Unruheherd im Süden zu schüren, damit die Flammen über die Grenzen griffen! Der Geheimsender in Zinnowitz hatte vor vierzehn Tagen zum erstenmal ausgestrahlt. Was in seiner Macht stand, würde er tun, um den Menschen die Wahrheit zu sagen über den Krieg, über ihren Wunderwaffenglauben. Hanna Peplows Appell an die Mütter war neu formuliert. Ihn zu sprechen sollte Marlies Hasses erste Aufgabe sein für die Gruppe. Herbert Axes Tod hatte das Mädchen reif gemacht für den aktiven Widerstand. Sie kam durch ihren Beruf mit vielen Menschen zusammen. Das war gut und gefährlich zugleich. Es galt neuerdings, noch vorsichtiger zu operieren. Daß sich die SS in die Bewachung des Werks einschalten wollte, ließ auf allerlei schließen. Warf man der Abwehr des Heeres bereits vor, daß ihre Maschen nicht eng genug seien? Der Ausbruch der KZ-Häftlinge mußte viel Staub aufgewirbelt haben.

Jürgen Baer hatte nicht daran gedacht, daß man auf dieser Straße Häftlinge treffen würde, sonst hätte er einen anderen Weg vorgeschlagen. Die graue Kolonne kam ihnen von der O_2-Anlage her entgegen, wo der flüssige Sauerstoff für den Ofen des A4 gewonnen wurde. Einige der Männer hoben ihre Gesichter, als sie an den drei jungen Leuten vorüberzogen. Evas Augen wurden übergroß. Sie schien jedes Gesicht zu mustern, während Marlies mit gesenkten Blicken dastand, nicht wagend, sich umzuwenden.

«Drei sind ausgebrochen», sagte Jürgen Baer. Er blickte der Abteilung nach und verbarg seinen Triumph nicht. Marlies sagte leise: «Wieviel Mut dazu gehört. Und wieviel Kraft.»

«Ohne Hilfe schafft es keiner hier.» Jürgen Baer schaute auf Eva herab. Sie vermied es, ihn anzusehen.

Seit Tiefenbachs Abreise war sie Jürgen Baer aus dem Wege gegangen, als könne sie dadurch die Gefahren mindern, vor denen Hans sie gewarnt hatte. Daß Marlies seit einigen Monaten in Jürgens Leben eine Rolle zu spielen schien, hatte Eva zunächst befremdet, und der Gleichmut, mit dem sie es äußerlich aufnahm, war nicht leicht erkämpft. Marlies verfiel in Schweigen, wenn Eva das Gespräch darauf brachte. Fing die Freundin aber doch einmal an zu erzählen, dann konnte es passieren, daß sie Baers Namen mit dem Axes vertauschte. Die Begegnung mit den KZ-Häftlingen schien sie stark zu beschäftigen.

«Manchmal wünsche ich mir, viel Macht zu haben», sagte Marlies. «Ich würde die armen Menschen alle freilassen.»

«Das würdest du nicht tun», sagte Jürgen Baer bestimmt.

Beide Mädchen sahen ihn mißbilligend an. Eva sagte: «Warum nicht? Auch ich würde die Häftlinge laufenlassen.»

«So einfach liegen die Dinge nicht. Gesetzt den Fall, ihr hättet die Macht in unserem Staat und versuchtet, ihn mit eurem guten Herzen zu regieren, so hättet ihr trotzdem nicht die Freiheit, das zu tun. Ihr wäret Gefangene des Systems. Und die Häftlinge sind die Feinde dieses Systems. Sie würden sich sofort gegen euch wenden, obgleich ihr sie befreit hättet.»

«Das begreife, wer will», sagte Eva.

«Was müßte man also tun», fragte Marlies, «um zu der Freiheit zu kommen, sie befreien zu können?»

«Das System abschaffen. Eure guten Herzen plus die Macht können uns nicht vor dem Abgrund retten. Man muß die Wurzel operieren.»

«Meinst du, daß schon jemand die Zange angesetzt hat?» fragte die Zahnarzttochter Eva.

«Ich hoffe es», sagte Jürgen Baer mit Nachdruck.

Sie kamen wieder auf die belebtere Straße und schwiegen für eine Weile. In der Nähe des VKN-Lagers begegnete ihnen ein offener Dienstwagen. Er fuhr sehr schnell. Trotzdem erkannte Eva Traude Hörselmann. Das ließ auf Außergewöhnliches schließen. Einsilbig und nachdenklich gelangten sie zum Haus Seestern. Eine scheu geflüsterte Schreckensnachricht ging im Hause um. Wilfried Parisius war abgestürzt.

Wilfried Parisius war tot. Traude Hörselmann hatte eine schwere Nervenkrise knapp überstanden. Wie es hieß, hatte Frau Klemt sie in ihrem Hause aufopfernd gepflegt, unterstützt durch Marlies Hasse. Der Flieger war das Opfer seines gefährlichen Berufs geworden, ein bedauerlicher Unfall bei der Erst-Erprobung des Lufttorpedos «Osterei».

Heinz Brettschneiders Gesichtszüge waren eingefallen. «Wir sind mitten in einer Pechsträhne», sagte er. «Das ist wie in einem Leitstrahl. Sitzt man einmal drin, kommt man nach keiner Seite heraus. Man muß ihn bis zu Ende mitmachen.»

Seine Kusine Marlies Hasse saß ihm in seinem Büro gegenüber, nach langer Zeit. Das letztemal hatte sie hier gesessen, als Herbert Axe in den Tod gegangen war. Sie wußte genau, daß es ein Freitod war, denn sie hatte Zobel, seinen Kameraden, ausfindig gemacht. Sie glaubte dem Vetter nichts von dem Unglücksfall und verachtete ihn wegen seiner plumpen Lüge. Der Nachruf für den Soldaten Axe in der Gefallenenrubrik war ihr wie eine Beschimpfung vorgekommen.

Nun hatten sie Parisius zur Strecke gebracht. Anders als Axe, aber auch durch ihre Methoden. Uhlig, der Parisius' Kamerad war, stieß nur widerwillig zwischen den Zähnen hervor, was er wußte. Man hatte ihm den Mund verboten, als er mit der Faust auf den Tisch geschlagen und Klemt unverantwortlichen Leichtsinn vorgeworfen hatte.

Marlies war nicht mehr die sanfte, gutgläubige Fürsorgerin aus der Anfangszeit ihrer Laufbahn. Weil sie das Vertrauen der Frauen besaß, erfuhr sie auch das, was für Augen und Ohren der breiten Masse nicht bestimmt war.

Brettschneider hatte längst die Veränderung bemerkt, die in Marlies vorgegangen war. Sie fuhr auf Urlaub zu ihren Eltern und kam traditionsgemäß, um sich von ihm zu verabschieden. Es war ihm peinlich, wieder ein Anliegen vorbringen zu müssen, das ihr unangenehm sein würde, aber es war seine Pflicht. Er mußte sie auf die Gefahren hinweisen, die ihr aus dem Zusammenwohnen mit der Leonhard entstehen konnten. Als Fürsorgerin hätte sie auch auf ihren politischen Ruf Rücksicht zu nehmen. Es ginge nicht an, daß sie die Zimmergenossin eines Mädchens bliebe, das man wohl oder übel in der nächsten Zeit beobachten lassen müsse. Frau Klemt hätte gesprächsweise durch Traude Hörselmann von dem überschrittenen Wochenende der Leonhard erfahren. Der gerissene Hanke hätte daraus sofort seine Schlüsse zu ziehen gewußt, denn es sei das einzige Mal gewesen, daß der Bootswart das Segelboot nicht selbst in Empfang genommen hätte. Und bald danach sei den Häftlingen die Flucht geglückt. Es kostete Brettschneider Überwindung, seiner Kusine das alles mitzuteilen.

Marlies hörte ihn ruhig an und sagte dann verächtlich: «Wenn du nicht mein Vetter wärst, würde ich dich jetzt stehenlassen. Tiefenbach und Eva waren auf Rügen. Das stimmt. Und sie kam sehr glücklich zurück. Warum habt ihr denn Tiefenbach abreisen lassen, ohne ihn zu fragen, ob er jemanden hierhergebracht hat?»

«So eine Frage ist sinnlos. Wir haben nicht die Absicht, Tiefenbach zu verärgern. Er ist ein Könner und vielleicht bald sehr wichtig für uns.»

«So, und um die kleine Rechnerin ist es nicht schade!»

«Du weißt, was mit ihr los ist. Daß da unser Vertrauen nicht groß ist, kannst du dir denken. Es geschieht ihr ja nichts, weil es keine Beweise gibt. Aber sollte es dahin kommen, darfst du nicht mehr mit ihr zusammen wohnen. – Oder willst du es übernehmen, sie zu beobachten?»

«Verschone mich. Dazu bin ich völlig untauglich.»

«Ich mache dir einen Vorschlag. Wir erwarten Carla Winter in Kürze. Sie hat sich bereit erklärt, fürs erste für Parisius einzuspringen. Sie muß ein gutes Einzelzimmer haben. Das wäre ein Grund, in eurem Heim ein paar Leutchen zu verlegen. Wenn du es geschickt einfädelst, wird die Leonhard nichts merken.» Brettschneider war froh, daß der Widerstand nicht größer war. Als einziges Zugeständnis verlangte seine Kusine Aufschub bis zu ihrer Rückkehr aus dem Urlaub.

Marlies fand Eva mit Edith Knorr am Strand. Sie hatten Traude Hörselmann in der Burg der Klemtschen Kinder besucht. Traude wollte am nächsten Tage ins Haus Seestern zurückkehren.

Sie war ruhiger geworden, und die sommerliche Bräune ihrer Haut milderte die Tiefe der Augenringe. Aber die Augenwinkel hatten schmerzliche Fältchen bekommen, die Lider zuckten häufig, und mit dem krampfig zusammengezogenen Mund sah sie aus wie ein Mensch, der gezwungen wird, unablässig in grelles Licht zu blicken.

Niemand hatte Traude zugetragen, was Uhlig unbeherrscht Dr. Klemt nachgesagt hatte. Sie war voller Dank gegenüber der Klemtschen Familie. Die siebenjährige Winifried war ihr besonders zugetan, und wenn das Kind sie zärtlich umfing, hatte sie von neuem den Kampf zu bestehen gegen den aufsteigenden Schmerz des Verzichts. Parisius hatte viele Kinder haben wollen. Vor allem kleine Mädchen. Warum mußten es denn immer «die krummen Jungens» sein, auf die die Väter so stolz waren! Er, der große, starke Bursche, wollte liebevolle Mädels haben. Und sie hatte alle seine Wünsche zu ihren eigenen gemacht. Nun, da er nicht mehr war, gab es keine Wünsche mehr, nur noch eine fürchterliche Leere.

Eva und Edith Knorr hatten Wini bis zum Hals in den Sand eingebuddelt. Spitzbübisch arbeitete sie ihre kleinen Zehen immer wieder heraus, so daß die Baumeister nie fertig wurden. Der vierjährige Norbert wollte auch drankommen, und Marlies bekam zu tun, als sie sich dazugesellte.

Es war gut, wenn bei dem, was sie sagen mußte, die Hände

beschäftigt waren. Sie beobachtete Eva, die Edith vergnügt bei dem Spiel im Sand unterstützte.

«Komm, hilf mir», rief Marlies der Freundin zu. «Norbert will auch zugedeckt werden.»

«Ja, bis zum Kinn, wie Wini», verlangte der Kleine ungeduldig.

Eva wechselte lachend den Bauplatz. Mit vollen Händen begann sie, Sand hinter Norberts Rücken zu türmen. Marlies war neben ihr. «Verstehst du dich gut mit Edith Knorr?» fragte sie tastend.

«Sie ist nett. Ich glaube, sie braucht jetzt viel Freundlichkeit.»

«Ja. Könntest du dir vorstellen, mit ihr zusammen zu wohnen?» Eva fiel der Sand aus den Händen.

Die Freundin sprach schnell weiter. «Es wäre ja nur für ein paar Monate, bis sie hier fort muß.» Marlies wußte nicht, was ihre Hände taten, so stark fühlte sie Evas zwingenden Blick auf sich gerichtet.

Norbert schimpfte. «Du buddelst mich ja wieder aus. Ich will eher fertig sein als Wini.»

«Es ist nämlich so», fuhr Marlies fort, zugleich darauf bedacht, Norberts Wünschen nachzukommen, «wir müssen für Carla Winter ein Einzelzimmer frei machen. Da kommt nur Henny Rosenows Eckzimmer in Frage. Ich kann aber Henny nicht zu Edith geben. Du kennst sie ja mit ihrem ‚Huch' und ihren Eigenbröteleien. Sie hat auch wenig Verständnis für Ediths Lage.»

«Und da willst du mit Henny zusammenziehen?»

«Es muß sein. Vielleicht ist es nur vorübergehend. Die Winter bleibt bestimmt nicht ewig hier.»

Eva sah blicklos in den Sand. War sie auch schon für Marlies Gepäck geworden, das man lieber absetzte, um die Hände frei zu haben? Gab es im ganzen Haus Seestern keine andere Möglichkeit der Zimmerverteilung? – Aber Marlies, vor der es so gut wie keine Geheimnisse gab, die ihre Gedichte kannte und die als einzige wußte, wie sehr sie sich nach Hans Tiefenbach sehnte, brauchte keine Angst zu haben, daß sie sich aufdrängte. Sie wollte für niemanden Gepäck sein – für niemanden!

«Sprich mit Edith», sagte sie spröde. «Mir ist es recht.»

«Es eilt nicht so. Wenn ich aus dem Urlaub zurückkomme, regeln wir es», sagte Marlies schweren Herzens.

Jürgen Baer kam an jenem Abend ohne Fahrrad. Das war verwunderlicher als die Tatsache, daß es, als er leise an Evas Tür klopfte, schon dämmerig war. Sie war im Begriff, ins Bett zu gehen, und dachte, es sei Labahn, der komme, um sie wegen mangelnder Verdunkelung zu mahnen. Sie nahm das oft nicht so genau wie Marlies und vergaß, die oberen Klammern des schwarzen Rollos herumzulegen.

Jürgen Baer schob sich schnell ins Zimmer. Er versuchte spöttisch zu sein wie immer. Aber er war anders. Eva merkte es gleich. «Hat dich Kamerad Blinklicht noch hereingelassen?»

«Ich habe es abgepaßt, als er nicht in seinem Zimmer war. Mich hat niemand kommen sehen. Kannst du mich für ein paar Stunden hierbehalten?»

Für ein paar Stunden! – Um zehn durfte kein Mann mehr im Hause sein, das war in einer knappen Stunde. Er kannte die Hausordnung. Es war also etwas passiert, das jede Hausordnung außer Kraft setzte. Plötzlich wußte sie: Er war in Gefahr. Sie brauchte nicht lange zu fragen. Daß ihre gemeinsamen Gespräche voll verbotener Gedanken waren, wußte sie längst. Daß er dem Zinnowitzer Kreis angehört hatte, von dem einige verhaftet waren, schien ihr ziemlich sicher. Sie hatte gewußt, warum sie ihn mied, seit Hans in diesem Zimmer gestanden und von einer gemeinsamen Zukunft gesprochen hatte. Sie hatte damit fertig werden müssen, daß Jürgen Baer sie spöttisch lächelnd grüßte, wenn sie sich trafen, und daß er neuerdings Marlies zu Radausflügen aufforderte oder mit ihr rudern ging. – Nun stand er hier, an derselben Stelle, wo Hans vor etwa einem Monat gestanden hatte. Es war ihr, als nähme sie noch einmal das fremde Mädchen mit dem hellen Gesicht an Bord. Aber sie konnte nicht anders.

«Wenn Labahn dich nicht gesehen hat, bist du hier sicher», sagte sie leise. «Was ist los? Suchen sie dich schon?»

Aufatmend setzte sich Jürgen Baer. Erst jetzt sah Eva, wie erregt er war.

«Ich bin gewarnt worden. Für mich wäre es Selbstmord gewesen, noch einmal in mein Zimmer zu gehen.»

«Wo warst du bis jetzt?»

«Wir haben ein Versteck. In den Kuscheln, nach Trassenheide zu. Dort habe ich Nachricht bekommen. Es ist zu unsicher, bis dahin im Freien zu bleiben. Sie werden vielleicht Streifen ausschicken. Ich hatte mir gedacht, wenn im Hause alles schläft, könntest du mich in den Fahrradkeller hinunterbringen.»

«Nein, das geht nicht. Er ist eine Mausefalle. Labahn schließt erst früh um sechs auf. Und aus den Fenstern kommt keiner 'raus. Sie sind vergittert.»

«Verdammt noch mal. – Was nun?»

«Du mußt solange hierbleiben.»

«Du weißt, daß es für dich sehr gefährlich ist?»

«Wir wollen versuchen, daß niemand etwas merkt. Du mußt morgen früh in der unteren Diele aus dem Fenster steigen.»

Eva nahm ihr Handtuch. «Ich gehe ins Bad. Du kannst dich hier waschen. Dann mußt du etwas essen. Schließ hinter mir zu und verhalte dich ruhig, wenn jemand klopfen sollte. Ich drücke nur die Klinke herunter, wenn ich wiederkomme.»

«Danke, Eva», flüsterte er, während er sie hinausließ.

Labahn schlurfte über den Gang, klopfte an eine Tür und sagte freundlich-dringlich: «Es ist gleich zehn. Der Herr muß nun gehen.» Hinter der Tür wurde Lachen laut. «Ja, ja, schon gut», antwortete eine unbekümmerte Stimme.

Eva, im Bademantel, das Handtuch über dem Arm, ging an dem Hausmeister vorbei in ihr Zimmer zurück. Sie wünschte ihm freundlich gute Nacht.

Baer hatte seine Jacke abgelegt und die Schuhe ausgezogen.

«Du kannst dich in Marlies' Bett legen», sagte sie.

Er wehrte ab, als sie aufdecken wollte. «Nicht doch! Ich lege mich nur so obenauf. Ich werde nicht schlafen. Ich darf die Zeit nicht verpassen.»

Sie bestrich ihm dicke Schnitten mit Schmalz.

«Darf ich mir eine in die Tasche stecken?»

«Nein, die ißt du jetzt. Ich habe noch ein bißchen Leberwurst da.»

«Dann hast du morgen nichts.»

«Ich verhungere schon nicht.»

Er aß auch noch den Kunsthonig und einen Rest Pudding. Sie saß, in ihren roten Bademantel gehüllt, schweigend dabei. Er dachte daran, wie er in ihr den grauen Zwerg gesehen hatte, an dem kühlen Abend am Strand. Es war fast ein Jahr her. «Ich liebe dich», sollte sie zu ihm sagen, aber es war nur ein Spiel: ein Lehrspiel, das sie nachdenklich machen sollte. Und ihn hatte es aufgeregt, und von da ab hatte er sie nicht mehr für die

Gruppe gewinnen wollen. Hanna Peplow hatte schnell erfaßt, daß er Eva heraushalten wollte. Aber es lag nicht nur an ihm, was sie tat und wofür sie sich einsetzte. Sie hatte Maria, die Polin, eingeschleust, und der Ausbruch der drei Häftlinge war gelungen. Er hätte niemanden anders gewußt, zu dem er hätte gehen können.

Es war die Ru, die ihn gewarnt hatte.

Die Bibliothekarin hatte am Nachmittag, als sie dem Doktor einige bestellte Fachbücher ins Junggesellenheim bringen wollte, den Hausmeister recht verwirrt vorgefunden und, argwöhnisch geworden, bei einem heimlichen Rundgang durchs Haus gesehen, daß Baers Zimmer durchwühlt wurde. Eine Art Vorwarnung hatte er bereits drei Tage vorher durch Hanna Peplow erhalten. Die neuen Mitarbeiter, die in der Abteilung Brettschneider saßen, hatten sich sämtliche Personalakten der leitenden Angestellten und Akademiker kommen lassen. Darüber war Hanna stark beunruhigt. Seit Monaten schon, mit dem Einzug der von Berlin verfügten Ressortleiter, war es unruhig in der Versuchsstelle. Die politischen Schlappen mochten dazu beigetragen haben: die Krise in Italien, die Rückschläge an der Ostfront, die Landung der Amerikaner in Europa. Und auf der Insel: der Ausbruch der Häftlinge, der Fehlschuß mit dem Kirschkern, Parisius' Absturz. Man wurde nervös und witterte überall Verrat. Die Tatsache, daß Baer zu seinen letzten Treibstoffuntersuchungen mehr Zeit als früher benötigt hatte und daß ihm bei der schwierigsten Versuchsreihe ein Fehler nachgewiesen worden war, den er sich – im Vertrauen auf Wodrubas Wuscheligkeit – leisten zu können glaubte, das alles mußte, zusammen mit den Bedenken, die noch von der Universität her auf ihm lasteten, den Verdacht auf ihn gelenkt haben. Der Sender war nicht entdeckt worden. Diese Gewißheit hatte man ihm noch überbringen können.

Es war gut, daß das Versteck in den Kiefern für den Ernstfall eine ausgemachte Sache war. Der Freester Kraftfahrer war verständigt. Er würde ihn nicht aufsitzen lassen.

Jürgen Baer fühlte, wie seine innere Anspannung nachließ. Er beobachtete Eva, die leise hin und her ging und sich schließlich in ihrem Bademantel aufs Bett legte.

«Willst du nicht schlafen?» fragte er.

«Nein. Ich kann nicht.»

«Du bist zu weit weg, wenn wir miteinander sprechen wollen. Wir müssen flüstern. Bitte, leg dich zu mir. – Bitte.»

Zögernd setzte sie sich zu ihm auf das unabgedeckte Bett. Er richtete ihr ein Kissen für den Kopf und breitete die Decke aus.

«Ich möchte nur einen Menschen in der Nähe haben, weiter gar nichts. Verstehst du das nicht? Heute zwischen den Kiefernkuscheln kam ich mir vor wie ein Tier, auf das man Jagd macht. Und das war erst der Anfang.»

Sie gab ihren Vorbehalt auf. Er war so nichtig geworden wie die Hausordnung der Heeresstandortverwaltung.

«Wie willst du nun leben?» fragte sie.

«Ich habe ein paar Adressen. Die nächste ist bei Stettin. Fürs erste muß ich mich versteckt halten, illegal leben.»

«Kann man denn das?»

«Viele tun es schon. Du hast keine Ahnung.»

«Nein, ich habe wirklich keine Ahnung. Du hast dir so viel Mühe mit mir gegeben, aber ich war ein sehr untaugliches Objekt, nicht wahr?»

Er schüttelte den Kopf, mit einem wunderlichen Lächeln.

«Ja, ja, ich weiß es», fuhr sie schnell fort. «Ich sehe ein, wie hassenswert das alles ist: der Krieg, die ganzen Lügen drumherum, das Getue mit Großdeutschland und dem Heldenrummel. Ich weiß, daß ich hassen müßte, so einen wie Hanke etwa, vielleicht auch Brettschneider. Aber ich bringe es nicht fertig. Neulich erzählte Hanke so lustig im Kasino, daß ich dachte, eigentlich ist er doch ganz nett. Und ich möchte die Menschen immer so einschätzen, wie sie wirklich sind, und nicht, wie sie speziell zu mir sind. Verstehst du das? Ich möchte objektiv sein.»

«Objektiv kann man erst dann sein, wenn man gelernt hat, die Lüge von der Wahrheit zu unterscheiden.»

«Das kann ich wohl noch nicht?»

«Nein. Aber du bist auf dem Wege dazu.»

«Woran erkenne ich denn, daß ich es geschafft habe?»

«Wenn dir völlig klar geworden ist, daß in diesem Kriege nicht unsere Sache ausgefochten wird. Wenn du begreifst, daß in diesem Kriege ein Deserteur kein Feigling oder Verräter ist. Und keiner ist es, der Widerstand leistet. Auch ich nicht. Auch – nein, mehr sollst du nicht wissen! Was du heute tust, ist sehr viel. Es ist für dich Belastung genug. Nur eines mußt du versuchen zu begreifen: Es geht in diesem Kriege nicht um Deutschland. Die ‚vaterlandslosen Gesellen‘ sind nicht wir, die man jagt; die Jäger selbst, die das Vaterland dauernd im Munde führen, sind es. Sie gebärden sich als Erneuerer der Nation und sind ihre Totengräber. Bezahlte Totengräber! Merk dir das gut. Es wird sich erweisen, wer *ihre* Herren waren, wenn Bilanz gezogen wird, nach dem Krieg. Dann wird man staunen, was stehengeblieben und was kaputtgegangen ist. Wohnviertel legen die Flieger in Schutt und Asche, aber die großen internationalen Werke verschonen sie. Das mußte sogar Klemt zugeben. Wir sprachen einmal darüber. Die großen Krämer handeln auch im Kriege weiter, gehen in die Kirche und finanzieren Hitler. Es hilft nichts, Mädchen, man muß hassen lernen! – Woran denkst du?» Er stützte sich auf den Ellenbogen und sah auf ihr stilles Gesicht herab.

«An vielerlei. An Antigone, die unfähig zum Haß und groß im Lieben war. Und an Iphigenie.»

«Goethe?»

«Ja. – Er sagt uns von der Stimme der Wahrheit: ‚Es hört sie jeder, geboren unter jedem Himmel, dem des Lebens Quelle durch den Busen rein und ungehindert fließt.‘»

Baer seufzte. «Ich wollte, wir wären wieder soweit, daß wir Goethe bei uns wohnen lassen könnten. Aber der Alte wird böse auf uns sein. Wir lassen es zu, daß sie in Frankfurt sein Geburtshaus zerschlagen. Ich wäre dir lieber begegnet im Sinne des Alten, auf weimarisch sozusagen. Er verstand zu leben – und zu lieben! Aber die Zeit ist gegen uns, und so habe ich dich gequält mit Problemen und Philosophien. Mit dem, was dein Herz brauchte, habe ich dich zu andern gehen lassen. Ist es nicht so?»

«Nein, Jürgen. Ich hätte dich gar nicht anders haben wollen. Es war immer sehr schön mit uns. Ich weiß nicht, was aus mir geworden wäre ohne dich.»

«Du hast eine besondere Gabe, einen mit ein paar einfachen Sätzen zu beschenken. Das solltest du später ausnützen. Schreibst du noch?»

«Ich hatte Marlies gebeten, nicht darüber zu sprechen. Es ist alles nichts. Alles kommt impulsiv. Nichts ist durchdacht.»

«Das macht nichts. Du bist erst am Anfang. Du mußt dich nach Menschen umsehen, die dir raten können.»

«Marlies kann gut urteilen. Aber nun werde ich ihr nichts mehr vorlesen können.»

«Habt ihr euch gezankt?»

Eva erzählte, wie die Freundin sie enttäuscht hatte. «Vermutlich hat ihr Brettschneider die Hölle heiß gemacht, und sie hat klein beigegeben.»

Nachdenklich legte sich Jürgen Baer wieder hin. Nach einer ganzen Weile sagte er: «Sie hat dir also nichts erzählt.»

«Was soll sie erzählt haben?»

«Sie hat eine Aufgabe übernommen – für uns.»

«Nein!»

Jürgen Baer nickte. «Ich habe ihr eingeschärft, sich nirgends zu exponieren. Sie muß die zuverlässige Kusine Brettschneiders bleiben, die Fürsorgerin, vor der die Wachmannschaften strammstehen. Sie hat klein beigegeben, du hast recht, aber sie hat gewußt, warum.»

«Dann habe ich ihr unrecht getan. Das tut mir leid. Als sie abreiste, war ich ziemlich biestig zu ihr.»

«Sie wird es dir nicht nachtragen.»

«Nein. Es gibt keinen besseren Menschen, nicht wahr?»

Jürgen Baer sah nach der Uhr. «Wird man auch nicht merken, daß du die ganze Nacht Licht brennen hast?» Es war kurz nach zwei Uhr. Das Haus war totenstill.

Eva erhob sich und drehte kurz am Schaltknopf des Radios. Die Skalenlampe warf ihren matten Schein durch die gitterartige Rückwand. Sie schaltete die Nachttischlampe aus. «Wieviel Zeit ist noch?»

«Eine gute Stunde.»

«Wirst du nun für deine Familie verschollen sein?» – «Ja.»

«Für deine Verlobte auch?»

«Wie kommst du darauf?»

«Du hast ganz am Anfang einmal von einer Verlobung gesprochen. Aber es kam mir vor, als wäre es nicht ganz das richtige. Darum habe ich nie danach gefragt. Wird sie dich sehr vermissen?»

«Überhaupt nicht.»

«Verstandet ihr euch nicht mehr?»

«Ich habe ihr wohl ein bißchen viel zugemutet. Im Weihnachtsurlaub war ich zwei Tage in Güstrow, ehe ich nach Hause fuhr.»

«Was hast du denn in Güstrow gemacht?»

«Eine Graphik abgeholt.»

«Zwei Tage lang?»

«Dabei habe ich Barlachs Nachlaß studiert. Die Zeit war noch viel zu kurz.»

«Wer ist Barlach?»

«Er ist nicht, er *war*! Einer von den ganz Großen. Bildhauer, Maler, Dichter. Später, wenn die ‚tausend Jahre' um sind, wirst du alles kennenlernen, was er geschaffen hat.»

«Ich werde dann sehr alt sein. Gehört Barlach zu den ‚Entarteten'?»

«Ja, er hat die Ehre, dazuzugehören. Seine Freunde in Güstrow hüten die Schätze. Mein Vater hat ihn gekannt. Ich durfte die Graphik überbringen.»

«Ist er so ähnlich wie Masereel?»

«Nein, anders. Aber genauso großartig herb.»

«Dann hätte dich deine Verlobte verstehen müssen.»

«Sprechen wir nicht mehr davon. Wer nicht mehr existent ist, kann auch keine Verlobte haben. Du willst ja auch nicht, daß ich einen gewissen Wedelstedt erwähne.»

«Mit einem, der Geiseln erschießen läßt, habe ich nichts zu schaffen.»

«Kannst du die Lampe erreichen? Ich muß nach der Uhr sehen.»

Sie drückte den Schaltknopf. «Wieviel Zeit noch?»

«Eine halbe Stunde.»

Sie löschte wieder das Licht. «X minus dreißig. Zeit läuft.»

«Für die meisten Menschen gibt es einmal die Stunde X. Was wirst du sagen, wenn jemand gemerkt hat, daß ein Mann die ganze Nacht bei dir war?»

«Ich werde das sagen, was am nächsten liegt.»

Er schob seinen Kopf zwischen das Kissen und ihren Nacken und suchte mit seinem Mund zwischen den herabhängenden Haaren ihre Haut. Dann stand er hastig auf. «X minus fünf. Ich nehme die Schuhe in die Hand.»

«Ja», flüsterte sie. «Wir wollen kein Licht machen. Da sind die Schnitten.»

«Danke.»

«Was kann ich noch für dich tun?»

«Hinter mir das Fenster schließen.»

«Sonst nichts?»

«Das ist sehr viel.»

«Nein, nicht genug.»

In dem matten Licht, das aus dem Radio kam, schien sein Kopf besonders dunkel und seine Gestalt ungewöhnlich groß. Er wird es schwer haben, unterzutauchen, dachte sie, als sie seinen Kopf weit herabziehen mußte bis zu ihrem Mund. Er nahm ihren Kuß mit einer Inbrunst, als wolle er dem Schicksal einen Vorschuß auf das Glück abtrotzen.

Eva führte den großen Jungen durch den dunklen Flur die Treppe hinunter. Die Diele mit dem verglasten Erker befand sich in der Mitte des Hauses. Labahns Zimmer am äußeren Ende des Flurs lag außer Hörweite.

Die Papierverdunklung raschelte etwas, als Eva sie vorsichtig beiseite schob. Der Morgen dämmerte. Am Horizont über der See lagerte ein schwach rötlicher Schein. Die Sonne kündigte sich an.

Baer schwang sich aufs Fensterbrett, blickte hinab. Der Sprung war ein Kinderspiel. Eva drängte. Sie hatte in der Toilette, die gegenüber lag, die Wasserspülung gehört. Der Fensterflügel war sehr schmal, sein Jackett verfing sich am Riegel. Während sie ihn befreite, ertönte hinter ihr ein unterdrückter, aber sehr spitzer Aufschrei. Jürgen Baer sprang.

Eva wandte sich hastig um.

Henny Rosenow stand erschrocken, eingehüllt in ihren Morgenrock, an der Toilettentür und starrte auf Eva, die beschwörend den Finger auf den Mund legte. Dann sah sie, wie Eva ein Paar Männerschuhe hinausreichte. Mit kleinen Schritten lief Henny den Gang entlang in ihr Zimmer zurück und schloß sich ein. Mein Gott, wozu doch die Jüngeren imstande waren, während man schlief! Sicher war Edith Knorr auf ähnliche Weise zu ihrem Kind gekommen. – Henny konnte nicht wieder einschlafen. Nein, das war zuviel! Daß die Leontine so weit ging, hätte sie nicht gedacht.

Im Morgengrauen verließen die ersten Lkw des «Baustab Speer» den Parkplatz der Versuchsstelle. Sie trafen sich mit den heimkehrenden Wachtdienstmännern der Nachtstreife an der Hauptwache, wo der Posten, Ausweise und Fahrbefehl kontrollierend, seiner Pflicht genügte, obgleich Fahrer und Wachmannschaften einander genau kannten. Zwei Wagen passierten. Beim dritten stutzte der Posten. «Wie bist du denn schon von Freest rübergekommen? Hattest doch gestern früh den Kanal gestrichen voll von der Überlandfahrt.»

«Mußte einspringen.» Die Stimme des Fahrers klang rauh und brüchig. «Meine Ablösung ist krank geworden. Sauerei das! Aber was will man machen?»

«Hast bei der Brandwache geschlafen, was?»

«Hm. Um diese Zeit läßt ja niemand einen Dampfer für mich fahren.»

«Na, dann mach's man gut.» Aufmunternd nickend reichte der Wachhabende die Papiere in den Wagen. «Allzu weit ist's ja nicht bis Prenzlau.»

Der Mann am Steuer grüßte kurz und gab Gas.

Jetzt kommt's drauf an, dachte er. Es war gut, daß die beiden anderen Wagen ihm bereits ein Stück voraus waren. Dr. Baer würde schon nicht so unvorsichtig sein und sich winkend auf die Straße stellen, wenn er einen Lkw kommen hörte.

Kurz hinter dem Werkbahnhof Karlshagen – war ausgemacht. Er, Kraftfahrer in Freest, hatte nicht schlecht geguckt, als ihm Hanna gestern gegen Abend die Alarmbotschaft geschickt hatte.

Ihr eigener Vater, der alte Peplow, der ihm seit längerer Zeit aus dem Wege ging, hatte den Boten gemacht. Leicht war ihm das nicht gefallen, das hatte man ihm angemerkt. Seine Tochter mußte ihm wohl beigebracht haben, daß es eine Sache war, bei der es um Tod oder Leben ging. Bisher hatte sich der Fischer vorsichtig aus allem herausgehalten. Aber für diese Fahrt hatte er ein Alibi. Schließlich konnte ihm niemand übelnehmen, wenn er bei einer kleinen Abendspazierfahrt mit seinem alten Fischerkahn mal seine Nichte, die Freester Gastwirtsfrau, besuchte, die im Wochenbett lag. Daß er allein im Kahn gewesen war – dafür hatte er Zeugen.

Hanna Peplow überlegte stets sehr genau, was sie tat, und es gab gar keine Frage, daß sie auch dem Baer auf irgend so eine vertrackte Weise zu verstehen gegeben hatte, wo er den Lkw erwarten solle.

Werkbahnhof Karlshagen!

Der Fahrer nahm Gas weg und fuhr unvorschriftsmäßig weit an die linke Straßenseite heran. Der schüttere Kiefernwald reichte bis zum Chausseegraben. Von hier mußte Baer kommen, denn auf der anderen Seite waren die Bahngeleise und dahinter offenes Feld.

Der Fahrer hielt an und klappte die Motorhaube auf. Es war immer gut, einen Vorwand für den Stopp zu haben, obgleich um diese Zeit kaum mit Passanten zu rechnen war. Trotz seiner Übermüdung – denn die letzte Fahrt, auf der er drei Tage unterwegs gewesen war, lag ihm noch in den Gliedern – war er jetzt hellwach und beobachtete scharf das Kiefernwäldchen. Die Wipfel rauschten. Sonst war alles still.

Er hantierte mit Schraubenschlüsseln und Zangen eine geraume Weile an den Eingeweiden seines Wagens herum. Warum kam dann Baer nicht? Verdammt hell war es schon.

Der Fahrer sah nach der Uhr. Die Zeit war bereits um eine Viertelstunde überschritten. Was konnte passiert sein? Hatten sie ihn erwischt?

Der Mann an der offenen Motorhaube wurde unruhig. Von Minute zu Minute wurde es gefährlicher, hier herumzustehen und zu warten. Bald mußte der nächste Wagenschub von der Versuchsstelle kommen. Es gab nur eine Fahrstraße auf diesem schmalen Inselteil. Jedes Fahrzeug mußte hier vorbeikommen. Außerdem würde bald das Personal der Werkbahn zur Frühschicht fahren.

Etwas ratlos, wie er seinen Aufenthalt nun noch bemänteln sollte, ging er um den Wagen herum – und erschrak.

Jenseits der Straße, an der Ecke, wo es zum Kameradschaftsheim hinaufging, stand ein Mann. Stand da und lehnte, offenbar gelangweilt und müde, an einem Telegraphenmast. Er sah aus wie einer, der in der Nacht unkontrollierbare Wege gegangen ist und nun auf die erste Werkbahn wartet, um zum Dienst zu fahren.

Er sah so aus! Aber es konnte in Wirklichkeit ganz anders sein. Wie lange mochte der Kerl schon dort gestanden und ihn vielleicht aus den Augenwinkeln heraus beobachtet haben? Der Mann aus Freest hatte gelernt, Vorsicht zu üben. Mit gespieltem Gleichmut ließ er die Motorhaube herunter, klapperte auffällig mit dem Handwerkszeug und bestieg seinen Fahrersitz. Jetzt nichts als fort, dachte er.

Vor ihm zog sich die Chaussee in einer kilometerlangen Geraden hin. Es war schon hell genug, um sie überblicken zu können. Er entdeckte nicht das geringste Zeichen, das auf Baers Nähe schließen ließ. Mit zusammengekniffenem Mund trat er den Starter. Erwischt, dachte er, vielleicht gestellt von den Spitzeln. Wozu jetzt diese verdammte Fahrt? Krampfhaft kämpfte er gegen eine bleierne Müdigkeit, die ihn mit Macht überfiel.

Jürgen Baers lange Beine griffen aus, soweit es am Waldrand auf dem sandigen Hügelgelände nur möglich war. Er rannte, sprang, stolperte, raffte sich wieder auf. Sein Atem ging schwer. Durchatmen! befahl er sich. Durchatmen! Ich muß die Gerade hinter mir haben, wenn der Wagen losfährt. Erst hinter der Kurve kann ich es wagen, mich bemerkbar zu machen. Vorher kann der Mann am Karlshagener Telegraphenmast mich sehen. Der Kumpel darf keinesfalls vor der Biegung noch einmal halten. Wieder stolperte Jürgen Baer, raffte sich hoch.

Die verdammten Kuhlen waren wie Fußangeln. Aber er konnte es nicht wagen, auf die Straße hinauszutreten. Es war schon zu hell. Noch zweihundert Meter! Auf der Aschenbahn nur Sekunden – eine Tortur auf dem versteppten Gelände.

Seine gespannten Sinne lauschten auf jedes Geräusch. Hatte der Kumpel den Motor schon wieder angelassen? Es wäre kein Wunder. Er mußte doch die stumme Gestalt am Telegraphenmast entdeckt und begriffen haben, daß es an dieser Stelle für ihn unmöglich war, aufzusteigen. Zwei Lkw waren schon an ihm vorbeigebraust. Aber es konnte doch nicht sein, daß er, der langjährige Gefährte, ohne die geringste Wartezeit im Sechzigkilometertempo davonfuhr.

Und wenn es doch so war? Wenn die fremde Gestalt an der Ecke ihn so irritiert hätte, daß er gar nicht gewagt hatte, zu halten? Noch dazu mit einem zweiten Wagen auf den Fersen? Jürgen Baer überlegte fieberhaft. Ehe er zu Fuß bis Wolgaster Fähre kam, waren die Straßen belebt. Ein halb acht Uhr war Dienstbeginn. Im allergünstigsten Falle – wenn am Vorabend noch keine Fahndungen begonnen hätten, weil die Durchsuchung seines Zimmers kaum etwas Verdächtiges zutage gefördert haben konnte – mußte bei Dienstbeginn sein Verschwinden offenbar werden. Dann hatte er kostbare Stunden verloren, und seine Chancen, aus der unmittelbaren Umgebung der Insel ungeschoren wegzukommen, waren gleich Null.

Gering waren seine Chancen sowieso, das wußte er. Aber sie erschienen ihm unvergleichlich groß gegenüber der Tatsache, daß er ohne die geringste Hilfe, nur auf seine Beine angewiesen, von der Insel herunterkommen sollte, deren Boden ihm jetzt unter den Füßen brannte.

Endlich – die Kurve hatte er hinter sich. Auf der Straße Ausschau zu halten, hatte er vorher nicht gewagt. Ermattet machte er halt, übersprang, gegen seine Gewohnheit schwerfällig, den Straßengraben und nahm Deckung hinter einem Gebüsch.

Da hörte er Motorengeräusch. Einen Lidschlag lang hatte er das Gefühl, sein Herz setze aus. Die Anstrengung des Geländelaufs, die Nervenanspannung, das Absinken seiner letzten Hoffnung waren schuld daran. Noch sah er den herankommenden Lkw nicht, hörte aber, daß er mit Tempo fuhr.

Er rechnet nicht mehr mit mir! schoß es Jürgen Baer durch den Kopf. Oder ist es der Kumpel auch diesmal nicht? Ich darf mich immer noch nicht sehen lassen.

Jürgen Baers Hand umklammerte eine junge, erst kniehohe Kiefer am Straßenrand.

Das Motorengeräusch schwoll an. Der Wagen ging in die Kurve. Ein Zeichen! Baers Hirn arbeitete angestrengt. Ich muß ein Zeichen geben.

Mit hastigem Ruck riß er die junge Kiefer aus dem lockeren Sandboden und schleuderte sie, ungeachtet seiner augenblicklichen Schwäche, in geübtem Zielwurf über die Breite der Chaussee hinweg, im gleichen Moment, als der Lkw aus der Kurve wieder in die Gerade einbog. Sofort duckte sich Jürgen Baer wieder hinter den Strauch, bereit, im Walde weitere Deckung zu suchen, falls ein fremder Fahrer nach dem Attentäter Ausschau halten sollte.

Mit quietschenden Bremsen rollte der Lkw über die knakkenden Zweige des geopferten Bäumchens. Dann stand er, und die linke Tür des Führerstandes flog auf.

«Mensch, Baer!»

Die brüchige Stimme erreichte den Flüchtling am Straßenrand und wog alle Unsicherheit und Anstrengung der letzten Stunden auf.

«Kumpel!»

8

Am Pranger

Henny Rosenow hatte es Eva nicht verübelt, daß sie ihretwegen um einen Teil ihres Nachtschlafs gekommen war, und ihre moralische Entrüstung wurde überdeckt von der Sympathie, die sie für die junge Mitarbeiterin hegte. So war sie unangenehm überrascht, als Fräulein Haugk sie am nächsten Tage in ihrem Dienstzimmer aufsuchte und ihr mitteilte, sie habe über den Vorfall der vergangenen Nacht Meldung gemacht.

Fräulein Haugks Zimmer lag neben der Diele, und da sie eine Heldensammlerin, aber keine Heldin war, hatte Henny Rosenows spitzer Schrei sie aus dem Bett getrieben. Sie hörte in der Fensternähe Geräusche und schlich herbei, um die nur angelehnten Fensterflügel vorsichtshalber zu schließen. Da sah sie im Morgendämmern aus dem Erkerfenster der Diele einen Arm sich herausrecken, der ein Paar Männerschuhe hielt, erkannte Eva Leonhards dunkle Mähne und den hellen Kragen ihres Bademantels. Der lange Kerl, der in großen Sätzen davonsprang, war kein anderer als Dr. Baer.

Fräulein Haugk war entrüstet. So eine moralische Verkommenheit! Erst die Knorr, jetzt die Leonhard; eben dieselben, die Niggertänze aufführten angesichts des Führers. Aber damals hatte ja niemand auf sie und Fräulein Püschel hören wollen. Nun war das Haus beschmutzt. Fräulein Haugk verlangte eine Untersuchung der Angelegenheit, und Fräulein Rosenow sollte als Zeugin auftreten.

Henny war unglücklich. Sie war nicht mißgünstig und hatte sich vorgenommen, Evas stumme Bitte um Schweigen zu respektieren. Aber Fräulein Haugk ließ nicht locker. Aufgeschreckt und ratlos lief Henny zu Traude Hörselmann.

Die Gruppenleiterin hatte nicht mehr die rasche Art, mit der sie, brötchenkauend, plötzlich hier und dort in den Büros ihrer Rechnerinnen auftauchte. Die zu ihr kamen, traten zögernd ein, nach vorsichtigem Klopfen. Jede glaubte sich entschuldigen zu müssen, daß sie mit irgendeiner profanen Frage kam und Traudes Gedanken störte. So begann auch Henny Rosenow etwas zaghaft. Als sie das Interesse der gleichaltrigen Vorgesetzten spürte, erzählte sie rascher und lebhafter.

«Doktor Baer soll es gewesen sein?» fragte Traude.

«Die Haugk sagt es. Ich habe ihn nicht so schnell erkannt. Er saß ja schon außen auf dem Fenstersims.»

«Das ist böse. Baer ist nämlich verschwunden.»

Henny verschloß erschrocken ihren Mund mit der Hand, um ihren Überraschungsschrei wenigstens diesmal zu ersticken.

«Wie denn? Verschwunden, einfach weg?»

«Ja. Ausgerückt.»

«Aber warum denn?»

«Was weiß ich.» Traude hob die Schultern. Sie zog die Augen noch enger zusammen. Eine müde Trostlosigkeit lag auf ihrem Gesicht. «Laß dich von der Haugk nicht einwickeln, Henny. Ich werde mit Dr. Klemt sprechen.»

Traude Hörselmann wunderte sich über sich selbst, mit welcher Energie sie sich der Sache Eva Leonhards annahm. Sie war nie eine Kämpferin gewesen, aber jetzt war sie aufgestört. Durch ein unbedachtes Wort Mathesis hatte sie erfahren, daß das «Osterei» zur Erprobung noch nicht reif gewesen war. Klemts Ehrgeiz und der Druck von oben, die Wunderwaffen schneller zu entwickeln, waren schuld an Parisius' Tod. Uhlig war klüger gewesen. Er hatte wohl auch Parisius gewarnt. Aber wer konnte etwas ausrichten gegen diese Mischung von Dickköpfigkeit und naivem Vertrauen auf sein Fliegerglück, die in Parisius steckte? Sie hatten ihn zermahlen. Sie hatten Axe zermahlen. Baer war ihnen entwischt. Nun sollte Eva Leonhard drankommen!

Noch nie war Traude ihrem alten Freund, der zugleich ihr Vorgesetzter war, so heftig und bestimmt gegenübergetreten. Klemt lief, die Hände in den Hosentaschen, im Zimmer auf und ab. Traude hatte lange und erregt gesprochen. Jetzt wartete sie gespannt auf seine Entgegnung.

Er hob die Schultern, mißbilligend, unlustig. «Du hast selbst mit der Leontine gesprochen?»

«Ja.»

«Und sie will nichts davon gewußt haben, daß Baer sich in Sicherheit bringen wollte, weil gegen ihn ein Verdacht vorliegt?»

«Nein.»
«Glaubst du das?»
«Warum denn nicht? In Evas Leben spielen Männer eine große Rolle. Du hast dich selber über ihren stattlichen ‚Verschleiß‘ amüsiert, nicht ohne Hochachtung übrigens. Aber um Politik hat sie sich nie gekümmert. Das wäre auch dumm von ihr.»
«Ich dachte, sie hätte sich inzwischen für Tiefenbach entschieden. Aber sie scheint doch sehr oberflächlich zu sein.»
«In bezug auf Männer magst du recht haben. Sonst ist sie schon in Ordnung, und es lohnt sich, daß man sie stützt.»
«Es geht nicht um unseren guten Willen, Traude. Man ist dabei, hier eine straffe Abwehrabteilung aufzuziehen. In ein paar Wochen sitzen wir hinter einem Sperrgürtel der SS. Weißt du, wer mit mir über den Fall Leonhard sprechen will? Herr Hanke.»
«Der Kasino-Hanke?»
«Jawohl. Mein spezieller Freund. Seine Talente gehen wohl über das Kasino hinaus.» Klemt sprach mit bitterem Spott.
Er hatte sich damit abfinden müssen, daß sich seine Frau zuweilen, wenn ihn der Ehrgeiz seiner Berufsarbeit von der Familie fernhielt, mit dem hübschen Zahlmeister tröstete. Ähnliches hatte er über Christa Kelner munkeln hören, was ihm nicht verwunderlich schien, wenn er an den fünfundfünfzigjährigen Asthmatiker Kelner dachte. Daß die Maidenführerin, die man offiziell an Hankes Seite sah, damit einverstanden war, konnte man kaum annehmen. Der Mann mußte demnach äußerst geschickt sein. Es war ein schwerer Schlag für Klemt, als er durch seine eigene Frau in einer Anwandlung heftigster Erregung den ersten Anhaltspunkt dafür bekam, daß auch sie dem eleganten Zahlmeister verfallen war. Traude Hörselmanns Anwesenheit im Hause hatte die Schwierigkeit des ehelichen Zusammenlebens in letzter Zeit etwas überbrückt. Jetzt verreiste Rosemarie erst einmal zu ihren Eltern und nahm Norbert mit. Was danach werden sollte, war noch nicht abzusehen. Die Vorstellung, daß seine kühle, auf ihre Klugheit stolze Frau von einem Tische aß, auf den auch noch andere Frauen Rechte hatten, erschien Klemt absurd und ekelhaft. Er verübelte Rosemarie weniger ihr Vergehen als ihre Wahl.
Nun kam dieser Mensch in Begleitung der Maidenführerin

zu einer offiziellen Besprechung über Eva Leonhards Vergehen. Scheußliche Situation!

«Hanke ist der größte Gauner auf der Insel», sagte Traude. Sie kannte die Spannungen der Klemtschen Ehe und wollte sie nützen.

«Um so schlimmer, wenn uns der Bursche in die Hände bekommt.»

Klemts Unsicherheit brachte Traude auf. Sie trat dicht zu ihm heran. In ihrer Stimme, die sie mühsam dämpfte, schien ihr Herz zu klopfen. «Das sage ich dir, Reinhold, wenn du vor diesem Halunken kriechst, ist es mit unserer Freundschaft aus. Ich kann niemanden Freund nennen, den ich verachten muß. Dann packe ich aus. Dann gibt es nicht nur eine Untersuchung über den Fall Leonhard, sondern auch eine über den Fall Parisius. Und die letztere wird ernster, das sage ich dir. Ich bin der Ankläger, und ich habe nichts zu verlieren, denn ich bin nichts mehr – nichts – gar nichts, seit ihr ihn in den Tod geschickt habt.»

Traude verlor die Fassung.

Klemt berührte ihre Schultern und führte sie zum Stuhl. «Du hättest dich noch ein paar Wochen ausruhen sollen, Traude. Du siehst Gespenster.»

«Nein, es ist wahr, alles ist wahr. Ich schweige nur deinetwegen und weil Wilfried durch keine Klage und keine Sühne wieder lebendig wird.» Mit heftiger Geste stieß sie den Briefbeschwerer von seinem Platz, der ein kleines Modell der Gleitbombe «Osterei» war, ein Geburtstagsgeschenk für den Abteilungschef, hergestellt in der Werkstatt des Windkanals. «Wie ich das Ding hasse. Ich kann es nicht mehr sehen.»

Klemt bemühte sich, ruhig zu bleiben. Taktvoll legte er seine Mappe über das umgestürzte Bombenmodell. Zögernd sagte er nach kurzem Überlegen: «Meinst du, daß wir die Leontine nach Adlershof schicken können? Anstelle der Rosenow? Damit wird sie vorerst Hankes Gesichtskreis entrückt. Wir gewinnen Zeit und können uns Bundesgenossen suchen, falls es nötig ist.»

«Es sind in Adlershof nur Messungen auszuwerten. Das schafft Eva. Sie arbeitet schneller als Henny Rosenow.»

Klemt bot Traude die Rechte. «Sind wir uns einig?»

Sie sah ihn an und gab ihm drucklos die Hand.

«Noch eins» setzte er zögernd hinzu. «Behalte deine Parteinahme für die Leontine für dich. Sprich auch im Windkanal nicht darüber, etwa zu Immisch – oder zu sonst jemandem.»

Eva war zumute, als stünde sie nackt vor Hanke und Klemt. Zugleich wußte sie, daß diese Nacktheit ihre einzige Rettung war. Nicht einmal in das Fischgarn der klugen Bauerntochter durfte sie sich hüllen. Sie war davon überzeugt, daß Hanke sich nicht gescheut hätte, sie nach Einzelheiten auszufragen über die Nacht mit ihrem «Geliebten» Dr. Baer, wie er sich ausdrückte, wenn nicht die Maidenführerin und Traude Hörselmann dabeigewesen wären. So mußte er sich mit Anzüglichkeiten und der vielfach variierten Frage begnügen: «Wie lange bestand Ihr Verhältnis mit Baer schon?» – «Hatten Sie ihn schon öfter über Nacht bei sich?» – Dann kam das Schlimmste: «Und das Wochenende auf Rügen? Da hatten Sie doch einen anderen, nicht wahr?»

Das ist Hankes Rache, dachte Eva. Sie ist viel fürchterlicher, als wir angenommen hatten. – Wenn Hans Tiefenbach hier wäre, hätte man ihm bestimmt einen umfassenden Bericht gegeben über ihre Verkommenheit. Was würde er sagen? – «Wir wollen doch übrigbleiben, du und ich!» – Ja, um übrigzubleiben, mußte sie am Pranger stehen. Ob er nun noch Wert auf das «du und ich» legte? Was hatte es doch für ihn bedeutet, daß er der erste war, dem sie sich hingab!

Befangen und gedemütigt stand die Einundzwanzigjährige in dem großen, mit Teppichen ausgelegten Raum, auf dessen wuchtigem Schreibtisch das blinkende Modell des Lufttorpedos stand. Plötzlich sah Eva, daß Dr. Klemt mit einer verstohlenen Handbewegung den Briefbeschwerer umlegte und einen Haufen loser Schriftstücke darüberbreitete.

Er hat etwas zu verstecken, dachte sie. Alle haben etwas zu verstecken, auch dieser Hanke, der Klemt mit seiner Frau betrügt! Eva straffte sich. Sie war Eva-Charlotte Löwensköld! – Was wollt ihr? Euer Pranger befleckt mich nicht!

Eine große Ruhe kam über sie, als sie Hanke, zu Klemt gewandt, sagen hörte: «Zum Segeln hatte sie sich Herrn Tiefenbach gekapert. Und die Fahrt konnte um keinen Preis verschoben werden.» Er verzog sein Gesicht zu einem vieldeutigen Grinsen.

Sie faßte Hanke fest ins Auge. – Jetzt, dachte sie, jetzt muß ich in die Schlagsahne hauen! Mit fester Stimme sagte sie in krampfhaftem Hochmut: «Ja, denken Sie sich, Herr Oberzahlmeister, und dann so ein Pech: Herr Tiefenbach war schlecht disponiert! Da blieb mir nichts anderes übrig, als mit dem Wirt ins Bett zu gehen.»

Der Schlag saß. Einen Augenblick lang lastete Entsetzensstille über dem Raum. Die Maidenführerin kroch vor Scham fast in den Kragen ihrer Jacke. Klemt, der nach der ersten Bestürzung mit Mühe ein Lachen verbarg, tauschte mit Traude einen Blick. Hanke wurde unsicher. Er war klug genug, zu erkennen, daß das Mädchen die zu stramm gespannte Bogensehne mit leichter Hand durchschnitten hatte. Diese Dunkelhäutige fing man nicht so schnell. Politisch war ihr noch nichts nachzuweisen. Den Verdacht wegen der Rügenfahrt hatte Tiefenbach leider schon zerstreut. Was war an der Sache mit Baer? Eine höchst undurchsichtige Geschichte. Das Mädchen war offenbar sehr sinnlich. Eigentlich ein tolles Frauenzimmer. Dagegen war die Maidenführerin plump und einfältig. Er kriegte sie schon noch, die Dunkelhäutige. So oder so. Bei ihrem Temperament würde die Gelegenheit nicht lange auf sich warten lassen. Beschatten! Post überwachen selbstverständlich! Aber jetzt hieß es erst einmal, das Gesicht zu wahren.

In Anbetracht der berechtigten Empörung Fräulein Haugks sei es unerläßlich, Fräulein Leonhard aus dem Haus Seestern zu entfernen, sagte er scharf und ließ sich von der Maidenführerin bestätigen, daß die ehemalige KHD-Maid Leonhard in moralischer Hinsicht eine ernste Gefahr für die Gemeinschaft der Mädchen bedeute. Sie habe die Möglichkeit, sich in einem Privathaus der Siedlung ein möbliertes Zimmer zu suchen, und zwar sofort.

Traude wollte Aufschub erreichen. «Sie reist übermorgen in dienstlichem Auftrag nach Berlin.»

«Schicken Sie sie jetzt auf Zimmersuche, damit sie morgen umziehen kann.»

Hanke grüßte und ging. Er konnte es sich nicht leisten, seinen Abgang aufs Spiel zu setzen.

Eva war bis zum Abend in der Siedlung fast von Haus zu Haus gelaufen. Die jungen Frauen der Techniker und Wissenschaftler, die dort in den hübschen Eigenheimen wohnten, begegneten ihrer Frage nach einem möblierten Zimmer mit unverhohlenem Mißtrauen. Wozu gab es denn die Junggesellinnenheime auf der Düne? Den Mädchen ging es dort gut. Da zog keine freiwillig aus. Was war also vorgefallen?

Die Frauen betrachteten entweder argwöhnisch oder mit versteckter Neugierde das braungebrannte Mädchen im weißen Leinenrock und sagten «nein». Hinter der Gardine versteckt, sahen sie mit Befriedigung, daß die Bittstellerin aus dem Nachbarhaus ebensoschnell wieder herauskam.

Eva war erschöpft und niedergeschlagen, als sie ins Haus Seestern zurückkehrte. Sie schloß sich in ihrem Zimmer ein und verzichtete auf warmes Abendbrot, um in der Küche niemandem zu begegnen. Sie fürchtete sich vor der Schadenfreude der Haugk und der Püschel wie vor dem Mitleid der übrigen. Marlies fehlte ihr. Sicher hätte sie Rat gewußt. Sie kannte viele Familien und war überall sehr angesehen. Dann fiel ihr ein, wie leicht plötzlich das Problem ihrer Trennung gelöst worden war. Brettschneider würde zufrieden sein und Marlies wohl auch. Vielleicht brauchte sie nun nicht mit der etwas schrulligen Henny Rosenow zusammenzuziehen. Aber noch war alles ungeklärt.

Eva verschränkte die Arme unter dem Kopf; so konnte sie den Wolkenkratzerreflex hinter dem Radio besser sehen. Das war die einzige Beleuchtung gewesen, vorgestern nacht! Wo Jürgen wohl jetzt sein mochte? Er hatte gesagt, er könne ihr keinerlei Nachricht geben. Vielleicht ging alles gut, weil sie jetzt für ihn bezahlte. Die Ausweisung aus dem Heim war noch ein geringer Preis. Sie wußte es, und sie wollte sich nicht unterkriegen lassen. Morgen mittag mußte sie eben weitersuchen gehen. Vielleicht war in Zinnowitz leichter ein Zimmer zu finden.

Am nächsten Morgen in aller Frühe klopfte es an Evas Tür, und Labahn schob einen gefalteten Zettel durch den Spalt. «Ist abgegeben worden», brummte er hinter der Tür und schlurfte schnell davon.

Der alte Leuchtturmwärter hatte Eva in den letzten Tagen vorwurfsvoll angesehen. Er war traurig, daß sie ihn so enttäuscht hatte. Gerade diejenigen, die er gut leiden mochte, mißbrauchten sein Vertrauen und seine Gutmütigkeit. Er hatte vom Chef der Unterkunftsverwaltung einen gehörigen Anpfiff einstecken müssen, weil es Baer gelungen war, unbemerkt ins Haus zu kommen. Eva hatte Verständnis für seinen Groll und war nun überrascht, daß er sich die Mühe machte, ihr den Zettel, gewissermaßen per Eilboten, zuzustellen. Das Papier enthielt nur wenige Worte. «Wegen Zimmer Peenemünde Dorf Nr. 7 melden.» Die Nachricht war ohne Unterschrift.

Als sie beim Verlassen des Hauses Labahn traf und ihn nach dem Überbringer des Zettels fragte, zuckte er mit den Schultern.

«Der lag plötzlich hier.» Aber der Blick, mit dem er sie streifte, verriet ihn. Es lag kein Groll mehr darin, eher ein ungläubiges Staunen und verstohlene Abbitte.

Eva hatte Traude Hörselmann verständigt. Sie fuhr noch vor Dienstbeginn auf ihrem Fahrrad die Betonstraße entlang, zu den letzten Häusern des ehemaligen Fischerdorfs. Eine ältere Frau wusch Wäsche vor dem Haus Nummer sieben. Sie nickte, als Eva ihr Anliegen vorbrachte, trocknete sich die Hände an der Schürze ab und stieg mit ihr die schmale Treppe der Fischerkate hinauf. Das Zimmer war ein enger Schlauch, sehr einfach möbliert, aber der Blick durch das niedrige Fenster auf die Flußlandschaft wog manches auf.

«Wann kann ich denn einziehen?» fragte Eva.

Die Frau wunderte sich. «Was die Hanna ist, die sagte, daß Sie heute noch ziehen müßten. Ich habe schon alles saubergemacht.»

Eva ließ sich nicht anmerken, daß die Nennung des Namens sie überraschte. Sie kannte keine Hanna. – Oder doch? Jürgen Baer hatte Fräulein Peplow, die in der Personalabteilung arbeitete, Hanna genannt, damals auf dem Sportplatz. Das war Labahns Nichte! Der Kreis schloß sich. Sie war also gar nicht so allein.

Dieses Bewußtsein erleichterte ihr den Abschied vom Haus Seestern. Sie gab viele Annehmlichkeiten auf. Ein Kanonenofen ersetzte die Zentralheizung, die Funktion des Badezimmers mußte ein Waschhocker übernehmen, dessen viertes Bein lose war. Der Strand war nun fast eine Stunde weit weg, wenn man zu Fuß ging. Das Rauschen der See wurde abgelöst von dem feineren Ton, der aus den Schilfwäldern und Binsenhainen kam, wenn das Röhricht im Winde schwankte, und von den herben Schreien der Sumpf- und Wasservögel.

Eva zog um, während die Hausbewohnerinnen im Dienst waren. Labahn blickte gutmütig, als er ihre Koffer auf den dreirädrigen Wagen der Fahrbereitschaft lud, und sagte tröstend: «Platz für Ihren Liegestuhl ist auf dem Balkon trotzdem. Und ich komme auch mal Sie besuchen.» Er war der einzige, der ihr nachwinkte.

9

Der Bumerang

Der Windkanal der «Deutschen Versuchsanstalt für Luftfahrt» in Berlin-Adlershof hatte andere Ausmaße als der Kanal der Versuchsstelle Insel. Hier war die Meßkammer ein Raum, in dem Männer aufrecht stehen konnten. Profile von Flugzeugen in Originalgröße hingen in der Strömung, Teile von Leitwerken, eine halbierte Flugzeugkanzel – alles in natürlicher Größe.

Eva nahm an, daß die Versuchsstelle Insel Teile des A 4 zur Windkanalprüfung hierhergegeben habe. Die Beschriftung der Protokolle, die sie zur Auswertung auf ihren Rechentisch bekam, war noch verschlüsselter als gewöhnlich. Die Laboranten in Adlershof sollten wohl in dem Glauben gehalten werden, sie machten ihre aerodynamischen Messungen an einer gewöhnlichen Fliegerbombe.

Als der junge Ingenieur, dessen Abteilung Eva zugeteilt worden war, ihr einen Blick in die Meßkammer gestattete, fragte er sie: «Wie messen Sie denn auf der Insel? Im Über- oder Unterschallbereich?»

Eva hob die Schultern. «Würden Sie mir denn verraten, zu welchem Flugzeugtyp dieses Flügelprofil gehört?»

Seit dem Erlebnis mit Hanke war in Evas Hirn eine Art Warnzentrale in Tätigkeit getreten. «Achtung, keinen Verdacht aufkommen lassen! Ich werde beobachtet!» Ein kurzer Hinweis Traude Hörselmanns hatte sie noch wachsamer werden lassen. Vielleicht hatte Hanke ihren Steckbrief sogar nach Adlershof vorausgeschickt. Sie rechnete mit allem.

Der Ingenieur lachte harmlos. «Sie sind besser auf Geheimhaltung geeicht als Ihre Ingenieure. Übrigens – in den nächsten Tagen erwarten wir einen. Er bringt neue Arbeit für Sie.»

Evas Aufenthalt in Adlershof war für zehn Tage berechnet. Sie mußte sich sputen, mit der Auswertung der Meßprotokolle nachzukommen. Eine Rechenmaschine stand ihr nicht zur Verfügung, und so hatte sie sich auf den Rechenschieber umzustellen. Es war auch keine Traude Hörselmann in der Nähe, an die sie sich vertrauensvoll wenden konnte. Die jungen Mädchen, die mit ihr in dem großen Labor saßen, taten sehr überlegen und gescheit. Vielleicht weil sie Berlinerinnen waren und die Neue von einer pommerschen Insel kam. Eva machte keine Versuche, ihnen näherzukommen. Der Ingenieur nahm sie regelmäßig zum Essen mit in die Kantine, was die Laborantinnen ironisch lächelnd vermerkten. Er war Schwabe und erinnerte Eva in seiner Art, sich zu geben, an Rolf Küppers.

Sie hatte sechs Arbeitstage hinter sich und saß mit dem Schwaben beim Essen, als ein Mann an ihren Tisch trat. Es war Martin Uhlig. Eva errötete vor Überraschung und Freude. Endlich ein Bekannter in diesem riesigen fremden Forschungsbetrieb.

Martin Uhlig war bei den Adlershofer Aerodynamikern bekannt. Er ging mit dem Schwaben erst durch den Versuchsbetrieb, später ins Labor, tat sehr beschäftigt und sah nicht zu Evas Platz hinüber. Aber bei Dienstschluß stand er, wie zufällig, am Haupttor im Gespräch mit einigen Männern. Er schloß sich ihr an, als müsse das so sein.

«Wo wohnst du hier?» fragte er, als sie zur S-Bahn gingen.

«In Wilmersdorf.»

«Ich kann heute nicht mehr zurück, muß auf ein Gerät warten. Kann man irgend etwas unternehmen? Oder bist du schon besetzt?»

«Man kann nichts unternehmen. Zwischen neun und zehn gibt es immer Fliegeralarm.»

«Aber zu Abend könnte man irgendwo essen.»

«Ja, das könnte man.» Eva bekam wieder das angenehme Gefühl einer leichten Überlegenheit. Es war wie beim Hürdenlauf. Der Gegner war einem knapp auf den Fersen. Man wußte, daß man ihn nicht abhängen konnte, aber man wußte auch, daß ihn jede Hürde Anstrengung kostete, während man sie selber mit Leichtigkeit nahm.

Er nimmt die Schultern zu weit zurück, dachte sie, als sie neben ihm ging. Dazu die nagelneue Uniform. Das sieht ein bißchen affektiert und krampfig aus. Der abgeschabte Ledermantel, seine zweite Haut, stand ihm besser.

Sie schlug ein kleines Ecklokal am Kaiserplatz vor, das nur wenige Minuten von Rothackers Wohnung entfernt war, die sie, ein Angebot Sigrids nützend, allein bewohnte. Eva scheute die großen Bunker und Sammelschutzräume im Geschäfts- und Vergnügungszentrum. Nachdem sie erlebt hatte, daß in einem Kino das Publikum schon nach der Wochenschau in die Luftschutzräume der Straße verteilt wurde, war sie zur Gewohnheit der meisten Berliner übergegangen, ab neun Uhr auf die Luftwarnung zu warten wie auf den selbstverständlichen Abschluß des Tagewerks.

«Die Berliner haben es jetzt schwer», sagte Eva, als sie in der verglasten Veranda des Restaurants saßen. «Bei meinem letzten Besuch nahm man die Fliegeralarme hier noch nicht so ernst.»

«Wann war das?»

«Im Mai vorigen Jahres.»

Sie fing Martin Uhligs Blick auf, und ihr wurde jäh bewußt, daß er nichts vergessen hatte. Ihr «ich bin verlobt» und sein «dann ist es besser, wenn wir uns nicht mehr so oft sehen» waren ihrer letzten Berliner Reise vorausgegangen. Sie hatte dann mit Hartmut Wedelstedt «alles ins reine gebracht», und es hatte Stunden gegeben, in denen sie sich wünschte, ihr erster Besuch in dem Zimmer mit den Fliegeraufnahmen an den Wänden wäre anders verlaufen. Aber das war jetzt überwunden. Dieser Mann mit dem eigensinnigen Kinn wäre eifersüchtig darauf bedacht gewesen, sie von Menschen wie etwa Jürgen Baer fernzuhalten. Es war ihr unmöglich, sich das letzte Jahr ohne Jürgen vorzustellen. Trotzdem war es gut, jetzt neben Martin Uhlig zu sitzen und mit ihm über belanglose Dinge zu reden. Denn es war belanglos, wenn er davon sprach, daß er mit einer Klemm-Sportmaschine nach dem Krieg eine Weltreise machen wolle.

Martin Uhlig glaubte selbst nicht mehr daran und verspottete sich, weil er unter den Frauen immer nach der künftigen Reisegefährtin gesucht hatte. In Eva hatte er alle ihm wichtig erscheinenden Komponenten in überraschender Vollkommenheit vereinigt gefunden, jedoch zuwenig damit gerechnet, daß diese Komponenten auch von anderen, die keiner Weltreise entgegenträumten, geschätzt wurden, und er hatte, trotz guter Anfangsposition, bei ihr ziemlich kläglich abgeschnitten. Allerdings schien es ihm, als ob Eva der Erfolg, den sie bei Männern hatte, nicht gut bekommen sei. Sie hatte in den anderthalb Jahren oft ihre Liebhaber gewechselt. Die letzte Sache mit Baer war geradezu peinlich. Sein Verschwinden hatte ziemlich viel Staub aufgewirbelt. Beider Name war in aller Munde. Warum er getürmt war, erfuhr man nicht. Martin Uhlig hatte von einer Zimmerdurchsuchung läuten hören, die ergebnislos verlaufen war. Immerhin hatte es demnach Verdachtsmomente gegeben, und Baer war den Verhören aus dem Wege gegangen, zu denen es zweifellos gekommen wäre.

Seit einiger Zeit schienen die Abwehrleute beweisen zu wollen, daß man sie nicht umsonst bezahlte. Das fing nach dem tragischen Tod des Soldaten Axe an. Die heimlichen Vermutungen, es sei ein Selbstmord gewesen, wurden von gewissen Leuten mit einer Verbissenheit geleugnet, daß es auffiel, und man zog es schließlich vor, in der Kantine oder im Kasino nicht mehr darüber zu sprechen.

Als die KZler ausgebrochen waren, hatte sich diese Stimmung in verstärktem Maße wiederholt. Dazu kam die gespannte politische und militärische Lage. Martin Uhlig erinnerte sich an ein Gespräch mit einem Bordfunker, das er schließlich mit dem bissigen Satz hastig beendet hatte: «Vielleicht behaupten Sie noch, ich hätte mit der He 111 die Flüchtlinge in Sicherheit gebracht!»

Man saß zwischen lauter Horchern. Eva mußte damit rechnen, wegen dieses Baer auf der schwarzen Liste der Abwehrleute zu stehen. Ob sie sich dessen bewußt war? Sie schien dem Tage zu leben. Schade um sie!

Sie standen vor ihrem Hause. Als der Kellner im Restaurant die Verdunkelung vorgelegt hatte und ihnen dadurch der Ausblick auf den grünumbuschten Kaiserplatz genommen war, hatten sie die Trostlosigkeit des kleinen Lokals erkannt und waren gegangen.

«Eine Großstadt ohne Licht ist deprimierend» sagte sie.

Ein Mann hastete über die Straße. Er rief zum Hochparterre des Hauses hinauf, daß gleich Voralarm zu erwarten sei.

Eva sah Martin Uhlig betroffen an. «Dann kommen sie heute noch früher als sonst.»

Gewohnheitsmäßig sahen sie nach dem Himmel. Es war ein enges, schwach besterntes Stück über dem langen Geviert der Großstadtstraße.

«Bis nach Tempelhof komme ich wohl nicht mehr», sagte er.

«Der Luftschutzkeller im Hause ist groß.»

«Gut, dann bleibe ich. Eine Zigarettenlänge werden uns die englischen Kollegen vorher wohl noch gestatten. In welchem Stockwerk wohnst du?»

«Im dritten.»

«In Berlin scheinen alle Leute im dritten Stock zu wohnen. Schrecklich. – Also – auf in den Kampf.»

«Ich finde es angenehm. Weiter unten würde ich ersticken.» Sie öffnete die Wohnungstür.

«So?» sagte er anzüglich. «Du wärst vielleicht doch eine ganz gute Fliegerfrau geworden.»

«Nein», sagte sie überraschend ernsthaft. «Dafür hätte ich zuviel Angst.»

«Angst – vor was?»

«Nicht vor was – *um* was! Um den Mann natürlich. Wenn man jemanden liebt, ist es doch entsetzlich, ihn oft in Gefahr zu wissen.»

«Du theoretisierst.»

«Wieso?»

«Du wirst nie Angst haben, weil du nur mit dem Verstand liebst. Aber Angst kommt aus dem Herzen.»

Sie hatte eine Wandleuchte neben dem Berliner Ofen angeschaltet, die nur einen Teil des großen Rothackerschen Wohnzimmers erhellte. Martin Uhlig stand noch im dunklen Bereich. Peinlich berührt, sah sie zu ihm hinüber. Es war unklug gewesen, sich gerade jetzt auf ein so heikles Thema einzulassen. Worauf wollte er hinaus? Sie hatte das unbehagliche Gefühl, daß der Hürdenläufer sie überholt hatte und daß er die Hürden schwungvoller zu nehmen begann, während ihre eigenen Kräfte nachließen. Sie ging zum Rauchtisch, suchte Ascher und Feuerzeug. – Nur für eine Zigarettenlänge! Währenddessen mußte sie eine böse Hürde nehmen, ohne ihre Unsicherheit merken zu lassen. Spöttisch sagte sie: «Du unterstellst mir da etwas. Es lohnt sich, darüber nachzudenken. Wenn du recht hättest –»

«Tu nicht so. Du weißt ganz genau, daß ich recht habe.» Er

ging langsam auf sie zu, vorbei an Sesseln, Stehlampe und Tischchen des vollgepfropften Luxuszimmers. «Aber vielleicht sollte man dir nacheifern: Gefühle über Bord und dann – mitnehmen, was sich bietet.»

«Was redest du da? Ich verstehe kein Wort.»

Er lachte herausfordernd. «Du bist ein kluges Mädchen. Du hast schneller erkannt als unsereiner, daß der Krieg lang und bösartig wird. Du bist bald dahintergekommen, daß es sich nicht lohnt, für etwas Zukünftiges zu sparen, Geld oder Gefühle anzuhäufen. Eine Weltreise im eigenen Flugzeug, was für ein Geschwätz, nicht wahr? Man muß dem Heute leben. Schnelle Umsätze im Geschäftsleben. Überall Durchgangsverkehr: in Städten, auf Flugplätzen, in Luftschutzbunkern. Heute kämpft einer in Afrika, übermorgen fällt er in Rußland. Du hast recht: was uns morgen erwartet, ist nichts; aber was sich heute uns bietet, das wollen wir nützen.»

Er faßte ihr rechtes Handgelenk mit einem fest zupackenden Überraschungsgriff.

Sie fuhr zurück, als die Klammer schon geschlossen war. Da holte sie mit der Linken aus und schlug ihm ins Gesicht.

Er ließ sie sofort los. Nach einer Sekunde erschreckten Schweigens sagte er frostig: «Wenn du jeden, der dir die Wahrheit sagt, so behandelst, wirst du wenig offene Worte zu hören bekommen.» Er wandte sich zur Tür, und sie ließ ihn gehen.

Sie stand noch immer am gleichen Fleck, als die Luftschutzsirene losbrüllte. Es durchzuckte sie. Er konnte noch nicht weit gekommen sein. Sie lief ins Treppenhaus. Türen klappten, von überall kamen aufgeregte Schritte. Sie wagte nicht zu rufen.

Es war gemein von ihm, dachte sie. Trotzdem habe ich Angst, daß ihm etwas zustoßen könnte.

Als sie, ihren Handkoffer in der Hand, den Luftschutzkeller betrat, stand er am Eingang der Gasschleuse. Er hob die Schultern. «Der Luftschutzwart hat mich nicht mehr hinausgelassen. Es tut mir leid.»

Sie verbarg ihre Erleichterung. Kühl sagte sie: «Wir werden uns auf eine Weile einrichten müssen.» Sie ging ihm voran, tiefer in den Keller hinein.

Er wußte nicht, ob sie erwartete, daß er ihr folge. Einer Frau, die sich mit unförmigen Gepäckstücken an ihm vorbeidrängte, nahm er eine Reisetasche ab. «Bitte, dort in die Ecke», kommandierte sie ihn. Als er das Gepäck abstellte, dröhnte es dumpf.

Der Luftschutzwart schloß die Kellertür. «Die erste Welle ist ran», sagte er.

Das Dröhnen brach nicht mehr ab. Die Frau hatte sich auf eine Bank gesetzt und rückte etwas zur Seite. Uhlig sah nicht hin. Eva war weitergegangen. Der Keller war groß. Im Verbindungsgang zum nächsten Raum stand eine Rotkreuzhelferin, die Verbandtasche umgehängt. Sie hielt den Kopf nach hinten, die Augen zur Decke gerichtet. Es sah aus, als bete sie leise.

Wenn sie so getötet würde, dachte Martin Uhlig, dann würde sie in derselben Haltung wie der alte russische Bauer im Schnee ... Er brachte den Gedanken nicht zu Ende. Ein fürchterliches Krachen ließ die Wände schwanken. Putz löste sich von der Decke. Bei dem dicht darauffolgenden Donnerschlag ging das elektrische Licht aus. Ein Kind weinte laut. Frauen schrien.

Wo ist Eva? dachte Martin Uhlig. Wo ist sie? Ich habe sie beleidigt. Es wäre schrecklich, wenn etwas passierte. So dicht beieinander und trotzdem –!

Als ein paar Kerzen angezündet wurden, tastete er sich in den Nebenraum. Er mußte von Bank zu Bank gehen, um Eva bei dem matten Licht zu finden. Die Menschen hatten in der Angstminute ihre Gesichter verhüllt. Augenlose dunkle Wesen saßen an den Wänden.

Erst im übernächsten Raum fand er Eva. Er duckte sich im Durchgang, weil wieder eine nahe Detonation Wände und Decken erschütterte. Eva sah ihn sofort, als hätte sie schon lange nach der Tür geblickt. Sie winkte ihm. In ihrem Arm lag ein etwa vierjähriges Kind, das mit wachsbleichem Gesicht ausdruckslos vor sich hinstarrte, Speichel am Mund. Eva hatte Tränen in den Augen. «Ist es nicht schrecklich? Die Kleine bekommt Krämpfe bei Alarm.» Sie rückte zur Seite, so daß Martin Uhlig Platz neben ihr fand.

«Warum sind die Leute mit den Kindern nicht evakuiert?» fragte er leise.

«Die Frau wollte ihren Mann noch hier erwarten. Er sollte seit Monaten Urlaub kriegen. Darum hat sie alles auf sich genommen. Nun hat sie die Hoffnung aufgegeben. Morgen fährt sie nach Mecklenburg.»

Ein neuer Stoß, erneutes Krachen. Das Kind gab ein

glucksendes Wimmern von sich. Die schluchzende Mutter nahm es Eva aus dem Arm.

«Morgen machen Sie aber, daß sie fortkommen, Frau König», sagte eine mürrische Frauenstimme aus dem Halbdunkel.

Die Frau mit dem zuckenden Kind auf dem Schoß sagte weinend: «Ich wollte doch nur, daß mein Mann noch einmal richtig nach Hause kommen könnte, wenigstens das eine Mal noch. Er hing so an der Wohnung, an seinen Sammlungen und den Büchern.»

«Ihr Kind ist wichtiger», sagte die Stimme streng. «Das kriegt ja etwas weg fürs ganze Leben.»

«Als ob wir nicht alle etwas wegkriegten fürs Leben, wenn wir Nacht für Nacht wie die gefangenen Ratten hier unten hocken müssen», sagte eine grelle Frauenstimme. Ihre letzten Worte wurden erstickt durch eine mahnende Hand, die sich auf ihren Mund zu legen schien.

Eva saß mit zusammengepreßten Lippen, das Kinn gehoben, mit zurückgelegtem Kopf.

Auch sie, wie der Russe im Schnee, fuhr es Martin Uhlig durch den Kopf. – Er strich sich über die Stirn. War er denn schon so weit, daß er keinen Menschen mehr mit aufwärts gerecktem Gesicht sehen konnte? Es war nach dem Tage von Stalingrad gewesen, dem Tag der Wende. Das war nicht zu vergessen. Nichts war zu vergessen. Alles ist aus der Ordnung, alles läuft verkehrt, der Krieg wie das Leben. Man tötet, wo man nicht haßt, man beleidigt, wo man liebt.

Eva ließ es geschehen, daß er ihr die Tränen von den Wangen tupfte. Erstaunt sagte er sich, wie wenig in einer solchen Situation dazu gehörte, um etwas zu empfinden, das einem Glücksgefühl nicht unähnlich war: ihr verlegenes Lächeln, als sie nach ihrem Taschentuch suchte, die impulsive Geste, mit der sie nach seinem Arm griff, während erneut ein Donnerschlag Decken und Wände erzittern ließ und die Menschen von den Bänken hoch und in die Knie zwang. Große Kalkbrocken fielen herab, irgendwo schien Schutt niederzuprasseln, Steine polterten, Scherben klirrten. Die benommenen Menschen lagen, kauerten, hockten auf dem Fußboden, noch lange nach dem Verebben der Detonationswelle betäubt in sich hineinlauschend, gleichsam erstaunt, noch am Leben zu sein.

Martin Uhlig hatte seinen Arm um Evas Hüfte gelegt und sie

mit hinabgerissen, Deckung suchend vor dem Luftdruck. Sie hockten, halb liegend, eng nebeneinander zwischen zwei umgestürzten Bänken.

Er stützte sie beim Aufstehen.

«Ich habe vorhin sehr unsanft zugefaßt», sagte er. «Hast du dir weh getan?»

«Kaum. Das hat auch nichts zu sagen. Wir leben ja noch.» Durch das Tuch seines Uniformrocks fühlte er den festen Druck ihrer Finger auf seinem Arm. Er griff nach der Hand. – Vielleicht stimmte es, daß gemeinsam überstandene Gefahr Menschen zusammenzuschmieden vermochte. Aber es war nicht die Zeit, darüber zu sprechen. Licht wurde gebracht. Der Luftschutzwart rief nach Männern, die zufassen konnten. Der Durchbruch zum Nebenhaus, das einen Treffer erhalten hatte, mußte geöffnet werden. Der Eingang des Nachbarkellers war verschüttet.

Martin Uhlig meldete sich. Es gab Entwarnung, und er arbeitete weiter. Eva half der Frau mit dem kranken Kind das Gepäck hinaufschleppen.

Das Treppenhaus war voller Geröll und Glassplitter, die Luft dick von Kalkstaub. Das große Mietshaus gegenüber lag in Trümmern, von anderen fehlten Dachstuhl und Obergeschoß. Das Nebenhaus war zur Hälfte eingestürzt. Es schien von einem riesigen Fallbeil aus der Häuserreihe herausgeschnitten zu sein. Auch die Veranda des kleinen Ecklokals stand nicht mehr.

«Sprengbomben?» fragte Martin Uhlig, als Eva ihm berichtete. «Ja. Es gibt vermutlich keine heile Fensterscheibe mehr in der Straße.»

«Und die Menschen?»

«Ich weiß nicht. Sie kommen jetzt erst alle aus den Kellern.»

Er atmete tief und wischte sich den Schweiß mit dem Handrücken von der Stirn. Eine kalkgraue Spur blieb zurück.

Wenn man die Bilder eines Schlachtfeldes in sich trug, war es schwer, sich auf Formeln zu konzentrieren, deren Sinn man nicht verstand, und auf Zahlen, die erst zwischen den Koordinaten auf dem Millimeterpapier Gesicht bekamen. Der heraufziehende Morgen hatte den Umfang der Zerstörung im Wilmersdorfer Wohnviertel schonungslos offenbart.

Eva hatte die Zimmer der Rothackerschen Wohnung an Obdachlose abgegeben. Sigrid Maes und Rothacker müßten sich damit abfinden, nur das große Wohnzimmer für sich zu haben, wenn sie besuchsweise von Paris kämen. Eva saß zwischen rissigen Wänden und pappverkleideten Fenstern. Wenn sie die schlecht schließenden Fensterflügel öffnete, sah sie in die gähnenden Augenhöhlen einer steinernen Leiche.

Zwei Familien wohnten Wand an Wand mit ihr. Sie sprachen viel und laut und stritten sich um das Vorrecht in der Küche. Sie waren froh, noch einmal davongekommen zu sein, holten sich Bezugsscheine für Totalgeschädigte und gingen einkaufen. Sie hatten schon viel Trümmer gesehen.

Eva zählte die Tage bis zur Abreise. Alles war besser – das bescheidene Zimmer in der Kate am Schilfwald, das kalte Wasser, das von der Pumpe kam, sogar die Gesichter von Hanke und der Haugk, denen man im Kasino begegnete – alles war besser als hier: die Trümmer, die vernagelten Fenster, das tägliche Bangen vor noch Schlimmerem. Wie hielten das die Menschen nur aus – wochenlang, monatelang?

In Wannsee, wo die Häuser lockerer standen, von Gärten umschlossen, lebte man noch etwas ruhiger. Eva hatte zwei Tage nach dem Bombenangriff bei Professor Leupold angerufen. «Wenn Sie mal nach Berlin kommen, melden Sie sich bei mir», hatte er damals im Februar gesagt. Sie hatte sich wirklich gemeldet, sechs Monate später, mit klopfendem Herzen, befürchtend, er werde sich ihrer nicht mehr erinnern. Als sie ihren Namen nannte, schien er erfreut. «Gut, daß Sie anrufen», sagte er am Telefon, «ich habe wichtige Nachrichten für Sie.» Er spannte sie auf die Folter.

Sie fuhr nach dem Dienst hinaus. Er wohnte in einem Wannsee-Eigenheim, dicht neben seiner Dienststelle, die dem Oberkommando der Kriegsmarine unterstand. Eine liebenswürdige ältere Dame, «Frau Oberst» genannt, war die Hausbesitzerin und servierte dem Professor und seinem Gast auf der Terrasse einen Auflauf aus Äpfeln und Pudding. Eva hatte lange nicht so etwas Gutes gegessen.

Hier gab es noch keine verklebten Fenster. Die Sonne schien. Sie stand tief, wärmte aber noch. Aus den Büschen leuchteten die Sterne der Dahlien. Im Steingarten blühte es gelb und violett. Eva kam in Versuchung, sich nahezu glücklich zu fühlen.

«Tiefenbach rief vorgestern an», sagte der Professor, «daher wußte ich , daß Sie hier sind. Er ist auf der Insel und fliegt morgen früh bis Berlin. Ich sollte Sie grüßen und es Ihnen sagen. Freuen Sie sich nicht?»

«O ja. – Das heißt, ich hätte ihn lieber auf der Insel gesprochen. In Berlin ist es jetzt zu schrecklich.»

«Sie können wieder hierherkommen. Am Stadtrand ist es noch erträglich, finden Sie nicht?» Er bot ihr den Rest des Auflaufs an, liebenswürdig, dringlich.

Sie dankte.

Hans Tiefenbach war also seit zwei Tagen auf der Insel. Mindestens seit gestern würde er wissen, daß man sie aus dem Haus Seestern ausgewiesen hatte. – Martin Uhlig hatte sie vor wenigen Tagen beleidigt. Sie hatte ihm verziehen. Sie stand darüber. Er gefiel ihr, aber sie liebte ihn nicht. Wenn Hans sie beleidigen würde, so könnte sie das nicht verzeihen. – Wie war das eigentlich: War man gegen Menschen, die man liebte, strenger als gegen andere? Man wünschte sie vollkommener als die anderen, größer, fehlerfreier. Das war es.

Sie hatte Angst. Die Glücksversuchung war vorüber.

Sie erzählte von dem ersten Angriff, den sie mitgemacht hatte. Sie hatte sich gar nicht heldisch gefühlt und begriff die Menschen nicht, die ihr Heim, ihre Habe verloren hatten und nun eifersüchtig Bezugscheine horteten und sich nicht viel mehr als vorher Gedanken machten über ihr Schicksal. Sie nahmen es hin wie Krankheiten, die in eine Familie einbrechen. Die Bezugscheine waren wie die Rezepte des Arztes. Was man darauf bekam, heilte zwar die Krankheit nicht aus, aber besserte sie und verhalf zum Weiterleben.

Der Professor sagte: «Die Durchschnittsmenschen nehmen den Krieg als eine Schicksalsmacht. Die Gläubigen sehen ihn als Strafe Gottes an, die Ökonomen deuten ihn als natürliches Mittel, um das Potential der vorhandenen Bedarfsgüter zu reduzieren und Platz zu schaffen für den Absatz ihrer laufenden Produktion.»

«Und was sagen die Intellektuellen dazu?»

«Die meisten resignieren, nachdem sie als Studenten von Freiheit und Gleichheit geträumt und beides im Lebenskampf nicht gefunden haben. Sie kapitulieren vor den zweifelhaften Wahrheiten, die in den Geschichtsbüchern stehen, wonach der Krieg der Vater aller Dinge ist. Seit Heraklit schon. Wenn ein Fehlschluß ein paar tausend Jahre hindurch propagiert und praktiziert wird, gelangt er schließlich auch ins Pantheon der klassischen Wahrheiten. Er wird als Tradition heiliggesprochen. Ein klarer Kopf wie Lessing hat sich nicht gescheut, an den Lehrsätzen des Aristoteles Kritik zu üben, aber Heraklits These verkeilt bis heute die Köpfe unserer humanistisch geschulten Akademiker. Wie gesagt – es macht den Theologen schließlich nichts aus, die Waffen zu segnen, und die Ärzte flicken die Verwundeten zusammen, damit sie schnell wieder auf die Schlachtfelder kommen. – Sie kennen den „Doktor"! Ein genialer Bursche: Naturwissenschaftler, Techniker und ausgezeichneter Organisator in einem, großzügig, unkonventionell, versessen darauf, der Menschheit interplanetarische Räume zu erschließen. Er scheut nicht davor zurück, den Krieg zum Vater seiner Weltraumpläne zu machen. Der Schuß über den Kanal ist für ihn eine Vorstufe. Die Kriegsmaschine finanziert seine Generalprobe. Er ist der begabteste und gewandteste Phantast, den ich kenne – denn ein bißchen phantastisch sind die meisten Physiker –, aber er ist auch der skrupelloseste; ein moderner Machiavelli. Redegewandt wird er nach dem Kriege jedem beweisen, daß er gar nicht anders konnte, als Großraketen zu bauen. Der Zweck heiligt für ihn alle Mittel. Das ist seine ganze Ethik. Mit keiner anderen Moral kontrolliert er seine Handlungen.»

Die Sonne verschwand hinter den Bäumen, und die Dahlien verloren ihre Farbe. Eva sah nur den kantigen Kopf des kleinen untersetzten Professors neben sich, der voller Erkenntnisse steckte und zu ihr wie zu seinesgleichen sprach. Sie war stolz darauf. Sie verlor keinen der angerissenen Fäden.

«Und was ist mit den Intellektuellen, die nicht resignieren?» fragte sie.

Er war überrascht. «Sie fragen sehr methodisch. Haben Sie studiert?»

«Nein. Als mein Leben beginnen sollte, kam der Krieg.»

«Sie sollten noch versuchen zu studieren. Mögen Sie die Naturwissenschaften?»

«Ich bin nicht sehr begabt dafür. Leider! – Was mich daran fesselt, ist, daß jede Erkenntnis beweisbar ist durchs Experiment. Hans Tiefenbach hat mir das oft auseinandergesetzt. Noch mehr reizt mich aber die andere Seite: die Lehre von den Menschen, die Deutung der Geschichte und all diese Dinge.

Gerade weil sie nicht zu fassen sind mit Formeln und Berechnungen.»

«Also – Sie möchten sich lieber mit den Menschen beschäftigen als mit den Dingen?» – «Ja.»

«Nun – auch da gibt es gewisse Formeln und Regeln. Die Marxisten sind darin am konsequentesten. Zu ihnen finden sich übrigens viele Intellektuelle, die nicht resignieren. Das wollten Sie doch wissen. Ich kenne einige recht kluge Leute, die behaupten, Marx' Lehre sei die Grundlagenforschung der Geisteswissenschaften. Aber das behalten Sie mal schön für sich!»

Die «Frau Oberst» kam durch den Garten. Sie hatte Dahlien geschnitten für das Zimmer des Professors.

«So ein großer Strauß?» sagte er. «Ich werde Fräulein Leonhard etwas davon abgeben.» –

Eva stellte die üppigen rotgelben Sterne in eine bauchige Rothackersche Vase. Das Zimmer mit den pappvernagelten Fenstern sah dadurch lichter aus. Sollte Hans hierherkommen, dachte sie, ist doch nicht alles so trostlos.

An diesem Abend gab es nur Voralarm, dann meldete der Rundfunk, daß die Flieger nach Norden abgedreht hätten. Berlin hatte eine ungestörte Nacht.

An diesem Abend verließ Marlies Hasse spät das Kasino. Sie hatte Wert darauf gelegt, von möglichst vielen Leuten gesehen zu werden. Sie wollte ein Alibi haben. Tausend Eide würde sie schwören, daß sie bereits seit sieben Uhr in einem der Nebenräume Zeitung gelesen habe.

Es war nicht so einfach, mit der Vorstellung ins reine zu kommen, daß sie von heute ab zwei Leben führte. Nicht nur in Gedanken, wie sie es heimlich schon lange tat, sondern in Aktion. Sie hatte zum erstenmal über den Zinnowitzer Sender gesprochen, den Jürgen Baer gerade noch hatte fertigstellen können, ehe er verschwinden mußte. Beim Sprechen auf dem Dachboden, zwischen Furcht und Lampenfieber, war ihr der Gedanke gekommen, daß Baer sie hören könnte, irgendwo in seinem Versteck. Das hatte sie sicher gemacht. Damals, am Prüfstand, hatte sie erlebt, wie überlegen er eine gefährliche Situation zu meistern verstand. Ein Zittern ihrer Stimme mußte seinen Spott herausfordern. Es war ihr gelungen, der Aufregung Herr zu werden.

Dann, nach der hastigen Rückfahrt mit dem Rad, traf sie ihren Vetter im Kasino. Brettschneider hatte eine lange Besprechung mit Klemt und dem Doktor hinter sich. Auch Uhlig und Tiefenbach waren dabeigewesen. Tiefenbach hatte sie im Vorbeigehen kurz gegrüßt. Er schien ihr abwesend, verstimmt. Sie hätte ihn gern gesprochen, denn sie vermutete, daß man ihm Evas Tat als haarsträubende Skandalgeschichte aufgetischt hatte, und wollte ihm einen Wink geben. Aber es ließ sich nicht einrichten. Am nächsten Morgen sollte er mit dem General nach Berlin fliegen. Vielleicht traf er sich mit Eva dort. Sie wünschte es der Freundin sehr.

Mit großer Wärme dachte sie an Eva. Als einzige konnte sie die Ursache für Evas Ausweisung aus dem Seestern richtig einschätzen. Es war sehr schwer, schweigen zu müssen, besonders gegenüber Traude Hörselmanns stirnrunzelnder Duldsamkeit, Henny Rosenows naivem Staunen und Dr. Klemts amüsierter Ironie, mit denen man in den Kreisen, die Eva wohlwollten, den Fall betrachtete. Die Freundin mußte von nun ab doppelt vorsichtig sein. Der nächste Verdacht, der auf sie fiel, würde sie zu Fall bringen. Hanke ließ sie vermutlich nicht aus den Augen.

Auf ihrem Heimweg vom Kasino fand Marlies einen Begleiter. Martin Uhlig machte einen abendlichen Rundgang. Marlies wunderte sich nicht, daß er bald das Gespräch auf Eva lenkte. Gewissensbisse schienen ihn zu peinigen, denn er hatte Eva, mit der er in Berlin zusammengetroffen war, verletzt. So viel hörte Marlies jedenfalls heraus. Andererseits habe er, bekannte Martin Uhlig, das sichere Gefühl, Eva nicht ganz gleichgültig zu sein, und er mache sich Sorgen um sie. Die letzten Vorkommnisse mit Baer und Tiefenbach – kurzum, sie beginne sich zu verzetteln, und das schmerze ihn, weil er sie immer sehr geschätzt habe. Er rechne damit, daß Marlies etwas auf sie einwirken könne.

Marlies merkte, wie schwer es ihm fiel, mit ihr darüber zu sprechen, aber er schien sich keinen anderen Rat zu wissen. Merkwürdig, jeder glaubte, bei ihr mit seiner Beichte gut aufgehoben zu sein. – Sie gab Martin Uhlig recht darin, daß Eva sich schnell beeindrucken lasse. «Aber sie fliegt nie auf Äußerlichkeiten herein», fügte Marlies hinzu. «Sie ist neugierig auf Menschen.»

Eva täte gut daran, Uhligs Anhänglichkeit etwas höher einzuschätzen, dachte sie. Er ist zwar nicht amüsant und ungewöhnlich, er ist kein Tiefenbach und auch kein Baer, aber er ist ein aufrichtiger Kerl, dem es ungemein tief gegangen ist und der Eva nicht so viele unruhige Stunden des Wartens und vergeblichen Hoffens bereiten würde. – Mit aufmunterndem Händedruck verabschiedete sie sich an der Strandstraße von ihm. «Ich werde mit Eva sprechen, wenn sie zurückkommt. Kehren Sie jetzt um, es hat Voralarm gegeben.»

«Das hat nur in Berlin Bedeutung», sagte er.

«Gehen Sie trotzdem. Ich habe ganz gern ein Dach über dem Kopf, wenn die Sirenen heulen.»

Die ersten Bomben fielen zugleich mit dem Aufbrüllen der Luftschutzsirenen. Uhlig vermeinte, Marlies' hellen Rock noch um die Ecke wehen zu sehen, so schnell folgte eins aufs andere. Er rannte, warf sich in den Straßengraben. Es wurde taghell um ihn. Er wußte, als er die berühmten Christbäume am Himmel sah, daß er nicht ohne Deckung bleiben konnte. In der Richtung, nach der er vorwärts kroch, fauchte es, schlug ein, der Luftdruck warf ihn wieder zurück, zerriß ihm fast das Trommelfell. Mit verzerrtem Gesicht, taumelnd vor Anstrengung, erreichte er den Splittergraben, einen jener primitiven, mit Holz abgestützten Massenunterstände, die auf allen freien Plätzen wie Maulwurfshügel aufgeschüttet waren, denn die Häuser der Siedlung hatten keine massiven Keller.

Jetzt kommt der Bumerang, dachte Labahn, der ehemalige Leuchtturmwärter. Er trieb die Nachzügler in den Schutzraum des Hauses Seestern, der ein Teil des Fahrradraumes im Souterrain war. Marlies Hasse half ihm, Edith Knorr zu stützen, die vor Aufregung die Treppe hinuntergestürzt war und sich den Fuß verstaucht hatte. Sie standen noch im Vorraum zwischen den Fahrrädern, als durch eine Sprengbombe ein Teil des Hauses weggerissen wurde.

Henny Rosenow vermochte nicht einmal mehr zu schreien. Sie sah Wände und Pfeiler stürzen. Dort, wo eben noch Marlies mit Labahn und Edith gestanden hatte, war ein riesiger Trümmerhaufen, eingehüllt in Wolken von Mörtelstaub.

«Helft! Wir müssen sie ausgraben!» Es war die Stimme der Ru.

10

Eh, General!

Die Uniform des Generals war verdreckt, sein Gesicht staubig, mit stoppeligem Kinn und übernächtigen Augen. Er hatte irgendwo ein Fahrrad gefunden, das noch Schläuche hatte und Pedale, die sich drehen ließen. Mit diesem innerhalb weniger Stunden selten gewordenen Fahrzeug suchte er sich von der Versuchsstelle aus einen Weg zur Siedlung zu bahnen, um in der Unbarmherzigkeit des frühen Morgens das Ausmaß der Zerstörung in Augenschein zu nehmen.

Es war ungeheuer. Selbst wenn er nur ein alter Soldat gewesen wäre, hätte sich ihm das Herz zusammenkrampfen müssen. Aber er war mehr, er war auch Ingenieur, er war raketensüchtig, kaum weniger als der Doktor und, im militärischen Sinne, sogar konsequenter im Anpeilen der Ziele als der junge Phantast.

Sein Werk! Als er in der Nacht, noch während des Angriffs, zu den Prüfständen gerannt war, zu den Laboratorien, der neuen Montagehalle, da hatte er es vermocht, mit einem gewöhnlichen Feuerlöscher, einem Minimax, den Brand in einer der kleinen Werkstätten zu löschen, gemeinsam mit zwei Wachtposten. Dabei hatte ihn eine ungeheure Wut gepackt. Er hätte um sich schießen mögen in blindem, ohnmächtigem Zorn. Sie waren gefunden worden! Trotz aller Tarnung, aller Geheimhaltung! Und die Feinde hatten zugeschlagen. Mit aller Wucht.

Aber irgend etwas hatte dem General Einhalt geboten. Er hielt nichts von Bußfertigkeit. Trotzdem war da etwas, das ihm auf den Fersen blieb, wohin auch immer er sich wendete.

«Eh, General, was hattest *du* denn vor? Wolltest *du* mit Schokoladenplätzchen schießen? Sollte man drüben auf der großen Insel, die England heißt, warten, bis die kleine Insel ihr den Ehrensalut frei Haus liefert? Und daß man euch fand? Dazu war die Voraussetzung, daß man euch *suchte!* Das Alarmzeichen haben sie selber ausgelöst, eure Maulhelden, die die Vergeltung im Munde führen wie der Pfaffe den lieben Gott.»

Der General keuchte. Er kam auf der bombendurchpflügten Straße nicht voran. Noch ehe er das VKN-Lager erreicht hatte, warf er das Fahrrad weg. In dem Barackenlager waren einige der Unterkünfte wie Streichholzschachteln zusammengestürzt. Am Lagereingang lagen Tote auf der nackten Erde. Soldaten in unvollständigen Uniformen luden Verletzte auf einen offenen klapprigen Lkw. Der General wußte: Es gab keinen Krankenwagen mehr, keinen Personenwagen, kaum einen gebrauchsfähigen Lkw. Die Wagen waren zerstört oder standen bestenfalls auf hitzezerfressenen Pneus.

Der General kannte keinen Soldaten aus dem VKN-Lager mit Namen. Es waren die Mannschaften seiner Raketendivision. Sie galten als Fronttruppe, also hatte man sich damit abzufinden, wenn einige fielen.

Der General ging weiter. Die emsig schuftenden Männer hatten von ihm kaum Notiz genommen.

«Eh, General! Höre! Es sind nicht nur einige. Alles in allem fehlt dir eine runde Kompanie. Es waren all die kleinen Rädchen, die dafür sorgten, daß deine Maschine reibungslos lief. Du wirst es merken, General! Das Räderwerk wird knarren und nicht mehr ineinandergreifen. Wo eine Kompanie fehlt, ist eine schwache Stelle in der Front. Sie kann zur offenen Flanke werden, die der Feind nützt, General!»

Hinter sich, in seine Gedanken hinein, hörte der General die sehr wirkliche Stimme eines Leutnants schnauzen. «Gibt es denn hier nicht einen vernünftigen Autoschlosser mehr? Die Klapperkiste muß doch in Gang zu bringen sein!»

«Eh, General, hörst du das Räderwerk quietschen?»

Der General beschwichtigte den unbequemen Mahner, der ihm im Nacken saß und sich nicht abschütteln ließ. Der Wehrkreis, das Ministerium für Bewaffnung und Munition würden Leute lockermachen müssen. Ein paar tausend Polen oder Franzosen mehr in die Munas, die KZler besser ausgenützt, die Stalags mehr auf Vordermann gebracht! Er würde schon dem Minister und dem Oberbefehlshaber des Ersatzheeres seine Vorschläge unterbreiten. Es gab noch immer Möglichkeiten, durch Kräfteaustausch Menschen auf die Insel zu bekommen. Jeder Fronteinheit konnte es passieren, daß sie nach der Schlacht aufgefüllt werden mußte.

Ja, nach der Schlacht! Das Hauptschlachtfeld hatte der

General noch vor sich. Es war die Siedlung: die Straßenzüge mit den weißen Häusern, die sich vergeblich zwischen die hochstämmigen Kiefern geduckt hatten. Seit einigen Stunden gab es keine beschaulichen Eigenheime mehr, in deren Gärten Kinder gesund aufwuchsen und wo die Wissenschaftler Entspannung fanden nach anstrengender schöpferischer Arbeit. Eine Unzahl Bomben mußten darauf niedergeregnet sein. Ganze Straßenzüge lagen in Trümmern, viele Häuser brannten noch. Ein Kiefernast, der sich an einem Dachstuhlbrand entzündet hatte, sauste herab wie ein riesiger Feuervogel. Die Funken stoben bis zu den Füßen des Generals.

Den bisherigen Meldungen nach waren zwei der leitenden Wissenschaftler unter den Opfern. Vielleicht hatte die lang anhaltende Besprechung des Vorabends einigen das Leben gerettet. Klemt und Brettschneider waren mit ihm im Splittergraben der Versuchsstelle gewesen.

Die Barrieren aus Schutt und qualmenden Balken wurden immer höher, je weiter er in die Siedlung vordrang. Aufräumtrupps aus Zinnowitz waren dabei, die Straßen frei zu machen für die Lkw, die aus Swinemünde und Greifswald kommen sollten, um die Toten und Verletzten wegzubringen.

Der General traf Stabszahlmeister Fahrland, den Werkbahnleiter und Kasinosänger. Fahrland stierte den hohen Vorgesetzten, der ihn fragte, ob die Werkbahn beim Abtransport der Verwundeten eingesetzt werden könne, so fassungslos an, als verlange man von ihm, auf der Stelle sein Paradelied vom «Büblein klein» zu singen.

«Die Strecke ist an mehreren Stellen unterbrochen, und nicht eine Lokomotive ist einsatzfähig.» Sein Antwort klang, als sage er in Wirklichkeit: Hier ist nichts mehr zu wollen. Rette sich, wer kann! Welchem Schuft haben wir es zu verdanken, daß man uns keine Luftschutzkeller gebaut hat? Die Splittergräben waren ein Dreck. Sie sind Massengräber geworden. – Er selber hatte Glück gehabt, daß der Rückausgang des Grabens nicht verschüttet war, in dem er mit seiner Familie hockte. «Brettschneiders Frau ist schwer verletzt», sagte er. «Klemts kleine Tochter ist tot. Oben auf der Düne bei den Mädchenheimen sieht es furchtbar aus.»

Den General überfiel noch einmal ohnmächtiger Zorn. Die Kinder tot – die Frauen! Die Wohnsiedlung wegradiert, in massierten Wellen angegriffen wie eine Festung! Das war heimtückisch. Das war psychologische Kriegführung. Die meisten Wissenschaftler waren Familienmenschen. Diese Art von Verlusten ging ihnen an die Nerven. Wenn die wichtigsten Leute auch noch einmal davongekommen waren, die Panik war da, die Unruhe, auf der nichts wachsen konnte. Die Siedlung mit den Familien war der Nährboden gewesen für alles Geschaffene, das fruchtbare Hinterland.

Der General war bis zur Düne gelangt. Haus Seestern brannte noch. Neben dem Weg waren ein paar Zeltbahnen ausgebreitet, unter denen sich ungleichmäßig die Konturen menschlicher Körper abhoben. Der General wandte sich ab.

«Wieviel Tote?» fragte er einen Leutnant des Löschkommandos. Der zuckte unvorschriftsmäßig mit den Schultern. «Es kommen immer noch mehr dazu. Die See spült sie an.»

«Die See?» fragte der General ungläubig. «Wie kommen die Mädchen in die See?»

In der Tat, mehrere Männer waren am Strand beschäftigt, Leichen aus dem Wasser zu bergen. Tote junge Mädchen. Bewohnerinnen der beiden Junggesellinnenheime und des Maiden-Wohnheims.

«Sie waren brennende Fackeln. Sie wußten keinen anderen Ausweg, den Phosphor loszuwerden. Da sind sie ins Wasser gelaufen. Aber sogar die See brannte, und die Tiefflieger konnten sie sehen und abknallen», berichtete der Leutnant.

Der General entließ den Offizier. Es war schlimmer, als er noch vor einer Stunde angenommen hatte – viel schlimmer!

«Eh, General!» höhnte es irgendwo im Rascheln des Strandhafers. «Und was hattest *du* vor? Ist London keine offene Stadt? Leben dort keine Frauen und Kinder? Sollte euer A 4 nur Rüstungswerke treffen? – Wer ist heimtückisch, wer? Euer neues Geschoß ist es, das unhörbar heranfliegt, schneller als der Schall, dem keine Luftwarnung vorausgehen kann, das aus riesigen Höhen unerwartet herabsaust und gegen das jede Flugabwehr machtlos ist. – Eh, General!»

Der General stand auf der Düne. Vor ihm wurden die Mädchenleiber, die von der See gelöschten Fackeln, in eine Reihe nebeneinander gelegt; hinter ihm gähnte das zerstörte Haus, rauchte und schwelte die Siedlung mit ihren Massengräbern, den zusammengestürzten Häusern und Splittergräben. Rechts von ihm lagen weitere Unterkunftshäuser mit Flakhelferinnen, Bautrupps und das Fremdarbeiterlager. Noch war sein Überblick nicht vollständig.

«Eh, General!»

Der General drehte sich auf dem Stiefelabsatz herum. Seine Hand machte eine Geste, als fege sie ein lästiges Hindernis beiseite.

«Weitermachen!» brüllte er, den schwer arbeitenden Lösch- und Bergungstrupps völlig unverständlich. Und dann noch einmal: «Weitermachen!»

Etwa um die gleiche Zeit drangen Nachrichten von der Katastrophe, die die Insel heimgesucht hatte, zu den Berliner Dienststellen, die mittelbar oder unmittelbar mit der Versuchsstelle zu tun hatten. Professor Leupold rief Eva in Adlershof an. «Brechen Sie Ihre Arbeit ab und fahren Sie hin», rief er ihr. «Man wird Sie brauchen. Die Verluste sollen hoch sein.»

Eva stammelte Dank und Abschiedsgruß. Der Schreck nahm ihr fast die Stimme. Als sie wenige Stunden später im Zug saß, überfielen sie die Vorstellungen mit aller Wucht. Sie dachte alle Namen, die sie in der Versuchsstelle kannte, und kehrte immer wieder zu denen zurück, um die sie am meisten bangte.

Als sie hinter Ducherow die Brücke passiert hatten, den langen Arm, den das Festland der Insel entgegenstreckte, wurde das Chaotische der veränderten Situation spürbar. Wer sich nicht als Werkangehöriger ausweisen konnte, kam nicht weiter. Man hatte das Sperrgebiet bis nach Koserow ausgedehnt.

In Swinemünde fuhr der fahrplanmäßige Anschlußzug nicht. Es wimmelte von Soldaten, Offizieren, Sanitätern, die herumliefen, als hätten sie einen rätselhaften Befehl bekommen, der sie unruhig machte. Auf dem Wege zur Bahnhofskommandantur traf Eva den Stabsarzt. Sein braunes faltiges Gesicht sah verstört und übernächtig aus. Er bot ihr an, mit ihm zu fahren.

Fast der ganze Rücksitz des Autos war mit Verbandzeug und Medikamenten vollgeladen. Der Fahrer warf eine Tarnplane über den Berg Kisten, die das rote Kreuz trugen. Eva fand knapp Platz auf dem Sitz. Der Stabsarzt setzte sich zum Fahrer.

«Ich halte zunächst in Zinnowitz am Reservelazarett», sagte er. «Sie können dort Ihren Bekannten guten Tag sagen.»

Evas Hand umkrallte die Lehne des Vordersitzes. Der Arzt wandte sich um. «Ach so, Sie wissen ja noch keine Einzelheiten. Haus Seestern existiert nicht mehr. Fräulein Hasse und – ja, auch Fräulein Knorr – sind unter den Toten. Der alte Labahn ebenfalls.»

Eva saß schweigend, zusammengeduckt neben dem Kistenberg. Sie weinte tränenlos. Sie wagte nicht weiterzufragen.

In Zinnowitz, im ausgeräumten Speisesaal einer Sommerpension, fand sie unter den Leichtverletzten Traude Hörselmann und die Ru. Traude umhalste Eva mit einem Arm, der andere lag in der Schiene. «Es war entsetzlich, Lütten. Marlies – und Edith Knorr! Edith war am Abend noch so froh gewesen. Der Stabsarzt hat sich ihr gegenüber großartig benommen, er wollte sie in ein schönes Heim bringen, wo sie in aller Ruhe ihr Kind bekommen sollte –» Traudes Stimme wurde von Schluchzen erstickt. Flüsternd sprach sie weiter: «Und auch die kleine Wini ist tot, erstickt und verbrannt, mit dem Pflichtjahrmädchen zusammen. Dr. Klemt war im Werk. Seine Frau ist ja mit Norbert verreist –» Traude vermochte nicht weiterzusprechen.

Die Ru sah Evas Blick, der noch immer angstvoll fragte. «Wir wissen noch längst nicht alles», sagte sie. «Aber im Werk soll der Bunker gehalten haben.»

Der Stabsarzt winkte ihr. «Kommen Sie mit, oder wollen Sie sich erst nach einem Quartier umsehen?»

«Ich komme mit. Ich möchte helfen. Sagen Sie, was ich tun kann.»

«Rotkreuzausbildung haben Sie doch nicht?»

«Nein, aber ich könnte vielleicht trotzdem pflegen helfen.»

«Wir sollen morgen Personal bekommen. Sie können etwas anderes tun, da Sie hier die Menschen und die Verhältnisse kennen – also passen Sie auf, ich nehme Sie mit zur Generalsbesprechung. Wenn Sie nicht zu sehr geschockt sind, nehmen Sie die Interessen der weiblichen Belegschaft wahr. Man ist dabei, zu dezentralisieren. Da wird es manche Schwierigkeiten geben. Helfen Sie den Gesunden. Die haben es auch nötig.» –

Eva war die einzige Frau bei der Besprechung, die der General täglich einberief. Es war eine Berichterstattung der Offiziere und Einsatzleiter über die am Tage geleistete Arbeit, über Aufräumaktionen, Verwundetenversorgung und Verkehrsmittelbeschaffung. Daran schloß sich die Befehlsausgabe für die weiteren Notwendigkeiten des nächsten Tages.

Eva saß in dem großen Beratungszimmer ganz hinten an der Wand. Als der General sie in ihrem hellen Leinenrock zwischen den Offizieren, die über Nacht zu «Frontschweinen» geworden waren, sitzen sah, lächelte er.

Sie blieb ernst, und er fragte sie, ob sie bereit sei, für die nächsten Tage das zu übernehmen, was er sonst der Betriebsfürsorgerin übertragen hätte. Es galt zunächst, Unterkünfte für die Frauen und Mädchen zu beschaffen. Die Seebäder östlich von Koserow mit ihren großen Pensionshäusern waren dazu ausersehen.

Eva sagte zu.

Die Kate am Schilfwald hatte kein Dach mehr. Eva stand in der Abenddämmerung davor und wußte nicht, wohin sie sich wenden sollte. Sie konnte durch das ganze Haus gehen, die Türen schlossen nicht mehr. Es war leer, nahezu ausgeräumt.

Von der Nachbarkate her, die nur leicht beschädigt war, kam jemand auf sie zu. Es war Hanna Peplow.

«Ich habe damit gerechnet, daß Sie heute zurückkommen», sagte sie. «Ihre Sachen stehen bei uns. Auch das Fahrrad. Ihre Wirtsleute sind nach Freest hinübergerudert und wohnen bei Verwandten. Jeder sieht zu, möglichst weit weg von der Versuchsstelle unterzukommen. Man rechnet mit weiteren Angriffen.»

«Aber Sie sind geblieben!»

«Ja. Man gibt sein Dach über dem Kopf nicht so leicht auf. Sie sehen ja, es hat gehalten. Wenn Sie wollen, können Sie für die nächsten Tage hier wohnen. Wir haben noch ein Feldbett.»

Eva ging mit zu den Peplows. Das schmale Zimmer unter dem Dach wurde voll, als das Feldbett darin stand. Eva berichtete, womit der General sie beauftragt hatte.

«Finden Sie es richtig, daß ich es angenommen habe?»

«Ja. Sie springen für Ihre Freundin Marlies Hasse ein. Und Sie können viel tun. Die nächste Zeit wird sehr schwierig werden. Die langen Anfahrten für die Mädchen!»

«Wird im Werk schon wieder gearbeitet?»

«Aufgeräumt, gesichtet, das Gerettete zusammengetragen und zusammengeflickt. Im Archiv hat es auch gebrannt.» Hanna sah Eva aufmerksam an. «Vielleicht ist Ihre Personalakte mit verbrannt.»

Eva verstand blitzschnell die Anspielung. «Ist sie das?»

«Ich weiß noch nicht. – Aber es ließe sich einrichten.»

«Was wird dann?»

«Sie müssen ein paar Angaben für die Ersatzakte machen. Lebenslauf in Stichworten –»

«Ahnennachweis?»

«Nein, das ist heute zu schwierig mit den Urkunden. Sie waren doch im Arbeitsdienst, nicht wahr? Das genügt.»

Evas Feldbett stand unter dem winzigen Fenster mit der schönen Aussicht. Jetzt war es dunkel. In den Schilfwäldern raschelte es. «Hanna», sagte sie nach einer ganzen Weile. «Nicht wahr, Sie wissen alles von mir?»

«Ich denke, alles, was ich wissen muß.»

«Ich weiß von Ihnen fast nichts. Jürgen Baer war sehr verschwiegen. Aber ich reime mir allerlei zusammen.»

«Man muß gar nicht alles wissen. Sie haben uns trotzdem sehr geholfen, weil Sie das Richtige gefühlt haben.»

«Das war immer nur zufällig. Mir fehlt einfach der Mut, den Sie haben.»

«Machen Sie sich nicht klein. Sie haben ihn schon bewiesen, unbewußt, wenn es darauf ankam. Ihre Freundin Marlies hat schon bewußt gehandelt. Sie sind jetzt ihre Nachfolgerin im Betrieb –»

«Nur so lange, wie alles noch so durcheinandergeht. Marlies' Vertreterin hat einen Nervenschock.»

«Vielleicht übernehmen Sie später Marlies' Aufgabe – bei uns.»

«Ich weiß nicht. Vielleicht.»

«Es hat Zeit. Wir müssen jetzt sehr vorsichtig sein. Nach Jürgen Baers Weggang hat es viel Gerüchte gegeben. Die Abwehrmaschine ist in Bewegung gekommen. Von den vielen neuen Gesichtern, die aufgetaucht sind, wird uns manches gefährlich werden können. Mich sollte es nicht wundern, wenn man jetzt die Gelegenheit nützte, um unbequeme Leute abzuschieben.» Nach einer Weile sagte sie leise: «Wir beide wollen uns möglichst nicht zusammen sehen lassen. Sie verstehen. Und sobald die Unterkunftsfragen geklärt sind, suchen Sie sich lieber ein Zimmer.»

Eva begriff.

Sie konnte lange nicht einschlafen. Der Tag war zu Ende gegangen, und sie wußte nichts von Hans Tiefenbach. Die wenigen, die sie fragen konnte, hatten ihn nicht gesehen. Auch über Martin Uhlig konnte ihr niemand etwas Genaueres berichten. Er sollte leicht verletzt sein. Bei ihrer Umfrage hatte sie erfahren, daß Mathesi tot war.

Von lebenden Fackeln hatte sie reden hören, von Erstickten, lebendig Begrabenen, Erschlagenen, Verbrannten, Ertrunkenen, Erschossenen. Sie waren alle Tode gestorben – Marlies, Labahn, Mathesi, die kleine Winifred und Edith, deren Kind nicht zur Welt kommen durfte, und die vielen anderen.

Eva versuchte ihre Gedanken zu ordnen. Es gelang ihr nicht, sich zu erinnern, welches die letzten Worte gewesen waren, die sie mit Marlies gesprochen hatte. Sicher waren es keine erfreulichen gewesen, denn die Enttäuschung, daß Marlies sich von ihr lossagte, hatte zu bitter geschmeckt. Nun war nichts mehr gutzumachen, keine verlorene Stunde mehr einzuholen.

11

Hankes Rache

Auch im größten Durcheinander erweist sich zuweilen der Zufall als ordnende Macht. Eva telefonierte von der Hauptwache aus. Es waren erst wenige Anschlüsse im Werk zu gebrauchen. Sie wollte sich nach der Abfahrtszeit des Wagens erkundigen, der sie auf der Besichtigungsfahrt mitnehmen sollte. Die Fahrbereitschaft verwies sie an den ständigen Bereitschaftsdienst beim General.

Die Stimme des Bereitschaftsdiensthabenden schien ihr bekannt. Es war ein Mann mit langsamer, nachdenklicher Redeweise. Eva hatte, ungeduldig geworden, ihre Anfrage etwas scharf formulieren wollen. Sie hielt ein und fragte zaghaft, ungläubig: «Bitte, wer ist dort?»

«Der Bereitschaftsdienst.»

«Ja, ja. Aber *wer?*»

«Tiefenbach.»

«Hier ist – hier ist Leonhard.» Wegen der umherstehenden Wachleute blieb sie bei der formellen Namensnennung.

Der Ausdruck größter Überraschung über den Draht ist zumeist Schweigen. Eva wartete fiebernd, ehe die Antwort kam.

Er wähnte sie noch in Berlin. – Ob er gesund sei? – Ja, ja, im Werk sei es ja noch glimpflich abgegangen. Er habe die ganze Nacht Dienst gehabt und sei sehr müde. Ob sie am Abend zum Boddenhaus kommen könne, er sei provisorisch dort in der Nähe im Dorf untergebracht. Ja, sie würde kommen.

Er lebte, war gesund, wollte sie sprechen! Es waren noch nicht alle Träume zu Asche geworden. –

In dem Auto, das Eva über die Insel fuhr, saßen außer Hanke, der neuerdings zwei Sterne auf den Schulterstücken trug und Stabszahlmeister tituliert wurde, die Fliegerin Carla Winter und ein kahlköpfiger Oberstabsintendant mit einem Römerschädel.

Hanke trug hoheitsvolle Überlegenheit zur Schau. Er ließ nicht durchblicken, mit welchen Aufgaben er reiste. Am Eingang des Badeortes Bansin, den es nach Quartieren durchzukämmen galt, ließ er sich mit Carla Winter absetzen.

Der Oberstabsintendant hatte unter den großen Pensionshäusern bereits seine Vorwahl getroffen. Nicht alle kamen als Unterkünfte in Frage. Es ging auf den Herbst zu. Viele Häuser waren nicht heizbar.

Distinguierte Hausbesitzerinnen legten die Stirnen in Falten und gaben zu bedenken, daß die Veranden im Winter eisig kalt seien, daß die Fenster schlecht schlössen und daß der Schornstein das Aufstellen zusätzlicher Öfen nicht zulasse. Sie sahen den behaglichen Winter, der dem finanziell einträglichen Sommer folgen sollte, zunichte gemacht durch die Dauereinquartierung weiblicher Soldaten. Sie wehrten sich, seufzten und ergaben sich schließlich darein, daß ihre sommerlichen Prunkpaläste mit den löwenbewehrten Freitreppen, den säulengeschmückten Vorhallen, alle die Schleiflackzimmer in Rosa oder Schilfgrün, deren Seeblick im Sommer von Feriengästen der ersten Güteklasse mit klingender Münze bezahlt wurde, daß alle diese Herrlichkeiten, einschließlich des verandenumkleideten Speisesaales und der großen Küche im Souterrain, von Zeichnerinnen und Tippfräuleins benutzt und bewohnt werden sollten, die so wenig Lebensart besaßen, daß sie sogar eine Heimführerin brauchten.

Eva brachte das Getue der Pensionsdamen auf. Diese Frauen, die noch nichts mitgemacht hatten, die den entsetzlichen Feuerregen der Bombennacht aus unverfänglicher Entfernung beobachtet und pharisäerhaft gebetet haben mochten: «Herr, wir danken dir, daß nicht wir es sind, die du heimsuchst» – diese Besitzerinnen, deren Weizen noch immer blühte, sahen herab auf das Heer der Mädchen, die, freiwillig oder unfreiwillig, hier waren, hier leben mußten, diesmal davongekommen waren, die Sicherungen brauchten, ein Dach, vier Wände – kurzum – ein Heim, weil sie jetzt nichts anderes mehr waren als Blätter im Wind.

Eva verfocht die Sache der Mädchen leidenschaftlich. Sie atmete auf, wenn wieder ein geräumiges Haus gewonnen war.

Das Haus «Stranddorn» in der Bergstraße hatte es ihr besonders angetan. Es war neuerer Bauart und frei von Plüschmöbelschwulst, der den meisten dieser Häuser anhaftete. Es hatte einen gediegen wirkenden Speisesaal, gute sanitäre Anlagen und heizbare Zimmer. Außerdem gab es Doppelfenster an der Seeseite, eine Seltenheit in diesen Sommerhäusern. Aber die Stranddornwirtin war besonders hartnäckig. Obwohl sie längst einsehen mußte, daß ihr Haus nicht verschont bleiben würde – der Oberstabsintendant hatte es mit einigen ironischen Worten angedeutet –, verstand sie es, den Kontraktabschluß hinauszuzögern. Eva und der Kahlköpfige entschlossen sich, am Schluß noch einmal zurückzukommen.

«Stranddorn ist ein widerspenstiges Gewächs», sagte der Intendant, als er mit Eva weiterging. «Die Frau entkommt uns nicht. Aber ich hätte es gern im guten abgemacht. Es ist besser für die Mädchen, die dort einziehen sollen. Mit einem gereizten Drachen lebt sich's nicht gut unter einem Dach.»

Eva nickte. «Das Haus ist besonders wichtig. Daneben liegen die beiden anderen, die so unmögliche Gemeinschaftsräume haben. Man müßte eine Regelung finden, daß der große getäfelte Raum im ‚Stranddorn' auch hin und wieder den Mädchen aus den Nebenhäusern zugänglich ist.»

Der Intendant schmunzelte. «Ihr Weitblick ist so lobenswert wie ihre Zähigkeit. Aber von diesen Plänen wollen wir der Dornenwirtin heute lieber nichts sagen.»

Sie trafen Carla Winter, die im Ort zu tun gehabt hatte. In vielen Häusern der Seebäder hatte man Ausweichbüros eingerichtet; technische Zeichner begannen, in behelfsmäßig ausgestatteten Räumen wieder zu arbeiten. Carla Winter wollte für die nächste Zeit hierbleiben. Sie meinte, es bestehe nach dem großen Schock die Gefahr, beim Umorganisieren des Werks zuviel Zeit zu verlieren. Wichtige Kräfte verzettelten sich mit Telefonwachen, mit dem Beschaffen neuen Inventars. Viele verlören dabei das große Ziel aus den Augen. Carla Winter zählte sich zu denen, die geeignet wären, trotz des Chaos und der Niederlage die Begeisterung auf der Insel erneut anzufachen.

«Wenn die Mädchen anständig wohnen, werden sie auch gut arbeiten», sagte sie und lobte den Erfolg, den der Kahlköpfige galant Eva zuschrieb. Carla schloß sich den beiden an, die im Haus Stranddorn letzte Formalitäten erledigen wollten.

Die Dornenwirtin ließ sich nicht sogleich blicken. Schließlich kam sie die Treppe herunter, gemächlich, hocherhobenen Hauptes auf die drei herabblickend, die in der Diele auf sie warteten. In ihrer Begleitung befand sich Hanke.

«Es tut mir leid», sagte sie, «mein Haus ist soeben vom Herrn Stabszahlmeister für die Offiziere belegt worden.

In Eva wallte der Zorn hoch, als sie das süße Lächeln auf dem Gesicht der Frau wahrnahm.

Hanke und der Kahlköpfige maßen sich. Trocken sagte der Intendant: «Sie irren, gnädige Frau, wir hatten es bereits festgemacht.» Er wandte sich Hanke zu. «Sie wissen, daß *ich* mit der Unterkunftsbeschaffung beauftragt bin. Generell!»

«Für das zivile Personal, Herr Oberstabsintendant. Mich schickt der General persönlich», sagte Hanke.

«Ich zweifle nicht an Ihrem Auftrag. Aber es steht fest, daß wir vor länger als einer Stunde hier waren und mit der Besitzerin des Hauses verhandelt haben.»

«Verhandelt, aber nicht fest beschlossen.»

«Was verhandeln heißt, wissen Sie. Aber Sie haben inzwischen den Ort, vom Strandschloß angefangen, durchgekämmt, und weil Sie nichts Passendes gefunden haben – nein, Herr Stabszahlmeister, so geht das nicht.»

Die Dornenwirtin stand mit hochrotem Kopf da und hoffte inbrünstig, daß der große stattliche Mann, der ihr Offiziere versprochen hatte, Sieger bleiben möge über den Glatzkopf und das Mädchen, die nur mit ungebildeten Weibspersonen aufwarten konnten, von denen sie drei und vier in ein Zimmer stecken wollten. Der Stabszahlmeister hatte vollkommen recht, wenn er behauptete, es gebe weit und breit kein Haus, dessen Speisesaal so geeignet sei für ein Offizierskasino wie der Raum im Stranddorn. Sie hatte ihm auch augenzwinkernd die behagliche Trinkstube im Souterrain gezeigt. Hier konnten die Herren sogar einen Fliegeralarm in aller Gemütlichkeit abwarten, vorausgesetzt, daß es nicht so schlimm wurde! Wer konnte sonst so etwas aufweisen? Und Trinkbares würden die Herren Offiziere schon beschaffen, darüber war sich die Dornenwirtin im klaren. Sie kannte Herrn Oberstleutnant Kelner persönlich und war, wenn er mit seiner jungen Frau ab und zu bei ihr abstieg, mehrfach zur Bewunderin seines Organisationstalents geworden. Es wäre demnach für sie alles in schönster Ordnung gewesen. Aber leider mußte jetzt noch dieses dunkelhaarige Mädchen seinen Senf dazugeben. Es war empörend, wie sie auftrat gegenüber dem Zahlmeister, der immerhin zwei Sterne auf den Schultern hatte.

«Ich bitte eines zu bedenken», sagte Eva. «Die beiden Nachbarhäuser des Stranddorn werden mit je fünfzig weiblichen Angestellten und Arbeiterinnen belegt. Für beide Häuser wird voraussichtlich nur eine hauptamtliche Heimleiterin bewilligt werden können. Alle Häuser haben mehrere Ausgänge: Keller, Wirtschaftsausgang, Terrassenpforte und ähnliches. Die Übersicht ist also außerordentlich schwierig. Aber wie wird es sich auswirken, wenn das Offiziersheim dazwischenliegt –?»

Hankes Gesicht verzog sich, je länger Eva sprach, zu einer hämischen Grimasse. Dann lachte er.

Der Oberstabsintendant machte eine unwillige Bewegung.

«Verzeihen Sie, daß ich lache», sagte Hanke bissig. «Aber es ist grotesk, daß ausgerechnet Fräulein Leonhard Bedenken äußert hinsichtlich der Moral des weiblichen Personals. – ‚Führe mich nicht in Versuchung.' – Dem Fräulein Leonhard wäre selbstverständlich anzuraten, keines der Häuser in der Bergstraße zu beziehen.»

Der Kahlköpfige rückte nervös an einem Stuhl, dessen Lehne er umklammert hielt. «Herr Stabszahlmeister», sagte er vorsichtig zurechtweisend; dann wandte er sich an die Wirtin: «Sie hören morgen Endgültiges von uns. Das Haus ist beschlagnahmt.»

Die Dornenwirtin machte eine beleidigte Miene und bedachte Eva mit einem vernichtenden Blick.

Im Auto herrschte Schweigen. Es drückte wie die Hitze, die noch von den Mittagsstunden her in dem geschlossenen Wagen hing. Carla Winter ließ sich auf halber Strecke, in Zempin, absetzen. Sie werde im Boddenhaus erwartet, sagte sie.

Eva wäre gern mit ihr gegangen, aber noch lag die Generalsbesprechung vor ihr, eine Folter, vor der ihr bangte.

Der Kahlköpfige merkte ihr die Unruhe an. «Sie lassen mich berichten», sagte er. «Ich brauche Sie nur als Zeugin.»

Das Besprechungszimmer war so voll, daß viele Männer stehen mußten. Eva sah als ersten Martin Uhlig. Er stand an die Wand gelehnt und fuhr zusammen, als er sie eintreten sah.

Der Kahlköpfige ließ sofort einen Stuhl für Eva beschaffen. Sie mußte sich setzen und nickte Martin Uhlig nur von weitem zu. Er trug Pflasterverbände an beiden Händen und um Kinn und linke Wange.

Es war ein ständiges Kommen und Gehen. Wer seinen Bericht abgegeben und neue Direktiven empfangen hatte, empfahl sich und nutzte die Zeit. Ganze Abteilungen sollten in Kürze verlegt werden. Was hierbleiben mußte, sollte möglichst weit auseinandergezogen werden, um etwaigen weiteren Angriffen kein Ziel mehr zu geben. Die beschlagnahmten Unterkünfte bezugsfertig zu machen und das Transportproblem zu lösen waren noch immer die vordringlichsten Aufgaben.

Der General lächelte versteckt über den Eifer des kahlköpfigen Oberstabsintendanten, der mit Unterstützung dieser patenten Leonhard das weibliche Personal anständig und möglichst übersichtlich unterbringen wollte. Seine Argumente waren einleuchtend. Weder die Wehrkreisverwaltung noch das OKH würden mit Wohnheimführerinnen freigebig sein. Die Lücken der Mädchen wurden neuerdings mit sehr jungem Nachwuchs aufgefüllt. Man konnte die lockere Hausordnung der bisherigen Wohnheime nicht mehr aufrechterhalten. Siebzehn-, achtzehnjährige Arbeiterinnen bekam man nur, wenn man Verpflichtungen übernahm, und ältere Kräfte gab es kaum noch. Also! Er sah zu Hanke hinüber, der heute durch seinen Sonderauftrag dem Kahlköpfigen ins Gehege gekommen war. So war es natürlich nicht gemeint. Für die Offiziere würde sich schon ein anderes Objekt finden.

Hanke hatte die Maidenführerin mitgebracht, die Leiterin des ehemaligen Hauses Koralle, mit der er sich kürzlich verlobt hatte. Wenn man etwas Menschenkenntnis besaß – und der General glaubte, über eine ganze Portion zu verfügen –, so sah man, daß Hanke durch ihre Anwesenheit seine Partei hatte stärken wollen. Da mußten noch andere Dinge mitsprechen, daß er so zäh auftrat. Rivalitäten bei den Frauen vielleicht? Hanke war ein Weiberheld. Der General hatte läuten hören, daß der Zahlmeister sogar mit Frau Klemt – aber darauf gab man besser nichts.

Er war ein tüchtiger Organisator und bewies im Augenblick Tatkraft, die nicht zu entbehren war.

Die kleine Leonhard war ihm, dem General, am Vortage, als sie in ihrer hellen sauberen Bluse an der Seite des Stabsarztes aufgetaucht war, wie ein Bote aus einer anderen Welt erschienen. Kein Wunder, daß sie seinen jungen Männern gefiel und dabei etwas zu flott lebte. Aber Hanke hatte am wenigsten Grund, sich darüber aufzuregen. Um sein Gesicht zu wahren, plädierte er jetzt dafür, die KHD-Maiden in den Stranddorn zu verfrachten. Doch so weit gingen seine Befugnisse nicht. Der General hielt es an der Zeit, den Richterspruch zu tun: Die drei zusammenhängenden Häuser in der Bergstraße bekam das weibliche Zivilpersonal. Grund: Einsparung ausgebildeter Führerinnen, gemeinsame Küche et cetera pp.

Hanke kniff die Lippen zusammen. Der General hatte gesprochen und ging zum nächsten Thema über.

Als Eva die Besprechung verließ, drängte sich Martin Uhlig zwischen den Stühlen hindurch. Er holte sie vor dem Stabsgebäude ein, und sie aßen zusammen in der Barackenkantine. Er sprach von der Stunde vor dem Angriff, erzählte ihr, daß er der letzte war, der mit Marlies gesprochen habe. Der Angriff in Berlin sei nichts gewesen gegen das, was über die Insel hereingebrochen war. Das Schlimmste seien die unzulänglichen Luftschutzvorrichtungen gewesen.

«Ich bringe dich nach Hause», sagte er, als sie immer einsilbiger wurde. «Ich verstehe dich sehr gut. Wirkliche Freundschaften sind selten. Es ist schwer, sie zu verlieren.»

Eva brachte es nicht über sich, ihm zu sagen, daß sie noch im Boddenhaus erwartet werde. Es war auch zu spät geworden. Die Dienstwagen, die sie hätten mitnehmen können, waren sofort nach der Generalsbesprechung abgefahren. Auch die Arbeiterzüge waren weg. Das Werkgelände mit seinen teils beschädigten, teils zerstörten Gebäuden war gespenstisch still geworden. Selbst das Kasino hatte seine Anziehungskraft verloren. Nur die Brandwachen gingen umher, lautlos, mißmutig, einer nicht enden wollenden Nacht gewärtig.

Es ergab sich, daß Hanke und der Kahlköpfige, die beide in Zinnowitz wohnten, auf der Heimfahrt wieder im gleichen Wagen saßen. Diesmal waren sie ohne Zeugen.

Der Kahlköpfige spottete:

«Na, Kamerad, die Niederlage verschmerzt?»

Hanke spielte seinen großen Trumpf aus. «Es wirft nicht das beste Licht auf Sie, Herr Oberstabsintendant – gestatten Sie, daß ich mir das zu sagen erlaube –, wenn Sie sich die Argumente eines jüdischen Mischlings zu eigen machen.»

«Reden Sie keinen Unsinn. Dann wäre das Mädchen nicht auf der Insel.»

«Als Vierteljüdin! Über den Kriegshilfsdienst war es eben möglich, herzukommen. Dazu ein bißchen Protektion: Hauptmann Hover seinerzeit, später Dr. Klemt. Es läßt sich manches schaukeln, wie Sie wissen, und eine gegenteilige Verfügung gab es bisher auch nicht.»

«Woher haben Sie denn Ihre Weisheiten?»

«Die Maidenoberführerin hat ihr Gewissen erleichtert. Mein Appell hat bei ihr Früchte getragen: Beseitigung aller unsicheren Elemente! Sind Sie anderer Meinung, Herr Oberstabsintendant?»

«Wenn die Dinge so liegen, natürlich nicht.»

Hanke zog die Mundwinkel herab. Aus dem Besiegten war ein Sieger geworden.

Als der Dienstwagen des Doktors vor dem Boddenhaus hielt, vermutete Hans Tiefenbach, Eva werde aus dem Rücksitz steigen. Er wußte nicht, ob er enttäuscht oder erleichtert sein sollte, daß der Doktor allein kam.

Er war in einer merkwürdigen Stimmung. Ein Auf und Ab war es gewesen, den ganzen Tag. Ein Wechsel zwischen Herbeiwünschen und Abwehren. Als sich Eva am Morgen so völlig überraschend am Telefon zu erkennen gab, war seine Aufforderung, am Abend ins Boddenhaus zu kommen, die erste impulsive Regung. Später hatten sich Zweifel angemeldet. Ihm waren Aussprachen, die in intimste Bereiche einbrachen, stets unangenehm gewesen.

Baers Verschwinden war mysteriös. Eva war sehr weit gegangen bei ihrer Mithilfe zur Flucht, falls sie gewußt hatte! Aber sicher hatte sie gewußt, ganz sicher. Er wollte sogar, daß sie gewußt hatte! Trotzdem, in der Form dieser Mithilfe hatte sie sich vergriffen. Da hörte alle Großzügigkeit auf. Man war ein Gesellschaftsmensch. Ein einundzwanzigjähriges Mädchen gab etwas Unwiederbringliches auf, wenn es seinen Ruf verlor.

Er hatte geglaubt, sie liebe ihn wirklich. Aber hätte sie dann nicht an ihn denken müssen, als Baer zu ihr kam mit einem solchen Ansinnen –?

Er brach an dieser Stelle gewaltsam seine Gedanken ab und hielt sich selbst eine Verteidigungsrede für Eva. Er dachte an Rügen, an den Dorfgasthof. Hatte er sie nicht schon einmal verkannt?

Wodruba gesellte sich zu ihm. Der liebenswürdige Wiener war fast schwermütig geworden. Seine Freundin war umgekommen. Bordschützen hatten sie beschossen, als sie in panischer Angst die Phosphorbrände im Seewasser löschen wollte.

«Wie wenig haben wir die Stunden genützt, die wir für uns hatten», sagte er gepreßt. «Manchmal haben wir uns gekabbelt, und um einander weh zu tun, hat sich jeder an einen anderen Tisch gesetzt, im Kasino, zur gewohnten Stunde beim Essen. Ich wollte sie heiraten. Sie hat mir lange nicht geglaubt. ‚Schlawiner' nannte sie mich. Erst als sie in einem Brief meiner Mutter las, daß ich von ihr geschrieben hatte, so wie man eben nach Hause schreibt, wenn man Ernst machen will mit einem Mädchen, war das Eis gebrochen. Vorher durfte ich sie nicht anrühren. So ein anständiges Mädchen war sie!»

In Hans Tiefenbachs Gedanken rumorte es. Wohl war Wodrubas Anständigkeitsbegriff abgestanden, roch nach muffiger guter Stube, aber die Tiefe seiner Trauer heiligte alles, was er über sein totes Mädchen sagte. Und recht hatte er unbedingt, daß man heute nicht wissen konnte, ob man morgen das aufgeschobene Beisammensein noch nachholen konnte. – Er wünschte Eva herbei.

Man hatte im Boddenhaus über das Schicksal der Familie Klemt gesprochen. Frau Klemt, die sich mit Norbert, dem Jüngsten, bei ihren Eltern in der Gegend von Magdeburg aufgehalten hatte, kam nach dem Angriff herbeigeeilt. Der Trotz gegenüber ihrem Manne, dessen Forscherbesessenheit sie in Hankes Arme getrieben hatte, schlug um in blinden Haß, als sie vor der toten Winifred stand. Sie schien ihrem Manne zu verübeln, daß er am Leben geblieben war. Er hatte es nicht vermocht, das Kind zu schützen. Er war wieder nicht zu Hause gewesen. – Alle seine Vorwürfe, die er gegen sie erhoben hatte, waren nichts mehr gegen jene, die sie jetzt vorbrachte. Sie war eine Frau der großen Gesten. Sie ließ sich ein Stück Fleisch aus ihrem Körper reißen, wenn sie damit eine persönliche Niederlage in einen Sieg umwandeln konnte. Sie haßte. Sie haßte ihren Mann. Sie haßte Hanke, der sie feige im Stich gelassen hatte. Sie haßte die Engländer, die Amerikaner, die ihr Kind getötet hatten. Sie haßte die Russen, die ihres Vaters Geschäft in der Ukraine und in Polen vereiteln wollten. Sie haßte aus ganzer Seele. Sie reiste zurück nach Magdeburg und wußte, daß sie dort nicht lange bleiben würde. Aufgaben brauchte sie, die ihrem Können entsprachen; Aufgaben, von denen Klemt sie jahrelang zurückgehalten hatte. «Ein bißchen Sportler, ein bißchen Diplomat, ein bißchen Politiker, Publizist – und nach außen hin ein offizieller Posten!»

Hans Tiefenbach sah die blonde Frau vor sich sitzen, spöttisch, ehrgeizig, lebenshungrig. Sie würde den Tod des kleinen Mädchens bald verschmerzen, schneller vielleicht als Klemt, der sich mit Selbstvorwürfen quälte, für den der Verlust der Frau ein schwerer Schlag war. Sein Heim war eine Trümmerstätte. Er hatte nichts, wohin er sie hätte zurückholen können. Die Tragödie dieser Ehe war vollendet. – Tiefenbach dachte daran, daß Klemt einmal im Gespräch hatte durchblicken lassen, es sei im Kriege und bei seiner Tätigkeit besser, unverheiratet zu sein. Ob er seine Meinung revidiert hatte? Es mußte entsetzlich sein, mit so leeren Händen zurück zu bleiben. Aber nur derjenige, der etwas besaß, konnte verlieren. War es nicht wirklich besser, ein

Reisender zu bleiben, der aus dem Koffer lebte und die Gedanken frei behielt für die Arbeit?

Carla Winter war gekommen und hatte Kunde gebracht von Eva, ohne zu ahnen, wie stark ihr Bericht ihn anging. Sie erzählte von dem Auftritt bei der Dornenwirtin. Evas energisches Eintreten für das weibliche Personal hatte ihr imponiert, aber erst das Zwielichtige, das Eva durch Hankes Entgegnung in ihren Augen bekam, machte sie ihr interessant. Carla wollte unbedingt die näheren Zusammenhänge wissen.

Hans Tiefenbach war brüsk vom Tisch aufgestanden. Ihm war das Gespräch unerträglich geworden. Er fühlte, daß Irene, der gute Geist des Hauses, ihm mitleidig nachsah. Natürlich wußte sie vom Doktor, was sich abgespielt hatte. Sie würde der Fliegerin erzählen, was die öffentliche Meinung von Eva hielt.

Er schlenderte ein Stück am Achterwasser entlang, aber nur so weit, daß er den Hof im Auge behalten konnte. Wenn sie käme! Er wollte sie sprechen, bevor sie ins Haus ging.

Hanke hatte sie bloßgestellt. Sie war vogelfrei, mußte es sich gefallen lassen, wenn sie nicht zur Verräterin werden wollte. Wußte sie nicht, wie empfindlich er in diesen intimsten Dingen war? Es war wohl eine seiner großen Schwächen. Als Primaner hatte er auf Schulfesten nicht getanzt, wenn jemand von seiner Familie anwesend war. Es wäre ihm peinlich gewesen, wenn seine Mutter beobachtet hätte, daß er irgendein Mädchen besonders bevorzugte. – Vorhin am Tisch hätte er Carla Winter eine entwaffnende Antwort geben müssen, als sie eine Skandalgeschichte witterte. Die Zuckerdose auslöffeln – wie Charlotte Löwensköld! Zuweilen konnte er so etwas. Aber wenn es um das Innerste ging, vermochte er es nicht. Und Eva war in sein Innerstes eingedrungen, das wußte er um so sicherer, je mehr sie ihn zwang, zu zweifeln und sich zu empören. Es war für ihn eine ernste Situation, weil es ihm noch nie passiert war, daß er dieses Geständnis vor sich selber ablegen mußte. Vielleicht war es besser, wenn sie heute nicht käme! Er mußte erst Ordnung in seinen Gedanken schaffen.

Wenn man Eva aus dieser Umgebung wegbringen könnte! Möglicherweise stimmte es, daß der Windkanal verlagert wurde, herausgelöst aus dem ganzen großen Betrieb! – Er nahm sich vor, mit Klemt darüber zu sprechen. Als der Doktor aus seinem Wagen stieg, war Tiefenbach wieder am Haus.

«Machen Sie sich reisefertig, Sie fliegen morgen nach Friedrichshafen!» rief ihm der Doktor entgegen. Dann, in seiner Nähe, sagte er mit einem Lächeln: «Ich hätte die Leontine gern mitgebracht, aber ich sah sie nicht mehr. Sie ging aus der Besprechung weg, als ihre Sache erledigt war. Uhlig folgte ihr auf dem Fuße.» Er lachte wie einer, dem nichts schiefgehen kann und der das gleiche auch bei anderen voraussetzt. Er ging, nach langem, anstrengendem Tagewerk immer noch elastisch, auf Irene zu, die zu seiner Begrüßung aus dem Hause kam. «Ich möchte vor dem Abendessen noch einen Schlag segeln», sagte er. «Komm schnell, ehe uns die anderen sehen. In der Mappe ist der Stenoblock. Ich muß dir ein paar Briefe diktieren. Anschließend baden wir.»

Sie stahlen sich davon wie zwei Kinder, die wissentlich und mit Wonne ungehorsam sind.

Was hat der Doktor für eine glückliche Natur, dachte Hans Tiefenbach seufzend. Auf der fünfzehn Kilometer langen Fahrt im Fond des blauen Tatra mochte er noch mit gerunzelter Stirn über Plänen und Tabellen gebrütet und mit Flüchen nicht gespart haben. In Sekundenschnelle konnte er umschalten. Die nächste Stunde hieß Irene. Ein unbedeutendes Stenogramm war der Vorwand, sie der Boddenhauswirtin kurz vor der Abendmahlzeit zu entführen. Für ihn gab es auf der ganzen Welt nur ein wirkliches Problem: die Raketen. Über alles andere schien er Herr zu sein.

Langsam ging Hans Tiefenbach dem Dorfe zu. Er hatte in einer kleinen Pension Unterkunft gefunden.

Ich weiß nicht einmal, wo Eva jetzt wohnt, fiel ihm plötzlich ein.

Eva sah am nächsten Morgen vom Büro des Kahlköpfigen aus, daß aus einem Wagen, der vor dem Stabsgebäude hielt, Hans Tiefenbach stieg. Ihm folgte Carla Winter. Als sie im Stabsgebäude verschwunden waren, begann der Kraftfahrer Koffer im Rücksitz umzuschichten. Tiefenbachs heller Trenchcoat und seine Aktenmappe waren dabei.

Es hielt Eva nicht länger im Büro. Sie nahm einen Aktendeckel unter den Arm und ging im Flur auf und ab. Nach wenigen Minuten kamen die Erwarteten aus den Zimmern des Generals in Begleitung mehrerer Uniformierter, mit denen Carla Winter sich lebhaft unterhielt. Sie nickte Eva, ohne ihr Gespräch zu unterbrechen, im Vorbeigehen flüchtig zu. Eva war im Nebengang stehengeblieben, um der Eskorte nicht unmittelbar begegnen zu müssen.

Hans Tiefenbach trat auf sie zu. «Ich muß wieder nach Friedrichshafen», sagte er bedauernd.

Sie nickte. Es war genauso gekommen, wie sie befürchtet hatte. Der gestrige Abend war nicht mehr einzuholen. Sie hätte ihm gern gesagt, daß der Abend dem Andenken Marlies' gehört hatte. Aber sie fühlte einen schrägen Blick Carla Winters, die sich an der Tür umsah, und empfand etwas Befremdendes an Hans Tiefenbach, ein leises Unbehagen, so etwas wie Ungeduld.

«Ich werde sicher bald wieder hier sein», sagte er, da sie schwieg.

«Du hast gutes Flugwetter», preßte sie schließlich hervor.

«Carla Winter kann man sich auch bei Gewitter anvertrauen.» Er lächelte unsicher. « Sie warten auf mich. Auf Wiedersehen.»

An der Tür nickte er ihr noch einmal zu, ehe er den anderen zum Wagen folgte.

Am Abend dieses Tages, an dem Eva keine Arbeit glücken wollte, an dem sie empfand, daß der Kahlköpfige ihre Vorschläge kühl aufnahm und sie, sooft er konnte, an seine Untergebenen abschob – am Abend dieses Tages sagte ihr Hanna Peplow, daß sie den Auftrag bekommen habe, unverzüglich Evas Personalakte abzuschließen.

«Abschließen? – Was bedeutet das?»

«Daß du versetzt wirst.»

«Versetzt? – Ach so, weil der Windkanal verlegt werden soll.»

«Nein, das hat damit nichts zu tun. Irgend jemand hat ein Interesse dran, dich abzuschieben. In der allgemeinen Umschichtung des Betriebs geht das von heute auf morgen.»

«Und wohin versetzen sie mich?»

Hanna sah die neugewonnene Freundin traurig an. Sie wußte es nicht. Aber sie wußte, daß nichts Gutes zu erwarten war.

Am Abend dieses Tages ...

... erzählte Stabszahlmeister Hanke seiner Braut, der Maidenoberführerin, daß er Eva Leonhards Versetzung in eine Heeres-Munitionsanstalt nach Mecklenburg erwirkt habe.

...erfuhr Jürger Baer, der sich bei einer Landarbeiterfamilie im Oderbruch versteckt hielt, von dem Großangriff auf die Insel.

...geriet Hilmar, der Sohn der Boddenhauswirtin, in sowjetische Gefangenschaft.

...erneuerte Rosemarie Klemt ihre Verbindungen zu jenen Kreisen, die ihr einst bescheinigt hatten, daß man bei ihr das «völkische Denken» lerne.

...verließ Steffi Schwendtmayr das elterliche Haus in Posen, um in Zukunft an Rolf Küppers' Seite zu leben. Die erste Station war Prag.

...zerriß Oberlehrer Hasse, Marlies' schwergeprüfter Vater, einen Trostbrief seines Neffen Brettschneider zornig in kleine Fetzen. Es hieß darin, Marlies' Tod sei etwas Heiliges, denn sie sei «Dünger für eine große Sache geworden.»

...sprach der Rundfunkmann, einstiger Gast im Boddenhaus, mit seiner wohltönenden Stimme über alle deutschen Sender und rief das deutsche Volk zum Durchhalten auf mit der Parole: «Die Vergeltung ist nahe!»

Viertes Buch

Inferno

1. Soldaten ohne Uniform
2. Der Erbgroßherzog
3. Stabshelferinnen
4. Im Offiziersrang
5. Rechts und links vom Pommernwall
6. Im Fegefeuer

1

Soldaten ohne Uniform

Wollte man versuchen, sein Leben in ein Koordinatensystem zu pressen, so sähe das etwa so aus: Die Grundlinie, die Horizontale, zeigt die Zeit, in Monaten gemessen; die senkrechte Koordinate, die ebensoweit ins negative Feld reichen müßte wie ins positive, trüge eine Bezeichnung, für die es keine Maßeinheit gibt: Erfahrung! Man kann die Summe der Bewegungen des Verstandes, des Gemütes und des Herzens weder in Millimeter-Quecksilbersäule messen noch in sonst einer in Laboratorien gebräuchlichen Einheit.

Es war ein sehr vager Maßstab, den Eva sich ausgedacht hatte, als sie im Herbst des ereignisreichen Jahres dreiundvierzig versuchte, auf diese Weise Klarheit in die letztvergangenen Monate ihres Lebens zu bringen. Die Kurven und Zahlen, die ihr oft zuwider gewesen waren, erwiesen sich jetzt als ordnende Macht. Sie liebte die Exaktheit sorgfältig mit schwarzer Tusche auf transparentem Millimeterpapier ausgezogener Kurven – von dem Tage an, da sie nichts mehr damit zu tun hatte. Das Schicksal zeigte sich liebenswürdig-ironisch. Als wolle es sie entschädigen, bekam sie in der Munitionsfabrik schwarze Farbtusche, Pinsel und Schablonen in die Hand und durfte wieder exakt sein. Angetan mit einem militärgrauen Kittel, hockte sie in einer großen Halle und hatte Kisten zu beschriften. Sie preßte die Schablonen auf das rauhe Holz und tuschte sie aus. Zahlen, die Kalibergrößen angaben, und verschlüsselte Bezeichnungen des Inhalts, die nur von jenen zu entziffern waren, die Waffen trugen. – Nicht stürzen! – Darunter ein Totenkopf – Inhalt hochexplosiv! – das waren die Warnungen auf dem Deckel. Sie zählte bald nicht mehr, wie oft am Tage sie das gleiche schrieb. In den ersten Tagen war sie ungeschickt gewesen. Ein dicker Pinsel ist keine Reißfeder und das unbehobelte Holz kein tuschefestes Papier. Die schwarze Farbe lief aus. Ihre Buchstaben bekamen Fransen. Jetzt hatte sie es heraus, wie tief sie den Pinsel eintauchen konnte und wieviel sie noch am Büchsenrand abstreifen mußte.

Der Feuerwerker, der in der Halle die Aufsicht führte, war mit ihr zufrieden. Abends taten ihr Rücken und Füße weh. Manchmal hoffte sie, der Nachschub an neuen Kisten könne einmal stocken, so daß sie morgens die Halle leer fände. Aber das trat niemals ein. Immer waren über Nacht die fertigen Kisten verschwunden, und lange Reihen neuer waren gekommen, die ihrer Numerierung und achtunggebietenden Warnsätze harrten.

In den ersten Tagen war Eva zwischen den niedrigen, lang hingestreckten Steinbaracken der Muna umhergegangen wie eine, die nur zu Besuch gekommen war. Sie folgte mit Wohlwollen den verschlungenen Wegen, fand es ausgezeichnet, daß man den Wald nur wenig ausgeholzt hatte, und dachte, im Winter müsse es hier ganz geheimnisvoll aussehen. Sie vergaß, daß es durchaus geplant war, sie auch in den kommenden Wintern noch hier zu beschäftigen.

Am Anfang empfand sie eine gewisse Neugier, wie vor Monaten, als man sie nach Adlershof geschickt hatte. Das war nur ein Übergang gewesen. Danach, als auf der Insel alles neu geordnet werden mußte – das war auch ein Übergang. Die Muna – auch das konnte doch nur ein Übergang sein! Sie wußte zwar nicht, wozu, wohin er führen sollte; aber sie meinte, keinesfalls auf die Dauer so leben zu können, wie hier die Mädchen zu leben gezwungen waren.

Das Frauenlager lag eine viertel Wegstunde von der Muna entfernt. Es machte einen ähnlichen Eindruck wie das VKN-Lager der Insel. Die Mädchen wohnten in Holzbaracken, nur der Eßsaal mit der Küche war in einem größeren Gebäude aus Stein untergebracht. Das Lager wurde von einem hohen Zaun begrenzt. Wer hinaus wollte, mußte die Wache passieren.

Eva wohnte mit vier Mädchen, Dora, Gerda, Elfriede und Inge, in einem Zimmer. – Wie im Arbeitsdienst, dachte sie anfangs und verhielt sich abwartend. Aber sie war nicht mehr die Achtzehnjährige von damals, und die Munitionsarbeiterinnen waren ebenfalls keine Arbeitsmaiden. Die jüngste war achtzehn, die älteste dreiundzwanzig Jahre alt.

Eva lag auf ihrem Bett, um der Rückenschmerzen Herr zu werden, als ihre Bettnachbarin Dora, mit der sie allein im Zimmer war, ihr riet: «Schließ bloß dein Spind ab. Inge klaut.»

Inge war die Jüngste, ein dünnes, verschüchtertes Mädchen, das schielte. Eva wollte es nicht wahrhaben, was Dora ihr nachsagte. «Warum soll sie denn stehlen?»

«Aus Langeweile. Sie weiß nichts mit sich anzufangen und hat sich das Naschen angewöhnt. Dabei wird ihr Kunsthonig schnell alle, und dann geht's über das Nachbarspind her. Inge ist schon fast alle Stuben durch. Jetzt hat die Lagerführerin sie hierhergesteckt. Ich soll auf sie aufpassen. Weil sie schielt, guckt kein Mann sie an. Das ist es eben.»

Eva überraschte die Schlußfolgerung. Sie beobachtete Dora, die sich eine knappgeschneiderte bunte Bluse anzog, die Fingernägel säuberte, das Haar kämmte und die Lippen färbte. Sie hatte eiliger als die anderen zu Abend gegessen und machte sich fertig zum Rendezvous. Eva begriff: Dora hatte keine Langeweile.

Im Weggehen sagte sie: «Ich rate dir, schaff dir auch bald einen an. Sonst gehst du hier ein.»

Eva galt bald als hochnäsig, weil sie abends nicht mitging, um herumzupromenieren, wie es üblich war, wenn man «sich einen anschaffen» wollte. Schließlich erklärte sie widerwillig, sie sei so gut wie verlobt.

Die Hochachtung ihrer Zimmergenossinnen wuchs sofort. Aber nun wollten sie Bilder sehen, wollten wissen, wo er ist, wunderten sich, daß Eva kein Foto über ihr Bett gehängt hatte. Sie paßten auf die Post auf und merkten bald, daß keine Briefe kamen. Ihre Achtung verwandelte sich in Geringschätzung. Die Neue war eine Angeberin. Vielleicht war auch das andere alles nur Angabe, daß sie in einem richtigen technischen Büro gearbeitet habe, daß ihr die Bücher nicht paßten, die die Lagerführerin auslieh, und noch weniger die zerlesenen, die aus den Schubladen der Mädchen kamen, und daß sie schon mit einem richtigen General gesprochen habe. Jetzt hatte sie sich in den Kopf gesetzt, aus Inge ein ehrliches Mädchen zu machen. Das war der Lagerführerin in einem Jahr nicht gelungen, und die war wirklich streng.

Eva empfand das Mißtrauen der Mädchen und litt darunter. Zuerst hatte sie gemeint, so weiterleben zu können, wie sie es gewohnt war: für sich, Gedanken spinnend, Verse machend. Marlies, die es ihr stets angesehen hatte, wenn sie sich einspinnen wollte, war dann rücksichtsvoll spazierengegangen oder im Kasino geblieben. – Ja, Marlies!

Eva lebte rückwärts. Sie hatte etwas auf der Insel zurückgelassen. Ihr Leben ging weiter, aber nur mechanisch, ihr Inneres blieb stehen. So verscherzte sie sich das Vertrauen der vier Mädchen und merkte es zu spät.

Es war bereits November, als sie sich darüber klar wurde und sich sagte, daß es so nicht weitergehen könne. Wenn sie Stubendienst hatte, warfen die Mädchen mit Absicht Krümel und Papierschnitzel auf den Fußboden. Sie versteckten das Brennholz, so daß Eva einen Korb mehr hereinschleppen mußte, als notwendig war. Hatte sie die Scheite dann geschichtet, brachten sie das übrige Holz aus ihren Verstecken hervor und warfen es unter Gelächter auf den Stapel, der unter dem Anprall zusammenbrach.

Sonnabends, wenn bis elf Uhr Ausgang war, machten sie sich einen Spaß daraus, trotz der späten Stunde einander ihre Abenteuer zu berichten. Die Empfindlichkeit der «Angeberin», die aus dem Schlaf aufschreckte und sich die Decke über die Ohren zog, um nichts hören zu müssen, belustigte sie.

Evas Diagramm, die Kurve der Erfahrungen, kroch müde am Nullpunkt entlang. Bisher hatte sie dahingelebt, als warte sie auf etwas. Sie wußte nicht, auf was. Ende November, als die Tage am grauesten waren, entschied sie, daß es unsinnig war, auf eine Veränderung von außen zu warten. Sie mußte selbst etwas dazu tun.

Der Anstoß kam durch einen Brief Steffis.

Die Stiefschwester schrieb aus Prag, wohin sie Rolf Küppers gegen den Willen Schwendtmayrs gefolgt war: «Ich mache es so wie du, ich nehme mein Leben selber in die Hand.» – Eva lächelte bitter, als sie die Zeilen las. Wenn Steffi sie jetzt sehen könnte: eine Eva, kläglich gescheitert an der Bosheit einiger Altersgefährtinnen und auf ein Wunder von außen hoffend.

Sie raffte sich auf, ging zur Lagerführerin.

«Wir müssen etwas tun», sagte sie. «Etwas, was die Mädchen in ihrer Freizeit ausfüllt. Sie sitzen abends herum, legen Karten, lesen Schmöker und reden Schweinereien.»

Die Lagerführerin sah Eva von oben bis unten aufmerksam

an. Sie hieß Elsbeth Schlegel und war eine kleine, bewegliche Person, die fast immer in Männerstiefeln ging. Um den Kopf trug sie ständig ein zum riesigen Turban geschlungenes Tuch. Ihr farbloses flaches Gesicht sah klein darunter aus. Herausfordernd sagte sie: «Ein rauher Umgangston ist noch lange keine Schweinerei. Ich habe schon gehört, daß du etwas zart besaitet bist. Sag den Mädchen, sie sollen kommen und sich hier Bücher holen, soviel sie wollen.» Sie öffnete demonstrativ einen Schrank, der zur Hälfte mit Büchern vollgestellt war. Die wenigen Lücken ließen darauf schließen, daß kaum Exemplare ausgeliehen wurden. In den unteren Fächern lagen Musikinstrumente. Eva erkannte an einigen Buchrücken jene Titel, bei deren Nennung Jürgen Baer in sein hartes sarkastisches Lachen ausgebrochen wäre.

Die Lagerführerin fuhr fort: «Am zweiten Advent kommt eine Spielgruppe von der Truppenbetreuung. Es wird ein großer bunter Abend. Den Mädchen wird genug geboten. Außerdem sind sie hier, um zu arbeiten. Sie sollen zeitig ins Bett gehen. Was ich noch sagen wollte – hat Inge wieder geklaut?»

«Nein», sagte Eva, obwohl sie entdeckt hatte, daß ihre Marmelade weniger geworden war. Sie hatte absichtlich einige Tage ihr Spind offengelassen. Aber das wollte sie mit Inge selbst klären. «Sie haben da Musikinstrumente im Schrank», sagte sie zögernd. «Gehören sie Ihnen?»

«Dem Lager. Kannst du spielen?»

Die Lagerführerin nannte alle Lagerbewohnerinnen ohne Ausnahme vom ersten Tage an «du».

«Leider nicht», sagte Eva, «aber ich würde sehr gern Klampfe spielen lernen.»

«Wir haben eine unter den Älteren, die kann spielen. Frag sie, ob sie dir's beibringen will. Walburga Freyer, Baracke zehn.»

«Die Klampfe könnte ich mir bei Ihnen leihen?»

«Ja, stundenweise, gegen Quittung.»

Die Lagerführerin sah Eva kopfschüttelnd nach. – Wie war die bloß hierhergeraten! Bei einer Spindkontrolle hatte Elsbeth Schlegel in einem Fach ein komisches rundes Ding aus Ton gefunden, mit Löchern und einem Flötenmundstück. Dazu ein paar Bücher mit Titeln, die in ihrer Lagerbibliothek nicht vertreten waren. Das Auffallendste war eine verschließbare Schreibmappe aus rotem Leder, prall von Papieren. Die Neue war Angestellte gewesen, das ging aus ihrer Personalakte hervor, die im übrigen sehr mager war. Also war sie wohl strafversetzt. Sie sollte sich nur nicht so mausig machen, vielleicht war sie selber wegen irgendeiner Schweinerei hierhergekommen.

Elsbeth Schlegel nahm sich vor, ihre souveräne Stellung als Lagerführerin nicht dadurch zu gefährden, daß sie die Vorschläge oder Anregungen der undurchsichtigen Neuen annahm, und mochte die noch so klug und gebildet sein.

Walburga, oder Burgl, wie sie genannt wurde, wohnte in einem Dreierzimmer. Eva kam dazu, als Burgl klampfespielend auf dem Bettrand saß. Eine ihrer Zimmergenossinnen zog neben dem Kanonenofen eine Schnur, um Strümpfe zu trocknen. Sie summten gemeinsam das Lenau-Lied von den drei Zigeunern.

Eva war überrascht. Es gab also auch Harmonie hinter den Barackenwänden. Sie hatte geglaubt, durch Zurückhaltung, durch In-sich-selbst-Versenken am besten fertig zu werden mit der Umgebung, die ihr unbehaglich war. Sie hatte es bei der Feststellung belassen, daß ihre Zimmergenossinnen in einer anderen Welt lebten als sie selber, und hatte diese Meinung auf sämtliche Lagerbewohnerinnen übertragen. Als sie zu Burgl Freyer kam, sah sie, daß sie sich getäuscht hatte.

Burgl war eine Rheinländerin mit dunklen spöttisch-gescheiten Augen, die von schweren Lidern bedeckt wurden, wenn sie auf ihre spielenden Hände herabsah. Das dunkelblonde, ziemlich lange Haar trug sie straff zurückgenommen und im Nacken eingeschlagen. Ihre auffallend gewölbte Stirn mit dem hohen Haaransatz, die fast männlich wirkte, kam dadurch voll zur Geltung. Die Hände, mit denen sie den Klampfenhals umspannt hielt, waren gelb und rissig. Eva wußte sofort: Sie arbeitete dort, wo es am gesundheitsschädlichsten und unangenehmsten war, wo die Mädchen, angetan mit Holzschuhen und Lederschürzen, dauernd in der Nässe standen, wo ätzende Flüssigkeiten die Luft mit sauren Dämpfen verpesteten. Die Mädchen nannten die Abteilung «Giftschwemme». Burgls Hände hatten bereits unter den Säuren gelitten, mit denen die Werkstücke behandelt werden mußten. Trotzdem schien sie ruhig, ausgeglichen, fast zufrieden. Sie war sofort bereit, Eva die Grundbegriffe des Klampfespielens beizubringen.

«Meine Stubenkameradinnen stören nicht. Du kannst immer hierherkommen», sagte sie.

Eva war froh. «In meinem Zimmer ginge es nicht. Wir sind fünf, und es ist dauernd Lärm.»

Forschend betrachtete Burgl sie. «Du bist das nicht gewohnt?»

«Nein. Außerdem habe ich Pech. Die Mädchen in meiner Stube – das ist ein tolles Gemisch. Die eine klaut, die andere läßt ihr Brot im Spind verschimmeln, daß die ganze Bude danach stinkt. Die beiden anderen sind jeden Abend unterwegs und haben alle acht Tage einen neuen Schatz. Sagt man etwas, werden sie ausfällig.»

«Dann wirst du nicht das Richtige gesagt haben. Kommandiert werden wir im Betrieb genug. Das kann nach Feierabend keiner mehr hören. Ich kenne die kleine Schiel-Inge auch. Sie hat eine Zeitlang mit mir zusammen in der Giftschwemme gearbeitet. Schlecht ist sie nicht. Es hat sich nur noch niemand richtig um sie gekümmert.»

Eva fand Burgls Feststellung etwas anmaßend. «Warum hat die Lagerführerin sie nicht in deine Obhut gegeben? Dora ist doch wirklich nicht dafür geeignet.»

Burgl streifte Eva mit einem abschätzenden Blick, ehe sie langsam antwortete. Beide waren jetzt allein im Zimmer. Burgls Finger spielten mit den Saiten der Klampfe, ohne daß ein Ton hörbar wurde. «Ich bin kein geeigneter Umgang für Mädchen, die man von der schiefen Bahn wegbringen will. Es steht etwas in meinen Akten. Deshalb haben sie mich auch in die Giftschwemme gesteckt.»

Eva platzte unüberlegt heraus: «Aber du klaust doch nicht!»

Burgl mußte lächeln. «Ich habe einen Franzosen liebgehabt, einen Kriegsgefangenen. Er hat bei uns gearbeitet. Mein Vater wurde eingezogen, ich war mit der Mutter allein. Wir haben eine Wiese und einen großen Obstgarten. Mein Vater ist Bauarbeiter. Als die Mutter merkte, was mit André und mir los war, hat sie mich zur Tante nach Mecklenburg geschickt, für ein paar Wochen. Ich sollte André nicht mehr sehen, und sie wollte ihn mittlerweile im Lager austauschen lassen. Aber unsere Nachbarn hatten schon Lunte gerochen und es dem Zellenleiter angezeigt. Meine Mutter wurde vorgeladen, hat alles abgestritten und André auch. Der Zellenleiter hat getobt, weil er nicht zum Ziel kam. Beweise hatte er nicht. André haben sie in ein anderes Lager gebracht, und mir verbot die Mutter zurückzukommen. Sie sagte im Dorf, ich hätte eine gute Stellung bekommen. Ich saß aber nur bei der Tante und konnte da nicht Wochen und Monate Däumchen drehen. Die Muna hat mich sofort dienstverpflichtet, als ich mich um Arbeit bemühte. Und in dem polizeilichen Führungszeugnis, das sie aus meiner Heimat angefordert haben, stand es mit drin. ‚Steht im Verdacht, Verkehr mit Ausländern –' und so. Na, du weißt schon. – Siehst du, so eine bin ich.»

Eva konnte lange Zeit nichts sagen. Schließlich fragte sie leise: «Liebst du André immer noch?»

«Ja, genauso wie am Anfang.»

«Dann ist es auch nichts Schlechtes, was du getan hast. Liebe ist nie etwas Schlechtes.»

«Ich hoffe, daß er den Krieg übersteht. Ich werde ihn dann suchen. Und wenn ich bis in die Provence zu Fuß gehen müßte! Dort ist er zu Hause. Er ist Metallarbeiter.»

«Du bist ganz sicher, daß er dich genauso gern hat?»

Burgl sah Eva überrascht an. «Gern? – Lieb hat er mich. Das habe ich hundertmal von ihm gehört, in zwei Sprachen sogar!»

«So ein Wort nützt sich ab und verliert an Wert, wenn es zu oft gebraucht wird.»

«Du bist komisch. Wer hat dir denn das eingeredet?»

Evas Gesicht war voller Abwehr. Burgl merkte ihr an, daß sie nicht antworten wollte, daher fuhr sie fort: «Außerdem war es bei uns ganz anders. Wir waren dauernd in Gefahr. Da spielt man nicht mit Worten und Gefühlen.»

Eva wartete von diesem Tage an jeden Morgen vor der Lagerwache auf Burgl, um mit ihr gemeinsam den Weg bis zur Muna zurückzulegen. Abends fand sie sich regelmäßig in Burgls Zimmer ein. Die Lagerführerin hatte ihr die Klampfe auf unbeschränkte Zeit überlassen, nachdem Eva versprochen hatte, zur Adventsfeier Burgl bei der Begleitung der Weihnachtslieder zu unterstützen. Eva begriff die Technik des Saiteninstruments schnell. Ihre ersten Lieder, die sie zu spielen versuchte, waren «Der Sunnwendmann» und «Hohe Nacht der klaren Sterne». Sie standen obenan auf dem Programm für die Adventsfeier. Eva dachte an Jürgen Baers Spott über die kalte Melodie und wünschte sich sehr zu wissen, wo er sei.

Selten war sie mit Burgl allein. Aber wenn sie ohne Zeugen waren, hörten sie sehr bald auf zu musizieren und tauschten ihre Gedanken aus. Am dritten dieser Abende sprach Eva zum erstenmal von Hans Tiefenbach, und einige Tage später erzählte sie von ihrem Vater. So wurde aus ihrer kameradschaftlichen Vertrautheit eine Freundschaft. Der leise Vorbehalt, mit dem Burgl die Zuneigung der um zwei Jahre Jüngeren, die gebildet war und aus begüterter Familie stammte, entgegengenommen hatte, mußte fallen vor der Wucht des Geständnisses. Sie befanden sich auf gleicher Ebene. Sie waren Verfolgte, hatten nur das Leben und eine Liebe zu verlieren.

Eva lebte auf. Burgl hatte eine besondere Art, die Menschen zu beurteilen. Sie hatte schnell herausgefunden, daß Eva selbst sich das Vertrauen der Stubenkameradinnen verscherzt hatte, indem sie sich abzukapseln suchte. Schonungslos hielt sie ihr diesen Fehler vor. Beschämt dachte Eva daran, daß sie einmal zu Professor Leupold etwas großsprecherisch gesagt hatte, das Studium der Menschen interessierte sie mehr als das der Naturwissenschaften.

Burgl schlug vor, eine Musizierstunde in Evas Zimmer zu verlegen. Da es für die vier Stubenkameradinnen völlig überraschend kam, daß Eva, nachdem sie mit der Klampfe unter dem Arm weggegangen war, so schnell zurückkehrte, gab es eine böse Entdeckung. Inge machte sich gerade zum Ausgehen fertig. Sie hatte ihre Alltagssachen ausgezogen und ihre dünne Taille fest in einen breiten schwarzen Wildledergürtel mit Kordelverschluß eingezwängt. Er gehörte Eva. Sie hatte ihn vor kurzem gesucht, und Inge hatte ihr so todernst dabei geholfen, daß Eva sich geschämt hatte, sie zu verdächtigen. Als Inge sich ertappt sah, wurde sie verlegen, behauptete aber in naiver Unverfrorenheit, sie habe den lange vermißten Gürtel soeben hinter dem Spind gefunden und wolle ihn nur mal ausprobieren. Dann schlich sie davon, ohne auf Burgls Bemerkung, sie könne trotzdem beim Musizieren zuhören, zu reagieren.

Da hast du's, sagte Evas Seitenblick. Burgl antwortete nicht. Sie stimmte die Klampfe.

Dora riß die Tür von außen auf. «Ach, heute haben wir Katzenmusik», sagte sie spöttisch. «Gut, daß ich was vorhabe.» Sie kämmte sich ihr Haar und verschwand schnell wieder.

Ihre Freundin Gerda tat es ihr nach. Die vierte, Elfriede, kam nach ihnen herein. Sie blieb eine Weile im Zimmer, saß still auf ihrem Bettrand und schnippelte an ihren Fingernägeln herum. Ab und an blickte sie verstohlen zu den beiden hinüber.

Burgl fing einen solchen Blick auf: «Wir können noch nicht viel», sagte sie entschuldigend. «Aber es wird schon werden. Hörst du gern Musik?»

«Ja», sagte Elfriede, «wenn ihr endlich mal anständige Schlager spielen wolltet.»

Burgl lachte. «Warum nicht?» Und sie zupfte etwas von blauer Mondnacht und goldenen Sternen.

Elfriede summte begeistert mit. Dann wünschte sie sich dies und das. Burgl machte das Wunschkonzert weitgehend mit. Eva saß daneben. Sie beherrschte das Instrument noch nicht genügend, um mithalten zu können. Als Burgl ging, brauchte sie nicht zu fragen, warum Elfriedes Wünsche ausschlaggebend gewesen waren für den Verlauf des Abends. Das Mädchen hatte über der Musik das Ausgehen vergessen, das bei den meisten nichts anderes war als ein Herumstreunen, ein verstecktes Auflauern der Feuerwerker, die in den Baracken am Werkgelände untergebracht waren und am Frauenlager vorbeikommen mußten, wenn sie aus den Dorfkneipen zurückkehrten oder von Güstrow zurückradelten. Eva hörte später, als sie im Bett lag und sich zum Schlafen eingerollt hatte, daß Elfriede mit den anderen, die nach Hause gekommen waren, flüsterte: «Die Freyern kann fast alle Schlager spielen.»

Ein anderes Mal kehrten sie wieder überraschend im Fünferzimmer ein. Die Mädchen waren alle zu Hause, saßen um den großen, unfreundlich hochbeinigen Tisch und nähten. Es war ein Bild vorbildlicher Emsigkeit. Verfänglich war nur, daß Dora versuchte, das zugeschnittene Kleidungsstück unauffällig verschwinden zu lassen, als die Tür geöffnet wurde. Offenbar erleichtert, daß es niemand von der Lagerleitung war, holte Dora die Stoffteile wieder hervor und sagte kühn: «Wenn ihr uns nicht verpfeift, könnt ihr bleiben und ein bißchen Musik dazu machen.»

Burgl guckte demonstrativ in eine andere Richtung. «Ich will gar nicht wissen, was ihr macht. Wir haben nichts gesehen, gelt, Eva?»

Eva hatte die Sachlage rasch überblickt. Die Mädchen hatten eine der grauen filzigen Wehrmachtsdecken zerschnitten, die stark nach Entlausungspulv rochen, und waren dabei, eine lange Pumphose draus zu verfertigen. An jedem Hosenbein nähte eine, Gerda schnitt den Bund und die Taschen zu, Inge stichelte am Untertritt des Seitenschlitzes. Es war eine Gemeinschaftsarbeit im edelsten Sinne! Eva erinnerte sich, daß Gerda kürzlich geklagt hatte, ihre alte Trainingshose sei nur noch ein Lumpen, für eine neue reiche die Punktkarte nicht und ihr Antrag auf Bezugsschein sei abgewiesen worden. Sie arbeitete in einer ähnlich großen Halle wie Eva, wo Türen und Tore ständig auf und zu gingen, und hatte Angst vor dem Winter.

Als Eva später Burgl zu ihrer Baracke brachte, sagte sie: «Eigentlich ist es ein starkes Stück, das mit der Decke. Die Kante mit der eingewebten Schrift haben sie geschickt herausgeschnitten.»

«Laß sie doch!» sagte Burgl abweisend. «Daß wir hier Granaten drehen müssen, ist auch ein starkes Stück. Das verlangen die von uns, die mir verbieten, André zu lieben. Wenn ich könnte, würde ich noch etwas ganz anderes tun als Decken zerschneiden, Marmelade in die Bomben tun statt Pulver – zum Beispiel!»

«Es gibt Leute, die tun so etwas Ähnliches. Sie wehren sich heimlich.»

«Ich kenne keinen davon. Aber ich habe schon davon gehört. Wenn sie geschnappt werden, kommen sie ins KZ. Soviel Mut hätte ich nicht. Ich möchte ja auch nicht, daß unser Zellenleiter daheim und alle diese Leute den Krieg gewinnen, denn sie sind gegen André und würden mir verbieten, ihn zu suchen. Aber ich kann nichts machen. – Sollen doch die Mädchen Decken zerschneiden, auf denen draufsteht ‚Wehrmachtseigentum', und sich neue organisieren. Vielleicht müssen sie dann Schluß machen mit dem Krieg, weil nichts mehr da ist, womit wir uns zudecken können. Du brauchst nicht zu lachen, es klingt ein bißchen dumm, aber es war nur ein Vergleich.»

«Glaubst du eigentlich, daß immer die gute Sache siegt?»

Burgl nickte schwach, hoffnungsvoll, aber ihrer Sache nicht ganz sicher.

«Dann wäre es im Leben wie im Märchen», sagte Eva zweifelnd.

2

Der Erbgroßherzog

Anfang Dezember gab es kalte, windige Tage. Eva zog zur Arbeit die beiden Pullover, die sie besaß, übereinander, nachdem sie eines Abends nicht wieder warm geworden war, trotz heißem Tee und bullerndem Kanonenofen. Sie hatte sogar Burgl abgesagt und war nach dem Abendessen sofort zu Bett gegangen, mit Skihosen und Wollsocken angetan. Aber die Erkältung hatte sich schon in ihr eingenistet, ihre Mandeln schwollen an. Gerda meldete es der Lagerführerin.

Elsbeth Schlegels derbe Stiefel stampften bald danach über den Flur der Baracke. Sie hatte eine Helferin aus dem Krankenrevier mitgebracht.

Eva, den Hals umwickelt, stand neben der rotglühenden Ofenplatte und trank Tee. Der Lagerführerin sah sie argwöhnisch an. In zwei Tagen war die Adventsfeier.

«Wirst du spielen können?» fragte sie.

«Ich hoffe es», sagte Eva. «Ich gehe ja auch arbeiten.»

«Fieber hat sie nicht», sagte die Helferin. Sie entnahm ihrer Tasche ein paar Tabletten und ein Röhrchen mit dunklen Kristallen. «Gurgeln Sie fleißig.»

An der Tür wandte sich Elsbeth Schlegel noch einmal um. In ihrer kurzen, bestimmten Art sagte sie: «Wenn du nicht spielen kannst, kriegt die Laute jemand anders. Sie ist Lagereigentum. Es gehört sich nicht, daß nur einer etwas davon hat.»

«Ich spiele ganz bestimmt», sagte Eva mühsam. Sie war total heiser.

Am nächsten Abend, als sie mit Burgl die letzte Probe abhielt, hatte sie Fieber. Burgl merkte es ihr an.

«Du mußt ins Bett.»

«Nicht vor morgen abend», sagte Eva. «Wenn ich nicht spiele, nimmt die Schlegel mir die Klampfe weg.»

«Damit sie sie wieder einschließen kann!» Burgl lachte böse. Sie beeilten sich, mit der Probe fertig zu werden.

«Ich futtere Tabletten», tröstete Eva im Weggehen die besorgte Freundin.

Die Adventsfeier war für Eva eine Qual. Sie hatte in dem großen Speisesaal vorn am Klavier ihren Platz, dicht neben dem mit Tannen geschmückten Podium, vor dem die Gäste saßen. Die Lagerführerin, erstmalig ohne Turban und Stiefel, das dünne Haar kunstvoll in Löckchen gezwirbelt, die Eva an den Haaraufbau der «Duse» erinnerten, residierte als Gastgeberin. Zu ihrer Rechten saß der Chef der Muna, ein Oberstleutnant, im Lager «das lange Handtuch» genannt. Ein eckiger, gedrungen wirkender Kopf mit zu kleiner Nase auf einem sehr großen, hageren Körper. Zahlmeister und Feuerwerker in verschiedenen Dienstrangen schlossen sich an; es waren die Vorgesetzten der Mädchen und die Verwalter der Unterkünfte. Am Klavier saß ein Oberfeuerwerker.

Eva hatte seinen Kopf gerade vor sich. Die kurzgeschnittenen Haare standen widerspenstig nach oben, als wollten sie über dem mühsam gezogenen Scheitel zusammenschlagen.

Wie Strandhafer auf der Düne! – Eva hatte das Empfinden, an diesem Abend nur abwegiges Zeug denken zu können. – Eigentlich müßte doch Baer am Klavier sitzen. – Warum saß er nicht dort? –

Ach richtig, er konnte ja das Lied von der Nacht mit den kalten Sternen nicht ausstehen.

Burgl stieß sie in die Seite. «Nummer drei», sagte sie, «G-dur.» Sie mußten spielen. Evas Finger waren schwer wie vom Wandern müde gewordene Füße. Als Nummer drei überstanden war, durften sie ausruhen, bis Burgl «Nummer vier» flüstern und der Strandhaferkopf den Anfangsakkord anschlagen würde.

Elsbeth Schlegel sprach. Sie sagte etwas vom fünften Kriegsweihnachten und vom Jahr der Bewährung. Auf uns verlassen können – kam ebenfalls in ihrer Rede vor. Als sie sich setzte, stand das lange Handtuch auf. Aber nein, irgend etwas stimmte da nicht. Er stand ja verkehrt – er stand ja – – Eva fühlte, daß ihr die Klampfe entglitt, sie glaubte, einen heftigen Schlag zu erhalten, und dann wußte sie nichts mehr.

Als sie wieder zu sich kam, lag sie in der Krankenbaracke auf einem Feldbett. Der Kopf brummte ihr. Die Rotkreuzhelferin saß neben ihr und kontrollierte die Pulsuhr.

«Nun haben Sie doch noch Fieber bekommen.»

«Ich habe Kopfschmerzen», sagte Eva leise. Das Sprechen fiel ihr schwer, der Hals war wie zugeschnürt.

«Das ist kein Wunder. Sie sind vom Stuhl gekippt. Ein Glück, daß Sie nicht mit dem Kopf auf die Klavierkante aufgeschlagen sind.»

Eva konnte sich an nichts erinnern. «Aber vorher habe ich doch noch Klampfe gespielt!»

«Ja, in der Hälfte des Programms ist es passiert. Vor der Rede des Chefs. Alle waren sehr bestürzt, und Fräulein Schlegel war es sehr peinlich.»

«Ich kann nichts dafür. Wo ist Burgl Freyer?»

«Das Programm ist noch nicht zu Ende. Sie wird noch spielen müssen.»

Burgl kam täglich, obwohl sie sich in den ersten Tagen der Anginakranken nicht nähern durfte. Evas Bett stand als äußerstes in der Reihe der sechs Krankenlager, und als die Ansteckungsgefahr vorüber war, konnten sie miteinander sprechen, ohne fürchten zu müssen, gehört zu werden.

Weihnachten stand vor der Tür. Eva sollte nach Langenbrück kommen. Die Großmutter hatte einen sehnsuchtsvollen Brief geschrieben und ihr, offenbar ohne Bedauern, mitgeteilt, daß die neue Schwiegertochter zu ihren Eltern fahren wolle. Sehr zögernd hatte Eva sich entschlossen, zuzusagen. Nun stand es außer Frage, daß sie hierblieb. Der Arzt hatte gesagt, auf ihren Wunsch könne er sie vor den Feiertagen wohl entlassen, jedoch von einer Reise müsse er unbedingt abraten. Burgl war darüber sehr bestürzt. Sie war von ihrer Tante eingeladen und kam sich sehr treulos vor, die Freundin allein zu lassen.

Ihr Gespräch wurde unterbrochen. Die Dielen knarrten unter dem Langstiefelschritt der Lagerführerin. Begleitet von der Rotkreuzhelferin und einer gepflegt aussehenden jungen Frau in brauner Pelzjacke, die einen Aktendeckel unter dem Arm trug, steuerte sie zielstrebig auf Evas Bett zu.

Burgl erhob sich, mehr aus Überraschung als aus Höflichkeit.

«Die Sekretärin vom langen Handtuch», sagte sie erklärend zu Eva.

Elsbeth Schlegel stellte sich an Evas Fußende auf, stützte breit die Arme auf das Eisengestell des Bettes und schaute Eva so unverhohlen neugierig an, daß der Kranken die Röte ins Gesicht stieg. Eva wurde es unbehaglich heiß, und sie hätte am liebsten die Decke zurückgeschlagen.

«Das ist sie», sagte die Lagerführerin, ohne ihre Begleiterin anzusehen.

Eva hielt mit Mühe den aufdringlichen Blick aus. Sie wußte, daß dieses Mädchen sofort nach dem Vorfall die Klampfe konfisziert und Burgl auf ihre Anfrage geantwortet hatte, das Instrument sei kaputt. – Was mochte die Lagerführerin jetzt über sie erfahren haben? Reichte Hankes Arm bis hierher? War Hannas Schwindel mit der Personalakte entdeckt worden?

Die Chefsekretärin entnahm ihrer Mappe einen maschinengeschriebenen Halbbogen. Sie trat näher an das Bett heran und sagte freundlich: «Kennen Sie einen Dr. Tiefenbach?»

Eva glaubte, sich verhört zu haben. Sie richtete sich auf, überrascht, beunruhigt. «Was ist mit ihm?» fragte sie.

Die Sekretärin blieb freundlich-sachlich: «Es ist kein Grund zur Aufregung. Wenn Sie ihn kennen, wissen Sie wohl auch, wo er arbeitet.»

«In Friedrichshafen.»

Die Sekretärin wandte sich der Lagerführerin zu, mit einem kleinen Triumph im Blick. «Wir sind doch an der richtigen Adresse.» Dann sagte sie, wieder zu Eva gewendet: «Das Telefongespräch, das Herr Dr. Tiefenbach von Friedrichhafen aus angemeldet hat, ist fälschlich zum Herrn Oberstleutnant gelegt worden. Es ist allerdings auch noch nicht vorgekommen, daß Gespräche aus so großer Entfernung für unsere Gefolgschaftsmitglieder bestimmt waren. Außerdem kam es über Dienstleitung. Herr Dr. Tiefenbach hat also mit dem Chef selbst gesprochen, wegen Urlaub für Sie. Sie sind ja erst ein paar Monate hier und haben noch keinen Anspruch, aber der Chef hat Ihnen drei Tage bewilligt, dazu kommt der Neujahrstag. Hier ist der Aktenvermerk über das eingegangene Gespräch. Hoffentlich sind Sie bis dahin richtig auskuriert. Alles Gute, Fräulein Leonhard.»

Eva fühlte während dieser Ansprache noch immer die runden, flachliegenden Augen der Lagerführerin auf sich gerichtet. Stärker als Überraschung und Freude war der Gedanke in ihr: Gleich wird sie sagen: «Ich habe die Leonhard zum Lagerdienst eingeteilt, sie muß hierbleiben.» – Eva schloß die Augen. Sie konnte den neugierig lauernden Blick Elsbeth Schlegels nicht mehr ertragen. Mit einem kurzen Dank an die Überbringerin verabschiedete sie den Besuch. Am Knarren des Bettgestells merkte sie, daß die Lagerführerin die Last ihres Körpers vom Fußende nahm. Im Davongehen sagte sie halblaut zu ihrer Begleiterin: «Verdient hat sie den Vorschußurlaub nicht. Schade, daß das Gespräch nicht bei mir gelandet ist.»

Sie lachte, als hätte sie einen guten Witz gemacht.

Eva hatte vergessen, daß Burgl hinter ihrem Bett stand. Sie lag noch mit geschlossenen Augen, während Burgls Hand sich auf ihren Arm legte.

«Du weinst ja. Freust du dich gar nicht?»

Eva kehrte von einer weiten Gedankenreise zurück. Sie war auf der Insel gewesen, auf der Oie, auf Rügen, im Boddenhaus – auf all ihren gemeinsamen Inseln, von denen sie sich in den letzten Monaten eingeredet hatte, sie seien für sie versunken wie Vineta, die Stadt auf dem Meeresgrunde. Nun winkte Hans Tiefenbach, von irgendeinem Gestade, an irgendeinem Tage, an dem es ihm einfiel, sich ihrer zu erinnern, und befahl ihr, glücklich darüber zu sein. *Er* gab das Zeichen, *er* traf seine Wahl. Er, er, er – der Mann! «Ist das nicht unwürdig?» hatte die Ru gesagt.

«Was sind wir für ein klägliches Geschlecht!»

Burgls Hand schloß sich um ihre Finger. «Du freust dich ja doch. Es kam nur zu plötzlich. Du mußt schnell gesund werden. Kann ich irgend etwas für dich tun?»

«Danke, Burgl. Ich muß erst ein Telegramm abwarten», sagte Eva.

Ein Hotel, das «Zum Erbgroßherzog» heißt, ist in einer Kleinstadt immer das erste am Platze. Dementsprechend sind auch die Zimmerpreise. Einer Munitionsarbeiterin erscheinen sie sündhaft international und werden beklemmend, wenn ein Teil im voraus entrichtet werden muß. Ihre Papiere, die als Wohnort die unweit der Stadt gelegene Muna angeben, scheinen dem Empfangschef nicht genügend Sicherheit zu bieten. Die beiden bestellten Zimmer sind reserviert, gewiß, aber eins davon ist ein Doppelzimmer und ist natürlich teurer. Ob die Dame dann auf das Einzelzimmer lieber verzichten wolle? – Nein? – Also dann bitte sehr – Anzahlung ist erwünscht.

Eva zählte oben in dem kleinen Einzelzimmer ihr Geld nach.

Lieber würde sie ihren letzten Groschen darangeben als Hans Tiefenbach in einem Doppelzimmer erwarten. Und wenn er nicht kam? Reichte es überhaupt? Zwei Tage, länger würde sie hier nicht bleiben. Dann kam er auch nicht mehr, dann hatte sie zuviel von ihm verlangt.

Als Weihnachten sein Telegramm eintraf, daß er sie am 29. in Braunlage im Harz erwarte, war sie noch in Nachbehandlung beim Lagerarzt. Er schrieb sie am 27. bedingt gesund. Sie erzählte, was sie vorhabe, versprach, sich zu schonen. Er sah aus, als gäbe er ihr gern nach, wäre aber auf höheren Befehl gezwungen, bei seiner Einschränkung zu bleiben. «Lassen Sie Ihren Freund doch herkommen», riet er.

Im Büro der Lagerleitung verlangte Elsbeth Schlegel zuerst den Schein des Arztes. Sie war befriedigt. «Kaum aus dem Bett und dann eine halbe Weltreise», sagte sie. «Das wäre was. Dauernd liegt ihr auf der Nase, und wer macht eure Arbeit? Wir haben totalen Krieg, merkt euch das. Zum Musikmachen und für Liebschaften ist nur am Rande Zeit.» Sie sprach zu Eva in der Mehrzahl, als hätte sie eine ganze Zimmergemeinschaft abzukanzeln. Den Urlaubsschein schrieb sie für den Bereich des Kreises Güstrow aus. Als sie ihn Eva hinschob, sagte sie bissig: «Daß in eurem Zimmer eine Decke zerschnitten wurde, hast du natürlich auch nicht gesehen, was? Gerda hat sich Hosen draus gemacht. Die Werkleitung ist empfindlich in solchen Sachen. Ihr seid schlimmer als die Polacken.»

Eva sah ein, daß sie gegen den Beschluß der Schlegel nichts ausrichten konnte. Sie hatte minutenlang daran gedacht, zum Oberstleutnant zu gehen und sich zu beklagen, aber die Lagerleiterin würde die Sache mit der Decke rücksichtslos gegen sie ausnützen, sie zur Hehlerin stempeln, und das Wohlwollen, das ihr jetzt offenbar der Muna-Chef entgegenbrachte, wäre vertan. Gleich nach dem Besuch der Sekretärin hatte sie den Bescheid erhalten, daß sie in eine andere Abteilung versetzt sei, wo sie in einem geschlossenen Raum sitzend arbeiten könne. Es blieb kein anderer Ausweg, als Hans Tiefenbach zu telegrafieren, daß sie aus Gesundheitsgründen nicht reisen könne und ihn in Güstrow erwarte.

Sie hatte alles mit Burgl besprochen, und Burgl hatte ihr über Käthe, die Telefonistin aus der Werkvermittlung, die Zimmer bestellen lassen. Käthe stammte aus Güstrow und kannte sich aus. «Es kommt nur das erste Hotel in Frage», sagte Burgl und überwachte voller Eifer die Bestellung.

Als ob es sich um sie selber und André handelt, dachte Eva gerührt.

Seit das Wiedersehen mit Hans Tiefenbach in Frage gestellt war, wußte Eva erst, wie sehr sie es herbeisehnte. Die Schlegel hatte ihr eine Grenze gezogen. Sie mißgönnte ihr etwas, das sie selber nicht zu haben schien.

Burgl hatte Evas Zorn zu beschwichtigen gesucht. «Du stellst ihn eben mal auf die Probe. Wenn er dich wirklich liebt, fährt er auch die zweihundert Kilometer weiter», sagte sie.

Nun lief sie bereits, diese Probe! Es war der 29., und sie, Eva, war Besitzerin von zwei Hotelzimmern mit Zentralheizung, fließendem Wasser und weißem Zimmertelefon, wie im Film.

Sie ging umher, schaltete das Licht über dem Spiegel an, neben dem Bett, an der Couch, wußte nichts mit sich anzufangen. Sie wartete. Der nächste Zug, mit dem er kommen konnte, lief in zwei Stunden ein. Sie beschloß, durch die Stadt zu gehen, obwohl es unfreundlich neblig war. Vielleicht war es in Braunlage trockener, und die Bergluft hätte ihrem Hals sicher gutgetan. – Ob er kommen würde? Sie ging schnell am Hotelrestaurant vorbei. Wenn er zum Abendessen noch nicht da war, mußte sie hineingehen, so peinlich es ihr war. Sie meinte, jeder sehe ihr an, wie sehr sie warte.

Zum Abendessen bestellte sie sich «Goldschnitten», das waren in Ausbackteig gewälzte Weißbrotschnitten, in der Pfanne gebraten, mit Zucker und Zimt bestreut. Ihre Fleischmarken sparte sie. Falls er doch noch käme! Morgen früh würde sie die Zimmer kündigen. Hoffentlich verlangte das Hotel keinen Zahlungsausgleich für die drei Tage.

Zum nächsten Zug würde sie nicht wieder gehen. Es war zu schrecklich, das Warten. Alle Züge hatten Verspätung, und aus dem vorigen Zug war ein Leutnant ausgestiegen, der in der Betriebsüberwachung arbeitete und oft in ihre Kistenhalle kam. Er war grinsend an ihr vorbeigegangen. Eine Muna-Arbeiterin grüßte man ja nicht, das wußte sie schon und nahm es im Werkgelände gleichgültig hin. Auf dem Bahnhof empfand sie die Nichtachtung.

Wenn mich nur niemand hier warten sieht, dachte sie und versuchte, sich mit gleichmütigem Gesicht in eine Zeitung zu vertiefen. – Es ist unwürdig, hatte die Ru gesagt. – Sie las im «Völkischen Beobachter», es habe durchaus nichts zu bedeuten, daß die Russen ihre eigene westliche Staatsgrenze erreicht hatten. Im neuen Jahr würden ihre Offensiven mit ungeahnter Härte vergolten werden. – Es ist wirklich unwürdig, was für ein klägliches Volk – nein, Geschlecht, hatte sie doch gesagt, die Ru. – Man konnte sich tatsächlich schwer konzentrieren bei der Radiomusik. – Wie viele Kilometer lag die russische Grenze eigentlich von Posen entfernt? Was wohl Schwendtmayr dazu sagen mochte? Das A 4 sollte seine Pfründe im deutschen Osten retten. Der «Völkische Beobachter» kündigte den Einsatz der Wunderwaffen für die allernächste Zeit an. – Es ist total unwürdig. Das Volk wartet. Warten ist unwürdig, es reibt auf, es macht krank.

Sie wurde ans Telefon gerufen. Viel zu hastig legte sie die Zeitung weg. Sie fiel unter den Tisch, und der Kellner hob sie mit mißbilligendem Blick auf.

Ich muß ihm ein gutes Trinkgeld geben, dachte sie. Als sie zurückkam, enttäuscht, entmutigt, vergaß sie es.

Burgl hatte von der Vermittlung aus angerufen. Ob er gekommen sei, wollte sie wissen. Eva überlegte nicht, daß freundschaftliche Anteilnahme Burgl zu dem Anruf veranlaßt hatte. Sie antwortete ziemlich brüsk und legte schnell auf. Gleich darauf tat es ihr leid. Selbstquälerisch stellte sie fest, daß sie einen Grund mehr hatte, ärgerlich zu sein. Sie beschloß, sich hinzulegen und das weiche Hotelbett zu genießen.

Ich will ausnützen, was ich bezahlen muß, dachte sie und schaltete sämtliche Lampen im Zimmer ein. Dann stellte sie die Schuhe vor die Tür, breitete ihr Toilettenzeug auf der Glaskonsole aus. Sie tat alles bewußt genießerisch. Dabei dachte sie unablässig: Er kommt nicht. Nein, er kommt nicht. Ich weiß es. Er hat sich in den Kopf gesetzt, Ski zu laufen. Sicher hat der Harz Schnee. – Es wäre hübsch gewesen, wenn sie dabeigewesen wäre, wird er denken, sie ist unterhaltsam. – Aber was soll er mit ihr, wenn sie kränklich ist und in Güstrow festsitzt? Güstrow liegt unter dem Meeresspiegel, da regnet es, während es anderswo schneit. – Ich bin nicht enttäuscht, nein, nicht im geringsten. Ich habe dich getestet, Hans, und du hast nicht bestanden. *Du* bist hereingefallen, nicht ich. Ich spiele Charlotte Löwensköld, jawohl, ganz ohne dich. Eine ungelernte Muna-Arbeiterin im

«Erbgroßherzog», erstes Hotel am Platze, mit weißem Zimmertelefon. Schade, daß ich es nun nicht benutzen werde, weil ja dein Doppelzimmer leer bleibt! – O doch, ich werde es benutzen! «Schicken Sie mir das Zimmermädchen, ich möchte ein Bad.»

Sie fragte sogar nach Badetabletten, Fichtennadel, doppelt stark. Das Zimmermädchen brachte, was vorhanden war, und tat geschäftig, dienstwillig. Anspruchsvolle Gäste zahlen gute Trinkgelder! Dann sah sie das Handtuch des Hotelgastes. Eva hatte es über den Badeschemel gelegt. Es war ein kurzes, breites Tuch, hart, grauweiß, mit waschecht aufgedruckten schwarzen Buchstaben in der oberen Ecke: die Abkürzungsbezeichnung der Muna. Das Zimmermädchen verzog geringschätzig das Gesicht und ging. Die Badetabletten kollerten Eva fast vor die Füße.

Sie entdeckte das verräterische Signum und war nahe daran, sich zu ärgern. Aber dann befahl sie sich zu lachen, so laut, daß das Mädchen sie noch hören mußte. Wahrscheinlich würden ihre Schuhe vor der Tür morgen früh noch ungeputzt dastehen. Macht nichts! Das Mädchen kannte Charlotte Löwensköld nicht.

Eva badete mit Behagen. Das Wasser war durchsichtig grün, leider nicht sonderlich warm, aber das lag am Kohlenmangel. Baden war schon Luxus im fünften Kriegsjahr.

Wenn er jetzt käme, dachte sie und versuchte, aus der Tonseife Schaum zu entwickeln – dann fände er ein Luxusgeschöpf vor, in einer Wanne aus grünem Jade. Es ist zum Heulen komisch. Nein, ich wollte ja lachen. Also: Ha-ha-ha! – Aber er kommt ja nicht. Er steht sicher auf den Brettern. Wie heißen doch die Berge um Braunlage herum? Wurmberg, Brocken. – Burgl hatte einen alten Atlas in ihrem Spind, weil sie ab und zu Frankreich betrachten mußte. Gemeinsam hatten sie die Gegend um Braunlage erforscht – oh, es war schon eine Schweinerei! Die Schlegel, man müßte sie –!

Das weiße Telefon läutete in der Nacht, zaghaft, als entschuldige es sich für die Störung. Eva fuhr aus dem Schlaf auf und glaubte geträumt zu haben. Aber dann schnarrte es wieder. Wenn er es jetzt nicht ist, dachte sie, ist all meine Kunst zu Ende. Dann hilft mir kein Theaterspielen mehr, dann hilft es nicht mehr, an die Ru zu denken, dann heule ich, daß mein ganzes Bett wegschwimmt!

Sie hob den Hörer und hörte seine Stimme. Sie war weit weg und recht leise, obgleich er schon im Hause war, eine Etage tiefer, in dem geräumigen Doppelzimmer.

Er entschuldigte sich wegen der späten Störung, aber der Portier habe ihm berichtet, daß sie bereits den ganzen Tag sehr gewartet habe. So wolle er ihr wenigstens guten Abend sagen. Ihr Telegramm habe man ihm erst nach Braunlage nachgeschickt. Er war einen Tag früher hingefahren, darum seine Verspätung. Auch die Zugverbindungen seien schlecht. Er sei todmüde. Auf morgen denn! – Die schleppende Stimme schwand.

Er war im Hause! Vielleicht zwanzig Schritte von ihr entfernt. Sie hätte sich in ihren Bademantel hüllen und zu ihm gehen können. Sicher war es still in den Korridoren. Aber er hatte nicht gesagt «komm», nichts von dem frei bleibenden Bett neben ihm. «Auf morgen denn!» – Sicher war er unrasiert, fühlte sich schmutzig, hatte im Zug stehen müssen.

Sie streckte sich, umklammerte ihr Kopfkissen. Er war da, und alles andere war unwichtig.

In den nächsten Tagen wurde alles wichtig, jede Minute, jede Geste, jedes Wort.

«Ich schenke den Kaffee ein.»

«Nein, laß mich das machen. Bitte, bestreich mir lieber die Brötchen. Beide Butterkugeln auf eins, auf das andere nur Marmelade.»

Der Kellner lächelte, der Empfangschef war überaus höflich. Der «Völkische Beobachter» hing in seinem hölzernen Klemmstock unbenutzt am Haken. Die Stimme, die durch das weiße Telefon in der Nacht zu ihr gedrungen war, hatte für Eva die Welt verändert.

Telefon! – Sie ging und ließ sich mit der Muna verbinden. Sie mußte sich bei Burgl entschuldigen und ihr berichten.

«Hast du deine Freundin gesprochen?» fragte Hans Tiefenbach, als sie an den Frühstückstisch zurückkam.

«Nein, nur in der Vermittlung Bescheid gesagt. In der Giftschwemme gibt es kein Telefon.»

«Ist sie Arbeiterin?»

«Ja, genau wie ich.»

«Du arbeitest nicht im Büro?»

«Keine Spur.»

Eva fand sein erstauntes Gesicht fast komisch.

«Ich hocke in einer Halle und beschrifte Kisten. Aber weil ich einmal Rechnerin war, oder vielmehr, weil ich einen so vornehmen Freund wie dich habe, bin ich dem Chef aufgefallen und darf nun Pulver abwiegen, milligrammgenau, und in seidene Beutelchen füllen.»

«Du spottest darüber. Aber es fällt dir doch nicht leicht.»

«Ich spotte, weil ich nicht wußte, daß du keine Ahnung hast, was ich mache. Wenn man von einem Hanke strafversetzt wird, kann man nicht damit rechnen, auf einem bequemen Bürostuhl zu landen.»

Er wollte sie bedauern, besah ihre Hände, die rissig waren von der Kälte und grau von Farben und Terpentinbehandlung. Sie wehrte ab.

«Ich habe in den letzten Monaten viel gelernt. In einem meiner Kinderbücher stand über die Buchheldin, daß der Weltkrieg auch die letzten Schlacken von ihrem Charakter getilgt habe. Weißt du, was das ist? Humbug, glatte Lüge. Der Krieg macht die Menschen schlechter, nicht besser. Jeder will noch einen Zipfel vom Leben erhaschen. ‚Sie schießen uns alle Männer tot', sagen die Mädchen, mit denen ich zusammen lebe, ‚für uns bleiben sowieso keine mehr übrig zum Heiraten.' Das reden ihnen die Soldaten und Feuerwerker ein, um sie gefügig zu machen für ihre Abenteuer. Es ist mir zuwider, davon zu sprechen. – Sag mir lieber, tut es dir sehr leid, daß du nicht in Braunlage sein kannst?»

Er hatte sich seine Pfeife angezündet und Eva nicht angesehen, während sie sprach. Jetzt wandte er sich ihr zu. «Ich wollte mein Wort halten, darum schlug ich Braunlage vor. Silvester – du weißt doch, wir wollten es in den Bergen verleben, wo uns keiner kennt. Ich hätte dich gerne auf Skiern gesehen, aber es wäre zu anstrengend für dich, jetzt, nach deiner Krankheit. Ich bin froh, daß sie mir das Telegramm nachgeschickt haben. Sicher ist Güstrow auch ganz hübsch. Komm, wollen wir es entdecken?»

Es soll einer kommen und behaupten, Güstrow sei in den letzten Kriegsjahren ungeeignet gewesen als Treffpunkt für junge Paare. Da ist der Dom und die stille Straße, die von der Verkehrsader abzweigend sich um ihn schließt; der breite

Anlagengürtel mit der Wildfütterung mitten in der Stadt, die sauber war und unzerstört. Am Markt gab es ein beschauliches Lokal mit Rundbogentür und getäfelten Nischen, in denen man unbehelligt blieb vom Kommen und Gehen der übrigen Gäste.

Sie aßen Kartoffelpuffer mit Preiselbeeren, richtig dick in Zucker eingelegt, und fragten den Wirt, der sie freundlich und zuvorkommend bediente, ob man am Silvesterabend mit ein paar Flaschen Wein rechnen könne.

Dann kamen sie an einem Antiquitätengeschäft vorbei, durch dessen Schaufensterscheiben sie tief in den Laden sehen konnten. Plötzlich fühlte sich Eva am Arm gepackt und sanft in den Laden geschoben. Als sie wieder herauskamen, war sie Besitzerin einer nordischen Baßlaute.

Im Erbgroßherzog prüften sie eingehend das Instrument, das dem Umfang nach ein Monstrum war. Es war eine Laute aus altersdunklem Holz, mit Schnitzereien und Intarsien verziert. Das Ungewöhnlichste war der Hals. Über dem Wirbelkasten schlängelte er sich in zweimaliger Windung empor bis zu einem weiteren Wirbelkasten, der fünf Saiten hielt, die, solcherart vom Griffbrett breit abgespreizt, erst an den unteren Saitenhaltern wieder mit den gewöhnlichen Lautensaiten zusammentrafen.

Eva, die die leichte Klampfe mit dem flachen Boden gewohnt war, stand etwas unsicher vor dem bauchigen Ungeheuer mit dem anspruchsvollen Namen. Hans ermunterte sie. Er lag ausgestreckt auf der Couch. «Dir zur Beruhigung: bei falschen Tönen schlafe ich sowieso ein. Du kannst die Orgel ruhig ausprobieren.»

Wenn man sich um die nordischen Nebensaiten nicht kümmert, läßt sie sich ebenso spielen wie die Klampfe, stellte Eva fest. Und die Resonanz ist großartig.

«Zufrieden?» fragte er von der Couch her.

«Ja! Ich muß mich noch richtig bedanken. Sie war sündhaft teuer, nicht wahr?»

«Und ob. Wir könnten das Einzelzimmer kündigen, um etwas einzusparen. Aber Gnädigste wollen ja nicht.»

«Nein.»

«Also doch abhängig von der Meinung der Leute!»

Sie zögerte. Kam zu ihm, setzte sich und schüttelte den Kopf. «Es ist nur wegen des weißen Telefons. Wir könnten es sonst gar nicht benutzen.»

Er lachte, nahm ihren Kopf, um sich ihren Dank zu holen, und fragte: «Was wirst du heute abend hineinsagen?»

«Ich werde warten, was *du* sagst. Oder ich werde fragen: Sind der Herr heute wieder todmüde?»

«Ich werde auf die letzte Frechheit natürlich nicht antworten, sondern ganz zart und leise, aber doch so eindringlich, daß du auf gar keinen Fall widerstehen kannst, fragen: Kommst du? Oder soll ich kommen? – Und was sagst du darauf?»

«Das verrate ich dir nicht. Sonst ist ja alle Spannung weg, und wir brauchten das Telefon doch nicht mehr.»

Lachend gab ihr Mund ihm den erwarteten Dank.

«Es ist übrigens schon das zweite Musikinstrument, das du mir schenkst», sagte sie, als sie ihm für jede Saite, jeden Schnörkel und für den nordischen Schlangenhals extra gedankt hatte. Ihr Mund brannte, ihre Haare waren gelöst.

«Lebt die Okarina noch?» fragte er.

Sie nickte, blieb still neben ihm liegen. Alles lebte noch, alles, was sie zusammen erlebt hatten, jede Phase. Und es war an der Zeit, das Unausgesprochene zu klären.

Er fühlte es, daß sie wartete. Er begann von seiner Arbeit zu berichten und von den gemeinsamen Bekannten. Er brauchte ein bißchen Anlauf.

In Friedrichshafen war er nichts weiter als ein wissenschaftlich gebildeter Organisator. Er hatte ständige Auseinandersetzungen mit dem Betriebsleiter, der ihm vom Ministerium für Bewaffnung und Munition vor die Nase gesetzt war und der vom A 4 nur soviel verstand und wissen wollte, als daß es in kürzester Frist zum Einsatz kommen solle. Durch die letzten Offensiven der Russen war man in Berlin sehr nervös geworden. Der Zauberlehrling, so nannte Hans Tiefenbach seinen Vorgesetzten, komme von jedem Besuch in Berlin aufgeregter zurück. Wie der Doktor dieses Antreiben, das nun schon jahrelang und größtenteils zu seinen Lasten gehe, überhaupt aushalte, sei ihm ein Rätsel. Nach dem Angriff, als viele neue Leute auf die Insel gekommen waren, wurde das besonders schlimm. Zu allen Rückschlägen in der Entwicklung der Waffe und zu den normalen Schwierigkeiten beim Anlaufen der Produktion eines neuen Geräts komme der von Monat zu Monat fühlbarer werdende Rohstoffmangel. Das Entwicklungswerk auf der Insel sehe jetzt seine Hauptaufgabe darin,

Materialeinsparungen auszuknobeln. Am liebsten würde man den Stahlmantel des Aggregats durch Eisenbeton ersetzen, wie es ein Statiker vorgeschlagen hatte, aber das würde bedeuten, einen völlig neuen Entwicklungszweig aufzugreifen, neue, zeitraubende Versuchsreihen zu beginnen. Um die Feindaufklärung zu täuschen, sei das Versuchsschießen nach Heidelager, einem SS-Übungsplatz in Polen, verlegt worden. Die Pannen bei den Startversuchen hätten in der letzten Zeit beängstigend zugenommen. Obwohl man jetzt nicht mehr aufs Meer, sondern über Land schieße – selbstverständlich sei es kaum besiedelt –, komme man nur sehr schwer den Fehlerquellen auf die Spur. Es grenze demzufolge an Hochstapelei, wenn man das Programm, das einen vorläufigen monatlichen Ausstoß von dreihundert einsatzfähigen A-4-Geräten vorsehe, um jeden Preis verwirklichen wolle. Aber keiner interessiere sich mehr für die Schwierigkeiten der Entwicklung. Jetzt zeige es sich, wie restlos sich der Doktor verkauft habe.

Carla Winter reite wieder ihr Steckenpferd, berichtete er. Von dem aufgewendeten Material dürfe nichts vergeudet werden. Die sicherste Gewähr dafür biete das bemannte Torpedo, die Gleitbombe, die bis ins Ziel gelenkt werde. Sie sei dabei, todesmutige Leute zu suchen. Ihr Plan sei, Sonderkommandos zu bilden, die sie selbst für den Einsatz vorbereiten wolle.

«Der Mensch ist also weniger wert als das Material», sagte Eva erschauernd.

«Ja. Die Praxis des Krieges lehrt das sowieso. Aber, merkwürdigerweise, solange ein Soldat noch die geringste Chance hat, mit dem Leben davonzukommen, nimmt man es hin. Die Männer, die in den Panzern sitzen und als Keil in die feindliche Front hineinstoßen müssen, haben den Funken Hoffnung, durchzukommen. Der winzige Funken ist es, der ihnen zusteht. Er ist für jeden Soldaten, ob bewußt oder unbewußt, das wichtigste, unantastbarste Marschgepäck. Er ist auch das, womit der Krieg sich legitimiert. Jede Kugel trifft ja nicht! Ein dünner Trostfaden. Aber sobald der auch noch fehlt, sobald der winzige Hoffnungsfunke aus dem Soldatengepäck beseitigt wird, ist es aus. Der Schritt ist so gering. Jeder Jagdflieger weiß: Eine Sekunde lang nicht konzentriert sein, und er ist dran. Aber er kann viel tun, dieses Dran-Sein hinauszuzögern, vielleicht sogar zu vermeiden. Der Mann im Torpedo hat nur eine Chance:

sein Leben so teuer wie möglich zu verkaufen, das heißt, soviel wie möglich mit sich in den Tod zu reißen, also – das Ziel genau zu treffen. Carla Winter behauptet, hier fange das Heldentum an. Sie hat sich eine Definition des ‚sinnvollen Todes' ausgedacht. Damit will sie um ihre Torpedoschützen werben.»

Eva sah die kleine Frau mit den kurzen Haaren und den energischen, etwas eckigen Bewegungen vor sich. «Warum soll eine Frau nicht fliegen», hatte sie einmal in Evas Beisein Hanke geantwortet, «wir können auf die Nase fallen, die nicht zerbrechlicher ist als eure, und wir haben zwei Beine, um wieder aufzustehen, wie die Männer. Hier oben», sie hatte sich an die Stirn getippt, «reicht's bei uns allemal noch, und Fingerspitzengefühl könnt ihr uns Frauen wohl kaum absprechen. Wenn ihr Männer uns aber nicht mehr angucken mögt wegen ein paar Schrammen oder einer zusammengeflickten Nase, dann bleibt uns gar nichts anderes übrig, als in die nächste Maschine zu klettern und wieder aufzusteigen.»

So ähnlich hatte sie gesprochen und viel Beifall gefunden. Auch bei Eva. Carla Winter hatte durchbrochen, was die Ru an sich und vielen anderen Frauen verachtete. Sie brauchte nicht mehr zu sagen: «Das ist entwürdigend! Was sind wir für ein klägliches Geschlecht!» – Aber wohin führte sie ihre Befreiung aus eigener Kraft? Wollte sie härter sein als die Männer? Kühner? Mitleidloser?

Eva sagte: «Was steht eigentlich hinter Carla? Warum ist sie so? Was treibt sie? An was glaubt sie?»

«Sie glaubt an Deutschland, sagt sie.»

«An was für ein Deutschland?»

«Die Frage gibt es für sie nicht. Vielleicht sieht sie den Komplex sogar geographisch, vom Blickfeld des Fliegers. Sie braucht soundsoviel Flugstunden, um Deutschland, das unter ihr liegt, zu überqueren.»

«Was ist das für eine Vaterlandsliebe! Aus der Vogelschau!»

«Sag das nicht. Die Perspektive ist reizvoll. Man sehnt sich niemals stärker nach einem Waldspaziergang, nach grünen Wiesen, nach dem Waten im kühlen Bach oder nach einem weißen Haus am See, als wenn man zweitausend Meter darüber schwebt und das alles unter sich sieht. Man erkennt eine gewisse abwechslungsreiche Anordnung, die imponiert. Und man muß weiterziehen und weiß, daß man niemals dort einkehren kann.

Die meisten Flieger sind in inem versteckten Winkel ihres Herzens Romantiker. Auch Carla Winter. Ihre Härte kommt aus einem überkompensierten Gefühl für das Land, in dessen Auftrag sie fliegt, das sie kreuz und quer durchmißt, das sie weit und groß sehen möchte und von dem sie in Wahrheit nur die Flughäfen kennt.»

«So bleibt sie eine ewig Sehnsüchtige, meinst du?»

«Ja. Du brauchst sie nicht zu beneiden.»

«Doch. – Sie darf mit dir zusammen arbeiten.»

«Sie hat nicht viel davon. Wir sitzen manchmal im Kasino beisammen, und ich vergesse, ihr Feuer für ihre Zigarette zu geben. Sie hat schon einmal gefragt, ob ich auch anders sein kann.»

«Ist keiner da, der sie liebt?»

«Ich glaube, nicht.»

«Aber du bewunderst sie.»

Hans sah Eva an, die neben ihm lag, die Hände unter dem Kopf verschränkt. «Manchmal schon, aber das ist von Liebe weit entfernt.»

«Jetzt hast du – das Wort ausgesprochen!» Sie fuhr hoch.

«Aber nur abstrakt.» Er griff in ihr Haar und wollte sie zu sich herüberziehen. «Wartest du so darauf?»

«Nein, kein bißchen.» Sie riß sich los und sprang auf ihre Füße. Nahm die Laute, griff ein paar Akkorde. «Was soll ich spielen?»

Er stützte sich auf die hohe Couchlehne und betrachtete sie. In seinen gefältelten Augenwinkeln saß die Freude über sie. Eva überlegte kurz und spielte. Fragend, ob er die Melodie kenne, sah sie ihn an.

Er zuckte bedauernd mit den Schultern. – Sie ist schmal geworden, dachte er, schmal und blaß. Wie kann ich sie nur in eine andere Umgebung bringen!

Sie begann leise zu singen, nach einer für ihn fremden Melodie. Sie sang plattdeutsch und freute sich, daß er es nicht verstand. «Dat du min Levsten bist, dat du woll weeßt...»

Er hatte die Windkanalleute besucht, in einem oberbayerischen Dorf. In dem kleinen Lokal mit der Rundbogentür erzählte Hans Tiefenbach davon. Mathesi und Edith Knorr waren durch neue Leute ersetzt, Traude Hörselmann war immer noch sehr ernst, doch wurde sie viel mit Klemt zusammen gesehen, der nun als Junggeselle lebte. Henny Rosenow war ein bißchen wehleidig geworden. Sie vermißte die norddeutsche Ebene und fühlte Beklemmungen zwischen den Voralpenbergen. Schüchtern hatte sie ihn nach Eva gefragt. «Ich war sehr beschämt, daß ich ihr nichts antworten konnte», bekannte er.

Eva verzog spöttisch den Mund. «War das der Anstoß, daß du in der Muna angerufen hast?»

«Nein. Ich hätte es sowieso getan. Der Jahreswechsel – du weißt doch. Das war für mich fest abgemacht.»

«Du hältst also dein Wort. Aber du gibst selten eins. Und was dazwischenliegt, das kümmert dich nicht.»

Er schaute sie von unten herauf an. «Du kennst wohl alle meine Schwächen! Aber daß mich nichts kümmert, stimmt nicht ganz. Ich habe mich dazu erzogen, persönliche Wünsche zurückzustellen. Dieser Wunsch hieß Ev und war auf das Jahresende datiert. Bis dahin wollte ich mit Leupold das Manuskript abschließen. Aber es ist nicht ganz gelungen. Wir bekamen einige wichtige Unterlagen nicht heran.»

«Du arbeitest also noch an der dritten Schwinge?»

Er lächelte erfreut. «Auch das hast du dir gemerkt.»

«Ich vergesse nichts. Darum glaube ich dir nicht ganz, was du eben gesagt hast – von den persönlichen Wünschen. Es war noch etwas anderes schuld, daß du dich nicht gemeldet hast. Wir haben auf der Insel nicht mehr darüber sprechen können. Du weißt, wie sie dort über mich denken. Einmal habe ich sogar in die Schlagsahne gehauen. Es hat sich gemein angehört, ich weiß es, aber ich bereue es nicht. Ich bereue auch nicht, daß ich Baer geholfen habe wegzukommen –» Sie hielt erschrocken inne. Noch nie hatte sie es ausgesprochen.

Er blickte sie nachdenklich an, nickte, als habe er eben eine Bestätigung erhalten. «Ich wußte, daß es so war. Aber weil es so war, konnte ich dich nicht verteidigen. Und – ich muß es dir sagen: Es hat mich erschüttert, wie wenig du ein gegebenes Versprechen achtest.»

«Ich habe dir nichts versprochen.»

«Aber ich bitte dich, Eva, als ich zu dir kam –!»

«Ja, ich bin ein bißchen rührselig geworden, ich war glücklich über deine Fürsorge. Aber versprochen – nein!» Sie wurde leise, eindringlich. «Du sagst, daß man bestimmte Worte schonen muß, weil sie sich abnützen. Du hast recht. Ich bin aus demselben Grunde mit Versprechungen sparsam.»

Er räusperte sich, versuchte zu spotten. «Du hast eine Art, einen mit den eigenen Waffen zu schlagen. Immerhin, du kennst meine Schwerfälligkeit. Ich brauchte eine Weile, um das zu verdauen: Du hast unsere gemeinsame Zukunft wieder aufs Spiel gesetzt zugunsten dieses Baer. Das hat mich getroffen.»

«Es ging bei ihm vielleicht um Tod oder Leben.»

«Und bei dir? Du hast nur wieder Glück gehabt, sonst säßest du nicht hier!» Er lehnte sich auf der hölzernen Fensterbank, die die ganze Nische einnahm, weit zurück. Viel Raum war zwischen ihnen, und er betrachtete sie kopfschüttelnd, mit einer abschätzenden Neugier, als sähe er sie zum ersten Male bewußt. «Was hat der Krieg nur aus euch Mädchen gemacht! Du bist eine aufregende Geliebte, weißt du das? Eine sehr aufregende. Wenn du auch als Frau so bleibst, werde ich ein schlechter Physiker werden.»

«Und die dritte Schwinge?»

«Die bekäme ich nie.»

«O Gott, das würdest du mir nie verzeihen.»

«Nur schwer.»

«Dann muß ich mir große Mühe geben, nicht mehr so aufregend zu bleiben. Ich weiß nicht, ob ich das schaffe.»

«Ich werde dich von jetzt ab mehr im Auge behalten.»

«Ach!» Sie lachte ihn aus. «Wie willst du denn das machen?»

«Wir könnten heiraten – zum Beispiel.»

Sie sah, wie ernst er war. Ihre Heiterkeit verflog.

Da war es also, worauf alle Mädchen warteten; was ihnen die Bestätigung gab, daß die Männer nicht nur ihr Vergnügen bei ihnen suchten. Da war es, was sie brauchten, um Halt zu finden, sich Achtung zu verschaffen. Wie hatte das Personal im Erbgroßherzog schnell seinen Ton geändert, als Hans gekommen war! Nun machte er eine großmütige Geste und wollte die Muna-Arbeiterin emporziehen. Dann würde er nach Friedrichshafen zurückfahren, und Carla Winter würde ihn scharmant verhöhnen. Auf der Insel würden sie lächeln, wenn sie es erführen. Er würde alles merken, alles fühlen und es in sich verschließen. Die Geringschätzung der anderen würde ihn lähmen. Sein Beruf – die dritte Schwinge – nein, es ging nicht, er war zu abhängig von der Achtung der anderen. Sie mußte sich allein herausbeißen. Und sie wollte es auch. – Sie sah vor sich auf die Holzplatte des Tisches und schüttelte langsam den Kopf.

«Lieber nicht», sagte sie. «Wir wollen warten, bis ich jedem beweisen kann, daß du kein Flittchen heiratest.»

«Das ist doch Unsinn, wer fragt danach?»

«O ja, das spielt schon eine Rolle. Und dann, du weißt doch, zum Heiraten braucht man Papiere. Die ganze Geschichte mit dem Arbeitsdienst käme heraus. Ich würde wieder ‚Mischling ersten Grades'. Ich weiß nicht, ob das gut wäre.»

«Den letzteren Grund muß ich anerkennen.»

«Siehst du. Im übrigen: Ich fühle mich auch so schon ziemlich heftig mit dir verheiratet.» Mit warmem Händedruck, der mehr sagte als Worte, antwortete er ihr.

Die letzten Stunden des Jahres kamen. Sie tranken in derselben Nische sauren roten Wein. Sie sprachen darüber, was das Jahr bringen werde. Hans Tiefenbach schwankte zwischen Hoffnung und Skepsis, ob durch den bevorstehenden Einsatz des A 4 noch eine Verbesserung der Kriegslage zu erwarten sei.

«Ein verlorener Krieg ist wie eine Feuersbrunst ohne abgeschlossene Brandversicherung», sagte er. «Man kann es drehen und wenden, wie man will, man darf die Niederlage nicht wünschen.»

«Du bist von Carla Winter beeinflußt», sagte Eva.

«Wir wollten sie nicht mehr erwähnen», sagte er.

Sie gingen durch die Nacht den kurzen Weg zum Hotel.

Das neue Jahr, dachte Eva. Vielleicht sieht es so aus wie der schwebende Engel von Barlach. – Sie hatte eine Fotografie des Gefallenen-Ehrenmals gesehen, das so anders war als alle Mahnmale, die sie kannte, und das die Nazis aus Güstrow entfernt hatten, weil sie es «entartet» nannten. Das war freilich kein Engel des Heils, kein Bote, der selige Verklärung verkündete.

Sie hatte bei ihrem ersten Entdeckungsgang durch die Stadt, sich an Baers Erzählung erinnernd, das Haus gefunden, in dem die Freunde des verstorbenen Künstlers wohnten. Baers Name hatte ihr Einlaß verschafft. Sie hatte Hans bitten wollen, noch einmal mit ihr hinzugehen, die aufgenommene Spur zu vertiefen. Aber nun wagte sie es nicht, davon zu sprechen. Sie wollte Baer nicht erwähnen, und sie fürchtete Hans' Ablehnung, so wie sie sein Nein gefürchtet hatte, als sie die Polin an Bord nahm.

Sicher würde das Jahr so werden wie der Barlach-Engel: ernst, aufwühlend.

Sie wurde das Bild dieses leidgeprägten steinernen Gesichts nicht los, dieser todstummen, an die Brust gepreßten Hände, dieses schmucklosen Gewandes, aus dem die mageren, sehr irdisch groben Füße hervorsahen. Sie zwang ihre Gedanken, davon loszukommen. Sie wollte keine Wege gehen, von denen sie wußte, daß Hans ihr nicht folgte.

Nur noch ein gemeinsamer Tag! Sie wollte gegenwärtig sein, keine Minute verlieren.

Als Hans ihr ein dünnes goldenes Gliederarmband ums Handgelenk legte, durchzuckte es sie. Trug der Engel nicht eine Kette am Fuß? Oder erinnerte es sie nur an die Eisenkette, die ihn in der Schwebe hielt? Auch Marlies hatte so ein Armband getragen, Marlies, die nun zu denen gehörte, um die der Engel trauerte. Von Jahr zu Jahr wuchs die Trauer. Eva drehte das Armband, dankte ihm, fühlte glücklich seine Nähe, als er sie aus seinen tiefliegenden Augen fragend ansah, ihre Freude suchend.

Der Engel war nicht in ihm. Aber sie selbst war in ihm. War das nicht genug?

Er sagte: «Möchtest du es gern hören?»

Sie verstand ihn sofort. Kaum merklich nickte sie.

«Ich liebe dich sehr», sagte er.

3

Stabshelferinnen

Eva hatte den Eindruck, als wäre sie nur nach Stettin gekommen, um in Luftschutzkellern zu sitzen. Die mecklenburgische Muna war ein Hort der Ruhe gegen die nervöse Betriebsamkeit in der schwer angeschlagenen Oderstadt.

Sie wußte nicht genau, wem sie diesen Ortswechsel zu verdanken hatte. War es möglich, daß Hans Tiefenbachs Name eindrucksvoll genug war, um den Oberstleutnant trotz Protestes der Lagerführerin zu bewegen, gerade sie, Eva Leonhard, zu einem Lehrgang für Stabshelferinnen der Wehrkreisverwaltung zu melden? Sie wußte, daß Hans Tiefenbach von Friedrichshafen aus dem Oberstleutnant höflich und korrekt für sein Entgegenkommen gedankt hatte. Von der Telefonistin Käthe wußte sie ferner, daß Elsbeth Schlegel Fehlanzeige erstattet hatte, als die Betriebsleitung Vorschläge verlangte für die Kommandierungen zum Lehrgang. Aber bei dem Oberstleutnant mußte etwas hängengeblieben sein von dem Ferngespräch mit einem gewissen Dr. Tiefenbach, der nicht ohne Bedeutung zu sein schien. Der Muna-Chef ließ sich das Mädchen holen. Sie hatten sich unterhalten, der Offizier und die Arbeiterin. Eva hatte seine Leutseligkeit als etwas ihr Zustehendes entgegengenommen. Er hatte es zuerst stirnrunzelnd vermerkt, jedoch seine Herablassung auf ein Mindestmaß beschränkt.

Ob sie Lust habe, Stabshelferin des Heeres zu werden, fragte er sie. Die Wehrkreisverwaltung stelle einen Kurzlehrgang zusammen. Danach folge die Verteilung an die verschiedenen Heeres-Standorte des Wehrkreises, als Ablösung für fronttaugliche Mannschaften, die noch immer in den Schreibstuben herumsäßen. Ob sie sich das zutraue. Deutsch schreiben könne sie wohl. Ihr respektloses Lächeln veranlaßte ihn, einen Blick in ihre Personalakte zu tun. – Na ja, Abitur, RADwJ, die Voraussetzungen seien ja vorhanden. Und Einwände gebe es wohl nicht.

Nein, Eva hatte keine Einwände gemacht. Sie nahm die Chance wahr, die ihr das Lagertor öffnete. Sie zog den grauen Kittel, den sie sieben Monate getragen hatte, ohne Bedauern aus. Und doch ließ sie etwas zurück: Burgl.

Hans Tiefenbach hatte, als sie ihm von ihr erzählte, gefragt, ob sie in Burgl eine zweite Marlies gefunden habe. «Nein», hatte sie geantwortet. «eine zweite Marlies gibt es nicht. Burgl ist Burgl. Aber das ist nicht geringer.»

Es war ihr schmerzlich, Burgl gerade jetzt zu verlassen. In der Nachbarschaft des Frauenlagers war ein Lager für Fremdarbeiterinnen eingerichtet worden. Sie arbeiteten in der Muna an Stellen, wo sie leicht zu beaufsichtigen waren. Auch an Burgls schmutzigem Arbeitsplatz gab es einige. Burgl hörte sie französisch miteinander sprechen. Das erinnerte sie täglich an ihren bitteren Verzicht und an Andrés ungewisses Schicksal. Sie wagte mit keiner zu sprechen, aber sie bat Eva, ihr ein bißchen Französisch beizubringen. Ihre heimlichen Lektionen waren noch nicht weit gediehen, als die Einberufung nach Stettin kam. «Vielleicht schicken sie mich als Stabshelferin wieder zur Muna», sagte Eva beim Abschied auf dem Bahnhof.

Burgl wies den gutgemeinten Trost zurück. «Ich wünsche dir etwas Besseres. Kein Wohnlager mit Wache und Zaun.»

Wöchentlich kam Post von Burgl, Briefe mit feinen, fast malerisch geschwungenen, sorgfältig ausgezogenen lateinischen Buchstaben. Ab und zu ein französisches Wort dazwischen, wie im geheimen Einvernehmen und zum Zeichen, daß sie nichts vergessen habe. Sie wähnte die Freundin glücklich in Stettin. Eva hatte ihr die Zweifel verheimlicht, die sie quälten.

In was hatte sie sich eingelassen, als sie den Vorschlag des Oberstleutnants annahm? Hatte sie nicht auf der Insel erlebt, daß sie völlig abhängig war von dem Wohlwollen ihrer Vorgesetzten? Die Mißgunst eines einzelnen genügte, um sie in Unsicherheit und Furcht zu stürzen. Sie hielt sich vor Augen, daß sie noch nie so ruhig gewesen war wie in dem halben Jahr in der Muna. Sie war am tiefsten Punkt angelangt. Sie war «im Lager». Es hatte noch keinen Stacheldraht, aber es erschien ihr als Vorstufe. Sie war ein Stück der Muna, uninteressant für jeden Chargierten. Die Schikanen der Lagerführerinnen erschöpften sich in Kleinigkeiten. Jetzt trat sie wieder heraus, isolierte sich, ließ sich kritisch betrachten. Ihre Akte war unverfänglich, aber die Versuchsstelle Insel lag im Bereich des Wehrkreises, der in Stettin seinen Sitz hatte. Vielleicht gab es dort Leute, die mehr von ihr wußten, als ihre Papiere aussagten.

Nach solchen Überlegungen war sie nahe daran gewesen, ihre Bereitschaft für den Lehrgang abzusagen. Aber dann lag sie in ihrem Fünferzimmer auf dem Feldbett. Es roch muffig nach den Brotresten, die Gerda immer wieder im Spind verschimmeln ließ. Sie sah Inges verlegen-scheelen Blick und hatte Doras Worte im Ohr, die wohl ein Scherz sein sollten und doch recht bitter schmeckten: «Wenn du erst weg bist, schieben wir alles auf dich, mit der Deckenhose und so ...» Nein, sie konnte nicht bleiben! Sie redete sich ein, Hans Tiefenbach einen Schritt näherzukommen. Er würde froh sein, sie wieder auf einem Bürostuhl zu wissen. Und sie beeilte sich, ihm ihre neue Anschrift mitzuteilen.

Der Stabshelferinnen-Lehrgang war in einer Schule für Jungstabshelferinnen untergebracht, deren halbjährige Ausbildungszeit gerade beendet war. Die Schule lag in einer stillen Nebenstraße, ziemlich im Zentrum der Stadt, fest eingefügt in in die Häuserzeile. Das alte Haus mit seiner breiten Toreinfahrt und den zum Hof angebauten großen Parterreräumen mochte ein ehemaliger Gasthof gewesen sein, in dem noch Pferde ausgespannt wurden. Die Zimmer waren hoch, kahl und unpersönlich. Der Schlafraum, ein Saal mit doppelstöckigen Betten, war nur zur Hälfte belegt. Nach dem Fliegeralarm, gegen elf Uhr abends, wurde von der Heimleiterin, Frau Wolf, bei abgeblendeter Laterne die letzte Lehrgangsteilnehmerin in den Schlafsaal gebracht. Sie war verspätet angereist und bekam ein Parterrebett, Eva gegenüber. Als am Morgen die Verdunkelungsvorhänge fielen und die Mädchen aus ihren Dekkenhüllen krochen, erkannte Eva die Nachzüglerin. Es war Ilse Rubyschewski, die Bibliothekarin von der Insel. «Die Ru!» Evas Ruf hätte nicht freudiger klingen können, wenn sie eine lang entbehrte Freundin plötzlich wiedergefunden hätte.

Auch die Ru war erfreut. Der große Mund in ihrem länglichen Pferdegesicht zog sich in die Breite.

Bibliothekarinnen seien nicht mehr aktuell auf der Insel, erzählte sie. Sie habe es vorgezogen, sich für den Bürodienst umschulen zu lassen, nachdem man ihr einen undurchsichtigen jungen Mann beigegeben habe, der mit ihr die Bibliothek neu aufbauen sollte. Überall wittere man Verräter. Auch verschiedene Uk-Stellungen seien plötzlich weggefallen. Eine Menge neuer Leute, die mit hohen Protektionen aus Berliner Dienststellen kämen, führten das große Wort, und einige hätten schon mehr zu sagen als der General. An den Werktoren stünden jetzt zusätzliche SS-Posten. Der Doktor laufe verknurrt und nervös umher, sofern er überhaupt da sei. Es sei ein schlimmer Winter gewesen, vor allem für die weiblichen Angestellten, die jetzt in den Seebädern verstreut in Heimen wohnten und stundenweite Anfahrtswege hätten. Sie schwänzten einfach den Dienst, meldeten sich krank, frören jämmerlich in den großen offenen Sommervillen, und die Betriebsfürsorgerin, Marlies' Nachfolgerin, wisse kaum noch, wie sie gemeinsam mit den Wohnheimführerinnen der renitenten Meute Herr werden solle. Es sei unaufhörlicher Kleinkrieg auf der Insel. Die Ru hatte es vorgezogen, sich rechtzeitig abzusetzen.

Eva dachte an Hanna Peplow. Wie schwer mußte sie es jetzt haben. Vermutlich waren überall Spitzel. Vielleicht gab es auch unter den Stabshelfer-Anwärterinnen welche. Man mußte vorsichtig sein.

Die dreißig Mädchen waren aus allen Teilen des Wehrkreises zusammengekommen, aus Standortverwaltungen, Sanitätsparks, Zeugämtern, Verpflegungsämtern. Viele hatten im Lohnverhältnis gestanden, einige konnten maschineschreiben. Nach Beendigung des Lehrgangs sollten sie aufrücken.

Bei der Eröffnung richtete ein Stabsintendant, der als NS-Führungsoffizier der Wehrkreisverwaltung vorgestellt wurde, kernige Worte an die Teilnehmerinnen, die im Speisesaal in Reihen saßen wie im Theater und der kommenden Dinge harrten. «Bedenken Sie eines!» Damit begann er jeden dritten Satz. «Bedenken Sie eines! Nach Absolvierung des Lehrgangs wird man Sie zur Armee zählen. Sie werden, sozusagen Schulter an Schulter mit uns, die wir das Ehrenkleid der Nation tragen, kämpfen.» Er schlug sich mit beiden Händen demonstrativ gegen dieses Ehrenkleid, bis das Kriegsverdienstkreuz zweiter Klasse schepperte. «Wir alten Marschierer heißen Sie also in unseren Reihen willkommen. Aber bedenken Sie eines: Sie kommen in einer Zeit schwerster Bewährung zu uns. Die Ehre des Soldaten sei auch Ihre Ehre. Die Zucht unserer stolzen Wehrmacht sei auch die Ihre. Die Moral des Führers und Obersten Feldherrn, die unser aller Vorbild ist, sei auch die Ihre. Sie ist das Unterpfand unserer künftigen Siege. Bedenken Sie eines: Ihre Aufgabe ist nicht geringer als die: beizutragen zum Sieg der letzten Schlacht.» Er trat ab, ernst, würdig, offenbar stark von sich beeindruckt.

Stabszahlmeister Panzhaff wurde als Leiter des Lehrgangs vorgestellt. Einige der Mädchen, die bereits in den heereseigenen Schreibstuben Einblick in den Schriftverkehr der Wehrkreisverwaltung bekommen hatten, kannten seinen Namen von den Rundschreiben und Verfügungen der Abteilung für Personalfragen. Der Mann mit der zügigen, stark nach unten gehenden Unterschrift stand nun vor ihnen, kurzsichtig und mit einer Nase, die den Eindruck erweckte, als könne die Funktion dieses auffallenden Organs unmöglich allein das Riechen sein.

Seitlich gesehen, war es ein gewaltiges buckliges Dreieck, an der Spitze leicht nach unten gebogen. Wenn Panzhaff beim Sprechen den Kopf bewegte, mal rechts und mal links herüber sah, schien es in die Luft zu hacken wie der Schnabel eines emsig arbeitenden Vogels. Die Ru saß neben Eva, einen Stenogrammblock auf den Knien, und machte sich Notizen. «Specht», schrieb sie an den Rand und schob Eva den Block zu.

Hinter dem Vogelkopf, der unermüdlich hackend den Lehrplan bekanntgab, stand in wabbliger Würde der Patron der angehenden Stabshelferinnen, ein Intendant mit Majorsschulterstücken. Er hatte einen viel zu kleinen Mund, den ein gepflegtes Lippenbärtchen auch nicht bedeutender machen konnte. Ein kurzer, stark verwachsener Schmiß auf der Wange schien schüchtern darauf hinweisen zu wollen, daß man es mit einem Mann zu tun habe, der im Zivilleben akademische Titel trug. Oberstabsintendant Nimz gehörte nicht zu den «alten Marschierern». Mit stereotypem Lächeln, das offenbar als überlegenes Wohlwollen gedeutet werden wollte, verfolgte er die Zeremonie. Als letzter trat er vor, machte eine Bewegung, die fast in eine kavaliermäßige Verbeugung ausartete, und gab mit weicher Stimme das Startzeichen. Der Lehrgang war eröffnet.

Die Ru warf sich in der anschließenden Mittagspause aufs Bett und rauchte. Sie machte ihre Glossen über die «Zahlmöpse» mit ihrem «Ehrenkleid», auf das noch kein Dreckspritzer aus einem Unterstand gefallen sei. Eva sagte trocken: «Und so etwas willst du heiraten!»

Die Ru spreizte ihre Finger. «Merkst du gar nichts? Ich trage keinen Ring mehr.»

«Du hast Schluß gemacht?»

«Ich will erst, er weiß es noch nicht. Er treibt's mit einer Rotkreuzschwester. Aber er hat keine Ahnung, daß ich's erfahren habe. Ich warte auf eine Gelegenheit. Ich bin für dramatische Aktschlüsse.»

«Wie du das sagst! Geht es nicht tiefer?»

«Ich bin schon drüber weg. Eine Sauwut habe ich gehabt, das kann ich dir sagen. – Was denkst du jetzt?» Die Ru drückte ihre Zigarette aus und warf sich zu Eva herum, die auf dem Bettrand saß, die Hände im Schoß, und zu vergessen schien, daß sie einen Brief bekommen hatte, den sie eben noch hatte lesen wollen.

«Sag, was denkst du?»

«Ach, nichts.»

«Doch, ich weiß es. Du denkst, die Ru ist ein ganz berechnendes Luder. Und nun ist ihre Rechnung nicht aufgegangen. Das ist die Strafe. – Stimmts? Gib es ruhig zu. Du hast ja recht.» Sie lachte heiser. «Es geht eben alles verkehrt, ganz gleich, was man macht, ob man dem Verstand folgt oder dem Gefühl. Schließlich ist alles nur Selbsterhaltungstrieb. Darum bist du von der Muna fort und ich von der Insel. Aber nun sind wir drin in der Mühle. – Der Anfang war bei mir, als ich meinen Vater einen verbohrten Sozi nannte. Da habe ich das Beste verleugnet, was er in mich hineingepflanzt hatte. Mein Selbsterhaltungstrieb riet mir mitzumachen. Bei dir muß es doch auch so einen Anfang gegeben haben, denn du bist doch auch nicht für das, was die NSFOs uns predigen! Nun haben wir den dicken Hund an den Haxen. Er treibt uns, und wir müssen springen. Selbsterhaltungstrieb! Morgen wird uns der Specht vielleicht zumuten, einen Aufsatz zu schreiben über die göttliche Sendung des Führers. Weigerst du dich? – Nein. Da wärst du hin. Also, Selbsterhaltungstrieb. Du quatschst ein bißchen was vom Hort der Deutschen und vom Genotypus der auserwählten Rasse. Mein Vater nennt das ‚etwas zusammennebeln'.»

«Ich verstehe dich nicht. Was hat das alles mit deinem Verlobten zu tun?» Eva meinte, im Fegefeuer zu sitzen.

Das hat etwas zu tun mit deiner Meinung über mich. Was wir hier tun, du und ich – du warst Baers Freundin, mehr weiß ich nicht von dir, aber es genügt mir –, also das hier, mit Führervorbild, Soldatenehre und so, wer weiß, was noch alles kommt – dabei mitzumachen ist genauso unmoralisch, als wenn du mit einem Mann, den du nicht liebst, ins Bett gehst. So, nun verurteile mich. Oder lies erst deinen Brief.»

«Ru, du hast eine Pferdenatur!»

«Gott sei Dank, sonst hätte ich mich längst aufgehängt.»

Der Brief kam von Steffi. Sie gratulierte Eva, daß sie der Muna entkommen war. Ach bei ihr bahnten sich Veränderungen an. Seit die Tschechen ihrem Haß gegen das deutsche Regime sehr deutlich Ausdruck gegeben hatten, indem sie den Nazi-Statthalter Heydrich erschossen, war Rolf Küppers bestrebt, sie aus Prag wegzubringen. Nun stand ihre Versetzung nach Dresden bevor. Zwei kleine Zimmer waren bereits gemietet, die ihre erste gemeinsame Wohnung sein sollten, wenn sie in Kürze heiraten würden. Rolf müsse noch einen Lehrgang in Stettin beenden. Irgendeine Sonderausbildung. Sie hoffe, daß Eva ihn treffen könne, er sei so ernst geworden und bedürfe dringend einer Aufmunterung. Von Posen erwähnte sie nur, daß die Eltern im großen und ganzen wieder ausgesöhnt seien, daß jedoch Gustl, ihr Vater, stark überarbeitet und äußerst nervös sein müsse, wie aus den spärlichen Nachrichten hervorgehe. «Stettin–Dresden ist gar nicht weit», schrieb Steffi. «Vielleicht kommst du zu unserer Hochzeit.»

«Na», sagte die Ru, «Nachricht von der Insel?»

«Nein, ich habe kaum noch Verbindung nach dort», antwortete Eva.

Jedesmal, wenn Dr. Klemt als Dienstreisender auf die Insel kam, war er von neuem froh, daß er den Windkanal bald nach dem Angriff in einem abgeschiedenen oberbayrischen Gebirgsdorf untergebracht hatte und auf diese Weise nicht mehr unmittelbar in die Machtkämpfe hineingezogen wurde, die in der Leitung der Versuchsstelle immer deutlicher zutage traten.

Schweren Herzens hatte Klemt sein Projekt «Osterei» zurückstellen müssen, da bald nach dem geglückten A-4-Start und der Vorführung des kleinen Dokumentarfilms über dieses Ereignis im Führerhauptquartier der Doktor das Rennen gemacht hatte. Man hatte alle Kräfte auf das eine Programm konzentrieren müssen.

Der Angriff auf die Insel war in Klemts Leben zur großen Zäsur geworden. Er verlor innerhalb weniger Tage seine Kinder, seine Frau und den Glauben an seine Schöpferkraft. Nachdem Monate über diese schwarzen Tage hingegangen waren, sah er gleichsam von höherer Warte auf jene herab, die noch immer ihren ehrgeizigen Plänen nachjagten und um die Früchte ihrer Erfolge bangten. Er begann den stillen Professor zu verstehen, diesen auch im Ausland berühmten Altmeister der Raketenforschung, der vor kurzem resigniert von der Insel weggegangen war, weil man ihn, auf dessen Forschungen doch die Jungen aufbauten, beiseite geschoben und mit nebensächlichen Aufträgen abgespeist hatte. Zum Kampf um die Macht – so hatte Klemt noch vor Jahresfrist seine Forscherleidenschaft gesehen – konnte man nicht mit gestutzten Flügeln antreten.

Worauf diese Kämpfe hinausliefen, sah man am Beispiel des Doktors. Vorgestern abend noch hatte Klemt mit ihm einen langen Meinungsaustausch gehabt, gestern morgen war er mit zwei Mitarbeitern auf mysteriöse Weise verschwunden, und fast zu gleicher Zeit wurde der General, der sich in Schwedt befand, Hals über Kopf nach Berchtesgaden beordert.

Vielerlei Gerüchte schwirrten in der Versuchsstelle umher. Die technische Direktion war wie ein aufgescheuchter Bienenschwarm. Die Telefone klingelten und rasselten beinahe ohne Unterbrechung. Aber was sollte man für Auskünfte geben, wenn man selber kaum etwas wußte?

Der Kreis Uniformierter, der im Kasino tonangebend war, vermutete, daß die SS dahinterstand. Aber das wurde von vielen als unglaubwürdig zurückgewiesen, da ja der Doktor selber einen hohen Rang in der SS bekleidete.

Brettschneider, der sich große Mühe gab, wenigstens mit dem General in Verbindung zu bleiben, war außer sich, daß man den Doktor abgeholt hatte.

Seine Bestürzung ist echt, dachte Klemt, und er ließ seine Vermutung fallen, Brettschneider könne seine Hand im Spiel haben wegen grundlegender Meinungsverschiedenheiten mit dem Doktor.

Über den Fernschreiber war endlich eine Nachricht des Generals aus Berlin eingetroffen.

«Der General verhandelt mit den höchsten Stellen», gab Brettschneider zurückhaltend bekannt. «Es heißt abwarten, was er erreicht.»

Es blieb Klemt nicht erspart, seinem alten Feind Hanke wieder zu begegnen. Der forsche Stabszahlmeister wollte Brettschneider sprechen. Seine Unverfrorenheit war entwaffnend, und Klemt vergaß, daß er eigentlich hatte aus dem Zimmer gehen wollen.

Hanke schien Sonderinformationen zu haben. Er höhnte: «So weit ist es nun gekommen, daß man in der Versuchsstelle von einer Heeresschlamperei spricht und ihr die SS-Ordnung gegenüberstellt! Das haben wir von unserer Loyalität gegenüber den zivilen Heeresangestellten.»

«Das war deutlich», sagte Brettschneider scharf. «Haben Sie sonst noch Nachrichten von Bedeutung?»

Hanke verzog den Mund.

«Vielleicht haben Sie selber Interesse daran, Herr Brettschneider, in die Verwaltung der SS übernommen zu werden. Ihnen macht es vermutlich nicht viel aus, ob graue oder schwarze Posten vor den Werktoren stehen.»

Brettschneider wurde bleich und war nicht fähig zu antworten. Klemt vermochte nicht mehr ruhig zu bleiben. «Was fällt Ihnen ein, Herr Hanke, das ist eine Unterstellung!»

Hanke blieb ungerührt. «Was regen Sie sich so auf, meine Herren? Ich bin mit der SS durchaus einer Meinung. Wenn der Doktor tatsächlich nie die Absicht gehabt hat, Raketenwaffen zu bauen...»

«Wann hat er das gesagt?» fragte Brettschneider, der sich inzwischen wieder etwas gefaßt hatte.

«Das ist Ihnen neu?» höhnte Hanke mit erhobener Stimme. «Sein Ziel sei nur die Weltraumfahrt, soll er gesagt haben. Also bitte, in diesem Falle wäre es wirklich Schlamperei von uns», er schlug sich an seinen grauen Waffenrock, «daß wir nicht früher dahintergekommen sind.» Er lehnte sich ans Fensterbrett, die Beine gespreizt. «Wenn wir von vornherein ein so zügiges Tempo vorgelegt hätten, wie es die neuen Herren, die mit dem Ressortchef aus Berlin gekommen sind, jetzt hier einführen, dann wäre vielleicht...», er sah Klemt herausfordernd an, «dann wäre wohl auch aus dem Projekt ‚Osterei' etwas Brauchbares geworden.»

Klemt atmete schwer. Er erhob sich, warf im Vorbeigehen seine Zigarette in den Ascher auf dem Schreibtisch und sagte zu Brettschneider: «Rufen Sie mich an, wenn hier die Luft wieder rein ist.» Damit verließ er das Zimmer.

Einen Saustall haben sie aus der Insel gemacht, dachte er. Dieser Hanke! Wenn man nur wüßte, wer die Auftraggeber dieses Burschen waren! «Ein bißchen Sportler, ein bißchen Diplomat, ein bißchen Politiker und nach außen hin ein offizielles Amt.» Wessen Ideal war das doch? – Er blieb einen Moment stehen, bedeckte mit der Hand die Augen.

Brettschneider erhob sich hinter seinem Schreibtisch, steif, mit vorgeschobenen Schultern. Jetzt hatte sich der Kerl da hingepflanzt, wo Marlies stand, als sie zum letztenmal hier war. Auch sie hatte den Hanke nicht gemocht. Die Pechsträhne war seitdem nicht abgerissen, sie wuchs eher noch.

«Es ist infam, einen Wissenschaftler vom Range des Doktors

so zu behandeln», sagte er. «Das ist meine prinzipielle Meinung, unabhängig von aller Politik. Und die Leute, die ihn jetzt verdächtigen, sollen erst mal nachweisen, ob sie so viel für die Kriegsrüstung getan haben wie er.»

Hanke richtete sich groß auf. «Nicht alle diese Beweise sind so handgreiflich wie ein A 4. Aber es wird Sie in diesem Zusammenhang interessieren, Herr Brettschneider, daß wir...», er schlug sich wieder an den Waffenrock, «jawohl, daß wir in Zinnowitz auf einem Dachboden einen Geheimsender entdeckt haben.»

Brettschneiders Kopf ruckte hoch. Hanke genoß die Wirkung. «Die Spuren führen bis zu einem gewissen Doktor Baer zurück. Sie erinnern sich doch? Vermutlich strahlt der Sender schon länger als ein halbes Jahr aus.» Hanke reckte sein Kinn. Es fiel ihm nicht schwer, auf den kleineren Brettschneider herabzusehen. «Was sagen Sie dazu? Auch wir können etwas nachweisen, wenn es verlangt wird.» Den ganzen ihm eigenen Hochmut zur Schau stellend, stolzierte er aus dem Zimmer.

«Meine Damen, stellen Sie sich vor, ich wäre General!» Der Spechtige hatte sogar Humor. Hinter den Brillengläsern blitzte es. Er nahm eine betont würdige Haltung à la Napoleon ein.

Den Stabshelfer-Anwärterinnen war die Unterbrechung der Unterrichsstunde, in der Panzhaff ihnen die Wichtigkeit des Heeres-Verordnungsblattes auseinandergesetzt hatte, recht willkommen. Sie machten mit: Anstandsunterricht im Umgang mit hohen Offizieren. Ein Knigge für Litzen, Sterne und rote Biesen. «Natürlich müssen Sie aufstehen, wenn ich das Zimmer betrete», erklärte Panzhaff.

Die Ru war unzufrieden. «Aber wir sind doch Frauen.»

«Nein. Jetzt sind Sie Soldaten. Verstanden!»

Der Spechtige wurde scharf und gab die Napoleonspose auf. – Die Rubyschewski wurde immer gleich aufsässig, man durfte ihr nicht den kleinen Finger reichen. – Er ging wieder zum Lehrstoff über. «Generalfeldmarschall von Hindenburg, der Sieger von Tannenberg, stellte das Offiziersreglement des preußischen Heeres zeit seines Lebens über jede andere Art von Literatur.»

«Und die Bibel», entfuhr es Eva. Sie kannte die üppigen literarischen Interessen des toten Recken aus Baers Gesprächen.

Panzhaff überhörte den Einwurf. Er wollte seine beste Schülerin nicht rügen. Sie war zuviel mit der Rubyschewski zusammen. Das würde man nach dem Lehrgang ändern. Er hatte so seine Pläne. Das intelligente, gewandte junge Mädchen, das fast in der Muna versauert wäre, durfte man nicht mehr aus den Augen verlieren. Er mußte in den nächsten Tagen mit Nimz über sie sprechen. Die sechs Wochen des Lehrgangs waren bald herum.

Panzhaff pflegte mit den Schülerinnen zu Mittag zu essen. Es war die Aufgabe der Wohnheimführerin, gemeinsam mit dem Küchenpersonal das Mittagessen so vorzubereiten, daß die Portionen Punkt zwölf Uhr, nach dem letzten Vormittagsunterricht, am Ausgabefenster der Küche in Empfang genommen werden konnten. Warum klappte das heute nicht? Die Köchin zuckte mit den Schultern. Die Wohnheimführerin habe das Fleisch zu spät herausgegeben. Es sei nicht ihre Schuld.

Panzhaff durchquerte den Speisesaal. Die Mädchen vom Tischdienst standen wartend herum, die übrigen promenierten vor dem Hause, freuten sich der Pause, schnappten frische Luft. Panzhaff suchte die Wohnheimführerin. Seine Spechtnase hackte wütend umher. – Unfähig war diese Frau Wolf! Viel zu pomadig für eine Jungstabshelferinnen-Schule, einfach zu alt. Man müßte sie über die Klinge springen lassen und dann frisches Blut hineinbringen. Das wäre überhaupt eine Möglichkeit! – Panzhaff trat, ohne eine Antwort auf sein Klopfen abzuwarten, in das kleine Büro der Heimführerin, das zugleich ihr Wohn- und Schlafraum war.

Frau Wolf, eine etwas üppige Mittvierzigerin, erhob sich pflichtschuldigst, als ihr Vorgesetzter eintrat. Sie hatte Fotografien und Briefe auf dem Schreibtisch ausgebreitet. Ihr volles Gesicht, das die ersten Anzeichen des Schlaffwerdens trug, zeigte Tränenspuren. Panzhaff sah nur ihren ratlosen Blick, den törichten halboffenen Mund – er ärgerte sich. Eine Frau in dieser Stellung hockte hier herum, statt auf dem Posten zu sein, damit alles klappte.

«Warum ist das Essen heute nicht fertig?» fragte er kurz, mit einem mißbilligenden Blick auf die Briefschaften und Privatfotografien.

«Mein Sohn ist gefallen», antwortete die Frau mit unsicherer Stimme, «mein Ältester.»

«Ach. Das tut mir leid. Mein Beileid, Frau Wolf. Wo ist es passiert?»

«In Italien.» Sie ließ sich auf ihren Stuhl fallen und suchte nach ihrem Taschentuch.

«Es ist schlimm, wen es trifft. Aber Sie haben doch noch einen Sohn, nicht wahr?»

«Ja. Er liegt verwundet in Bad Schandau. Ich möchte zu ihm. Bitte, geben Sie mir Urlaub.»

«Aber Frau Wolf, wo denken Sie hin? Jetzt, mitten im Lehrgang?»

«Wenn ich meinen Jungen begraben müßte, wenn ich überhaupt die Möglichkeit dazu hätte, dann müßten Sie mich doch auch fahren lassen.»

«Das ist etwas anderes.»

«Für mich nicht, Herr Stabszahlmeister. Ich habe die letzte Stunde damit zugebracht, um die Seelen meiner Jungen in einem Körper zu vereinigen. Verstehen Sie, in dem Körper des Lebenden! Nun muß ich zu ihm. Ich muß ihn fühlen, muß wissen, daß ich ihn noch habe. Sonst kann ich nicht weiterleben. Nein, ich kann einfach nicht.» Ihre Worte, von innerem Weinen erschüttert, mündeten in heftiges Schluchzen.

Panzhaff stand breitbeinig am Fenster. Gefühlsausbrüche haßte er fast so sehr wie Unpünktlichkeit.

Er sah eine schwere Beiwagenmaschine vorfahren. Sie wurde von einem Leutnant der Nachrichtentruppe gesteuert. Im Beiwagen saß ein Oberleutnant. Vermutlich kamen sie schon, um den Unterrichtspunkt Nachrichtenübermittlung mit ihm zu besprechen. Er hatte einen Vortrag im Lehrplan vorgesehen. Eine Stabshelferin des Heeres mußte zumindest eine Ahnung davon haben, wie Feldtelefon und Fernschreiber im Bereich der Heeresdienststellen eingesetzt und bedient wurden. Das war seine Meinung, und Nimz hatte es ihm, wie meistens, überlassen, die nötigen Leute von der Spezialeinheit anzufordern. Daß sie gleich selber kamen, verwunderte ihn. Er hatte auf einen Telefonanruf gewartet.

Frau Wolf rief ihm schüchtern nach, als er schon in der Tür stand. Ihre Stimme klang flehend vor Erwartung.

«Haben Sie denn eine Vertretung?» fragte er.

Sie schüttelte den Kopf. Ihr Blick war so trostlos, daß es jetzt sogar ihm auffiel.

«Na, wir werden sehen», sagte er. «Reichen Sie den Urlaub ein.»

Die Aprilsonne lag warm auf der Häuserfront. Die Mädchen lehnten an den Simsen der Parterrefenster und sonnten sich. Als die Beiwagenmaschine vorfuhr, erregten die beiden Offiziere ihre Aufmerksamkeit. Einige blinzelten nur verstohlen, andere wendeten mit offenkundigem Interesse ihre Köpfe den Ankömmlingen zu. Das waren mal keine Zahlmeister, keine Beamten, man sah es gleich. Besonders der Fahrer war ein bildhübscher Kerl. Der Oberleutnant im Beiwagen war älter, gedrungener. Die beiden gaben eine Vorstellung, vor etwa zwanzig Mädchen. Die Ledergesäße schwangen sich elegant lässig aus den Sitzen.

In der Toreinfahrt stand die Ru, die Arme verschränkt, und musterte die beiden ungeniert. Der Oberleutnant konnte nicht an ihr vorbeigehen, legte die Hand an die Mütze. «Sie verzeihen. Ist das hier die Jungstabshelferinnen-Schule?»

«Ja. Suchen Sie jemanden? Die Jungstabshelferinnen», sie betonte das «Jung» ironisch, «sind im Einsatz. Wir sind ein Kurs älteren Kalibers.»

Der Oberleutnant lachte, machte Anstalten, sich vorzustellen.

Sie wehrte ab. «Die Leiterin bin ich nicht. Aber ich kann Sie hinführen.»

«Das ist nicht unbedingt nötig. Eigentlich suchen wir nur ein Fräulein Leonhard.»

Die Ru war überrascht. «Eva?»

«Ja.» Jetzt wurde der Leutnant, der sich im Hintergrund gehalten hatte, lebhaft. «Sie ist also hier.»

Die Ru zeigte vor Vergnügen ihre großen Zähne. «Sie sind sicher ein Vetter, nicht wahr? Ich hole sie. Sie hat Tischdienst.»

Als sie mit der verwunderten Eva zurückkam, begrüßte Panzhaff soeben die beiden Offiziere.

«Ich hoffe, Sie haben bereits festumrissene Vorschläge, meine Herren», sagte der Zahlmeister und machte Miene, sie ins Unterrichtszimmer zu führen. «Hier drinnen können wir alles besprechen.»

Der Oberleutnant sah, daß hinter ihm die Mädchen, vor denen er soeben kühn und schneidig aufgetreten war, in den Hausflur drängten. Er war unfähig, seine Ratlosigkeit einzugestehen. Achselzuckend folgte er der Aufforderung Panzhaffs. Als er sich nach seinem Begleiter umwandte, griente der und sagte: «Ich habe ja damit nichts zu tun. Ich werde hier warten.» Er sah die Ru kommen, dahinter Evas Gesicht. Hinter des Oberleutnants ratlos wütendem Blick schloß sich die Tür.

In Evas Miene kam Leben.

«Rolf», sagte sie erfreut. Sie schüttelten einander die Hände.

«Der Verlobte meiner Stiefschwester», sagte sie zur Ru, «also beinahe so etwas wie Vetter. Aber im Ernst.»

«Ganz im Ernst, gnädiges Fräulein», bestätigte Rolf Küppers. «Es stimmt ausnahmsweise.»

Die Ru ging schmunzelnd weiter. An der Tür zum Unterrichtsraum sagte sie: «Und hier drinnen ist noch so ein Schwager-Vetter.»

Eva sah Rolf fragend an.

«Oberleutnant Rosenthal, mein Ausbilder.»

«Erich Rosenthal?»

«Ja. Wir erkannten uns wieder. Stichwort war Deutschlandhalle. Er war sehr nett zu mir. Daraufhin sagte ich ihm, daß du hier bist. Er hatte es gleich sehr eilig, dich zu besuchen. Jetzt hat ihn euer Alter abgefangen. Da soll irgendein Vortrag bei euch steigen. Er denkt, wir kommen deshalb. Aber Rosenthal hat keine Ahnung davon.»

Sie sprachen von Steffi, von Posen. Es war unruhig um sie her. Rolf fragte: «Können wir uns abends mal treffen? Man kann hier nicht viel sagen.» Eva dachte: Steffi hat recht, er ist ernst geworden, fast schwermütig. Ich werde ihn kaum aufmuntern können, gerade ich! Aber sie sagte zu.

Panzhaff kam mit Rosenthal zurück, beide mit festem Schritt, in bestem Einvernehmen.

«Rosenthal ist unglaublich geschickt», sagte Rolf leise zu Eva.

Panzhaff sagte: «Bestellen Sie Ihrem Kommandeur, ich finde Ihren Vorschlag ausgezeichnet, und ich erwarte seine bindende Zusage.»

Rosenthal dankte militärisch stramm für die Anerkennung, griente aber bereits Eva entgegen. Panzhaff sah von einem zum andern. «Ah, Sie kennen sich.»

Die beiden Offiziere grüßten, sich verabschiedend. Der Zahlmeister blieb verblüfft stehen, sah den Davongehenden nach, denen Eva Leonhard, als sei es selbstverständlich, zum Tor voranging.

Die Ru trat von rückwärts zu ihm. «Herr Stabszahlmeister, das Essen ist angerichtet. Fräulein Leonhard hat ja noch Besuch. Ich denke, darauf können wir nicht warten.»

«Bestimmen Sie das – oder ich?»

«Frau Wolf hat mich gebeten, sie heute bei Tisch zu vertreten. Laut Hausordnung bin ich also die Hausfrau. Bitte kommen Sie.»

Der Spechtige stampfte wütend in den Speisesaal. – Warum bringt man es nicht fertig, die Frauen genauso zusammenzudonnern wie die Muschkoten? Sie kriegen Besuch! Sie bestimmen, wann gegessen wird! – Ich muß mich zusammenreißen, dachte er, sonst tanzen sie mir noch auf dem Kopf herum.

Sie trafen sich an der Ecke, wo einmal der große Kinopalast gestanden hatte, vor gar nicht langer Zeit, als die Wunden der Stadt noch so gering waren, daß sie sich verbergen ließen. Alle Soldaten trafen sich hier mit ihren Mädchen, oder sie gingen auf und ab, um eines zu finden.

«Es ist überall zu voll, man kann nirgendwo hingehen», sagte Rolf. «Schlendern wir zum Bollwerk hinunter.»

Eva war es recht. Damals in Posen hatten sie auch im Gehen gesprochen. Wichtiges und Dunkles, was keiner hören durfte.

Rolf erzählte, daß er in Dresden, als er mit Steffi auf Wohnungssuche war, ein Treffen mit seinem Onkel Philipp arrangiert hatte. Das war der Justizbeamte aus Tübingen. Man hatte ihm nun auch Uniform verpaßt. Steffi gefiel ihm sehr, worüber Rolf sehr froh war, denn seine Eltern wollten von der Verbindung mit Steffi nichts wissen. Sie hielten nicht viel von den Österreichern, warfen ihr vor, sie sei ihm nachgelaufen, als sie sich nach Prag versetzen ließ, wo er damals fest stationiert war.

«Aber wir sind eins, Steffi und ich», sagte Rolf. «Sie ist viel reifer geworden seit damals, läßt sich von Schwendtmayr auch nicht mehr alles bieten. Ich muß jetzt bloß zusehen, daß wir beide das Ende heil überstehen. Ich glaube, das ist das schwerste.»

«Glaubst du, daß es nahe ist, Rolf?»

«Es muß einfach. Es sieht doch trostlos aus. Wir können nicht weiter.»

«Wann – denkst du?»

«Bevor es Winter wird – spätestens. Ich denke, daß ich solange durchhalte.»

«Wie meinst du das? Bist du krank?»

«Bis jetzt noch nicht. Aber man könnte es vielleicht werden.» Er begann zu lachen, leise erst, ganz in sich hineinkichernd, dann stärker werdend, im Crescendo, auf- und absteigend im Ton.

Eva war befremdet. «Du lachst. Ich finde das alles durchaus nicht spaßig.»

Er hielt plötzlich inne. «Nein, ich auch nicht», sagte er mit einem bissigen Ernst. «Aber deshalb lache ich. Hörst du, deshalb lache ich ja gerade. Man kann einfach nichts anderes tun als etwas völlig Irrsinniges, wenn man alles weiß, alles gesehen hat. Alles! Den Winter in Rußland auf dem Rückzug. All die Heldentode, die keine waren, all die Opfer, die keinen Sinn haben, weil das Deutschland, für das wir kämpfen sollten, von Anfang an ein Hirngespinst war. Aber an so große Dinge denkt man gar nicht mehr. Heute nicht mehr. – Winter in Rußland! Eva, das war Gegenwart, vier, fünf, sechs Monate lang. Man lernt es in der Geschichtsstunde: ‚Mit Mann und Roß und Wagen hat sie der Herr geschlagen.' Aber man sieht sie nicht, fühlt nicht mit. Der Imperator rettete sich im Schlitten nach Frankreich zurück, aber die anderen? Das Fußvolk? Eva! – Es ist kalt, kalt, kalt! Man muß seine Notdurft verrichten. Es ist zu kalt. Man kann keinen Knopf mehr öffnen, keine Schnalle mehr lösen, die Nase nicht mehr bändigen. Man schleppt seinen Körper wie einen eklen, lästigen Sack. Man wird zur stinkenden schleimigen Masse, zum Tier, zu einem Stück Kot.»

Eva unterbrach seine Anklage nicht. Es war nichts mehr aufzumuntern. Sie sahen gemeinsam in das träge fließende Wasser der Oder. Weiter konnte sie nichts für ihn tun: zuhören und mit ihm sein.

«Jetzt haben sie mich wieder zu einem Sonderlehrgang geschickt. Aber was sie mit uns vorhaben, scheinen sie selber kaum zu wissen. Die Direktiven fehlen wohl noch. Unter uns munkeln sie etwas vom Einsatz der Vergeltungswaffen. Wenn das stimmt – ohne mich! Für mich ist die Menschenschlächterei zu Ende. Fast fünf Jahre habe ich mich damit gequält. Ich mußte um mich hauen – mußte, sonst wäre ich selber draufgegangen. Aber nun ist's Schluß.»

Er hieb auf das Eisengeländer, sah das Mädchen an, eindringlich, als wolle er erkennen, ob sie ihn verstanden habe. Er verzog den Mund zum Grinsen.

«Bitte! Nicht wieder lachen!» Es klang flehend.

«Das läßt sich schon bald nicht mehr befehlen», sagte er.

Sie gingen weiter. Er setzte ein paarmal an, als ob er ihr etwas sagen wolle, fing sich, dachte von neuem nach, sagte irgend etwas Belangloses, brach ab, sich selbst verspottend.

Er quält sich, dachte Eva. Irgend etwas quält ihn. Erinnerungsbilder, Ekel vor der Zukunft. Es muß schlimm sein, alles zusammengenommen. Und dieses Lachen vorhin! Das war schaurig.

Endlich sagte er: «Steffi braucht vielleicht einmal jemanden, um sich auszusprechen. Wenn sie in Dresden ist, meine ich, und ich sonstwo bin. Würdest du dann mal hinfahren?»

«Bestimmt, Rolf. – Bestimmt, ich verspreche es dir.»

«Sie mag dich sehr. Ich dich übrigens auch.»

Er sprach so bewegt, daß Eva zu einem Scherz Zuflucht nahm.

«Dann kann ich ja bei euch Trauzeuge werden.»

«Ach ja», er fuhr, sich besinnend, mit der Hand über die Stirn. «Hochzeit – heiraten! Hat dir Steffi davon geschrieben? Vielleicht schaffen wir es noch, zwischen Lehrgang und Einsatz. Heiraten! Ich habe es noch nicht eilig damit gehabt, weil ich immer dachte, Steffi trüge es noch schwerer, wenn mir etwas zustieße. Was meinst du dazu?»

«Das ist eins, Rolf. Es ist immer gleich schwer. Der Grad der Liebe ist entscheidend. Bin ich äußerlich gebunden, kann ich auf Mitgefühl rechnen. Weiß niemand etwas von meiner Zuneigung, stehe ich allein da. Das ist der einzige Unterschied. Der älteste Sohn unserer Wohnheimführerin ist kürzlich gefallen. Sie war außer sich, aber unsere Teilnahme hat ihr wohl gutgetan.»

«Warum heiratest du nicht, Eva?»

«Das ist bei mir alles sehr kompliziert.»

«Ich weiß. Du mußt sehr vorsichtig sein. Du bist ein Prachtkerl, daß du's nur weißt. Den Wedelstedt hätte ich gern noch mal getroffen, aber da vorn im Dreck ist er mir nicht übern Weg gelaufen. Bei dem hätte ich mich vergessen.»

«Jemand hat ihn getroffen. Im Nordabschnitt. Er ließ russische Zivilisten erschießen.»

«Paßt zu ihm. – Was wird man zu uns sagen, wenn man uns nach dem Kriege fragt, was wir gemacht haben?» Er besah seine

Hände. «Die haben getötet, werde ich sagen müssen. Paßt zu Ihnen, wird man mir antworten. Ab mit dem Kerl. Ein Stück Kot, ein Bündel Haß, bestenfalls ein Dummkopf, der sich verführen und mißbrauchen ließ wie die Bauernmagd von ihrem Herrn. So wird man urteilen, Eva! – Und wenn man Menschen braucht, mit denen man unser zerstörtes Haßland wiederaufbauen will, dann wird man mit der Laterne suchen und über uns hinwegsehen. – Was hast du denn, Eva? – Ach so, Vorwarnung, na ja, das Übliche. Was kann uns schon noch passieren!»

Er lachte leise, als er sich vor der Schule von ihr verabschiedete. Sie fuhr zusammen. Er hielt ihre Hand und merkte es. Sofort bezwang er sich. «Schreib Steffi, daß wir heute sehr fröhlich waren», sagte er bitter.

Er ging weg, ohne eine neue Verabredung zu erbitten. Sie blieb noch einen Augenblick im Toreingang stehen, sah ihm nach. Er ging dicht an der Hausmauer entlang, schlendernd, wie einer, der kein Ziel hat. Die Straße war sehr still. Sie hörte ihn lachen. Drei Häuserfronten weit. Sie schauderte und ging hinein.

Einige der Mädchen trugen ihre Koffer in den Keller. Eva fand die Ru angezogen auf dem Bett sitzend. Sie riß einen Brief in kleine Fetzen.

«Wie sag' ich's meinem Kinde! Wenn ich ein paar Zeilen geschrieben habe, kommt mir alles läppisch vor.»

Sorgfältig sammelte sie die Papierfetzen auf.

«Und wie war's bei dem schönen Leutnant? Hast du ihn von mir gegrüßt? Kinder, dieser Bursche ist eine Augenweide! Hat sich nicht ganz Stettin nach euch umgedreht? Nur zu ernst ist er für sein Alter. Ich möchte ihn mal lachen sehen.»

Die Ru wunderte sich, daß Eva sich ganz in ihre Ecke verkroch. Es brannte nur ein Notlicht im Saal. Erst als die Sirene losbrüllte und alle Mädchen eilig in den Luftschutzkeller gingen, merkte Ru, daß Eva leise schluchzte.

Martin Uhlig erinnerte sich deutlich des Tages, an dem er Wodruba zurückgeholt hatte. Das war vor reichlich einem Jahr gewesen. Heute mußte er eine weit kostbarere Beute heimfliegen: den Doktor. Sie hatten ihn tatsächlich ein paar Tage festgehalten, vermutlich, um ihm mal zu zeigen, wer man war.

Im Führerhauptquartier große Sprüche machen, Filme über

gelungene Versuche vorführen – und dann, nach angemessener Frist, keine ernst zu nehmenden Ergebnisse! So mochte der Doktor auf die Skeptiker in der Obersten Heeresleitung wirken. Ob das Mißtrauen aus den Reihen der SS kam, wie manche vermuteten, hätte Uhlig gern gewußt. Es rückte den Vorfall beinahe in die Sphäre des Grotesken, da der Doktor selber einen hohen Offiziersrang bei den Schwarzröcken hatte. Jetzt saß er mit abwesendem Blick da und kaute an seinem Ärger.

Hatte er den unfreiwilligen Abstecher einem Mißverständnis zu verdanken, war sein Zorn verständlich. Verlorene Tage, unnötige Aufregung, lähmender Schreck in der Versuchsstelle. Steckte mehr dahinter, etwa wie Hanke höhnend herumerzählte, dann hatte man ihm die Gretchenfrage gestellt: Was ist Sache? Ihr kommt zu langsam von der Stelle. Wo steckt der Bremsklotz? Aber wenn einer solchem Bluff gewachsen war, dann war es der Doktor selbst. Faszinierend konnte er über die Komplikationen reden, mit denen bei jedem Startversuch gerechnet werden mußte. Von rund fünfzigtausend verschiedenen Maschinenteilen, die im A4 eingebaut waren, durfte nichts ausfallen. Offenbar hatte er diesmal mit seinen imponierenden Daten – sechshundertfünfzigtausend PS Leistung kurz vor Brennschluß des Raketenofens – keinen großen Eindruck gemacht.

Uhlig beobachtete seinen Fluggast aus den Augenwinkeln. Kein Wort war bisher gefallen. Nicht einmal über das Flugwetter oder den Höhenmesser, der anfing zu schwimmen, wenn man über zweitausend Meter stieg. Das war selbst für jemand, der Pilot war, ungewöhnlich, insbesondere für den Doktor, der bei jeder Dienstreise schon das Flugzeug als Peenemünder Territorium betrachtete und sofort Anknüpfungspunkte suchte, um weitgehend informiert zu sein, wenn er die Insel wieder betrat. Heute kam keine Frage. Er saß mit hochgezogenen Schultern und verkroch sich in seinem Ledermantel wie in einem Futteral. Sie überflogen die Oderniederung. Gleich mußte die Insel in der Ferne auftauchen. Uhlig machte ihn darauf aufmerksam. Der Doktor nickte, ohne den Blick von dem imaginären Punkt loszureißen, den er irgendwo trotz des ständigen Wechsels von Bläue und Wolken gefunden zu haben schien, und schwieg weiter.

Allmählich reizte dieses Vor-sich-hin-Brüten den Piloten. Er hätte am liebsten ein paar Anzüglichkeiten von sich gegeben. Aber bei aller Loyalität, die der Doktor im Umgang mit seinen Mitarbeitern zeigen konnte, legte er Wert auf ganz bestimmte Grenzen. Das hatte ihm, dem glänzenden Gesellschafter, der sich einmal burschikos über Konventionen hinwegsetzte und das andere Mal sich der jeweils geforderten Etikette anpaßte, den Ruf eines genialen Menschen verschafft. Uhlig sah zur Seite, zum Doktor, dessen breite Kinnpartie mahlte. Da half kein Kaiser und kein Gott! Spöttisch zitierte Uhlig ihn in Gedanken. Der «Kolumbus des Weltalls» hatte eine Lektion erhalten, wie man Führertreue handgreiflich beweist. Raketen auf Engelland! Einen Titel auf Vorschuß hatte er kassiert – und Geld und Tausende von Hilfskräften. Die Zeit drängte.

Noch immer mahlte der breite Unterkiefer – Zorn, Wut. Aber die Haltung war schon aktiver. Mit vorgebeugtem Oberkörper saß er, hinter der Stirn formten sich Pläne. Denen werde ich's zeigen! Eines Tages werde ich über sie alle hinwegschreiten, ohne Pardon! Sein breites Kinn — die SS-Uniform — manchmal hatte er sie zu wichtigen Anlässen getragen ... Vor Uhligs Augen tauchte eine Szene auf, die zu vergessen er sich vergeblich bemühte.

Ein Mädchen – sie war nicht viel älter als Eva – wurde mit Fußtritten aus ihrem Büro gestoßen und roh auf einen offenen Lastwagen gezerrt. Sie wird abgeholt, hieß es flüsternd, mitleidig und scheu. Abgeholt hatte man auch den Doktor, der jetzt neben ihm schweigend an der Errichtung eines neuen Nimbus zu knobeln schien – dem Nimbus des tragischen Helden.

Was war wirklich tragisch? Das Mädchen ging Uhlig nicht aus dem Kopf. Bei ihr mochte es um mehr gehen als um Ehrgeiz und Eitelkeiten. Und gerade weil es um mehr ging – um eine Überzeugung vielleicht –, trat und stieß man sie, und kein General würde für sie auch nur ein Wort riskieren.

Uhlig glaubte, nicht recht gehört zu haben. Sein Begleiter hatte das erste Wort von sich gegeben. Es war ein kräftiger Fluch. Der Doktor bemerkte seine Überraschung und spottete: «Sie haben sich nicht verhört.» Er schien sich zu fangen. «Was war inzwischen auf der Insel los?»

«Nichts Gescheites. Ein Haufen Gerüchte gehen um. In Zinnowitz will man einen Geheimsender entdeckt haben. Hanke brüstet sich damit. In Wirklichkeit hat es der Peil- und

Abhördienst rausgekriegt. Aber das Mädchen, das dahinterstecken soll, hat er selber zur Strecke gebracht.»

«Wer ist das?»

«Ein Fräulein Peplow, von der Personalabteilung. Ganz ruhiges Mädchen. Gestern hat man sie abgeführt.»

«So.»

«Einer kommt, der andere geht! Was haben wir für eine sonnige Jugend.»

«Kann man wohl sagen!» erwiderte Uhlig bissig. Zugleich dachte er wieder, daß es ein großer Unterschied sei mit dem Kommen und Gehen. Die Peplow war in den Händen der Gestapo. Da kam sie nicht wieder.

Eva Leonhard schien sie näher zu kennen. In Stettin hatte er gerade so viel Zeit gehabt, um sie vom Flugplatz aus anzurufen. Er war enttäuscht, daß sie einander nichts Erfreuliches zu sagen hatten als die Neuigkeiten von der Insel. Daß sie so merkwürdig still geworden war bei der Nachricht über Hanna Peplow, konnte freilich an seinem Ungeschick liegen. Er hatte Hanke erwähnt, und der war ja nicht unschuldig an ihrem eigenen Weggang. In dieser Hinsicht hatte der Doktor recht, alles war so, wie das Kraftwort es ausdrückte. «Scheiße», knurrte Martin Uhlig und setzte zur Landung an. Morgen würde er wieder aufsteigen – und übermorgen – und jeden Tag, wie es befohlen wurde. Jemand hatte ihm einmal etwas Ketzerisches gesagt über Befehlende und Befehlsempfänger. Das war Baer, damals in Rußland. Vielleicht hatte er recht. Aber weil er recht hatte, saß er jetzt womöglich irgendwo hinter Stacheldraht. – Nein, das war nichts. Da machte man doch lieber seinem Herzen ab und zu mit ein paar kernigen Worten Luft – und flog weiter, morgen so wie alle Tage, und half, den Kirschkern einsatzreif zu machen. Der Doktor hielt es ja nicht anders, und der war einer von den ganz großen Geistern unter der Sonne.

Da habt ihr ihn wieder, euren Chef-Astronauten, dachte Martin Uhlig, als die Maschine auf der Rollbahn auslief und das Flugplatzpersonal gerannt kam.

Als es mit dem Stabshelferinnen-Lehrgang zu Ende ging, konnten auch die Schwerfälligsten einen Brief aufsetzen mit Betreff, Bezug, HVB1, römische Nummer Strich arabische Nummer, Datum, Unterschrift.

Panzhaff hatte es zwar nicht vermocht, sie die volle literarische Qualität der Verfügungen des OKH erkennen zu lehren. Immerhin schienen die meisten der nunmehrigen Stabshelferinnen die Notwendigkeit dieser wichtigen Schriftstücke einzusehen und waren somit bereit und tauglich, der Vervielfältigung, Verbreitung, Weiterbeförderung und Auswertung ihre ganze Kraft zu widmen. Wenige Tage vor dem Abschluß wurde den Mädchen ihr künftiger Einsatzort mitgeteilt. Alle waren voller Spannung. Wie weit würde man sie nach vorn schicken? Die Namen der vorläufigen Einsatzorte klangen pommersch. Es war nicht so aufregend, wie man gedacht hatte.

Die Ru wurde nach Kolberg kommandiert, zum Wehrkreis-Sanitätspark. Eva kam als letzte an die Reihe. Oberstabsintendant Nimz saß breit an seinem Schreibtisch. Sein kleiner Mund unter dem Bärtchen war kaum zu sehen. Panzhaff saß seitlich, die Beine übergeschlagen. Er war zufrieden, die Dressur war beendet. Sein linker Fuß wippte. Das Spechtige blieb unaufdringlich, weil er den Kopf ruhig hielt und ungemein freundlich war. Nimz sprach ebenfalls sehr freundlich. Man sah kaum, daß sich seine Lippen bewegten.

Staunend und ungläubig vernahm Eva, daß man sie auserwählt habe, vorläufig Frau Wolf zu vertreten, die nach dem schweren Schicksalsschlag einen Nervenzusammenbruch erlitten habe und vorläufig nicht zurückkommen könne. In zehn Tagen beginne der neue Lehrgang der Jungstabshelferinnen, Zeit genug für Eva, sich einen Einblick zu verschaffen in die technischen Belange, die Küchenleitung, die Wäsche, die Karteiführung, Hausordnung und so weiter. Von der Wehrkreisverwaltung habe sie in jeder Hinsicht größte Unterstützung; in den nächsten Tagen werde sie dem Kommandierenden General sowie dem Generalintendanten vorgestellt. Stabszahlmeister Panzhaff habe sie vorgeschlagen, weil nun mal die Devise sei, daß Jugend von Jugend geführt werde, und weil er beobachtet habe, daß sie ein ausgeprägtes Talent besitze, mit Menschen umzugehen. Das Vertrauen, das ihr die Lehrgangsteilnehmerinnen entgegenbrächten, sei auffallend. «Und solche Menschen brauchen wir!»

Der Oberstabsintendant erhob sich von seinem Sitz. Panzhaff straffte sich, und Eva beeilte sich, das gleiche zu tun. Nimz ging um seinen Schreibtisch herum und streckte ihr die Hand entgegen. «Ich gratuliere Ihnen, Stabshelferin Leonhard. Sie dürfen diese Berufung als Auszeichnung betrachten.»

Eva erlaubte sich einen Einwand. Sie habe keinerlei Erfahrung, sei noch nie in leitender Stellung gewesen. Die beiden Männer lächelten. Ihre Bescheidenheit spreche für sie, sagte Panzhaff, und sie könne mit allem, was ihr Schwierigkeiten machen sollte, zu ihm kommen.

Am Abschlußtag gab es ein festliches Essen unter Teilnahme aller Lehrkräfte. Eva hatte den Ehrenplatz inne, rechts vom Ranghöchsten, dem Oberstabsintendanten. Sie galt bereits als Repräsentantin des Hauses.

Die Ru fehlte. Sie hatte am Tage vorher die telefonische Nachricht bekommen, daß ihr Verlobter schwer verwundet in ein Lazarett in Fürstenberg eingeliefert worden sei. Sein Weitertransport schien wahrscheinlich. Der Lehrgang war so gut wie abgeschlossen, man hatte sie sofort reisen lassen.

Eva musterte die Tischrunde. Die achtundzwanzig Mädchen, mit denen sie sechs Wochen lang zusammen gelernt hatte, waren guter Stimmung. Sie versorgten ihre Lehrer, die Zahlmeister und Intendanten, mit Salat und Kompott. Der Spechtige hatte sich geschmeichelt im Stuhl zurückgelehnt, der NS-Führungsoffizier entpuppte sich als glänzender Unterhalter. Er hatte ihnen kürzlich in einem Vortrag erklärt, die Machtergreifung Hitlers sei schon deshalb eine geschichtliche Großtat, weil sie die erste wahrhafte Revolution in Deutschland sei. Im November 1918 – das sei nur eine Revolte gewesen. Die Mädchen hatten es geschluckt wie alle übrigen Weisheiten. Die Ru hatte wieder etwas an den Rand gemalt, es nachher jedoch dick ausgestrichen.

Eva fühlte so etwas wie Stolz, daß das Abschlußfest so gut verlief. Sie hatte am Morgen ihre Sachen in das Zimmer der Wohnheimführerin gebracht. Wie lange war es her, daß sie vier Wände für sich gehabt hatte?

In ihrer Handtasche steckte ein umfangreiches Schlüsselbund. Wäscheschränke, Vorratsräume und Hausapotheke waren unter ihrer Kontrolle. Sie war Hausherrin. Das hörte sich gut an. Sie hatte eine Aufgabe, hatte Verantwortung. Man durfte nur nicht weiterdenken. – «Wahrlich, wahrlich, ich sage dir ...» Sie hätte in der Muna bleiben sollen, ein winziges Kettenglied, ein Stäubchen. Aber das war unbequem – und unbehaglich, weil man wußte, daß Hans Tiefenbach um die dritte Schwinge rang und eine Frau vom Format Carla Winters bewunderte. Auch Martin Uhlig hatte zäh an einer Aufgabe gearbeitet und ein Ziel erreicht. Neben dem Schlüsselbund in Evas Tasche steckte ein Brief. Er kam von der Insel, von Martin Uhlig. «Ich muß Dir schreiben», stand da, «weil es geschafft ist. Schau in die Zeitung, und Du wirst sehen, daß wir unseren Kirschkern wirklich und endlich in Nachbars Garten spucken.»

Eva hatte es gelesen. Die groß angekündigte Vergeltung war im Gange. Der offizielle Name der Flugbombe war V I.

«Geschafft!» Das war die eine Seite. Jürgen Baer, der sich verbergen mußte, und Hanna Peplow, die man ins Konzentrationslager gebracht hatte, das war die andere.

Neben ihr lachte Nimz. Er hatte ein hohes, meckerndes Lachen. Eva fuhr zusammen, mußte an Rolf Küppers denken. Wie er seine Hände besehen hatte! «Man wird uns fragen, was wir getan haben, wenn der Krieg aus ist –»

4

Im Offiziersrang

Was ist das Schönste im Leben – und was ist das Schwerste im Leben?

Eva war zumute, als hätte das kurze Wiedersehen mit Hans Tiefenbach nur aus diesen beiden Fragen bestanden.

Er hatte ihr telegrafiert, er komme auf einer Reise nach Ostpreußen über Stettin. Sie hatte die unfreundlichen Säle mit Blumen verschönt und ihm die Jungstabshelferinnen-Schule gezeigt. Dann ließ sie Kaffee kochen. Nach dem letzten Bombenangriff hatte es fünfzig Gramm Bohnenkaffee gegeben. Die Köchin brachte ein Stück Hefezopf dazu, der vom Sonntag übriggeblieben war. Eva gab ihre Anweisungen an das Personal sicher, freundlich, als wäre sie es seit langem gewohnt. Das

Schlüsselbund lag dekorativ neben Telefon, Reiseschreibmaschine und Leitz-Ordnern auf dem Schreibtisch.

Hans Tiefenbach saß in dem einzigen Sessel ihres schmalen Büros, sah sich um, beobachtete sie bei ihrem Tun. Eine Jungstabshelferin kam, bat um ein Kopfschmerzmittel, sah den Besucher, blickte verstohlen neugierig und zog sich mit einer Entschuldigung zurück. Sie schien die Kunde im Hause verbreitet zu haben, denn die nächste Stunde verlief ohne Störung.

«Jetzt hast du eine Aufgabe. Ich freue mich für dich», sagte er und wollte, daß sie sich neben ihn setze.

Sie rückte ihren Schreibtischsessel so, daß sich ihre Knie berühren konnten. «Es könnte jemand kommen», sagte sie.

«Natürlich, du bist ja im Dienst.» Er lächelte, zog sie an sich heran, und sie küßten sich. Er tastete nach dem Armkettchen an ihrem linken Handgelenk.

Sie duldete nur seine Hand auf der ihren. Er fand, sie sei überkorrekt. Sie fand, er hätte vielleicht schon früher einmal über Stettin kommen oder einen anderen Weg finden können zu einem kurzen Treffen. Er begriff ihren Vorwurf nicht. Seit Monaten saß er fest, im südlichsten Zipfel Deutschlands. Er hatte sich mit Professor Leupold auf halbem Wege getroffen, um das gemeinsame Werk auf die Beine zu bringen. Im Herbst solle es endlich erscheinen. Ihm verging die Zeit wie im Fluge. In Mitteldeutschland arbeiteten sie fieberhaft an den ersten A-4-Serien. Es könne sich nur noch um Wochen handeln, dann beginne der Einsatz. Jetzt müsse er nach Ostpreußen, dürfe natürlich nicht über seinen Auftrag sprechen. Aber er könne sie beruhigen, er habe nur zu beraten und werde bald wieder Stettin berühren. Wo man ihn dann stationieren werde, wisse er allerdings noch nicht. Die Invasion der Anglo-Amerikaner habe etliche Pläne über den Haufen geworfen. Es sei gut, daß die Abschußbasen des A 4 beweglich seien.

«Du glaubst also jetzt daran, daß das A 4 kriegsentscheidend wird?» fragte sie ihn.

«Wir hoffen es alle. Wir müssen es hoffen. Es ist vermutlich die letzte Chance.» Er hatte, die Arme auf seinen gespreizten Knien, nach vorn gebeugt, vor sich hin gesprochen. Ihm fiel auf, daß sie nichts erwiderte. Als er aufsah, blickte sie zum Fenster, die Augen krampfhaft weit geöffnet, wie man es tut, wenn man aufsteigenden Tränen den Austritt verwehren will. Er fuhr sich mit der Hand über die Stirn, quälte seiner Stimme vergeblich Überzeugungskraft ab. «Du mußt das verstehen, Ev. Man hat jahrelang eine Aufgabe, arbeitete dafür. Man kann nicht wünschen, daß sie umsonst war. Ich bin nun einmal kein Mann wie jener Stauffenberg, der am 20. Juli Hitler umbringen wollte. Ich kann keine Bombe ins eigene Lager legen. Das geht gegen mein Gefühl. Denk, was du willst.»

Sie war wieder Herr über sich. «Du meinst also, man muß alle Kraft zusammennehmen, um den Krieg doch noch zu gewinnen?»

«Wenigstens es auf ein Remis bringen. Eine Niederlage wäre nicht auszudenken. Da wären wir alle dran.»

«Und wenn wir siegen, dann bin nur ich – und meinesgleichen – dran.»

«Ev! Du weißt, ich spreche nie von meinen Verdiensten. Aber dann, nach dem Kriege, würde ich es tun. Und den wollte ich sehen, der dir das Recht streitig machte, an meiner Seite zu leben – in Deutschland! Zu leben, wo und wie es uns paßt!»

Sie nickte abwesend, obwohl sie jetzt nahe bei ihm war. «Du hast einmal gesagt, das Schönste im Leben sei, eine große Aufgabe zu haben. Ich habe mir immer überlegt, was das Schwerste im Leben ist. Jetzt weiß ich es: die Wahrheit von der Lüge zu scheiden.»

Er war betroffen, schüttelte den Kopf und gab ihr dann schließlich nachdenklich recht.

Sie mußte ihn bald danach verabschieden, am Tor schon. Zum Bahnhof konnte sie ihn nicht begleiten. Die Jungstabshelferinnen strichen im Flur herum, warteten offenbar, hatten Fragen und Wünsche. Eva entließ Hans schweren Herzens.

Carla Winter, dachte sie, der Umgang mit Carla Winter hat ihn geformt. Er liebt sie wohl nicht, nein, ganz sicher nicht, aber sie hat Macht über ihn, weil sie eine Persönlichkeit ist. – Sie, Eva Leonhard, wollte auch eine Persönlichkeit werden. Darum war sie hier, hatte sich herausheben lassen aus der namenlosen Masse. Panzhaff hatte gesagt, sie stehe jetzt im Offiziersrang. Aber der Weg war falsch, alles war falsch, die Ru hatte recht. Und es stimmte auch, daß es sehr schwer war, Unwahres von Wahrem zu scheiden. Jürgen Baer wäre enttäuscht, wenn er sie jetzt sähe. Vielleicht hielt er sich bei Stettin versteckt. Vielleicht war er ihr näher, als sie ahnte!

Die Ru saß jetzt im Wehrkreis-Sanitätspark in Kolberg als Stenotypistin beim Chefapotheker und fühlte sich kreuzunglücklich. Nicht wegen der Arbeit, aber wegen ihres Verlobten, mit dem sie innerlich seit vielen Monaten gebrochen hatte. Auf ihrem Rückweg von Fürstenberg, wo er noch immer im Lazarett lag, machte sie regelmäßig in Stettin Station. An einem solchen Tage sah Eva die Ru zum erstenmal weinen. Es war ein lautloses Weinen aus starren Augen, sparsam an Tränen und Schluchzen. «Ich wäre das gemeinste Frauenzimmer, wenn ich ihn jetzt nicht heiraten würde», sagte sie. «Sein Gesicht hat alles abgekriegt. Ausgerechnet das Gesicht. Die Chirurgen wollen ihm eine neue Nase machen. Sie reden davon, als brauchten sie nur in den Lehmtopf zu greifen. Aber ich weiß, was dahintersteckt. Ich habe mich im WSP erkundigt. Sie werden ihm den Arm an die Wange heften, damit Fleisch von dort im Gesicht festwächst, denn überall sind Löcher, Löcher, Löcher. Und aus dem Gesäß nehmen sie ihm vielleicht das Fleisch für die Nase.» Ihr herbes großes Gesicht fiel zusammen. «Eva! Ist das nicht entsetzlich? Ein Mann ohne Gesicht! Ich bekomme einen Mann, der kein Gesicht mehr hat. Gerade ich! – Ich bin drauf und dran, wieder an eine strafende Gerechtigkeit zu glauben. Sie hat mir meine Überheblichkeit nicht verziehen, meine Eitelkeit.» Dann fuhr sie aus ihrer Selbstanklage auf. «Sein Gespusi, die Rotkreuzhelferin, hat ihn natürlich im Stich gelassen. Ich möchte nicht wissen, wie oft sie ihm ihre Liebe beteuert hat, auf jede Weise, und wie siegessicher sie sich fühlte, weil sie jünger ist als ich und eine gerade Hüfte hat! Ihr macht jetzt niemand einen Vorwurf. Aber ich, ich habe ja noch seinen Ring, ich bin verpflichtet. – Ich weiß nicht, ob ich es kann. Nein, ich weiß es nicht.»

Eva schleppte mit ihrer eigenen Last die Lasten anderer durch die Tage dieses Spätsommers, über denen der Unheilsengel mit dem quälerischen Blick zu schweben schien, als wolle er sich an dem Lande rächen, das ihn verbannt hatte.

Steffi, die in einer Verwaltungsdienststelle in Dresden arbeitete, schrieb ihr ein Geheimnis, das bange machte, obgleich es Glück hätte sein können. Sie erwartete ein Kind. Sie selbst war weder bestürzt noch ängstlich, nur enttäuscht, daß man es Rolf nicht erlaubt hatte, sie nach dem Stettiner Lehrgang zu besuchen. Die Papiere zur Trauung waren vorbereitet, aber er hatte fortgemußt, hastig, mit geheimem Ziel, mit neuer Feldpostnummer. Er hatte, nachdem der Einsatz bekanntgegeben war, nicht einmal mehr Stadturlaub bekommen. Steffi bedauerte sehr, daß Eva ihr nichts über Rolf mitteilen konnte. Sie hatte gehofft, über manches Rätselhafte, was sie in seinen letzten Briefen gefunden hatte, Aufklärung zu bekommen. Trotzdem bemühte sie sich, guter Dinge zu sein. Sie war glücklich über seine Umsicht, mit der er ihr in Dresden ein behagliches, bescheiden kleines Heim geschaffen hatte, in einem massiven Gartenhäuschen, mitten im Grünen. «Dresden ist herrlich», schrieb sie. «Ich gehe zu Fuß zur Brühlschen Terrasse. Man lebt in der Stadt und ist trotzdem im Grünen. Wenn es in Stettin brenzlig werden sollte, hast Du bei mir Dein Zuhause. Vielleicht drücken die Russen bis zur Oder, aber bis zur Elbe kommen sie nicht.»

Wo war Rolf? – Die Frage beschäftigte Eva stark. Als Erich Rosenthal sie anrief und zum Samstagabend einlud, hoffte sie, von ihm Näheres zu erfahren. «Ich habe außer Ihnen noch jemanden eingeladen», sagte er, «jemanden, den Sie kennen.»

Sie horchte auf. «Rolf Küppers?»

Er lachte. «Mit dem ist doch nichts mehr los. Er hat 'nen kleinen Haschmich. Nein, ich verrate nichts.»

Die Nachrichtenabteilung, der Rosenthal angehörte, lag in einem ehemaligen Ausflugslokal am Stettiner Stadtrand. In dem parkähnlichen Garten, der in hügeliges Waldgelände überging, stand eine Blockhütte. Oberleutnant Rosenthal, praktisch und erfinderisch, hatte sie in eine beinahe gemütliche Junggesellenwohnung verwandelt. Das Haupthaus war zu eng geworden für die Offiziere. Die Baracken der Mannschaften zogen sich am Hügel hin. Oberhalb der Unterkünfte lagen starke Flak- und Scheinwerfereinheiten. Sie hatten es nicht verhindern können, daß fast ein Drittel der Stadt in Trümmer gegangen war. Darüber konnte auch das forsche Auftreten eines Oberleutnants Rosenthal nicht hinwegtäuschen, der im Strecksessel lag und sich von einem russischen Kriegsgefangenen bedienen ließ.

Er ging jovial mit dem kleinen Russen um, den er «Iwan» nannte. Etwa so, wie ein Herr seinem Hunde gutmütig das Fell klopft, wenn das Tier pariert. Stumm stellte der Kriegsgefangene, ein kleiner breitschultriger Bursche, drei Flaschen

Wein unter die Wasserleitung, legte einen Korkenzieher auf den Tisch und ging zur Tür.

«Iwan!» Rosenthal rief ihn zurück. «Wenn dunkel, du Fensterläden zumachen. Ganz fest, hörst du? Sonst Flieger kommen und machen bum-bum.» Er unterstrich seine primitive Redeweise mit entsprechenden Gesten.

Der Russe nickte zurückhaltend, sah auf das Mädchen und ging.

Eva wanderte im Zimmer umher. Der Raum, der zusammen mit einer Kochnische und einem winzigen Flur die ganze Blockhütte ausmachte, war als Jagdzimmer eingerichtet: holzgeschnitzte Wandleuchten, ein Sims mit Büchern über Jägerei, Hunde und Pferde, ein gemauerter Kamin.

«Alles selber gemacht», sagte Rosenthal stolz. «Zusammen mit Iwan», setzte er hinzu.

Das Zimmer sah aus, als solle es Wohnung für lange Zeiten bleiben. Der Besitzer schien die Unstetigkeit, die man dem Soldatenleben nachsagte, hinter sich zu haben. Eva fragte ihn, wie es komme, daß er in Stettin so seßhaft geworden sei.

Er lachte, während er Gläser putzte. «Man muß sich ein bißchen unentbehrlich machen. Ich bin WuG-Offizier, das heißt: verantwortlich für Waffen und Gerät. Aber ich frage Sie, was brauchen Sie? Was soll ich Ihnen besorgen? Möbel für Ihre Stabshelferinnen-Schule? Wildfleisch für Festessen? Pelzfutter für einen Ledermantel?» Er lachte laut auf, weil sie sich überrascht auf die Bank fallen ließ. «Es gibt noch alles in Deutschland. Wir sind noch gar nicht so arm.» In seinen blankgewichsten Stiefeln ging er forsch zum Schreibtisch und schloß eine Lade auf.

«Da –», mit nachlässiger Geste warf er ein Bündel Marderfelle auf den Tisch. «Wird ein hübsches Kollier. Wenn Sie meinen Freund Wedelstedt geheiratet hätten, wär so was vielleicht mein Hochzeitsgeschenk geworden.» Er beobachtete sie. Ihre Hand fuhr zögernd über die weichen Felle, ihr Gesicht verriet nichts. Er sagte gutmütig: «Aber Sie können sie auch so haben. Über den Preis läßt sich reden.»

Jetzt sah sie zu ihm auf, spöttisch. «Danke. Ich mag so etwas nicht. Pelze sind zum Wärmen da. So ein protziges Gebammel trage ich nicht.»

«Wie Sie wollen.» Er schwenkte das Bündel Felle durch die

Luft und stopfte es betont achtlos wieder in die Lade. «Vielleicht finden Sie hieran mehr Geschmack.» Er versuchte, eine Flasche weißen Bordeaux zu entkorken. Das gelang nicht gleich. Er preßte die Flasche zwischen seine Lederschenkel. Der Stopfen war zu hart, der Korkenzieher zu schwach, und der stramme Offizier war machtlos.

Eva lachte ein bißchen kindlich schadenfroh, als sie sah, wie er sich gereizt nach einem geeigneten Instrument umblickte. Aber auch Seitengewehr und Jagdmesser versagten. Da warf er die Flasche mit Schwung gegen den Kachelofen. Scherben klirrten, der goldgelbe Wein spritzte, rann an den Kacheln herab und ergoß sich über den Fußboden.

Eva war sehr betroffen. Es war lange her, daß sie zum letztenmal Haut-Sauternes getrunken hatte. Er war seit Jahren selten und kostbar.

Rosenthal ging stramm zur Tür, rief hinaus: «Iwan! Aufwischen! Scherben zusammenfegen! Dalli!»

Der süße Weindunst durchzog das Zimmer. Fast geräuschlos kam der junge Russe herein. Er schien Aufträge von solcher Plötzlichkeit gewohnt zu sein. Auf seiner Stirn zeigte sich eine steile Unmutsfalte, als er die zerbrochene Flasche sah. Während er fegte und wischte, wurden draußen Stimmen laut. Rosenthal begrüßte seinen zweiten Gast. Es war nicht Rolf Küppers, es war Anneliese Theuerkauf.

«Man kennt sich doch, nicht wahr?» Er sah zwischen den beiden Mädchen hin und her, stellte fest, daß die Überraschung vollauf gelungen war, wenn auch die Freude, mit der er gerechnet hatte, ausblieb.

Beide standen wie angewurzelt. Auf Evas Gesicht lag einige Sekunden lang instinktive Abwehr. Die Marinehelferin Anneliese brachte zuerst ein mühsames Lächeln zustande.

Rosenthal hatte sich auf die Ecke seines Schreibtisches geschwungen und klatschte sich auf die Oberschenkel. «Da seid ihr nun aus einem Dorf, ihr zwei Hübschen, und ich denke, ihr fallt euch um die Hälse, wenn ihr euch hier in der Fremde trefft! Habt ihr euch verkracht? Davon hat mir die Oberhelferin Theuerkauf gar nichts erzählt. Sie hat nur ein Loblied gesungen auf eine gewisse Eva Leonhard.»

Anneliese wurde rot, ging ein paar Schritte auf Eva zu und streckte ihr die Hand hin.

Eva nahm sie. «Du hättest ihm alles erzählen sollen», sagte sie.

«Wozu! Das ist doch nicht wichtig. Ich war damals nur maßlos eifersüchtig. Da ist es mir herausgerutscht.»

«Doch, es ist wichtig. – Sie wissen es sicher auch, Oberleutnant, daß ich jüdisches Blut habe.»

Rosenthal hatte eine neue Flasche zwischen den Knien. Er wirbelte den Korkenzieher durch die Luft. «Ach, richtig, hatte ich fast vergessen. Wedelstedt hat es mir mal geschrieben. Scheidungsgrund bei ihm. Ich nehme das nicht so tragisch, bin immer fürs Pikante. Drehen Sie sich mal zur Seite, Eva. Sieht man's eigentlich? – Na, na, nicht so empfindlich.»

Diesmal gab der Korken nach.

Rosenthal goß die Gläser voll.

«Meine Klitsche liegt nur zwanzig Kilometer von Ihrem Langenbrück entfernt. Nach dem Kriege werde ich Ihnen dort anders aufwarten können als hier in der engen Bude.»

«Was machen Sie eigentlich in Zivil? Haben Sie ein Geschäft?» fragte Anneliese.

«Ja, aber keins mit Ladentisch. Ich vermiete die dicken Berthas, die Dampfwalzen, beim Straßenbau. Und so zum Sport habe ich noch eine Nutriafarm. Platz ist genug da am Hause.»

«Wir werden also bei Ihnen den Sieg feiern, wenn keine Bombe in Ihren Weinkeller fällt.»

«Mein Haus treffen sie nicht. Das liegt abseits. Ich habe ganz alte Jahrgänge im Keller. Es wäre eine Schweinerei, wenn uns das Fest vermasselt würde, bloß weil wir nicht genug Talent haben zum Siegen.»

Anneliese ging der Scherz zu weit. «Sie haben gut reden. Sie sitzen hier im Trockenen.» Sie sah sich im Zimmer um. «Mein Verlobter ist bei Riga. Dort geht es anders zu.» Sie wandte sich an Eva. «Ich habe mich Weihnachten mit Karl-Heinz Wingensiefen verlobt. Wir waren in Stolp bei seinen Eltern. Mein alter Herr ist eigensinnig und will ihn erst kennenlernen, sonst wären wir schon verheiratet.» Sie drehte sich nach Rosenthal um. «Schenken Sie mir eine Flasche von Ihren alten Jahrgängen zu meiner Hochzeit?»

Er spottete: «Warten Sie doch bis nach dem Krieg, da stehen uns die Weinkeller ganz Europas offen.»

«Sie denken wohl, wir schaffen es nicht», sagte sie aufsässig.

«Die Offiziere sind immer die ersten, die sich von ein paar Rückschlägen entmutigen lassen. Das ist in unserer Dienststelle genauso.»

«Wieso? Es geht ja vorwärts. In diesen Tagen hat Thälmann ins Gras gebissen. Schon ein Feind weniger.»

«Damit sollte man nicht spotten», sagte Eva, die still in der Ecke lehnte. «Sicher hat er sehr gelitten im KZ.»

Anneliese sah sie von der Seite an. «An der Front leiden sie auch. Man darf nicht dran denken. Man muß das Seine tun, damit wir durchhalten können. Die besseren Nerven gewinnen, hat Goebbels gesagt.»

«Nerven ohne Panzer ist auch nicht das richtige», meinte Rosenthal.

«Wir *haben* Panzer – und Flieger –»

«Aber kein Benzin!»

«Kutschiert nicht soviel mit euren Fahrzeugen herum, dann ist auch genug Benzin da. Und die V I? Die holt keine Flak herunter!»

«Die Engländer lassen neuerdings Sperrballons mit Netzen hoch, damit sie sich drin verfitzen. Unterschätzen Sie unsere Feinde nicht, Fräulein Oberhelferin.»

«Unterschätzen Sie unsere Führung nicht, Herr Oberleutnant! Mit der V I ist unsere Vergeltung nicht erschöpft. Die Hauptsache kommt noch.»

«Es wird aber höchste Zeit.»

«Der Führer hat immer das Richtige zur richtigen Zeit getan. Verlassen Sie sich darauf, der große Schlag wird vorbereitet.»

«Schön wär's ja, wenn wir das große Würfelspiel doch noch gewännen!» Rosenthal schien das Gespräch beenden zu wollen. Er zog eine neue Flasche auf, wandte sich pfiffig Anneliese zu. «Trotzdem würde ich ihnen raten, mit Ihrer Freundin einen Versöhnungstrunk zu tun, falls Sie sie beleidigt haben.»

Eva stand am Schreibtisch und blätterte in einem Buch über Ornithologie.

Anneliese sah sie befremdet an. «Wir vertragen uns doch längst wieder.»

Er drehte das Radio auf Lautstärke. «Machen Sie's nur richtig offiziell. Ich bin auch freundlich zu meinem Iwan. Schließlich – man kann nie wissen!» Überlaut lachend sagte er: «Ein Prosit für die Damen!»

Sie tranken zu dritt.

Eva hatte nicht alles verstehen können, aber das Mienenspiel der beiden verriet ihr den Rest. Sie dachte: Wie erbärmlich, o wie erbärmlich bin ich geworden!

Verächtlich sagte Anneliese zu Rosenthal: «Sie sind ein Schuft» und hob den Ernst ihres Vorwurfes sogleich wieder auf. «Aber Ihr Wein ist gut. Haben Sie noch mehr davon?»

Rosenthal langte nach einer neuen Flasche. «Fangen Sie auf.» Er warf sie ihr zu, und Anneliese fing geschickt.

Iwan schloß die Fensterläden.

«Ich muß nach Hause», sagte Eva.

«Wir gehen doch dann zusammen», sagte Anneliese. «Bis zur Straßenbahn haben wir den gleichen Weg.»

«Ich muß vor dem Fliegeralarm zu Hause sein.»

«Fräulein Leonhard ist Wohnheimführerin einer Jungstabshelferinnen-Schule», sagte Rosenthal erklärend.

«Nur in Vertretung», betonte Eva.

«Oh! la! la!» Anneliese zog überrascht die Augenbrauen hoch. «Nun sage ich gar nichts mehr. Darf man dich mal besuchen?»

Eva nannte ihre Adresse.

«Ich fahre Sie hin», erbot sich Rosenthal.

«Sie waren wohl schon öfter dort?»

«Leider nicht. Da ist so ein Panzerkreuzer, der kehrt mit eisernem Besen. Die Heimbesatzung ist doch minderjährig, und die Heimführerin ist auch an das Keuschheitsgelübde gebunden.»

Eva verabschiedete sich lächelnd. Rosenthals Beobachtungen trafen auf Panzhaff tatsächlich zu. «Kommen Sie mit Anneliese, dann wird er nichts dagegen haben.»

Stabszahlmeister Panzhaff war wieder einmal um einen Grad zu feierlich, als er Eva mitteilte, daß sie zur kommissarischen Wohnheimführerin ernannt worden sei. Frau Wolf sei ausgeschieden, sie bleibe in ihrem Heimatort. Sie wäre niemals Jugendwohnheimführerin geworden, wenn sie nicht unter der Protektion des stellvertretenden Chefs des Generalkommandos gestanden hätte. Er, Panzhaff, hasse alle Protektionen. Jeder dürfe nur das erreichen, wozu er befähigt sei. Er sei alter Soldat, das bedeute: harte Schule durchgemacht, immer ehrlich gewesen, immer geradeaus marschiert, so wie es befohlen wurde; keine Winkelzüge, keine Seitensprünge. Ein ehrlicher, schlichter Soldat zu sein, das sei zeitlebens sein Ziel gewesen.

Er hatte eine Flasche Rotwein mitgebracht. Sie stammte aus der letzten Kasinozuteilung an die Offiziere und Beamten. Eva fand, daß die reelle Quelle weitaus saurer war als die unreelle bei Rosenthal.

Panzhaff kam stets nachmittags in die Schule. Abends hätte es Gerede gegeben. Aber am hellen Tage konnte er in seiner Funktion als stellvertretender Geschäftsträger wohl Besprechungen mit der Heimführerin abhalten und dabei in dem kleinen Büro eine Kleinigkeit trinken.

Zu dieser Zeit waren die Jungstabshelferinnen im praktischen Einsatz in den verschiedenen Heeresbetrieben der Stadt. Der Unterricht füllte nur die Vormittage aus.

Die mitgebrachte Flasche schien nicht die einzige der Zuteilung gewesen zu sein, denn der Zahlmeister war bereits redselig, als er kam. Nach seiner pathetisch vorgebrachten Ernennung küßte er Eva die Hand. Sie fühlte die Spitze seines gewaltigen Nasendreiecks auf ihrem Handrücken. Weit unangenehmer war ihr, daß er, sich aufrichtend, sie durchdringend anblickte.

Sie bot ihm Platz an. Väterlich legte er ihr die Hand auf die Schulter. «Schon gut, ich bin doch hier zu Hause.»

Er fragte, ob sie jemanden da habe, den sie nach Zigaretten schicken könne. Als sie verneinte, holte er eine volle Schachtel aus der Tasche. Er schien gar nicht daran zu denken, daß sie sich darüber wundern könnte. Irgend etwas beschäftigte ihn.

Er entwickelte seine Pläne. Ehe sie voll als Jugendwohnheimführerin anerkannt werde, müsse sie eine Schulung mitmachen. Oberstabsintendant Nimz habe sie schon gemeldet. Die «Deutsche Arbeitsfront» führe diese Lehrgänge auf ihren Schulungsburgen durch. Eva könne sich darauf einrichten, in allernächster Zeit auf vierzehn Tage abkommandiert zu werden.

Er trank, während er sprach, jeweils in zwei Zügen sein Glas leer, verlangte jedesmal, mit ihr anzustoßen, und versuchte dabei, mit seinem kleinen Finger ihre Hand zu streicheln. Er lachte, als sie reserviert blieb, und sagte: «So prüde sollen Sie früher nicht gewesen sein.»

«Wie meinen Sie das?» Eva fühlte ihr Herz stark klopfen.

Er putzte gleichmütig seine Brille. «Die Insel gehört, wie Sie wissen, zum Wehrkreis II. Sie sollen dort gute Arbeit geleistet haben. Die V 2 fliegt ja nun. Sie ist das Werk von Männern. Aber» – er trank ihr mit vieldeutigem Lächeln zu – «Sie werden auf Ihre Weise auch Ihr Scherflein dazu beigetragen haben.»

Eva überlegte fieberhaft. Wen hatte er gesprochen? Wer hatte ihm von ihr erzählt? Was wußte er?

Er hatte den letzten Schluck zu hastig getrunken. Ein Hustenanfall schüttelte ihn. Sie stand ratlos dabei. «Soll ich Ihnen etwas zu essen holen?» fragte sie, nur um ihre Unsicherheit zu verbergen und vielleicht einen Vorwand zu haben, aus dem Zimmer zu gehen.

Er nickte, noch mit dem Husten kämpfend. «Etwas Festes wäre nicht schlecht nach dem Rotwein.»

Sie nahm das Schlüsselbund und lief hinaus, eilig, erleichtert. Instinktiv machte sie an der Tür des Krankenzimmers halt und schaute hinein. Thea Panknin, eine Achtzehnjährige aus Schwerin, lag im Bett und strickte. «Wenn Sie inzwischen etwas hören sollten, Thea, ich bin im Keller», sagte Eva. Leise schloß sie die Tür wieder.

Sie hastete in den Keller, raffte Butter und Wurst aus dem Vorratsschrank und war schon wieder auf halber Treppe, als Panzhaff ihr entgegenkam. Breitbeinig, schwergewichtig stieg er hinab.

«Zeigen Sie mir doch mal die Vorräte. Sie können mir gleich sagen, wo es fehlt.»

Er drehte sie mit sanftem Druck herum und sie mußte ihm vorangehen.

Im Keller hantierte sie geschäftig an den Gazeschränken, erzählte, daß die letzten Kohlrüben fast durchweg holzig waren und daß die Köchin über muffige Graupen und feuchtes Mehl klage. Es war sehr still im Keller, und sie merkte plötzlich, daß er dicht hinter ihr stand. Da kam auch schon seine Hand und tastete sich an ihre Hüfte heran. Sie hörte ihn atmen.

«Rede nicht von Graupen und Kohlrüben», sagte er heiser, «ich bin verrückt nach dir, und es ist blöde, daß ich dir in den Keller nachsteigen muß, um dir das zu sagen.»

Eva sah im Halbdunkel seine Brillengläser, die Nase, die sich wie ein Vorposten heranschob. Wenn ich jetzt zuschlage, ist alles aus, dachte sie.

Sie machte eine schnelle Bewegung und schob dabei seine besitzergreifende Hand von sich. «Herr Stabszahlmeister, wissen Sie, was Sie mir gesagt haben, als ich die Schule übernahm? – ‚Halten Sie das Haus rein!'» Sie postierte sich vor ihm auf und markierte mit krampfhaftem Scherz Strenge. «Ich tue es.»

«Dann sag mir, wo wir uns treffen können.»

«Sie sind mein Vorgesetzter. Wollen Sie mich auf die Probe stellen?»

Er war einen Augenblick verblüfft, dann glaubte er, ihre Taktik zu durchschauen. «Du bist köstlich, Kind, einfach köstlich.» Er entwand ihr den Wurstteller, den sie unmerklich als Schild benutzte. Sie entkam und ließ ihn damit stehen. Als sie die Stufen hinaufsprang, hörte sie ihn dicht hinter sich.

Thea Panknin steckte den Kopf aus der Tür des Krankenzimmers. Rasch überlegend, blieb Eva auf der obersten Treppenstufe stehen. Ihr sekundenlanges Zaudern deutete Panzhaff zu seinen Gunsten, und ihre scheinbare Willfährigkeit nützend, faßte er sie von rückwärts um die Taille und wollte sie siegessicher über die oberste Schwelle heben. Als sie sich sträubte, wollte er etwas Begütigendes sagen, aber die Worte blieben ihm in der Kehle stecken, denn in der Tür stand Thea Panknin, eine Jungstabshelferin von mäßiger Intelligenz. Sie stand da, in ihren Bademantel gehüllt, einen Wollschal um den Hals, und starrte ihn, den Lehrer und Vorgesetzten, fassungslos an.

—

Eva trank mit heimlichem Widerwillen die Reste aus den Gläsern, die sie aus dem Krankenzimmer holte. Sie wollte, sie mußte krank werden! Sie setzte sich absichtlich nahe zu Thea Panknin, die ihre Angina noch nicht überwunden hatte. Sie atmete tief, um Bazillen zu schlucken. Warum reagierten ihre Mandeln, die sich sonst so empfindlich zeigten, gerade jetzt nicht? Wenn sie nicht umgehend krank wurde, müßte sie in der nächsten Woche nach Thüringen fahren und einen Lehrgang für Jugendwohnheimführerinnen mitmachen. Dazu brauchte sie noch einige Papiere und eidesstattliche Erklärungen. Die Arbeitsfront und die Hitlerjugend wollten wissen, warum sie vor dem Arbeitsdienst in keiner Organisation gewesen sei und ähnliches. Sie mußte von dort bestätigt werden, wenn sie Jugend führen wollte, und das tat sie als Wohnheimführerin, wie man sagte.

Panzhaff war es, der ihr das alles mitgeteilt hatte. Er ging dabei in seinem Arbeitszimmer auf und ab, hart, gewichtig, in Stiefeln. Er vermied es jetzt, sie in ihrem Büro aufzusuchen. Es schien ihm Freude zu machen, ihr Dinge zu sagen, die sie erregten. Daß ihr der Lehrgang unbehaglich war, hatte er gemerkt, obwohl sie es zu verbergen suchte.

«Ich lasse Ihnen den Wehrmachtsfahrschein für die zweite Klasse ausschreiben, wie es Offizieren zukommt», sagte er mit einer Liebenswürdigkeit, die wie Hohn klang, «damit Ihnen wenigstens die Reise Spaß macht. Ihre Vertreterin trifft am Montag ein.»

Eva ging matt und hilflos durch den warmen Herbsttag.

Wenn mir die Ru am Sonnabend kein Chininpräparat mitbringt, ist es aus, dachte sie. Dann muß ich mir kochendes Wasser über die Beine schütten.

Sie träumte bereits davon, abends, nach langem Grübeln im ersten Schlaf, sie sei auf einer Schulungsburg, und Frau Klemt halte einen Vortrag über das Thema: «Der Nationalsozialismus – die erste wahrhafte Revolution in Deutschlands Geschichte.» Alle klatschten Beifall, und nur sie, Eva, konnte keine Hand bewegen. Frau Klemt sah es und kam, mit einer Reitpeitsche in der Hand, auf sie zu.

Eva dachte darüber nach, wen sie ins Vertrauen ziehen könnte. Rosenthal würde es sicher fertigbringen, ihr ein Mittel zu besorgen, nach dem man Fieber bekäme. Aber sie scheute sich, gerade von ihm, für den die Kunst zu leben die Kunst zu handeln war, abhängig zu werden. Sie war sich zu unsicher, wie er seine Bemerkung «über den Preis läßt sich reden» gemeint hatte.

Sie dachte auch an Anneliese Theuerkauf, die Rotkreuzschwester gewesen war. Eines Sonnabends war sie mit Rosenthal vorgefahren, wie sie angekündigt hatte. Eva hatte ihr die Schule gezeigt. Anneliese hatte bewundert, hier und da kritisiert und freimütig gestanden, daß sie sich nicht zutraue, so ein Haus zu leiten und etwa vierzig Mädchen im Zaum zu halten.

Es war eine heimliche Spannung zwischen ihr und Anneliese, von der Eva kaum sagen konnte, wodurch sie sich ausdrückte. Aber sie war da. Ihr Haß, den sie nach dem Swinemünder Fest empfunden hatte, war verflogen. Anneliese war rasch, impulsiv, doch sie würde nicht hingehen und sagen: «Ihr habt da eine Jüdische zur Wohnheimführerin gemacht.» – Obwohl sie noch immer an den Führer glaubte, an seine Unbesiegbarkeit und Lauterkeit. – Oder täte Anneliese es doch? Hingehen, sie angeben, etwa wenn sie merkte, daß Eva sich bewußt krank machte, um der NS-Schulung zu entgehen? – Nein, sie konnte Anneliese unmöglich ins Vertrauen ziehen, es blieb also nur der Wassertopf, wenn die Ru versagte.

Wenn eine Frau sich einen Mann danach gewählt hat, daß sie mit ihm «über den Markt gehen» kann, und sie bekommt einen Krüppel aus dem Kriege zurück, vor dessen Gesicht die Kinder erstarren, so gehört eine immense Seelengröße dazu, diese Bürde tragen zu können.

Die Ru besaß sie nicht. Sie protestierte leidenschaftlich gegen die Willkür des Schicksals, das einen Zahlmeister – man bedenke: einen Zahlmeister – bei der Rückverlegung des Lazaretts, das er verwaltete, Opfer eines verirrten Geschosses aus Partisanenhand werden ließ.

Als die von Fürstenberg kam und über Stettin nach Kolberg zurückfuhr, kehrte sie wie üblich für zwei Stunden bei Eva ein. Sie war krank vor Ekel und Furcht.

«Wenn ich ihn noch lieben würde!» sagte sie. «Aber er war mir ja vordem schon gleichgültig. Du weißt es doch. Wir haben uns nichts mehr zu sagen. Und ich eigne mich nicht zur barmherzigen Samariterin. – Der Chefarzt hat mit mir gesprochen. Ich sei jetzt die beste Arznei für den Patienten, sagte er, und ich solle mir nur nicht anmerken lassen, daß ich Angst davor habe, wenn die Verbände abgenommen werden. – Ich habe mir alle Mühe gegeben, aber gemerkt hat er es doch, wie mir zumute war. Immer schon hat er's gemerkt, und er weiß, daß ich nur aus Pflichtgefühl komme. Er wollte mir gestern zuerst nicht die Hand geben. Es war schrecklich. Was soll ich bloß machen –?»

Natürlich hatte sie das Chininpräparat vergessen. Wer konnte es ihr verdenken? Auf dem Wege zur Straßenbahn sagte sie: «Der Krieg dauert nicht mehr lange. Vor kurzem habe ich noch gesagt, ich werde dann aufatmen, ganz gleich, was wird. Aber jetzt fürchte ich mich davor. Ein Mensch ohne Gesicht –!»

Eva vergaß das trockene Weinen dieses großen Gesichts nicht, mit dem die Ru, die sich scheute, Gefühle zu zeigen, von ihr ging.

Es häufte sich alles in ihr: das Weinen der Ru, Hanna Peplows Verhaftung, Rolfs fürchterliches Lachen, die krampfhafte Tapferkeit Steffis, die in ihren letzten Briefen davon schrieb, man habe Rolf in eine Anstalt bringen müssen, seine Nerven hätten versagt. Er sei nicht mehr ganz bei Sinnen, er lache unaufhörlich.

Es ist gut, daß Steffi ihn nicht lachen gehört hat, dachte Eva, gut für das Kind. Sein Lachen – es war wohl ein Vorhaben. Aber zugleich schien es ihr in der Erinnerung so echt, so grauenhaft echt –

Sie wollte nicht weiterdenken. Kurz entschlossen lief sie in die Küche. Die Köchin hatte den großen Topf auf dem Feuer, in dem Gemüsewürste schwammen. Dahinter stand der Kessel mit dem Teewasser. Nur ein bißchen rücken. Es fiel bestimmt nicht auf –

«Fräulein Leonhard!» Die Köchin faßte zu. «Herr des Himmels, was machen Sie denn?» Sie hielt den glühendheißen Topf, der über den Herdrand zu kippen drohte, ohne Topflappen, riß ihn mit einem Handgriff zurück. Das aufgewühlte kochende Wasser zischte über die Herdplatte.

Eva unterdrückte ein Stöhnen. Es tat sehr weh, aber sie wußte, daß es nicht genug war. Die Köchin war zu schnell zugesprungen. Nur der eine Fuß hatte etwas abbekommen, Panzhaff würde sie trotzdem auf die Burg schicken, allenfalls mit zwei Tagen Verspätung. «Die Zähne zusammengebissen», würde er sagen, «dem ersten besten Schmerz nachzugeben ist nicht Soldatenart.»

Thea Panknin versorgte den Fuß mit Brandsalbe und Binden. «Morgen früh rufen Sie aber den Arzt an», sagte sie, «und wenn Fliegeralarm kommt, holen wir Sie ab.»

Eva blieb allein in ihrem Zimmer. Die heiße Gemüsewurst, die ihr die Köchin brachte, rührte sie nicht an.

Es war umsonst, dachte sie, alles umsonst. Ich war zu zaghaft. Ich bin feige. Ich fürchte mich vor einem bißchen Schmerz. Noch einmal kann ich es nicht tun, es würde auffallen.

In dieser Nacht sank die Jungstabshelferinnen-Schule in Trümmer. Eva saß mit ihren Mädchen im Schutzraum. Sie kam sich wegen des verbrühten Beines hilfloser vor denn je. Das Dröhnen und Prasseln über ihnen war ungeheuer, viele Mädchen weinten und wimmerten, suchten Schutz aneinander wie vom Fuchs aufgescheuchte Küken.

Eva dachte: Die Ru hat recht, es gibt eine ausgleichende Gerechtigkeit. Die Mädchen wissen nicht, daß sie einen Jonas unter sich haben. Ich bin es. Man kann nicht so leben wie ich. Es ist eine Herausforderung an das Schicksal. Wenn ich die Nacht überstehe, gehe ich morgen früh zu Panzhaff und sage ihm alles.

Eva überstand die Nacht, mit allen ihren Mädchen.

Die Häuser glichen riesigen Fackeln, als die Hausbewohner nach der Entwarnung aus dem Schutzraum krochen. Die brennenden Dachstühle erhellten den Rest der Nacht, leuchteten den Rettungsmannschaften, die nichts mehr tun konnten.

Aus dem Erdgeschoß der Schule konnte noch einiges geborgen werden. Jeder brachte zuerst seine persönlichen Habseligkeiten auf die Straße. Thea half Eva, den Wäscheschrank auszuräumen, andere Mädchen sollten Decken und Matratzen bergen. Thea drängte.

«Das Feuer ist schon im zweiten Stock. Lassen Sie doch das Wehrmachtszeug, ich nehme Ihre Koffer.»

Eva dachte, jetzt müßte man zeigen, daß man doch nicht feige ist. Man müßte etwas retten unter Lebensgefahr. – Aber sie trug nur einen Packen Wäsche aus hartem Leinen.

Das Feuer fraß sich vom Dachstuhl aus nach unten. Die Straße glich einem Heerlager. Als die Decke ihres Zimmers zusammenbrach – Eva sah es von der Straße aus, die Flammen erfaßten sofort Gardine und Verdunklungsrollo –, da fiel ihr ein, daß in der Ecke hinter dem Schrank die Laute stand, die nordische Baßlaute.

Sie hatte sie vergessen.

5

Rechts und links vom Pommernwall

Eva ging nicht zum Stabszahlmeister Panzhaff und sagte «Seht her, das bin ich.» Die Sonntagnacht hatte schlagartig alles verändert. Panzhaff donnerte den Obmann der Deutschen Arbeitsfront an, der zu ihm kam und verlangte, daß die Jugendwohnheimführerin Leonhard zur Schulung reise. Ob er denn blind sei und nicht sehe, wo im Augenblick die Aufgaben Eva Leonhards lägen, hielt der Zahlmeister ihm entgegen. Es galt, die Mädchen, die sich in der Bombennacht tapfer gezeigt hatten, zusammenzuhalten, ihre Angst vor Wiederholungen zu zerstreuen. Das Heeres-Bekleidungsamt stellte fürs erste einen großen Raum zur Verfügung, in dem die Mädchen auf Strohsäcken und Matratzen schlafen konnten. Aber der Gebäudekomplex galt als mögliches militärisches Angriffsziel. Eva selbst drängte auf schnelle Änderung. Die Mädchen waren geschockt, einzelne schliefen kaum noch.

Nimz und Panzhaff hielten dem Generalintendanten Vortrag. Wenige Tage später wurde die Jungstabshelferinnen-Schule aufgelöst. Die Schülerinnen wurden den Heeresdienststellen zugeteilt, in denen sie bereits ihr Praktikum absolvierten, und sie hatten sich in der Stadt möblierte Zimmer zu mieten. Den Mädchen war es recht. Sie kamen sich vor wie Vögel, denen man die Tür ihres Bauers öffnet. Es wurde nicht mehr davon gesprochen, daß die Siebzehnjährigen in einem Heim zusammengefaßt werden mußten. Es gab in Stettin keine Häuser mehr, in denen man sie gemeinsam hätte unterbringen können.

Eva fuhr durch die ganze Stadt, besichtigte Zimmer, sprach mit den Vermietern, fragte sich: Wozu war ich nötig, wenn man sich jetzt kein Gewissen daraus macht, die jugendlichen Stabshelferinnen sich selbst zu überlassen? Thea Panknin war die einzige, die in ihren Heimatort zurückgeschickt wurde. Eva wußte, warum.

«Was wird aus mir?» fragte sie Panzhaff, als das Behelfslager im Bekleidungsamt aufgelöst war. «Wäre es nicht möglich, mich nach Dresden zu versetzen? Mir läge sehr viel daran, aus persönlichen Gründen.»

Panzhaff sah kalt über sie hinweg. «Jeder Wehrkreis zieht sich seine eigenen Wohnheimführerinnen heran. Seien Sie versichert, daß wir für Sie schnell wieder Verwendung finden. Einstweilen hat Oberstabsintendant Nimz verfügt, daß Sie hier im Haus arbeiten.»

Eva bekam ihren Arbeitsplatz im Zimmer einer älteren Angestellten, die als Schwätzerin bekannt und fast ständig im Hause unterwegs war. Sie mußte Listen anfertigen und Karteikarten vollschreiben, die ihr sinnlos erschienen. Panzhaff betrat nie ihr Zimmer. Er ließ sie stets in sein Büro rufen. Einmal wollte er ihr einen längeren Brief diktieren, weil er der Schwätzerin, die ihm sonst dafür zur Verfügung stand, nicht habhaft werden konnte. Er diktierte fast pausenlos. Eva bat ihn, etwas langsamer zu sprechen.

«Stenografieren Sie denn nicht?» fragte er.

«Ich habe es nicht gelernt. Ich kürze auf meine eigene Art.»

«Sie können also nicht! Was können Sie denn überhaupt?» stieß er gehässig hervor.

«Nicht viel – vermute ich.»

Er lachte boshaft. «Das scheint mir auch so.» Er diktierte in der gleichen Schnelligkeit weiter, sah, daß ihr Gesicht rot wurde vor Anstrengung, rekelte sich in seinem Schreibtischsessel, unterbrach den Redefluß nur, um sich eine Zigarette anzuzünden.

«Können Sie das wenigstens sauber mit der Maschine schreiben?» fragte er am Schluß.

Sie bejahte gepreßt und ging.

Mitten in der Stadt, in der Friedrich-Carl-Straße, bewohnte sie ein Zimmer im dritten Stock, das einen freien Ausblick hatte, weil gegenüber die Häuser schon zerstört waren. Das Zimmer war behaglich, aber es schien ihr sinnlos, davon richtig Besitz zu ergreifen. Sie fühlte sich als Wanderer, der nur eben mal rastete, fand, daß sie noch zuviel Gepäck besitze und daß Hans Tiefenbachs Devise vom Hände-frei-Halten ihre Berechtigung habe. Sie hatte ihm ihre veränderte Situation mitgeteilt. Er schrieb kurz, stichwortartig, sie solle den Kopf oben behalten. Von sich selbst, seiner Rückkehr aus Ostpreußen kein Wort.

Aus Dresden schrieb Steffi, daß sie zum Jahresende ihr Kind erwarte. Schwendtmayr sei wütend. Nach seiner Meinung habe sich Rolf vor der Verantwortung gedrückt, und seine Geisteskrankheit sei nur Vorwand.

Eva grübelte lange. Ich muß zu ihr, dachte sie, muß ihr von unserer letzten Begegnung erzählen. Sie hatte noch Jürgen Baers Worte im Ohr: In diesem Kriege ist ein Deserteur kein Verräter. – Sie hatte die Veränderungen, die in Rolf vorgingen, beobachtet. Deutschlandhalle – Posen – Stettin. Es war eine folgerichtige Entwicklung. Rolfs Wollen und Wesen war eins. Was er bewußt dazu getan hatte, fiel kaum noch ins Gewicht. Eva wollte Nimz bitten, sie in die Nähe von Dresden zu versetzen. Steffi brauchte sie.

Oberstabsintendant Nimz lächelte verlegen, als sie ihm ihren Wunsch vortrug. Ehe er etwas erwiderte, griff er zum Telefon und befahl Stabszahlmeister Panzhaff zu sich.

Eva war bestürzt. Es stimmte also, daß Nimz nur tat, was der Spechtige ihm riet. So war sie umsonst gekommen, und Panzhaff würde sie erst recht schikanieren, weil sie ihn übergangen hatte.

Er kam, lächelte versteckt, als er Eva bei seinem Vorgesetzten sah, und gab auf Nimz' Frage, was mit Fräulein Leonhard geplant sei, bündige Auskunft.

«Die Wohnheimführerin Leonhard wird zum Stabshelferinnen-Wohnheim Groß-Born-Westfalenhof als Unterführerin abkommandiert. Der Marschbefehl wird bereits ausgefertigt.»

Eva war überrascht. Groß-Born, das lag weit östlich. Vielleicht lag es schon nahe an Ostpreußen!

Dresden versank.

Die Schwätzerin wiegte den Kopf. «Groß-Born! Da nehmen Sie man nur das Nötigste mit und geben Sie Ihr Zimmer hier nicht auf. Mehr will ich nicht sagen, sonst verpetzen Sie mich wegen defätistischer Äußerungen.»

Eva fuhr mit kleinem Handgepäck. Man hatte ihr im Kasino gesagt, Groß-Born sei das östliche Jüterbog. Weite Ebene, Truppenübungsplatz – das Gelände, auf dem die Soldaten geschliffen wurden.

Sie fuhr stundenlang, erst Eilzug, dann Personenzug, dann kam sie am falschen Ende des Truppenübungsplatzes an, in Linde. Sie mußte auf ein Fahrzeug warten, das sie mit nach Westfalenhof nahm. Im offenen Wagen fuhr man sie quer durch die aufgeweichte Sandebene.

Der Offizier am Steuer lachte, als sie ihm erzählte, zu welchem Zweck sie gekommen sei. «Die Stabshelferinnen sitzen schon auf ihren Koffern. Wen wollen Sie denn noch führen?» Er brachte sie zum Ia.

Sie stand einem jungen Hauptmann in verschwitzter Feldbluse gegenüber, der sich offenbar als Frontschwein gefiel. Er begrüßte Eva finster und sprang unbeherrscht von seinem Stuhl auf, als er ihre Kommandierung erfuhr. «Ist denn die Wehrkreisverwaltung verrückt geworden!» brüllte er. «Vor zwei Monaten habe ich Verstärkung für das Wohnheim angefordert. Da hatten sie niemanden für uns. Inzwischen hätte ich aus dem Generalgouvernement jede Menge kriegen können. Dort haben sie nämlich schon aufgelöst. Aber davon scheint man in Stettin keine Notiz zu nehmen.»

Eva bat den Hauptmann, in Stettin anzufragen, was sie tun solle. Sie zog zum Übernachten in das Krankenzimmer des Wohnheims.

Kurz vor Einbruch der Dunkelheit ging sie ein Stück durchs Gelände. In der Kasernenstadt, deren Mittelpunkt das höchst feudale Kasino war, herrschte nervöse Unruhe. Jedoch waren Ziel und Ursache nicht zu erkennen, die Soldaten, Offiziere und Stabshelferinnen zu Fuß, im Auto und auf Krafträdern umhertrieben. Der Kot spritzte, wenn sie auf den aufgeweichten Wegen dahinfuhren, in Stahlhelmen mit Tarnnetzen, Regenmäntel über den Uniformen. Alle waren ernst, stumm, zogen scharfe Kurven, hasteten mit schmutzverkrusteten Stiefeln umher. Jeder schien zu wissen, warum er es so eilig hatte, wozu gerade der Gang, den er tat, so wichtig war.

Eva kam sich überflüssig und fehl am Platze vor in ihrer Ziellosigkeit.

Dann sah sie den Standortältesten am Kasino vorfahren. Er trug keinen Regenmantel, sie erkannte die breiten roten Generalsstreifen an den Hosen, und er war der einzige, der langsam ging. Er stieg die Freitreppe zum Kasino hinauf, schwerfällig und müde, wie es schien.

«Standortverwaltung Deutsch-Krone melden. Zur Verwendung beim Bau des Pommernwalls» – lautete der kategorische Bescheid der Wehrkreisverwaltung auf die Anfrage des Ia.

Eva verließ die stumme Geschäftigkeit des Truppenübungsplatzes und fuhr in eine neue Geschäftigkeit hinein, die lärmend war und mit Lachen über ihre Trostlosigkeit hinwegzutäuschen suchte.

Vor Deutsch-Krone schanzte die Hitlerjugend. Tausende von Jungen und Mädchen wühlten die pommersche Erde auf, um eine Abwehrlinie zu bauen, eine Siegfriedlinie des Ostens, die das in letzter Minute erreichen sollte, was Panzer und Jagdflugzeuge, Artilleriegeschütze und Armeen in fünf Jahren nicht geschafft hatten.

Auf allen Plätzen des Städtchens waren Zelte aufgeschlagen, Gulaschkanonen dampften, lachende Gruppen standen dazwischen, löffelten Suppe, hatten Brotkanten aufs Fahrtenmesser gespießt.

Eva blieb an einem gemauerten Brunnen stehen. Es war kein Weiterkommen. Eine Kolonne Hitlerjungens schleppte dünne Baumstämme, Birken und Kiefern, an denen die Kronen wie breite Besen hinterherfegten, Äste und Reisigruten quer über den Platz; johlend, singend: «Denn heute gehört uns Deutschland – und morgen die ganze Welt.»

BdM-Mädels sprangen kreischend zur Seite.

«Platz für die Panzerfallen!» schrie ein untersetzter Pimpfenführer.

Aus dem Brunnenrohr floß ein dünner Strahl ins Becken. Ein junger Gefreiter mit dem Eisernen Kreuz erster Klasse und dem silbernen Verwundetenabzeichen auf der Feldbluse wusch sich die Hände. Er schimpfte vor sich hin: «Verdammtes Kroppzeug. Jetzt lacht ihr! Aber wenn sie euch erst Panzerfäuste in die Hände drücken, scheißt ihr in die Hosen.»

Er merkte, daß er eine Zuhörerin hatte. Ungeniert schneuzte er sich laut, ohne Taschentuch, fragte mit einem mißtrauischen Seitenblick: «Gehören Sie auch zu dem Sauhaufen hier?»

«Nein», sagte Eva.

«Sie kommen wohl von der Presse, was? Dann schreiben Sie man, Sie haben die Meinung des unbekannten Soldaten gehört, und die sieht so aus!» Er spuckte verächtlich aus, dreimal hintereinander auf das holprige Kleinstadtpflaster, sich dabei schrittweise entfernend. Dann beeilte er sich, in der jugendlichen Menge unterzutauchen, die die Pommernwallaktion als ein großes Volksfest ansah.

Die Heeresstandortverwaltung lag abseits vom großen Panzerfallenschaufeln. Da Eva vom Wehrkreis kam, wurde sie dem Dienststellenleiter sofort gemeldet. Der Chef der Heeresstandortverwaltung war ein Major. Er hieß Hover und war vor zwei Jahren noch Hauptmann gewesen.

Die Überraschung war auf beiden Seiten gleich groß. Hover fing sich jedoch schnell. Er gab Eva die Hand, begrüßte sie wie eine alte Bekannte, schickte den Adjutanten hinaus.

«Unsere Linien sind sozusagen kurz geworden», sagte er. «Fast täglich tauchen hier bekannte Gesichter auf. Sie hätte ich allerdings am wenigsten erwartet.»

«Das glaube ich», sagte Eva und folgte seiner Aufforderung, sich zu setzen. Sie suchte nach dem frostigen Unterton in seiner Stimme, der sie vor zwei Jahren im Boddenhaus so aus der Fassung gebracht hatte. Aber sie fand ihn nicht.

Hover sah sorgenvoll aus, schien noch hagerer geworden zu sein. Seine großen Nasenflügel waren schlaff, die steile Stirnfalte hatte sich zur Furche vertieft. «Wir treffen uns zu keiner guten Stunde», sagte er. «Weil die Insel nicht halten konnte, was sie uns versprochen hat, müssen Kinder hier Barrikaden bauen.»

Eva wunderte sich über seine Offenheit. Sie schilderte vorsichtig die Eindrücke ihres Rundgangs.

Er wußte Bescheid, nickte dazu. Es gab nichts zu beschönigen. «Wir alle werden bald Panzerfäuste in die Hand nehmen und retten, was zu retten ist.» Er fragte noch dies und das und flocht ziemlich unmotiviert die Feststellung ein: «An sich haben wir uns ja immer gut verstanden, Fräulein Leonhard, nicht wahr? In schwerer Zeit hilft einer dem anderen, so habe ich es immer gehalten. Ich möchte nicht, daß Sie hier Schippdienst mitmachen –»

Der Gebietsführer der Hitlerjugend wurde ihm gemeldet. Hover bat Eva, im Vorzimmer zu warten, bis er ihre Angelegenheit geklärt habe. In Stettin habe man wohl nicht die richtige Vorstellung von der Organisation des Pommernwall-Baues.

Der Gebietsführer, ein untersetzter Jüngling mit schnellen

Augen im runden Gesicht, sah Eva durchdringend an, als sie aus dem Dienstzimmer des Majors kam. Hover stellte sie vor.

«Jugendstabshelferinnen-Schule Stettin», überlegte der HJ-Führer laut. «Also du warst es, die Frau – wie hieß sie doch gleich –, die viel zu alt war für den Posten?»

«Frau Wolf», sagte Eva.

«Richtig! Die hast du also abgelöst. Die DAF hat es uns mitgeteilt. Schade, daß die Schule krachen ging. – Was machst du jetzt?»

«Das steht noch nicht fest. Vielleicht bleibe ich hier zum Schippen.»

«Unsinn! Mädels wie dich brauchen wir an anderer Stelle.»

Eva sah, wie Hover, peinlich berührt, sich in der Tür umdrehte. Er ging jedoch nur langsam in sein Zimmer zurück, als liege ihm daran, den Nachsatz des Gebietsführers zu hören. Nach kurzem Überlegen, wobei er Eva immer noch scharf fixierte, sagte der HJ-Führer: «Mein Wagen fährt heute nach Stettin zurück. Er nimmt dich mit. Melde dich bei deiner Gebietsmädelführerin und sage ihr, die Parole sei ‚Glambecksee'. Sie wird dich einsetzen, wenn die Wehrmacht keine angemessene Verwendung für dich hat.»

Er schüttelte Eva kameradschaftlich die Hand und betrat strammen Schrittes das Kommandeurszimmer.

Wenig später flogen die Türen, die Schreibstubensoldaten sahen rote Biesen, ruckten von ihren Stühlen hoch und standen stramm. Eva fand, sie sähen aus wie Karikaturen aus dem «Simplicissimus», von dem ihr Großvater ganze Bände auf dem Dachboden in Langenbrück verstauben ließ.

Der General schaute weder rechts noch links, sondern verlangte sofort nach dem Dienststellenleiter.

«Der Alte ist mit seinem Wagen liegengeblieben», erzählte ein Unteroffizier, der hereinkam, als das Türklappen hinter dem Rücken des Generals das Zeichen zum Rührt-euch gab. «Jetzt soll ihn einer nach Stettin kutschen. Heute abend noch. In Stettin hat es vorige Nacht gehörig gebumst.»

Es gab keine lange Debatte im Majorszimmer. Der Gebietsführer hatte dem General, der Standortkommandant von Stettin war, seinen Wagen angeboten. Mit Inventar. Das waren: der Fahrer und eine Jugendwohnheimführerin z. b. V.

So kam es, daß Eva Leonhard im standergeschmückten Auto

der HJ-Gebietsführung von Pommern Seite an Seite mit dem Standortkommandanten in die Oderstadt zurückkehrte, mit kleinem Handgepäck und mit neuer, sehr fragwürdiger Order.

Als sie in Deutsch-Krone vor der Standortverwaltung zu dem General in den Wagen stieg, blies Hover in einem unbeobachteten Augenblick die Backen auf und atmete hörbar aus, wie einer, der vor Unbehagen schwitzt. Eva verabschiedete sich kühl. Sie verriet durch nichts, wie ihr zumute war. Sie ahnte dumpf etwas, und das verhalf ihr zu ihrer Sicherheit. Vor Hover brauchte sie sich nicht mehr zu fürchten. Sie vermochte klar und sachlich auf die Fragen zu antworten, die der General während der Fahrt an sie richtete.

«Stabshelferinnen!» sagte er. «Man hätte sie früher einkleiden müssen, wie es die Luftwaffe getan hat. Uniformen schaffen Würde. Man hätte auch Sie stärker als Kommandeuse anerkannt. Sie hätten Ihren Einfluß behalten müssen nach dem Bombenangriff. Disziplin ist alles. – Stammen Sie aus Pommern?»

«Nein, aus Mitteldeutschland.»

«Aber Sie werden aushalten, wenn es gilt, Pommern mit Zähnen und Klauen zu verteidigen, nicht wahr? – Man sieht es einem Menschen an, ob er die Zeit begriffen hat.» Er sah ihr prüfend ins Auge, nickte, schien schon wieder an etwas anderes zu denken.

Das Auto mußte Umwege machen. In der Stadt waren ganze Straßenzüge abgesperrt, auch die Friedrich-Carl-Straße war nicht passierbar. Eva ließ sich absetzen. Sie wußte plötzlich, daß das dreistöckige Haus nicht mehr stand. Sie wollte nicht im Wagen mit dem Hakenkreuzstander dort vorfahren. Der General entließ sie mit einem förmlichen Gruß. Je weiter sie in die Stadt gefahren waren, um so verkniffener war sein Gesicht geworden. Man hatte seine Stadt von neuem aufs Korn genommen. Er machte ein Gesicht wie ein Hausvater, der wütend feststellt, daß sein Verwalter Haus und Hof verkommen ließ, kaum daß er den Rücken gewendet hatte.

In der Friedrich-Carl-Straße war nur ein schmaler Steig in der Straßenmitte frei, auf dem man ungehindert vorwärts kam. Breit lagen die Trümmer der Häuser, schamlos zur Schau gestellte Eingeweide der aufgerissenen Leiber aus Stein, Stahl und Holz.

Es war absurd, aber dennoch dachte Eva als erstes angesichts der trostlosen Steinwüste: Und die Okarina ist nun auch hin! Sie stieg über Mauerbrocken und verkohlte Balkenreste bis zum Hauseingang. Das Erdgeschoß war stehengeblieben, es war zur Wanne geworden für die drei Stockwerke. Was es nicht hatte fassen können, quoll aus den leeren Fensterhöhlen. Neben dem Eingang hatten die ehemaligen Hausbewohner Zettel angebracht, auf denen sie Angehörigen ihren einstweiligen Unterschlupf mitteilten. Ohne tieferes Interesse las Eva die Anschläge. Sie hatte nicht lange genug hier gewohnt, um jemanden suchen zu müssen. Fast hätte sie ihren Namen überlesen. «Eva Leonhard. Ich warte. Bahnhofstunnel Bahnsteig 2» stand da, ohne Unterschrift. Es war ein Stück Papier, aus einem Notizblock herausgerissen, klein und ungeschickt auf schlechter Unterlage mit dünnem Stift beschrieben. Aber die Buchstaben waren sorgfältig gemalt, mit Schönschriftbögen versehen, unverkennbar Burgl Freyers Handschrift.

Die Gänge und Winkel des Tunnelnetzes unter den Bahnsteigen des Hauptbahnhofs ähnelten einem Asyl für Obdachlose. Die ersten Flüchtlinge aus den baltischen Ländern, aus dem Generalgouvernement und Ostpreußen waren in Stettin ausgeladen worden. Sie saßen auf ihrem Sack und Pack und warteten auf Weiterbeförderung. Regennasse Feuchtigkeit kroch in diese Maulwurfsstadt, machte die Treppen glitschig und die Gänge schmutzig. Die Ausdünstungen der vielen Menschen, die, schon tagelang unterwegs, herumsaßen oder -lagen, von stundenlangem Warten ermüdet, schlugen Eva wie eine Wolke entgegen. Langsam ging sie die schwach beleuchteten Tunnelgänge entlang. Es würde schwer sein, Burgl hier zu finden. Berge von Gepäck, Koffer, Kisten, auf Räder gebunden, riesige Bettenbündel versperrten die Sicht. Burgl mußte voller Spannung gewartet haben. Eva war kaum herangekommen, als sich eine dunkle Gestalt von der Wand löste. Burgl, die sonst keine Kopfbedeckung auf ihrem starken Haar trug, erschien Eva fremd und alt in dem schwarzen Tuch, das die Haare verhüllte und die große gewölbte Stirn unter dem straffen Haaransatz stark hervortreten ließ. Sie schien von einer schweren Last befreit, als sie Eva gegenübertrat. In einem Seitengang fanden sie ein Eckchen, wo sie unbeobachtet waren. Burgl berichtete.

Gestern war es geschehen. Es begann damit, daß zwei Fremdarbeiterinnen, die eine übermäßig beladene Karre schoben, mit ihrer Last umkippten. Der verantwortliche Feuerwerker, ein junger Bursche, verlangte, daß die beiden Mädchen die Kisten wieder aufstapelten. Das war ohne Hilfe gar nicht möglich, und als das eine Mädchen, eine Französin, ihre Bedenken äußerte, wurde der Feuerwerker heftig und versetzte ihr einen Fausthieb, daß ihr das Blut aus der Nase lief. Daraufhin war Burgl, die von der offenen Tür der Expeditionshalle aus alles mit angesehen hatte, zugesprungen. Empört, aufgebracht, hatte sie dem jungen Flegel eine Ohrfeige gegeben, sich umgewandt und sofort zugepackt, um die Kisten wieder auf den Karren zu schichten. Das starke Nasenbluten der Französin hatte den Feuerwerker wohl davon abgehalten, Burgls Übergriff sofort zu melden. Er hatte nur wüst geschimpft und heftige Drohungen ausgestoßen.

Nach dem Dienst wußte es die Lagerführerin. Burgl wurde ins Gebet genommen. Der Vorgang an sich interessierte Elsbeth Schlegel überhaupt nicht. Der Tatbestand war: Walburga Freyer hatte sich auf die Seite einer Fremdarbeiterin gestellt und einen deutschen Soldaten geschlagen! – Und man wußte, warum Walburga vor zwei Jahren aus ihrer rheinischen Heimat weggegangen war. Elsbeth Schlegel warnte im Tone eines Richters, der alle Machtmittel in der Hand hat und der nur, weil er soeben gut gefrühstückt hat, sein Opfer nicht sofort aburteilen will. – Danach hatte Burgl lange grübelnd im Bett gelegen. Aus dem ersten tiefen Schlaf fuhr sie plötzlich hoch. Das kurze Aufblitzen eines Lichtscheins, der ungewiß durch die geschlossenen Lider drang, gab ihr das beklemmende Gefühl, es stehe jemand neben ihrem Bett. Sie richtete sich erschrocken auf. Noch zwischen Träumen und Wachen hörte sie huschende Schritte und das leise Klappen der Tür. Sie rief ins Dunkel hinein nach ihrer Zimmergefährtin. Ein verschlafenes Knurren war die Antwort. Gleichzeitig empfand Burgl ein ungewohntes Gefühl seitlich am Halse. Sie griff danach und faßte in Stoppeln, faßte in die struppigen Enden willkürlich gestutzten Haars. Jemand hatte ihr mit einem raschen Schnitt an einer Seite die Haare abgeschnitten. Furcht und Entsetzen wichen der Erkenntnis: Das war die zweite Warnung der Schlegel, und sie besagte: «In Ravensbrück wird dir der Kopf kahl geschoren.»

Eva hatte dem Bericht mit steigender Erregung zugehört. Sie kannte die Soldaten in der Muna, die im Antreiben der Frauen ihre Überlegenheit und bevorzugte Stellung zum Ausdruck bringen wollten. Sie kannte den Zynismus der Lagerführerin, wußte, daß es Mädchen gab, die sich gern lieb Kind bei ihr machten und sich skrupellos hergaben für solche Schmutzigkeiten. Sie sah das ganze Lagergelände vor sich, erlebte mit, wie Burgl leise aufstand, das Notwendigste in ihren Koffer packte und sich davonstahl; wie es ihr gelang, über den Zaun zu klettern; wie sie den langen Weg zur übernächsten Bahnstation im Dunkeln zurücklegte und den Frühzug erreichte.

«Warum ich gerade hierhergekommen bin, wirst du fragen», sagte Burgl nach einer Pause etwas schüchtern. «Ich konnte nicht dorthin, wo sie mich zuerst suchen werden – zu meiner Tante oder nach Hause. Ich habe gedacht, hier kommen jetzt viele Flüchtlinge durch. Da kann man vielleicht untertauchen.»

Eva schüttelte den Kopf. «Weißt du, wo die Flüchtlinge hingeschickt werden? – Nach Mecklenburg.» Sie saß grübelnd auf der einen Ecke des Koffers, Burgl auf der anderen. – Unsere Lage ist so trostlos wie der Bahnhofstunnel, dachte sie, so scheußlich öde wie die feuchte Wand gegenüber. – Aber Burgl mußte weggehen. Natürlich war es richtig! Hanna Peplow hatte man nach Ravensbrück gebracht. Wer weiß, was sie dort erwartet hatte. Hanna hatte ihr, Eva, geholfen, als sie in Not war, unaufgefordert, ohne sich dessen zu rühmen. Jetzt war Burgl in weit größerer Not.

«Ich dachte mir», begann Burgl zögernd, «du hast so viele Bekannte, vielleicht kannst du mir eine Adresse sagen, wo ich erst mal hin kann. Der Krieg wird doch nicht mehr lange dauern. Das denkst du doch auch, nicht wahr?»

Nicht mehr lange! Wenn man sich nur vier Wochen lang verstecken muß, kann das zu einer Ewigkeit werden. – Evas Sinne hatten während Burgls Bericht weitgehend die Geräusche der Außenwelt abgewehrt. Menschen hatten ihre Sachen zusammengerafft, waren weitergezogen, neue waren hinzugekommen, durch Lautsprecher wurden Züge ausgerufen. Eine solche Lautsprecherstimme war es, die in Evas Bewußtsein drang. Das Schlüsselwort war Dresden. In zwanzig Minuten fuhr ein Zug, und drei Waggons waren für Flüchtlinge freigegeben.

Dresden! Das Wort löste Kontakte aus, wurde Gedanke, war Erlösung.

«Steffi – du weißt doch, wer das ist! Sie kriegt ein Kind, und sie hat keinen Menschen bei sich. Sie wohnt in einem Gartenhaus. Sicher wird sie dich behalten können. Sie ist ein feiner Kerl. Ich gebe dir einen Zettel mit. Du bist eine Verwandte aus dem Warthegau, soll sie sagen, wenn es nötig ist – oder so ähnlich. Papiere auf der Flucht verloren.»

«Meinst du –?» Burgl begann neue Hoffnung zu schöpfen.

Eva war voller Eifer. Sie schrieb auf die Rückseite des ausgefransten Notizzettels, der in den Trümmern der Friedrich-Carl-Straße gesteckt hatte, Steffis Adresse, und darunter: «Steffi hilf!» – «So», sagte sie, «mehr ist nicht nötig. Steffi kennt meine Schrift.» Sie nahm ihr Gepäck.

Burgl zögerte noch. «Hast du zufällig eine Schere bei dir?» Sie griff an ihr Kopftuch.

Eva fand im Necessaire eine Nagelschere.

«Ich bin so unsicher», sagte Burgl und löste das Tuch. «Unterwegs könnte mir das Tuch mal wegrutschen. Du brauchst nur hinten etwas gleichmäßig zu schneiden.» Eva beeilte sich, ihren Wunsch zu erfüllen. Im dunkelsten Winkel des Ganges schnitt sie mit der kleinen spitzen Schere, immer mit den Fingern vorantastend, hinter dem linken Ohr die Seite frei.

Die Flüchtlingswaggons waren voll. Burgl mußte wieder auf ihrem Koffer sitzen. Es machte ihr nichts aus. Sie hatte jetzt ein Ziel.

«Was auch immer kommt», sagte Eva, als sie sich zum Abschied umarmten. «Steffis Adresse ist unser Sammelpunkt. Es zieht mich sonst nirgendwo hin. Steffi weiß das schon. Aber du kannst es ihr noch einmal sagen.»

Der Zug rollte an. Eva blieb winkend zurück. Sie wußte, Burgl war voller Dank, aber sie konnte dessen nicht froh werden.

Stabszahlmeister Panzhaff gab sich väterlich, als er hörte, daß Eva in Gesellschaft des Standortkommandanten zurückgefahren sei. Er verschaffte ihr ein kleines Zimmer in einem Eigenheim unweit der Wehrkreisverwaltung. Die Anweisung des Gebietsführers, daß Eva sich bei der Gebietsführung melden solle, entkräftete er sofort. Unternehmen Glambecksee sei nach dem letzten Großangriff hinfällig geworden. Die Hitlerjugend habe aus einem am Glambecksee gelegenen Grundstück ein Auffanglager machen wollen für Mädelführerinnen, die aus dem Osten zurückfluteten. Aber nach dem Angriff habe schlagartig die Wehrmacht ihre Hand darauf gelegt. Es solle eine Außenstelle des Heeres-Bekleidungsamtes werden, das beim Angriff schwer gelitten habe.

«Wenn Sie jetzt zur Gebietsführung gehen, schickt man Sie allenfalls zur Flüchtlingsbetreuung auf den Bahnhof.»

«Da würde ich sofort hingehen», sagte Eva störrisch. Panzhaffs Väterlichkeit war ihr unbehaglich. «Dort kann man wenigstens helfen. Man weiß, daß man gebraucht wird.»

Panzhaff empfand die Abfuhr. Er wurde schroff. «Wenn Sie sich als Sanitäterin gefallen, bitte sehr. Mein Büro kann auf Ihre Mitarbeit verzichten. Vertreten Sie die Wehrkreisverwaltung beim Bahnhofsdienst.» Er machte eine Handbewegung.

Eva war entlassen.

Auf dem dämmerigen Korridor sah sie, daß ein Mann, der einen großen Koffer und ein Bündel trug, an die Tür ihres Büros klopfte. Die Geschwätzige lief wohl wieder im Haus umher, denn niemand öffnete ihm. Eva erkannte im Näherkommen die gedrungene Gestalt des Offiziers. Es war Erich Rosenthal. Und der Koffer, den er trug, gehörte ihr.

Es war kaum zu fassen, aber es stimmte: Es war ihr Koffer, luftschutzfertig gepackt; so hatte er griffbereit vor dem Schrank gestanden.

Eva öffnete die Tür ihres Büros. Ihr fehlten die Worte. Gab es denn so etwas? Da war ein Freund in das getroffene Haus eingedrungen, bis hinauf zum dritten Stockwerk gestiegen, während die Hausbewohner noch im Keller saßen und sich nicht mehr in die unteren Wohnungen wagten, alles verbrennen und verkommen ließen! Es war schön, den Koffer wiederzuhaben; es war schön, in der zusammengerollten Steppdecke ein paar Kleider und Röcke zu wissen, die noch im Schrank gehangen hatten, aber das alles war nichts gegen die Tatsache, daß jemand vor ihr stand, der behauptete, sich um sie gesorgt zu haben.

Er hatte nicht vergessen, daß sie bei Alarm selten in den Keller ging. Unmittelbar vor der Entwarnung habe er in die Stadt fahren müssen, habe den brennenden Dachstuhl ihres Hauses gesehen, und der Gedanke, sie könne noch oben sein und nicht mehr herauskommen, habe ihn mit Macht überfallen. Es war nicht schwer, die Korridortür einzutreten, hinter der es schon knisterte und prasselte. Ihr Name habe dann durchs ganze Haus gegellt, denn daß der Luftschutzkoffer noch oben stand, war ihm beängstigend erschienen. Aber dann habe er sich beeilen müssen, wieder hinunterzukommen. Und das sei das Ergebnis! Rosenthal wies auf Koffer und Bündel.

Eva war bestürzt und gerührt. Sie deutete auf seine Stirn, die über der linken Braue einen Pflasterverband aufwies. «Und wo ist das her?»

«Da hat mich der Querbalken Ihrer Zimmertür gestreift. Er kam gerade herunter, als ich raus wollte. Es ist nicht so schlimm.»

Sie fiel ihm um den Hals und gab ihm einen schnellen Kuß. «Sie sind ein Mordskerl, Erich!»

Er wollte sie festhalten, aber sie war schon dabei, die Steppdecke aufzurollen.

Eva dachte: Ich muß ihm wirklich dankbar sein. Er ist doch anders als Schwendtmayr. – Heimlich hatte sie seine Lebensklugheit mit der ihres Stiefvaters verglichen. – Wenn er geht, sehe ich gleich im Koffer nach, ob die Okarina heilgeblieben ist. Sie muß zwischen dem Badeanzug und der Leinenjacke liegen.

Im Hause Schwendtmayr waren Gäste. Die Hausfrau war jedoch mit dem Verlauf des Abends nicht zufrieden. Es lag nicht allein daran, daß ihr Mann fehlte, der wider Erwarten in der Dienststelle aufgehalten worden war. Schuld war etwas Unnennbares, das in der Luft lag.

Der Tag hatte schon mit Ärger begonnen. Gilda, die polnische Hausangestellte, hatte eine Schüssel des guten Geschirrs zerschlagen und, bevor sie es für nötig hielt, sich zu entschuldigen, den Kopf in den Nacken geworfen. Ihr gemurmeltes «Verzeihen Sie», das sie mit geschürzten Lippen hervorbrachte, klang eher herablassend als zerknirscht.

So ein Mädchen hat eben keine Ahnung vom Wert einer goldgeränderten Suppenschüssel aus Meißner Porzellan, sagte sich Lucie Schwendtmayr und beschloß, ihr zur Strafe das dunkle Wollkleid, in dem Gustl seine Frau nicht sehen mochte, doch nicht zu schenken.

Beim Zimmersäubern hatte sich Gilda schließlich erdreistet,

eigenmächtig das Radio anzustellen. Überhaupt war sie recht guter Dinge, was um so mehr auffiel, als sie sonst sehr zurückhaltend und eher melancholisch als freundlich zu nennen war. Die Russen hätten Warschau eingenommen, meldete der Wehrmachtsbericht. Das mochte der Grund ihrer guten Laune sein, aber was hatte so ein Mädchen schon für eine Ahnung von Kriegstaktik! Was wußte sie von Frontverkürzungen, vom In-die-Falle-Locken, vom Reduzieren der Nachschubwege.

Gustl Schwendtmayr hatte gerade in den Tagen zuvor seiner Frau alle diese Notwendigkeiten auseinandergesetzt.

«Du mußt dir unsere Lage so vorstellen», hatte er gesagt, «als ständen wir hinter einer großen Glastür und sähen einer Runde von Kartenspielern zu. Kopfschüttelnd müßten wir erleben, wie der Favorit sich eine Karte nach der anderen wegstechen läßt. Weil wir nicht in seinen Fächer sehen können, ist uns sein Verhalten unverständlich. Aber dann, wenn er das Blatt aufdeckt, um den großen entscheidenden Stich zu tun, schlagen wir uns an die Stirn und erkennen, daß seine Taktik richtig war.»

Trotzdem erfüllte Lucie Schwendtmayr an diesem Abend ihre Gastgeberpflichten mit einer gewissen Unlust. Es war schade, daß der Regierungsrat Höhn, Steffis ehemaliger Vorgesetzter, darauf bestand, das Radio in Betrieb zu lassen, um etwaige Meldungen nicht zu verpassen. So kam man nicht los vom Politisieren.

«Wenn wir mal aus Posen raus müßten, wir wüßten überhaupt nicht, wohin wir uns wenden sollten», sagte die Frau des Regierungsrats. Sie stammten aus Ostpreußen.

Lucie Schwendtmayr winkte ab. «Posen räumen? Daran glaube ich nicht. Und wenn, dann wäre es nur vorübergehend. In so einem Falle, sagt mein Mann, müßten die Dienststellen zusammenbleiben, um sofort bereit zu sein, wenn es heißt, die alten Stellungen wieder zu beziehen.»

Frau Höhn seufzte. «Hoffentlich kommt es nicht so weit. Sonst haben uns die Polen inzwischen die Wohnungen ausgeräumt. Allein meine Teppiche! Sie sind alle echt. Nicht ein Stück würde ich hierlassen.»

Huberle, ein junges Mädchen aus Schwendtmayrs Dienststelle, die im Hause verkehrte, weil sie Österreicherin war und sich mit Steffi immer gut verstanden hatte, lächelte etwas respektlos.

«Das würde dann ein Treck von Möbelwagen werden», sagte sie.

Frau Höhn ereiferte sich.

«Sie haben gut lachen, Sie sind ohne Anhang, nehmen Ihren Koffer und fahren einfach nach Hause.»

«Nach Hause! – Linz ist ziemlich weit», sagte das junge Mädchen.

Sie folgte der Hausfrau in die Küche, um Gläser zu holen. Lucie Schwendtmayr mochte das Mädchen gut leiden. Es erinnerte sie an Steffi. Seit Steffi nicht mehr im Hause war, fehlte die fröhliche Wärme in der weitläufigen Wohnung. Es war ein Schlag für Schwendtmayr gewesen, daß Steffi ein uneheliches Kind bekommen hatte. Nun hauste sie mutterseelenallein in Dresden. Knapp vier Wochen alt mußte der kleine Junge jetzt sein. Lucie Schwendtmayr empfand so etwas wie Rührung. Wenn das Wetter besser wurde, im Frühjahr, wollte sie unbedingt nach ihr sehen, selbst wenn Schwendtmayr protestieren sollte. Das war schließlich Frauensache. Außerdem könnte man dabei ein Treffen mit Eva arrangieren. Vielleicht käme sie nach Dresden. Es wurde Zeit, daß man sich einmal wiedersah. Eva mußte allerlei durchgemacht haben im letzten Jahr. Sie deutete ja immer nur an, aber da Steffi mitteilsamer war, hatte die Mutter über diesen Umweg etwas mehr erfahren. Im Grunde war Lucie Schwendtmayr stolz auf ihre Tochter. Das sollte einer der Eva erst mal nachmachen, sich so durchzusetzen! Gustl erkannte das natürlich an, wenn er es auch nicht zugeben wollte. Aber sein Zorn über Steffis Entgleisung war um so größer geworden, je mehr Eva sich in Stettin Geltung verschafft hatte. Mit «erblich belastet» und so durfte man ihm jetzt nicht mehr kommen.

Sie atmete auf, als sie endlich die Vorsaaltür klappen hörte. So lange war er noch nie in der Dienststelle geblieben. Leider waren die Gäste bereits im Aufbruch.

Er sah sehr abgekämpft und müde aus und winkte ab, als sie vorschlug, die Besucher noch zum Bleiben aufzufordern. Nein, nein, ihm war es ganz recht so. Dem Blick des Regierungsrats, der ihn beim Verabschieden fragend ansah, wich er aus.

«Wie ist die Lage? Gibt es etwas Neues?»

«Nein, nein, nichts Besonderes. Wir organisieren ein bißchen um in der Dienststelle, das ist alles.»

«Ah so, dann gute Nacht, Parteigenosse Schwendtmayr.»

Auf Huberles frisches «Also bis morgen früh, Herr Amtsleiter» schien Schwendtmayr etwas erwidern zu wollen. Er zögerte, ihre Hand freizugeben, bezwang sich aber und ließ sie wortlos gehen. Hinter dem letzten Gast schloß er die Vorsaaltür doppelt zu. «Lucie!» Er rannte durch die Zimmer, suchte seine Frau, die das gebrauchte Geschirr zusammenräumte. «So laß doch den Kram stehen! Wir müssen packen. Die Russen stehen vor Czenstochau. Das ist fünfundzwanzig Kilometer vor der deutschen Grenze.»

Lucie stand wie versteinert. – Packen! Eben noch hatte er zu Höhn gesagt, es gebe nichts Besonderes. – Also doch raus aus der Stadt. – Taktik? Nein. Plötzlich wußte sie, daß es bitterer Ernst war, daß alles verloren war. Sie sah es ihrem Mann an, der schlaff und müde wirkte, obwohl er dauernd redete und Worte gebrauchte wie «vorübergehend» und «nur eine Vorsichtsmaßnahme zur eigenen Sicherheit wegen der vielen Polen in der Stadt». Sie verstand nicht, warum er die Gäste hatte nach Hause gehen lassen, ohne ihnen einen Wink zu geben.

«Die Räumung ist noch nicht offiziell», sagte er. «Wir wollen keine Panik erzeugen. Je eher wir wegkommen, um so mehr Sachen kriegen wir mit fort. Ich hoffe, mit einem anderen Abteilungsleiter zusammen einen Lkw zu bekommen. Du wirst sehen, in vierundzwanzig Stunden sind alle Straßen in westlicher Richtung von den Trecks verstopft.» Schwendtmayr ließ das Telefon nicht aus den Augen. Er wartete auf Bescheid. Packen! Wo anfangen? Was zuerst tun? – Lucie Schwendtmayr durchsuchte die Abstellkammer. So viele Koffer und Körbe hatte man gar nicht, um alles unterzubringen: die Wäsche, das gute Geschirr, Vorräte, Anzüge, Mäntel und Schuhe! – Gilda würde Augen machen, wenn sie am Morgen käme. Am besten, man schickte sie gleich wieder nach Hause. Oder vielleicht war man schon weg, falls der Lkw rechtzeitig kam.

Schwendtmayr telefonierte mit seiner Dienststelle. Er sackte in seinem Sessel zusammen. Der Abmarschbefehl für sämtliche deutschen Dienststellen war also da! Das hieß, am nächsten Morgen alle Angestellten nach Hause schicken und jedem anheimstellen, sich der vorhandenen Verkehrsmittel zu bedienen. Wenn eine ganze Stadt aufbrach, mochte es damit seine Schwierigkeiten haben.

«Könnten wir dann das Huberle nicht mitnehmen? Das Mädchen ist ganz allein», sagte Lucie, als sie hörte, daß die Dienststellen nicht geschlossen abrückten. Es bestärkte sie in ihrer Vermutung, daß es ein Aufbruch ohne Wiederkehr sein würde.

«Wenn wir den Lkw kriegen – vielleicht. Es ist noch nicht sicher. Man bemüht sich noch.»

Wo wollen wir eigentlich hin? fragte sich Lucie, während sie den großen Schrankkoffer schloß, der übervoll war.

«Vielleicht kann uns Steffi fürs erste in Dresden unterbringen», sagte sie.

Schwendtmayr stand vor den vollgestopften Seitenfächern des Bücherschranks, wo er seine Sondervorräte aufbewahrte.

«Nein», sagte er abweisend, «du gehst nach Langenbrück zu deinen Eltern.»

«Und du?»

«Ich muß mich in Berlin natürlich wieder zur Verfügung stellen. Oder denkst du, wir geben das Rennen verloren?»

Er stapelte kistenweise Zigarren, mehrere Flaschen französischen Kognaks, Fleischdosen und einen Anzugstoff in einen Reisekorb.

«Sag mal», seine Stimme klang etwas zögernd und durchaus nicht mehr scharf, «das Kostüm habt ihr der Eva doch damals geschickt, nicht wahr? Es muß ihr gut stehen, war ja beste Qualität, der Stoff; überhaupt der beste, den ich jemals in die Finger bekommen habe. Du mußt ihr gleich schreiben, wenn wir in Langenbrück sind, damit sie weiß, daß sie dort wieder ihr Zuhause hat. – Nachtragend ist sie doch nicht, was? – Na ja, sie kennt ja das Leben und wird wissen, daß jeder mal eine schwache Minute haben kann, die einem später leid tut. – Aber was hast du denn, Lucie?»

Er hatte durch die offene Flügeltür ins Nebenzimmer gesprochen und sah plötzlich, daß seiner Frau die tätigen Hände herabglitten, daß sie auf einen Koffer sank und ihn anstarrte.

So ist das also, dachte Lucie Schwendtmayr. So verzweifelt ist die Lage, daß er schon an das Nachher denkt! An die Zeit der Rechenschaft. – Wer würde diese Rechenschaft fordern? Die Polen? Gilda? Ihr erster Mann in Amerika? Sie hatte keine Vorstellung davon. Aber sie verachtete in diesem Augenblick ihren zweiten Mann abgrundtief, der als einzigen Anzug seine braune Uniform nicht mit eingepackt hatte, sich bereits nach Sicherungen umsah und dennoch behauptete, daß das Rennen nicht verloren sei.

Es war jedoch keine Zeit, mit ihm darüber zu rechten. Das Telefon schrillte. Einen Lkw zu bekommen sei aussichtslos, lautete die Durchsage. Dafür werde der Dienstwagen des Pg. Amtsleiter abfahrbereit gemacht. Es sei bereits schwierig, genügend Benzin aufzutreiben.

Schwendtmayr war wütend. Da waren ihm also noch höhere Instanzen zuvorgekommen! Da hatten einige es noch früher gewußt als er! Bestimmt rollten bereits die Wohnungseinrichtungen westwärts.

Er schätzte die Koffer- und Kistenparade ab, die seine Frau bereits geschlossen hatte. Nicht die Hälfte davon fand Platz in seinem Viersitzer. Schweren Herzens packte er seine Sondervorräte wieder aus.

«Könnten wir das Huberle nicht doch noch mitnehmen?» fragte Lucie zaghaft.

«Willst du vielleicht mit der Aktenmappe in Langenbrück ankommen? Bei deinem Vater?!» entgegnete er höhnisch.

Sie arbeiteten verbissen, feilschten um jedes Stück, das der eine als dringend ansah und der andere glaubte entbehren zu können. Schlaf fanden sie nicht. Der Morgen graute schon, als Lucie hörte, wie ihr Mann auf den Hof hinunterging. Er kam mit verkniffenem Gesicht wieder herauf und legte seine Pistole auf den Tisch.

«Ich habe den Hund erschossen.»

«Cäsar?» Sie fuhr hoch.

«Ja. Soll er uns vielleicht noch Platz wegnehmen und Proviant wegfressen?»

Er hatte recht. Trotzdem war sie erschüttert, daß er sich so leicht von seinem langjährigen Hausgenossen getrennt hatte.

Dann zog Schwendtmayr sich an und fuhr zeitig zur Dienststelle. Lucie konnte nichts tun als warten, vor allem aber mußte sie Lebensmittel einkaufen.

Vor der Tür traf sie mit Gilda zusammen. Das Mädchen mochte ihr die schlaflose Nacht ansehen. Ihr Blick wurde wach und groß.

Lucie war es recht, daß sie Gilda abfangen konnte, bevor diese in der Wohnung das Durcheinander sah.

«Wir haben Nachricht von unserer Tochter bekommen», sagte sie scheinbar leichthin und wich dem forschenden Blick der Polin aus. «Sie ist krank und braucht uns. Wahrscheinlich bleiben wir eine Weile weg. Hier – dein restlicher Lohn.» Sie gab dem Mädchen einen Geldschein. «Wenn wir zurückkommen, sagen wir dir Bescheid.»

Gilda lächelte mit geschürzten Lippen.

Genau wie gestern, als sie die gute Schüssel zerschlagen hatte, dachte Lucie ärgerlich und wandte sich hastig um. Sie schritt rasch aus und kam in die Geschäftsstraße. Hier empfand sie, daß die Stadt in Aufruhr war. Viele Läden waren geschlossen. Vor den noch offenen Geschäften standen die Menschen in langen Schlangen. Lucie sollte gerade an die Reihe kommen, als das Brot ausverkauft war. Sie hastete mit dem ganzen Schwarm Menschen, die hinter ihr gewartet hatten, zum nächsten Laden. Dort traf sie Frau Höhn.

«Ist das nicht fürchterlich?» jammerte sie. «Wer hätte das gestern abend gedacht! Wissen Sie schon, wie Sie wegkommen?»

«Nein», log Lucie Schwendtmayr und schämte sich.

«Wir auch nicht. Plötzlich fehlen soundsoviel Dienstwagen, sagt mein Mann. Aber ich denke, er schafft doch noch Rat. Züge sollen ab Mittag schon nicht mehr fahren. Auf der Dienststelle wird jedem gesagt, er solle sich dem zivilen Treck anschließen. O Gott, wenn wir wenigstens wüßten, wohin wir uns wenden könnten!»

Lucie dachte: Etwas muß man tun. Das Haus in Langenbrück ist groß. Sie nannte die Adresse ihrer Eltern.

Es berührte sie unangenehm, daß Gilda noch vor dem Hause wartete, als sie in die Schwerdtfegerstraße zurückkam. Gilda wollte sich ihre Arbeitsschuhe und die Schürze aus der Wohnung holen. Widerwillig nahm Lucie das Mädchen mit hinauf. Der Küchentisch war vollgestellt mit dem guten Geschirr. Sie konnte es nicht verhindern, daß die Polin einen Blick in die unordentlichen Zimmer warf.

In einer plötzlichen Eingebung nahm Lucie das dunkle Wollkleid aus dem Schrank und hielt es Gilda hin.

Gilda rührte sich nicht. Ihr Blick ging über das Kleid hinweg. «Wir brauchen keine Almosen», sagte sie leise, aber deutlich. «Die ersten Panzerspitzen der Roten Armee stehen vor Lodz. Morgen heißt die Stadt vielleicht schon nicht mehr ‚Litzmannstadt'. Unsere Leute sind dabei. Ich weiß es.» Sie reckte sich stolz. «Und ich habe es immer gewußt, daß es so kommt.» Sie ging, ihre Holzschuhe und die graue Arbeitsschürze im Arm. Lucie Schwendtmayr zuckte zusammen, als die Tür ins Schloß fiel.

Schwendtmayr hielt am Nachmittag mit dem vollbeladenen Wagen noch einmal vor der Dienststelle, um einen Reservetank voll Benzin in Empfang zu nehmen. Er war in nervöser Unruhe. Nichts hatte geklappt. Viel zu spät kam man fort. Und Lucie hatte nicht einmal genügend Brot aufgetrieben. In letzter Minute hatte er noch zwei seiner Fleischbüchsen gegen ein Brot tauschen können. Es war wirklich stark!

Zu guter Letzt, vor dem Dienstgebäude, kreuzte auch noch das Huberle seinen Weg. Sie hatte einen großen Koffer im Hause abgegeben, der, wie es hieß, auf einem Gepäcklastwagen bis Berlin befördert würde. Wo der Lkw herkommen sollte, war Schwendtmayr ein Rätsel. Aber wenn die jungen Dinger so gutgläubig waren und ihre Sachen aus der Hand gaben – er war dafür schließlich nicht verantwortlich.

In Skihosen, Schal und Wintermantel, zwei Reisetaschen an der Lenkstange ihres Fahrrades, so machte sich die zwanzigjährige Österreicherin auf den Weg.

«Züge verkehren nicht mehr», berichtete sie. «Wir sollen nur immer westwärts fahren, hat man uns gesagt, mit dem zivilen Treck.»

Sie stülpte sich unförmige Fausthandschuhe über die Hände und bestieg vorsichtig ihr hin und her pendelndes, schwer bepacktes Fahrrad.

Lucie Schwendtmayr saß eingezwängt zwischen Koffern und Körben. Sie wandte sich ab, als das Mädchen in den früh hereinbrechenden Januarabend fuhr.

6

Im Fegefeuer

Stabszahlmeister Panzhaff stellte ärgerlich fest, daß der Zug schon wieder hielt. Pasewalk konnte nicht mehr weit sein. Die fahrplanmäßigen Züge mußten warten, wenn ein Transportzug die Gleise brauchte. Angeblich rollten Munition und Waffen nach wie vor pausenlos an die verteufelt nahe gerückte Ostfront. Wenn es wirklich so war, wollte man die leidige Bummelei in Kauf nehmen. Aber was er auf seiner kurzen Inspektionsreise durch den Wehrkreis gehört hatte, war nicht dazu angetan, an optimistische Rundfunk- und Zeitungsmeldungen zu glauben. Das Material ging überall zur Neige. Um so schlimmer, wenn dann von solchen kostspieligen Geräten, wie die V 2 es war, etwa jedes zehnte sich als fehlerhaft erwies. So lauteten die Meldungen von der Sondertruppe.

Panzhaff hatte den Besuch der Versuchsstelle Insel an den Schluß der Reise gesetzt. Seinen Auftrag, den Rest aufzulösen, hatte er erfüllt. Das gesamte Fertigungswerk einschließlich des Entwicklungswerkes war schon vor Monaten endgültig nach Mitteldeutschland verlagert worden. Unter Tage, irgendwo bei Nordhausen, bauten Tausende von KZ-Häftlingen diese Wunderdinger, die V 2.

Die Herren Wissenschaftler hatten es eilig gehabt, aus dem Ostraum wegzukommen. Sie waren wohl zu kostbar, um den Russen in die Hände zu fallen! Der Heeresbeamte Panzhaff hielt diese Leute für Spintisierer, wenn nicht gar für Halbirre. Daß man den Doktor, diesen Halbgott, sich mal vorgeknöpft hatte, schien ihm nur gerecht. Ob es ein Irrtum war oder nicht, spielte dabei keine Rolle. Die Macht über sich zu spüren war für solche Herren, die nur mit dem Kopf Soldat zu sein brauchten, auf jeden Fall heilsam. Ehrliche Soldaten hatten auf ihren Exerzierplätzen – so nannten sie ihre Laboratorien gern – das Maul zu halten. Kein Wunder, daß sie in fünf Kriegsjahren nichts fertiggebracht hatten, was das Kriegsglück, das seit Stalingrad auf die andere Seite übergegangen war, hätte wenden können. Mehr Panzer hätte man bauen sollen an Stelle der verdammten Raketen.

Panzhaff war alter Kavallerist, er hielt auf Tradition. Als die Artillerie motorisiert wurde, entschloß sich die Kavallerie, einen Teil ihrer Truppen auf Fahrräder zu setzen. Während der technische Fortschritt bis zur Raketenwaffe gelangt war, hatte der Kavallerist Panzhaff gerade die Bedeutung der Panzerwaffe erkannt.

Den ganzen vorhergehenden Abend hatte er mit seinem Kameraden Hanke, der auf der Insel mit einer kleinen Nachhut noch die Stellung hielt, darüber gesprochen. Hanke war raketensüchtig, wie es die ganze Insel gewesen war. Er glaubte sogar noch an das Wunder eines glücklichen Endes. Den Feind in den eigenen Reihen bekämpfen, war seine Devise, und er hatte schon eine ganze Anzahl unsicherer Elemente zur Strecke bringen helfen.

Panzhaff fand das naiv. Ihm schien es an der Zeit, sich Hintertüren offenzuhalten. Der große Akt im Welttheater war bald zu Ende. Es galt, sich einen guten Abgang zu sichern und das Augenmerk heimlich aufs Nachspiel zu richten. Wenn Hanke jetzt noch Menschenjagd machte und an einem Mädchen wie Eva Leonhard, die Vierteljüdin sein sollte, sein Mütchen zu kühlen gedachte, sofern er sie nur wiederträfe, so war er, Panzhaff, anderer Meinung. Es hatte ihm einen Augenblick die Sprache verschlagen, als er es von Hanke erfuhr: die Leonhard – jüdisch versippt! Da hatte man ihm also ein Kuckucksei untergeschoben. Zur Jugendwohnheimführerin hatte man sie gemacht, der Gebietsführer war auf sie aufmerksam geworden, auch der Standortkommandant! Eine dumme Geschichte. Wenn Nimz das erführe, würde der weich in den Knien. Er würde alles auf ihn, den Stabszahlmeister, abwälzen, weil er das Mädchen vorgeschlagen hatte, und sich verpflichtet fühlen, die Sache zur Untersuchung nach oben weiterzugeben. Damit wäre er, Panzhaff, geliefert. Aber so dumm war man ja nicht! Man trug nicht umsonst mehr als zwei Jahrzehnte den Waffenrock. Da lernte man, aus den verfahrensten Situationen noch seinen Vorteil herauszuholen. Jetzt hieß es, sein Sach in Ordnung zu bringen. Die Jugendwohnheimführerin Leonhard würde sich nicht über mangelndes Entgegenkommen von seiner Seite beklagen können. Sie wollte nach Dresden. Bitte sehr, der Wehrkreis IV mochte sie verkraften. Eine Anforderung von dort war irgendwann mal eingegangen. Es war besser, man erlebte das Kriegsende nicht unter ihrer Aufsicht. Wäre der Zwischenfall im Keller der Jungstabshelferinnen-Schule nicht gewesen, könnte es ihm gleich sein. Aber wußte er denn, ob sie das nicht gegen ihn ausnützen würde? Panzhaff wollte sichergehen und nichts riskieren.

Der Zug setzte sich wieder in Bewegung. Von dem Ruck wurde der einzige Mitfahrende im Abteil, ein Oberstabsarzt, wach. Er rekelte sich in seiner Ecke, seufzte und sagte: «Vornehm geht die Welt zugrunde.» Dann packte er seinen Proviant aus und begann ein Ei zu schälen. Es war ein sehr großes Ei, und Panzhaff betrachtete es höflich, weil der Oberstabsarzt es ihm demonstrativ hinhielt. – Kuckucksei, dachte Panzhaff.

«Es ist ein Gänseei», sagte der Arzt, «schmeckt vorzüglich.»

Panzhaff machte eine zustimmende kleine Verbeugung vor dem Ranghöheren. – Trotzdem Kuckucksei, dachte er. Wie sie das bloß geschafft hatte! Sie sollte die fehlenden Papiere für ihre Akte neu ausstellen lassen. Sie hatte Ausreden gehabt, hatte es verzögert. Er selber hatte es ein bißchen hängenlassen, und später, als die Jungstabshelferinnen-Schule abgebrannt war, interessierte es ihn nicht mehr. Na, Schwamm drüber. Nimz durfte nichts davon erfahren. Sie mußte fort. Aber ein bißchen zappeln sollte sie vorher noch. «Ich sprach mit Stabszahlmeister Hanke von Ihnen», könnte man so beiläufig sagen. «Er ist dabei, in seiner Umgebung aufzuräumen. Der Feind im eigenen Lande, verstehen Sie» – und dann erst, wenn sie begriffen hatte, daß er alles wußte, würde er durchblicken lassen, daß er selber eine ganz andere Taktik verfolge, eine menschliche sozusagen. Er würde für sie der gute Freund werden, der etwas wagte, mehr noch als dieser Oberleutnant Rosenthal, der nach dem Bombenangriff beladen wie ein Weihnachtsmann erschienen war. Weiß Gott, sie konnte behaupten: Die Männer gehen für mich durchs Feuer! Konnte man es ihm, einem Stabszahlmeister in den besten Jahren, also verdenken, wenn auch er, Soldat, Draufgänger vom Scheitel bis zur Sohle, auf sie hereingefallen war? – Pasewalk. Ein dunkler Bahnhof. Panzhaff grüßte vorschriftsmäßig den Eieresser und stieg um in den Zug nach Stettin.

«Schnell, schnell, wir müssen mit! Ganz gleich, wohin der Zug fährt. Womöglich kommen die Russen auch noch hierher!»

Eine große üppige Frau mit welligem Blondhaar schob ihr Bettenbündel rücksichtslos in den überfüllten Waggon, ließ sich von der jungen Helferin des Bahnhofsdienstes ihre drei kleinen Kinder nachreichen und drängte sich durch die Menschenmauer, die den Einstieg des Güterwagens blockierte.

Eva bekam keinen Dankesblick. Langsam löste sie die weiße Binde des Bahnhofsdienstes vom Ärmel! – Das war getan. Die letzte, der sie geholfen hatte, mit Kindern und umfangreichem Flüchtlingsgepäck weiterzukommen, sah aus wie eine, die das Kinderkriegen und Kommandieren in einer Reichsbräuteschule gelernt hatte. Auch die Angst vor den Russen hatten sie ihr dort beigebracht. Sie war so kopflos in ihrem Wahn, die Russen auf den Fersen zu haben, daß sie wohl längst eines ihrer Kinder verloren hätte, wenn sich auf den Bahnhöfen nicht hilfreiche Hände um sie bemüht hätten.

Eva ging noch einmal die Gänge der Bahnhofstunnel ab. Hier in der Nische hatte sie vor Wochen Burgl die Haare abgeschnitten. Drüben im Seitengang hatte sie erst vorgestern eine alte Frau aufgestöbert, die schon, wie sich herausstellte, einen Tag und zwei Nächte dort hockte, zusammengekauert auf ihrem Bündel, hastig verpflegt von Rotkreuzhelferinnen, die im Vorbeigehen Suppe und Gerstenkaffee verteilten. Die Alte war so schwerhörig, daß sie nie verstand, wenn Züge durch den Lautsprecher ausgerufen wurden. Merkte sie schließlich, daß Menschen vorbeihasteten, Kinder und Gepäck zusammengerafft wurden, war es immer zu spät für sie. Hatte sie sich mühsam bis zur Treppe geschleppt, kam irgendeine Helferin, faßte sie unter und brachte sie zu ihrem Platz zurück mit dem Hinweis, diesen Zug erreiche sie sowieso nicht mehr, sie solle den nächsten benutzen.

Die alte Frau hatte es schließlich aufgegeben und war in Apathie versunken. Eva hatte sie, die Hilfloseste unter den Hilflosen, mit großer Mühe in einem Waggon untergebracht.

Seit Wochen ging das so: Die Züge aus dem Osten endeten in Stettin, ihre menschliche Fracht füllte den Wartesaal, die Gänge und Unterführungen des Hauptbahnhofs. Anschlußzüge gab es von Woche zu Woche weniger, manchmal fuhren nur zwei am Tage. Sie wurden zusammengestellt aus Güterwagen.

Kaum einer fragte, wohin die Reise ging. Nur fort, fort, weiter, tiefer hinein in die Obhut des Reichs, dessen Schutz sie beanspruchten, jetzt, da die östlichen Vorposten wankten und zusammenstürzten.

Eva dachte ungern daran, daß ihre Mutter auch zu denen gehört hatte, die in panischem Schrecken geflohen waren vor dem Ausschlag des Pendels an der großen Weltenuhr, das jetzt zurückschlug, in gleichem Maße, wie es nach der anderen Seite ausgeschlagen hatte, frevlerisch in Schwung gesetzt.

Eva zog es nicht nach Langenbrück. Ihr Ziel war Steffis kleines Heim in Dresden. Dort war ein Kind zur Welt gekommen, dort hatte Burgl Unterschlupf gefunden. Morgen würde sie reisen, vielleicht stehend im Güterwagen, es war schon alles gleich. Sie hatte es nicht glauben wollen, als Panzhaff ihr die Mitteilung machte. Er wußte etwas von ihr, er hatte Hanke gesprochen. Seit der letzten Dienstreise war er höflich, beinahe liebenswürdig zu ihr. Sie war nahe daran gewesen, ihm zu vertrauen, aber dann war ihr Hover eingefallen, dessen Umschwung ebenso plötzlich kam. Vielleicht sollte es bei Panzhaff aus denselben Gründen heißen: «Eigentlich haben wir uns doch immer gut verstanden.»

Eva kam müde nach Hause. Ein Herr sei da und warte auf sie, erklärte ihr der Hauswirt, ein herzkranker, frühzeitig auf Rente gesetzter Vertreter der Sterbeversicherung «Deutscher Herold». Sein aufs Jenseits gerichtetes Gewerbe schien sein Gemüt umflort zu haben. Eva hatte in den letzten Wochen seinen düster-vorwurfsvollen Blick zur Genüge gespürt, wenn sie zu laut die Tür ins Schloß fallen ließ oder auf der Treppe zwei Stufen auf einmal nahm. Geradezu anklagend wurde dieser Blick, wenn ein Mann es gewagt hatte, nach ihr zu fragen.

Rosenthal konnte es sich nicht abgewöhnen, abends vor dem Haus zu hupen. «Ich mußte mal wieder mit einem anständigen Menschen sprechen», sagte er, wenn sie hinausgelaufen kam, um seinen unvernünftigen Lärm zu bremsen. Er roch fast immer nach Alkohol. «Bei uns ist es jetzt zum Kotzen», gestand er ihr, «was kann man denn da noch machen? Es wird nur noch gesoffen. Die Karre ist im Dreck.»

Vor wenigen Tagen, als sie sich im Dunkeln an seiner Beiwagenmaschine gegenüberstanden, hatte sie ihm vorgehalten: «Bei Stargard und Pyritz verbluten die Kinder, die Hitlerjungen, und ihr – alte erfahrene Soldaten – sauft hier herum und macht noch eure Geschäfte.» Beim Bahnhofsdienst hatte sie es erzählen hören, in der Rot-Kreuz-Baracke. Der Pommernwall war überrollt. Es war so: Die Kinder, die dort geschanzt hatten, schleuderten jetzt Panzerfäuste, wenn sie nicht schon in den Gräbern lagen, die sie selber geschaufelt hatten. «Und wenn wir uns mit den Händen in unsere heilige pommersche Erde krallen müßten!», damit hatte Goebbels die Gemüter der Jungen erhitzt. So einer wie Rosenthal schluckte das nicht mehr. Natürlich nicht. Aber er tat auch nichts, um dem Wahnwitz Einhalt zu gebieten.

Der Hauswirt rief ihr nach, als sie die Treppe hinaufstieg: «Ihr Besuch kann nicht hierbleiben, daß Sie es wissen! Herrenbesuche dulde ich nicht.»

Eva würdigte ihn keiner Antwort, denn sie hatte schon die Tür ihres Zimmers geöffnet und stand Hans Tiefenbach gegenüber. Sie fühlte, daß ihr die Knie zitterten, als hätte sie eine unerhörte körperliche Anstrengung hinter sich. Um ihm nicht entgegenzustürzen, setzte sie sich auf den nächsten Stuhl.

Er war schnell bei ihr. «Was ist dir, Eva, bist du krank?»

«Nein, nein, ich stelle mir nur vor, du wärst vierundzwanzig Stunden später gekommen. – Ich fahre morgen früh nach Dresden.»

Er setzte sich ihr gegenüber und nahm ihre Hände in die seinen. Sie sah ihn lange forschend an. Die Fältchen in seinen Augenwinkeln waren dichter geworden, die Augen schienen noch tiefer zu liegen als früher. Er hatte sich eine nervöse Geste angewöhnt. Mit Daumen und Zeigefinger der rechten Hand fuhr er sich, an den äußeren Augenwinkeln beginnend, über die Augen, dabei Stirn und Nase krausziehend. In der Tasche seines Jacketts steckte eine Brille. Sie zog sie mit zwei Fingern heraus. Er sagte lächelnd: «Ich habe sie abgesetzt, damit du nicht erschrickst. Vielleicht hättest du mich gar nich wiedererkannt.»

Auf ihre Bitte setzte er sie auf.

«Du gefällst mir sogar damit. Mächtig klug siehst du aus.»

«Und ich fühle mich – das Gegenteil», sagte er bitter.

Ihr war leicht zumute, die Welt war heller geworden. Sie hatte wochenlang helfen und trösten müssen, trotz des dumpfen Drucks auf ihrer Seele. Sollte sie jetzt, da der Druck gewichen war, nicht erst recht die Kraft haben, Bedenken zu zerstreuen,

Hoffnungen zu wecken? Wie nötig das war, fühlte sie, ohne von seinem Leben der letzten Monate Einzelheiten zu kennen. Ihm war der Boden unter den Füßen entglitten. Es war nicht das Nazireich, dem er nachtrauerte, es war die Ordnung, die zerrüttet war und die er brauchte wie die Luft zum Atmen. Er lag auf dem schmalen Sofa mit den unbequemen steifen Seitenlehnen, lag wahrhaftig dort, wo der «Deutsche Herold» kein männliches Gesäß dulden wollte, laut mündlich gegebener Hausordnung. Das gekränkte Moralgefühl trieb den Hauswirt wohl jetzt in seiner Wohnung hin und her, einem Modus nachgrübelnd, wie er seiner Entrüstung am wirkungsvollsten Luft machen könnte.

Als nach einer halben Stunde noch kein Heroldsklopfen an der Tür erfolgt war, atmete Eva auf. Morgen würde sie jeden Vorwurf schlucken, jede Nachrede lächelnd quittieren.

Hans Tiefenbach berichtete, als erzähle er die unglaubliche Geschichte eines Fremden. Man hatte ihn vor acht Wochen sehr plötzlich nach Berlin geholt. Er durfte niemandem seine veränderte Adresse mitteilen. Im Heeres-Waffenamt wurde er in absoluter Klausur gehalten, zusammen mit drei Mitarbeitern. Man schlief, aß, wohnte, arbeitete etwa sieben Wochen lang in zwei Räumen, zu denen kein Außenstehender Zutritt hatte. Was war der Sinn? – Es waren die letzten Versuche, einem wirklichen Wunder auf die Beine zu helfen, dem militärischen Vergeltungswunder, das noch immer fehlte, noch immer erhofft wurde. «Leupold hat sich wohlweislich ins Mauseloch verkrochen.» Tiefenbachs Stimme wurde bitter. «Gibt vor, leidend sein. Aber mein Name steht ja auch noch auf dem Buchdeckel.»

«Ist euer gemeinsames Werk erschienen?»

«Ja.» Er zog einen grauen Halbleinenband aus der Tasche. «‚Physik der Atomkerne' – ein verhängnisvoller Titel in einem verhängnisvollen Augenblick. Man ist aufmerksam geworden, hat entdeckt, daß ich völlig falsch eingesetzt worden bin.»

«Und was wird nun?»

Er warf sich auf dem schmalen Sofa herum, wandte sich ihr zu, die neben ihm saß. «Ich werde morgen früh mit dir in den Zug steigen. Dein Ziel heißt Dresden. Es ist genauso sinnlos wie meines.»

Eva war verwundert. «Meines ist nicht sinnlos. Ich werde dort erwartet. Steffi hat ein Kind.»

«Ein Kind.» Er fuhr sich mit den zwei Fingern seiner Rechten über die Augen. «Nein, das ist nicht sinnlos. Das noch nicht. Bei mir gibt es jetzt nur noch Decknamen, Tarnbezeichnungen als Ariadnefaden. Unternehmen Tannenberg, Standort Heidekraut, stand auf meinen Papieren. Jetzt heißt es: Endziel Bergfestung.»

«Wo mußt du dich melden?»

«Irgendwo in Bayern. Ich glaube, ich muß mich beeilen, wenn ich noch hinkommen will.»

«Bleib doch. Komm mit nach Dresden.»

Er nahm ihre Hand, küßte sie, lächelte schwach.

Er nimmt es nicht ernst, dachte sie. Er kommt gar nicht darauf, daß man zusammenbleiben und das Ende gemeinsam erwarten könnte. Aber er wollte ja kein Gepäck, wollte immer schon die Hände frei haben. In den letzten Wochen, im Tunnel, auf den Bahnsteigen, wo man nur im Zickzack gehen konnte, sich hindurchwindend zwischen Bettenbündeln, Reisekörben, Kisten und beladenen Wägelchen, zwischen erschöpften, frierenden Kindern und hilflosen Alten, hatte sie oft daran gedacht, wie er sich dazwischen ausnehmen würde. Er, Hans, der gern die Hände in den Taschen seines Ledermantels vergrub, der Zahnbürste und Rasierzeug in die Hosentaschen versenkte, wenn er reiste, und nicht viel mehr als ein paar zerlesene handliche Bücher zwischen Brieftasche und Hemd bei sich trug. Nun war er gekommen, mit einem Handkoffer, um weiterzufahren nach dem Kompaß seiner Parole Bergfestung. Sie hatten getrennte Endstationen. Das beunruhigte sie, obwohl sie nicht wußte, was nach einem verlorenen Kriege sein würde.

Er schien ähnliche Gedanken zu haben. «Bleib! Etwas Unmöglicheres könntest du nicht verlangen», spottete er liebevoll. «In ein paar Tagen würden sie mich an die Wand stellen.»

Sie wendete sich ab.

Er beobachtete sie ernst. «Ich weiß , daß du denkst: Wage endlich mal etwas, es geht sowieso alles drunter und drüber, es gibt keine Konventionen mehr. Wir sind belogen worden, betrogen, wir sind töricht, wenn wir uns noch irgend jemandem verpflichtet fühlen. Wir haben nur noch uns.»

Er hatte sich aufgerichtet, sprach schneller als gewöhnlich, voll tiefer Erregung. «Du würdest auf die Skrupel deines spießigen Hauswirts pfeifen und mich heute nacht hier kampieren lassen, ich weiß es. Morgen sind wir ja fort. Aber ich würde es nicht tun. – Ja, warum eigentlich nicht? Ich könnte ohne weiteres in einem Zelt in der Wüste leben, das weißt du, aber solange wir in der menschlichen Gesellschaft sind, erkenne ich ihre Gesetze voll an. Auch die engstirnigen deines Wirtes, der Gesetzgeber in seinem Hause sein will. Auch die des Krieges muß ich anerkennen. Nicht aus Feigheit richte ich mich nach der Parole meines Marschbefehls, sondern weil ich nicht über meinen Schatten springen kann. Ich müßte mich selber aufgeben. Das kann ich nicht. Mach, was du willst!» Er drückte die beiden Finger in die Augenwinkel. Es war eine ratlose Geste.

Sie saß entmutigt vor ihm. «Was wird das sein – Bergfestung?»

«Nichts Besonderes. Man will uns zusammenholen, irgendwo sammeln. Vor allem will man wohl nicht, daß wir den Russen in die Hände fallen. Vielleicht sieht man uns als Beutegut an. Ich weiß es nicht.»

Sie saßen eng beieinander, schwiegen eine Weile. Eva fragte leise: «Kannst du dir vorstellen, wie unser Leben sein wird – danach?»

«Nein. Ich sehe das ordnende Prinzip noch nicht. Leupold erwartet es aus dem Osten. Ich habe mich zuwenig damit beschäftigt. Solche Fragen paßten nicht zu meiner Arbeit. Du weißt schon – die dritte Schwinge! Nun kann ich schlecht beurteilen, ob man darauf hoffen soll oder ob das Chaos dadurch nur noch größer wird.»

«Du hast das Schwerste im Leben also noch nicht gelöst?»

Er wußte sofort, was sie meinte. «Wahrheit von Unwahrheit zu scheiden. Dein großes Wort! In der Klausur gab es dafür zuwenig Anschauung. Vielleicht verhilft uns der Frieden zu solchen Erkenntnissen. Vielleicht!»

Sie verbrachten die Nacht im Wartesaal, im warmen Dunst Hunderter Flüchtlinge, die auf ihren Gepäckstücken schliefen; röchelnd und schnarchend die Alten, greinend zuweilen die Kinder, wenn die steif gewordenen Arme der von Müdigkeit überwältigten Mütter herabsanken.

Sie saßen auf harten Stühlen. Hans Tiefenbachs Kopf fand Halt an einer Säule. Eva lehnte, umschlossen von seinem Arm, an seiner Schulter.

Wenn ich ihn jetzt lange Zeit nicht sehe, dachte sie kurz vor dem ersten Einschlummern, dann werde ich mir immer dieses Bild vorstellen: wir beide zwischen den vielen Menschen, die uns gar nicht sehen. Und immer werde ich den Druck seines Armes fühlen, der meinen Rücken hält, und die Wärme seiner Hand da an der Seite zwischen Brust und Hüfte.

«Manchmal zahlt man für drei Betten und gebraucht nur eins», sagte er in bittersüßer Erinnerung an den «Erbgroßherzog», «und so wie jetzt gäbe man ein Königreich für eine schmale Pritsche.»

Sie sprachen von der Gemeinsamkeit in Güstrow. Eva schilderte ihm die nicht zu Ende erlebte Begegnung mit dem Barlachschen Engel, gestand ihm, daß sie die Plastik für das ganze vergangene Jahr als symbolisch empfand. «Ich hatte das richtige Gefühl damals», sagte sie, «aber jetzt weiß ich nicht weiter. Ich erinnere mich kaum noch, wie der Frieden war, und kann mir nicht vorstellen, wie er werden soll. Alle diese Menschen hier», sie blickte um sich, «haben nun kein Heim mehr und keinen Boden unter den Füßen –»

Sie stiegen als letzte, um nicht drängen zu müssen, in einen Viehwaggon des langen Flüchtlingszuges. Auf dem Bahnsteig war Hans Tiefenbach mehrmals von Militärstreifen angehalten worden. Wenn er seine Papiere zeigte, salutierten sie.

Die Fahrt war ein qualvolles Rütteln. Sie hockten im Dunkeln Seite an Seite auf ihren Koffern. Oft hielt der Zug auf freier Strecke. Jedesmal dachte Eva: Wieder ein paar Minuten gewonnen, noch eine winzige Ewigkeit länger mit ihm zusammen. Weil alles Zukünftige rätselvoll war, sprachen sie von Vergangenem. Sie wurden fast heiter dabei.

«Was macht Carla Winter?» wollte sie später wissen.

«Zu ihrem Projekt fehlte zuletzt Gott sei Dank das Material.»

«Sie wird auch auf der Bergfestung sein. Als einzige Frau.»

«Das ist möglich. Aber du brauchst sie auch jetzt nicht zu beneiden. Für sie ist alles zu Ende, und für dich fängt alles erst an.»

«Wenn ich nur wüßte – wo und wie! Ich glaube, man muß noch einmal ganz neu anfangen. In jeder Weise. Aber ich werde schon dreiundzwanzig. Und was habe ich denn gelernt?»

«Deine Erfahrungen wiegen viele Lücken auf.»

«Erfahrungen – ich glaube kaum! Ich habe doch auf der

falschen Seite gestanden seit dem Arbeitsdienst. Dann kam eins zum anderen, ich wagte nicht mehr umzukehren. ‚Der Hahn wird nicht krähen, bis du mich dreimal verleugnet hast' – heißt es in der Bibel. So eine bin ich.»

«Womit quälst du dich! Laß doch die Symbole und Vergleiche, sei nur du selbst, das ist schon recht. Schreibst du noch Gedichte?»

«Ab und zu. Aber sie klingeln nur. Vielleicht fehlt mir – wie du es genannt hast – das ordnende Prinzip.»

«Das findest du auch noch.»

«Siehst du, wir sind schon bei der Zukunft.»

«Weil man ohne sie nicht leben kann. Jeder neue Augenblick ist Zukunft. Als wir im Wartesaal hockten, war die Bahnfahrt noch unbekannte Zukunft, und jetzt leben wir sie schon.»

Eva nickte. «Das nächste Zukünftige ist unser Abschied.»

«Wir wollen ihn uns nicht schwermachen. Es soll nicht für lange sein.»

Nicht für lange, nicht für lange – tönten die Räder und rollten auf Dresden zu. – Mach's kurz, gebot sich Eva. Zeig ihm, daß du daran glaubst, an dieses «nicht für lange».

Auf dem Bahnhof in Dresden brodelte es um sie her. Flüchtlinge aus Posen und Schlesien füllten die Bahnsteige. Die Militärstreifen stürzten sich auf den jungen Zivilisten. Ihre Hinweise auf passende Anschlußzüge glichen Befehlen. Weiter – Weiter! Jeder Mann wird gebraucht. Wo und wie, das wissen die Götter und die Generale.

Eva kannte sich auf Bahnhöfen aus. Sie fand im hastigen Getümmel noch eine Insel. Für zwei Minuten.

«Gib auf dich acht», sagte Hans Tiefenbach.

«Hast du Steffis Adresse?» fragte sie.

«Bereits im Kopf», sagte er.

Dann wurde ihre Insel, schmaler Zwischenraum zwischen zwei Gepäckkarren, zerstört.

Hans sprang auf, als die Bremsen schon gelöst wurden. Im Ausschnitt des offenen Viehwaggons stand er, breitbeinig, stumm, mit mühsamem Lächeln, ein Gepäckloser zwischen den Beladenen. Sie sahen einander und sahen nichts darüber hinaus.

Nicht für lange! – Was hieß das in dieser Zeit, da tausend Jahre in zwölf Jahren vergingen?

Vielleicht werden wir später in Dresden wohnen, dachte Eva, als sie mit der Straßenbahn durch die Stadt fuhr. Sie nahm das Bild in sich auf: den breiten Elbstrom, die Kupferdächer der Kirchen, die Gärten, die bereits begannen, als man sich noch im Mittelpunkt der Stadt glaubte.

Sie war neugierig und hatte Herzklopfen, als sie durch den verwilderten Garten ging, an dessen Ende ein kleines Haus stand, Steffis Heim. Sie merkte, daß sie beim Näherkommen beobachtet wurde, und sie hatte kaum den Eingang erreicht, als sich die Tür öffnete. Es war Burgls Hand, die sie hineinzog. Das war ein guter Empfang. Auch das Schreien des Babys war gut. Ein gesundes Kind war am ersten Weihnachtstag zur Welt gekommen, ein Junge, den Steffi Rainer genannt hatte.

Aber eins war nicht gut: Steffi lag im Krankenhaus mit Brustentzündung. Die Ärzte nannten es Spät-Mastitis. Ein Eiterherd nach dem anderen hatte sich zusammengezogen. Die Abwehrkräfte fehlten, sagten die Ärzte, es liege an der schlechten Ernährung, und das Kind habe sich von der Mutter alles genommen, was es brauche.

Burgl trug jetzt das Haar kurz. Sie war schmal geworden. Es war nicht leicht, ohne Lebensmittelkarten durchzukommen. Sie führte Eva zu dem wenige Wochen alten Säugling, der blaß, aber kräftig aussah. «Mir kommt es schon fast vor, als wäre es mein eigener», sagte Burgl zärtlich. «Er kennt mich genau. Merkst du es, er wird lebhaft, wenn ich herankomme.»

Eva merkte es nicht, aber sie nickte. Das Kind erregte sie. Es war ein Teil von Steffi und Rolf, und es war auf die Welt gekommen, weil die beiden einander liebten. – Nach der Rügenfahrt hatte sie, Eva, Angst gehabt, ein Kind zu bekommen. Die Last hatte sie gescheut, Opfer und Verzicht schienen ihr damals zu groß. Steffi war jünger als sie. Sie kannte nichts weiter als ihre Liebe. Vielleicht war es besser, wenn man so war! Eva kam sich sehr unreif vor im Vergleich mit der Jüngeren, die opfern gelernt hatte, als sie Mutter wurde, und die jetzt Schmerzen darum litt.

«Komm, wir besuchen sie», sagte Burgl. «Rainer schläft jetzt. Es ist nicht sehr weit bis zum Krankenhaus.»

Steffi hatte gerade eine Injektion bekommen. Sie sah blaß und erschöpft aus. Ihre Zimmergenossin konnte schon aufstehen. Sie verließ rücksichtsvoll den Raum, als sie Steffis große Freude über den Besuch bemerkte. Steffi deutete auf ihre Brust. Die rechte Seite war übermäßig hochgebunden, die linke in Verbände gehüllt.

«Eine richtige Kanalisation haben sie mir da hineingelegt», sagte sie mit wehmütigem Spott. «Es fließt immer noch Eiter zusammen. Gut, daß Rolf das nicht sehen muß. Bestimmt werden Narben bleiben.» Leise und etwas verschämt fügte sie hinzu: «Rolf mochte meine Brüste besonders gern streicheln. Meinst du, daß es ihn abstoßen wird, wenn er die Narben sieht?»

«Bestimmt wird alles gut verheilen», tröstete Eva.

«Hoffentlich! – Was sagst du zu Rainer? Ist er nicht süß? Sieht er Rolf nicht ähnlich? Leider ist er nun unehelich geboren. Vati ist mir böse deshalb, aber es kam ja nur so, weil Rolf nicht noch einmal kommen durfte, und Ferntrauungen finde ich geschmacklos. Aber der Krieg muß ja bald aus sein. Dann müssen sie Rolf aus der Anstalt entlassen.» Flüsternd fragte sie: «Glaubst du, daß er spinnert geworden ist? Ich glaube das nicht. Er wollte einfach nicht mehr Menschen totschießen müssen. Bestimmt ist er noch der alte, wenn er zurückkommt.»

Burgl bemerkte Evas wehen Blick. Sie hieß sie mit verstohlenem Händedruck schweigen und sagte schnell: «Laß nur erst Frieden sein, Steffi, dann wird sich alles klären.»

«Ja», sagte Eva langsam. «Burgl hat recht. So ganz die alten sind wir wohl alle nicht mehr. Rolf hat zu viele sterben sehen, das ist es.»

Steffi versuchte, sich steil aufzurichten. «Aber jetzt hat er einen Sohn. Meinst du nicht, daß ihm das hilft, zu vergessen?»

Burgl rückte ihr das Kopfkissen zurecht.

«Sicher wird es ihm helfen, Steffi; so klug und so süß wie Rainer ist. Eva bleibt jetzt bei uns, und wir werden ihn tüchtig pflegen.»

Steffi lehnte sich aufatmend zurück. Sie sah Burgl dankbar an. «Ich bin so froh, daß wir drei jetzt zusammen sind, ich wollte sagen – wir vier – mit Rainer! Hoffentlich komme ich bald hier heraus. Es ist nicht schön, wenn man allein ist und immerfort hören muß, überall bricht's zusammen. Ich finde, es ist jetzt so eine Stimmung wie bei einem schweren Gewitter. Man möchte zusammenrücken, jemanden, den man lieb hat, neben sich fühlen. Geht es euch auch so?»

Burgl und Eva nickten.

«Nicht wahr, wir bleiben zusammen, bis Frieden ist?»

«Bestimmt.» Bewegt drückte Eva Steffis Hand.

Burgl mahnte zögernd zum Aufbruch, Rainers wegen.

Eva versprach, am folgenden Tage in den Abendstunden wiederzukommen. Vorher habe sie noch einen schweren Weg vor. Sie wolle die Eltern ihrer verstorbenen Freundin Marlies in Meißen besuchen. Wegen der immer schlechter werdenden Zugverbindungen könne sie das nicht hinausschieben.

Steffi winkte den beiden nach und legte sich aufatmend zurück, die linke Hand unter der bandagierten Brust.

«Grüßt mir meinen Jungen», sagte sie mit schmerzverzogenem Lächeln.

Steffi war glücklich wie lange nicht. Auf ihrer Bettdecke lag ein Brief aus Langenbrück. Die Mutter teilte ihr mit, daß sie nach abenteuerlicher Flucht auf verstopften Straßen, wo das Auto Achsenbruch erlitten habe, in der Heimat angekommen seien. Ihr Gepäck hätten sie in Frankfurt/Oder vorläufig stehenlassen müssen. Gustl Schwendtmayr habe es allerdings nur wenige Tage in Langenbrück ausgehalten. Er sei wieder losgefahren, um sich nach weiterer Verwendung umzusehen. Letzteres hatte die Mutter spöttisch in Anführungsstriche gesetzt.

Der Brief enthielt keine Spur von Groll mehr, sondern besorgte Fragen und Ratschläge, das Baby betreffend, und er gipfelte in der besorgten Frage nach Eva, von der sie lange ohne Nachricht sei.

Steffi sehnte Evas Besuch herbei, um ihr den Brief zu zeigen. Burgl hatte recht, alles würde gut werden, wenn erst Frieden wäre, auch die Sache mit Rolf. – Eigentlich konnte sie doch ganz ruhig sein. Wenn sie ihn jetzt in Budapest oder in der Gegend von Schneidemühl wüßte, wie schrecklich wäre das. Sie nahm sich vor, noch einmal mit Eva zu sprechen. Schließlich hatte Eva ihn doch zuletzt gesehen.

Aber die Schwester kam nicht. Steffi wartete den ganzen Tag. Nun ja, Eva war wohl in Meißen länger aufgehalten worden, als sie vermutet hatte. Sicher hatten die alten Leute sich sehr über ihren Besuch gefreut. Auch die Züge mochten unregelmäßig verkehren. Die Russen ständen schon vor Görlitz, hieß es, und auf den Bahnhöfen sollten die Flüchtlinge beinahe übereinanderliegen.

Wie geborgen war man dagegen in der schönen, modernen

Frauenklinik. – Ich würde keinen Schritt aus Dresden rausgehen, dachte Steffi, keinen Schritt. Ich bin ja nicht mehr allein. Ach, es ist ein schönes Gefühl, nicht allein zu sein –!

Die Luftschutzsirenen rissen sie von der Schwelle zurück, die zwischen Schlaf und Wachen liegt. Unlustig stand sie auf, überwand ein leichtes Schwindelgefühl und schlüpfte ohne Hast in den Morgenrock. Die Brust schmerzte bei jeder Bewegung des linken Armes.

Ein fernes Dröhnen ließ sie zusammenfahren. Das Dröhnen schwoll an, schien näher zu kommen wie ein Gewitter und steigerte sich zum ohrenbetäubenden Krachen. Die Gänge und Treppen der Frauenklinik waren dicht gefüllt mit aufgeregten Menschen. Schwestern schoben Tragen, unterstützten Frauen, die sich mühsam auf den Beinen hielten und vor Schwäche und Entsetzen ohnmächtig zu werden drohten. Scherben klirrten, Mauern bebten, noch ehe die verängstigten Menschen die Kellerräume erreicht hatten.

Steffi stand zitternd, rasende Schmerzen in der Brust, in einem langen Raum, der unterirdisch zwei Hauptflügel der großen Klinik miteinander verband. Unermüdlich schoben Krankenschwestern Tragen und Notlager herein, auf denen die Operierten lagen.

Ein donnerndes Krachen ließ auch die Schwächsten unter den Kranken auffahren. Eine Frisch-Entbundene schrie außer sich: «Mein Kind! – Wo sind unsere Kinder?»

Das war das Stichwort für einen ganzen Chor von Frauen. «Gebt uns die Babys!» riefen sie.

«Die Kinder sind in Sicherheit!» donnerte ein Arzt dazwischen. Steffi barg ihr Gesicht an der Schulter der jungen Frau an ihrer Seite. – In Sicherheit? dachte sie. In der tobenden Hölle da draußen gab es keine Sicherheit mehr. «Rainer», flüsterte sie. Sie brauchte nicht zu befürchten, daß jemand ihr verzweifeltes Selbstgespräch hörte. Die Einschläge folgten immer dichter aufeinander. Vielleicht lag schon der ganze Gebäudekomplex in Trümmern. – «Rainer!» – Eva! – Burgl! – Wo seid ihr? Wir wollten doch zusammenbleiben!»

Ein gellender Schrei übertönte das Prasseln und Krachen. «Rolf!» schrie Steffi, während ihre entsetzten Augen sahen, daß vor ihr die Wand sich bewegte. Die dicke, Sicherheit verheißende Mauer kam wie ein Gespenst auf sie zu.

Aus Steffis Schrei wurde ein Gurgeln. Stürzend, fallend, vermochte sie mit blutendem Munde keinen Namen mehr zu formen.

Burgl schüttelte, sich mühsam aufrichtend, Mörtel- und Kalkbrocken von Kopf und Schultern. Sie wußte nicht, wie lange sie so gesessen hatte, am Boden kauernd, im Halbbogen ihres gekrümmten Körpers das Bündel verborgen, das Rainer hieß. Einmal während des mörderischen Angriffs, der Ewigkeiten zu dauern schien, hatte sie versucht, den Keller zu verlassen, weil der Rückausgang eingestürzt war. Aber ein Blick nach draußen hatte sie zurückgetrieben in den notdürftig abgestützten Kohlenkeller, den seine Besitzer verlassen hatten, weil er ihnen nicht sicher genug schien.

Rainer hatte angefangen zu schreien, als sie ihn unter dem Dröhnen der ersten Bombendetonationen aus dem Bettchen gerissen hatte. Dann, auf dem Wege zum Keller, sah sie «Christbäume», rote und grüne Lichtgebilde, auf die nächtliche Stadt herabschweben.

Daß Eva noch nicht zurück war, beunruhigte sie anfangs; dann sagte sie sich, daß die Freundin im Bahnhofsbunker sicherer aufgehoben sein mochte als in einem unzulänglichen Keller. Mit dem letzten Zug, den Eva hatte benutzen können, mußte sie kurz vor dem Alarm in Dresden angekommen sein. Auch Steffi mochte es besser gehen. Die große Frauenklinik trug weithin sichtbar das rote Kreuz auf den Dächern. Im Schein der Christbäume mußten die Flieger das gesehen haben. – Ich muß Rainer schützen, dachte sie, sonst könnte ich Steffi nie mehr gegenübertreten.

Es war ihr gelungen. Ihr gebeugter Rücken hatte die herabpolternden Kalkbrocken abgefangen. Sie hatten ihr den Mantel zerfetzt, vom Ohr rann Blut herab. Krampfhaft hielt sie die Tasche mit den Kindersachen fest, ihr einziges Gepäck. Ein paar Briefe und Bilder von Rolf hatte sie dazugetan, Steffis wegen.

Mit steifen Gliedern, zerschunden und schmutzig, das Kind an sich gepreßt, kroch sie aus dem Keller. Der Brandgeruch verschlug ihr fast den Atem. Erschüttert stand sie vor dem Bombentrichter, der an der Stelle gähnte, wo das Gartenhäuschen gestanden hatte.

Eva bewegte sich wie im Fieber.

Etwa fünf Kilometer vor der Stadtgrenze hatte der Zug, aus Meißen kommend, gehalten. Aus der Entfernung hatte sie den gespenstischen Feuerzauber über der Stadt gesehen. Nach qualvoll langer Wartezeit setzte sich der Zug wieder in Bewegung.

Eva hastete durch die brennende Stadt. Barrieren von Schutt versperrten die Straßen. Züngelnde, im Wind sich ausbreitende Phosphorflammen, die den Asphalt kochen ließen, hinderten sie am Vorwärtskommen. Ihre Schuhsohlen begannen sich vom Oberleder zu lösen. Der beizende Rauch ließ die Augen tränen. Sie lief in einem Strom verängstigter Menschen, die eine geheimnisvolle Parole dem Großen Garten zutrieb. Der Londoner Rundfunk sollte sie durchgegeben haben. Eva dachte: nur weiter, näher zu Steffi und Burgl. Hier im Stadtinnern war niemand fähig, ihr Auskunft zu geben, wohin sie sich wenden mußte. Von einer Brücke aus sah sie die Elbkähne brennen. Eine schaurige Illumination, die der dunkle Strom in der Widerspiegelung noch verdoppelte.

Der Große Garten, ein ausgedehnter Park mit weiten Rasenflächen und alten Bäumen, war ein dunkles stilles Viereck in dem schauerlichen Feuerspiel dieser Nacht. Tausende von Menschen hatten sich trotz der Kälte unter den Bäumen niedergelassen. Hunderte irrten umher, hielten jeden an, der ihnen in den Weg kam, fragten nach ihren Angehörigen.

Plötzlich ein Krachen, ein dröhnender Donnerschlag – und nach der Entsetzensstarre ein brüllender Aufschrei aus tausend Kehlen zugleich: «Sie kommen wieder!»

Niemand hatte eine Warnsirene gehört. Vielleicht waren sie bereits zerschlagen durch den Großangriff.

Und schon brach es los.

Es regnete Feuer und Schwefel vom Himmel. Die Kronen der alten Bäume standen im Nu in Flammen. Phosphor spritzte aus aufplatzenden Kanistern, erfaßte die Menschen, das Gepäck, züngelte über den Rasen. Der Busch, hinter dem Eva Schutz gesucht hatte, fing so plötzlich Feuer, daß sie nicht schnell genug weg kam und ihr Ärmel erfaßt wurde. Ein greller Streifen lief vom Oberarm zur Hand hinunter. Sie schlug in verzweifeltem Schwung mit ihrer Mappe dagegen, zog, als das nichts half, hastig den Mantel aus und warf sich mit schmerzendem Arm auf die kühlende Erde. Gleich ihr wälzten sich Hunderte auf dem Rasen, stöhnend vor Schmerzen. Die es noch schlimmer getroffen hatte, liefen als brennende Fackeln umher.

Eva barg ihr Gesicht an der Erde. – So war es auf der Insel gewesen, mit den Mädchen aus Haus Seestern und den anderen Wohnheimen. Man hatte es ihr erzählt. Sie hatte sich darüber entsetzt, aber jetzt fühlte sie, wie schwach ihre Vorstellungskraft gewesen war, wie klein ihr Mitleiden. Was sie sah, überstieg alles Maß, denn nun kamen Tiefflieger, die gut zu wissen schienen, daß sie ihre Opfer in diesem Park zu suchen hatten. Es war kein Risiko dabei, sie abzuschießen.

Eva fühlte, wie ihr von irgendwoher Blut in den Mund lief. Ein fürchterlicher Husten schüttelte sie, und zugleich stieg ein rasender Zorn in ihr hoch. Mit ihrem Mantelärmel suchte sie das Blut zu stillen. – Verrecken! Jetzt wußte sie, was das war. «Juda, verrecke!» hatte sie einmal an einer Mauer gelesen und ihre Mutter nach dem Sinn gefragt. Es hatte ihr eine Ohrfeige eingebracht und das strikte Gebot, dieses häßliche Wort nie wieder in den Mund zu nehmen. Das hier – das war «Verrecken», das war kein Sterben.

Aber sie wollte nicht verrecken, wollte nicht, daß jene, die das Wort an die Mauer geschmiert hatten, recht behielten. In nichts hatten sie recht behalten, in gar nichts. Mit ihrer Großsprecherei nicht, mit ihrem Krieg nicht und auch damit nicht, daß die Juden minderwertiger seien als andere Menschen. Sie wollte den Tag erleben, an dem sie es ihnen offen ins Gesicht sagen konnte, allen, die sie klug und schön und begehrenswert gefunden hatten.

Mir fällt der Arm ab, dachte sie. Die Wunde brennt unerträglich. Ohne Arm kann man leben. Leben! – Sie wollte leben, sie hatte Steffi versprochen, bei ihr zu bleiben, bis der Krieg beendet wäre. –

Steffi und Burgl und Rainer! Der Gedanke an sie trieb Eva hoch. Es war sinnlos, auf eine Entwarnung zu warten. Die Sirenen hatten keine Stimmen mehr.

Die Tiefflieger waren abgezogen. Sie hatten ganze Arbeit getan. Eva taumelte über die verbrannten Wiesen, zwischen Toten und Verwundeten hindurch, an Tausenden von Unglücklichen vorbei, nur die Namen der drei Menschen im Kopf, die zu ihr gehörten.

Die Stadt barg noch einen Menschen, von dessen Anwesenheit Eva nicht das geringste ahnte.

Hinter den dicken Mauern eines Dresdener Gefängnisses saß Jürgen Baer. Er trug die schwarze Kleidung der Todeskandidaten. Ihm waren, gleich dem Mitbewohner seiner Zelle, die Hände gefesselt. Durch das winzige vergitterte Fenster strömte eiskalte Nachtluft herein. Der Fußboden war mit den Scherben der vom Luftdruck zerschmetterten Scheibe bedeckt.

Jürgen Baer lehnte erschöpft an der Tür. Er hatte sich die Ellenbogen wundgetrommelt, aber die schwere Tür war nicht aufgesprungen, obwohl die dicken Gefängnismauern geschwankt hatten unter der Wucht der Detonationen. Nicht ein Gefängnisbeamter hatte sich während der beiden nächtlichen Angriffe sehen lassen. Sie saßen im Keller und überließen die Gefangenen ihrem Schicksal. Was durch das Fenster ihrer Zelle sichtbar und vor allem hörbar wurde, hatte genügt, um die gespannten Nerven der Häftlinge, die täglich mit der Urteilsvollstreckung zu rechnen hatten, an die Grenze des Zerreißens zu bringen.

So sieht das Ende aus, dachte Jürgen Baer, während an der Gefängniswand die Phosphorkanister und Brandbomben explodierten. Er hatte dabeisein wollen, wenn die Nazis abgewirtschaftet hatten. Von Tag zu Tag war seine Hoffnung gestiegen. Die Gerüchte vom Heranrücken der Ostfront waren auch ins Gefängnis gedrungen. Die Unsicherheit der Beamten hing wohl damit zusammen und schien der Grund zu sein, daß die Vollstreckung der Todesurteile hinausgezögert wurde.

Seit einigen Stunden lag Jürgen Baers Verstand in heftigem Kampf mit seinem Gefühl. Der Verstand sagte ihm: Die nächste Luftmine kann uns treffen. Dann ist das Urteil vollstreckt. Aber sein Gefühl lehnte sich dagegen auf. Fast das ganze Gefängnis war voller politischer Häftlinge. Der Tod aus der Luft würde einem Massaker in den eigenen Reihen gleichkommen. Er wehrte sich gegen diesen sinnlosen Tod.

Im vergangenen Sommer hatten sie ihn erwischt, eine ganze Weile, nachdem der Sender in Zinnowitz entdeckt worden war. Das Oderbruch war seine letzte Insel gewesen. Kurz vor dem bitteren Ende war sie nicht größer als ein Geviert, das seine großen Füße mit zwei Schritten durchmessen konnten.

Die kleine Kammer in der engen Arbeiterwohnung erinnerte

ihn oft an Hanna Peplows Kammer unter dem Schilfdach der Fischerkate. Und wenn er seine Texte für Flugblätter entwarf, sah er die Gefährtin deutlich vor sich, wie sie ihm mit verhaltener Begeisterung ihren ersten selbstverfaßten Appell vorgelegt hatte, den später Marlies Hasse über den Sender sprechen sollte.

Marlies war tot, Hanna hatten sie nach Ravensbrück geschleppt, und was das bedeutete, wußte er. Viele Kameraden seiner letzten Station, Arbeiter aus dem Oderbruch, die seine Texte in der Geheimdruckerei zu Papier gebracht und sie verbreitet hatten, saßen in Zuchthäusern, die er kaum dem Namen nach gekannt hatte. Auch sie würden der Befreiung entgegenfiebern, so wie er. Oder hieße es zuviel vom Schicksal erwarten, wenn er annahm, daß sie noch am Leben seien, da ihm doch sein eigenes Leben, am täglich dünner werdenden Faden hängend, manchmal wie ein Wunder erschien?

Aber gerade dieses Ungewisse riß ihn immer wieder hoch, wenn ihn nach peinigenden Verhören, unter den Schmerzen körperlicher Mißhandlungen die Verzweiflung grenzenloser Erschöpfung überfallen wollte. Wie? – Wenn nun alles umsonst gewesen wäre? Alle Angst, alle Qualen, alles Leiden? Wenn die braunen Wilderer die Treibjagd so weit trieben, daß keiner mehr übrigbliebe, der anklagen könnte am Tage X?

Er – der Häftling Jürgen Baer – wollte leben, er mußte leben, denn er verlangte dieses Leben nicht nur für sich. Die Menschen draußen mußten die Wahrheit erfahren über Heino, Hanna, über die vielen, die mit heißem Herzen und unerhörtem Mut gegen Hitlers Politik aufgestanden und jetzt stumm waren. Ihm fiel ein, daß er vor Jahren einmal zu Eva Leonhard gesagt hatte, es sei verhängnisvoll für sie, daß sie ihren Vater nicht habe leiden sehen. Immer wieder bestätigte es sich: Das menschliche Gefühl war zu armselig zum Nachleiden. Es reagierte erst, wenn's an die eigene Haut ging.

Den Kameraden im Oderbruch war die Haut der anderen soviel wie ihre eigene. Als Jürgen Baer am Ende seiner Flucht zu ihnen stieß, war es ihm beglückend bewußt geworden, wie verzweigt die unterirdische Bewegung war und wie viele Namenlose bereit waren zu jener ungeheuren Selbstentäußerung, die dieses ständige In-Gefahr-Leben von jedem einzelnen verlangte. Das war viel, viel größer und gewaltiger als das Wunderwerk A 4, das ihn einmal in seinen Bann gezogen hatte. Das hochgezüchtete Produkt menschlichen Geistes wurde zum Popanz gegenüber dem wirklichen Wunder, das sich in den Herzen und durch die Taten dieser Menschen an der geheimen Front vollzog.

Der große Widerstand kannte keine nationale Grenze. Jürgen Baers Zellengenosse war ein Slowake. Erschöpft lag der ausgemergelte kleine Mann auf der Pritsche neben ihm. Er war schon länger in Haft und deshalb entkräfteter. Die schlechte Kost zehrte an Körper und Nerven. Mit seinem kantigen Kopf sah er aus wie eine Figur aus einem Barlach-Fries.

Seit zwei Monaten teilten sie die Zelle. Als man sie zusammensperrte, hatte der Slowake Jürgen Baer mißtrauisch gemustert. Es dauerte einige Zeit, bis er den Deutschen zum ersten Male ansprach, schwerfällig, mit hartem Akzent. «Du bist kein Arbeiter, nicht wahr? Mit wem hast du zusammengearbeitet?»

Jürgen Baer hatte die Distanz dieser Worte empfunden und versucht, das Vertrauen des Zellengenossen zu gewinnen. Er hatte ihm von der Insel erzählt, von der leitenden Gruppe in Berlin, deren Kopf im Luftfahrtministerium gesessen und Menschen aus allen Bevölkerungsschichten an sich gezogen hatte, die bereit waren, sich der Übermacht der Nazis entgegenzustellen. Er bekannte, daß er anfangs nur Nazigegner gewesen sei und erst während des Krieges das Ziel, für das sich auch der letzte Einsatz lohnt, erkannt habe. Einfache Munitionsarbeiter hatten seinen verschwommenen Vorstellungen vom Nachkriegsdeutschland festen Grund gegeben. An diesem Grund war jetzt nicht mehr zu rütteln. Jürgen Baer war ihr Verbündeter geworden.

Und jetzt stieß die Rote Armee auf die Oder vor! Wie nahe war die Befreiung. Doch nicht nahe genug, als daß sich die verdoppelte Todesdrohung nicht noch verhängnisvoll auswirken konnte. Wie viele Türen mochten in dieser Nacht in Dresden aus den Schlössern gesprungen sein! Warum nicht diese?

Von draußen wehte scharfer Brandgeruch in die Zelle.

Wieviel fehlte noch an der Vollendung der «tausend Jahre»?

Burgl preßte das Baby an sich. Sie konnte nicht weinen. Die vom Rauch entzündeten Augen waren verdorrte Seen.

Steffi war tot.

Burgl war im Garten der Klinik die Reihen der Geretteten entlanggegangen, hatte den Verwundeten ins Gesicht geschaut. Sie mußte es glauben, was ihr Ärzte und Schwestern sagten, die mühselig versuchten, Verschüttete auszugraben: Steffi war beim Einsturz des unterirdischen Verbindungsganges umgekommen.

Und Eva? – Am Bahnhof war das Chaos besonders groß gewesen, sagten Männer vom Löschkommando. Sie gaben ihr wenig Hoffnung. Trotzdem wartete Burgl noch eine ganze Weile. Aber dann forderte Rainer sein Recht. Sie durfte sich mit auf den Lastwagen setzen, der die geretteten Babys aus der Stadt hinausfuhr, wo sie Milch bekommen sollten, die Nahrung, von der das Leben der Neugeborenen abhing und die es in der todwunden Stadt nicht mehr gab.

Müde, stumm vor Schmerz und Verlassenheit, starrte Burgl mit brennenden Augen vor sich hin, während der Wagen sich den Weg durch verwüstete Straßen bahnte. Ihre Arme wurden schlaff. «Junge Frau, halten Sie Ihr Kleines fest!» rief ihr ein Sanitäter aufmunternd zu.

Burgl schreckte hoch. «Ihr Kleines», hatte der Mann gesagt. Hastig raffte sie das Bündel, zog es fester auf ihren Schoß.

Das Kind lächelte.

Burgls Augen füllten sich mit Tränen. Auch sie lächelte, während die Tropfen auf den Säugling herabfielen. In dieser Minute wurde Rainer Burgls Kind.

Der Lastwagen, der Burgl hinausbrachte, hatte knapp die Vororte Dresdens erreicht, als der dritte Angriff auf die Stadt begann. Eine Luftmine schlug in das Gefängnis, stieß einen Teil der Häftlinge in den Tod und öffnete vielen anderen den Weg in die Freiheit.

Die Gefängnisbeamten waren morgens nicht vollzählig zum Dienst erschienen. Zermürbt durch die Ereignisse der Nacht, waren sie den aufbegehrenden Häftlingen, die aus den offenen Zellentüren stürmten, nicht mehr gewachsen. Sie mußten es mit ansehen, wie ein Häftling den Todeskandidaten die Fesseln aufschloß.

Jürgen Baer reckte die Arme. Ein Schritt, der allererste, war getan. Aber er konnte umsonst sein, wenn nicht sofort der nächste folgte. Erst jenseits der dicken Mauern des Gefängnishofes bestand die Hoffnung auf Freiheit.

Diese «jenseitige Landschaft» – in der monatelangen Gefangenschaft mit sehnsüchtigen Gedanken zu paradiesischer Schönheit verklärt – war eine rauchende, öde, wegelose Schädelstätte geworden. Und dennoch gab es kein heißer ersehntes Ziel, als einzutauchen in die Wolke von Mörtelstaub, sich zu verbergen in den geborstenen, von Mensch und Tier verlassenen Wohnstätten.

In den Mauern des Gefängnishofes gab es große Löcher.

Eine Panik entstand, als die Aufseher einige Häftlinge am Entkommen hindern wollten.

Blitzschnell handelte Jürgen Baer. Er riß seinen Zellengenossen rückwärts, sie stolperten eine Kellertreppe hinunter, durchquerten hastig, ständig nach allen Seiten sichernd, einige Räume, in denen ein starker Luftzug ihnen verriet, daß jenseits eine Öffnung zur Außenwelt sein mußte. Durch eine halbeingestürzte Mauer gelangten sie ins Freie.

Da war sie – die Landschaft, grauenvoll und heimtückisch mit ihren schwelenden Bränden und den immer noch stürzenden Mauern, künftiger Unterschlupf der Ratten, Brutstätte des Fiebers und der Seuchen.

Für zwei Menschen, die unauffällig wie huschende Ratten untertauchen mußten, war die mörderischste Pesthöhle das willkommenste Versteck. Gebückt saßen sie im Kellergang eines eingestürzten Hauses.

Sie brauchten eine Weile, um sich zu sammeln. Das Gefühl, entkommen zu sein, war bestürzend. Es erzeugte Beklommenheit und zugleich ein Glücksempfinden, dem zu trauen noch keiner den Mut hatte.

«Hast du Freunde in der Stadt?» fragte der Slowake.

«Nein», sagte Baer, «ich kenne niemanden hier.»

Der Slowake schwieg. Jürgen Baer sprach sich selber Mut zu. «Wir werden schon durchkommen.»

Am Spätnachmittag wanderten zwei Männer, die man in ihren dunklen, nicht sehr sauberen Anzügen für Schlosser oder Monteure halten konnte, auf Radebeul zu. Auf ihre Bitte nahm sie ein Lastwagen, der Verpflegung in die zerstörte Stadt gebracht hatte, ein Stück mit.

«Wohin fährt er uns?» fragte leise der Slowake.

Jürgen Baer hob die Schultern. «In die Freiheit – denke ich.»

Die Gewißheit des Alleinseins überfiel Eva mit solcher Gewalt, daß sie es wie einen körperlichen Schlag zu fühlen meinte. Die Knie zitterten ihr, und die Wunde am linken Arm, die ein Militärarzt abgeschabt hatte, weil der Phosphor sich sonst tiefer ins Fleisch hineingefressen hätte, brannte schmerzhaft. «Verbrennung dritten Grades», hatte sie gerade noch gehört, dann war sie ohnmächtig geworden. Als sie erwachte, war sie bereits verbunden. Sie wußte nicht, wieviel Zeit vergangen war, sie wußte nur, daß sie zu spät gekommen war.

Eva saß auf einem Trümmersockel vor der Frauenklinik, mit leerem Blick. Ihre Trostlosigkeit, die ihr ohne Grenzen schien, fiel niemandem auf. Ihr Seufzen war in diesem namenlosen Elend nicht mehr als der Flügelschlag eines Vogels beim donnernden Anstieg einer Rakete. Vielleicht ist das hier der Dank für das A 4, dachte sie. Dann hat Jürgen Baer recht gehabt. Im Kriege gehen die Rechnungen nie auf. Steffi und Burgl haben sie bezahlen müssen – und der kleine Rainer.

Ihre Lippen und ihre Gedanken gehorchten ihr nicht mehr. Eine Frau starrte sie kopfschüttelnd an, weil sie nach dem Weg zur «Bergfestung» gefragt hatte. Verlegen biß sich Eva auf die Lippen und wandte sich um. Es kostete sie Mühe, Wünsche und Sehnsüchte von der Wirklichkeit, durch die sie wie im Taumel ging, zu trennen. Ihre Finger fühlten das kleine Gliederarmband, das sie wegen der Verbrennung vom linken Handgelenk hatte lösen müssen. Es war schuld an ihrer törichten Frage.

Sie hatte das Empfinden, einen langen Weg gegangen zu sein, der sie sehr ermattet hatte, von dem sie aber nicht glauben wollte, daß dies das Ende sei.

Mit einem beinahe raschen Entschluß verließ sie die Todesstätte.

Und dann wurde Eva einer der vielen tausend Wanderer jener Tage, und sie sah auf der großen Heerstraße das zur furchtbaren Wirklichkeit gewordene Bild aus der Laterna magica ihrer Kindheit.

Und sie vergaß es nie.

In eigener Sache

Der Maimond, der zur Dachluke hereinschien, wies keinen Bombenflugzeugen mehr den Weg. Die Waffen schwiegen, die Warnsirenen waren verstummt. Zusammen mit drei Mädchen hatte ich am Rande der holsteinischen Stadt Rendsburg bei einer Arbeiterfamilie Obdach gefunden, wenn es auch nur der Heuboden über dem Anbau des kleinen Siedlungshauses war.

Obgleich nun alle Ängste hinter uns lagen, fanden wir keine Ruhe. Auf den Strohsäcken, die wir tagsüber gestopft, in den Schulräumen, die wir leer geräumt und zum Hilfskrankenhaus umgewandelt hatten, lagen sie – die Schwächsten der Schwachen, ehemalige Häftlinge des Konzentrationslagers Stutthof bei Danzig.

«Stutthof», sagten sie rauh, wenn ich, um die Krankenblätter ausfüllen zu können, nach dem Woher fragte. Und keiner glaubte mir, daß ich den Namen nie zuvor gehört hatte.

«Ermordet», antwortete der fünfzehnjährige Isaacsohn, als ich die Rubrik «Eltern» in seiner Karteikarte ergänzen wollte. «Ermordet», kam es noch einmal haßerfüllt, als ich zaghaft nach Geschwistern und Verwandten forschte.

Auf der Karte des Russen, eines wachsbleichen älteren Mannes, konnte ich nicht einmal den Namen exakt ausfüllen, so abgegriffen war sein Lagerausweis. Er war der erste, den unser holsteinischer Kutscher, mit einem Laken verhüllt, hinaustragen mußte.

An diesem Tage verweigerten die meisten Patienten das Essen. Mit Furcht, Haß und Mißtrauen verfolgten sie die Tätigkeit des Arztes und der Pflegerinnen. Kurz darauf, als zwei starben, brach fast eine Panik aus. Jetzt, nach der Befreiung, erschien ihnen der Tod nur noch vorstellbar im Zusammenhang mit den Medikamenten, mit den Speisen aus unserer Hand.

Fynvandraat, der lungenkranke Holländer, vermochte nur im Sitzen zu atmen. Von ihm erfuhr ich, was es bedeutete, Widerstand gegen den Faschismus zu leisten. Und nun gab es nichts und niemanden, der in seinem zerrütteten Körper das Leben hätte erhalten können.

Meine Freundin und ich versuchten, ihm sein qualvolles Leiden zu erleichtern. Dankbar ließ er es geschehen, daß wir ihn mehrmals am Tage neu betteten. Er teilte die Panikstimmung der anderen nicht. Er fragte uns: «Sind Sie wirklich Deutsche?» Wir bejahten, erstaunt über seinen Zweifel. Da legte er seine ganze Enttäuschung über unser der Barbarei anheimgefallenes Land in einen Satz: «Wie können deutsche Frauen so gut sein!»

Brennende Scham stieg in mir auf. Bisher hatte mich die Vorstellung, nach dem Kriege könnte jemand fragen: Was hast du in dieser Zeit getan? – nicht erschreckt. Nun begriff ich, daß mein reines Gewissen eine Illusion war. Irgend etwas stimmte nicht an den Moralbegriffen der Welt, in der ich aufgewachsen war. In einem Viertel meines Lebens hatten Kriegsgesetze geherrscht, in einem weiteren Viertel Gesetze, die diesen Krieg vorbereiteten.

Die Erkenntnis, daß wir alle mitschuldig geworden waren, weil wir zuwenig nachgedacht und deshalb zuwenig getan hatten, wurde mir zum Wegweiser und bestimmte persönliche wie berufliche Entscheidungen. Die Genossen im Geiste der Stutthofer Antifaschisten fand ich in den folgenden Jahren in den Redaktionsstuben des Senders Leipzig, nicht aber bei den alten Freunden, die sich in Frankfurt, Hamburg oder München niedergelassen hatten, und die, ehemalige Mitarbeiter an den hitlerschen V-Waffen, noch immer ihr reines Gewissen priesen.

So führte der Weg, für den ich mich in Rendsburg unmittelbar nach der Besetzung durch die Engländer entschied, zu meinem Roman «Insel ohne Leuchtfeuer».

Freilich vergingen noch Jahre, ehe ich mich stark genug fühlte, den Erlebniskomplex Heeresversuchsstelle Peenemünde literarisch zu gestalten. Ich hatte sie alle kennengelernt: die besessenen Forscher, die Vielzahl der kleinen Helfer mit und ohne Uniform, die wichtigen und weniger wichtigen Teilchen im großen Räderwerk, ohne die man jedoch nie hätte Krieg führen können. Und ich selber war eines von ihnen gewesen.

Von meiner untergeordneten Position einer technischen Angestellten aus vermochte ich weder die komplizierte Struktur der großen Forschungsstätte noch ihre vielfältige Verflechtung mit Wehrmachtsdienststellen und Industrie auch nur annähernd zu überblicken. Erst als das viel umstrittene A 4 – ich kannte es als Modell aus dem Windkanal – hinter den Kiefern des Peenemünder Hakens uns allen sichtbar wurde, rückten Schub, Stabilität und Machsche Zahl für mich in den Bereich des Vorstellbaren, aber die Geheimnisse der Fernlenkung blieben mir – der Rechnerin ballistischer Kurven – weiterhin unergründlich wie das Zusammenwirken der Tausende von Einzelteilen im Innern dieses fliegenden Laboratoriums.

Es galt also, den Rohstoff anzureichern, wenn ich ihn gestalten wollte.

Physik betreiben zu müssen, ohne Talent oder besondere Neigung dafür zu haben, ist ein Kuriosum in meinem Leben!

Aber nicht nur, weil ich technisch-physikalische Studien in größerem Umfang nachzuholen hatte, ließ ich zehn Jahre vergehen, ehe ich meine Rundfunk-, Populär-Film- und Kinderbucharbeiten beiseite legte und den Roman begann. Vielmehr mußte ich, um nicht in naturalistischen Zufallsbildern steckenzubleiben, die tragfähigen gesellschaftspolitischen Pfeiler freilegen, die dem Stoff innewohnten.

Ein Antikriegsbuch sollte es werden, in dem Sinne, daß ein bis dahin noch wenig bekannter Fakt aus dem zweiten Weltkrieg transparent wurde. Nicht als sensationeller Einzelfall, sondern als typische Erscheinung der Aggressionspolitik des «Dritten Reiches», eingeordnet in die historischen Ereignisse gegen Ende des zweiten Weltkrieges.

Ferner erschien es mir wichtig, nach allem, was ich in Peenemünde beobachtet hatte, das Problem der Verantwortung der Wissenschaftler in unserer Zeit zumindest als Frage aufzuwerfen. Im Frühjahr 1957 erreichte diese Problematik mit dem Appell der Göttinger Professoren einen Höhepunkt mit weltweitem Echo.

Durch die Wahl meiner weiblichen Heldin, eines jungen Mädchens jüdischer Herkunft, bezog ich eine weitere, für jene Jahre charakteristische Problematik ein. Mit der Klugheit und Liebenswürdigkeit der lebensfrohen Eva Leonhard konnte ich beweisen, auf wie tönernen Füßen die faschistische Rassenlehre stand.

Die menschliche Tragik, in die Eva Leonhard gerät, ist nicht von der Art, die mit dem Davidstern begann und mit Folter und Gaskammer endete. Sie liegt jenen Tragödien näher, bei denen die Söhne der eingekerkerten Antifaschisten auf die Adolf-Hitler-Schulen geschickt und jenen entfremdet wurden, zu denen sie ihrer Herkunft nach gehört hätten. Mag der Fall Eva Leonhard noch so sehr als Einzelfall angesehen werden – er ist vielfach bewiesen. Mir saß ein solches junges Geschöpf zeitweilig am Schreibtisch gegenüber, und es war eine Kindheitsfreundin, die als Absolventin des «Reichsarbeitsdienstes», durch einen Federstrich von dem emigrierten jüdischen Vater getrennt, eine makabre Gesellschaftsfähigkeit bekam.

Aus meiner eigenen Erkenntnisfähigkeit leite ich noch eine tiefere Daseinsberechtigung für meine Heldin ab: Von dem Übermaß des Grauens, den Zeugnissen der Opfer von Auschwitz oder Theresienstadt distanziert sich der größte Teil der Deutschen mit leidlich reinem Gewissen. Anne Franks Leidensweg etwa – dieser Opfergang eines aufrechten, sauberen Menschenkindes –, das haben sie nicht gewußt. Aber das «kleinere Übel», das neben uns geschah, die Herabsetzung unseres Nachbarn, die Verhöhnung seiner Kinder in der Schule, die Diffamierung im Berufsleben, die Degradierung zum gesellschaftlichen Außenseiterdasein – das alles haben wir gewußt! Es hat sich mitten unter uns abgespielt, vor unseren Augen. Wir können es nicht leugnen. Gerade das war jedoch das Vorspiel für Bergen-Belsen oder Ravensbrück. Und wo es nicht dort endete, waren es in Angst und Illegalität verbrachte Jahre oder die Gewissensnot einer erzwungenen Anpassung. Hier liegt unsere Schuld, deren wir uns immer wieder einmal erinnern sollten, denn das «Wehret den Anfängen!» ist aktuell, solange nicht in der BRD die letzten Verantwortlichen für diese Verbrechen zur Rechenschaft gezogen sind.

In diesem Sinne hat Eva Leonhard eine Aufgabe zu erfüllen. Ich gab ihr nicht die Konsequenz einer Hanna Peplow und nicht die Kraft eines Jürgen Baer, weil ihre Prüfungen bei weitem nicht zu Ende sind. Den Beweis, ob sie aus dem eigenen Versagen wie aus dem ihrer Freunde und ihres Vaterlandes gelernt hat, kann sie erst in unserer Zeit erbringen.

Von vornherein war «Insel ohne Leuchtfeuer» zusammen mit dem zweiten Band als eine Einheit geplant, und das Kriegsende – vorweggenommen in dem Inferno der Dresdener Angriffe – stellt nur eine Zäsur im Leben meiner Hauptheldeen dar. Die Notwendigkeit der Aufteilung in zwei Bände ergab sich beim Schreiben, als die breite Anlage deutlich wurde.

Es lag mir viel daran, auch die negativen Figuren, etwa eine Rosemarie Klemt, einen Hanke, einen Schwendtmayr, die Gruppe um den General – also die Vertreter des Faschismus und Militarismus in den verschiedensten Schattierungen – lebensecht und differenziert zu zeichnen. Um der Wahrheit des darzustellenden Geschichtsabschnitts willen wollte ich die Verfechter antihumanen Prinzips weder karikieren noch vulgarisieren. Andernfalls hätte ich sie ihrer Gefährlichkeit entkleidet, die gerade deshalb so groß war, weil sie sich im täglichen Umgang zuweilen durchaus gebildet und loyal gaben.

Das Zurückversetzen in die Pseudo-Philosophie der Hitlerfaschisten bereitete mir die größten Schwierigkeiten, obwohl sie mit zur geistigen Nahrung meiner Schulzeit gehört hatte. Wie weit wir uns entfernt haben von der Zeit, in der Termini wie «Ahnenerbe», «Stimme des Blutes» und ähnliches zum Sprachgebrauch gehörten, wurde mir bewußt, als ich in diese Köpfe hineinzuleuchten versuchte. Es bedurfte einer systematischen Durchsicht der Goebbels-Presse im Institut für Zeitgeschichte, der Kommentare nach der Schlacht an der Wolga und vor allem der Durchhalteparolen in der letzten Kriegsphase. Daß ich dabei ganz nebenher, unter dem Strich, auf andere typische Details jener Zeit stieß, von deren Existenz ich zwar gewußt, mit denen ich jedoch niemals konfrontiert worden war, kam meinen in Posen spielenden Kapiteln zugute. Das Milieu Bräuteschule und Organisation Todt zum Beispiel rührt von diesen Studien.

Das Gegengewicht für die Massierung der an Vernichtungswaffen arbeitenden Intellektuellen konnte nur eine antifaschistische Widerstandsgruppe sein. Daß sie im Vergleich zur herrschenden Gegenseite klein ist und das A-4-Programm nicht ernstlich zu gefährden vermag, ist historisch bedingt. Nicht authentisch sind die Träger des Widerstandskampfes. Gestützt auf meine Erinnerung an plötzliche Verhaftungen innerhalb der Versuchsstelle und an scheues Geflüster um Entdeckungen bei Zinnowitzer Bürgern, habe ich diese Einzelaktionen in das Gesamtbild des lautlosen Aufstandes, wie er uns nach 1945 bekannt geworden ist, in Beziehung gesetzt. So wurde der Antifaschist Fynvandraat, dessen letzte Aufgabe sich darin erfüllte, mir und meinen Gefährtinnen die Augen zu öffnen, eines Geistes mit einem jungen Wissenschaftler der Peenemünder Forschungsstelle, der mir gegenüber in Gesprächen seine intellektuelle Auflehnung gegen das Hitler-Regime äußerte.

Dankbar gedachte ich dieser ersten Wegemarken, als ich 1945, erschrocken über mein somnambules Hingeglittensein in dem Mörder-Jahrzehnt, nach Positionslichtern suchte für mein künftiges Leben. Nach und nach, die Emigrantenschicksale wurden bekannt – Rudolf Leonhard und Bruno Apitz erzählten uns Jungen, Thälmanns und Ossietzkys Schicksal erschütterten uns, Günther Weisenborn schrieb –, da erst kam mir zum Bewußtsein, daß ich selber keiner ernsthaften Entscheidung ausgesetzt gewesen war, keinem wirklichen Gewissenskonflikt und daß ich die ersten Toten des furchtbarsten aller Kriege nach seinem Ende gesehen hatte: die stummen Zeugen aus dem Konzentrationslager Stutthof.

Meine eigene Nichtschuld, dieses trügerische Bollwerk des Nicht-gesehen-Habens, wurde Ausgangspunkt zu dem «du sahst ihn nicht leiden» in meinem Buch. Nicht als Entschuldigung dafür zu werten, was sich daraus ergab, sondern als Deutungsversuch für das oft so Rätselvolle im Verhalten der Menschen.

Der Forscher Tiefenbach, dem die Politik von Hause aus verleidet worden ist, entdeckt auch im hereinbrechenden Chaos noch nicht die große Lehre für sein eigenes Leben. Er ist zu gut davongekommen – oder besser: ich ließ ihn zu gut davonkommen! Es wurde mir schwer genug, diesen klugen, vergrübelten Mann in so mangelhafter Selbstverständigung zurückzulassen. Aber wie anders hätte er sonst hineingepaßt in die Gruppe, die nach dem Kriege dem großen Sog nach Amerika erlag? (Das ist ein Vorgriff auf den Fortsetzungsband!)

Oder Eva! Ich bezichtige sie durch meine dem Buch vorangestellte Widmung mangelnder Stärke. Wobei ich dem Leser Meinung und Gegenmeinung überlasse, ob der Wille zum Leben, der natürliche Trieb, sich das Morgen zu erhalten, Schwäche ist. Was also ist die Widmung? Ein Trick? Nein. Eine Herausforderung? Vielleicht zum Weiterdenken. Vor allem eine Bitte an den Leser, die Frauen von Ravensbrück, Bergen-Belsen oder Theresienstadt nicht zu vergessen, die nicht die Möglichkeit hatten, «am Rande der Welt» sich zu halten.

Daß es keine Inseln mehr gibt, auf die man sich ungestraft zurückziehen kann, weiß Eva am Schluß des Buches. Auch sie sieht – so wie ich – spät die ersten Toten des Krieges. Und was mir Hunderte Kilometer weiter nördlich zum inneren Gesetz wurde, lege ich in sie hinein nach dem Erlebnis der verheerenden Bombenangriffe auf Dresden: «Und sie vergaß es nie.»

Ruth Kraft